U0444467

和順縣志

孫永勝　馬海軍　主編

创于1897
商務印書館
The Commercial Press
二〇一五年・北京

圖書在版編目(CIP)數據

和順縣志 / 孫永勝，馬海軍主編. — 北京 : 商務印書館, 2015
ISBN 978 – 7 – 100 – 11745 – 6

Ⅰ. ①和… Ⅱ. ①孫… ②馬… Ⅲ. ①和順縣 – 地方志 – Ⅳ. ①K292.54

中國版本圖書館CIP數據核字(2015)第258167號

和順縣志

孫永勝 馬海軍 主編

商 務 印 書 館 出 版
（北京王府井大街36號 郵政編碼 100710）
商 務 印 書 館 出 版 發 行
北京駿馳印刷有限公司印刷
ISBN 978 – 7 – 100 – 11745 – 6

2015年11月第1版　　開本 787 × 1092 1/16
2015年11月北京第1次印刷　　印張 51 3/4

定價：248.00圓

點校組

組　長：郝　平

成　員：李　嘎　周　亞　向晉衛　杜　滙

序一

“郡邑之有志，猶國之有史。”一方之建置沿革、山川地理、土地戶口、城市村疃、名人軼事、風俗物產，常以志記之，以“存史、資治、裨風教”。欣聞標點本《和順縣誌》舊志付梓出版，堪稱我縣一大盛事，可喜可賀！

和順，地處山西東陲。東臨邢臺，俯瞰華北平原；西連晉中，直通省府太原；南與左權為鄰，遥下上黨盆地；北接壽陽、昔陽，面迎京津大都。境內太行聳峙，漳水環帶。四周環山，縣界天成。古有雲：“枕三晉而控燕齊”，歷來為兵家所必爭。其名之肇始，可溯於春秋，時為晉大夫梁餘子養邑，名曰蓋與。戰國更名為閼與，先屬韓，後屬趙。兩漢時為上黨郡沾縣地。三國魏改屬樂平郡沾縣。西晉為樂平國沾縣地。十六國時期為樂平郡。北魏太平真君九年（448）取消樂平郡，歸太原郡管轄。孝昌二年（526），重置樂平郡。北齊置梁榆縣，屬太原郡。隋開皇十年（590）定名為和順縣，因縣西北二里有和順故城而名。唐武德三年（620）改屬遼州，五代因之。宋熙寧中省入遼山縣，屬平定軍，元祐初複屬遼州，金、元、明、清仍舊。民國三年（1914）屬冀寧道；民國二十六年（1937）屬山西省第三行政區；民國二十九年（1940）為抗日戰爭需要，分為和東、和西兩縣；民國三十四年（1945）和順縣城解放，複並為和順縣，屬晉冀魯豫邊區第二專區。1958年10月，和順縣與左權縣合併，仍稱和順，縣治不變。1959年6月和順、左權分置。2000年，晉中撤地設市，隨之改屬晉中市。

盛世修志，歷代因之。和順修志，始於明萬曆十一年（1583），繼修於清順治十七年（1660）、康熙十四年（1675）、乾隆三十三年（1768）、光緒五年至十年（1879—1885）、民國三年（1914），加之改革開放以來於1993年出版的新修方志，共成書七部。其中，留傳至今的舊志有康熙卷、乾隆卷、光緒卷和民國卷四種。詳細記錄了清代民國300餘年的經濟、文化、社會、環境等，是瞭解和順歷史重要的百科全書，也對我們繼承和發揚和順的優秀歷史文化，借鑒先民生於斯、長於斯的生存發展經驗，從而更好地推動和順經濟社會的發展多有裨益。然而，舊志存世數量稀少，版本錯訛模糊亦為常見，遂有重印之決定。

此次重印，山西大學以郝平教授為首的工作團隊各方搜集版本，精心標點、斷句、校勘，歷時兩年，終成其事。讀斯志，文字韻律，朗朗上口，字裡行間鑒其艱辛。在此，謹向他們表示敬意與謝忱！

鑒古以知今，繼往為開來。舊志整理，旨在激勵當代，啟迪後世，興吾和順。當前，中共和順縣委積極落實黨的十八大和十八屆三中全會精神，在全方位審視和順的資源、區位、條件、優勢和發展基礎上，形成了“和民心、順民意”理念和“打造五地兩區，建設山西東大門”新的發展思路和戰略目標。誠望全縣各界人士承先輩壯志，尚拼搏精神，人盡其才，物盡其用，貨暢其流，續寫和順新篇章。

中共和順縣委書記　孫永勝

序二

值此四種和順縣舊志（康熙卷、乾隆卷、光緒卷、民國卷）的整理點校工作全部結束、正式付梓之際，謹致熱烈慶賀之忱！

地方誌向有資政、存史、教化三大功能，古人言："治天下者以史為鑒，治郡國者以志為鑒"，揭示出地方誌能夠在地方治理中發揮重要作用；清代方志學家章學誠有過"家有譜、州有志、國有史，其義一也"的著名論述，將方志與國史相提並論，更見地方誌在多方面的重要價值。我國有著源遠流長的方志纂修歷史，時至今日，方志典籍已經作為中華優秀傳統文化的物質載體，受到社會各界的廣泛重視。此次四種和順縣舊志點校本的出版發行，恰正體現出和順縣在保存優秀地方文獻、發揮舊志服務今天政治經濟文化建設方面的努力。

和順縣歷史悠久，春秋時名蓋與，屬晉；戰國時更名為閼與，先屬韓，後屬趙；隋開皇十年（590）定名為和順，治所與今縣城相倚，降至元至正十四年（1354），縣治微移至今城處。可以說，和順縣是山西省並不多見的名實相副的千年古縣（邑）。和順縣地理位置重要，地處山西省境東緣，太行山脈西側，縣域之內山嶺綿亙，平地絕少，向有"七山二水一分田"之說。康熙《和順縣誌·山川》描述縣域形勢曰："東倚黃榆，西襟八賦，南枕石鼓，北控松子，四嶺環峙，雖曰彈丸，然僻隸萬山之中，亦一撮要之區也。"和順縣在歷史與地理方面雖均具特色，但作為"一方之總覽"的方志纂修活動則已是遲至明永樂、正統年間的事情了（《文淵閣書目》卷二十"新志"著錄），萬曆年間再修，清順治年間三修，令人遺憾的是，此三種縣誌迄今已無一鱗半爪存留於世。本縣現存最早之方志乃是康熙十四年（1675）知縣鄧憲璋纂修。是志凡三十目，附目二十一，另卷首有天文、山河、疆域、城郭、縣署、學宮、十景諸圖，總近7萬字。乾隆志修於乾隆三十三年（1768），凡八門五十八目，附目一，卷首繪圖十六幅，總計7萬字。光緒《和順縣誌》為第三部現存邑志，刻於光緒十一年（1885），共十門五十七目，附目二，卷首同乾隆志，總字數則兩倍於前志，達15萬字。民國《和順縣誌》修成於民國二年（1913），是為最後一部舊志，凡十門六十八目，附目六，卷首有天文、縣境、縣城、十景圖，總計21萬字。四部和順舊志雖優劣不一、簡詳有別，但亦各有千秋，均是當下本縣繼承過往文獻遺產、服務未來發展的不容忽視的重要財富。

僅以康熙《和順縣誌》為例，作為現存最早的地方誌，是志雖文字不多，但句句務在審核事實，切當世之務，故志中利病俱陳，否臧弗掩，較少誇誕獵奇之語。因此，康熙志在保存鄉邦故實方面的價值是不言而喻的，其中尤以“鄧憲璋曰”最為值得重視，從中可審視清代前期和順縣民生利病之大概。譬如“貢賦”目下雲：“民間地土大都在山崗坡阜之間，即雨暘時若，收穫止可比鄰封之半，不然潦則漂沒矣，旱則枯槁矣。兼之時令太遲，他處桃李結實，而和始吐花，他處禾黍將秀，而和始播種。更可患者，地寒氣凝，方秋隕霜，正萬物欣欣向榮之時，而一夜露結，頓為萎落矣。況地薄而且磽，不宜禾黍，僅栽油麥、苦蕎、菽粟之類”。寥寥百餘字即將清代前期太行山區的物候特徵及土地利用實態清晰地呈現出來。康熙志目前海內藏本極少，僅在國家圖書館藏有康熙間刻本，另上海市圖書館藏有膠捲。此次整理點校本的出版，足見其重大的學術和現實意義。

在此次和順舊志的整理點校中，山西大學以郝平教授為首的工作團隊一絲不苟、嚴謹認真，他們事先制定了科學詳盡的整理點校規則，認真校勘，謹慎標點，如遇難以斷句或文意不通之處，均以團隊討論形式取得一致意見，而不是貿然點校，真正體現出該團隊較高的專業水準和職業精神。

相信此次整理出版的和順舊志，必能經得起學界和歷史的考驗，必能為更好地保存和利用和順鄉邦文獻、更好地服務和順縣地方建設發揮其應有的作用！是為序。

和順縣人民政府縣長　馬海軍

重印和順縣志前言

和順縣位於山西省東陲，地處巍巍太行之巔，粼粼漳水之畔。其地西通省府，毗連燕豫，自古為晉東要隘。境內群山環峙，溪澗奔流，風景壯美。和順歷史悠久，文化底蘊極為豐厚。春秋時為晉國大夫梁餘子养之封邑，戰國時改名為閼與，北魏改稱樂平，北齊更名梁榆，直到隋文帝開皇十年，正式定名為和順，後世歷朝歷代因之未變。

華夏大地繽紛多元，風土各異，郡國自古皆有志乘。志為各地之典要，其記載事無鉅細，既有壯觀瑰麗之山河，又有豐富靈異之物產，乃至於土地之肥饒，人才之興盛。方志之用也因此不遜色於正史，是研究古代地方文化的重要資料。和順之志乘，曆修數次。一修於明季，再修於清順治年間，三修於康熙朝，四修於乾隆朝，五修於光緒間，最後修訂於民國，現存後四種版本。這些不同版本的和順縣志，內容廣泛，史料翔實，對於和順的歷史、地理、建置、賦役、選舉、人物、風俗等都有詳盡的記載。重印和順縣志，既有助於研究和順的歷史文化，又能借鑒古人治理和順的經驗，這對和順縣今後的發展具有重要意義。

習近平總書記深刻指出："中華文化源遠流長，積澱着中華民族最深層的精神追求，代表着中華民族獨特的精神標識，為中華民族生生不息、發展壯大提供了豐厚滋養。"中國自古就有修志之傳統，南宋以後，方志大量增加，尤以明清兩代最多。這些方志不僅是價值極高的史料，也是研究中華文化的重要文獻。"周雖舊邦，其命維新"，我們重印和順縣志，目的就是要加強對和順優秀傳統文化的挖掘和闡發，深入瞭解和順的過去和現在，為今日和順的政治、經濟、文化、社會、生態文明建設服務。

點校說明

和順縣誌，曆修數次。一修於明季，再修於清順治年間，三修於康熙朝，四修於乾隆朝，五修於光緒間，最後修訂於民國，現存後四種版本。其中光緒刻本又有兩種不同版本，現分別存於北京大學圖書館和山西省圖書館。這次點校以北京大學圖書館藏光緒刻本為工作底本，參以山西省圖書館藏光緒刻本，並輔以康熙、乾隆、民国三種刻本及山西《通志》、中華書局點校本二十四史等書進行。北京大學藏光緒刻本錯亂比較多，並且和乾隆刻本內容相互穿插在一起，為了方便閱讀利用，這次點校，刪除了乾隆刻本的相關內容並參照其他刻本，對光绪刻本的內容進行了補充和完善。具體校勘方法仿于杨伯峻先生《春秋左傳注》及中華書局點校本《明史》體例，凡原文有脫、衍、倒、缺、誤以及避諱之處，皆徑做改正，並在【校勘記】中詳細說明。

目 錄

康熙十四年刻本

乾隆三十三年刻本

光緒十一年刻本

民國三年石印本

（清）鄧憲璋 纂修

和順縣志

康熙十四年刻本

李嘎 點校

序一

修和順縣志序

《周禮》以太史掌邦國四方之志。志固史體也。但史舉其要，非關政治之大者，例不得書，以示嚴斷也。若夫沿革建置之名實，山川物產之品類，風俗之貞淫，土地之肥瘠，與人文節孝之芳徽，巨細畢備，得以寓經國愛民之意者，惟志為然。蓋志者，所以備史之不逮也。和順為春秋梁餘子食邑，邊晉省東陲，隸遼州北鄙。隣畿甸，接豫域。四嶺環峙，羣山盤曲，居太行之絕巔。一泓漳水，瀠洄郭外，於形勝亦可觀。矧兹山高道險，溪澗奔流，水固不能載舟，陸誠難以驅車。商賈鮮至，貿易不興，民間以耕鑿為業。厥地石确，厥居穴處。且春寒如冬，夏無盛暑，方秋隕霜，將冬霏雪，其天時地利迥異鄰封，寧不衣敝衣而食糠食！為山右僻瘠，苦之最久，著於廣輿。考舊無志也。自故明萬曆年間，縣官繼元李君始志之，以年遠事湮，應記載者多放失未悉。迨國朝鼎新以來，順治十七年，縣官李君順昌補輯之，大抵因陋就簡，亦未稱為全書。況倉卒勒成，字復漫漶不可讀。憲璋以戊申冬承乏是邑，目擊諸務廢弛，鞅掌[1]吏治，雖欲纂修之，逡巡謝未遑也。隨為繕城垣，招流離，清逃絕，編保甲，立鹽法，除驛害，理學宮，種種大事，次第舉行。仰藉諸憲臺大人，正己率屬，百度維新，以致令行禁止，獘絕風清。上體聖天子加惠元元之意，下裨諸縣令得盡心於牧民之事，真不啻以身牧之，正不必以身牧之，而百爾下吏，靡不凜遵功令。即如憲璋駑鈍無匹，惟有益自砥礪，以副諸憲臺大人之心為心，而牧兹土之民也。於是撫摩不遺餘力，流離集，逃絕除，保甲清，城垣固，興鹽利，革驛獘，學宮亦從兹而更新。俾其農安於畎畝，士業於詩書，衣能蔽體，食可充腹，而於國賦亦無逋負矣。以和順至敝至疲之邑，尚有今昔之異。其如諸州縣之民富而且庶，與諸州縣之長才敏而政成者，洵復見唐虞之治歟！然憲璋之不致隕越[2]，獲免罪戾，幸際其時之盛，於所遇之隆也。今上令郡邑各修其志，以備綜覈，蒙憲檄下徵。竊念，志者，記也，記一邑之所當記者也。如方域形勝之不可無稽也，則志輿圖、建置。深山邃谷之必有所出也，則志山川、物產。若夫地土之肥磽，人丁之增減，糧徭從此而生也，田賦、戶口則志之。好惡之貞淫，祭祀之舉廢，人情繇此而見也，風俗、祀典則志之。若學校，若職官，若公署，人才之所自興，法度之所自肅也，則皆志之。若寺觀，若古蹟，若名宦，稽古之所必錄，去思之所不忘也，亦皆志之。至於人物之挺生，選舉之接踵，係靈秀之所鍾而成也。驛害不革，鹽利不興，則官民之病相關切膚也。隘口為封疆之重，祥異為休咎之徵，誠古今之所不可忽也。再於為節、為孝、為藝文，啓後人則傚傳誦之最大者，何可不志乎！故併筆之於志矣。憲璋愧無史才，兼之寡識，藉有老成在座，軼事可考，不自覆其拙而修成之。捐俸首倡務期接古續今，備存其實，以俟後之君子。使為政有據，是志之有補於治也亦大矣。計今日之共事者，學訓王君協慶，鄉紳胡君淑寅，孝廉曹君文炳，明經趙君漪、杜君啓元、藥君延祚，諸生畢子昌齡、杜子廷機、藥子啓元、張子日騰、李子開祥、王子三錫，相助為理者也。綱舉目張，條分縷晰，雖未合乎史體，庶幾不遺志記之意。進之當寧[3]，覽形勝而知險隘之貴嚴飭也，稽戶口而知生聚之貴休息也，察土田而賦稅猶宜調劑，觀風俗而民情宜加教養。憲璋故不殫拮据勤渠，亦盡吾心之所當為，詎徒素餐貽尸位之譏哉！皇朝億萬斯年，久安長治，正宜修廢舉墜，以大一統之志，永傳之千禩也夫！

康熙十四年歲在乙卯春日

文林郎知和順縣事鍾山鄧憲璋題於學斯樓

注釋

［1］鞅掌：謂職務紛擾繁忙。

［2］隕越：失職之意。語出《左傳》："恐隕越於下，以遺天子羞"。

［3］當寧：指皇帝。語出《禮記註疏》卷五《曲禮》。

序二

重修和順縣志序

昔夫子思夏殷而望杞宋之徵，蓋以存文獻也。故周制職方氏掌天下之圖，外史掌邦國之志，小史掌四方之志。漢唐宋以來，志郡國，志十道，志九域，則修志之典綦重矣。但志之在他邑，有山川之壯觀，物產之靈異，人才之蔚起，土地之膏肥。則凡為方物、為風俗、為政治、為文章，事無巨細，悉本治定功成之烈，以為賡揚太平之具。吾邑處深山窮谷中，石多土少，貨植不興，人文孤陋。更兼數十年兵燹之餘，城郭傾圮，萑苻未靖，百姓苦於流離，學宮荒於茂草，利獘不清，百務叢棘。苟欲以補救之術被之篇章也，亦甚難焉。是以修志之舉，前後僅見於兩李公。玆值聖天子崇文重道，正車書以昭一統之隆，傳諭天下重修志書，甚盛典也。吾邑侯鄧公，躬逢其盛，於是酌古準今，救偏補闕，訪輯老成，旁搜遺典，事事仍遵舊制。既不使文浮於質，尤不敢以疑傳信，體裁合槼，可謂詳而有要矣。獨是公之治吾邑也，茹蘗飲冰[1]，表見之業，麟麟炳炳[2]，固所謂清而才者。如城垣備而疆域固矣，保甲嚴而姦宄遁矣，流遺撫而哀鴻集矣，學宮修而文教成矣，鹽法疏，驛苦革，利已興而害已除矣。且其告災籲困之文，起獘扶衰之事，當不啻陳詩貢俗、繪圖獻狀之意焉。公真造福於吾邑者哉！夫前事之不忘，後事之師也。烏得不舉而並志之？倘後之志是志者，不負其撫綏之責，以至久道治成，化行俗美，方可為異日採風之助，匪獨為文獻之徵也。余長安候補歸里，公出其稿而示之，因為之序其大略云。

前任江西南康府推官、邑人胡洲寅拜，手書於青琅塢

注釋

[1] 茹蘗飲冰：指生活清苦，為人清白。
[2] 麟麟炳炳：形容十分光明。

序三

和順縣志序

志也者，記一方之事也。志之意始於《春秋》。《春秋》大尊君之義，二百四十年之間，屬時比事，聖人隱寓其心焉。故於魯國之史而備志，列辟之事詳且盡也。於是於建國之大小則書之，生齒之增耗則書之，年歲之豐歉則書之，祥祲之有無、人文之盛衰則書之。非好繁也，不如此，則紀事編年、聖人之心幾於晦且疏矣。故朱子之《綱目》[1]，始於威烈，所以繼聖心之窮也。自此而降，則郡載家乘、稗官野史，孰非體此意而為之乎？迺明之興，召天下郡邑皆有志，而一統志又集其成，亦曰各記其事耳。迨我皇清定鼎三十一年矣，前此未有修志之舉。其始之也，自癸丑之夏月始，蓋欲裒[2]成一統志歟。然而志亦不同矣，他郡邑之志，志繁也，志盛也；和邑之志，志簡也，志苦也。何言乎？爾和之置邑也，星分參、觜，地接鄴、邢，天文地域猶舊也，而其餘有苦疲難堪者矣。兵燹之後苦以蝻蝝[3]，蝻蝝之後苦以霪雨，霪雨之後苦以旱魃。夫且協站苦之，差使苦之。以致阡陌榛莽，苦在荒蕪矣；人丁逃逋，苦在戶口矣；國課負欠，苦在考成矣。廬舍有傾頹之苦，焉問生聚？衣食有維艱之苦，焉問詩書？此其時幾不成為縣治，雖欲志之，安所從而為志之？戊申歲，邑侯鄧公承令茲土，心傷邑治之將墟也。皇皇焉招徠之而哀鴻漸集也，皇皇焉課懇之而蒿萊成熟也，又皇皇焉修葺之而頹廢者完好也，又皇皇焉訓誨之而游惰者絃誦也，去其所甚苦而予以所甚甘。乃於修志之役，條之列之，增之損之，是能行之於先而言之於後也。余固不為著作之難，而為起敝扶衰而兼表明之難也。書既成，授而參閱焉，何其有倫有脊[4]，是知其為可信而可傳者也。是能倣春秋之寓意，而學其明備者也。借為俚言，授之剞劂，夫亦曰記一方之苦，而有其成效者耳。是耶？非耶？

時康熙十三年歲次甲寅蒲月之吉

庚子科舉人、邑人曹文炳虎臣甫頃首拜撰

注釋

［1］綱目：即南宋朱熹及其門人趙師淵所撰《資治通鑒綱目》，共五十九卷，內容注重嚴分正閏之際、明辨倫理綱常，并注意褒貶春秋筆法。

［2］裒：聚集之意。

［3］蝻蝝：指蝗蟲、蝗災。

［4］有倫有脊：有道理、有條理。語出《詩·小雅·正月》："維號斯言，有倫有脊"。

和順縣志凡例

一、纂輯體式。皆照發來陝西、河南條則，雖參考各家，然務遵體要，即有增減，不敢違規制焉。

一、紀事。首統以綱，後分以目，每綱目各冠小序，以發志事未盡之意，仍以舊敘先之，不忘所自也。

一、沿革建置。自《禹貢》、周職方，并歷代分合廢置，必詳書之，存故實也。

一、祠祀。惟合乎祀典者存之，故特書。若祠屬古蹟，并前朝賜額者，不可遽廢，咸書焉。

一、名宦。存善以示勸，而餘者不錄。蓋君子居是邦，不非其大夫，亦忠厚之遺意也。

一、人物選舉。有一長足錄者，則詳註於本名之下，庶不沒其善也。

一、孝義貞烈。乃人間之正氣，有未經奏聞而為院道有司旌獎者，概錄以維風教。

一、古蹟陵墓。不無好異者之附會，而災祥遺事尤多怪誕，今皆傳其可信，闕其可疑，用垂經久云。

一、藝文。除有關於縣事者悉書之，其他名人著述，雖無益於縣治，亦文事之不可泯者，故錄之。

一、全志條則。咸照豫、秦格式，示同文也。中有本縣原無者，不敢臆為增補，以信傳信耳。即無此事，亦必表明所以無此之故，紀由來也。他如村莊、坊表之類，為條則之所未及者，臚列而增入焉，蓋以事關興廢之大，後可攷而知也。

鍾山鄧憲璋識

和順縣修志姓氏

知和順縣事鍾山鄧憲璋端王氏編纂。

儒學訓導陵川王協慶于中氏參訂。

典史延慶趙守順氏、巡檢金臺孟養性氏司局。

原任江西南康府推官胡淑寅石林氏、庚子科舉人曹文炳虎臣氏、歲貢生王吉士、趙漪、藥之璋、杜起元、選拔貢監藥延祚仝較正。

邑庠生馬之鵬、畢昌齡、杜廷機、藥起元、張日騰、李開祥、王三錫仝采輯。

纂輯和順縣志條目

圖 天文　山河　疆域　城郭　縣署　學宮　十景

星野

疆域 關隘附

山川　十景附　津梁附

建置沿革

城池

公署　傳舍附

學校

坊表　附

祠祀

貢賦　里甲附　人丁附　鄉村附　市集附

屯田無　學田附

水利無　有敘

鹽法

兵防

馬政無　協站附　縣鋪附

帝王無　有敘

職官 歷官附

名宦

選舉　進士附　舉人附　歲貢附　恩拔貢附　例貢附　武畧附

和順縣志

文集

圖

敘曰：堯觀河而授圖，禹鑄鼎以象物，周職方以掌天下之圖以辨九州，圖之所著有自來矣。和順跨太行絕頂，四嶺環峙，攷之繪圖則幅幀可知。至於星象、疆域、城署，莫不具述，是亦先王觀天文、察地理、輯人和之微意歟。

鄧憲璋曰：覩喬木知土地之盛，感世家知故國之隆。古人秋風禾黍之作，每增慨焉。和順之天文、疆域、形勝、城署，悉備之於圖矣。但其經營版築之事，在有司所當亟爲區畫，故繪之，以裨後之司土者按圖而有據耳。

和順縣各圖繪左[1]。

星野

鄧憲璋曰：天官家，儒者罕習之。然而方野分星、考驗災祥之故，又自德穢召之，以是知天道非遠而實邇[2]也。但無輕民事，無菲厥躬，似不待方相氏因地因天而已，可以卜休咎[3]也。為志星野。

按天文，和順為觜、參之分。

注釋

[1] 點校者注：縣境圖、縣治圖、縣署圖、學宮圖，見圖版。

[2] 邇：近也，與遠相對。

[3] 休咎：吉凶、善惡之意。

疆域

鄧憲璋曰：大一統之世，有分土而無分民，東西南北之模盛矣哉。《月令》云："備邊境，完要塞，謹關梁"，若是乎整飭堤防之不可緩也。為志疆域，而關隘附之。

和順廣二百餘里，袤八十餘里。東抵直隸順德府邢臺縣界七十里，西抵太原府榆次縣界一百二十里，南抵遼州界四十里，北抵太原府樂平縣界四十里。由縣治西至儀城鎮，過北八賦嶺，出黑虎關，經榆次至省城三百餘里。由縣治北過松子嶺，出固關，從真、保二府至京師九百六十里。

關隘 附

黃榆嶺口在縣東七十里，為太行絕頂，路通直隸順德府。所謂一夫當關，萬馬難度。南連清風岾，北接馬嶺口，直上二十里，崎嶇險峻，為東藩第一要處。黃榆古戍即此，設有防兵據守。

松子嶺口在縣北四十五里，為和順、樂平兩縣交界，蜿蜒幽曲，亙綿二十里。潞、澤、遼赴京孔道，設有防兵據守。

八賦嶺口在縣西一百二十里儀城鎮。其嶺有二，懸崖曲道，設有二關口。西北曰黑虎關，赴太原要路，西南曰青龍關，赴平、汾要路。設巡檢一員，領弓兵把守。

山川

鄧憲璋曰：建國宅衆，藉高山大川為屏障。惟和順環邑皆山，漳水遶流，於形勢四塞亦足觀矣。為志山川，而津梁附之。

東倚黃榆，西襟八賦，南枕石鼓，北控松子，四嶺環峙。雖曰彈丸，然僻隸萬山之中，亦一撮要之區也。

雲龍山在縣西三里。上有龍王殿，殿內有石井，有雷音臺、真人廟。知縣李順昌建坊。

麻衣山在縣北五里。上有麻衣古寺，石屋聖蹟。昔宋太祖征太原，道經此山祝佛。

鳳凰山在縣西八里。勢如孤塚，有鳳集此，故名。

合山在縣東四十里。其山盤踞，上多松栢。下有郎君、娘子二泉，上有二祠。勅賜額曰：懿濟聖母、顯澤侯。

首陽山在縣東南四十里。

九京山在縣西北五里，一名九原山。《檀弓》趙文子與叔向觀於九原，即此。

崋山在縣西八十里。上有崋山神祠，勅賜額曰：昭濟聖母。

三尖山在縣西九十里。以上三峯並峙，故名。

石鼓嶺在縣南三十里。上有石，類如鼓。

松子嶺在縣北三十里。極崎嶇，有關，舊置巡檢司，久裁。

石猴嶺在縣西北四十里。有漳水出焉，流經縣東。

夫子嶺在縣東一百里。人傳孔子周流天下，亦曾憩此。

八賦嶺在縣西一百二十里。兩山對峙，若八字。有南北二關，現置巡檢司。

黃榆嶺在縣東太行山頂。舊置巡檢司，久裁。

梁餘水源出縣西石猴嶺，流經縣，來合清漳。

漳河有三。一出縣西一百里八賦嶺小漳水，流經榆社縣，合黃花嶺水，至武鄉縣西五里合涅水，至襄垣縣東北合濁漳。一出縣北，一出縣南，分流城下，至縣東合流，入遼州境。

水深水[1]在縣東七十里。源上有龍王廟，涉河浴北流，經樂平縣東南八十里水神谷，合沾水。

武鄉水源出縣西孫臏坡，經流榆社、武鄉縣界。

萬泉水源出縣東合山，東流，合漳水。

黑壁洞在縣南四十里北山。其深莫測，洞口常閉。舊有一僧開之，冷氣悉出。

海眼泉在縣東六十里。有海眼寺。其水澄清，波濤洶湧，又名清河。冬寒數里不凍，熱氣上升，水鴨鴛鴦羣戲於河，足可觀覽。寺內有喬白巖、王虎谷、鄒獻卿題詩刻碑。

飲馬池在縣西山陰，水湛[2]清徹。相傳石勒常飲馬於此。

溫泉在縣東南四十里松上，以其冬寒無冰。

玉津泉在縣東北三里，俗名水井溝，有泉有井。冬不結冰，夏不滿溢。有尼寺曰玉津庵，邑人士女多遊觀。清潔不濁，故名。

石公泉在縣東六十里。源出合山之東，南流與漳水合。

仙人洞在縣東十五里。內有樂響喨，故名。

馬嶺洞在縣東六十里。山似新月，內一空洞。入洞內，轉南用梯上，又有一洞，內可容千人，有一石佛，天旱禱之輒雨。

西溪水在雲龍山椒。其泉有三，冬夏不涸。南崖下凝冰重結，六月不消。水流下注，邑人掘為潢池[3]，資以漚麻焉。

十景 附

黃榆古戍黃榆，嶺名。山岩高而木森然。宋黃覺有"雲籠古戍"之句，故名。

松子香風松子，嶺名。山勢最高而多風。有"松子香風"之詩，故名。

九京新月九京，山名。昔趙孟與叔向常觀於九原，即此景也。過九京日墜月升，故有"九京新月"之詠。

八賦晚霞八賦，嶺名。過八賦而晚霞光耀，五彩成文，故有"八賦晚霞"之詠。

風撾石鼓石鼓，嶺名。上有石鼓存焉。元人王思誠有"南嶺風吹石鼓鳴"之詠。

雨洗麻衣麻衣，寺名。昔麻衣和尚住錫此山。宋太祖征太原，道經於此，躬祝佛前，曰："此行止以吊伐為意，誓不殺一人"。王思誠有"北山雨洗麻衣石"之詠。

鳳臺異形山勢如鳳，是鳳凰之來儀。

漳水環帶一水出樂平縣地大黽谷，一水出石猴嶺，二水相合，遶城如環帶然。

西溪靈井在雲龍山龍神殿內，井穿石上，天旱禱雨，取水涓滴注瓶中，水若滿溢即雨。

合山奇泉合山，敕封懿濟聖母、顯澤侯坊，石橋下泉流湧出，其水供十餘村飲汲。每至四月四日會祀，四方雲集，其泉涸而不流，衆呼佛拜禱山中，聲如大風，泉復湧出，奇哉。

津梁 附

鄧憲璋曰：歲十一月徒杠成，十二月輿梁成，周制也。和順僻處深山邃谷，原無津可問，止有一流漳水，縈洄於縣之東南北三面，且清淺可揭，更無容以石砌橋。但天雨暴發，四山流注，洪水泛濫，排山倒海，為害無窮，孰能禦之？故以木搭橋，時將寒即成梁以渡，民不病涉。水或發，則掣板以候，涸可立待。考之夏令曰："十月成梁"，良由農事以畢，可用民力以成之也。有津梁之責，務期按時以成，似勝乘輿之惠，亦平政之端也。故以津梁附之。

東河橋在邢村。離縣八里，路通河南，係木橋。康熙十年知縣鄧憲璋重修。

通濟橋在河北。離縣二里，路通北京，係木橋。康熙十一年知縣鄧憲璋重修。

南河橋在爨村。離縣五里，路通潞安，係木橋。康熙十二年知縣鄧憲璋重修。

注釋

［1］水深水：即今之趙壁河。

［2］湛：深之意。

［3］潢池：積水池。

建置沿革

敘曰：和順，《禹貢》屬冀州。春秋時晉大夫梁餘子食邑，《左傳》書梁餘子養御是也。漢為上黨郡沾縣地。晉屬樂平郡。趙石勒起自武鄉縣，曾據其地。北齊為梁餘縣，又曰平城縣。隋始改曰和順，因境內有古和順城，故名，屬并州。唐初曰義興，仍屬并州，尋屬遼州。宋熙寧中，省入遼山縣平定軍。元祐初復置，屬遼州。金、元、明仍舊名。國朝亦未之改也。計縣之里凡二十有二，歷經兵燹之後，今止歸併五里矣。縣治居萬山之中。在遼州之北。

鄧憲璋曰：創建之役，因時損益，若以不可已之事，恐勞民傷財。而已之，則因陋就簡，無所不至。和順諸建置廢弛極矣，不亟為整頓，將誰諉[1]乎？且歷禩綿邈，分合靡常。初曰梁餘，繫梁餘者則書；再曰沾縣，繫沾縣者則書；後曰和順，繫和順者則書；初屬并州，尋屬遼州，繫并州者則書。若攷和順之沿革，而舍此不復網羅，焉得無有放失於史冊見聞之外乎？故備書之。惟沿革分明，則綜敘山川，採掇人物。與諸凡之建置，或前略而後詳，或今無而古有，確見案據後之考索者，洵[2]知非假借而攙入之也。為志建置沿革。

注釋

[1] 諉：推托，把責任推給別人。
[2] 洵：誠然，確實。

城池

敘曰：縣之城郭，正統十四年知縣王衡修築。萬曆二年，知縣蘇性愚益磚砌築。又萬曆十二年間，知縣李繼元益土坯泥砌，設門三座，三隅各有角樓、敵臺，俱設窩舖，外濬深濠，年久崩壞。順治十六年，知縣李順昌重修北、南、西三城樓，懸之以匾，鼎新西門，以磚包甕城云。

鄧憲璋曰：《易》云："王公設險，以守其國"，子輿氏曰："天時不如地利"，蓋城池藉以宅民而禦暴者也，未聞墻止及肩，水不沒髁，金湯云乎哉。況和順係土城，歲久失修，其傾圮之狀，殆有不可勝言者。於是率僚屬紳衿並里老，巡閱細勘，計塌倒裹口二十三處，共一百一十五丈，倒壞磚垛口三十九個，角樓、敵臺、窩舖俱已破爛，城池、倉庫、獄禁何恃而無恐？即捐俸首倡，僚屬併勸諭紳衿里民樂輸，於康熙八年四月十二日興工。隨具文通詳各憲，不動正項錢糧，不加派民間城工，許可。不數月告成。一應城垣舖垛，修築堅固，足資保障。詳載碑記，列藝文内，願後之令斯土者，當勤於補修毋忽。為志城池。

和順，土城一座，週圍二里零二百五十步，高連磚垛三丈七尺，根闊二丈五尺，收頂一丈五尺。門三座，南曰康阜，西曰寶凝，北曰拱辰。角樓、敵臺共十一座，磚垛口二百四十個，窩舖一十五間，外濠深二丈五尺。

公署

鄧憲璋曰：官師之設，自縣令以及巡司，各有攸任。要之重民生，勵風教，宣朝廷之德，以行四方之政，則均焉。一日居乎其位，則一日業乎其事，可徒負虚名、縻廩糈，不克[1]副國家建官之意，以失士民之望，豈不有忝於官乎？聞之一人向隅，當有閉閣之思，四郊多壘，不無垂堂[2]之懼。徹戶牖以桑土，嚴屋漏於鬼神，皆署中事也。不敢傳舍官署者，還從不傳舍其官始。戒之哉！戒之哉！為志公署。

縣署在城之西北隅。承流宣化坊一座。鍾鼓樓二座久廢。申明亭、旌善亭各一間在宣化坊東、西，萬曆十二年知縣李繼元創建，久廢。榜房十間久廢。大門三間。左土地祠三間知縣鄧憲璋康熙十三年新建。鑾駕庫五間。寅賓館三間。儀門三間。戒石亭一座。正堂三間。儀仗庫三間久廢。正堂東豐贍庫一間。正堂西贊政廳一所。堂東西承發司、舖長司、吏戶禮兵刑工六房共十間。公廨共十四間久廢。宅門一座。後堂五間。堂後樓房三間，題額曰學斯樓知縣鄧憲璋康熙八年新建。樓東廂房三間。堂西知縣宅一所，共房十三間知縣鄧憲璋康熙九年重建。西書房三間。堂東思鳳堂三間。臥月軒三間知縣鄧憲璋康熙十年重修。馬廐五間知縣鄧憲璋康熙十年新建。儀門左。

典史署，門一座。堂三間。書院北房三間。住宅五間。東西廂房七間以上典史祝起鳳康熙八年重修。

預備倉，六間在大門內西。

監房，八間在儀門內西。

陰陽學、醫學俱久廢。

巡檢司在八賦嶺，官署被明季流寇焚燬。

傳舍 附

鄧憲璋曰：朝廷建官設職，各有攸司，名之曰公署，欲其顧名思義，奉行公務也。和順東藩太原，雖稱僻路，上臺按臨日鮮，遇有觀風者感而至焉，察民之疾苦，軫民之隱憂，釐獘剔奸，旌善懲惡，而公署不預，藉何處停驂而宣布其政教？和順舊置察院，恐年久必敝，敝而不修，是有司之責也，可不加意修葺乎。故志公署。

察院公署在縣治之東。大門三間。儀門三間。正堂五間。後堂三間。寢堂三間。前後東西廂房各三間明洪武八年，知縣徐彥輝建。萬曆十二年知縣李繼元重修。本朝康熙八年知縣鄧憲璋重修。

注釋

［1］克：能夠。
［2］垂堂：堂屋簷下，形容危險的境地。

學校

敘曰：學校，人才所關，名臣鉅卿、弘儒碩輔由此出焉。是以三代迭更，而學校建立至今存也。海內羣子弟授儒師，嚴提調，朝絃暮歌，禮陶樂習，彬彬稱豪傑士者，皆三代之意也。但遊於斯者，覩聖域之津涯，悅義禮之規則，《易》曰：“觀人文以化成天下”，豈以小邑而遺之？

鄧憲璋曰：國家重道崇儒，莫要於學校。自三代以後，人主以武功定天下者，往往緩於文事。漢歷高、惠、文、景而太學未建，宋歷太祖、太宗、真宗而州郡學之未建。我朝締造之初，庶務悉舉，首興學校以養士子。要必居家為孝子，仕國為忠臣，丕振頹俗，力追先正，為一代人傑耳。惟和學在深山，而科名亦破天荒矣。然文廟頹傾，非所以安聖靈而為後學之所觀化者，敢不亟同學師次第修葺，煥然一新。詳載碑記，列藝文內。今而後任教化之責者，慎勿曰成材之難而薄作人之意也，則可矣。為志學校。

正殿，三間順治十六年，知縣李順昌、教諭白毓秀重修。東西兩廡，共十間康熙八年知縣鄧憲璋、訓導王協慶重修。碑亭，二座順治十六年，知縣李順昌、教諭白毓秀重修。櫺星牌樓，一座，戟門牌樓一座，大成坊牌樓，一座。奎光樓，一座，啓聖祠，三間，名宦祠，三間，鄉賢祠，三間，明倫堂，五間以上俱康熙十二年知縣鄧憲璋、訓導王協慶重修。進德齋，三間，修業齋，三間，東西庫房，各二間，儒學大門，三間，儀門，一座，廣文廳，三間，學舍，九間，南北房，六間以上俱崇禎十二年知縣李呈藻，仝本縣鄉紳候選州判藥鶴庚創建。

祭器，銅爵二十，銅籩三十，錫籩四十，銅燭臺一對。

坊表 附

鄧憲璋曰：從來坊表之設，旌淑樹聲以光人文而勵忠孝，傳之千禩，非特為一時之美也。予攷和順名坊纍纍，無非為科甲仕宦而立。而科甲仕宦之中，自有人文忠孝在焉。惟有義民坊僅一見之，惜乎久廢，則其名與坊恐愈久而不可攷。不若筆之於志，為足傳也。故附之以坊表。

育賢坊縣中歷科鄉甲姓氏。司徒坊王佐立。尚書坊王佐立，今廢。天曹四署坊王佐立。進士坊王佐立。步月坊王佐立。世登科第坊王雲鳳立。儒宗坊王雲鳳立。己卯舉人坊周文立。誥封主事坊周麒立。庚午舉人坊周朝著立。丙戌進士坊周朝著立。丁酉舉人坊程霽立。辛酉舉人坊陳桂立。甲子舉人坊王之臣立。庚午舉人坊畢世隆立。甲子舉人坊齊聞韶立。兵憲石坊藥濟衆立。義民坊徐煥立，今廢。誥贈副使坊藥性立[1]。

祠祀

敘曰：神有正典，祀有專主，遵制以崇，禮無或踰且瀆也，國之大事在祀甚矣。祀典之當修也，祭神如神在，豈虛語哉？

鄧憲璋曰：季氏旅泰山，孔謂不仁；文仲祀爰居，傳稱不知。凡祀之載在典禮者，依歲時恪共[2]祀事，以期百靈效順，民多益祉。不然神將吐之，可不慎乎？為志祠祀。

至聖先師歲二祭，以春秋仲月上丁日。啓聖公祠在文廟後，歲春秋二仲分官致祭，與釋奠同日。文昌閣在文廟東北城角，春秋仲月上丁日祭。魁星樓在文廟東，城上，歲春秋二仲上丁日祭。東廡在正殿東，春秋二仲以上丁日祭。西廡在正殿西，春秋二仲以上丁日祭。名宦祠在文廟戟門內東，歲春秋二仲以上丁日祭。鄉賢祠在文廟戟門內東，歲春秋二仲以上丁日祭。山川社稷壇在縣西北一里，歲春秋二仲以上戊日祭。風雲雷雨壇在縣南一里，歲春秋二仲以上戊日祭。城隍廟在縣治南，八月十二日祭，康熙十一年知縣鄧憲璋重修。土地祠在縣治內寅賓館後，春秋二仲以上戊日祭，康熙十三年知縣鄧憲璋重建。邑厲壇在縣北一里，春清明日、秋七月十五日、冬十月初一日祭。八蜡廟在縣南一里，春秋二仲以上戊日祭。東嶽廟祀碧霞元君，在縣東關，四月十八日祭。關帝廟一在縣南關，一在西甕城，一在北關，五月十三日祭。藥王廟在縣西五里雲龍山，二月十五日祭。龍王廟在縣西五里雲龍山，六月十三日祭。泰山廟祀天齊仁聖大帝，在小東關，三月二十八日祭，康熙十三年知縣鄧憲璋重修。懿濟廟在縣東三十里合山村，四月初四日祭。顯澤廟一在合山村，一在縣東關，二月二十四日、九月二十七日祭。子孫廟在城隍廟東，三月十九日祭，康熙十二年知縣鄧憲璋重建。馬王廟四月初十日祭。后土廟在縣北二十五里李陽村，七月初二日祭。王虎谷先生祠在中和街東，自明及今，歲春秋次丁致祭。

注釋

［1］“條目”中列於“公署”下。

［2］恪共：恭謹之意。共，通“恭”。

貢賦

敘曰：因民授田，因田出賦，古制也。三代以後，富奪其貧，強兼其弱，而影射詭計之獘生矣。民無額田，田無定賦，而國計惟正之供虧矣。先王什一而賦，使上下安、財用足、經界正、穀祿平者，惟以額編賦役是賴也。

鄧憲璋曰：和順平土無幾，環圍皆山，無河渠溝澮以蓄洩其水。民間地土大都在山崗坡阜之間，即雨暘時若[1]，收穫止可以比隣封之半。不然潦則漂沒矣，旱則枯槁矣。兼之時令太遲，他處桃李結寔而和始吐花，他處禾黍將秀而和始播種。更可患者，地寒氣凝，方秋隕霜，正萬物欣欣向榮之時，而一夜露結，頓為萎落矣。況地薄而且确[2]，不宜禾黍，僅栽油麥、苦蕎、菽粟之類，間以麻地之所出，庶可以少供國賦。是以小民終歲勤動，家無升斗之儲，養畜無資。雖有草木鳥獸亦可以易黍稷稻粱，奈道路險阻，商旅不通，猶然望梅止渴。究其平土不行開墾，多致荊棘蔽道者，何故？邑之士民咸曰：“此山徑之谿間也，一朝天雨水發，四山之水流注，竟成汪洋巨浸，行路且莫測其深淺，不得不棄之也”。噫！舉世之人無非藉居處衣食，安土重遷，不為中澤之鴻鴈。玆邑也，居則野處，食則蕎麥，尚有以糠粃為食者。民安得不逃賦？安得不負乎催科撫字[3]？拙於計矣，雖有循良復出，孰能回天時以佐地利哉？有司徵比之際，能用一緩二，不失其宜，庶幾可矣。為志貢賦。

一、本縣原額麻、平、坡、沙、薄五等更名開墾，共地三千四百四十七頃二分八釐二毫，該糧六千六十三石一斗三升八合三勺九抄，共折銀六千九百三十六兩五錢九分四釐五毫四絲八忽六纖二沙八塵。每石該帶派地差一錢八分四釐四毫七絲九忽六微六纖九沙八塵六渺，共徵地差並清出地差二頃，共銀一千一百一十八兩五錢二分五釐七毫六絲八忽五微，通共銀八千五十五兩一錢二分三毫一絲六忽五微六纖二沙八塵。

一、原額人丁五千九百三十二丁，各徵不等。共徵銀二千九十四兩四分八釐二毫二絲三忽二微三纖六沙。

一、順治十四年，清出土著新編人俱下下二百二十八丁，共徵銀七十三兩五錢五分三釐三毫六絲六忽三微五纖二沙。

一、順治十四年，清出紳衿優免供丁三百七十四丁。共徵銀一百七十四兩九錢一分一釐四毫四絲。

以上三項共人六千五百三十四丁，共徵銀二千三百四十二兩五錢一分三釐二絲五忽五微八纖八沙。

以上地丁通共銀一萬三百九十七兩六錢三分三釐三毫四絲六忽一微五纖八塵。

起運

戶部項下：宣大農桑地畝等項，共銀三千一百九十三兩六錢五分三釐三毫八絲五忽二微一纖四沙八塵。

禮部項下：羊價、藥味、紙價等銀三十三兩七錢六釐四毫，腳價銀七錢八分三釐一毫四絲一忽。

兵部項下：柴直銀三十五兩五錢，腳價銀一兩五錢七分八釐五毫二絲，遇閏加銀二兩。

工部項下：柴夫、木柴、胖襖等項共銀七百五十兩二錢二分，腳價銀二兩一分三釐三毫七絲四忽。

一、舊額存留項欵，奉文節年裁扣，併裁官經費等項，共銀一千一百一十一兩一分一絲三忽一微四纖。

一、置買造解紬絹併本色顔料，共銀二十兩三錢一分六釐九毫五絲九忽八微，腳價銀一錢三分八釐七毫四絲一忽。

一、本省額編兵餉銀三千八十兩八錢四分七釐七毫八絲二忽。

一、驛站抵解正項銀七百五十九兩一錢四分五釐一毫。

一、額外解部銀：酒課銀三兩八錢；匠價銀二十兩二錢五分；商稅銀一十一兩六錢九釐，遇閏加銀九錢六分七釐四毫三絲；當稅銀二十五兩；牙稅銀四兩二錢。

存留

本縣存留官俸、役食、雜支等項，共銀一千四百八兩七錢一分七釐八毫九絲九忽九微九纖六沙。

一、知縣俸銀四十五兩；知縣心紅紙張銀二十兩；庫子四名，工食銀共二十四兩；門子二名，工食銀共十二兩；快手八名，工食銀共一百三十四兩四錢；民壯五十名，工食共三百兩；皂隸十六名，工食銀共九十六兩；轎夫四名，工食銀二十四兩；傘扇夫三名，工食共十八兩；擯夫六名，工食銀共三十六兩；燈夫四名，工食銀共二十四兩；倉斗級四名，工食銀共二十四兩；禁卒八名，工食銀共四十八兩；舖司兵二十五名，工食銀共一百三十二兩；迎春神牛酒席銀二兩；鄉飲酒禮銀七兩五錢；二大祭、三小祭共銀六十五兩；習儀、拜牌、霜降銀二兩一錢六分；本州進表銀一兩五錢；修理監倉銀二十兩；修理城垣銀五兩；朝覲本冊、什物銀五錢六分六釐六毫；廩生膳夫銀一十三兩三錢三分三釐二毫九絲九忽九微九纖六渺；起送應試生員盤費等銀二兩四錢五分；季考生員試卷銀六兩；餞送舊舉人會試銀五兩五錢；歲貢盤纏花紅等銀二十六兩；新舉人花紅等銀二兩五錢；歲考生員試卷等銀七兩五錢；新中進士旗扁賀儀等銀二兩八錢五分。造寫恤刑紙張銀二錢；冬衣花布銀四兩二錢；典史俸銀三十一兩五錢二分；門子一名，工食銀六兩；皂隸四名，工食銀共二十四兩；馬夫一名，工食銀六兩；儒學俸銀三十一兩五錢二分；齋夫六名，工食銀共七十二兩；門斗三名，工食銀共二十一兩六錢；喂馬草料銀十二兩；巡檢俸銀三十一兩五錢二分；皂隸二名，工食銀十二兩；弓兵二十名，工食銀四十八兩九錢。

里甲 附

敘曰：天下之有郡縣，猶郡縣之有里甲也。郡縣富庶則國家之用足，里甲充實則惟正之供易輸，而有司不難於催科。惟和順隸於萬山之中，石确地薄，止有一季秋收，地之所獲不足以完正賦。父母斯民者，不為休息，寧棄田廬，而之四方，兼歷經兵火之後，昔之二十二里，今併而為五里，其里甲之盈縮可知矣。

鄧憲璋曰：和順舊編二十二里，後併為五里。究其故，良由兵荒之後，丁口逃匿而里甲空虛，賠累難支，日漸凋敝矣。夫錢糧出於地畝，人逃則地荒，而國課益難辦矣。然併里之舉，非得已也。故備列舊里之名二十有二者，存其虛名以待將來之富庶云。故志貢賦而附里甲。

在城里；南廂里；仁壽里其里仁厚，其人永年，故名；西峪里其村在西山岩下，故指村為里；高丘里其地高，多丘陵，故名；玉女里其地有烈女不願適人，父母欲奪[4]其嫁，遂投崖而死，廟址猶存，故名；喬庄里其地多生上竦之木，建庄於此，後因名里；白泉里其地泉水湧出，澄清潔白，故名；古城里其地有古和順城舊址，故名；溫源里其地有溫泉，極寒不凍，故名；石城里其地山勢四圍，形如城郭，故名；上豐里其地衣食饒足，諸里不及，故名；鳳臺里其地山岩高聳，俗傳鳳凰來棲，故名；九京里九京，山名，因人民居集於下，故名；忠信里其俗不偽，其民極淳，故名；馬陵里其地近馬陵道，昔孫臏敗龐涓於側，故名；德寧里其里父子各安慈孝之本，故名；永興里其里民德亦厚，而富庶永遠，故名；儀城里乃古儀城之地，遺址猶存，故名；金廂里其里因古有金廂寺，故名；獨堆里其山堆高聳，出羣陵，故名；西陽里其地背首陽山，日光到遲，故名。

今併為五里：在城里，仁高里，儀城里，德興里，南玉里。

人丁 附

敘曰：民數至重也。昔《周禮》小司寇氏掌民數，男女生齒以上皆書，三年大比，獻於王，王拜受之，登於天府，所以重民數也。能知所重而重之，則戶口蕃矣。故曰：民數之豐耗，國本之安危繫焉。有味乎斯言矣。

鄧憲璋曰：和順，唐虞故墟，民數宜殷庶也。值寇亂之後，里無全甲，甲無全戶者，何也？因邑建於晉之東陲，地無所產，民不聊生。一遇歉歲兵荒，不東走直隸，即南走於豫省。況又有丁糧之包賠，而在籍者更不能安居故土。日復一日，將為丘墟。予於蒞任之後，按里細查，有故絕丁八百一十三丁，逃丁一千一十丁。申請蠲除，則徭銀缺額，有司之咎；聽其包賠，則里甲空虛，小民何堪。官斯土者，正食不下咽時也。惟有百計招徠，多方寬恤，以致復業之民襁負而來八百餘家。值康熙十一年編審，除去故絕，以新丁補之；查有逃丁，以復業補之。庶幾戶口實而徭額足矣。噫！讀少陵《三別》之詩與“石壕村”之句，司牧者其知所以安集之哉。故以人丁附之。

明：洪武二十四年，戶二千七百七十二，口一萬六千二百七十七；永樂十年，戶二千六百五十九，口一萬五千二十；成化八年，戶三千一百二十五，口二萬二千七百七十九；弘治五年，戶二千二百三十，口二萬三千二十；弘治十五年，戶三千二百三十，口二萬三千一十二；嘉靖三十八年，戶一千二百，口一萬八千九百；隆慶元年，戶一千一百九十八，口一萬九千一十七；萬曆十一年，戶一千一百五十，口一萬七千五十；萬曆四十七年，戶一千一百，口一萬四千五十；天啓三年，戶一千五百，口一萬八千五十八；天啓七年，戶一千五百五十，口一萬九千；崇禎六年，戶九百一十，口九千八十；崇禎十五年，戶九百一十，口九千二百。

國朝：順治三年，戶七百八十，口八千一百；順治十六年，戶八百一十，口九千；康熙元年，編審興差，人丁五千七百二十七丁；康熙六年，編審興差，人丁五千七百八十九丁；康熙十一年，編審興差，人丁五千九百三十二丁。

鄉村 附

鄧憲璋曰：古制：邑領鄉，鄉領里，里領村。《逸雅》云：鄉者，向也，衆所向也。若不定縣之四鄉而分各村，則村居曷[5]知所向？故附之以鄉村。

東鄉二十二村：邢村縣東八里；白泉村十三里；平松村二十里；玉女村二十里；新村二十五里；小南會村二十八里；松煙鎮四十里；馬嶺曲鎮五十里；許村六十里；喬庄村七十里；合山村三十五里；虎峪鎮六十里；當城村七十里；王卞村七十里；傾城村八十里；白背村七十里；柳科村七十五里；石家庄村七十五里；雷庄村五十里；范庄村六十里；圈馬平村六十里；青家寨村六十里。

西鄉四十四村：扒頭村八里；儀村十五里；團壁村二十里；裴家峪村三十里；寒湖鎮四十五里；上庄村五十里；内陽村六十里；張見村六十里；沙峪村六十里；白岩村七十里；横嶺鎮八十里；油房村八十里；刁岔村八十里；上北舍村九十里；儀城鎮一百二十里；翟家庄村九十里；沙窩村一百一十里；焦紅色村一百二十里；水澤村一百三十里；石峽村一百三十里；交口村一百三十里；石岩村一百三十里；羊兒庄村一百三十里；道路村一百三十里；雙峯村一百三十里；張科村七十里；西陽村八十里；

趙村一百里；白家庄村一百二十里；馬陵村一百三十里；姚家庄村一百三十里；部村一百二十里；路峪村一百二十里；城南村一百三十里；堡下村一百三十里；溫前村一百三十里；部家舍村一百三十里；柴兒村九十里；璧子村九十里；龍王村八十里；百官村九十里；廣屋村八十里；要峪村八十里；樂毅村七十里。

南鄉一十五村：爨村三里；會裡村四里；白珍村五里；窑上村八里；牛駒頭村十五里；喂馬村二十里；上元村二十里；北安驛村二十五里；南安驛村三十里；河緒村三十里；三泉村二十里；祁兒村三十里；窑底村四十里；大佛頭村五十里；義凌村五十五里。

北鄉三十一村：窑村三里；後峪村十里；溫源村十三里；泊裹村十五里；李陽村二十五里；石勒村三十里；三汲村二十里；高丘村二十五里；南庄村二十五里；牛川村三十里；黄嶺村三十五里；上豐村三十里；下黄崖村三十二里；史家庄村三十五里；九京村八里；梳頭村十里；科氣村十五里；紫羅村二十里；磚窑村三十里；白雲村三十里；鵲橋村四十里；程家庄村四十里；京上村五十里；張家庄村六十里；寺頭村七十里；馬防鎮九十里；西石勒村九十里；樹石村九十里；天君村一百里；君城村一百一十里；木瓜村一百二十里。

市集 附

鄧憲璋曰：日中為市，古制也。通工交易，於民最便，而稅課亦因此以徵焉。乃時事日趨於偽，物價低昂，牙棍為之厲階[6]，全在有司者治之耳。故附之。

在城市集逢雙日；馬嶺曲鎮集今廢；松煙鎮集今廢；虎峪鎮集今廢；寒湖鎮集今廢；橫嶺鎮集逢二五八日；儀城鎮集逢三六九日；馬防鎮集逢二七日。

注釋

［1］雨暘時若：謂晴雨適時，氣候調和。

［2］确：土地瘠薄。

［3］催科撫字：指地方官吏的治政。

［4］奪：強迫、強行。

［5］曷：怎麼。

［6］厲階：禍端，禍患的來由。

和順縣志

行集

屯田 學田附

鄧憲璋曰：屯田有二，有王屯，有軍屯。王屯始於封建，軍屯肇於衛所。和邑僻處萬山彈丸之地也，明初藩封之所不及，營伍之所未立，是以無屯焉。迨其後也，有慶成府分封於晉，而和有王屯之名。及國朝定鼎以來，將王屯編入民地，奉文改曰更名地，一例徵糧，而屯田無容再志矣。但有學田數圻，所出租課為文宗教養學校之資。近又解藩司充餉，兼以兵燹之後，荒蕪殆盡，歷經三次節懇，為數無幾，俱屬坡薄，若不紀之，恐後來湮沒荊棘間矣。薪燼火傳，惟志攸賴，故附之。

計學田五十四畝，坐落平地川。每畝租谷一升四合零。共租六斗六升三合零。

水利

鄧憲璋曰：流水之為物也，大則浮舟載重、利涉貿遷[1]，小亦灌溉園田、滋蕃庶彙，此天下之通義也。惟和邑獨不然，地寒土薄，加以磽礫，水注其中，先為泥淖者，旋而堅實矣。遂令兩漳環抱，無所用之。若夫[2]山溪野泉亦有瀠洄，但遇暴雨霪霖，峻山陡澗，湍激奔流，禾苗且被衝沒。古人云：水者，天下之大利大害也。和獨有害而無利，故於水利闕而不講焉。

注釋

［1］貿遷：販運買賣。

［2］若夫：句首語氣詞，表示另提一事，可翻譯為“至於”。

鹽法

鄧憲璋曰：《洪範》：五行，一曰水，潤下作鹹，足國便民，蓋交資焉。和順崇山峻嶺，地不產鹽，兼以民窮俗苦，招商無人，則鹽法壞而官民交困矣。於康熙九年八月內條議，詳請鹽憲允行，歷年引銷課完，官民兩便。事關興利，應記之於志。一切條約批詳，悉在藝文碑記內，俾後之司鹽課者照察之可也。為志鹽法。

鹽引二百一十二道，鹽課銀八十四兩四錢八分，紙價銀六錢三分六釐。

兵防

鄧憲璋曰：安不忘危，治不忘亂，未雨綢繆之道也。夫和順幅幀廣闊，村疃零星，居民寥落，四嶺環峙，羣山盤曲。古設巡檢司三員，無非為地方計也。明時裁去其二，未免有鞭長不及馬腹之虞。然防禦之事，不敢少怠。雖有演武之設與器械之備，而武備乏員，猝有竊發，誰其禦之？國朝設防官防兵，保護城池，分防隘口，自各有其備矣。為志兵防。

防官，一員。防兵，一百名康熙七年裁兵一十一名。演武場在城西南，霜降日，縣官詣場，同防官祭旗纛[1]，操練快壯，併閱操馬步防兵。演武廳，三間。耳房，二間。旗臺，墩臺多設在高阜處。大砲十五位。馬腿砲十五位。三眼銃八十桿。鳥鎗十五桿。長鎗二十桿。腰刀十五口。火藥。鉛子。鐵子。

注釋

［1］纛：軍中大旗。

馬政

協站 附

鄧憲璋曰：《呂氏春秋》云："習五戎，班馬政"。故蕃庶之任，寄之冏卿[1]，而海內郡縣咸有馬政焉。梁餘僻處東陲，不通驛路，黃華四牡自古缺然。舊有里甲數馬以供上差驅策，今併裁去矣。最苦者，縣治與太原之樂平南北接壤。樂平額供栢井驛，遂扳告和順暫協馬二十一匹。樂平距栢井七十里，和順距樂平九十里，是距栢井一百六十里矣。相延日久，竟為成例，既有鞭長不及之憂，又加靠累欺凌之患。於順治十八年，蒙撫院具題、兵部議覆，於請廣直言等事疏內，照依原額銀數協濟栢井應差，奉諭旨在案。嗣後協銀不協馬，而和之民苦累蘇矣。該驛復以苦累難支，屢控議幫。又議每年額外貼幫買補馬匹銀四十兩。案查康熙六年五月內，兵部具題為遵諭陳言事，查得驛站需用錢糧，本處額徵不足，皆有協濟，但驛站錢糧計口授食，刻不容緩，若待協濟往反關支，彼此隔膜，必誤急用，嗣後將額徵糧，不足請以本處正項錢糧即作本處驛站支用。奉旨依議。即奉文遵將協濟站銀七百五十六兩，抵解正項。是和順無協濟站銀名色，毋庸再領額外幫費矣。而該驛仍以成例具領，於康熙八年二月內具文通詳，蒙撫院藩司查明批免。至康熙十三年三月內，樂平縣復行申請攀赴栢井支應，又激切備將妄攀情由詳明驛憲，荷蒙申飭樂平，而和邑之苦累始除矣。事關革弊，應記之於志，以垂永久。為附驛站。

協濟栢井驛工料銀七百五十六兩，奉旨抵解正額。

額外幫買馬銀四十兩。奉布政司達批據詳，額外私幫殊屬違例，仰候撫院詳行繳。奉巡撫阿批，驛馬倒斃，自有買補之例，其幫買銀兩未經奉旨，不便私幫，仰道飭行繳。

樂平縣申攀和順赴驛協馬支應，蒙督理山西糧屯驛傳道布政使司參議張批，樂平縣妄攀該縣協馬情由，已經申飭在案，仰各遵守此繳。

縣舖 附

鄧憲璋曰：置郵以傳命，古制也。和順僻隸萬山，不通大道，原無驛遞。距遼州九十餘里，距省三百餘里，公文往來惟賴各舖之司兵傳遞。而高山峻嶺之險，狼虎橫行之虞，兼之依限，日夜兼馳，違則有責舖其殆哉，當事者可不加之意乎？故縣舖附之。

在城舖在縣治南；西仁舖在縣南十五里；石鼓嶺舖在縣南三十里。以上通遼州。

儀村舖在縣西十五里；裴家峪舖在縣西三十里；寒湖鎮舖在縣西南四十五里；沙峪舖在縣西南六十里；橫嶺舖在縣西南八十五里；儀城舖在縣西南一百二十里。以上通榆次縣。

後峪舖在縣北十五里；李陽舖在縣北二十五里；松子嶺舖在縣北四十里。以上通樂平縣。

注釋

［1］冏卿：太僕寺卿的別稱，掌管皇帝車馬、牲畜之事。

帝王

鄧憲璋曰：古來帝王崛興，莫不顯著其地，如堯之丹陵，文王之岐國，漢高之豐沛，何代不然乎？和之建邑也，斗絕行巔，為三晉奧府，聖帝明王誕育建立於此者，未之前聞。爰稽古昔，如戰國之文侯、武侯，皆賢辟也。其避暑臺、養鹿苑，此中猶有遺址。臆想其時，蓋以梁餘邢國為趙魏接壤，而黃榆諸隘又為防戍必嚴之地。其時去時來也，非奮興於斯者也。後趙石勒固耕於此者矣，其初又為武鄉人，謂之流寓則可，不敢誤入斯則也。

職官

鄧憲璋曰：吏之親民，莫切於縣令，故稱之曰民之父母，教養之任寄之矣。至於丞簿尉博之屬，雖職有崇卑，而貳政贊襄，各有所司，皆設官為民之意也。攷舊制，和順縣屬僚全設，後之迭見裁汰者，以地之僻瘠故也。惟望庶司各慎乃職，斯不負建官惟賢之意耳。為志職官。

縣舊設：知縣一員；縣丞一員明嘉靖初年裁；主簿一員明萬曆初年裁。典史一員。

縣儒學舊設：教諭一員今裁；訓導二員明崇禎初年裁一員。

縣巡檢舊設：松子嶺巡檢一員久裁；黃榆嶺巡檢一員久裁；八賦嶺巡檢一員。陰陽學訓術一員無。醫學訓科一員無。僧會司僧會一員無。道會司道會一員無。

歷官 附

鄧憲璋曰：朝廷設官置吏，主持風教，興革利弊，休養百姓。一官有一官之政令，豈肯盡遜。召父杜母[1]居美於前，而不遡媲其芳躅[2]乎？宜歷志之。自漢唐宋以來，姓字湮沒難攷，而元明尚有其人。至於國朝循良，口碑嘖嘖，亟備書之，以傳於後。歷官附之。

知縣

元：馬克禮中都人。張欽祖保定人，至正十三年任。

明：張克讓洪武十三年任。賈忠洪武十七年任。葛敷河南人，由進士，洪武末年任。王孚興化人，由舉人，永樂初年任。徐彥輝直隸人，由進士，永樂年任。宋傑陝西人，由進士，永樂年任。王衡陝西人，由進士，永樂年任。張庸寧州人，由舉人，正統年任。王屏儀封人，由舉人，正統年任。王恕陝西人，由舉人，景泰年任。段珉豐閏人，由進士，天順年任。賀祐東平州人，由舉人，成化年任。連勝永年縣人。武定陝西人，由舉人，成化十八年任。劉文奎直隸人，由舉人，弘治年任。孫鼎渭南縣人，由舉人，弘治六年任。馬廷璽鳳陽人，弘治十三年任。周鉞直隸人，由進士，弘治年任。李紳曹州人，由進士，弘治年任。鄒瓚直隸人，由進士，弘治十五年任。劉宗保定人，由舉人，嘉靖元年任。楊魁儀封人，嘉靖六年任。霍光先直隸人，由舉人，嘉靖十一年任。李棟陝西人，由進士，嘉靖十九年任。師道立陝西人，由歲貢，嘉靖二十二年任。謝培齡直隸人，由舉人，嘉靖二十七年任。劉邦定直隸人，由歲貢，嘉靖三十二年任。高思敬陝西人，由舉人，嘉靖四十年任。劉時夏陝西人，由歲貢，嘉靖四十四年任。樊自新陝西人，由歲貢，隆慶二年任。蘇性愚陝西人，隆慶五年任。劉好生陝西人，由舉人，萬曆元年任。趙來聘直隸人，由舉人，萬曆二年任。周讓延津縣人，由例貢，萬曆四年任。李嘉會山東人，由選貢，萬曆七年任。李繼芳直隸人，由歲貢，萬曆十年任。李繼元寧夏衛人，由選貢，萬曆十一年任。入名宦。張樞陝西褒城人，由舉人，萬曆十五年任。宋士程陝西咸寧人，由舉人，萬曆十九年任。王玉汝山東黃縣人，由歲貢，萬曆二十二年任。耿熠山東歷城人，由舉人，萬曆二十四年任。芮約陝西三原人，由舉人，萬曆二十七年任。任惠四川南充人，由舉人，萬曆二十九年任。王道行直隸獻縣人，由歲貢，萬曆三十三年任。任寵陝西咸寧人，由舉人，萬曆三十五年任。張正儒北直新安人，由舉人，萬曆三十七年任。入名宦。孫光前河南項城人，由歲貢，萬曆四十一年任。萬象新南直宜興人，由舉人，萬曆四十四年任。入名宦。牛成龍湖廣襄陽人，由歲貢，萬曆四十六年任。張儒湖廣枝江人，由歲貢，萬曆四十八年任。楊文晃南直涇縣人，由歲貢，天啓二年任。程有本山東聊城人，由恩貢，天啓五年任。高三台北直清苑人，由舉人，崇禎二年任。路從中北直東光人，由歲貢，崇禎四年任。楊崧陝西漳縣人，由歲貢，崇禎七年任。李呈藻北直平山人，由歲貢，崇禎九年任。蔣敏德遼東鐵嶺人，由歲貢，崇禎十三年任。苟為善陝西醴泉人，由歲貢，崇禎十六年任。

國朝：常應禎直隸栢鄉人，由恩貢，順治元年任。樓欽禎浙江義烏人，由廩監，順治三年任。蘇弘祖河南湯陰人，由進士，順治四年任。在任病故。劉湛然河南登封人，由歲貢，順治十一年任。申請題免河塌荒糧，闔邑戴德。雷湛直隸通州人，由進士，順治十三年任。行取戶部主事。李順昌直隸新安人，由舉人，順治十三年任。條陳驛苦，題允協銀不協馬，陞山東濟寧州知州。紳士民為立德政碑。楊棲鸞陜西膚施人，由恩貢，順治十八年任。丁憂還籍。周于文湖廣公安人，由拔貢，康熙元年任。七年予告歸里。鄧憲璋江南虹縣籍滿洲人，由廕生，康熙七年任。紳士贊曰：時趨繁苛，惟公以簡愛為施。法重催科，惟公以撫字相濟。招流移則逃逋來歸，戢軍伍則閭閻胥慶，永除驛苦則無輪蹄供應之艱，禁絕私徵則有雞犬靜安之譽。諸務聿新，才之敏也；羣情畢照，識之明也。清如漳水秋波，正如行山春峙。士民倚為父母，役胥畏其端嚴。漢代循良，微公誰繼！

典史

明：魏中。李剛。陳善。武振。劉傑。羅錦。張潔。賈世勛。姚尚其。黃文煥。鞏文錦。霍世昭。郭玠。趙孟陽。趙節陽。李汝諧。紀世安。王太平。黃家賢。高宦。郝名宦由進士，兵部職方司降。馬之服。鄧良弼。軒守智。陳應奎。薛君相。李瓊芳。方四端。張希邵。

國朝：陳良幹浙江人，順治元年任。余本忠太和人，順治四年任。竇世盈富平人，順治十二年任，陞巡檢。彭雲鵬韓城人，順治十五年任，陞巡檢。祝起鳳無錫人，康熙五年任，敏練慈和，丁父憂回，士民脫韡餞送。袁瑜富平人，康熙九年任，丁父憂回。趙守順延慶人，康熙十三年任。

教諭

明：楊益。秦懋。丁興。林叢。高寧。張名。張溥。趙寬。陳誥。趙瓏。胡宗夏。劉學。孫秉懿。孫嚴。王言綍。王澤。任禧。劉秉商。董鎮。郭衛民。許恩。陳科。李遇時。李大猷。周思稷。楊培。竇恩侮。賀觀。王廷策。薛勤。石弘璧。杜榛。劉曰示。王之弼。趙志鴻。劉思益。李永培。劉向化。

國朝：段袗祁縣人，歲貢，順治二年任，陞溧水縣丞。田藍玉太原人，歲貢，順治八年任，陞峽江縣丞。白毓秀澤州人，甲午舉人，順治十二年任，陞河南安陽知縣。

訓導

王協慶陵川人，康熙四年任，捐介持己，強毅與人，殷懷訓士，分俸資貧，久而不倦，通庠倚賴。

八賦嶺巡檢司巡檢

明：党朝宗。王績。田應麒。聶思和。高驥。邊騰。李拊。馬一夔。王佩。曹汝安。魏光大。劉廷彥。孫應舉。李元勛。楊開太。唐好古。段鄂。章奇。劉邦卿。李秦。王國聘。傅宸聰。騫仕穩。雷弘勛。陳文炳。

國朝：李棟江南人，順治十二年任，因督催協濟栢井驛驢頭，路遠不及，縊死平定州內。紀龍躍富平人，順治十六年任。黃錫裳宜川人，康熙元年任。孟養性大興人，康熙五年任。

注釋

［1］召父杜母：召，指西漢召信臣；杜，指東漢杜詩。召、杜二位均曾任南陽太守，頗行善政。後世以"召父杜母"來稱讚地方官政績顯赫。

［2］芳躅：指前賢的事跡。

名宦

敘曰：創制作範，匪時弗彰；流譽垂聲，匪功弗紀。名須功而顯，事候時以定，此理也。君子奉職循理，惟官守是務，非為名高也。乃其間以道經治、以勞恤民、以死勤事、以忠去國者，則特而表異之耳 。

鄧憲璋曰：士人立身行己，在家則重於鄉，居官則重於國，是以流風彰譽，令人歌思不衰也。名宦鄉賢蓋相為終始者歟，何也？哲人處出無二節，處則以名宦為鄉賢，出則以鄉賢為名宦。故次第志之。先名宦而後鄉賢，人物即鄉賢也。

金：馬克禮漢馬援後。知縣事，德惠及民，君子謂不忝其先。德政碑至今存焉。

元：**張欽祖**至正間知縣事。鼎新學校，譽重當時。

明：**連勝**由進士，成化中知縣事。涖政公勤，吏畏民懷。擢監察御史，歷陞知府、運使。**楊魁**由舉人，嘉靖元年任。持身清介，行政仁慈，士民稱誦。**高思敬**由舉人，嘉靖四十年任。清廉仁愛。**樊自新**由歲貢，隆慶二年任。廉介律己，平易近民。**李朝綱**由歲貢，隆慶年任。教諭純古不浮，誨人不倦。**李繼元**由選貢，萬曆年任。修城、賑荒、剏始縣志、修學作人。**張正儒**由舉人，萬曆年任。廉明果斷，豪猾屏跡。**萬象新**由舉人，萬曆年任。合里併甲，薄賦輕傜。**張儒**由選貢，萬曆年任。愷悌慈愛，視民如子。

選舉

敘曰：掄材，國家重典也。三代而下，六法舉賢，弊竇叢生。成周賓興，聖哲繼軌，天下無棄才矣。士生於今，黜詞賦，崇明經，羅以科目，誠盛舉也。然取材貴真而用材貴廣，彼隨時軒輊[1]亦淺之乎。為言也，知選舉者，宜審諸。

鄧憲璋曰：宋元以來，迄於明初，取士之制曰辟薦，曰科，曰貢。其後也，曰進士，曰舉人，曰貢士，三途並用。我朝因之，遲速不同，期於得人則一也。然則文字語言之末，果盡得人乎。《書》曰："敷奏以言"，又曰："乃言底可績"。自古記之，聖人繼起，不能易也。夫惟以人觀言，以言觀心，取士庶可必得耳。和雖彈丸邑，考之前時，一榜有發二三人者，今何寥寥耶？試思之人傑地靈，玆已有開之先者矣。拔茅彙征以邁跡前人，是在多士。為志選舉。

進士 附

元：**許狀元**元時人。今城西崗上許氏塋內塚上立石碑，書"狀元許公之墓"，而失其名矣，惜哉。

明：胡本乙丑科。彭彰癸丑科。任南京大理寺評事，遷陝西苑馬寺寺丞。王佐戊戌科。戶部尚書。王雲鳳甲辰科。都察院僉都御史，巡撫宣大。周朝著丙戌科。工部郎中。

舉人 附

胡本甲子科。武恒甲午科。彭彰乙酉科。范壽己卯科。郭迪壬午科。任陝西永壽縣知縣。郝演戊子科。任雲南浪渠州州判。韓庸辛卯科。劉政庚子科。裴弼丙午科。趙英丙午科。周文己酉科。任修武縣教諭。王佐乙酉科。程霽丁酉科。任直隸固安縣知縣，政令嚴肅。彭德潤丁酉科。王雲鳳癸卯科。佐仲子。陳桂辛酉科。任蘭陽縣知縣。王之臣甲子科。雲鳳侄佐之孫。畢世隆庚午科。任臨邑縣知縣，機警有守，調麻城。周朝著庚午科。世隆及門弟子。齊聞韶甲子科。任慶陽府花馬池通判。藥濟衆山西和順人，萬曆丁酉舉人。歷官昌平兵備道副使，崇禎六年流賊破城殉難，贈太僕寺少卿。

國朝：曹文炳順治庚子科。

歲貢 附

李確洪武年貢，任照磨。趙豫洪武年貢，任嘉興府推官。王敏洪武年貢，任檢校。部太洪武年貢，任照磨。曹楹洪武年貢，任欒陵縣主簿。趙俊洪武年貢，任容城縣知縣。曹毅洪武年貢，任安塞縣主簿。溫觀洪武年貢，任直隸唐縣知縣。李鎮永樂年貢，任直隸安州知州。徐威永樂年貢。賈銘永樂年貢，任涿州判官。張沖永樂年貢。趙文永樂年貢，任陝西莊浪衛教諭。馬良宣德年貢，任河南固始縣知縣。藥清宣德年貢，任陝西興平縣教諭。王縉宣德年貢，任四川綿竹縣知縣。魏安宣德年貢，任陝西綏德衛經歷。李睿正統年貢，任直隸通州衛經歷。趙珪正統年貢。趙暹正統年貢，任山東清河縣主簿。劉和正統年貢。賈宗正統年貢，任西城兵馬。常健正統年貢。張倫景泰年貢，任直隸順義縣主簿。周宗天順年貢，任浙江鄞縣縣丞。趙貞天順年貢，任滄州守禦所吏目。吳敬天順年貢，任肅王府典儀。魏新天順年貢。曹桂成化年貢，任淮安府經歷。盧仁成化年貢，任陝西永壽縣訓導。劉溥成化年貢，任韓府伴讀。張憲成化年貢，任直隸南樂縣丞。畢志成化年貢，任直隸濬縣縣丞。韓讓成化年貢。賈宣成化年貢，任南直崑山縣縣丞。李時成化年貢，任山東即墨縣主簿。魏弘成化年貢，任直隸贊皇縣教諭。藥濟成化年貢，任山東新泰縣縣丞。李森成化年貢，任陝西中簿〔部〕縣縣丞。冀信成化年貢，任湖廣衡山縣主簿。常安成化年貢。季棠弘治年貢，任教授。周麟弘治年貢。王贊弘治年貢。齊政弘治年貢。周鸞弘治年貢。周鳳弘治年貢。溫仁弘治年貢，任陝西安塞縣主簿。韓琛正德年貢，任耀州知州。劉漢正德年貢，任陝西涇陽縣訓導。魏繼武正德年貢，任順德府教授。王墉正德年貢，任陝西同州州同。韓儼正德年貢，任陝西膚施縣教諭。馬勤正統年貢，任晉府典儀。王學正統年貢。王侃嘉靖年貢，任秦府典儀。周朝賓嘉靖年貢。李希文嘉靖年貢，任鞏昌府通判。畢傳芳嘉靖年貢。彭希宗嘉靖年貢，任房山縣教諭。齊世寧嘉靖年貢，任直隸安肅縣訓導。蔡璞嘉靖年貢，任陝西保安縣教諭。韓邦臣嘉靖年貢，任陝西咸寧縣教諭。李經嘉靖年貢，任山東掖縣教諭。任宗道嘉靖年貢，任河南輝縣訓導。王邦智嘉靖年貢。藥大純嘉靖年貢，任蘇州府照磨。李中嘉嘉靖年貢，任陝西醴泉縣知縣。李中芳嘉靖年貢，任山東棲霞縣縣丞。陳良操嘉靖年貢，任陝西寧州學正。李綎嘉靖年貢，任宣府衛訓導。李智嘉靖年貢。彭科，隆慶年貢。馬任重隆慶年貢，任湖廣房縣知縣。王札隆慶年貢，任直隸固安縣主簿。李應科隆慶年貢，任寧夏衛經歷。周于禮萬曆元年貢，任唐山王府教授。溫彩萬曆年貢，任河南懷慶府訓導。畢聯芳萬曆年貢，任陽曲縣訓導。馬任遠萬曆年貢，任復州衛經歷。李應科萬曆年貢。齊徵韶萬曆年貢。王守言萬曆年貢。田雲龍萬曆年貢。王達肖萬曆年貢。李可立萬曆年貢。張正蒙萬曆年貢，任平陽府教授。王守訓萬曆年貢，任山東淄川縣縣丞。劉朝聘萬曆年貢，任陝西渭南縣主簿。李秀萬曆年貢。祁清萬曆年貢，任直隸元氏縣縣丞。胡效垣萬曆年貢，任直隸獻縣縣丞。曹邦重萬曆年貢，任平陽府臨汾縣訓導。李華國萬曆年貢，任潞安府黎城縣教諭。李伸萬曆年貢，汾州府介休縣教諭。樊忠萬曆年貢，貴州貴定縣知縣。徐登雲萬曆年貢，任陽和衛教諭。藥濟邦萬曆年貢，任山東曹縣訓導。焦三移萬曆年貢，任四川彭山縣知縣。李倣萬曆年貢。畢振先萬曆年貢。周葵台萬曆年貢。胡化鯤天啓年貢。陳爾心天啓年貢，任威遠縣訓導。王尚志天啓年貢，任陝西安化縣知縣。陳所見天啓年貢，任平陽府訓導。鄭用韶崇禎元年貢。尚志崇禎四年貢，任潞安府黎城縣教諭。馬九皋崇禎六年貢，任潞安府教授。胡化鯉崇禎八年貢，任忻州學正。呂應鍾崇禎十年貢，任陝西鄠縣訓導。杜甫學崇禎十二年貢。郭維良崇禎十四年貢。杜先華崇禎十六年貢，本朝任山東淄川縣知縣。

國朝：藥遇安順治元年貢，任江西寧州州同。李喬松順治二年貢，任大同左衛訓導。蔡仲德順治四年貢，任襄垣縣訓導。王育秀順治七年貢，任陽高衛訓導。趙成錦順治九年貢，任聞喜縣教諭。馬凌霄順治十一年貢，任福建崇安縣縣丞。李懋中順治十三年貢。張鵬翼，順治十五年貢。王吉士順治十七年貢。郝鴻聲康熙元年貢。趙漪康熙九年貢。藥之璋康熙十一年貢。杜起元康熙十三年貢。

恩拔貢　附

李延昆嘉靖年選貢。趙文錦萬曆二十三年選貢，任湖廣黃州府判，歷署府事、黃崗、廣濟、麻城，所至多惠政，民有“熊青天、趙明月”之謠。馬之麒泰昌元年恩貢，任陝西商南縣知縣。馬之麟天啓元年恩貢，任湖廣荆門州州同。李月蔚崇禎元年恩貢，任河南封丘縣主簿，陞睢陽衛經歷。畢潤赤崇禎八年拔貢。

國朝：鄭允魁順治元年恩貢，任江西建昌府經歷。李之蔚順治二年貢，監考授府判。胡淑寅順治六年拔貢，任江西南康府推官。畢承烈順治九年恩貢，考授府判。李之棟順治十年貢監。趙浚順治十一年拔貢，任廣東靈山縣縣丞。畢潤黎康熙元年恩貢，考授縣丞。藥延祚康熙十一年拔貢。

例貢　附

明：傳復由太學授給事中，累官浙江布政司左布政使。齊紘任濟州衛經歷。劉順任沂水縣主簿。李從周任許州知州。王雲鷺任蘭陽縣主簿。王雲鶴由廪膳。周鶚任長垣縣縣丞。王榕。藥大緒任禹城縣主簿。趙鯤任濟南府檢校。周于詩任北京兵馬。胡可宗。

李繹任永平府檢校。李緗任鳳縣主簿。胡可大任魚台縣主簿。杜應休。王速肖。周士愷。杜甫才任山東按察司經歷。杜先芳任渭南縣主簿。周鍾政。藥鶴庚考授州判。胡淑瑗。畢偉烈。馬驥任納溪縣主簿。程紹。

武畧 附

鄧憲璋曰：科貢取士，人才所由奮興也。歷覽和之仕譜，類能激昂青雲，亦可謂多士克生矣。至若托始成均而累遷方岳，承恩卹廕而位列清華，則赳赳武夫何不可以寄干城[2]乎？為附武畧。

邢郎西峪里人，由戰功陞宣府指揮使。張經溫源里人，由戰功陞會州衛指揮使。程瑾古城里人，由戰功授牧馬所千戶。李卓石城里人，由戰功授指揮，鎮守良鄉。

國朝：鄭元韶玉女里人，辛卯武舉，壬辰武進士，授甘州衛守備。

新設和順營百總：張存禮代州人，康熙五年委。牛尚武代州人，康熙七年委。張守太原人，康熙十三年委。

注釋

［1］軒輊：語出《詩·小雅·六月》，原意指車前高后低為軒，車前低后高為輊。喻指高低輕重。

［2］干城：盾牌和城墻。比喻捍衛國家的將士。

人物 封廕附

鄧憲璋曰：古之人豪，今之法則也，況近在閭里者乎？和雖鄙在山陬，而賢喆[1]崛生，間世而出。他不具論，如印臺、虎谷二公，父子繼美，事業文章，彪炳奕世，口而祝之固宜也。繼起者如潤蒼藥公，當逆寇之變，視死如歸，毅然不為屈辱，何表表[2]也。《詩》曰："惟桑與梓，必恭敬只〔止〕"。駿奔其下者，勉旃[3]哉！為志人物。

傳復石城里人，洪武間由國子監生授吏科給事中。才能著稱，歷陞浙江布政使。祀鄉賢。

王佐喬庄里人，成化戊戌進士。四署天曹，上嘉曰：“海深山厚，月白風清，秋水寒潭，快刀利劍”。以戶部尚書致仕。祀鄉賢。

王雲鳳佐仲子，年二十登成化甲辰進士，授禮部主事，轉員外郎。耿介獨往，足不躡公卿門。嘗上疏抗論却土魯番貢獅、禁度僧、傳奉諸事。又乞斬機閹李廣，為其傾陷下獄。朝臣申救，謫知陜州，焯有政聲。提督陜西學校，教人先德行後文藝，預識呂柟為狀元。為國子祭酒，朝夕講說，以矩矱繩束諸生。巡撫宣府，嚴明有紀律，邊政振舉，西人畏，不敢入。丁父憂歸，服闋[4]，乞致仕。平生言動有度，處私室如在公庭，當官甘虀鹽，視民生利害若切於身，臨生死禍福不苟趨避。雖與世寡合，矯矯強毅君子也。太原名臣坊，公居第五，三立書院豎神位，河東三鳳，公居一焉。有《虎谷集》行世。公祀鄉賢。

陳桂南廂里人，弘治辛酉舉人。是科元旦夜，邑人在省城夢府城隍廟神言“第六名陳桂，事繼母至孝”，果驗。其事詳陰騭錄諸書。任蘭陽，涖政剛直。時流賊作亂，修城守衛，士民恃之無恐。居官二年，丁外艱，撫按保留，公決去。《蘭陽志》詳其績。祀鄉賢。

王侃佐之曾孫，由貢士。居喪盡禮，立身無玷。在京講明《易》理，居官清潔有聲。終秦府典儀，以禮致仕。祀鄉賢。

周文永興里人，由舉人。任修武縣教諭。立身清潔，教誨有方。祀鄉賢。

彭德潤高丘里人，由舉人。行已端方。祀鄉賢。

周朝著文之孫，登嘉靖丙戌進士。初授工部主事。修通倉，奏績，陞本部郎中。祀鄉賢。

藥濟衆在城里人，由舉人。歷官八任，陞副使。崇禎六年，流賊破城，殉難，贈太僕寺少卿，賜祭葬。附錄諭祭文：“維崇禎十年，歲次丁丑四月乙巳朔，越初十日，皇帝遣山西等處承宣布政使司左布政使范中彥諭祭原任昌平兵備道、山東按察司副使、贈太僕寺少卿藥濟衆曰：‘惟爾歷官勤勞，忠節素著。倡義登陴，助貲巨萬。困守孤城，勢窮被陷。捐軀殉難，闔室淪亡。軫念殘傷，特頒諭祭。英靈如在，尚克欽承。尚饗。’”祀鄉賢。

封廕 附

鄧憲璋曰：蓋天篤生[5]偉人，帝斯賚[6]以寵錫[7]，試鯉庭[8]之書錦，絢燦金紫，祝鳩杖[9]於春暉，赫奕綵綸。佑啓有自，顯揚何加。矧和邑名臣碩輔尚有著於人物，而貤封卹廕豈無蒙於天眷者乎？故封廕附之。

王琦因孫佐貴，贈戶部尚書。

王義因子佐貴，歷贈戶部尚書。邑有三世尚書坊，毀於寇。

周麒因子朝著貴，封工部主事。

藥性因子濟衆貴，贈副使。

藥之璵濟衆之孫，由恩生，授戶部主事。順治元年不順流寇，殉難。

注釋

［1］喆：明智、有智慧。同“哲”。

［2］表表：卓異、特出。

［3］勉旃：努力。多于勸勉別人時用之。

［4］闋：終了，結束。

［5］篤生：謂生而得天獨厚。

［6］賚：賜予、給予。

［7］寵錫：帝皇的恩賜。

［8］鯉庭：典故名，語出《論語》註疏，孔鯉“趨而過庭”，父親孔子教訓他要學《詩》、學《禮》。后引申為子受父訓之意。

［9］鳩杖：就是在手杖的扶手處做成斑鳩的形狀。鳩杖在先秦是長者地位的象征，漢代更以擁有皇帝所賜鳩杖為榮。

孝義

鄧憲璋曰：孝為百行之原，義乃俗習之厚，此根本之所自篤，而風尚之所由美也。從來唐衛之間多孝友，燕趙之墟多義俠。觀風問俗者欣慕之。迨其季也，有視所生若路人，族黨之列有肥瘠不相關者矣。至於苦節之貞，闤闠[1]中亦鍾血性。司宣化之責者可令其埋沒乎？為志孝義，以及貞烈。

孝子

明：蔡翔在城里人，吏部聽選吏員。時喪母衛氏，號慟步歸守制，廬墓三年，始終不怠。手植松數株皆茂，鳥巢其上。後仕無錫縣大使，有廉聲。

趙鯨南廂里，增廣生員。母卒，廬於墓。嘉靖三十二年兩院旌立孝子牌，今尚存。

劉春和在城里人，開飯店。每早開市必以第一碗奉父，然後發賣。其父八十餘歲，未嘗一日怠忽。天啓六年知縣程有本申請表其門曰“天性至孝”。

常懷仁玉女里人，為里中趕腳營生。凡出門必為父營謀所養，至他鄉遇有本縣人，必購鮮食稍寄。及還見父，必飲泣，蓋悲其不能躬養也。知縣程有本申請表其門曰“孝行可風”。

義民

明：徐煥在城里人。正統年出粟一千石賑濟，有司以聞，奉勅旌表，本縣南關內建義民坊。附錄勅書：“勅山西遼州和順縣民徐煥：國家施仁，養民為首，爾能出粟穀等糧一千石用助賑濟，有司以聞，朕甚嘉之。今特賜勅獎諭，勞以羊酒，旌為義民，仍免本戶雜凡差役三年，尚允蹈忠厚，表屬鄉俗，用副朝廷褒嘉之意。欽哉！故勅。”

注釋

[1] 闤闠：闤，市場的圍墻；闠，市場的大門。兩字連用，意指市場、街市。

節婦

明：李氏在城里，民齊景妻。年十九歲，夫亡無子。守節終身。

馬氏廩膳生員王煒妻。煒故，年方二十。歷年六十餘歲，先事公姑，後養幼子，子已成家。居住鄉村，節操凜凜。凡有求嫁者，即厲言拒之。

藥氏監生郭廷佐妻。夫故，氏方二十一，生子方一歲。子成立，氏年八十歲，節凛冰霜。

李氏廩生周士奇妻。夫亡，氏年二十餘，子女俱無，享年七十九歲。學憲旌表“冰操難犯”。

王氏生員周士爽妻，名臣虎谷孫女。夫故，氏年十七歲，杜門不出，守節終身。里中人稱為“周門二節”云。

隱逸

鄧憲璋曰：上古隱逸之士，名姓多不留於人間。所可得而知者，惟巢許[1]、務光[2]諸人耳。至春秋沮溺[3]輩，亦皆寓意於名，非真也。孔子曰“作者七人”，何嘗列其姓名乎？漢之中葉，嚴子陵有一無二，不少概見焉。和邑巖嵁幽杳，產斯邑者，深山邃谷之中，猶有足跡不到者矣，而況外至者乎？故隱逸之士，古應有之，舊志不傳，父老不道，何所因而取錄耶？惟有戰國樂毅，其來自燕，於流寓而列之，是以於隱逸寧闕也。

注釋

［1］巢許：巢父和許由的並稱。他們均系上古時代的隱逸之士。

［2］務光：上古時代的隱士。相傳湯讓位給他，他不肯接受，負石沉水而死。

［3］沮溺：長沮和桀溺的並稱。他們皆系春秋時的隱士。

流寓

鄧憲璋曰：《易》云“天地閉，賢人隱”，矧達人見幾而作，不俟終日者耶？孔聖之列隱流者有四，而以辟世、辟地先之。梁餘處深山邃谷之中，南鄰豫、北比燕，東接齊魯。自古辟世辟地者，埋沒不聞不知凡幾矣。若夫地以人傳，人以地傳，昭昭在耳目間者，因宜表著之也。為志流寓。

樂毅，靈壽人。燕昭王金臺市駿，毅應聘，將兵東伐，下齊七十餘城。後以燕王聽齊人之間[1]，别用劫騎代毅。毅懼禍之將及也，來隱於和之西鄉。其地逶迤幽窅[2]，去縣六十里，遂家焉。至今村名樂毅里。舊志云“邑之姓藥者皆其後裔”云。

石勒，武鄉人。少遊洛陽，倚上東門長嘯，王衍警云：“此雛有異志。”勒遂遁去。來寓於和之北鄉，以農為業，史稱“勒耕於野，耳中時聞戰鼓聲”，蓋在此中乎？勒與李陽住處隔五里，因漚麻爭池，時相格鬪，二人勇力蓋不相下也。及勒據鄴，踐後趙大天王位，遣使召陽，人咸為陽危之。陽至，勒引陽臂云：“昔者，孤厭卿之老拳，卿亦飽孤毒手。”授陽為將軍，人咸服其量焉。至今以石勒、李陽名其村。知縣蘇弘祖吊古詩云：“逐鹿曾經毒手慣，漚麻終怯老拳痕。”正以此也。噫！聽其言可以知其人也。勒之言曰：“大丈夫當磊磊落落，絕不肖曹孟德、司馬仲達欺人寡婦孤兒也。”於戲[3]！勒亦人豪也哉！

注釋

[1] 間：離間。

[2] 幽窅：幽窈、幽深。

[3] 於戲：感歎詞。可獨立成句，表示讚美、稱頌或感歎。

仙釋

鄧憲璋曰：天下名山勝地，半為羽客[1]緇流[2]所據，況此輩中原不乏高人乎。和之相沿也，不聞有仙去者，而名勝叢林惟麻衣一寺。其寺在縣之艮方，去治五里許。孤峯秀峭，巖壑嶙峋，蒼松鬱鬱，石洞陰陰。天將雨，洞中水珠涓涓下滴，土人因之候雨焉。登其上則見兩水環流，四山壁合，只襟帶培塿[3]耳，即盛暑亦生挾纊。想原其始，則因高僧而建也，何可沒也。為志仙釋。

麻衣和尚，姓氏不傳，惟以好着麻衣，即以之為名焉。攷寺碑，云此寺為麻衣上人修住於此。貞珉尚存，其可信無疑矣。是上人也，昔在華山相錢若水，人咸奇異之，因有《麻衣相法》流傳於今。然則麻衣為高人，此剎即為勝地也夫。

注釋

［1］羽客：指神仙或方士。
［2］緇流：指僧徒。因僧尼多穿黑衣，故稱。
［3］培塿：又作“部婁”。小土丘。

風俗 節序附 土產附

敘曰：《記》云“一道德以同俗”，又云“內和而外順，此之謂盛德”。昔人之名斯邑，其有見於此中之人情歟？然則風俗之美，未有加於“和順”二字者。攷之《通志》，曰：“民儉嗇樸實，勤力農作。”蓋由唐虞都會遺風尚存耶？且是邑處山谷之中，疲瘠之苦為三晉最。男無賈，女無織，道路險阻，商旅不通，焉得不儉？況先達名臣，砥躬礪行，觀化愚俗，故澹薄雅素，猶沿於今，是以云風俗之美也。獨惜安逸日久，玩愒歲深，而不無漸邇於侈縱者，亦愚頑之人未盡協仁義之化也。

鄧憲璋曰：千里不同風，百里不同俗。《詩》云：“葛屨履霜”，乃言唐風之勤儉也。斯邑之人，率尚樸素，富厚若貧乏，士宦不乘車馬，婚喪弗事靡麗[1]，賦稅士民樂輸。迨其漸[2]也，習尚不古，良由士不勤讀，農不勤耕，尚氣而不尚禮，流弊使然也。近亦頗知好文義矣。再裁之以法，柔之以教，需之以歲月，輔其善而去其弊，不失唐虞之遺風，在司牧者一轉移之爾。為志風俗，而節序附之。

節序 附

孟春元旦貼門神，掛桃符，供祖先，拜尊長，親友賀。一早畢。立春有司祀芒神，迎春，鞭春。**元夜**慶元宵，各家門口張燈，插穀穗，兆豐年，仍各設火三日。**二月初三日**祀文昌帝君。**清明日**民間拜掃，戲鞦韆。**二月二十五日**結綵，為亭樓，紙火，迎合山大王於縣致祭。**三月二十八日**有司祭天齊廟，報賽。**四月初四日**有司祭合山懿濟聖母。**初八日**龍泉寺奉佛。**初十日**祀馬王神。**十八日**祭泰山聖母。**五月端午**啖角黍，小兒繫絲絲，人戴艾葉，飲菖蒲酒，登高。**十三日**報賽關聖帝君。**六月初六日**祭水草大王。**十三日**西溪龍王堂祭賽大龍神。**七月初二日**李陽村祭賽后土祠。**十五日**祀壇。**八月十二日**會賽本縣城隍。**十五日**製月餅，玩月。**九月初九日**蒸花糕，登高，避疫。**二十七日**赴合山祭顯澤大王。**十月初一日**祭壇，焚寒衣，祭祖先。**冬至日**慶賀。**十二月初八日**煮粥。**二十四日**祭灶。**除夕**各門設火，置酒，守歲。

土產 附

敘曰：九州之土，沃鹵不齊，物之所產，因土之宜。是故宜於五谷而食貨資，宜於桑麻而績紉賴，宜於樹植而材木裕，宜於畜牧而孳生蕃。地之肥瘠，民之貧富所係也。若夫奇花異卉、靈獸名禽，雖於用無補，亦地產之不可畧者。

鄧憲璋曰：物產貴東南而賤西北，但苟[3]可以養生送死，又奚[4]貴於東南哉？惟和順之物產名焉而已，以地氣寒冷，春行冬令，方秋隕霜，中間發生長養之候為日幾何。所幸五風十雨各以時應，收穫可望，而一年之願愜矣。然而天時又不可必得，如遇亢暘，一年之望已矣。間於耐暴耐寒之物，僅有一二，而民焉得不窮於養生送死，寧無憾乎？若厲民以逞，又惡在[5]其為民父母矣。故以土產附之。

穀屬：黍有軟、硬二種，其色白黑黃赤黎五色。**秫**粟之粘者。**稷**有數種。**麻**有大、小二種，子作油。**粱**粒小而色白，味甘。**麥**有三種，春麥、雪麥、大麥，地寒不多種。**蕎麥**甘、苦二種。**油麥**性寒多種，當五穀之半。**豆**有五種，菀豆、蚕豆、黑豆、小豆、萹豆。**稗**

其形如黍，黑而銳，亦可食。葫麻可為油。

蔬屬：葱。韮。芹。芥。蒜。芫荽。白蘿蔔。紅蘿蔔。蘑菇。木耳。蕪菁又名蔓菁，又名諸葛菜，以諸葛行兵多種此。根苗俱可食，邑人俗言云菜。收可作半年糧，以此為資生也。白菜。藤蒿。莙蓮。地椒。

花屬：萱草。芍藥。石竹。金盞。参丹。櫻桃。菊花。葵花。珍珠花。山芍藥開花微小，紅白二色。

藥屬：茅香。續斷。甘草。黃芩。瞿麥。藜蘆。芍藥。款冬。藁本。大黃。龍骨。茯苓。南星。芫花。蒼朮。益母草。金絲草。王不留。自然銅。無名果。金櫻子。何首烏。

木屬：松。椴。檀。柳。楊。榆。楸。椿。樺。赤木。

果屬：杏。榛。核桃。

禽屬：鵠。雞。鴟。雁。燕。鵲。雀。鳩。鴿。山雞。憨雞。

獸屬：牛。馬。騍。驢。豬。羊。犬。兔。麞。

蟲屬：螳螂。蟬。蛩。

薪屬：石炭。木炭。柴。

注釋

［1］靡麗：浪費、奢華。
［2］漸：表示程度、數量等慢慢地變化。
［3］苟：姑且、暫且。
［4］奚：哪裡、為什麼。
［5］惡在：哪裡、怎麼。

古蹟

鄧憲璋曰：志以志古也。滄桑雖變，往志可尋，或有若亡、若存、若承訛、若摭實，吾不得而定之，質之弘覽博雅之君子。為志古蹟。

和順古城在縣西北，今與縣城相倚。垣跡微存，周圍四百八十步。

平城廢縣在縣西一百里儀城鎮。隋置，屬并州，金廢為鎮，後復改曰儀城。

義興廢縣在縣境。唐初置，尋省。

韓信舊寨在縣境。人傳韓信下趙，屯兵於此。古壘尚存。

簡子鹿苑在縣西二里。相傳趙簡子養鹿之囿，久廢。其墉尚存，方廣十畝。

樂毅荒村在縣西六十里。毅，靈壽人，避兵此地。今縣姓藥者皆其後裔。

趙王廢臺在縣西二里。一山突起，上有臺，狀如伏虎。趙襄子避暑宮故址，尚存。

古漚麻池在縣東北。石勒、李陽常漚麻爭此。及勒為後趙天王，召李陽至，引陽臂云："孤固厭卿老拳，卿亦飽孤毒手"，即此地也。

陵墓

鄧憲璋曰：墓者，暮也，長夜不復旦矣。古今墓碑纍纍，非賢子孫世守之而不得其跡。與其跡之於村豎田翁之口，孰若反而求之志中之志猶可考也。為志陵墓。

晉大夫墓在縣西北九京山下，有高塚。相傳晉大夫陽處父葬地。

明王尚書墓在縣東虎峪村，戶部尚書王佐葬地。

王都憲墓佐子雲鳳，都察院僉都御史，虎谷名臣，父子同墳。

周舉人墓名文，在白泉村。

誥封周主事墓名麒，在白泉村。

周郎中墓麒子朝著，工部郎中，與父同墳。

藥少卿墓誥贈太僕寺卿藥濟衆，原任副使，在縣西北九京山前。

彭舉人墓在縣南，名德潤。

藥主事墓在北漳之北薊鎮，督餉戶部主事藥之璵葬地。

又曰：循跡論世，覽古搜奇，博物者之所不廢也。但假借者亂其真，蹈襲者疑其似，安所取衷哉？君子亦惟共知者是信耳。遊是邑者，西顧崇臺，北瞻麻池，其崛起之雄圖猶在也。矧淮陰侯之故壘，王氏父子之封樹，勛業文章不益可想見乎？且存而並錄之，即陵谷變遷，不致鞠為榛莽云爾。

養濟 附 **漏澤** 附

鄧憲璋曰：王制養老引年[1]之後，凡鰥寡孤獨皆有嘗餼[2]。文王澤及枯骨，史書稱美焉。迨其季也，野老啼饑，道殣相望，於養生送死之義何居？和邑舊有養濟院、漏澤園，相沿日久。其為院也，闃若無人矣；其為園也，纍纍然塚且滿矣。璋目擊心悲，問里中孤貧若而人，置北郊平田十畝，贍養而瘞葬焉。後之為宰者，修舉而理之，其亦仁政之一端歟。故志之，附於陵墓之下。

養濟院在城隍廟左側。計房八間，前有大院圍牆。康熙九年知縣鄧憲璋重修。

義塚一在縣北二里，計地十畝。故明鄉紳、歷陞王府授周于禮，於萬曆年間捨。一在縣北五里大路邊，計地十畝。立有碑記，四至分明。康熙十一年知縣鄧憲璋置。

注釋

［1］引年：對年老而賢者加以尊養，后引申為年老辭官、退休之意。
［2］餼：贈給別人食物。

寺觀

鄧憲璋曰：史稱狄梁公杖妖僧、毀淫祠，為千古大快事。然僧未必皆妖，祠未必皆淫，而釋道二教乃朝廷之大養濟院也。夫天下之民，終身不能溫飽、婚娶者不知幾千萬人。若使此等窮民而無二教以收拾之，天下還要增許多乞丐、許多盜賊，國家還要增許多賑濟、許多隄防。是釋道得力處正朝廷省力處也。故以衣冠文物之子弟，使儒家任之，以鰥寡孤獨之子弟，使釋家任之，而道家又以長生延年之說歆動乎，其間以收佛氏之餘剩窮民就活者不少。佛家分儒家之勞，道家又分佛家之勞。蓋天地之苦心，而聖人神道設教，無以加矣。故佞之非也，闢之亦非也。但曰二教者，乃大養濟院，一味歸於天地生人之心，而不佞之亦不闢之也。惟於一切女婦不許入寺廟事神，治民者當知所禁止哉。且和順僅有寺廟之名，而住持廟祝闕其無人可致慨焉。為志寺觀。

武安王廟有數處，大者在南關。東嶽泰山廟在東關。懿濟聖母廟勅建，在合山村。顯澤大王廟一在合山，勅建。康熙十二年知縣鄧憲璋重修。一在東關，其行祠也。后土廟在李陽村。準提庵在縣前遵化街。康熙五年知縣周于文創建。瑞雲觀在纍村高岡上。下俯漳河南山屏列，觀頂蒼松十數丈，枝幹下垂。人傳為秦漢時物。西溪龍王堂在縣西山。龍泉寺在西關。興國寺在縣前遵化街，習儀之所。東嶽天齊廟在小東關。文昌廟在東關。麻衣寺縣北山椒。青崗寺在扒頭村。洞仙寺。聖壽寺在寺頭村。壽聖寺在黃嶺村。天池寺在窑底村北。南城寺。海眼寺在圈馬平村。懸空寺在東山內，距縣三十里。懸崖千仞，寺建半腰，奇境也。金厢寺。香嚴寺。洪福寺在溫源村。龍附寺在西溪雲龍山。石佛寺。聖泉寺。興福寺。福興寺。千佛寺在縣西山。禪堂寺在紫羅村。重興寺在高丘村。聖佛寺。天聖寺。龍劍寺。胡蓁寺。天宮寺在天軍村。興隆寺。永祥寺。張公仙侶祠。呂天仙祠在科奇村。

祥異

鄧憲璋曰：世之幽於天道者，託於聖人不語怪[1]之旨，災異之說參口不談，而一切歸之於數，是失上天鑑悟之意矣。《春秋》書災不書祥，志戒也。古云“和氣致祥，乖氣致異”，然所謂氣者，亦由人事言之耳。欲知祥異，先審人事。是以君子採日月之明以為照，搏雷霆之猛以為威，澍雨露之潤以為恩，含霜雪之洌以為潔。無狂無僭[2]，厥調雨暘，修德修刑，爰格寒暑，則祥降而異滅，圖政者當謹其微矣。為志祥異。

晉太康二年五月庚寅，河東上黨雨雹傷禾稼。永寧元年，自夏至秋，旱。

宋太宗太平興國七年八月，遼州平城縣民田禾隔二壠至五壠合穗，十有三本或二十一莖合為一者。又有鳳凰集於臺上，羣鳥咸集。

明正統六年，大饑。嘉靖三十一年，產白兔於窑村，溫紀獲之進上，旨云“誠敬可嘉”，賞二表，裹銀二十兩。隆慶三年七月，大雨七晝夜，禾稼衝突，存無一二。萬曆八年四月，大雹傷稼。萬曆十一年，旱甚，人食樹葉。蒙上賑濟銀一千五百兩，至秋稍熟。萬曆十二年，有年。崇禎六年六月十三日，流寇破城，傷人百數十，上賑濟銀二千兩。

國朝順治九年六月，龍見於扒頭村，拔樹數十株。順治十一年六月，霖雨漂沒民田，巡撫白具題請蠲。至順治十四年九月內，奉旨蠲免河塌水占荒地八百三十九頃九十六畝七分七釐六毫，糧一千五百一十九石一斗五升三合二勺六抄。康熙五年七月，西門街居民鞏弘泰妻宋氏一產三男，知縣周于文給米一石，貲贍母乳。後斃一，今存其二，形貌不辨，俱九歲矣。康熙十三年甲寅，自正月至夏，大旱，六月初四日始雨，無豆麥，秋禾大熟。

注釋

[1] 恠：同“怪”。

[2] 僭：奸詐狡猾。

和順縣志

忠集

藝文

敘曰：文以載道，言以顯文。聖人敘二代之禮，慨杞宋之無徵，以文不足故也。是以彰往察來，匪文不傳，闡幽垂世，匪文不備，文之為用，大矣哉。

鄧憲璋曰：予讀《詩》而知刪述之故矣。齊魏唐秦，大國也，風之存也固宜。曹鄶邶鄘，無不各有風焉。倘非里巷之中有筆而錄之者，輶軒何所採，篇什何由輯乎。和，小邑耳，舊志所垂，殘編所載，不無貽留者，故搜而併入之。後之人考行實而知事功，覽贈答而知友誼，讀碑碣詩章而創作性情寄之矣。故藝文一則視舊較為加詳，非好繁也，所以備山城之文獻耳。為志藝文。

劾李廣疏畧　明邑人王雲鳳 宣府巡撫

太監李廣，竊弄威權，公行賄賂，顯立門庭，暗執邦政，引進黨類，布滿監局。邊將內官之陞調，嗜進無恥之士夫亦走其門。興作土木，連年不休，民病軍疲，怨歸於上。結托外戚，相倚為奸。招延無賴，求食取寵。倡齋醮、吐納、服食之說，恣為蠱惑，遂致黃冠出入宮禁，頗有外議。臣斷以為弭災急務，無過於論李廣之罪者。乞斬廣，泄神人憤，以弭災變。（疏入，廣誣以事，下公獄，謫降陝州。）

弘治三年撒馬兒罕地面阿黑麻王使人貢

獅子一鸚鵡二諫疏畧　王雲鳳

他國禽獸之貢，憲廟雖亦曾受之，然應付靡費，奏討無厭。且獅子日食一羊，自入境至京，積年累月，何啻萬羊。若他彝效貢，一不滿願，傳笑起釁。且憲廟亦嘗詔止朝鮮白鵲、海青之獻。陛下於弘治初不受哈密玉石，今固宜踵行。宋嘉祐間有獻麒麟者，司馬光言不可信。唐中宗時有獻獅子者，姚壽言不可用。陛下何不却而不受，勅令阿黑麻王無獻。若既到去處，但令有司量為館待，遣回可。

正德乙亥二月以父憂服闋八月授副都御史清理浙江鹽法上疏乞致其畧曰　王雲鳳

自聞父喪，號哭過多，正犯前病。日每自思，恐一旦身先朝露[1]，上不能承祖父之餘業，下不能為子孫之後計。愈思愈憂，愈憂愈病。精神減耗，遂至兩耳皆聾，不聞人聲。然耳聾之疾，深感於內，砭針之所不及，參術之所不攻。雖遇明醫，束手無策。（蓋以疾喻朝政也。）（公自山左臬司，入躋[2]祭酒則有面奏，陞遷都憲則有條陳，其疏動輒千萬言，不能盡列，志其簡要於右。）

注釋

［1］朝露：清晨的露水，比喻存在時間極短促的事物。引申為年少而死。
［2］躋：上升、仕進。

送和順劉大尹序　王雲鳳　都御史

事易專、令易行、力易為者，惟治邑則然。而吾邑和順者，其境僻，無監司可否異同之奪；其俗淳，無豪猾爭論詞訟之擾；其地近而事簡，無車馬將迎案牘叢挫之苦；其民貧而用嗇，無衣食靡麗世祿僭擬之患。故往時諸君子，惟以賦貢不時集為念，餘則皆優游宴笑之日也。是不亦事之尤易專，令之尤易行，力之尤易為者乎？

然則令於斯者，宜多縹譽芳聲之士，足以聳世觀聽而壯人志意者矣。吾閱之志記無聞焉，詢之父老無聞焉。豈其邑之不顯，而賢有司者之不至耶？抑習於暇逸，蓋不知奮，往者無可法，來者無所感而然耳？其亦賢有司者之難逢也。每思得高才遠識、通曉治體之士，如古之良令者。始於察吏胥之因緣欺弊，而惠小弱、憫煢獨、興孝弟、作禮讓，清徭役之濫，勤士子之課，嚴二氏之禁。與凡申明旌善、養濟、醫學、陰陽之亭院局者，皆有以覈其實而不徒具其文。私懷耿耿，積以歲年。

薊州劉君以鄉進士謁詮部，得和順令。嗟夫！天子施德澤、頒政教於九重之上，奉而致之民者，州縣之吏耳。古之言良令者，曰卓茂，曰仇覽，爵顯當時，名垂後世。今誦其德，想其人，若邈乎其不可及矣。彝考其行事之跡，則茂視民如子，舉善而教，其效至教化大行，道不拾遺。覽勸人業農，子弟就學，其效至於期年大化，感逆為孝，是豈非人之軌範哉？然世屢降益下長民者，簿書期會之外，有以撫字教化為事者，人必以為迂而笑之。自持不堅，久而必懈。苟非吾所謂才高識遠、曉達治體之士，惡能自拔於流俗而有為哉？若君者其人乎！程明道為晉城令，條教精密而主之以誠心。漢章帝亦厭俗吏之矯飾外貌，取劉方之安靜不煩。然則虛文無實、多事滋擾者，又為令者之所戒也。

上楊太宰書　王雲鳳

山中屢聞忠讜之言，近者留王昂一疏，尤為人所傳誦。不聞唐介初貶之時，潞公有此也，執事於是乎加人一等矣。然介雖貶，未久而復其殿中侍御史。今王昂既不獲還之青瑣[1]，則推薦超陞在執事筆端焉耳。他日秉史筆者書此一行，豈不足以照耀今古哉？每恨李文達近稱賢相，然惡羅倫淪落以死，擯斥岳正坎坷終身，極貪之陸布政反不次[2]超擢。今文達之富貴安在哉？一時快意可畧也，前輩影様之多、後人是非之公可畏也。一人私情可畧也，天下指視之嚴、史氏紀載之實可畏也。一身極榮極富極貴可畧也，每日光陰之易去，過者不可復補，百年歲月之無多，來者未必可追，可畏也。且用舍之間，士風所係。扶持正人，則善類至而士風以振。進獎邪人，則善類沮而士風以頹。惟雲鳳於執事可以此言進，故不復忌諱。今承薦剡[3]授雲鳳以都御史，但今兩耳皆聾，調治不瘥，只當耕田納稅，為畎畝之閑民，養親讀書，忘歲月之不我，豈有夢寐更着冠束帶耶？伏望周旋其間，以必得遁藏為幸，縱猿鹿於林莽之外，投魚蝦於澥浉之中。雲鳳未死之年，皆執事之賜也。

注釋

[1] 青瑣：原指裝飾皇宮門窗的青色連環花紋，后引申為宮廷。

[2] 不次：不依尋常次序。猶言超擢、破格。

[3] 薦剡：原指推薦人的文書，后引申為推薦。

別知賦贈吾友王陝州　明樂平喬宇　少保、吏部尚書

巍哉太行之嶙峋兮，盤厚地而坱圠[1]。枕三晉而控燕齊兮，萃扶輿之滃涬[2]。中崚迤為虎谷兮，窽上黨而薛巀。藹修姱於若人兮，褱淑姿而秀拔。爵疆理之相望兮，屹北巘之橫岡。前石龕而後栢巖兮，曰吾與子之舊鄉。曼余目於寰區兮，周流四方久乃下。觸世路之崎嶮兮，蘊素修而莫寫。舍結愲[3]以延佇兮，爰締盟而要之。悵吾道之弗返兮，諒伐木之在兹。揖東皇而導文昌兮，遂騁步乎曲江。啓閶闔[4]以箼籍兮，㾕委質於遭逢。聽鏘鸞而待玉螭兮，充下位於南省。鐫江籬與芳芷兮，佩夜光之耿耿。幸朝夕以輔仁兮，緡載籍以校文。心怦怦而亮直兮，匪吾人其誰敦。何浪跡之靡處兮，怊惝怳[5]而多虞。辭京洛以載人兮，迭日月而居諸。邈正學之湮淪兮，羌永嘅乎遺矩。摭微言而

奮力兮，共條分而析縷。末俗日以工巧兮，競呪訾而詑謾[6]。指迂狂以嘲誚兮，非哲人之所安。步踽踽而徑趨兮，言侃侃而不惑。苟余分之當然兮，又奚較孰失而孰得。排異端而昌言兮，邁允踐於厥躬。怒汗顏而澳涊兮，固余心之所同。荃蕙[7]化而雜揉兮，紛魚目之混珍也。情悄悄而介立兮，鬱孤憤之莫伸也。遡豐隆而上征兮，叩帝閽[8]以懲艾。皇穹亶無私阿兮，囿萬物而無外。雷霆倏鼓以威兮，忽雨露之沾濡。殆苦心而抑志兮，彼焉知造化之所如。羞瓊枝以戒行兮，葺蘭茝之初服。忻順受以康樂兮，匪愆尤之是贖。出國門而南鶩兮，指甘棠之遺墟。帝重念此烝民[9]兮，簡賢勞而受圖。竊儃佪以鄣廱兮，曶曶其塊處也。悯麗澤之漸違兮，思好修而莫吾與也。淑景轉而司春兮，撫白日之衆芳。旆旌搖搖不可止兮，意緯繣而難忘。雲屏屏而結蓋兮，馳余情以求索。覽蓬瀛而歷崑崙兮，隨上下之所適。惟人生之大節兮，曰行義而不頗。嗤彼氓之栗斯[10]兮，沫襲愆而終訛。乘嘉運以遠遊兮，豈君子之獲多。輕陰砉而有寤兮，雖外處其亦何嗟。孱余質之恂愗兮，憫悟道之不早。窮年矻矻而未得兮，恤役心於辭藻。中忉怛而外觸兮，聊徙倚而遐思。會晤不可常眷眷兮，嘆中道之分岐。余固嘵嘵而無所用兮，惟知我者之難得。往事既莫余追兮，庶來今之不忒。莽倀倀而欲有贈兮，具前修之格言。尚崇德以永譽兮，矢斯盟之勿諼。

注釋

［1］坱圠：地勢高低不平貌。

［2］滃渟：雲蒸霧湧貌。

［3］結愲：思緒錯亂，鬱結不解。

［4］閶闔：原指傳説中的天門，后借指宮殿、朝廷。

［5］惝怳：惆悵、失意、傷感。

［6］詑謾：欺罔、欺騙、蒙蔽。

［7］荃蕙：香草名。引申為賢淑的人。

［8］帝閽：宮廷之門。

［9］烝民：民衆、百姓。

［10］栗斯：獻媚之態。

都察院右僉都御史王公神道碑　喬宇譔

歷觀自古國家皆有碩大閎偉之材，翊贊化理。而其生也，必於至治極盛之際。蓋天地醇粹之氣於時而會，其鍾於人則賢才出焉。辟猶時雨降而景雲興，谷風至而嘉卉作，此理之常，氣化自然者也。然國家重熙累洽[1]，至憲宗、孝宗之世，其治極矣。當是時，海內鉅公偉人相繼而出，若吾友都察院右僉都御史和順王公其人焉。公諱雲鳳，字應韶。曾祖珍、祖義，俱贈戶部尚書，考[2]佐累官南京戶部尚書。曾祖妣周氏、祖妣張氏、妣[3]馬氏俱封淑人。公幼有異質。六歲時，尚書公與坐客論《易》，及馬為行地之物。公在傍，問何者為行天之物。客曰："汝試以意言之。"公曰："得非龍乎。"一坐大警。

成化癸卯舉於鄉，甲辰登進士第，丁未授禮部主客主事。公自知學即以古人為師，痛排流俗卑近之說，力行聖賢遠大之方。嘗讀《史記·項羽傳》，至沉船破釜，持三日糧，示士卒必死無還心，因嘆曰："學者設心要當如是爾，不然，其能有成者鮮矣。"自是持志益堅而進學益銳，慎察於言動謹肆之間，詳審於取舍義利之辨。琉球貢獻使臣以金為餽，公謝卻之。弘治庚戌，撒馬而罕貢獅子至，公言於尚書耿公、侍郎倪公、周公，上疏乞差官宣諭遣回，朝廷從之。歷祠祭員外郎郎中。丁巳春，以各省災異，詔令百官言時事。太監李廣恃寵專勢，權傾中外，羣臣莫敢有言。公乃獨具疏劾之曰："近者災異疊見，亢旱為虐，皇上特降勅旨，博詢芻蕘之言[4]。臣竊有所見，不敢緘默。臣聞太監李廣者，竊威權，通賄賂，引進黨類，嗜進無恥之徒悉走其門，大壞士風，濁亂綱紀，結托外戚，相倚為奸。今內外臣民疾之入骨髓，獨畏其赫然之勢，不敢盡言以告。陛下衆心所向，天心必鑒，災異之來實由於此。故臣以今日弭災之急務，其有過於論李廣之罪者。乞斬廣以洩神人之憤。”疏入，留中不報。由是，公之直聲震一時，廣啣之甚，欲中傷以事，羅織久之無所得。是歲十二月朔，駕出省牲回，公實以禮官從，至郊壇外乘馬。廣先已令人伺之，遽取公牙牌以去。是日，詔下公獄，尋降知陝州。戊午冬，廣敗。在朝之士爭言公前劾廣被誣狀，且薦其賢，陞陝西提學僉事。公之教人，先德行而後文藝。其語學者曰：“聖賢之道雖多端，然其切要不過復其本然之性得於天者耳，必先立志以堅。夫趨向之正，主敬以養其清明之氣，讀書以究其事物之理，慎行以致其踐履之實。明義利之辨，謹隱微之際，勿慕高遠而忽於日用之常，勿涉詭異而出乎人情之外。”士之聞者，皆翕然感動。其他條約禁導之方，舉措變化之術，尤多注意。辛酉，轉副使，整飭洮岷等處邊備。邊郡軍戍番彝錯居互處，故狃驕縱，法弛令格[5]。公至，則皆惴惴畏恐，無敢干犯者。甲子，以都御史邃菴楊先生[6]薦，仍改提學。

正德丁卯，遷山東按察司，正己率物，奸弊無所容。前時諸色人往來司中者一切杜絕，禁吏胥輩非公事不得出入。詢府縣官能否，有怠事病人者，輕則戒諭，重則逮訊，風采凛然。甫半歲，丁馬淑人憂以去。己巳冬，服闋，起為國子祭酒。時教法隳廢，士習偷惰，公痛懲之。士初或不堪，既而自厲，率公之教。庚午，改南京通政，右赴移告以歸。壬申八月，陞右僉都御史，巡撫宣府地方，以病辭，不允，廼起就職。邊人素苦鎮守將佐侵暴，聞公來，皆讙然曰：“我輩今幸有主矣。”宦官攬納軍需，遣左右取償民間，各懼而遁去。稍緩者，衆憤而毆，幾斃，罵曰：“汝輩復敢藉官勢乎。”公至鎮，號令嚴明，罷將官占役軍卒，革權貴私借戰馬。穀價貴，因請增折銀價以足軍食。凡軍官贖罪，悉令入粟，不數旬積米逾萬石。士大夫聞之，皆服公威望才畧，果可大用。

公雖在外，然恒有澄清當世之志。感時多獘政，乃具疏論之。其畧曰：

"今生民益窮，盜賊迭起，京師倉庫空虛，各邊軍食盡缺。《傳》曰：'窮則變，變則通，通則久。'當此窮極之際，正宜變通以為久遠之計，因條議省民財、復久任二事。既行，則若光祿供應之濫、添差內官之濫、傳奉陞官之濫、錦衣陞官之濫、內府匠役之濫、奏討地土之濫、權要囑托之濫、馬匹船隻之濫、文職官員之濫、工部民匠之濫、京軍食糧之濫、各邊軍伍之濫、驛遞應付之濫、均徭銀兩之濫等項，臣尚能一一言之。不然，則千言萬語皆為虛文，後來之事將不止如今日而已，臣請徒步歸山以俟餓死溝壑耳。一省民財。臣嘗聞堯告舜曰：'四海困窮，天祿永終。'歷考前代，無非因上下好利，財盡民窮，海內愁怨，盜賊蠭起，而馴至不可捄，乃知聖人之言萬世之定論也。以臣所見，二三十年以來，內外清介之士可數者，不過數人，大抵太監之貪過於公卿，公卿之貪過於布按，布按之貪過於府州縣，上下成風，日甚一日。私門之財日倍於往年，而公家之用日竭於往年。士官之富日盛於往年，而百姓之窮日甚於往年。財安得不匱？民安得不窮？宋臣有言：'用財有節，天下雖貧，其富易致也；用財無節，天下雖富，其貧易致也。'伏望陛下以天下之富為富，不必積之府庫。然後為吾之財躬行儉約，為天下先。凡供用施予一切禁罷，明詔天下。令內外大小官員若有交通賄賂圖謀陞用者，置之重法。一復久任。舊制天下官員皆九年為滿，方得遷轉。其布政、知府、知州、知縣，亦有九年考稱不陞，而仍復職，管事有至十四五年，甚至布政、知府有二十餘年者，皆安於其位，惟俛首[7]盡職而已，是以民隱悉知，吏獘難作。自正統、景泰間，添設巡撫，而布政之陞始速，然猶有四五年者。自成化初年，以進士補縣，行取風憲，而賢良之令無四五年在縣者。甚則布政，不數月或未到任即遷巡撫，知府二三年即陞副使，知縣二三年陞府通判。又有知縣陞主事，知州陞員外之類。品級相去不遠，賢能不得成功。又陞遷不計道途遠近，如右布政越數千里陞左布政，一省州縣名數尚未周知，復陞巡撫於數千里之外，坐席未暖又將顧而之他。且年勞無一歲之差，人品亦相等之輩，致驛遞應付，州縣接送，彼往此來，交錯道路，送故迎新，不勝其費，居官之日反少。監司有司，上下相視，有同過客。膏澤不下於巖穴之民，號令不行於奸頑之吏，一應之弊皆從此出。乞議復舊制，久任使令可行。若以目下各部侍郎及巡撫、都御史、主事、御史缺人為說，意在京事簡，衙門即有員缺亦無廢事，官不必備。惟其人務各安其職而無苟且之意，則民生幸甚。”識者觀公之言，於是乎見其有志於天下之事矣。已而丁尚書公憂，疏不果上。乙亥服闋，朝臣交章論薦。八月，復除右僉都御史，清理江淮鹽法。公度時不可為而道不能用，遂陳乞致仕。命下，促公受職。公再疏力辭，始得俞旨俟病痊起用。自是，公不屑於出，蓋自知與時不合，而時亦不能必欲致公也。戊寅七月某日，卒於里第，享年五十有四。配李氏，封安人。無子，女四人，長適周監生子守約，次適寇都御史子敦子陽，次適閻僉事道鳴子徵甫，次適馬監生勤子繼儒。

公自號虎谷，學者因稱虎谷先生。公為文雄渾嚴潔，持論一主於理，力剗冗熟蹈襲之弊。善古歌行，選體俊逸，健雅清奇，敻拔流俗。工篆隸大楷，而尤長於八分書。所著文集若干卷，藏於家。性素剛介英邁，嚴於嫉惡而勇於趨義，是以利害莫撓乎心，通塞不易所守，其平生大節偉如也。然公既以是齟齬於世，使善人志士喟然惜焉。意者，時必終復而德益遠到。庶將試夫經濟之才澤於斯人，究其高明之學遺之來哲，迺又不假以年，奄至殄瘁，故天下之士尤悲之。若迺考其行而論其世，蓋庶幾乎近代豪傑之士，其名於天下後世可信不疑，公於是乎亦可以無憾矣。余與公生同鄉，仕同朝，又辱公以同志相友，責善輔仁，最久且厚，懷念疇昔使我心惻，故纂公事蹟，俾其從弟國子生雲鶴揭於隧道。銘曰：“於維王公，才匪迂儒；下睨卑近，高騖遠驅；騫於郎署，士譽推重；獨蹈兇燄，孰過其勇；敷教西土，文源式闢；司憲東邦，奸竇乃塞；偽卻怠奮，善漸國子；暴柔擴伏，威襲邊鄙；凡百絕人，維公之餘；積道崇德，實富厥儲；公匪辟世，世莫知我；一丘一壑，豈曰弗可；龍潛麟隱，尚企其徠；天不憖遺，云胡不哀；年僅中旬，后亡嗣裔；祇數之運，降命匪戾；沒不足恃，年亦有盡；公所自立，萬世不泯；伊公之慰，匪公之悲；刻文隧道，以永厥垂！”

注釋

[1] 重熙累洽：指國家接連幾代太平安樂。

[2] 考：死去的父親。

[3] 妣：死去的母親。

[4] 芻蕘之言：割草打柴人的話，此處用作講話者的自謙之詞。

[5] 格：阻止、擱置。

[6] 邃菴楊先生：即楊一清，字應寧，號邃菴，別號石淙。歷經成化、弘治、正德、嘉靖四朝，官至內閣首輔。

[7] 俛首：低頭，表示服從。

虎谷王公墓志銘　明門人高陵呂柟譔　狀元

嗚呼！虎谷先生有作人化俗之文，有攘彝戡亂之武，有因時明禮之才，有援古修樂之具。其提學關中時，柟為所造士，親見儀範，身奉教約，雖使顏孟設科無以過之。當其志，固欲使天下人各得其所也。及柟為修撰時，嘗同河內何粹夫謁先生，因講馬陵注不合何子少先生，而先生後當轉官，首議何子於朝堂，其志固欲使天下賢皆盡其用也。嗚呼！先生古睿聖之徒，乃今已矣，將天下不欲斯人之有知乎。嗚呼痛哉！

先生年十九歲，成化癸卯鄉舉，明年甲辰舉進士，丁未除禮部主客司主事。即清忠效官，獨立不懼，無故足不躡公門，不赴無名飲宴。或謗其矯激，久亦自息。時憲宗弗豫[1]，禮部沿舊舉醮。先生言於部尚書周公洪謨曰：“祈禱固臣子至情，第行佛老於宮非禮，若為壇於南郊隙地，大臣率屬禱於天，三日可。”乃不克用。弘治庚戌，土魯番貢獅子。先生商於司郎中欲卻之，不從，遂袖藁以見於部侍郎周公經、尚書耿公裕，皆然之。司郎中怒，乃又婉轉與語。疏入得允，天下傳為盛事。辛亥，陞祠祭司員外郎。乙卯，部尚書倪公岳因災異倡府部院官疏獘政，用先生四事草，一懲邪慝，二禁給度，三停減齋醮，四設處宗室，言甚剴切。丙辰，陞郎中。他日，倪公默語先生曰：“朝廷必欲度僧，奈何？”先生曰：“當力爭之。”曰：“勢已成矣，可奈何？”先生乃疏列千餘言，三上皆不報。僧道通中貴者，謀欲普度，撼以危語。先生不動。久之，旨下，度僧不多而逃軍囚犯不與，時人皆喜其有回天之力。時太監李廣與壽寧侯表裏通惡，怨徹中外，人莫敢言。先生乃又獨上疏乞斬廣，洩神人憤以弭災變。廣怒，令道士設醮咒死術以舒恨，亦不驗，乃令校尉數伺先生出入。十二月朔，聖駕郊天看牲回，誣以駕後騎馬，下錦衣衛獄。先生被罪從容，有詩題獄壁。蓋充養有道，見危授命者如此。戊午三月，謫知河南陜州，命下，怡然就道。比至，問民疾苦，興利袪害，惟恐後。州城高阜，井深二百尺，民難於水，乃勸富僧通唐人長孫操廣濟渠水入城，民皆踴躍。日受百狀，皆與別白，匹夫匹婦得言其情，口訊手判仍應他務，人以為有劉穆之風。沈姓兄弟因甕爭訟，買甕遺之，兄弟感謝。屬邑靈寶，有誣民殺夫有其妻者，邑吏鍜鍊成獄。先生察得其情，並其妻皆出之。尚書許公進之侄犯法，亦治如律。許公稱為真君子，謝其相信之深。雨雹傷禾，乃單騎遍勘村落，穿林入谷，晚宿民舍，自出米菜食之，里老亦自裹糗糧以從。每催徵嚴令禁派，里老不敢求索。乃有勢豪謀利病窮民者，則痛治之以戒衆。而又表賢者之閭，講程朱之學，毀僧尼寺以正風俗，拆太山廟以給學田。於是士民翕懷服膺，擬諸古循良吏。己未冬，朝覲，南京科道官上疏言先生及布政司周瑛等經術氣節，撫字鋤強，才行政優不凡，欲照天順四年例，賜衣服楮幣，宴於禮部，不果行。十月，李廣因先生劾奏，漸疏於上，懼誅，飲毒死。吏部員外郎張綵及鴻臚寺丞俞琳、編修劉瑞、御史張天衢，皆上疏乞窮李廣買官鬻爵之獄，獎先生之犯顔敢諫，以慰人心。閱月，乃陞陕西按察司僉事，奉勅提督學校。道過陝州，父老擁輿號泣如别慈母。自卯至巳，始獲出郭。至則教人，先德行後文藝，鋤刁惡，拔信善，崇正學，毁淫祠。學政肅清，三秦風動，豪傑之士莫不興起。辛酉，陞副使，奉勅整飭洮河、岷州邊備。州雜彝，俗頗乖禮法。乃申孝弟，革宿獘，所按部贜污官吏有望風而逋者。軍法嚴明，邊卒悦畏，西烽不警。其條疏八事，並禁約三十餘事，皆可常行。甲子，考績。都御史楊先生用寧及御史季春交薦其賢，乃復改提學，關中士子相賀曰："王先生復來，後學得依歸矣。"於是士子益自策厲，甚至有駢肩接踵向往於道，駸駸乎復漢之舊者矣。是時，尚書馬公文昇柄銓衡，因馬儀之士為憾，有磨氣之説，先生聞而作《神劍詩》以曉之。

正德丁卯，陞山東按察使，關防凛然不敢犯。雖同僚有事乖理法者，亦必曰："慎勿使先生知。"衆嘆服曰："王公非今之按察也。"即縣吏之賢否，博詢訟者，密記之以行獎責，一時畏若神明。時劉瑾專横，因前官事，陰使校尉至山東緝訪，一無剌舉，事因以寢。八月，丁母夫人憂歸。明年，吏部尚書張公綵欲起復先生為尚書，力止之。己巳，服闋，陞國子監祭酒。先生始被命，欲堅辭。有友遺書言："執政者誦太祖'寰中士夫不為君用者，當殺身滅家'語。"於是先生父大司徒公曰："吾老矣，汝置我何處死乎？"不得已，收拾平生詩文，付門生周朝著藏之，泣而就道。至無所餽瑾，怒，欲重以禍，竟不能得而罷。時國學教廢，先生朝夕講説，約束大嚴，誹謗四出。值瑾苛，時人皆危之，先生不為動，六舘士子卒感服先生。欲更六堂名，曰：主敬、窮理、修身、修道，教諸生讀《小學》。以上達，瑾聞，怒曰："王雲鳳亂成法，欲代刑死耶？"先生以道不行，怏怏求去。會瑾下獄，遂上疏乞致仕。時相有忌先生者，乃改南京通政司右通政。先生復上疏陳乞，准回原籍養病。壬申，御史楊邦禎、通政使丁公鳳、都御史石先生邦秀，交薦其賢，上命巡撫宣府地方。先生上疏以疾辭，不允。乃上楊太宰書，稿傳京師，人爭錄誦。先生再欲辭去，尚書公迫之行，不獲已奉勑。之鎮，豪猾久攬糧草者，聞風遁迹。至便宜從事，將官犯法，依律重轻罰米至萬餘石，用足军食。先生號令嚴明，法度整肅，自參將以下，頤指氣使，莫或敢喘息。練習軍士，率有紀律。日戒諭防衛如賊在，敵畏不敢輕入。北門鎖鑰，時論歸之。兩閱月，丁父尚書公喪歸。將士遮道感泣，有餽以香帛者，不受。乙亥二月，服闋。八月，除職如故，清理浙江鹽法。先生上疏乞致仕，疏入不允，且促使供職。先生復上疏，推讓賢能，懇乞致仕，上不允，准養病，病痊起用。先生曰："吾志遂矣。"

先生生而神氣清徹，舉止端重，異羣兒。年十一歲，與鄉人立，適妓女過，拜而答。同舍生或借其扇，潛與妓女，赴人宴。先生知之後，以扇還，擲之地下，至或截其袖。同舍生慚，取他扇償之。少年趨向之正，即異流俗，類如此。長益刻苦自厲，穎悟出羣。六經百家言，一誦輒不忘，文章頃刻立就。二十登進士，相識以花紅迎賀，却之曰："惡用是炫耀為哉！"衆嘆其不可及。觀戶部山東司政時，廣東陳白沙、陝西薛先生顯，思負重名，及門者尊之若程朱。先生聞其言，論評之，人以為允。先生負經濟[2]之學，以堯舜君民為心。天下想見風采，累辭不出，人以道未大行為恨。天資豪邁，狀貌魁異，智識卓越，器度宏遠。博學力行，以聖賢為標的[3]。居無惰容，自少至老如一日。常曰："一息不敬，便與天道不相似。"理明義精，視國家民生利害痛切於身。遇事敢為，機動矢發無留礙。一有弛張，上下響應，雖權力弗能齟齬。臨死生禍福之際有定見，不苟趨避。守官清介，人不敢干以私。歷仕三十年，治行可采。旌擢之典，獨後於人。時論稱屈恬不動念。拜官力辭，再三乃已。一不得志，即奉身而退，人以進退合義為稱。尤篤孝友，執親喪，勺水三日不入口。臥苫枕塊，哀毀骨立，妻妾不同寢處。有父在，一衣不私製，一錢不私蓄，人以為難。自負獎拔善類，始終不踰。疾惡甚嚴，不少假貸，家居屢空，茹蔬衣敝，恬然自樂。門庭內外，斬斬[4]五尺童子，非稟白招呼不敢入。宜人李氏，貞順莊謹，先生相敬如賓。邑宰有貪酷者，不時戒諭。里人困苦，恒注意區處之。或誣罪至死，力為白於官得出。後學執經問難，語之諄諄忘倦。與人接，貌莊氣和，言與心孚，可畏而親。談當世事，至綱紀不振，則感慨泣下。及奸臣貪官，怒氣勃然，鬚髮亦奮，有搏擊之狀。憂國之誠，老而彌篤。或杖竹於門，跨驢於野，不改布衣時行。農夫見者嘆息曰："此人入朝，天下受福。然不理於讒佞之口，乃信於愚樸之民。"天理在人心，有不可得而泯滅者如此。於書無所不讀，尤邃性理之言，書法真草隸篆，自成一家。端勁如其爲人，四方人多求之。文有氣力，不假雕刻纂倣，而出入古格，滔滔不竭。詩賦亦清奇古雅。所著書有《小學章句》、《博趣齋稿》、《四書私記》若干卷。先生爲學守敬義，事君秉忠誠，功業樹中外，聲名滿朝野。道德文章政事皆可擬之古人云。

先生諱雲鳳，字應韶。世居山西和順之虎谷，因號焉。父諱佐，南京戶部尚書。母馬氏，誥封淑人，感奇夢，生先生。生於成化元年乙酉七月二十五日戌時，卒於正德十三年七月二十二日亥時。配李氏，誥封安人。女四：一適同邑監生周孟霄男周守約，一適榆次寇都御史天敘男寇陽，一適太原陝西僉事閻鐸男閻徵甫，一尚幼。銘曰："嗚呼虎谷先生！志欲行道於天下，而位未會，當非時邪？然亦小有試矣。由今言之，又不可謂不試也。嗚呼虎谷先生！"

注釋

［1］弗豫：指天子生病。

［2］經濟：經世濟民。

［3］標的：目標、榜樣。

［4］斬斬：整肅貌，整齊貌。

虎谷祠堂記　滇南孫繼魯　山西大參、臬憲、巡撫

惟公出處大節，高陵呂太史公柟，海鹽徐太守，咸有志銘，名臣録無容喙。惟張綵事，似微詞，恐滋惑。魯懼其滋惑也，每以綵事質諸聞人。僉云：公在正德年，丁母馬夫人憂，時綵幸逆瑺瑾，驟吏部尚書。綵關中人，公故提學僉事、洮岷兵備、提學副使，俱關中。風裁［1］表表，豈唯縉紳介胄，雖草澤巖穴亦稔知，獨綵乎？綵以讒慝［2］獵通顯，欲得馨香重望如公與虛齋蔡公清輩，以鎮壓人。固石亨薦吳聘與弼類也。公誦法［3］孔子同虛齋督學，正德時同虛齋一時進祭酒，同虛齋何忝聘君。公委質［4］久，似白沙陳公獻章，繫監生籍，與聘君韋布殊。聘君願觀秘書，不受諭德。白沙繫監生籍，不辭檢討。公自按察使委質受祭酒，易地皆然也。況白沙以母思乞還鄉，公以父迫泣就道。公無忝白沙，白沙無忝聘君章章［5］矣。聘君不浼［6］於亨，公獨浼於綵乎？由今觀之，公堅不磷，白不緇，似薛文清公瑄。公祭酒，至無所餽，瑾怒，欲重以禍，不能得。似文清公在大理卿時，不諂中官王振，文清公自失大理家食，起入内閣。猶公自改通政養病，薦陞巡撫邊方。公後力辭鹾政、副都御使，遂不起。視文清公力辭宰執，高朗令終。不甚懸絕，故海内識不識，今共傳，如青天白日云。或者於公之剛介寡與也，厚誣而不韙之，倘亦有私憾之意乎！記虎谷祠堂，以俟君子。萬曆五年二月望日。

注釋

［1］風裁：風紀。

［2］讒慝：進讒陷害。

［3］誦法：稱頌并效法。

［4］委質：忠誠信實。

［5］章章：很明顯的樣子。

［6］浼：玷污。

王虎谷三立祠祀鄉賢贊　明閔煦譔　山西提學

英敏豪邁，廉靜剛方，學傳古今，道期賢聖。屢疏獘政，觸權要而氣不撓。再秉文衡，晝禮儀而士以奮。多方教誨，感服於六舘之情。悉意拊循，造施夫一鎮之福。惓惓忠愛之忱，赫赫才德之華！

金馬公德政碑　邑人嚴坦譔　進士

夫為民而置吏者，君也。賴吏而治者，民也。受君之責，導民之善者，吏也。吏得人則法平政成，不則王道弛而敗矣。故《詩》有“伐檀”之刺，《易》興“覆餗”之譏。大抵賢者在位能盡其治，則民賴其利，物荷其恩矣。若使無能而蒞官，非才而守位，與夫不學操刀，弗貫登車者，製錦思獲，又何暇焉？《書》云：“無曠庶官，天工人其代之。”此之謂也。故明主不敢以私授，忠臣不敢以虛受。然古者治官之法，以九德察其偽真，三考定其黜陟。或辟以四科，求之數路，皆冀得其人也。奈何臧否混淆，幽明雜糅其間，得人者寡，失人者多矣。

國朝懸爵待賢，重祿勸士，選用清白，任從政者爲親民之吏。親民之吏，莫急於諸縣之寄。諸縣之寄，出宰百里，民之師帥，所使承流而宣化者也。若師帥不賢，則王德不宣，恩澤不流，與姦爲市，民受其殃。所以唐馬周曰：“欲令百姓安樂，惟在縣令。”縣令既衆，不能皆賢，須妙選其德而擢升之。然而自古以來，能以化治見稱者，幾人而已。惟馬公諱克禮，字和甫，中都人也，東漢伏波將軍新息侯文淵之苗裔。大定甲午歲夏五月，恭受宸恩，出臨山邑。公下車之始，振舉前綱，剔釐弊政。可则因之，否则革之。夙夜惟寅[1]，恒如不逮[2]。惟公生明，以寬繼猛。聽斷以法，無好惡之私，照察情僞，如神明之鑒。使愚盲之夫，安生而得所；權豪之子，遁迹以吞聲。其奉法循理，不矜功，不伐能，撫字有方，勸課有術。不爲利回，不爲義疚。專以德化爲理，不任刑罰。下亦無犯圜扉茂草，使夫蓬樞甕牖之士，朝行暮徹。家絃戶誦，而人蒙其休，物被其澤。政平訟理，而無嘆息愁恨之聲，則其功效豈淺淺而已哉？公之爲人，奢儉有度，剛柔適宜，德行溫淳，文章茂美，博古通今，學優則仕。其廉也足以比冰玉，其平也足以擬權衡，其忠也足以事君上，其孝也足以奉祖先。是以三載之間，教化大成。一境之民，視儀取則，去貪遠罪，熙熙然安其田里，皆表倡之所致也。

昨於大定十六年秋七月，民田欲稼，既方既皁，不虞有螟螣蟊賊而害其田。衆皆蹙頞[3]而相告曰："家無餘粟，倘值兇荒，奈何奈何？"公乃潔齋致敬，掃地爲壇，禱於漳水之濱。少頃雷雨暴作，三虫皆滅，田不爲害。及八月，百穀將成，既堅既好。未刈未獲，俄然大風暴起，拔木飛沙。民曰："昨免虫害，今又風災，兇年飢歲，不免於死亡，如之何其可也？"公曰："闔境民憂，皆我之過。"乃屬文罪己，躬率父老祭之，良久風頓息。民喜曰："田雖微災，比之鄰境十無一二。"舉歲無轉壑之憂，三農有卒歲之望。斯咸公之德、神之靈、民之福也。

自甲午五月公到任，至丁酉五月，已逾一考。惟恐有遷除之報，闔縣居民郭祥等一千餘人，連名狀告留公久任。公乃謙遜而謝曰："某上以負朝廷之委，下以爲小民之病。既無異政奇才，又無深恩厚惠，何復區區而以狀舉留耶？况汝等既係農民，徒勞拘繫，有妨田事，速令還歸。"其郭祥等，欲赴州告留，公再三勸諭，終不令往，其隱德晦能也如此。美哉公乎！仁愛則杜詩、召信臣，德化則魯恭、張允濟，威信則王渙，嚴明則任峻，功迹則衛颯，感應則童恢。此數君子，自漢唐以來皆能以守令見稱者。於方今馬公朝列，何優何劣？是以民樂其政，歌其德，沐其恩，服其化。咸曰："公之治迹，無能以名莫可得而報也，恐後世無傳焉。如能使百代之下，聞其德如見其人，豈不美哉？"命工刻石以記其事，示民感戴之不忘爾。大定己亥九月之令日。

注釋

［1］夙夜惟寅：時時刻刻恭敬警惕。

［2］恒如不逮：總是感到有不足的地方。

［3］蹙頞：皺眉頭。

邑侯李公德政碑　邑人曹文炳　庚子舉人

太行一帶多疲邑，獨和順爲最。官斯地者，成民致主葢難兼之。故縣志書載名宦，自金元至明時，屈指纔十人，德政碑惟大定中馬公克禮有之。若此者皆所稱慈牧循良，如望父母者也。何以四五百年不數數見也？惟我皇清定鼎，履畝減稅，清問民艱。承乏兹土已六七大尹矣。申除驛苦則有栢鄉常公。請蠲荒糧則有登封劉公。此雖善政一端，至今士民思慕不置也。戊戌歲，李公來守和，覩兹百孔千瘡，諸務廢紛，思與維新焉。雖然宰官救時爲民起見者，何人無之，特[1]患寡於成效耳。己亥七月，大風傷禾，公虔禱具牒於隍神，其風立止，今有榜記於廟中。縣之災祲連十餘年矣，自公下車歲見登稔。庚子之秋又臻履豐。云"和氣致祥"，謂非有以迓之不可。前此甲午霪雨，賓凝門崩，當事者因陋就簡而已。公聲色不動，閭左不煩，百雉屹如宴如也。學校傾頽，鞠爲茂草，自繼元李公後，無有補葺而嗣其美者。公力爲剏興，科名因之崛起。其詳俱勒孔廟諸碑。且也詐民財者鈎拑也，浚民膏者贖鍰也。公則裁巡路，革紙穀，使四鄉之民胥不譁門，犬不夜吠，繼此將有涕泣而誦者矣。僅思云乎哉？甚可幸者，和邑大害在栢井一驛，自常公申除之後，旋爲樂平扳告，照常走馬。公灑赤千言，爲民請命，協銀不協馬。已奉俞旨，民以甦生，若夫催科，不忍鞭樸[2]，大著仁慈。勅法先鋤強暴，衆服嚴明；日用惟具蔬粟，寔見清操。夫且陳新相易賑乏絕，因以便積儲也。養老尊賢敬有德，因以寓激勸也。皆所謂爲民起見，而有其成效者也。今以三年奏最，擢山東濟寧州守，將奪公去。噫！前公而去者，有其人矣。後公而來者，亦有其人矣。大定迄順治上下四五百年，特立此德政兩碑也，前此者可思，後此者尤可勸也。勒此公門，爲峴山片石，不亦可乎？公諱順昌，字燮五，直隸保定府新安縣人，丙戌科舉人。並記之。

注釋

[1] 特：只是，但是。
[2] 鞭樸：用作刑具的鞭子和棍棒，此處指用鞭子或棍棒抽打。

重修和順縣學記　明薛亨譔　山西提學

甲申秋仲，余東出平定校士，轉太谷，赴遼、沁，和順與焉。其縣在遼之北，樂平之南。萬山環列，土瘠民貧，士生其間者類多[1]質樸儉素。前有虎谷王先生，以文章氣節雄晉右。余自束髮時即仰之，知有和順名，意爲鉅邑。及抵此考士，僻在一隅，庠生又僅僅數十人。益信"十室之邑，必有忠信"。人才不擇地而生，如此且得一虎谷，和順名與晉鉅邑並著。則人之傑者，誠不囿於地；地之靈者，恒以人而顯也。今虎谷如故，而人才不及昔，豈地力有限與？抑人爲不力與？

邑令寧夏李君繼元莅任，謁廟。見先師與啓聖殿多頹，兩廡墻壁亦壞，神牌矮小，供桌欠整。且名宦、鄉賢舊無顯祠，每遇二祭，止設布帳完事，心甚憫之。因詢其故，諸生謂地疲年荒，宦遊者罕樂久居。遑念及此，即欲修理，如庫倉空虛何？李君慨然曰："學校係根本之地，修葺乃有司之責。此地近山，有木可採。此舉近義，雖勞疇怨。"乃捐俸資，陶磚瓦，補厥壞，易厥腐，堊厥飾，弘厥規。又挑浚泮池。添葢魁星樓一所，儲厥經書。役不踰時，費不及官，殿、廡、祠、宇、齋、堂、器用，秩如煥如。猶以一方土宜、風俗、貢賦、文獻，咸資諸志。縣久乏志，將何以考？復與諸生謀增修焉。適余校士至，諸生感其興學育才至意，思勒諸石，以彰厥休。余復嘆曰："虎谷先生文行素優，縣志未備，非缺典乎！然修學育才者，有司之職。所以進學達才者，顧諸生自修何如耳？昔契爲司徒，教以人倫曰：'父子有親，君臣有義，夫婦有別，長幼有序，朋友有信。'子張問政：'何謂五美？'曰：'惠而不費，勞而不怨，欲而不貪，泰而不驕，威而不猛。'夫五倫天德也，五美王道也。學者能敦此五倫，以修天德，斯爲善學。仕者能尊此五美，以達王道，斯爲善治。善學無愧於士，善治無愧於官。斯之謂能修學，斯之謂能事神。不然，雖宮墻整飭，廟貌改觀，不過一時文具已耳。苟得罪於名教，將爲神羞，况能徼恵神明，裨益文風乎？遊斯學者，尚共念之。"李君與司訓率諸生謝曰："敢不受教。更乞一對，懸諸堂額，以資顧諟[2]。"余莞然曰："對在古書甚多，即工於對，詎[3]能如古？求其切於學校、關於身心者，莫如謹庠序之教，申孝弟之義。與夫己所不欲，亦勿施於人，行有不得皆反求諸己。即此一對，扁之堂前，庶寓目警心之下，五倫可盡，五美可尊，余復何益。"

注釋

[1] 類多：大多。
[2] 顧諟：敬奉、稟順天命。
[3] 詎：豈，表示反問。

重修和順縣學宫碑記　三韓白如梅譔 督撫

自古經邦致治，建學爲先。虞夏以迄商周，重道崇儒之典，班班載籍中矣。其意本於教人，而因以取士。故古有辟雍、明堂之制，鄉有庠序、學校之設，甚盛典也。觀於子衿作而周祚衰，園蔬鞠而漢鼎革。則學之興廢、治之隆替因之，豈曰具文而已哉！夫先王之立法不厭其詳，而於教人也尤甚，於執經辨志之時，以逮九年大成之後，無日不匡正而董率之。講肄必有所，辨說必有數，舞蹈必有節，視聽必有物。以涵濡其心性，陶淑其器識，而後賢俊出其中，德業亦出其中。故雖具良質，未有不資教學而成者也。譬之明珠荆璞，復加以磨瑩之勤，採琢之力，不益焜耀人間乎！

余撫晉三載，凡裨益於晉士者，罔不殫力爲之。躬承聖治右文之日，尤以訓飭士習爲惓惓[1]。董江都[2]曰："養士莫大於學校。"程子曰："善言治者，以成就人才爲急務。"余葢念兹不敢忘也。今於和順而竊有喜焉。和順介萬山之中，其地瘠，其民貧。居遼郡之北，樂邑之南，千峯環列，巖徑隘險。士生其間，勤樸儉素，且耕且讀之外，無多事焉。有學而圮，邑侯李順昌憂之。慨然捐資，率先爲倡。於是諏吉辰，鳩梓匠，尋尺中度，斷斲是虔，甓之、甃之、塗之、沐之，踰月而工始落成。大約更而創者什之八，仍而葺者什之二。如建奎光樓於城東，葢文昌祠於城北，莫不相其形勢，以啓以闢，輪奐咸美，規模聿新。以視前之傾倚湫隘者，不且焕然改觀哉！若使侯而任其鞠爲茂草也，鼓篋之子無自親師，執經之子無由問字，將藏修游息之無所，而輟其業也。夫誰詰之，而又誰責之乎？乃今之噲噲者堂搆新也，湛湛者頖璧清也。景至德之莫京，瞻聖教之無外。相與揖讓其間而絃誦其下，文教侵熾，賢才侵興，則是侯之大有造於斯邑也。是役也，邑侯李順昌實主其事，鄉紳胡淑寅、教官白毓秀、典史彭雲鵬亦與有勞焉。皆得並書。

注釋

［1］惓惓：深切思念，念念不忘。

［2］董江都：即董仲舒，因其曾官江都王相也。

重修和順縣儒學碑記　三韓白尚登譔 巡按

夫創制顯庸，莫不視時會爲升降。而素王一座獨亘古炳若日星[1]，無復有祧羽籥而踐我壇坫者。漢高定策馬上，首壹五學之制以併於仞宮，文乎在兹，旦明長夜，此漢治所爲近古也。顧聲教四訖，山川間之士生僻壤，既不克自振拔而爲之上者，復中諉地靈莫傷，城闕文教亦安所賴乎？和順以梳杍邑，届在山麓，車轍斗絶，家鮮傳書，澤泮峩峩，鞠爲茂草。即尼山木主亦棄躓風雨中，更無問絃誦矣。邑令李君振兹荒圮，唈唈思更新之。慨然捐貲，爲之葺治，是尋是尺，乃塈乃塗，椒圖綺，并丹堊，離然落成。而余以採風至，曷吝峴山一片石，俾菁菁者莪不與山水併壽也。余惟三晉以武健甲天下，而賦聲流於金石，韻事集於輞川，人文之盛未易更僕數[2]，即王氏多風流宕逸之致，幾壓江左。攷其先世，固太原産也。和順舊亦西京地分，石室之餘光蔭河汾之末席。苟或有言："此邦賢智零落安在，遂無孫彥龍乎？"抑聞之地以靜故生物，然非雷風旁魄，縠櫝鬱攸，則杞楠不植。今日者，聖天子廣厲學宮，弘宣右文之化。李君宰僻壤，爲能紹明聖緒，丹雘泮林以應文治。其鼓動拔起，不有嘉賴焉者乎？昔范文正公經始姑蘇，遂長于古爾多士登豆於斯。風雨於斯，當必有應運而出者。爛卿雲而歌，旦復尚其懋哉。工始於順治十六年三月，以七月告竣。倡始者李君，諱順昌。勤勞於役者，鄉先生胡淑寅，教官白毓秀，典史彭雲鵬。記成，例得併及，以垂永世。

注釋

[1] 炳若日星：光明如同日月星辰。

[2] 更僕數：計算之意。

和順縣修學記　陽城白胤謙譔 刑部尚書

天子命官，其最親民者莫如令。令所統治，八計攸司尤重文教。每縣立學宮，春秋以禮釋奠，擇其秀民以養之十年[1]，宰輔皆育於斯。是學宮習禮樂而勵風化，誠重典也。太行之側，古梁餘和順縣，建學在縣之東北隅。創於元，繼修於明萬曆之十有一年。邑人大參藥君濟衆胥捐己資。因前限於地，規模微縮，歷年既久，兵火風雨傾欹朽敗，基址僅存。李令任事之初，奠於先師。喟然曰："學宮教化攸關，尤虎谷先生鳳輝之地也。"申詳兩臺道府，慨出己貲先爲之倡，僚屬協贊，閤邑之紳衿咸輸穀以佐之，邑人司理胡君淑寅尤任其事。拓地數丈，庀材鳩工。創建大成殿，高大堅好。創建啓聖祠、鄉賢祠，補修兩廡、明倫堂。又創立奎光樓於城頭，建大成坊，與樓遥對。置欞星門，之前立石獅一對。木欄屏翰，周圍宮墻弘厰邃深，言言翼翼。始於是年之三月，落於是年之七月。邑人士喜學之更新，而大[2]李令之成績，公屬予記。李令學修有本，政治有方，教紡養民，修城衛民，修學作士，其全體良知見諸大用者乎！天下不可一日廢學，自黨庠術序之法立，而後君臣、父子、夫婦、長幼、朋友之道明。三代之學，皆所以明人倫也。邇來學宮傾圮，絃誦之聲寂然，教之不明，治之不重，人才所以不廣也。李令創修廢墜於數百年之後，使後之學者羣師敬一咸（箴），藏修游息於其中，而日講乎人倫之大節，則一邑之教化興、風俗美、人才出。三鳳未必不全出於一邑也，爲國家之助豈小補哉！特爲記。李令，名順昌，新安人。

注釋

［1］十年：成熟、成才之意。

［2］大：讚揚、欽佩之意。

修和順縣志序　錢受祺　山西提學

嘗讀《詩》至《邶》、《鄘》，竊嘆古昔輶軒之使未嘗以小國忘採也。葢國雖小，而甿俗之貞淫奢儉誠足備一王之法誡，故太史識之。迨聖人刪詩而錄變風，仍以《邶》、《鄘》次《二南》，其意深且遠矣。今之和順，即古之梁餘。介萬山之中，巖壑峪岈，寒霜蚤零，厥產菽豆，不可以麥。氓不炫賈，士不喜游，民風之樸畧，尤有陶唐之遺焉。顧曩昔無志也，志創自萬曆之十有一年，閱今七十餘載。其間天運變遷，人事興廢，不可謂不稔矣。倘循襲故傳，靡所更正，偲[1]其殘缺失次，而無以備訾攷也。邑侯李君憂之，以修志爲己任。謀諸耆獻，博採輿人，佚文雜記，躬自校讎。凡疆輿、風土、賦徭、戶版、食貨、祠祀，與夫官師、人物、藝文之類，一仍舊貫，而補訂其所未備，於是乎不散不越，倫脊[2]成、紀載具矣。以余職在衡文，廼郵致成書而屬敘於簡首。余維國大者習淫，國小者志儉。淫則易於爲非，儉則可與嚮善，故雖荒陬僻壤，無不可以臻富教之成也。昔衛文公遷於楚丘，勞勸農桑，卒致騋牝三千之富。而蕞爾武城，子游氏道以禮樂，邑有絃歌之聲。豈非無地不可致治歟？今李君自下車以來，病民生之匱也，風教之衰也，田賦之凋耗而戶齒之不登也，勞心撫字。葢二載於斯，爲教織紝以贍其畬業，建黌序以作其賢材，勤賑卹以拊其凋殘，闢蒿萊以廣其蕃殖，生聚教訓勿遺餘力，而和邑遂駸駸有康阜之色焉。則昔之所以寖微，與今之所以漸復，具載是書之中。取而鑒之，當必有佶然以思、憮然以興者。是侯之爲志，前以補七十四年之未備，而後以風示乎來茲，疇謂志可以已哉。若廼文質而典，事核而詳，至於損益盛衰之由，未嘗不反覆叮嚀以相誥誡，則侯之殫思民瘼而情見乎詞也。侯諱順昌。襄厥役者，鄉先生胡君淑寅，學博白君毓秀；與搜羅者趙子漪、李子開祥、藥子延祚，例得並載。是爲序。

注釋

［1］愳：同“懼”。害怕之意。
［2］倫脊：道理、條理。語出《詩經》：“維號斯言，有倫有脊。”

重修和順縣志序　新安李順昌譔 邑侯

粵攷周制，外史掌志邦國，小史掌志四方。漢唐宋以後，十道有志，九域有志，郡邑有志。蓋志所以紀美惡而昭鑒戒，令不紀事覈實，則勸懲不彰。文以獻傳，獻以文紀，志之攸關甚鉅也。和順縣舊無志，創修於明萬曆之十有一年。和順令西夏李君繼元操觚[1]；其鑒定者守憲寅齊陳公；校訂者汾州守白公夏，學博李公根序；簡弁者太史樂平趙公思誠；和庠王子邦棟書真也。訂卷爲二，分類爲十有八，迄今七十四年矣。殘缺散佚，魚魯難讀，且七十四年之應紀載者，更僕難終[2]，此增續之不容已也。余博採老成，兼咨輿論，集文學士分校訂集。余手創槀，分卷著類俱仍舊志。缺者補之，殘者訂之，據事直書，惟存七十四年之實錄。質浮於文，以備徵考，倘不辱傷於杞宋乎！夫前事之不忘，後事之師也。後有作者稽宦蹟而思治，睹鄉評而思賢，覽山川土田而思興廢之故，觀民風戶口而思隆替之由。道德一，風俗同，以踵美先哲而重光古道。或披卷嘖嘖曰：“梁餘文獻之邦也，庶幾[3]不朽盛事乎”。是役也，修於己亥之菊月[4]，竣於庚子之人日[5]。余首其勞，學博白君毓秀、鄉先生胡君淑寅贊其成，趙子漪、李子開祥、藥子延祚廣羅嚴集。余敘其畧云。

注釋

[1] 操觚：原指執簡寫字，后指寫文章、撰書。

[2] 更僕難終：形容人或事物很多，數也數不過來。

[3] 庶幾：差不多，近似。

[4] 菊月：指九月。

[5] 人日：指正月初七。

重修勅封顯澤侯廟記　趙浚　邑人、縣丞

梁餘環圍皆山也，且居太行之巔，重巒聳翠，不知其幾千萬峯。縣之東南距三十里，望之葱然蔚然、四面屏列者，乃合山也。當其天晴日霽，俯仰其間，見木之如虬如龍、隔離天日者，乃合山之松也。至於夜靜人寂，廻風四起而天籟生焉。或時而風雨驟至，或時而波濤夜驚，或時若赴敵之兵、萬馬馳驟，或時若龍吟虎嘯、逐電追風。隨時變異，莫可名狀，此則山中之大觀也。山之下有亭翼然[1]，西曰懿濟聖母行宮，東曰顯澤大王行宮。凡邑中災祲必禳，水旱必禱，禱則必應，如影隨形、如響應聲，毫髮不爽[2]。是果神耶？靈耶？抑其地使之然耶？迨至明末，流寇蹂躪斬伐喬松，不復昔時之盛矣。邑侯鄧公至其地而憐之，因蠲俸金，命顯明寺住持僧人湛金於顯澤大王廟爲之修理焉。僧隨化募，闔邑紳衿士庶咸出貲財，共成盛舉。爾時士民或助金者，或助錢者，或賫雜糧、或運木石、或蠲磚瓦者，即家貧無資亦各出其力，以爲拮据之助。興工於康熙十二年二月初八日，今於本年四月初四日工遂告成焉。此固邑侯鄧公之勸勉使然，抑亦神之靈默有以助之耶。今厥工已備，僧前求記。予也不文，止就其事之始末而爲之記。

注釋

[1] 翼然：像鳥張開翅膀一樣。

[2] 爽：差錯、失誤。

栢井驛協銀不協馬疏抄

順治十有七年冬，聖天子有請廣直言之旨。凡内外大小臣工咸抒懷來以仰荅若渴之求。該和順縣知縣李順昌首以協馬之苦申各上臺，請改協銀，千言洒赤，謬邀許可。於順治十八年春，山西撫院白彙題爲請廣直言事。據布政司呈詳，該臣看得，興利除害誠爲裕國便民之首務，自當悉心籌画，必使興革得宜，庶與地方有裨也。臣撫晉以來，凡有利獘所關，無事不與分土各官講求力行，以不負任使之意。故年來晉地頗稱小康，兵民亦皆安堵。兹覩科臣請廣直言一疏，臣即遵照部文檄行藩、臬二司，會通各道廣採州縣。就彼見聞所及，酌其可行而有關於國計民生者，方敢據以入告。如陽和一城，向爲巨鎮，自督鎮道奉裁，重兵復掣，僅以一守備領二百兵坐鎮，单弱已甚。新平参將領兵四百，反處閒僻，今議官兵照額更調，緩急得宜。又馬邑縣居三邑之中，頗稱安靖，設守備一員，兵一百七十五名。朔州極邊地方，止一外委，操守兵百名，非所以資彈壓也。今議官兵照額更調，冲僻適宜。一轉移之間，地方有賴矣。若夫天、陽二衛，屯糧銀兩共計一萬七千有奇，因同知裁并，委之衛弁，致多逋欠。今議中路通判移駐陽和，稽屯清餉，無增官設役之擾，政事又易舉行矣。至於和順縣，距栢井驛往返三百餘里，所協馬二十一匹，喂養稽查，遠不能及。而馬夫作奸，倒斃時聞。今議以每年原額站銀七百五十六兩，解協該驛。既遵官養之令，已無鞭長不及之虞矣。以上各欵，總因晉雲官兵裁减甚多，冲僻緩急固須一番調劑。而徵屯重務，協馬苦情更宜稍爲變通。此誠参酌於地方利病，而有關於國計民生者也。既經各司道府確議，臣覆核無異，相應具題。伏乞勅部議覆施行。奉旨，該部議奏，該兵部覆題，爲請廣直言事，職方車駕司案呈晉撫白如梅題前事。奉旨，該部議奏，欽此。除通判一欵該吏部議覆外，該臣等議得宣大承平，内地官兵經制久定，頻事更張，徒滋煩擾，相應照舊。又據疏稱，和順縣協栢井驛馬二十一匹，喂養稽察，遠不能及，議以每年原額站銀七百五十六兩，解協該驛，等因。查和順協濟栢井馬匹，該撫疏稱路遠喂養難以稽察，相應如議，免其協馬，行令和順縣照依原額協濟站銀，解給栢井驛應差可也。奉旨依議，記部文遞行到縣，在順治十八年閏七月二十二日也。闔縣紳士庶民手額懽呼遍山谷矣。陞山東兗州府濟寧州知州，前山西遼州和順縣知縣新安李順昌謹識。

創修東嶽聖母行祠記　龍溪李希文譔 陝西通判

縣之關東有廟曰東嶽，神曰聖母者，云東嶽泰山者在魯地，去縣葢千有餘里，泰安州之東山極高者也。夫天下之名山有五嶽，泰山即東嶽之名山也。名山大川有神即靈，則泰山聖母妥焉。禱之即應，禦災捍患，凡一方之有生諸物，咸享太平之福。故本明朝懷報功之典，勅封春秋二祭。至期不特一方之人趨向登攀，而四方之人一皆奔走拜禮。巍峩石磴不辭其勞，鳥道羊腸不憚其苦，負老攜幼，男女塞途，進香捨寶，先後不絕，如此者數月。見有聖母靈感之所居也，不然何人心之樂從，不遠千里而來耶？

鄉人楊熊等亦進香登山者也，一旦語請衆曰："神無往而不在，誠之至與不至，神之享與不享，有其誠則有其神，無其誠則無其神。與其登東山而進香以竭誠神，固格矣，不若吾邑涓名山靈地可以妥神者，建夫廟宇，亦進香以竭誠厥神，豈不格之乎？矧吾邑居太行之巓，山高風猛，六月飛霜，雨暘不時，秋成少登，歲利分儉，正可以祈神之佑也。厥廟允可建焉。"衆曰："諾。"若兹廟號之建，名曰東嶽行祠，互相鼓舞。遂扳名術善識風水李公走觀，旬日喜得關之東路之北有勝地一所，可以建廟妥神，去縣不遠，甚爲進香者便。於是化助聚財，建聖母殿三鉅楹，前東樓三鉅楹，又前爲太尉三郎廟三鉅楹，通衢爲門。聖母殿左爲子孫廟、關王堂，右爲廣生殿、伽藍堂，東樓左右爲兩神厨、鍾鼓樓。皆碩材良壁，雕刻藻繪，金綵輝映，神像森然。蔚然爲梁餘之名廟也。士庶瞻禮，謁無虛日矣。楊熊等可謂善於修廟者歟！廟既建，四月十有八日，神母聖誕，闔邑男女老幼同登泰山者焉。

嗚呼！自建廟之後，六月無飛霜，雨暘安時若，秋成頗收，歲利頗豊，殆非神母靈應默佑之者歟？抑非邑民進香虔誠者之效驗歟？工既告竣，地主致政，巡檢李世禎、鄉士蔡寧偕、熊與仝、焦琴、李安、吳崇德、董世才等，請記於余，以求永久。予謂："敬鬼神而遠之，我宣聖之明訓也。祈禱感應之説姑未暇論，大抵惟欲人虔敬厥心祭神，如神在也。故凡能信而向之者，自有以蕩滌其邪穢而消弭其惡念，以見吾邑之靈廟不於是而增重矣乎！"用祀厥虔，勒諸貞珉，以示後者。嘉靖二十三年歲次甲辰孟夏吉旦。

重修東嶽行祠記　邑人龍漳齊聞韶 鄉進士

縣之東百步有東嶽廟。夫廟舊未有也，創自嘉靖己亥之歲。嘗攷之《詩》曰："泰山巖巖，魯邦所瞻"，孟子曰："登泰山而小天下"，則泰山固天下之望，而神亦天下之尊。矧晉俗尚鬼，民之進香泰山者，男女動以百計，而往返奔馳亦不憚數千里以爲常。但無力者阻於遼遠，恒苦之。於是邑之香頭白思廷、董世才等，相與謀曰："進香泰山，遠而且難，孰若立廟邑中，近而且易，況祈禱捍禦恒斯便也。曷建諸？"衆曰："可。"乃於城東艮土，其勝地可以妥神。遂糾衆持尺牘，上緣縣之良善暨諸鄉村。未幾，民之輸財者衆，所獲不下數千緡。即擇吉鳩工，甫踰年而績奏焉。所造聖母行祠三鉅楹，東西有子孫、廣生各三鉅楹，關王、伽藍，南有三郎太尉廟，中有東樓廂、庫房，然尚樸畧，未備也。迨至己酉，畢竟禮、畢英賢、藥芹等又建碑坊於廟門以壯觀，竪鍾鼓樓於門内以聲衆。再迄丙寅，香衆張珂、房遠祿等又建内閣一座，金像四十八尊，環以垣墻，飾以丹堊。棟宇森嚴，金碧赫奕，宛然泰山之廟貌矣。落日成，因謁文以記其事。余謹拜言曰："人之事神，分則有限，而心固無窮。故泰山尊神，雖非斯民之所當祀，而有人齋戒沐浴則無不可事之神。吾邑之民果能無敢斁、無敢瀆，以豐潔是祀，則神亦將罔時怨、罔時恫而景福是綏。人敬神而知禮，神庇民而錫福，神歆人祀，人被神庥，邑之人其慶矣乎。然人知以神事神，而不知以心事神，知以心事神，而不知以心事人。誠使吾邑之民，欽七教以歸皇極，式八政以守王章。處善以循理，好義以終事，象賢以崇德，尚禮以移風，則明無負爲聖世之民，而幽自獲夫神靈之佑矣。噫！玆固大聖人‘知事人然後可以知事神’之訓也。邑民其念之哉！邑民其識之哉！”是爲記。隆慶二年歲次戊辰仲夏上浣吉旦。

重建子孫聖母殿碑記　陵川王協慶譔 訓導

華封老人祝帝堯曰：“願君王多福多壽多男子。”以是知男子之祥，爲人所禱祀而求之者也。《詩》詠《螽斯》，再詠《麟趾》，而必原於文王修齊之德。以是更知玉樹芝蘭，雲仍繁衍，又爲人所培植以迓之者也。信斯言也！錫胤之事，天帝實主之。而司付予孕育之權，必有其神矣。其神爲何？惟聖母是焉。間嘗流覽所歷之處，自京國以至邑里，而聖母之祠則在在有之，禱祀而求者亦在在有之。凡人有超令之器、寧馨之兒能昌大其家聲者，必曰某某積累之所致也。於戲[1]！仁者必有後，若操券而取[2]，神之付之，亦若驗券而予，如影隨形，如聲赴鼓，昭昭不爽也，固如是哉。

和邑城隍廟左，舊有聖母行宫，相延而禱祀者由來遠矣。自寇亂之後，邑人播遷，物力耗散，補葺者鮮其人。風雨不蔽，安問香火歟？我邑侯鄧公，戊申冬仲來任，清慎褆躬，仁慈遍物。越明年，百廢俱興，因而顧瞻聖母祠，愳然[3]起鼎新之想。捐俸金以為首倡，邑中士大夫以及衆庶量財粟而共濟。董百工以交作。起建大殿三楹，材木堅好，雲棟雕甍，高二丈，廣稱之。重塑聖母像，於送生、痘疹諸聖無不備具。殿側創東、西屋各三間，以爲住持焚修之所。丹之，堊之，金之，碧之，巍巍翼翼，喬喬煌煌。瞻拜其下，恍神明之鑒臨，携石麟汗駒而予之者然。

猗歟[4]休哉！此盛舉也。然而有說焉，邑人之事聖母也，爲一家之瓜瓞計，邑侯之事聖母也，爲一縣之生聚計。侯之家世，仙李盤根，漪蘭奕葉，象賢之育，已羨爲池上鳳毛，聖母其佑之矣。更宜佑五里之人戶口蕃昌，如召杜之治南陽也，是則我侯建廟之意與。斯役也，始於康熙十一年春月，成於康熙十二年秋月。倡修者邑侯鄧公，諱憲璋，號鍾山。督視者縣尉袁君瑜、巡司孟君養性，與糾工茂才、施捨善信，例得併書，以垂永久。康熙十二年孟冬之吉。

注釋

[1] 於戲：感歎詞，表示讚美、稱頌。
[2] 操券而取：執持契券，憑證在手，比喻事成有把握。
[3] 惄然：憂思貌，憂慮的樣子。
[4] 猗歟：表示讚美，盛美的樣子。

和順縣志

信集

修和順縣城碑記　知縣鄧憲璋譔

聞之壯疆圉以建金湯，守城郭以保蒼赤，自古及今莫之或易也。和順縣城坐於萬山中，巖壑幽深，紛糾盤曲。不惟剽掠可虞，抑且虎狼充斥，黄昏漏下即躑躅[1]於三門，覔犬豕以飽其吞噬。而無如[2]其爲土城，非磚城也。風雨易剝，冰雹易酥，二三更曆而不修必致土崩垣塌，安保奸宄不縋越哉？余於客歲[3]仲冬中旬承乏兹土，見堞雉如鉅齒，□墉若蜂窩，心寒股慄，亟欲整之，因凍天下不可以□□□。春去夏來，地滋土潤，正宜鳩工庀材。爲未雨綢繆計，親率僚屬併紳衿里老巡閲城垣，備細勘丈，週圍二里零二百五十步，高連磚垛三丈七尺，根濶二丈五尺，收頂一丈五尺。南、北、西門三座，角樓、敵臺共十一座，外垛口二百四十個，窩舖一十五間，濠深二丈五尺。歲久失修，其傾圮之狀，殆有不可勝言者。計塌倒裡口二十三處，共一百一十五丈，原設窩舖一十五間，俱已破爛倒壞，磚垛口三十九個，角樓、敵臺悉皆零落。倘至夏秋間霪雨連綿，酥剝幾盡，其爲費滋多，亟宜力爲修葺，無容少緩。除城樓三座另行區畫外，今估計得用工二萬八千三百餘工，用磚三萬五千，用瓦一萬二千，用灰二千斤。補修窩舖、角樓、木植等項，該錢二十四千六百文，工價該錢五十六千二百五十文，該食米四百九十石。以上共估應費六百餘金之數。念兹僻壤窮陬，徵比正項錢糧尚且不前，寧忍加派城工累兹孑遺。但城郭不堅，闗廂居民又寥寥無幾，城池庫獄何所恃而無恐？余計無復之，首捐銀一百兩以爲衆倡。學訓王君、縣尉祝君、巡司孟君皆有同志，各願捐俸助修，諸紳衿里老無不□□。於是擇吉於康熙八年四月十二日興工。先□余捐發銀兩，爲燒買磚瓦灰木之用，次催僚屬以資工食之需。一面置簿，勸諭紳衿士庶，多寡聽其捐輸。至於各里中不無畚鍾之助，固不强之，亦不阻之也。如有捐厚力多者，余須給匾，以旌其好義。一面不便擅專，乃具文通報諸上臺，俱蒙許可。隨即拮据如期舉行。而庶民子來以工料出之捐輸，力役藉之閭閻。鳩工削屢，陾陾登登。塌倒者堅築之，破爛者修理之，倒壞者整飭之，零落者補葺之。不百日除其鉅齒，驅其蜂窩，而堞雉堛墉巍然壯觀，地方攸賴。鄉也心寒股慄，今從此而少慰矣。尚有城樓三座，力所未逮，容緩成之。語云："泰山不擇土壤以成其高，河海不擇細流以成其大。"是役也，闔縣士庶勉焉好義以成之耳。余記修城年月，併記捐輸姓名，永垂諸後。康熙八年秋七月之吉立。

注釋

［1］躑躅：慢慢地走，徘徊。
［2］無如：無奈之意。
［3］客歲：去年。

新置義塚碑記　知縣鄧憲璋譔

聞孔子之治魯也，使民以丘陵爲墳，不封不樹。惟以生養之外，爰重死瘞。自近世以來，不循古道。富者營謀吉地，固不惜百十其價。貧者無財難悅，甚至累歲經年未及歸三尺土者。更有無告[1]之子，顛危困頓於生前，白骨暴露於死後。以兹懸崖削壁之鄉，鷹鴉咿啞於陵谷，虎狼躑躅於山徑，不將遺骸瘞於其腹中而不止。即曰："窮苦伶仃由其己身之作孽，而道左骷髏豈不動民牧者之怵惕也？葢王者在上，無一物不得其所，鳥獸草木咸若，况於民乎？故以養濟名院，安其無告。壇以邑厲，傳祀其無依。以漏澤著園，瘞其旅骨。各有司遵行而弗斁。"今天子仁聖，翼輔賢明。凡山陬海隅之遙，而鰥寡孤獨之輩，尤哀矜最切。額編花布支給外，仍令有司設法按口授以月糧。然既養其在生之日，不忍無祀於死後之年。亦既追念於歿後之魂，能不思及於臨歿之身？此養濟、邑厲、漏澤之所並行而不悖，使仳離[2]失所之人，養生送死無憾。乃朝廷浩蕩之洪恩，是無在不有也。

惟我和邑，養濟、邑厲之典仍舊，而漏澤事遠年久，莫可稽攷。有故明周紳諱于禮者，捨地十畝，坐落縣北二里，誠義舉也。奈荒塚壘壘無空隙處，爲司土者可不爲之留意與？雖然爲治者非此之爲難，而能神明乎此者之爲難。在唐虞之世，康衢樂於野，擊壤歌於道，民不夭札[3]，物無疵癘。當此之時又焉用之矣？予承乏四載以來，才德譾劣，不克比跡古治，而拮据盡瘁，庶幾不遺餘力。凡可以安養乎民、休息乎民者，靡不殫心竭慮而爲之，獨於義塚不即舉行。原期懷保有成，與民共臻安逸樂壽之域，惜有志而未逮也夫。民吾同胞，物我與焉。昔西伯造靈臺而瘞枯骨，可見久遠之無依，尚動聖主之矜惻。矧方寒之屍，忍於棄委焉可乎？予心戚戚，特捐薄俸，置地十畝，在附郭之北隅。其間層山屏圍，溪流帶繞，高居而不下濕，淺築以近陽春。睹禽鳥之飛鳴而啓真性，瞻客旅之往來而悟行踪。將見人世如石火電光，生寄死歸已耳。於風雨晦冥之時，無如怨如慕、如泣如愬之聲者，物其依此而安矣。非敢曰予澤及於物，以學吾孔子之治魯也。聊以補其缺，立碑以記之，併書地契四至於碑陰，殆與養濟院、邑厲壇並垂於久矣。

又作詞以慰之曰："念爾流離兮致傷予衷，彼蒼罔祐兮爾莫怨恫，天豈負爾兮使汝終窮，爾寧無憾兮各安於宮，塚其纍纍兮自西自東，飡風飲露兮爾心自融，生不順則兮盍反諸躬，修詞致告兮優游是封，凡爾無依兮藁梩其中。"康熙十一年歲次壬子蒲月之吉立。

注釋

[1] 無告：有疾苦而無處訴說。

［2］仳離：流離、背離。
［3］夭札：遭疫病而早死。

議興鹽利碑記　知縣鄧憲璋譔

攷古山澤之利，聖人不與民爭。事關軍國之需，縣令當爲物惜。煮海爲鹽，招商銷引，實裕國便民之要法也。竊惟和順崇山峻嶺，地不產鹽，兼之民窮俗苦，招商無人。且相距產鹽地頭往返有六七百里之遙，即使招有鹽商行引賣鹽，未免搬運艱難，計本算利鹽價高騰，不便買食，民受其困。又有產鹽之處一夥無籍慾不畏法，百十成羣越境馱販，甘心與商牴牾，而商亦受其困。鹽之關係地方甚重，是以和順因歷來招商無人，惟憑認販行鹽，官民兩便。憲璋叨牧疲瘠之地，仔肩利害之任，再於行鹽一事細加籌畫，務期上副憲意，下慰民心，方可永行而無弊。今與鄉紳胡淑寅等、闔學生員藥之璋等、里民焦克榮等、小販胡進財等，酌議七條，敬陳憲聽，惟冀垂察焉。

一、和順歷來招商無人，向止有小販二名領引行鹽。欲其完一年之引課，供一縣之食鹽，實於力不能濟，誠恐民間有湊課領引自運之弊。今議立小販五名，每販各名下認夥九名准作保人，協同辦課領引行鹽。已經申送小販姓名文册併認保印結在案。是不用民運，而運鹽有人也。一、和順鹽引一百一十二道，若從民便任其湊課運食，猶懼似涉私派之弊。今議五名小販，總管夥計行鹽。令小販先行完納課銀，方准其按季領引。已將本年課銀八十四兩四錢八分，紙價銀六錢三分六釐，全解完訖。是官不催而課自完也。一、和順小販若要攢本行鹽，則徹骨窮民未免有三年不成之弊。今議各販同夥每人領引一道，齊赴清源、徐溝、太谷產鹽之處，不論驢馱肩挑，止許照引買鹽。運至本縣舖內彙積，平價發賣。或銀或錢不許支動分文，俱存貯在舖以作資本，陸續買運鹽觔之需。是本不發而鹽自足用也。一、本縣城內開店一座，四鄉各開店一座。若無人總計出入之數，難免虧本失利、日久廢弛之弊。今議將小販五名分管五座小店，掌算本利。以五販名下夥計輪班運買，按季領引完銷。已將春夏二季殘引解訖。是課不擾民而引自繳銷也。一、和販必赴產鹽之處買運，若杜絕地頭小販，必致奪其生意，有兩相搆訟不休之弊。今議外處小販許其將鹽運至本縣交界地方，照引賣給和販，不許越境私賣升合。如有不遵，村主、鄉保併巡鹽人役拿送，照依私鹽治罪，併治買食之人。倘有狥情故縱事發，一體連坐。是和販省遠運之苦，而外處鹽棍永絕生釁之端也。一、各路要口，除大夥私販奉文協同防兵嚴拿外，若零星馱挑之鹽，不嚴飭巡役、村主人等加意盤查，鹽棍必藉口有引官鹽，難保無越境之弊。今議特設勸懲之法，如巡役、村主人等能捉獲私鹽一起，官給賞銀三兩勉其後效。敢有狥情等弊，定照前欵連坐。是私販絕而官鹽永行也。一、在城在鄉共設五店，守店運鹽共有五十人，若不秉公立議、對神明心，誰保其無欺瞞之弊？今議各販盟神立議外，永無紛更[1]矣。待行鹽一年之後，如有利息，算明除本外，其利五十家均分。倘後有不願在夥與願添入夥者，俱聽其自便。是鹽利平而民志亦一也。

以上七條，本縣實從地方起見，故以地方之民認販行地方之引，以地方行鹽之利還歸於地方之民。不招外商多事，不累民間絲毫，斷絕鹽棍之擾害，安便小販之生理。揆於愚衷，合於輿論，似亦妥確。今行鹽半載，稍獲成效。誠恐或於鹽法猶有未盡處，相應詳明憲臺，酌定批示，庶可永行勿替。而國計民生均有攸賴，地方幸甚矣。等緣由敘於“敬陳行鹽條約，乞憲採擇批定，以便永守，以安地方”事文內。康熙九年八月十二日詳請本州。隨蒙遼州正堂批據本縣條議前事，蒙批：“據詳七條，可謂留心鹽政矣。但議外處小販許令將鹽運至該縣地方，照引發賣，恐奸販之輩借以爲名，是欲禁私賣而私賣者將多，欲禁越境而越境者不少也，法在弊生，再酌議之。餘俱可行。至於捉獲私鹽官給賞勵之說，猶當急舉，庶人知鼓舞而後效可佇觀矣。仍徑詳鹽憲，聽候批示可也。此繳。”等因。本年八月十六日到縣，蒙此遵照批詳事理。

查得“外處小販許令將鹽運至本縣交界地方，照引賣給和販”一條，蒙本州有“恐奸販之輩借以爲名，再行酌議”之批示，誠防微杜漸之至意也。卑縣斷不敢冒昧妄瀆以滋弊端，今再細陳之。夫和順與太谷、徐溝、榆次接壤，以八賦南北二嶺爲界，嶺上立有關口。設巡檢司一員，弓兵三十名，專管捕盜巡鹽，係和順所轄。查南嶺路通太谷、徐溝等處，北嶺路通榆次等處。今外處之小販大都是接壤太谷、徐溝、榆次之民，因其地方産鹽，領其本縣之鹽引，驢馱肩挑成羣横行，誅不勝誅，則鹽法壞而課無措矣。如和販親至地頭買運奪其生意，必致兩相爭鬪，則獄訟興而課又無措矣。再四思維，務求彼此相安無事。姑令外處小販運至交界地方，以嶺上有關口爲之限也。關口雖係倒毁，基址尚存。嚴飭巡檢司，率領弓兵於兩處關口嚴查。凡有榆次、太谷、徐溝小販馱鹽到彼嶺下，報明巡司，巡司先行照驗鹽引明白，許其來關口與和販交易。即和販交易之時，亦要驗明本縣鹽引，方許買鹽運賣。夫如是，關口有稽察之員，境内有巡緝之役，况又懸賞鼓勵，誰敢越境犯禁？既無越境之販，而私賣何由再至也？本縣出示禁諭外，恐不足以服鄰封鹽棍之心。仰懇憲臺給示嚴飭巡司，併飭太谷、徐溝、榆次等販，庶鹽政益肅，而私販永無再犯矣。緣蒙再行酌議事理，相應一併詳明。恪遵州批，經詳鹽憲，統祈憲鑒酌定應否可行，俯賜批示，永便遵守等緣由詳請。鹽院本年九月十八日批詳到縣。蒙巡按山西、督理河東鹽課、陝西大小二池、轄河南懷慶、汝州一州、直隸潼關衛、監察御史莫、夏批：“招販運鹽銷引，該縣責任事務妥當。勿致派民販私行可也，此繳。”等因。遵行在案。前文乃予條陳之原詳也。

查有設立五店之議，緣儀城、德興二里離縣一百二十里，若鹽運至城内鹽店，復發該里之店發賣，實於搬運爲難，不便於販。即議德興里設店於馬坊鎮，儀城里即便設店於本鎮，令二里之民毋容赴縣買食，誠兩便之法也。但恐運至之鹽難以稽察，予又設法刻發行鹽串票，編號印給巡司。凡各販從太谷、徐溝、榆次運鹽至於關口，赴巡司照引驗馱掛號，填明串票。商販某人，脚戶某人，執引若干，馱鹽若干，某月某日掛號。半給該販繳縣查驗，半存巡司，季終造册彙繳。查明存庫，仍將季報册钤印發巡司存據。無引不許過關，無串票不許入境，是運買俱有確據也。惟在城、仁高、南玉三里，夥開一店在縣內，以便三里之民買食，以相距不甚遠也。有脚戶運鹽至店內者，照串票內數目查收，仍將串票上用鹽店查收號記繳驗。猶恐私鹽充作官鹽壅滯，按季差巡役併小販輪流於四境躧緝[2]外，責令村主、鄉保告首[3]，無論諸色人等捉獲鹽犯一起，審實官給賞銀三兩，即行招報鹽法衙門，私販私賣之獘永絶。行之既久，民與販久便，不持鹽課鹽引併領設功次。歷年辦完無虧，每於一年計本算利，按股均分，各有所獲，民皆樂於從事。其不受外商之累，無派民販私行之獘，洵有明驗。亦可少見予爲地方區畫之苦心也，望我和民永守而弗失，兼望後之治和者，亦令之畫一於鹽法庶幾矣！康熙十一年夏月之吉鍾山鄧憲璋記。

注釋

［1］紛更：變亂更易。
［2］躧缉：追捕。
［3］告首：告發。

重修儒學碑記　知縣鄧憲璋譔

環和皆山也，隸太行絶巔，地勢崇巃，扶輿高秀之氣鍾焉。於是王大司徒、大中丞父子繼美，名臣挺出，固由學校之孕靈所致哉。泮宮建於縣治之左，在城之艮方。修於元至正間，其後遞有補葺，亦遞有碑記，迨明時傾圯甚矣。自國朝開造以來，順治庚子歲，前令李公順昌重修正殿，壯麗巍峩，視前十倍。辛丑公陞任濟寧，去迫，其餘未及完工。修補之事詳各憲臺碑記中。戊申冬，余來治和，目覩闕畧之景，欲亟爲完美之。以招集流亡、修繕城垣、整理鹽政、請革驛累諸務，鞅掌[1]未遑也。今年庶事就緒，與學訓王君協慶謀之。首爲捐俸，同力經營。鼎建欞星坊，易以大柱。磚甃明倫堂，砌以石階。戟門大成坊，闔以大門，固嚴密之氣也。重新兩廡併名宦、鄉賢二祠，葢以重瓦，整其祠貌，康賢達之靈也。奎光樓則朱戶繞之，魁星像則良匠繡之，預文明之兆也。高四圍之護墻，峻宮前之照壁。鳩工庀材，不費民力，不耗民錢。李公未完之事，今日補之，則余與學訓王君力焉。

入其中，禮宮窿如，門廡翼如，倫堂翬如，齋宇衛如，垣坊庖廩歸如，輪焉奐焉！於是乎觀厥成矣！雖然余於諸士有厚望焉，士之貴於天下者，貴於有所樹耳。夫樹木者必培其根，而後枝葉茂。士非極養功深，何以克宏經濟事哉？昔之品士者曰："立德、立功、立言三者並稱不朽，而德其根也。"多士絃於斯，誦於斯，游修講貫於斯，務期月邁日征，聲律身度。動則爲治，吐則爲經。若是者，昭日星光琬琰[2]命曰德言，銘鍾鼎勒旂常[3]命曰德功。以應國家攀鱗附翼之求，斯不負有司作新鼓舞之意。且前徽未艾，爾多士當砥礪進修功名、事業，毋使王氏父子獨擅美於史冊間哉。

是役也，經始者余與學訓王君，督視者縣尉袁君瑜、諸生馬子之鵬、杜子啓元、畢子昌齡、杜子廷機、藥子啓元、張子日騰、李子開祥、李子唐靖，義民則王國璽也。例得併書，以示來禩。

注釋

［1］鞅掌：職務紛擾繁忙。

［2］琬琰：比喻品德高尚。

［3］旂常：原指王侯的旗幟，此處引申為功在國家。

重修城隍廟碑記　知縣鄧憲璋譔

王者，列爵惟五，分土惟三。攷其建官之始，郡則守焉，州則牧焉，縣則令焉。秩之崇卑不一，其向明以出治[1]也則一。夫明有有司，幽有城隍。攷其受封之始，郡則公焉，州則侯焉，縣則伯焉。亦秩之崇卑不同，其理陰之權無異也。《書》曰："彰善癉惡，樹之風聲。"《禮》曰："彰善癉惡，以示民厚。"此寓宰治之事而化民之微權也。然而尤有慮焉。慮夫彰之未及而善有遺逸也，癉之未盡而惡有漏網也。嚚凌[2]之積泯泯棼棼，其如斯世斯民何及觀於報應之故而暢然矣。積善餘慶，積惡餘殃，未盡於身者盡於子孫。是神也，能襄[3]有司之所不及。而有司之治民事，神固相爲表裏歟。

和邑城隍神廟在縣治之南，相去百數十武。其地居中以制四方也，其位面陽以洞諸隱也。戲樓立於前以伸侑饗也，寢殿居於後以棲神靈也。他如門有坊，廊有廡。規模建置視通都大邑雖有廣狹之殊，而體制無不咸具。歷年以來非不遄有補葺，其如風雨飄搖日甚一日也哉。嗚呼！瞻拜雖勤，將享猶在，而廟貌不整，神不幾於將吐之乎？余於戊申冬下車之始，齋宿廟內。喟然嘆息："夫隍神之立，祀典首重，若任傾頹，誰職其咎？"余叨君恩，千里來牧兹土，民安物阜余之願也，惟藉明神匡余不逮。當先捐俸爲闔邑倡，率作而更新之。屢年深沐神庥，亟爲次第修之，以荅神之歆之也。於是戲樓易以大柱，護以雕欄，所以壯昭格也。覆正殿以堅瓦，建以高瓴，所以巍堂署也。改塑六曹之像，獰猙鬼判之列，所以備府史胥徒之役也。寢宮之修飾，非委蛇退食[4]之義乎？內廊之增益，非厨灶日用之義乎？補前人之未備，聳後來之瞻視，浸浸乎改觀矣。

工之興也，始於康熙十年秋月。其告完也，成於康熙十一年冬月。雖曰集衆力以襄厥事，不有創獲，孰爲底績歟？今而後，十日風，五日雨，祈豐稔之用登；善者福，惡者禍，期報施之不爽。此又盛朝祀神佑民相爲表裏之義，為有司者宜力行之。神其有靈，希鑒愚誠！是爲記。

注釋

［1］向明以出治：向明，天將亮；治，治理。天剛亮就開始治事，形容勤於政事。
［2］囂凌：囂張氣盛。
［3］襄：幫助、輔佐。
［4］委蛇退食：從容自得地退朝休息，后指官吏節儉奉公。

詳請革除驛害碑記　知縣鄧憲璋譔

予稽自京由晉，陸程從栢井驛始，次而芹泉、平潭、大安，次而土橋、鳴謙，即抵太原府之臨汾驛矣。和順邊晉東陲，隸遼北鄙，從來無皇華之設。因國朝定鼎之初，差使浩繁，暫協樂平縣栢井驛驛馬二十一匹。相延日久，和邑之受害不可勝言。雖經題定協銀不協馬，而驛獘尚未盡除。予於戊申之冬蒞任，越明年二月，據該驛申請買補馬匹銀兩，予細查全書內無此項欵。進諸紳衿里民而問之曰："該驛之申請，查無額編，此項出之何所？"衆曰："此係成例，應設法給之。"予曰："不然。與其設法以滋獘，不若詳明以除害。"衆尚猶豫，予即查明舊案，具文力請。其文曰：山西遼州和順縣爲遵請舊額以便買補馬匹事。據樂平縣栢井驛驛丞茍毓民申前事。申稱："栢井乃晉東首驛，大路衝繁，設立兩縣□應。今蒙憲臺爲遵諭陳言一事，恐和順離驛窵遠，解送稽遲，有悮皇華重務，着樂平發給。今站銀雖在本縣取領，和順尚有每年買補倒斃馬匹銀四十兩。伏乞查比解驛，以便卑職赴府添換馬匹，供應走遞不致疎虞。"緣由具申到縣。據此，該本縣案查順治十八年七月，前任和順縣知縣李順昌爲請廣直言事一案，通詳各憲。蒙分巡冀寧兵備道按察司副使李案驗准，布政司照會，蒙督撫部院白批。據本司覆詳查看冀寧道所議："和順原暫協濟樂平縣栢井驛驛馬二十一匹，後遂相延日久。祇因離驛窵遠，難以喂養，以致累死書役，倒斃馬匹，委屬地方苦差。今議照例每年協濟站銀七百五十六兩，歸於樂平栢井驛，使驛官喂養，以免民累。庶遵官養之令，經久可行，誠屬妥便。合候本部院裁酌。”具題蒙批：“和順縣協濟樂平驛馬，更議協銀，令栢井驛驛官喂養。然須如期給發，勿得遲延，以滋口寔。候彙題行繳。”隨蒙兵部具覆巡撫白題前事稱疏內一欵：“和順縣協濟栢井驛馬匹，該撫既稱路遠喂養，難以稽查，相應如議，免其協馬。行令和順，照依原額協濟銀數給栢井驛應差可也。”奉旨依議，欽遵在案。後李知縣遵依前旨，將二十一匹驛馬申文請示變價。蒙驛糧道范憲牌：“查得和順協濟馬匹，在歷年站銀內通融買補，自應留驛應差，何得請示變價。”遵行在案。又查於順治十八年八月內，李知縣復申詳前事。詳稱：“卑縣遵照原文，隨差人送交站銀。今閱半月，相距百里，銀尚未收，差覊未歸。樂平詳請外幇，聞之不勝駭異。卑縣任事之初，徹底清查。查得一日站銀二兩一錢，馬夫十名半，一日一名工食銀五分，共銀五錢二分五釐。馬料一石八斗四升，馬草二十一束，收秋貴賤不等，約每斗六七分，每束八九釐。栢井賃厰一日三分零，井陘、平定賃房一日二分零，日行油炭及獸醫藥材每日約費二分零，置買鞍轡在外。其日支口糧四分之一，均出樂平縣赴府總領抵償，總算一日站銀應用粗足。卑縣以一縣之事當爲己事，苦心區畫，選責兵房，實心任事，嚴查屢革，通融支銷，買補馬匹。向來所苦累者，相距窵遠，鞭長不及，嚴則逃亡，寬則弊生。兼以和順數人入樂平地方，苦茹不盡，回擊心傷。今蒙各上臺詳請部院核實，具題兵部覆准，奉旨協銀。闔縣焚頂，遠年逃亡聞風歸來。再查通省二馬一夫，額銀三十六兩，未嘗異同。今樂平縣分外索幇，恐與聖旨不合，闔縣亦嗷嗷置喙。伏乞飭平查明，馬夫工食每日銀若干，料草每日銀若干。和順、樂平四分之一，今平索和私幇若干。樂平三分，一年果有若干私幇。際此功令霜嚴之日，和動何項銀外幇？樂從何項開銷？斷不敢以站銀之外自干罪戾也。”節次詳明，復蒙太原府備行和、樂二縣。內開："本府惟恐二縣各執己見，互相爭議，有悮郵政不便。即備行和、樂二縣調集二令，併栢井驛驛丞楊子茂赴省面議。議將和順縣原走驛馬，不論肥瘦老弱交與驛丞楊子茂收喂。行差和順李知縣與驛丞楊子茂銀二百五十兩，以爲補買馬騾之資，以後站銀按季解交。以十月初一日爲始，接管行差。"二縣各具遵依報。隨具遵依報府轉詳驛糧道。蒙批："驛馬既通融站銀置買，留驛應差等因。遵照憲批，交原馬騾二十一匹頭，開造馬冊，并解給冬季站銀一百八十九兩。關會樂平縣查驗，該驛逐一收訖，遵限十月初一日交割接管。取有驛丞楊子茂關防，領收管馬冊回呈在卷。呈稱嗣後買馬通融站銀，與和順無干。至於站銀，照數按季解給，以便喂養應差，永爲遵守，不致違錯。"等情。復蒙太原府轉詳，蒙本部院批："和、樂二縣協濟一案，既經公同議妥准照行繳。"蒙此遵行在案。繼因栢井驛驛丞荀毓民謂驛遞衝繁，額外索幇，申告不已。又查於康熙六年二月內，前任和順縣知縣周于文"爲驛官額馬缺半，縣廠代累難堪，仰祈憲奪以重皇華事"申詳，蒙本道批示："照皮買補，行縣行驛各相遵守。"等因。蒙此該周知縣復行詳明請廣直言等事一案，議令驛丞行差。今幸奉院、道立有底案，至今七載，歷縣三令，感恩兩便。康熙三年，驛丞荀毓民稱驛遞衝繁，於站銀七百五十六兩零之外，另行索幇，申詳憲天。蒙仰遼州知州暨卑職赴省會議，又外幇銀一百五十兩以爲買補馬匹之費。惟恐驛丞援爲定例，後有索需，因並議定再不爲例。回詳憲天批允在案。照今新奉憲檄："栢井驛驛馬倒斃，和順驗皮買補。"切思前年外幇驛丞尚未開銷，今又着卑縣驗皮買補。無論既協站銀又協馬騾，重累難堪。且站銀既發，買補銀兩從何設辦？又當年隔縣雖遠，喂養馬騾皆係本縣之老人、夫役，自奉旨以後盡付驛丞，驛丞又屬樂平，不受卑縣所轄，倘尅減草料以致馬死，卑縣從何稽核？且或樂平苦差，專走和馬，及至馬死，則曰"有皮可驗，和順應補"。是則驛丞只圖得利，和順一味受苦，人馬交困，何所底止？誠有如士民所控者。切懇憲天詳情作主，裁定畫一。每年議幇不敢抗違，但有一定之數，或銀或馬，卑縣甘心。士民雖苦，不致滋害無窮矣。緣由通詳各上臺，俱蒙批查議妥詳，隨議和順幇銀四十兩，以爲買補倒斃馬匹之資。詳覆總督部院盧批："據本道呈同前事，蒙批協銀。既經題定，何得復索幇貼，即此詳不准。行繳。"驛丞苟毓民又復申告。本道復蒙府廳確議，隨蒙本道詳覆，詳稱："栢井驛驛丞苟毓民代喂和順縣協馬二十一匹，苦累難支，喋喋控告。前經議令照皮買補，蒙已詳允在案。而和順又以馬死買補爲害，申請銀馬一定之數。先據太原府詳稱，和順與驛丞每年幇銀四十兩，呈詳憲示，蒙批不准行。玆苟毓民又復申告，本道復行該府廳確議，仍以每年幇銀四十兩。議詳前來。本道再四思維，若不令其幇貼，其勢萬不能支。雖微員之苦累不足惜，而驛遞之貽誤實可虞。合無請乞憲臺鑒憐驛遞苦累，俯將每年幇貼銀兩行令該縣自行備辦，不許絲毫累民，給與驛丞買補之費。庶驛務不得倒廢，亦可永斷爭端矣。"呈詳總督部院。蒙批："既經撫院批允如詳，行令該縣自行捐助給用，不許絲毫累民。如違即報参究。繳。"等因，遵行在案。又查於康熙七年六月初二日，蒙本州信牌爲遵諭陳言事："五月三十日蒙驛糧道繆憲牌案照，先蒙前督撫部院楊案驗准戶部咨前事。仰本縣官吏查照憲票原行事理，即將該縣額徵站銀火速照數起解藩司以抵正項，毋得仍前躭延越申混瀆致干功令，提究未便，慎速。"等因。到縣，蒙此卑縣遵照憲行。查於未奉文之先，將正、二、三、四、五月站銀三百一十兩八錢，除小建不支外，按月解給樂平縣栢井驛支用，取有驛丞苟毓民領狀在案。其未領站銀四百四十八兩三錢四分五釐一毫，遵照憲牌事理，於地丁錢糧內解赴布政司交納完訖。今又於康熙八年二月二十五日，據栢井驛驛丞苟毓民申討買補倒斃馬匹幇銀四十兩，具文前來。據此，"該和順縣知縣鄧憲璋查看，得暫協栢井驛驛馬二十一匹"。歷查前案，順治十八年以前，因縣與驛相隔窵遠，着縣役同老人赴驛喂馬應差，苦累不堪。蒙前督撫兩部院查明，題允："每年協濟站銀七百五十六兩，歸於樂平縣栢井驛養馬應差。"欽遵俞旨在案。自奉旨以後，則和順暫協之馬匹，是該驛走差之驛馬也，明矣。前任李知縣因奉協銀不協馬之旨，將二十一匹之協馬申文請示變價。蒙前驛糧道憲牌："查和順協濟馬匹，在歷年站銀內通融買補，自應留驛應差之飭行。"則倒斃之馬是出在站銀內買補，不應需索外幇也，又明矣。李知縣於交割該驛收管之日，將原走協馬不論肥瘦老弱，交與該驛收喂應差。彼時寔因協馬瘦疲不堪，議幇銀二百五十兩以爲買補馬騾之資。呈詳驛糧道，蒙批："嗣後買馬通融站銀，與和順無干。至於站銀，照數按季解給，以便喂馬應差，永爲遵守。"則和順止應解給站銀七百五十六兩之外，永無索幇買補之議，益明矣。繼因栢井驛茍驛丞謂"驛遞衝繁，代喂苦累"，於應協站銀之外申告幇貼。前任周知縣因有協銀代喂之名，又幇銀一百五十兩，議定"後不為例"，詳明在案。又於康熙六年二月內，申爲"驛官額馬缺半，縣厰代累難堪"等事，蒙本道批示"照皮買補，行縣、行驛各相遵守"。周知縣復有"該驛不屬卑縣所轄，倘尅減草料以致馬死，從何稽核。且或樂平苦差，專走和馬，及至馬死，則曰有皮可驗，和順應補。是則驛丞只圖得利，和順一味受苦，人馬交困，何所底止？詳情酌定畫一之數"。蒙本道查議妥詳，議幇銀四十兩，詳覆總督部院，蒙批此詳，"不准行"。又蒙本道議將前項幇銀，行令該縣自行備辦，不許絲毫累民，給與驛丞以資買補之費。復詳總憲，蒙批："既經撫院批允如詳。行令該縣捐助。"批行在案。則和順之幫貼，實出於額外之苦累，是在各憲犀照之中。惟念驛遞告苦，不得不爲衝驛轉輾詳請。然四十兩之幇費，非止卑縣不甘心捐助，而各憲亦有不樂與之意也，益甚明矣。但前有和順驛馬二十一匹頭交割該驛喂養應差，協濟額編站銀七百五十六兩零之數，所以該驛有代和順喂馬應差苦累，屢次索幇，似或近理。今新奉憲行，額編站銀起解藩司以抵正項，則和順無協濟栢井驛之站銀。既無協濟之站銀，則二十一匹之協馬俱是該驛之驛馬，無煩驛官有代喂之勞、應差之累，非比昔年兩縣朋應之差也，驛丞荀毓民何得遽復申討買補倒斃馬匹銀四十兩。雖經節次詳議，成案昭然。今者該驛站銀俱在樂平支領，是驛爲樂平之驛，馬是該驛之馬，設有倒斃買補，自有應支站銀，與和順風馬牛不相及矣。卑縣細查前項幫貼銀兩，行令該縣自行捐助。竊忌卑縣到任甫及三月，竭力撫摩，徵比正項錢糧尚且不前，而捐助出之何項？又際兹霜嚴功令之時，孰敢私派絲毫累此窮黎，以自誤功名？夫各憲向爲衝驛苦累，以和順尚有協濟代喂之名，故議驗皮幫買於前。今既站銀抵解正項，是無和順之協馬。既無馬矣，皮從何驗？寧忍不俯憐疲縣之困苦，亟賜革去幫費於後乎？查七年幫銀四十兩，已經前官設辦給該驛領訖。至於設辦之難，誠有不可言者。其八年幫買馬匹銀四十兩，卑縣萬萬不能剉骨自備，以資其無影之需索也。謹將節次申詳緣由備敘始末，詳明憲案。仰冀電察准行批免，庶永杜該驛纏擾之害矣。緣係申請革除幫買馬匹銀兩事理通詳各憲，蒙山西等處承宣布政使司布政使達批："據詳，額外私幫殊屬違例，仰候撫院詳示，行繳。"蒙巡撫正二品加一級覺羅阿批："驛馬倒斃自有買補之例，其幫買銀兩未經奉旨，不便私幫。仰道飭，行繳。"各遵行在案。是向來之驛害，至於今日仰荷憲恩批免，而和民之困苦始甦矣。康熙十三年三月二十一日，蒙太原府爲欽奉上諭事："蒙糧驛道布政使司參議張批：據樂平縣申詳前事，仰太原府速檄和、樂二縣，分定日期赴驛應付，勿誤軍機，繳。蒙此擬合就行，爲此仰本縣官吏查照批詳內事理，即將樂平縣所申照馬匹多寡，分定日期。該縣務須親身自赴栢井驛支應，毋得有誤軍機。仍將每月分定起止日期，遵依緣由徑報道府各查考施行。"等因，到縣。蒙此卑縣遵照原行案。查康熙八年三月二十九日，山西遼州和順縣爲遵請舊額以便買補馬匹事："據樂平縣栢井驛驛丞荀毓民申前事申稱云云等情，據此隨具文通詳撫院、布政司、驛糧道在案。俱蒙憲批云云，各遵照批詳事理，不復再索幫費矣。”康熙十三年三月二十九日，蒙太原府帖文抄發太原府平定州樂平縣爲欽奉上諭事：“三月十六日，蒙督理山西糧屯驛傳道布政使司參議張批：據本縣申詳前事，蒙批：該縣與和順縣應照馬數之多寡，分定日期赴驛支應。其岢嵐等州縣不過暫爲撥協，不便一概令其輪應。至於口糧數目及應付簿籍，該縣仍照例支給造報，均毋貽誤，繳。”蒙批，到縣。蒙此遵依。間該卑縣查得：“樂平額馬七十四匹，和順協馬二十一匹，共計馬九十一匹，編爲四號。每日遇有差使應用馬匹，照號按馬之多寡分派應差，俱不能相離，相延已久。緣因驛丞卑員不能支應，恐誤軍情，令印官親身詣驛料理經管差使口糧等項。卑縣與和順縣照馬數之多寡，分定日期相應。每月如遇大建，卑縣應二十三日，和順縣應七日。如遇小建，卑縣應二十二日，和順仍應七日，庶無偏苦。但宜剖明者，和、樂兩縣，其馬舊例編爲四號，樂平係一、二、三號，和順係第四號。每日俱要聽候照號應差，不能分斷日期，而兩縣官之分日期者，係親身料理支應，不致誤事之日期也。應候憲臺批准，至日爲始，仍請憲檄。和順縣遵照按日赴栢井驛支應不致有誤軍情，緣係批詳分定日期事理，未敢擅專擬合。詳請伏候憲臺定奪，爲此備由具申，伏乞照詳批飭和、樂二縣遵奉施行緣由。”蒙驛糧道批：“仰太原府速檄和、樂二縣分定日期赴驛應付，勿誤軍機，繳。”隨蒙太原府帖文前事：“仰照批詳事理，即將遵依緣由徑報道府各查考。”等因。併抄發前詳到縣。蒙此，該和順縣知縣鄧憲璋查看得：“和順僻瘠下邑，爲三晉最苦之地。不特從來未設驛遞，將里馬亦盡行裁革，其僻瘠可知。查順治十七年以前，栢井驛衝繁，暫協馬二十一匹，離縣寫遠，喂養維艱，役死馬斃，苦累不堪。迨十八年李知縣於請廣直言事案内詳請撫院題准，奉旨協濟站銀。自和順止有站銀七百五十六兩零之數，並無二十一匹之協馬矣。兹因驛官借代喂應差苦累之名，每每申告額外索幇，三次共索和順銀四百四十兩，原議交馬之後再不爲例。是馬爲該驛之馬，有何額馬、協馬之分，永與和順無涉，每年按季發給站銀而已。至康熙七年奉文，將和順站銀七百五十六兩零抵解正項，解赴藩司交納。其該驛站銀奉旨在樂平縣正項錢糧內支領，則和順又無協濟之站銀矣。康熙八年二月內，驛丞苟毓民仍具領索幇，卑縣備查始末，詳明撫院、藩司、驛憲，俱蒙查明違例，批免遵行在案。歷今五載，該驛因索私幇之未遂，以致樂平縣復申。欽奉上諭事之詳內云'和順縣協馬二十一匹，仍應七日分日親身料理支應，不誤軍機'等語。蒙驛憲仰太原府'速檄樂、和二縣分定日期赴驛應付，勿誤軍機'之批。隨蒙太原府帖行至縣，'仰將遵依緣由徑報道府查考'。卑縣捧誦之下再四籌思，夫栢井驛在樂平地方，驛官爲樂平之屬，相距該驛一百六十里。前以奉旨協濟站銀，則和順自無協馬。繼以奉文站銀抵解正項，則和順自無協站，豈可與有驛遞里馬之州縣，以僻協繁一例比也？樂平何得以順治十七年以前之事，朦朧申詳，妄扳卑縣赴驛支應？試問樂平自順治十八年以來，該驛作何支應也？不過借此爲索幇之故智，以復前詳請革幇費之宿隙耳！實出於理法之外。其種種欺罔，皆難逃犀照之中。仰冀憲臺俯察前後請明之實情，遵照奉旨奉文內事理，准免卑縣赴驛應差。仍令以樂平之驛官喂養該縣之驛馬，以該縣之印官支應栢井之差使，誠爲永便。而軍情不致有誤，非干卑縣故違，而患害切膚，惟有籲懇憲恩，亟賜批示遵守，庶郵政肅而纏害絶矣。爲此激切備由具申，伏乞照詳施行。"康熙十三年四月十八日，蒙督理山西糧屯驛傳道布政使司參議張批："仰候申飭樂平，繳。"批詳到縣，於本年四月二十九日，復爲欽奉上諭事，蒙本道批："據本縣申詳協濟樂平縣栢井驛之馬，奉旨改協站銀後，奉文將和順協站又抵解正項。併奉撫憲、藩司、本道批，免幇買馬匹銀兩，久各遵行在案。今樂平何得朦混妄扳和順赴驛支應緣由，詳覆前事蒙批，仰候申飭樂平，繳。"批詳到縣。蒙此，該和順縣知縣鄧憲璋再查看得："樂平妄扳和順赴驛支應緣由，仰荷憲臺鑒察批示，申飭樂平。是和順永感憲恩於不朽矣。但未蒙憲牌行知卑縣，無憑遵守。

惟恐樂平因該驛軍機孔急，再行揑詳聳瀆，總難遁於憲臺明鏡，在卑縣未免又多一番詳覆。合行籲懇俯將申飭樂平憲語批示，庶遵守有憑，永絶妄扳之害矣。爲此焚頂備由具申，伏乞照詳施行。”本年五月十六日，蒙督理山西糧屯驛傳道布政使司參議張批：“樂平縣妄扳該縣協馬情由，已經申飭在案，仰各遵守，此繳。”蒙此，若非本縣亟行詳明，深蒙驛憲嚴批申飭，則和順岌岌乎復蹈樂平妄扳之害矣。恐後之司土者不知歷來原委，又受該驛之纏擾與樂平之妄扳，其爲害無已。故勒之於石，永垂不忘，以便遵守云爾。

牒城隍祈雨文　鍾山鄧憲璋

竊惟天子體天愛物之心，寄萬民之命於司牧，以保障一方之責屬。城隍尊神，厥職惟均，而相關亦甚切。故雨暘時若而婦子以寧，司牧良也，亦惟神之德；稼穡卒痒而士民其瘵，司牧咎也，亦惟神之羞。時逾仲夏，旱魃爲虐，雨澤愆期，下民其咨，嗟嗟渺躬，謬叨民牧，密雲不雨，豈曰無故？必刑失於和而政失於平。惟有夙夜修省之不遑兹者，齋心步禱，晨夕匍匐於神前，爲民請命。而神若未之聞者，豈真豊歉之在天乎？夫縣官有所請於天子，必層屨而上之。不若神之達於天聽，呼吸可通，精誠必格。如謂神實奏知，而昊天不惠，從未有愛民恤物之天，而不以神請是從。伏願尊神，以天之心體天子之心爲心，以民之請轉有司之請爲請。務期沛然下雨，生我百穀，粒我烝民。方見神功之赫濯，立解和民之倒懸。憲璋率闔屬父老子弟，躬執牲醴，拜進苾芬，仰荅神庥之宏矣。

牒龍神文

神以龍靈，龍以神行。騰雲叱電，御風鞭霆。呼吸而風雨四集，指顧而溝洫皆盈。造化藉神裨補，稼穡賴雨豊登。下慰啼號之蒼生，上抒宵旰之聖明。

痛兹和邑，土薄石确。仲夏以來，旱魃爲虐。職司民牧，憂心如酲。終風且霾，未見祁祁之興。密雲不雨，安釋蟲蟲之隆。豈和民之罪愆莫贖，而百神之怨恫未平？抑司牧之俯仰多愧，而有皇之鑒觀不寧。惟我龍神，赫赫厥靈，五方司命，萬寶告成。望鑒積誠之有感，願早丕變於無形。伏冀神威遐暢，請命太清。赦予有罪，令往轍之可更。哀此煢獨，施時雨之既零。士民胥慶，品物咸亨。容披丹以稱謝，先抒素以陳情。時在康熙庚戌夏六月也。

牒城隍祈晴文

明神微人不靈，吾民藉神以寧，是神與民相關最切。故榱題其廟貌，巍峩其殿宇，象服其體宜，春秋禋祀，毋〔毋〕敢失禮。爲神能禦災也，能捍患也，能作膏雨而資我嘉禾，能爲杲日而豐我百穀也。念我和邑山高地确，方夏而寒，未秋而霜。哀我窮民，大有時書尤苦，室如懸磬[1]，雨暘時若難免婦子悲吟。矧此季夏，正是麥秀豆孕禾發之候，而霪霖綿延旬日不止，爲雨所困而遏生機，昊天不弔下民其咨矣。憲璋謬叨司牧，任事四載。豈庭有冤民與？圄有冤囚與？暮有私金與？抑有未興之利與？難蠲之害與？揆之於中，則自信無之。夫上帝命神與朝廷命官，雖司有陰陽之分，而職無彼此之別，期以共治此土也。若憲璋不能承命惠民，則官之罪。然未能禦災捍患，恐神亦難辭其咎。今憲璋率合屬官吏父老子弟，躬執瓣香，虔禱神前。誠懇神靈專請太清，馭轉羲輪[2]之駕，鞭回陽石之光，亟反陰雨而出杲日，庶百穀盛而婦子寧。惟兹地之民最苦，爲兹地之官尤苦，則爲兹地之神豈能獨逸乎？憲璋雩則曝身，潦當罪己，天不可呼，神宜諦聽。寧祈夢寐中責有司之過失，使憲璋得以知省。毋得傷其禾稼，致憂我父老子弟也耶！

注釋

［1］室如懸磬：屋裡就像掛着石磬一樣，形容窮得什麼也沒有。

［2］羲輪：太陽的別稱。

牒風神文

竊惟風神有氣無質。有質者濡滯難遍，無質者其氣呼吸可通。惟其呼吸能通，故語天下之至速者莫如風。於是徹幽微、普上下、散陰曀、開抑鬱，不待朝發而夕至。誠旋發而旋至者，則感應之神且速也。且“雷厲風行”著於《易》矣，“終風且霾”咏於《詩》矣，“南風之熏”載《有虞之歌》矣，風之時義大矣哉。兹者虔禱三日，風不其施，意有司之先勞，未能無君子德風之感，而於神亦不我孚也。雖然司牧有過，神亦宜風吹入耳。使之知過必改，慎母〔毋〕藏其氣，遏其機，使霪雨貽害於嘉谷，禍延於林總，疑明神之不靈也。謹率合屬官吏父老子弟，披瀝陳誠，合行牒請。煩我尊神不狂不疾，迅發西風，免使殃針浸雨，氣以祥以永助彼東作早見麥浪翻。晴空翹首，颺言凝眸，佇望神其鑒諸！

牒謝晴文

竊惟和邑地寒土薄，旱既多虞，潦則尤恐。時維六月，十千維耦[1]，霪雨爲災，羲和潛宮，禾黍沉溺，婦子悲吟。司牧率衆虔達神聽，洗心盥手。城隍是聽，風伯、龍神亦鑒。予躬三日之後，風散陰曀，雨收霖瀝，災光耀空，物孕生機，民含喜色，欣欣相告。惟藉神功，顧瞻四郊，杲杲日出，洚水遵道，百穀其芃[2]。哀兹煢獨，秋成有望。倉廂斯慶，聊慰憂衷。親供瓣香，有酒在缶，歌侑於庭，少荅恩洪。自此以往，満車満篝，陽烏永照，爲樂融融。修詞牒謝，惶恐稽首。百神爰集，一誠可通。仰祈俯鑒，靈其歆之，保我黎民，永享年豊！時在康熙辛亥夏六月也。

注釋

［1］十千維耦：文出《詩經·周頌·噫嘻》。意思是衆人一齊出動，并力勞作。此處指農忙時節。

［2］芃：茂密、茂盛的樣子。

牒八蜡神文

竊惟吾神保釐一方黍稷，是仰明德惟馨[1]，陰除陽殛，害稼必懲。顧瞻鄰封，蟊賊[2]爲梗。事豫則立，有誠必應。唐宗之呑，姚相之捕，總不若吾神之能。化鳥啄食，赴水盡沉，斯足徵吾神之靈。仰懇明神，漫謂[3]災不及境，而置有司之先請，於不聞寧，曰惟幾惟康，安敢不畏鄰蝗而速驅之以安民生？躬率官吏父老子弟禱告，惟誠望將虫孽納之於山麓海濱，蘇我百穀，粒我蒸民。庶蒼赤感神明之捍禦，即司牧亦仰威德之裁成。時在康熙壬子秋七月也。

注釋

［1］明德惟馨：明德，美德；惟，是；馨，香氣。意思是真正能夠散發出香氣的是美德。

［2］蟊賊：吃苗根的害蟲，此處主要指蝗蟲。

［3］漫謂：都說。

牒霜神文

和邑之地多隸坡巔，和邑之民家無儲粟。土确則收薄，無儲則乏食。至於情極之時，無有不呼籲天地求神拯救，此勢之使然。及推其所以致於窮苦之故，厥由寒暑失期，時候迥異。夏熱不過數日而秋氣頓逼。正吐秀結實，忽爾隕霜，萬物萎落。終歲之勤動，收穫尚不能償國賦之半，而民食奚賴。山高風冷，露凝成霜，乃地氣使然。夫考之霜信，直待北方雁來；稽之節令，正是南行天道。霜降九月中，亦定數使然。未聞黄花未蘖，草木漸枯，豺不祭獸，蟄蟲咸俯，如和邑者也。憲璋遵照顯澤尊神之傳命，躬率闔屬父老香頭，設壇致祭。誠懇司霜尊神體上天好生之心，慰下民祈禱之意。按天時而行令，施凝陰於秋末，回地氣而布德，逞肅殺於冬初。俾萬寶告登，三農協慶。仰荷福庇於無疆矣。

牒風神文

竊惟風雲雷雨皆所以發天地之氣，而資民物之生。王者之世，五風十雨；昇平之時，風不鳴條，雨不破塊。確乎風雨調順，而民生有攸賴矣。兹者時維六月，密雲不雨，炎毒如蒸。萬物之待雨澤猶人之渴極思漿，不可緩以須臾。思而得之則生，思則不得終難免於死亡，今之禾苗亦然也。且天地以生物爲心，每見轟雷聲而布雲，引領時雨之將至。倏爾風霾四掃，雲斂晴空，杲杲日出，豈天地不爲民物之主，而一聽之於風乎？夫風也，雖無形可求，然有氣足徵。須爲阜財解愠，奚可易暴弄狂。若云不體天地之心，罔察民物之情，殊非風神之至意也。憲璋叨任兹土之司牧，謹率合屬官吏父老子弟，擇於本月初三日虔誠祭禱。伏望風伯俯念民命爲重，速斂狂暴之威，早佐雨師遍灑霖霪，需足田疇。俾枯槁之禾苗更生，而婦子之歡寧無既矣。

祈雨文

竊惟穀食以資養萬民，而雨澤以資生萬物。是民以食爲天，而天以雨爲養者也，雨之爲用大矣哉。兹值滇黔蠢動，秦楚用兵，閩桂跋扈、吳越震驚。惟晉爲神京股肱重地，得安衽席，皆藉上天之默祐也。夫和邑窮苦顛連，稱三晉之最。即使時和年豐，尚不免婦子之啼號。一遇荒歉，其情形更有不可言者。尊神耳目聰明，聞見豈不周悉？憲璋以雨暘失期，即行齋戒停刑，設壇供神。每率合屬官吏父老子弟，晨夕步禱。未蒙霢霂之益與優渥之既，但見炎日懸空，暴風時作，百穀僬悴，萬戶咨嗟。且天地以好生爲德，而明神以保障是司。時至季夏，正豆孕麥秀麻長禾發之候，而今旱魃作祟，商羊[1]絶舞。憲璋惟有益加惕厲省悟，恐惶仰求尊神聞之上帝。有司有罪無及小民，小民有過責在予躬。寧忍視下土之龜拆，吝於涓滴之施而絶生民之粒食也耶？謹擇於本月初三日，盥手具牒，齋心祈求，雖或有司之微誠未格，而民情之呼籲最急。伏願尊神俯念民命爲重，即以有司之請爲請。須體天地之德意，各施威靈之顯赫，速救兹方之災迍[2]。風不鳴條，雨不破塊，雷動電收，生穀粒民，惟神是賴矣！

注釋

[1] 商羊：古代神獸之一，一足，招大雨。

[2] 災迍：災難、禍患。

謝雨文

竊惟天聽雖高，有求必應。憲璋於本月初三日，牒祈甘霖。即於初四日未刻，沛然下雨，卜晝卜夜，綢繆滴瀝，霑足田疇。仰荷時雨之普降，立見萬物之更生。豈止天心之仁愛有加無已，而諸神之保障寧惜餘力，以致士民歡乎，婦子笑言，而有司之心少慰矣。憲璋前以亢暘，自揣政拙，莫挽天和，亟修省之未遑。兹感神功，大布霖雨，保我黎民，圖申報之末由。然百靈或隔於陰陽，而一誠能孚於左右。謹率合屬官吏父老子弟，於初六日潔庀牲醴，恭獻香帛，叩謝壇前。伏乞歆格，自此以往，雨暘時若，歲書有年，益仞神庥之宏矣。

時在康熙甲寅夏六月也

詩

題聖澤井　邑人王雲鳳　都御史

彩亭新搆殿門東，地闢天開秀所鍾。信是泉深通海嶽，應知水煖護蛟龍。
學源一派由來治，聖澤千年自不窮。誰道山顛井難卜，東庵指點有餘功。

次前韻　石玠　提學副使

洙泗源深萬水東，偶忻一脉在斯鍾。井泉百尺常行地，老樹千年欲化龍。
芹藻晝晴香不斷，宮墻春靜潤無窮。慚予亦濫斯文寄，補益全無半勺功。

虎谷　王雲鳳

深山草木稠，結廬向虚敞。盡日無人至，禽鳥互來往。
讀書心力倦，手曳青藤杖。出門何所之？獨坐碧石上。
山頭白雲生，我心自蕭爽。田父驅犢來，喜道桑麻長。

送楊太守考績　王雲鳳

吏治精嚴更有文，下車民喜早如雲。能於終始兼三事，豈止催科寬一分。
春雨桑麻盈野望，宵燈絃誦滿齋聞。考書上上今歸去，朝論由來不負君。

清河泉即海眼寺泉　樂平喬宇　尚書

萬斛明珠地湧泉，《茶經》應載品通仙。松蘿上映峰頭月，蘭芷中涵沼内天。
興到臨流嗟逝者，歌成呼酒愛陶然。兹遊記取名鐫處，嘉靖時維亥紀年。

鄒獻卿久勞於邑宰慰以前韻

看山未已復觀泉，父老爭誇客似仙。簿領適逢多暇日，風光剛及小春天。
卑棲鸞枳非徒爾，暫試牛刀信偶然。海內知音能幾遇，訂交吾亦愛忘年。

吊王虎谷　欒平趙思誠 給事中

先生剛介震人寰，未獲摳衣覩鳳顔。學政昭明秦日月，文章吞吐晉河山。
天空咳嗽清狐鼠，嶽立風裁起懦頑。幸有遺容千古在，文光猶射箕參間。

分賑

萬曆癸未歲，予初任。值本縣旱甚，饑民流棄鄉井。蒙上賑濟，予分給四鄉。民皆鼓舞，喜而賦此。 **新安李繼元** 邑侯

山國炎炎久涸泉，偶從分賑過東川。閑花帶笑迎征輅，飛鳥窺人下野田。
童叟歡呼霑化雨，村墟爐竈喜生煙。踟躕思上流民賦，愧我難圖鄭俠箋。

黄榆古戍　周鉞 邑侯、進士

山形秋色勢相宜，自古乾坤險是奇。恠石籠雲蹲虎豹，枯松掛月走蛟螭。
一夫隘口身無敵，匹馬峯頭力欲疲。林靄野煙正愁絕，行人指點不須疑。

松子香風

萬壑千巖一葉霜，晚看雲樹兩蒼蒼。懸崖老幹龍蛇霧，偃蓋新枝鳳鳥翔。
有約不逢黄石履，無緣可到赤松鄉。乘風度嶺蕭蕭起，松子吹來桂子香。

九京新月

吏隱長季泯宦情，西風一笑出郊行。忘機鷗鳥沙邊臥，跨竹兒童馬首迎。路人九京遊衍處，人留千載古今名。一鈎斜掛林梢月，恰到嚴城已報更。

八賦晚霞

上黨東來翠嶺賒，梁餘西去碧雲遮。崚嶒石磴羊腸遠，洶湧波濤鼍鼓撾。行處縱橫多鳥跡，望中寂寞少人家。夕陽殘照無今古，孤鶩長空帶落霞。

風撾石鼓

幾度曾經此嶺過，一規石鼓委山阿。琢磨或類宣王制，吟咏誰賡韓子歌。路險力疲頻駐馬，雨多溪漲怯凌波。懸崖隱約風姨手，水底填填夜擊鼍。

雨洗麻衣

神僧此地事精修，宋祖當年誓遏劉。金甲拋來無臥榻，麻衣着去不回頭。北安香火虛千載，南渡衣冠閟一丘。雨後登陴頻悵望，極天芳草正悠悠。

鳳臺異形

疊嶂廻巒漳水湄，崇岡一似鳳來儀。風松乍作簫韶奏，露草還吟萋菶詩。天半朱霞增壯采，雲扶旭日望中移。臨邛舊有求凰操，西去長天不可思。

漳水環帶

百雉孤城間兩洲，南溪北澗總東流。三門作品題清議，二水成人泛白鷗。向晚雲收涵兔影，入寒潦盡見龍湫。危橋跨處堪圖画，高咏滄浪興未休。

合山奇泉 懿濟聖母四月四日誕辰故云 王雲鳳

四月清和雨霽時，來攜父老拜神祠。簷前燕雀多新壘，橋畔松楸只故枝。
環抱東西南璧合，周廻三十六峯奇。靈泉兀突經今古，旋渴旋流誰使爲？

西溪靈井 喬宇 少保

千仞靈淵鬼鑿開，真從一竅洩胚胎。蛟龍石底能潛現，霖雨寰中任往來。
地界遠分梁子國，山形高枕趙王臺。西溪勝蹟堪留詠，徙倚蒼松坐碧苔。

次黃榆古戍韻 劉順昌 漢陽人，署縣事、按知廳、己丑進士。

巖關千仞古今宜，遙望黃榆分外奇。老樹扶疏高燕雀，殘碑磨滅隱龍螭。
秋風隕籜來偏早，朝日升輪度每遲。自此一夫能守險，將軍何必過憂疑？

次松子香風韻

何年蓺種飽經霜，老幹虬枝氣色蒼。日爲蓋遮常叱馭，鳥因濤沸幾廻翔。
青青蔭傲寒冬歲，謖謖風廻醉夢鄉。况有後凋持晚節，應同栢子噴天香。

次九京新月韻

古人原自重交情，文子叔譽曾此行。偶爾游觀樂未艾，同心言笑喜相迎。
可憐設辯九京上，徒有知人二字名。新月年年照野壑，如何人物幾遷更。

次八賦晚霞韻

八賦橫空路甚賒，巑岏千丈半天遮。懸岩鳥雀未由下，峭壁藤蘿何處撾？
嶺底羊腸千萬徑，關前蝸室兩三家。衙齋久矣標堂額，何用梁餘餐晚霞？

次風撾石鼓韻

石鼓曾經目擊過，如何零落在山阿。規模是否符型范，文字有無足嘯歌。
殊異岐陽大狩碣，豈同雪浪小文波。山中疑有妖蛟舞，伐爾如撾水底鼉。

次雨洗麻衣韻

廓外招提山徑修，天台此日又逢劉。人知麻敝衣藏玓，誰信雨過石點頭。
和尚燈傳存古衲，寺門雲鎖即丹丘。曾聞宋祖勤祈祝，赫濯如何久且悠。

次鳳臺異形韻

高臺漠漠落漳湄，萬丈流霞壯羽儀。六象平鋪堪繪譜，九苞輝映可題詩。
河東應運誰爲主，冀北朝陽老不移。丹詔時同紅日近，凌空一望發深思。

次漳水環帶韻

不信人間有十洲，今逢雙澗水交流。陰山浪捲疑翔鷺，猴嶺濤飛起宿鷗。
前輩文章推虎谷，環城襟帶賴龍湫。臨河欲展濯纓志，極目南池奮翼修。

過石鼓嶺詩三首 甲申夏五月 李繼元 邑侯

勒馬山頭四顧賒，傍崖深處有人家。農夫指我東原麥，今歲多開五色花。
一峯不盡一峯來，栢葉松花笑眼開。流水聲中簫管奏，馬蹄飛處擁莓苔。
莫惜奔馳道路遙，吾身今已屬皇朝。願期民社皆熙皞，縱守清貧樂亦饒。

謁虎谷王公祠

關中曾說王夫子，遼佐來瞻虎谷祠。山斗高名秦日月，風雷雅識漢文辭。
彈冠豸府奸魚歛，鼓捷楡陽可汗馳。今日精誠嚴禮拜，遺容十載動人思。

喜雨

甲申四月不雨，農望洶洶。步自瑞雲觀禱雨，移時甘雨如注，喜而作詩

朱夏時方旱，輿情苦奈何。精誠求自竭，靈雨逐人過。

亂眼飛空急，翻風潤物多。三農忻滿望，吾亦醉絃歌。

麻衣山送李君興古旋里　張正儒　邑侯

山頭贈梛致偏饒，雨後峯高小□昭。寺畔雲泉流細玉，林間烟樹結新綃。

座前耿耿寒□歛，嵐外蕭蕭冷魄消。名勝從今添爽氣，多君□笑紫霞標。

首陽山　新安李燦　興古

三仁折曲補天傾，石火危言沸血□。萬轉朝宗由一性，首陽日月古今明。

海眼寺　湯陰蘇弘祖　邑侯

四圍蒼翠抱招提，突兀靈泉路轉迷。乳色斜翻龍藏外，濤聲直下海門西。

孤松謖謖天風湧，石洞陰陰古佛棲。雞黍相將堪卜築，桃源何必武陵溪。

合山

四山無雪鬱蒼蒼，林水悠然自一方。地老龍蛇纏石筍，月明笙鶴過滄浪。

雲林忽作千家棟，靈澤還滋九畹香。縹緲三山人不見，醉携騷雅嘯芝房。

李陽村

千秋尚有李陽村，落日西風吊古魂。毒手遂成逐鹿事，老拳終怯漚麻盆。

深山何處龍鱗臥？故壘蕭然燕雀存。池上英雄今已去，年年池水爲誰喧？

興國寺

數弓矮屋隱廛端，賴有標題認寺殘。無塔可棲催雁去，有僧能乞與禪安。

莊嚴小具諸天相，呼拜時來邑長官。但使鼓鍾聲不絕，高人未必兩眉攢。

瑞雲觀松

仙都未闢已瞻松，一二亭臺次第從。綠蔭天空雲十畝，藤垂春老壽千宗。

步虛夜聽仙人嘯，迸粒朝餐道士饔。世事茫茫松如許，如何此地使人恭。

西溪龍王堂步白岩喬公韻

龍宮幽寂傍泉開，烟作泉魂石作胎。靈雨九天齊物化，好風六月待人來。

綠雲滿地消全夏，霸業雄圖落廢臺。虎谷白巖曾憩此，尋詩手爲剔莓苔。

首夏同胡石林趙南浦麻衣寺歸來四首

其一

紺殿巖腰見，登登路漸開。幾層松拄日，一片石生苔。

有客逃禪至，無僧講法來。青蒼城市杳，徙倚笑飛埃。

其二

頑石產仙佛，幽靈定有無。受霞高挂幘，瀹茗自提壺。

明月如相待，松風那可孤。白雲流不盡，趺坐藉平蕪。

其三

看山如飲酒，深淺任人沽。黛色朝昏變，窈情橫側殊。

荒祠雖板蕩，幽谷任馳驅。遙把西溪較，何如大小巫。

其四

忽上高峯頂，悠悠晴亦陰。罡風來石磴，暝色下稠林。

到此烟嵐爽，知君情具真。重來應莫負，丘壑耐相尋。

踏荒警寇時禱雨　楊崧 邑侯

梁餘山北草如烟，狡寇何來盡控弦。不意堯封成虎穴，那看飛將奮龍泉。輸蹄驛路籌無策，雲葉霏微祈有年。憂國披衣中夜起，長廊翹首祝蒼天。

過寒湖嶺有感　王道行 邑侯

征途公役幾番來，石路重重點翠苔。野鳥翩躚依樹轉，山花馥郁向人開。清溪最好消塵思，佳木豈甘作樗材。因憶十年窗半約，蕭蕭孤劍且深杯。

奎光樓成集唐　李順昌 邑侯

樓臺横紫極楊炯，霽色蕩芳辰駱賓王。彩筆凝空遠神慧，江花入興新李嘉祐。氣衝星漢表鄭谷，文聚斗牛津顏真卿。東閣邀才子劉長卿，青雲滿後塵杜甫。

許狀元

大對元朝第一人，存銜存姓何名湮。或嘉書爵同胡筆，還樂藏名抱楚珍。元禮魏君合秘符，靜修劉子問遙津。清風經久彌芳烈，豈沒荒郊草莽臣。

虎谷祠

鳳威玉立斗星曦，文烈司農寶鼎彝。獬豸江干霜簡峭，豺狼嵎上雪戈披。横經興起三千士，秘畧真雄十萬師。仙骨高擁天際表，陽明娩美一良知。

張大尹正儒名宦

尹宰梁餘四十春，梅鳩鷺羽步前塵。台城半識英雄氣，山署全聞郎宿神。

瘞鹿冰湖鸞鳳集，埋輪霜嶽虎狼馴。風流郁烈鬚眉在，俎豆蕭光萬古存。

丙申六月十三日登西溪龍王堂憶忝翁蘇老師感賦步白巖喬公韻

胡淑寅 邑人、節推

一望巉巖萬壑開，西山爽氣抱龍胎。泉飛叠磵松聲合，雲暗荒城雨色來。六月長天猶縱酒，七年此日復登臺。石龕空寂靈芝冷，獨對殘碑吊綠苔。

壬寅新秋下黄榆嶺四首

其一

險絕黄榆塞，高崗徹絳霄。烽烟沉路草，敵壘落村樵。
雲遠諸天淨，山尊萬壑朝。孤軍宣赤幟，戎馬不須驕。

其二

俯身行斷壑，曲折似羊腸。徑滑苔痕濕，陰濃樹色蒼。
閒猿窺石穴，好鳥鬭林廊。採藥堪娱老，芳芝滿道香。

其三

關門懸絕巘，上下盡層巒。棧路危橋改，營房刼火殘。
空餘青嶂翠，倒挂瀑流寒。巀嶫連千仞，中天放歇盤。

其四

曲塹開龍窟，雙崖覆水濱。峽留太古色，濤捲萬年春。
雄怪殊天地，陰森若鬼神。洪濛誰鑿竅，仰止任嶙峋。

次白巖喬公韻 **趙漪** 邑人、貢生

步入幽谿巨壑開，寒泉石底瀉靈胎。潭空時見閒雲起，亭敞頻邀爽氣來。曲磴斜通松下路，輕霞高鎖嶺邊臺。前賢題句藤蘿隱，我為前賢拂碧苔。

次白巖喬公韻　趙浚

曲曲幽幽小徑開，龍潛深窟浴靈胎。氣噓霧湧山環黯，沫吐泉飛雨細來。佳詠常留三絕字，霸功止見九層臺。當年墨迹風吹散，澗壑增顏長綠苔。

明時癸酉之變，吾鄉兵憲潤蒼蘗公義不受賊辱，赴井盡節。當路者以事聞，贈以僕少，崇祠鄉賢。今縣志成，作詩美之　趙漪

天壽山前數萬師，堂堂正正奠靈基。肯將鎖鑰皇圖手，下被么麼白刃欺。十丈清泉含笑入，三更明月浩歌時。先朝賜賚輝泉壤，馨飶蕭光永在兹。

次前韻　趙浚

憶昔胸藏數萬師，北門鎖鑰鞏皇基。居庸曾遣泥丸塞，枌里誰教鷹眼欺。千古有懷同汨水，一心無垢報明時。行山霜露年年改，黍稷馨香永念兹。

自張掖歸冬初再下黄榆嶺二首　鄭元韶　武進士、守備

十載林皋勞夢懷，選山踏破上山鞵。連天墜葉埋衰草，猶見奔流下翠崖。

下盡層巒半日程，潺潺澗水逼人清。廣陽洞口樵夫唱，疑是西涼塞上聲。

跋一

和順縣志跋

余晉臯散吏也，謫幕良有年記。戊申夏杪[1]，撫憲阿公命余代庖和邑。仲冬之望，鄧侯涖任受事。自戊徂乙，約歷八年所矣。今年春侯以期會如省，暱[2]余曰："和邑志書，奉上檄重修，將付剞劂氏，請君正之。其間建置、沿革，保無有名存而實亡者乎？田賦、官師，保無有掛萬而漏一者乎？災祥、藝文，保無有月異而歲殊者乎？雖云八年之隔，而損益之，宜皆不出於君之見聞，盍弁一言，襄茲盛舉。"余曰："五日京兆[3]，察識幾何？似未可以元晏自許也。"侯曰："君於梁餘八景俱有題詠，考摭靡遺，迄今膾炙人口，君何謙讓未皇為？"余曰："唯唯。"爰即作志之意而推言之。

粵稽邑之有志，即如國之有史也。古者無史，《尚書》、《春秋》即其史。嗣後腐遷、班、范，以及廬陵、涑水勒成一家言，史學遂大著于天下。故凡典厥邑者，規其義類，倣其事例，竊附於周官外史氏之遺，而亦以志名焉。志不綦重哉？雖然修志之要固與修史相表裏矣。然余以為立體必欲其不紊，紀事必欲其不誕，修詞必欲其不襍，而後可補良史之未逮。今觀侯之所述，其義類事例靡不單心編輯，徵信考實。而一切紊者、誕者、襍者擯而弗錄。美矣！備矣！可以告厥成。非具上下千載之識，網羅百代之才，焉能勝任而愉快乎？余又因是深為和邑幸焉。

夫和壤地褊小，僻處晉之東陲，不及大邑之一村一堡。且也廬託陶穴，畊菽山椒，貿遷絕跡，五穀鮮生，其所恃為恆業者，惟藝麻一事是賴。而國之租稅出於斯，家之衣食取於斯。嗟嗟！和邑獨為匪民也哉？良由地利之不如。

其鄉之苦於鹽課，而私販之徒充斥閭閻；疲於驛郵，而協濟之累劇似追逋。自定鼎以來，官民交困久之。惟侯竭力釐剔，不惜一官，為民請命，變通不倦，化裁宜人，今已卓有成效。至于繕城、修學、除耗、清獘、招逃、勸農，種種善政，此皆侯之緒餘耳。較余代庖之時，誠煥然改觀矣。尤愿侯不憚勞怨，善厥終始，務期足國裕民，以成經方致遠之猷，同和志永垂不朽。俾後之官斯土者，有所矜式[4]焉。余敢以是為侯勖諸。

時皇清康熙十四年，歲在旃蒙單閼春如月幾望日

賜進士、山西按察司知事、前任直隸順德府廣宗縣知縣晴川劉順昌拜撰

注釋

[1] 夏杪：夏末。

[2] 暱：親近。

[3] 五日京兆：語出《漢書·張敞傳》。意指任職時間短促。

[4] 矜式：取法、效仿。

跋二

和順縣志跋

皇上御極之十有二年，使天下郡邑咸修志。端揆之請也，志胡為乎？咸修乎？《易》曰：“聖人觀乎人文，以化成天下。”蓋以車書一統之盛，非此無以著同文也。和之前古未有志，有之自西夏李君繼元始。考其時在神宗中年云。迨至我朝，上谷李公順昌重輯之。讀其文，稽其事，率皆因陋就簡，剞補舊版而增損之，終未語於全書。且也和於三晉，僻疲下邑也。遠處岩疆，南箕山而北沾水，西連晉陽，東接邢州，幅員之廣延袤幾三百里，形勝可謂巨矣。第崗嶺溪流，居十之七焉。城市村疃，居十之一焉。可耕之地約十之二耳。山川險阻、道路隔絕，採風之使，罕至其地。志之缺略在於此乎？雖然，志者，史之餘也，太文則縟而不實，太樸則陋而不雅，摭拾過多則邇於虛，刪削太甚則邇於漏。苟非夙擅通才簡練贍典，未可語勝任而愉也。

今侯端甫鄧公，以鮮華年少，家世云仍，出宰和也且六七稔矣。其招逋、均徭、疏鹽、清驛，以至修學、勸農諸務，無不迎刃而解。迨修志之令下，捧讀憲檄曰：“唯唯。”於是參考舊書，盱衡時務。其中條則，一遵河陝次第，示畫一也；凡篇先列舊序，存文獻也；次列已言，表變異也。凡事之有者，必明其所以有之自；事之無者，必辨其所以無之原，以見可信而可傳也。煩者刪之，缺者補之。其事真而實，其文核而典。景物之修明，賢哲之著作，黎焉俱備。山川險阻之區，裒然成此全書焉。是不亦補千古之未有也哉？余也，上黨迂儒，備員庠署、親炙光輝者，獨厚於他人。因其書成，以序於簡末，附青雲以聲施於後，其有深幸也夫。

時康熙乙卯仲春之吉

和順縣儒學訓導、陵川王協慶頓首拜跋

跋三

和順縣志跋

國家建官置吏，與民最親切者莫先于守令。而守令之司，凡簿書期會之文，與夫科律版籍之帙，莫不朝夕披覽之。若夫沿革興廢、名實變更，得以寓其經國憂民之意者，惟志為然。蓋志者，所以備史之不及也。和為遼屬，自肇㓂以來，名之數易不知經幾。考之盲史[1]云："晉獻公使太子申生伐東山皋落氏，梁餘子養御。"皋落在今樂平縣之東鄉，梁餘即和順，為周子爵之所受封也。其地高，其氣寒，其田石确，其俗儉嗇，深山邃谷之中多穴居而巢處。鹿鹿于于，衣不識錦，食不識稻，異于太古者幾希矣。雖然瘠苦之民固異於膏腴之民，而治瘠苦之政亦將異於治膏腴之政，何也？治膏腴者，利在節宣；治瘠苦者，利在生全也。和之民殘矣，殘則存者安之，流者來之；和之民貧矣，貧則匱者實之，勞者佚之。是豈損上以益下，家至而人見之哉？民不擾而始得安，民不奪而始得實也。為之上者生聚之，又從而教養之。膏腴可志，瘠苦亦可志。膏腴可志，則壤歌是也；瘠苦亦可志，流民圖是也。

惟我和侯鄧公宰是邑也，生聚教養者，已逾七載矣。其所以因地設施，隨時利濟，已見於推行矣。今于修志之舉，又從而深切著明焉，故能娓娓而不竭也。今日之修廢舉墜[2]，全書俱備。覽其四至，而山川、風物可知矣。按其經制，而沿革、窮變可知矣。數其戶口，而田疇、子弟可知矣。詳其教令，而文事、武備可知矣。是不亦今日之披圖，前古之未有者耶？舍此勿究，奚以致治乎？審畫一而恪守之，知公之視邑事如家事，而並窺其經國憂民之意，不有裨于後之守土者乎？古人云："文章不關世道，雖工無益。"吾預知斯志之以邑而成，而斯邑之以志而重焉爾。書之簡末，果有當於修志之意否？

壬子拔貢、邑後學藥延祚頓首書

注釋

[1] 盲史：即《左傳》。因傳《左傳》乃左丘明所作，左氏失明，故亦稱此書為盲史。

[2] 修廢舉墜：興復廢業。

（清）黃玉衡 修
賈 讱 纂

和順縣志

乾隆三十三年刻本

周亞 點校

山西直隸遼州和順縣知縣黃玉衡為奉憲纂修邑志以昭大典事

乾隆三十三年七月二十日蒙本州衛扎開轉，蒙布政司富憲扎，頃奉院憲蘇面諭，以山陰、平魯等縣所呈志書尚係明季時較輯，其中記載語句甚多紕繆，不經不倫，大屬不合等因。查志書一項，原所以詳記該郡邑等、城垣、學校、山川、景物、編戶、額征，以及鄉賢、名宦、忠孝節義，臚列類載，以備考採。自應隨時刊釐，不仍不漏，以昭詳慎，何得仍沿前明勦說，並不留心更正？除嚴飭外，誠恐各屬亦有似此者。合亟扎飭為此扎，仰該州立即飛飭所屬，查明該州縣等志書是否尚係前明時考訂，其志內紀載有無不經不倫、悖繆語句，速即詳查明確，分別刪改較輯，呈請察核。仍飭“將接到扎飭，查明緣由，先行禀奪，毋違，特扎”等因。蒙此，擬合轉扎為此扎，仰該縣立即查明該縣志書是否尚係前明時考訂，其志內紀載有無不經不倫、悖繆語句，速即詳查明確，分別刪改校輯，呈詳察核毋違等因。蒙此，卑職隨查卑縣舊志係康熙十四年鄧令纂修，多仍前明舊志，其中雖無甚紕繆，但記載多訛，於體裁殊屬不合，迄今將及百年，其山川、景物、編戶、額征，為沿為革，以及忠孝節義，應宜臚列類載，誠恐日久湮沒，相應設法辦理。隨據闔邑紳士畢景、杜士逾等具呈前來為俯循輿情，重修邑乘，以備國典事“竊惟萬年之法，戒昭於汗青；一代之休明，始自郡邑。凡屬職方、圖籍，總為盛世之山河。誰言蕞爾微邑無與王朝之文獻？欲嗣往躓，端望後賢。和邑舊志梓於康熙十四年，迄今九十餘載，其忠孝節義、風俗沿革，未經修葺，湮沒不少。今恭遇老父臺學繼程朱，才雄班馬。玉尺金鑑，是非留三代之公；石室蘭臺，著述富千秋之業。

方將紀言動於柱下，何難勤纂集於華封。伏乞訂正舛訛，搜羅遺文。況此舉所費無多，辦理甚易，倘蒙准行，政典增光，輿情允洽。為此合詞具禀，懇乞俯准施行”等情。據此，卑職復查邑志，以備考採。懲惡勸善，關係匪輕。既經紳士等以百餘年殘闕漫無稽考，情願纂修，随親詣明倫堂，會同儒學及諸紳士，公議重修。緣卑縣人物稀少，紀載無多，約費不及二百金，閱月即可告成。紳士等已情願量力輸將，倘有不敷，卑職亦量捐薄俸，共成盛舉，並不絲毫累民。當即酌立章程，延請平定州貢生賈訒協同紳士畢景、杜士逾、趙暐、曹澈、畢臻、劉嗣榮、藥培全、杜延興等設立志館，詢訪參訂，間有紕繆之處，即行删改；遺漏之處，即為補添。務期紀寔傳信，允洽輿情。前經呈明辦理，今已採輯成帙。為此恭呈繕本，伏乞憲臺裁度施行。須至申者。

時

乾隆三十三年九月二十日驗

修和順縣志序

邑令，官稱親民，撫循一方，則必周知一方之故實，於以生全安養、起衰救敝，方無忝厥職。顧前事之不忘，後事之師，徵文徵獻，實考鏡得失之林。邑志之修，詎可緩哉？和順隸晉省東鄙，居太行之巔，群山環峙，二漳縈繞於郭外，亦一巖疆也。乾隆丙戌夏，余承乏茲土，甫入境，見夫居多穴處，地盡沙石，且氣寒而風勁，種植之利遠遜鄰封，是固瘠土也，生計良艱矣。又見其民之務本力作，衣不文繡而食鮮粱肉也；勤儉質樸，唐魏之遺俗猶有存焉。夫民勞則善心生，不競不絿，因其風會而調劑之，良有司之職也。余力本駑駘，心殷撫字，竊欲鑒前人成蹟以明乎利弊興廢之由。適披覽邑乘，則其書簡陋失次，且漫漶不可讀。蓋和順之志，自康熙十四年，前令鄧君憲璋一加修輯，迄今又九十餘年矣。其間風物變遷，政事損益，與夫人文崛起，暨里巷、士女、節烈、非常之行所當採錄者何限？況我國家久道化成，法制大備，聲教所訖、車書禮樂之盛遠邁前古。和雖僻壤，使不急為撰次，何以信今而傳後？戊子歲，上官諭各屬重新志，廼謀之學博晉陽蘇公開局纂修，延平定州明經賈君摠其役，承邑中縉紳、文學諸君子分任校讎，遠稽近訪，薈萃成書。雖體裁一仍舊貫而少變其例。首卷列以圖考，復釐為八卷：先地理，次建置，若田賦，若祠祀，及官師、選舉、風俗、藝文，莫不分門而別類，綱舉而目張。舊志之闕者補之，訛者正之。編既竣，乃於簿書之暇，細加繙閱，慨然曰："是志也，前以補九十餘年未備之紀載，後以俾守土之君子一展卷而一邑之事瞭如指掌。覽其疆域而封守宜固，稽其物產而生殖宜繁。農服田畝何以保聚之，士遊庠序何以教誨之，父母斯民之心必有油然而動者。上以副聖天子加惠元元，治益求治之意，則邑志之有裨於化理，夫豈淺鮮哉。”爰不揣固陋，書數言弁諸簡首。

時

乾隆戊子歲冬月賜進士出身文林郎知和順縣事黄玉衡撰並書

重修和順縣志序

歲在乾隆柔兆閹茂之春，余設絳梁餘。適使君楚南黄公來涖兹土，下車始諄諄以修志為念，諸務繁冗，未遑也。越二年，戊子秋，政通人和，百事具舉，因於謁見之餘囑余纂輯其事。余以鄰治父母命，義不獲辭，爰不揣固陋，偕邑中縉紳先生畢君景、趙君暐、曹君澈、畢君臻、杜君士逾、劉君嗣榮、杜君延興、藥君培全等因舊志而編次焉。昔康對山敘《武功志》七篇，首列地理，終及藝文，其中建置之沿革、祠祀之典要，以及則壤成賦，則有田、有里、有戶，差其等；惠我嘉師，則某賢、某廉、某能，著其績。而且人材不擇地而生，天道每因時而示變，則慎選舉、考休徵，網羅古蹟、廣蒐異聞，亦考古鑒今之一大節目也。夫和邑舊有志，刱始於萬曆十一年西夏李公繼元，重輯於順治十三年上谷李公順昌，三成於康熙十四年鐘山鄧公憲璋，凡所志地理、建置、祠祀、田賦、官師、選舉、災祥、藝文者，亦綦詳且盡矣。余何人，斯敢贅其殿？亦惟是繙閱前帙，博采輿情，再參以百餘年來軼事，庶集腋以成裘，纂組而摘錦。早作夜思，與諸先生共相參訂，期不負我父母闡揚百餘歲人物風土、政治盛衰、得失之至意云爾。是為序。

時

乾隆三十三年歲次戊子秋八月石艾歲貢生賈訒譔

重修和順縣志凡例

舊志紀載紛出迭見，今遵康對山先生編《武功志》體彙為八則：曰地理，曰建置，曰祠祀，曰田賦，曰官師，曰選舉，曰風俗，曰藝文。每列一則，復分別門類、節目，務期包羅無遺，渾括備舉。

一、他邑志首列天文，殊乖體要。按，天文每一星野分屬數千里，即如全晉，上應參、觜二星之間，而豫省亦居參、商之次。和邑特彈丸微區，今照本州志，第繪其圖，存舊式也。

一、茲編紀始地理，於以區疆域、覘形勢，以及山川、古蹟。蓋經界既分，凡邑中應建設者皆可次第理矣。

一、建置。凡邑中城池、學宮、官署、倉庫、驛舍、坊表諸務無不備載，勿致漏遺。

一、舊志紀祠祀，凡文廟、祭器、樂章俱不詳載，武廟諸祠亦未考典制源流。茲並書之，復採部頒祭文、詩歌有關典要者悉附錄焉。

一、國有賦稅，曰地丁，曰耗羨。其由州縣而解司庫者，曰徵解；其存於州縣以備需用者，曰存留；以定引直，則有鹽課。以供皇華，則有站銀。茲悉遵新制，詳列無遺。

一、村疃。他邑有數千家為一村，數百家為一疃者。今和邑畸居山隈，以耕作山田為主，或三五家作伍，或二三十家比鄰。不編為籍，是棄民也。故悉志之。

一、舊志官師止表職官，茲並附名宦事蹟以著賢勞。

一、馬公克禮為金大定時人，舊志訛為元、金進士。邑人嚴公坦名僅，見藝文，舊志人物內失紀。教諭李公朝綱祀名宦，舊志官師內失紀。今俱考據改正，一以存實，一以示不沒人才至意。

一、餙邦華而敘人物，若《明一統志》誇多泛濫，識者譏之。今按，邑志詳列科第、舉貢，名實相符，並無溢美。

一、閨帷關乎陰教，凡孝婦、節婦，胥屬國家褒崇之人，舊志所載詳錄無遺。但百餘年來孝養、雅誼、孤苦、至情曷可勝數？兹博採輿情，俱收入志内，務期不濫不遺。

一、藝文有志，班氏倣劉歆《七略》為之。近日州縣多泛設詩文，殊失古體。斯編紀述詩文，或名家著述，或金石文字，凡無關邑中體要者，概置弗録。

重修和順縣志姓氏

總裁

和順縣知縣黃玉衡，號南亭，湖南善化人。乾隆己未進士。

纂修

歲貢生、候選儒學訓導賈訒，字吉人，平定州人。

較正

和順縣儒學訓導荆孔正，字方山，陽曲縣人，歲貢。

司局

和順縣八賦嶺巡檢司楊德興。

和順縣典史劉世琛，江西新建人。

考訂

歲貢生、候選儒學訓導畢景，字介福。

生員曹澈，字清軒。

歲貢生、候選儒學訓導杜士逾，字軼凡。

歲貢生、候選儒學訓導劉嗣榮，字向峯。

採訪

生員張世述。生員焦天佑。生員曹沂。生員李廣枝。生員畢臻，字永之。生員杜延興，字起軒。

校梓

監生趙暐，字縚菴。監生藥培全，字美之。

輯次繕寫

生員曹多壽，字又祝。生員胡天錫，字純嘏。生員畢體乾，字健軒。生員杜士錦，字漢章。生員吳端，字子方。生員鄭泰華，字東瞻。

同輯

貢生宋志，字敏之。貢生陳崇德。例貢生樊好忠。監生杜宏籌。監生杜宏藻。監生吳鳳鳴。監生趙純仁。監生劉健。監生杜士凝。監生程龍德。監生程翰章。監生張淑祖。監生張世豐。監生張朝選。監生郝鳳翥。生員杜榈林。生員王成周。生員杜士選。生員趙桓。生員劉溱。生員王儒彥。生員李晛。生員任廷玉。生員鄭立德。生員宋矩。生員程在蒲。生員程受德。候選衛千總杜若桀。原任巡檢王琮。

督工

禮房經承杜士价。工房經承杜漸逵。

協辦

倉房經承趙殿元。鹽房典吏吳廷獻。邢房典吏焦天培。庫房典吏楊國秀。

重修和順縣志條目

重修和順縣志卷之六　選舉志

進士　舉人　武進士　武舉　拔貢　恩貢　歲貢　例貢　例監　吏員　武署　封蔭　人物　鄉賢　孝子　義民　節烈　流寓　仙釋

重修和順縣志卷之七　風俗志

禮儀　節序　祥異

重修和順縣志卷之八　藝文志

賦文　詩集

重修和順縣志卷之首

圖考

即景繪圖，若吳道子之嘉陵山水，宗少文之瀟湘八景，王摩詰之輞川居圖，米老顛之南宮墨蹟，尤膾炙藝林。今於邑志，而以繪事先之者，非徒揮翰墨、騁渲染也。亦欲令閱者展卷間而一邑之星躔、疆索、廨舍、城池與夫高深登覽之所已，不啻列眉睫指掌中耳。志圖考。

考《周禮》：保章氏，以實沈主晉。《國語》曰："實沈之墟，晉人是居。"《漢志》自畢十二度至東井十五度為實沈之次，於辰為申，謂之涒灘；於律為中呂，於星為參觜。《晉天文志》班固取三統，歷十二次，配十二野，自畢十二度至東井十五度為實沈。魏太史令陳卓與范蠡、鬼谷、張良、諸葛亮、譙周、京房、張衡並言州縣所入纏度，太原入東井二十九度，上黨入輿鬼二度。《通志》：太原、遼、沁入觜參。並按，天官渾儀之數，周天三百六十五度四分，度之一南北極直徑一百八十度少強，每度九百四十分十二次，每次三十度有奇。申次實沈星為參觜，統主全晉。遼屬晉，和屬遼，所占不及半度，故參觜主和，仍以全晉經度分野言也[1]。

注釋

［1］點校者注：参觜圖、縣境圖、縣治圖、學宮圖、汛署圖、景繪圖，見圖版。

重修和順縣志卷之一

地理志

《周禮》：大司徒掌建邦土地之制，辨山林、川澤、丘陵、墳壚、原隰之名，畫疆界而溝封之，無非申畫郊圻，慎固封守之意也。我國家版圖式廓，規舊畫新，條理井然。和邑踞太行之巔，西臨古魏，東距直、邢，南抵遼郡，北接沾水。為險阻非為康莊，為邊陲非為腹地，豈非晉東南一屏障哉？志地理。

沿革

和邑，古梁餘子國。《左傳》書晉獻公使太子申生伐東山皋落氏，梁餘子養御是也。

漢為上黨郡沾縣地。

晉屬樂平郡。後趙石勒起自武鄉，上黨即其地。

北齊為梁餘縣。

隋始改曰和順。因境內有古和城，故名。屬并州。

唐初改曰義興，仍屬并州，尋屬遼州。

宋熙寧中省入遼山縣，平定軍。元祐初復屬遼州，金、元、明仍舊，國朝因之。

疆域

東西廣二百一十里。南北袤七十五里。東至邢臺縣桃樹平村九十里。東南距遼州駱駝村七十里。南距遼州寒王鎮四十里。西南距遼州蒿溝村九十五里。

西南距榆社縣社城村一百四十里。西南距太谷縣溫家莊一百四十里。西距榆次縣白坡頭村一百三十里。西北距樂平縣北馬坊九十二里。北距松子嶺四十里，距樂平縣冶頭村五十里。東北距樂平縣東囿村六十里。東至邢臺縣二百四十里。南至遼州九十里。西南至榆社縣一百八十里。西至榆次縣二百一十里。西北至太原府二百七十里。東北至神京一千里。

山川 兵防附

黄榆嶺，在縣東七十里，為山西、直省交界，東藩第一要處。舊制巡檢司，久裁。國朝設營房一所、墩臺一座、煙墩五座，移駐石馱坪村防守。

轆轤嶺，在縣東七十里。國朝設營房一所、墩臺一座、煙墩五座，移駐煖窑溝防守。

桃樹坪嶺，在縣東七十里。國朝設營房一所、墩臺一座、煙墩五座，移駐青家寨防守。

風門嶺，在縣東六十五里。國朝設營房一所、墩臺一座、煙墩五座，移駐后當成口防守。

馬嶺，在縣東北九十五里，地屬樂平，為縣要害。國朝建營房一所、墩臺一座、煙墩五座，移駐青城村防守。

支鍋石嶺，在縣東七十里。溝深路狹，最險。

夫子嶺，在縣東八十里。國朝設營房一所、墩臺一座、煙墩五座，移駐銀子溝防守。

九峯山，在縣東二十里。山椒有九峯庵。

玉女峯，在縣東十二里。

首陽山，在縣東三十里。其山產薇，土人因建夷齊廟。

獅子頭山，在縣東六十五里。

狀元峯，在縣東六十八里。

仙人洞，在縣東二十五里。風動有聲響嘵，故名。

麻稭嶺，在縣南十五里。路通遼州。國朝設營房一所、墩臺一座、煙墩五座，駐喂馬村防守。

爐煙嶺，在縣南二十五里。國朝設營房一所、墩臺一座、煙墩五座，駐窑堤村防守。為縣南界。

雲龍山，在縣西三里。山椒建龍神廟，左建孫真人廟。邑侯程起鳳建瀚俗亭。邑侯鄭國選重建石橋二座、戲臺一座。邑侯邱廷溶建觀音堂、后土廟，於南山松林建凌雲軒、我有齋、清餘亭，於西山建名吾亭、甘泉樓、西溪坊，於北山修欄繞砌，為邑人遊賞勝地。

長縣嶺，在縣西南五十里。

狐冒嶺，在縣西四十里。

水泉嶺，在縣西四十里。

寒湖嶺，在縣西四十八里。

白關嶺，在縣西六十里。

油房嶺，在縣西七十五里。

羊海嶺，在縣西一百里。

壓煞嶺，在縣西北一百一十里。

八賦嶺，在縣西一百二十里。其嶺有二關，西北曰黑虎關，路通太原；西南曰青龍關，路通汾、平。設巡檢司一員，領弓兵把守。

三尖山，在縣西九十里，三峯並峙，故名。

石猴嶺，在縣西北四十五里。

𡶶山，在縣西八十里。上有𡶶山神祠，敕賜額曰："昭懿聖母"。鄒國公孟子七世孫女，宋代敕賜。明洪武七年賜曰"𡶶山之神"。出《遼志》。

松子嶺，在縣北四十里，為和、樂兩縣交界。舊制巡檢司，久裁。國朝設營房一所、墩臺一座、煙墩五座，駐嶺防守。

漳水有二：一出縣西一百里八賦嶺，名小漳水，流經榆社縣，合黃花嶺水，至武鄉縣西五里，合湼水，至襄垣縣東北，合濁漳。一出樂平縣少山大澠谷，流經縣東，合梁餘水，轉東南至交漳村，合流東注。

梁餘水，源出縣西石猴嶺，流經縣東，合清漳。

玉津泉，在縣東北三里，俗名“水井溝”。冬不結冰，夏不滿溢。有尼寺曰玉津庵，邑人多遊觀。清潔不濁，故名。

水深水，在縣東七十里，源上有龍王廟。涉河浴，北流經樂平縣東南八十里水深谷，合沾水。

海眼泉，在縣東六十里，有海眼寺。其水澄清，波濤洶湧，又名清河。冬寒數里不凍。西流至松煙鎮，與漳水合。有喬白巖、鄒獻卿題詠，紀藝文。

石公泉，在縣東六十里，源出合山，東南流，合漳水。

馬嶺洞，在縣東六十里。山似新月，內一空洞。洞內轉南，用梯上，又有一洞，可容千人。有石佛，天旱禱之即雨。

萬泉水，源出合山，南流合漳水。

溫泉，在縣東南四十里松煙鎮，冬寒無冰。

黑壁洞，在縣西南四十里北山。其深莫測。洞口常閉，傳有一僧開之，冷氣悉出。

武鄉水，出縣西南孫臏坡，流經榆社、武鄉縣界。

天池泉，在南安驛東山高峯上。有池出泉，冬夏不涸。

飲馬池，在縣西山陰，水湛清澈。相傳石勒常飲馬於此。

古蹟

黄榆古戍黄榆，嶺名。巖險曲折，瀑布千尋，舊有兵戍守，城垣故址尚存。宋黄覺有“雲籠古戍”之句。

風擩石鼓石鼓，嶺名。上有石如鼓，風動有聲。元人王思誠有“南嶺風吹石鼓鳴”之句。

八賦晚霞八賦，嶺名。晚霞光耀，舊有“八賦晚霞”之詠，紀藝文。

松子香風松子，嶺名。崎嶇蜿蜒，山崗多松，遇風香氣襲人，有“松子香風”之詠，紀藝文。

合山奇泉合山，山名。下有二泉：一名娘子泉，清流湍激，遠近十數村汲飲；一名郎君泉，泉不時出，出時聲吼泉湧，有“合山奇泉”之詠，紀藝文。敕建懿濟聖母、顯澤侯二祠。

鳳臺異形鳳臺，山名。其形如鳳展翅，連綿數里，突起孤塚，因名。

九京新月九京，山名，一名九原。每月哉生魄光，朗異他處，有“九京新月”之詠，紀藝文。《檀弓》記趙文子與叔向觀於九原，即此。

西溪靈井西溪在雲龍山，有甘泉，舊名西溪。山椒建龍神殿，殿內有井。邑人遇旱禱雨，取水輙應。有“西溪靈井”之詠，紀藝文。

雨洗麻衣麻衣，山名，在縣北五里。有古寺，麻衣道人住錫於此，故名。寺後有石洞，天將雨，洞頂水珠涓涓下滴，有“雨洗麻衣”之詠。昔宋太祖征太原，道經於此，躬祝佛前曰：“此行止以弔伐為意，誓不戮一人。”

漳水環帶漳水有二，一自縣北東流，一自縣西東流，交繞環抱，有若帶然。題詠紀藝文。

和邑臨觀之美景列有十，附載於左。

戒石亭在縣署，書宋太宗銘，今廢。

雷音臺在雲龍山椒，今廢。

趙王臺在縣西五里，狀如伏虎。相傳趙襄子避暑處，故址尚存。

漚麻池在縣北二十里，石勒、李陽嘗漚麻爭池。及勒為後趙天王，召李陽至，引陽臂云：“孤固厭卿老拳，卿亦飽孤毒手。”即此地也。

樂毅村在縣西六十里。毅，靈壽人，被讒避居於此。

和順古城在縣西北，與縣城相倚，垣跡微存。

平城廢縣在縣西一百里儀城鎮。隋置，屬并州。金廢為鎮，今因之。

義興古縣在縣境，唐初置，尋省。

韓信舊寨在縣境。相傳淮陰侯下趙屯兵處。載舊志，今無考。

簡子鹿苑在縣西六里。相傳趙簡子養鹿之苑。

蓋聞仰高山者，動吊古之思；懷秋水者，深伊人之慕。大抵人因地古，地以人傳。此舊國千年，荒城四望，寒風積，愁雲繁，江文通所以學賦，謝惠連所以歌雪也。和邑僻處晉鄙，雖非名邦大都，然太行[1]聳峙，清漳交流，亦足點綴一邑之景致。他若關隘之奇險，邱墟之高封，詢諸野老猶有能言之者曰："若為趙文子與叔向所觀處也，若為後趙天王雄據飲馬池也，若為麻衣上人修真地也。"凡此類者，蓋亦鏡古之資，而憑吊之屬者已。

【校勘記】

[1] 按，此處原作"大行"，今據文意改之。

重修和順縣志卷之一终

重修和順縣志卷之二

建置志

王者建邦啓土，創制立法，大都小邑，皆有一定之則。固國域民，則城池為要。至若學校育養人材，官署出政臨民，倉場以備積貯，廛市以易有無，舖司以遞公文，坊表以旌善良，橋梁以利濟涉，孰非建置之宜？悉和邑僻處晉東陲，凡此數大事，雖脩廢不一，而粗有所就，亦得備載焉。志建置。

城池

按，和邑土城一座，周圍二里二百五十步，高連磚垛三丈七尺，根寬二丈五尺，收頂一丈五尺。門三座：南曰康阜，西曰寶凝，北曰拱辰。角樓、敵臺共十一座，磚垛口八百一十六，更房五座。正統十四年，知縣王衡補修疑在永樂年。神宗二年，知縣蘇性愚益磚砌。十三年，知縣李繼元益土坯泥砌，外浚深濠。順治十六年，知縣李順昌重修南、北、西三城樓。康熙八年，知縣鄧憲璋補修。雍正十三年，雉堞盡廢，知縣趙懋本重修，全補磚垛。乾隆十年，知縣蔣祖培磚砌西門。二十一年，知縣朱汝璣重修奎光三層樓。乾隆二十八年，知縣侯日曮補修城垣，重建角樓四，東城樓一。

學宮　在縣城東北隅。

先師正殿三間。東西兩廡十間。敬一亭三間在大殿東。化帛樓一座在大殿西，邑庠生欒良建。戟門三間。御路左右泮池。櫺星坊一座。照壁一座。東西二柵。大成坊一座。崇聖祠三間在聖殿左。名宦祠三間在聖廟東隅。鄉賢祠三間在聖廟東隅。奎光樓一座。明倫堂五間。進德齋三間。脩業齋三間。東庫二間。西庫三間。東厨二間。西厨三間。

學制員額 附

國朝初，考試童生，進學不拘額數。順治四年，定每考童生，大學進四十名，中學二十五名，小學十二名。十七年，定大學進十五名，中學十名，小學五名。武學如之。十八年，定兩考歸併一考。康熙八年，定府學一年貢一人，州學四年三人，縣學二年一人。九年，督學道董朱衮請於部，定中學進十二名，小學八名。十年，復恩拔副榜等貢，府選拔二人，州、縣一人。十二年，復三年內，歲科兩考，進文童二次，武童一次。恩拔貢生間舉。行和順為小學，每考進童生八名。雍正五年，選拔府學二名，州、縣一名，六年一舉。乾隆七年選拔，十二年一舉，定為例。

官署[1]

縣署 在縣城西北隅。

大堂三間東庫、西庫。鄭侯祠在大堂東。東西六房並承發房計十四間。上諭坊。東西站班房。儀門三間。東西角門。寅賓舘廢。土地祠在儀門外東。乾隆三十三年，知縣黃玉衡重修。東西四班房計八間。大門三間。鐘鼓樓、申明亭、旌善亭、榜房俱廢。承流宣化坊。照壁一座。宅門守門房一間。二堂三間知縣朱汝璣重修。東書房三間。西書房三間。學斯樓三間。東號房六間。思鳳堂三間改入典史署。簽押書房三間。

東宅：北房三間。東房三間。南房三間。西門房三間。厨房六間。

西宅：北房三間。東房三間。南房三間。西房三間。西書房三間。馬棚三間。

儒學署 在文廟左。

儀門一座。廣文廳三間乾隆四年，訓導馬凝瑞重修。書房三間。門斗房三間。

後宅：北房三間。東西房六間。

典史署 在儀門東。

督捕廳門。正門。大堂三間。書房三間。

後宅：北房三間。西房三間。東房三間。捕役房三間。犴狴在儀門西，計房五間。巡檢署在儀城鎮，明季流寇焚燬。察院公署在縣治東，乾隆十七年，知縣朱汝璣詳請改修把總汛。

把總汛

大門三間。大堂三間。東西房六間知縣朱汝璣建。

後宅：北房三間。東西房六間。西箭亭三間。南房五間以上俱把總賀榮喜建。

倉廒 在縣署西。

常平倉廒十三所計六十七間。天字廒五間。地字廒五間。元字廒五間。黄字廒五間。宇洪二字廒六間。汪月二字廒五間。盈字廒五間。滿字廒五間以上俱舊建。成字廒七間。宿字廒三間以上二廒，乾隆四年，知縣陳良瑨領項建。大字廒五間。有字廒六間。年字廒五間以上三廒，乾隆二十九年，知縣侯日曮領項建。

積貯穀

一項奏聞事，案，内貯穀三百八石三斗六升四合七勺。

一項欽奉上諭事，案，内貯穀一百一十一石七斗六升七合七勺。

一項請援直隸分貯之法等事，案，内貯穀一萬八百六十三石四斗九升四合三勺。

一項再行酌議採買等事，案，内貯穀一百八十二石八斗三升三合三勺。

一項遵旨速議具奏事，案，内貯穀六百六十石九斗六升。

一項遵旨會議具奏事，案，内貯穀一百三石六斗八升。

一項詳請分別收買倉粮等事，案，內貯穀七千九十四石二斗三合三勺。

七項共貯穀一萬九千五百二十五石三斗三合三勺。

社倉五間在大門外東。雍正六年，知縣趙懋本捐建。

一項欽奉上諭事，案，內貯穀一千三百三十三石一斗二升五合。

義倉

一項遵旨會議具奏事，案，內在城貯穀五百六十石四斗四升三合；儀城鎮貯穀一百九十七石五斗九升；馬坊鎮貯穀一百六石四斗二升；三處共貯穀八百六十四石四斗五升。

養濟院

在城隍廟左，共計房八間。

漏澤園

有二：一在縣北，計地十畝，紳士周于禮施；一在縣北五里，計地十畝，知縣鄧憲璋置。

教場[2]

演武場在縣南郭外，東長一百一十二步，西長一百一十七步，南寬四十三步，北寬三十一步。演武廳三間。東西耳房二間。旗臺一座。

市集

七處。

在城。李陽鎮。松煙鎮。儀城鎮。馬坊鎮。潤交鎮。橫嶺鎮。

舖遞

在城二舖。

西路

儀村舖。部家舖。水泉舖。寒湖舖。沙峪舖。楊廣舖。白岩舖。横嶺舖。刁岔舖。儀城舖。關池舖。

南路

南窑舖。喂馬舖。窑堤舖。

北路

李陽舖係半鋪，在城鋪撥出。共一十六舖半，舖司三十三名，額設工食銀一百三十二兩。

坊表 舊建共二十，新建三。

明：育賢坊縣中歷科鄉甲姓名，廢。司徒坊王佐立。尚書坊王佐立。天曹四署坊王佐立。進士坊王佐立。步月坊王佐立。儒宗坊王雲鳳立。世登科第坊王雲鳳立。己卯舉人坊周文立。誥封主事坊周麒立。庚午舉人坊周朝著立。丙戌進士坊周朝著立。丁酉舉人坊程霽立。辛酉舉人坊程桂立。甲子舉人坊王之臣立。庚午舉人坊畢世隆立。甲子舉人坊齊聞韶立。兵憲石坊藥濟衆立。義民坊徐焕立，廢。誥封副使坊藥性立。

國朝：節婦坊周氏立。節婦坊李天祥妻立。節婦坊藥氏立。

橋梁 舊建共三座，新建一座。

東河橋在邢村，距縣八里，路通河南。

通濟橋在河北，距縣二里，路通北京。

南河橋在爨村，距縣三里，路通潞安，係木橋，知縣鄧憲璋重修。

永固橋在南安義村，距縣二十五里，乾隆十四年，義民杜若楷新建。

水利

邑境皆山，溝澮之間，雨集則盈，雨止則涸，無長流渠道可以灌引。蓋其地苦寒，少浸以水，其田如石。是以他邑可資溉於人功，此地獨待澤於天時。一遇旱澇之災，便仰給於朝廷之軫恤。雖有叔敖、文翁之起穿，宏羊、充國之屯復，俱無所施。水不為利而為害，亦地勢使之然也。

墟墓

晉大夫墓有二：一在縣西九京山椒，相傳陽處父墓，今里人稱為陽將軍墓；一在縣北堯村山椒，相傳為狐偃葬地，今里人猶稱為狐偃墓。《廣輿記》志士會亦葬此，無考。

麻衣道人塚在麻衣山椒，塚上有石塔，題詠紀藝文。

元：許狀元墓在縣西坡，有石碣，名失傳，題詠紀藝文。

明：王尚書墓在縣東虎峪村，戶部尚書王佐葬地。王都憲墓佐子雲鳳，都察院僉都御史，父子同塋。周舉人墓諱文，在白泉村。誥封周主事墓諱麒，在白泉村。周郎中墓麒子，諱朝著，工部郎中，父子同塋。藥少卿墓諱濟衆，贈太僕寺少卿，任副使，葬九京山前。彭舉人墓諱德潤，葬縣南。藥主事墓諱之璵，薊鎮督餉，戶部主事，葬北漳之北。

按，和邑自秦、漢建置以來，興廢不一，沿革亦殊然。岳峙川流，弗改昔年之風景；城郭壇壝，不殊舊日之規模。迄今憑覽梁餘之墟，見夫公廨布署井井，學校廟貌巍巍，以及倉廩之充實，廛市之懋遷，坊表之旌樹，壟邱之綿延，橋梁之虹彩，未嘗不嘆盛世之良法美政。固有歷久彌新者，雖曰山僻小邑，其區畫經營，寧無望於後之加意民社者耶？

【校勘記】

［1］按，原文無此目，然考此志目錄，本卷“學宮”目後、“倉厫”目前，應為“官署”目，故補之。

[2] 按，原文無此目，然考此志目錄，本卷“漏澤園”目後、“市集”目前，應為“教場”目，故補之。

重修和順縣志卷之二终

重修和順縣志卷之三

祠祀志

國家以禮樂經世，所定祀典自柴望嶽瀆，釋奠先師，以及功著於國，澤施於民者，並舉之，典綦重也。至寺觀廟宇，不列祀典，然龕奉崇禮，幾遍寰中，以其昭靈感應，勸善懲惡，有以襄王化之所不及。昔吳道子繪酆都案，畏罪者衆；韓昌黎題木居士，向善者多。《易》曰："聖人以神道設教"，亦此意與。志祠祀。

文廟

文廟，歲以春秋二仲月上丁日，用太牢致祭。正殿一壇四配，東西各一壇。康熙五十六年奉旨陞宋儒朱子於十哲。乾隆三年奉旨陞先賢有子於十哲，共十二哲，東西各一壇。康熙五十五年奉旨從祀先儒范仲淹，位列司馬光上。雍正三年奉旨從祀亞聖門人公都子、樂正克、公孫丑、萬章於兩廡，東西各一壇。

祭器

銅爵二十。銅籩三十。錫籩四十。銅燈台一對舊存。祝牌二座。帛篚二十。牲俎二十五。錫燭台四對。木籩六十。錫爵三雙訓導荆孔正補。樂器缺。樂舞生缺。

樂章

大哉宣聖，道德尊崇。維持王化，斯民是宗。典祀有常，精純並隆。神其來格，於昭聖容。右迎神咸和之曲，無舞。

自生民來，誰底其盛？惟師神明，度越前聖。粢帛具成，禮容斯稱。黍稷非馨，惟神之聽。右奠帛寧和之曲，有舞。

大哉聖師，實天生德。作樂以崇，時祀無斁。清酤惟馨，嘉牲孔碩。薦羞神明，無幾昭格。右初獻安和之曲，有舞。

百王宗師，生民物軌。瞻之洋洋，神其寧止。酌彼金罍，惟清且旨。登獻惟三，於戲成禮。右亞獻景和之曲，有舞。

按，亞獻後有終獻，曲舞皆與亞獻同。

犧象在前，豆籩在列。以享以薦，既芬既潔。禮成樂備，人和神悅。祭則受福，率尊無越。右徹俎宣和之曲，無舞。

有嚴學宮，四方來崇。恪恭祀事，威儀雍容。歆兹惟馨，神馭還復。明禋斯畢，咸膺百福。右送神祥和之曲，無舞。

按，送神之後，有望瘞曲，與送神同，無舞。

祝文

惟先師德隆千聖，道冠百王，揭日月以常行，自生民所未有。屬文教昌明之會，正禮和樂節之時。辟雍鐘鼓，咸恪薦於馨香；泮水膠庠，益致嚴於籩豆。兹當仲春（秋），祗率彝章，肅展微忱，聿將祀典以復聖顏子、宗聖曾子、述聖子思子、亞聖孟子，配尚饗。

崇聖祠，雍正二年，奉旨加封先師五代祖，俱王爵。肇聖王木金父公。裕聖王祈父公。貽聖王防叔公。昌聖王伯夏公。啓聖王叔梁公，禮與大成殿同祭於每歲二仲月上丁日。

祝文

惟王奕葉鐘祥，先開聖緒，盛德之後，積久彌昌。凡聲教所覃敷，率循源而溯本，宜肅明禋之典，用伸守土之忱。兹届仲春（秋），聿修祀事，配以先賢顏氏、先賢曾氏、先賢孔氏、先賢孟氏，尚饗。

先儒蔡氏。先儒朱氏諱松。先儒程氏諱珦。先儒張氏諱迪。先儒周氏諱輔成，以上五座從祀崇聖祠。

名宦 祠祀。

金：馬克禮。

元：張欽祖。

明：連勝。楊魁。高思敬。樊自新。李朝綱。李繼元。張正儒。萬象新。

國朝：李順昌。

鄉賢 祠祀。

明：傅復。王佐。王雲鳳。陳桂。王侃。周文。彭德潤。周朝著。樂濟衆。

武廟 邑帝廟鄉城最多，未及盡載。南關帝廟為有司行香拜禮地，特紀之，昭重典也。

武廟，歲以春秋仲月，奉部文頒期，及五月十三日誕辰致祭，俱用太牢。前於順治九年勒封忠義神武關聖大帝。乾隆三十三年欽奉上諭，加封忠義神武靈佑關聖大帝。

部頒祝文

維帝浩氣凌霄，丹心貫日，扶正統而彰信義，威鎮九州；完大節以篤忠貞，名高三國。神明如在，徧祠宗於寰區；靈應丕昭，薦馨香於歷代。屢徵異蹟，顯佑群生，躬值嘉辰，遵行祀典，筵陳籩豆，几奠牲醪，尚饗。

關帝三代祠在武廟左。

雍正元年追封：曾祖光昭公。祖裕昌公。考成忠公歲以春秋仲月五月十三日致祭。

祝文

維公世澤貽庥，靈源積慶。德能昌後，篤生神武之英；善則歸親，宜享尊崇之報。列上公之封爵，錫命優隆，合三世以肇禋。典章明備，恭逢諏吉，祇事薦馨，尚饗。

壇壝[1]

社稷壇在城北郊。

祝文

惟神奠安九土，粒食萬邦。分五色以表封圻，育三農而蕃稼穡。恭承守土，肅展明禋。時屆仲春（秋），敬修祀典，庶芃芃松柏，鞏磐石於無疆，翼翼黍苗，佐神倉於不匱。尚饗。

風、雲、雷、雨、山川、城隍壇在縣南一里許，歲以春秋仲月上戊日祭。

祝文

惟神襄贊天澤，福佑蒼黎。佐靈化以流行，生成永賴；乘氣機而鼓盪，溫肅攸宜。磅礴高深，長保安貞之吉；憑依鞏固，寔資捍禦之功。幸民俗之殷盈，仰神明之庇護。恭修歲事，正值良辰，敬潔籩豆，祇陳牲幣。尚饗。

先農壇在縣東一里許，雍正五年立。壇前置籍田五畝。歲三月亥日，率屬員、耆老、農夫致祭，行九推禮。乾隆三十二年，知縣黃玉衡重修。

祝文

惟神肇興稼穡，粒我烝民，頌思文之德，克配彼天；念率育之功，陳常時夏。茲當東作，咸服先疇。洪惟九五之尊，遂舉三推之典，恭膺守土，敢忘勞民。謹奉彝章，聿修祀事。惟願五風十雨，嘉祥恒沐於神庥；庶幾九穗雙岐，上瑞頻書於太有。尚饗。

厲壇在縣西半里許，歲以清明節、七月望日、十月朔日祀之。

八蜡廟在縣東里許，歲以春秋上戊日祭。

城隍廟在縣治南，歲八月十二日闔邑致祭。康熙十二年，知縣鄧憲璋重修。雍正九年，知縣鄭國選重修。

土地祠在儀門外，春秋仲月戊日祭。

文昌祠有三：一在城東南角，一在東關，一在縣東南文峯前。

魁星樓在文廟東城上。乾隆二十二年，移奉城東南巽地。

祠宇[2]

忠義孝弟祠在明倫堂右祀：

明：忠臣王佐。孝子蔡翔。忠臣王雲鳳。孝子趙鯨。孝子劉春和。孝子常懷仁。義民徐煥。忠臣藥濟衆。

王公祠在中和街，自明及今，春秋致祭。

節烈祠在縣治東南隅祀：

明：李氏。馬氏。藥氏。李氏。王氏。

國朝：周氏王泉妻。

寺觀

火帝廟在北城上，白露節闔邑致祭。藥王廟有二：一在雲龍山，祀孫真人；一在西關，祀華先師。東嶽廟在小東關，祀天齊仁聖大帝。泰山廟在縣東關，歲四月十八日闔邑恭祀泰山聖母。懿濟聖母廟在縣東三十里合山村。顯澤侯廟有二：一在合山村，一在縣東關。子孫聖母廟在城隍廟東。后土神祠有二：一在縣北三十里李陽鎮，一在上豊村。準提庵在縣前遵化街。瑞雲觀在爨村高崗上，下俯漳河，南山屏列，傳為秦、漢古剎，祀玉皇大帝。三聖庵在縣東郭外。大龍神廟在雲龍山。白龍廟在南關。五龍廟在北關。龍泉寺有二：一在西關，一在黃嶺村，坐下有溫泉，隆冬不凍。興國寺在遵化街，習儀拜牌之所。麻衣寺在縣北山。青崗寺在扒頭村。洞仙寺。聖壽寺有二：一在寺頭村，一在上豊村。天池寺在窑堤村西。寺南石峽內有古桃一本，春月花放葉生，至冬月花開落葉始凋。南城寺。海眼寺在圈馬平村。懸空寺在縣東四十里，懸崖千仞，寺建山椒。金廂寺。香巖寺。洪福寺在溫源村。龍附寺在雲龍山，廢。石佛寺。聖泉寺。興福寺。壽聖寺有二：一在横嶺，一在南安義村。福興寺。千佛寺在縣西山。禪堂寺在紫羅村。重興寺在高邱村。聖佛寺。天聖寺。龍劍寺。胡蓁寺。天宮寺在天軍村。興隆寺。永祥寺。張公仙侶祠。呂天仙祠在科舉村。榮華寺在喂馬村。晉溪廟在下黃岩村，坐下有溫泉。

《周禮》："春官掌五禮，其别三十有六，而吉禮之别十有二"，是祀典之詳，於周為盛。司馬彪《續後漢書》，因舉中興以來所修用者以為祭祀志。歷代史家大槩附祭祀於《禮志》，雖一郡一縣，莫不皆然。盖祀典首重文廟，其禮樂祭器一一筆之於志，重典守也。其從祀先賢、先儒姓名，天下郡縣皆同，兹不煩述。次志名宦、鄉賢諸祠，按其世次，詳其姓名，昭功德也。次志武廟，崇其加封，隆其典祀，昭靈爽也。次志社稷、厲壇、蜡廟，時其歲享，述邦典也。又次志古來之先聖、仁賢，以及忠孝、節烈有專祠於兹土者，悉為紀其本末，發其幽潛，明血食之不可沒也。若夫梵宫琳觀，不列祀典中。然玩《楞嚴五會彌陀》一卷，無非勸人為善至意，自漢及今不廢。是在司牧者，鼓其向善之機，禁其崇尚之俗，庶大有關於世教也已。

【校勘記】

［1］原文無此目，然考此志目錄，本卷"武廟"目後、"祠宇"目前，應為"壇壝"目，故補之。

［2］原文無此目，然考此志目錄，本卷"壇壝"目後、"寺觀"目前，應為"祠宇"目，故補之。

重修和順縣志卷之三終

重修和順縣志卷之四

田賦志

巉岩亦稱王土，僻壤俱有貢賦。如和邑地居行巔，非崗阜丘陵之聳立，即高岸深谷之連綿，指數田疇寥寥無幾，間有黃壤，亦沙填石，确非膏腴者比。況氣候早寒，積水待融於盛夏，烈霜早墜於初秋。二麥不登，五果弗成，莜麥、寒麻、苦莜而外，更無嘉種。小民終歲勤動，得遇豐年，畝收數斗，所以隣邑胥薄。糟糠斯土，競取豆葉。田家慰勞，指虀菜為蓄儲；卒歲謀衣，僅抱麻以易布。幸世躋雍熙，人懷尊親，以賦稅為先務；殫盡拮据，罔敢負歉。惟期司牧君子寓撫字於催科耳。志田賦。

按《禹貢》："田列上中下，而賦因之。"至唐分租庸調三等，而丁戶亦差焉。蓋有田則有里，有里則有戶，定制也。閱和邑舊志，所載丁粮額數，半係前明之舊。今悉從新訂，凡民地粮數，以乾隆三十二年奏銷冊報為準；丁徭數以乾隆三十一年編審為限；仍摘採現行賦役。全書所載各色粮銀總目，編列於前，一則以存原額，一則以校實徵。至鹽政、驛站、里甲、村疃、物產，皆田賦之餘，及所從出者，因並附之。

地畝

原額：麻、平、沙、坡、薄五等更名，共地五千三百二十八頃三十七畝三分，共徵秋、夏粮九千二百七十四石二斗五合三勺，俱係折色，坐價不等，並絲絹馬草，共泒銀七千四百四十五兩二錢七分四厘二毫六忽三微。地畝九厘，銀二千三百一十六兩五分三厘。驛站銀七百五十六兩一錢四分五厘一毫。通共銀一萬五百十七兩四錢七分二厘三毫六忽三微。

順治十四年二月，山西巡撫白具題，部覆奉旨，蠲免有主傷亡荒地一千五百三十六頃六十五畝二分四厘，共粮二千三百八石二斗七升四合八抄，共銀二千六百一十八兩六錢二分九厘七毫二忽八微。

順治十四年九月，山西巡撫白具題，部覆奉旨，蠲免續荒河塌水占荒地八百三十九頃九十六畝七分七厘六毫，該粮一千五百一十九石一斗五升三合二勺六抄，連地畝九厘，共銀一千七百二十三兩三錢九分五厘六毫九絲七忽二微。

實在熟地二千九百五十一頃七十五畝二分八厘四毫，徵粮五千四百四十六石七斗七升七合九勺六抄，連地畝九厘，徵銀、站銀，共銀六千一百七十八兩四錢四分六厘九毫六忽三微。

一更名田，折徵銀四十八兩五錢二分五厘。

一明神宗年間加增絲絹銀六錢五分。

一順治十四年起至十八年止，共開墾過民田荒地三百二十六頃九十二畝二分九厘八毫，共折徵銀五百二十二兩九錢七分三厘七毫七忽一微六纖。

一康熙二、三兩年，共開墾過民田荒地一百四十頃四十二畝四分，共折徵銀一百八十五兩九錢九分八厘九毫三絲四忽六微二沙八塵。

一康熙十六年，清出隱漏、額內有主傷亡、新荒民田，共地二百一十六頃八十二畝九分，共折徵銀三百四十四兩七錢六分四毫六絲九忽五微八纖五沙一塵一渺八埃八漠。

一雍正六年，民人首懇額內麻、平、坡、沙、薄各色共地三百九頃三十九畝九分八厘，各徵不等，連地畝九厘，共折徵銀五百五兩六分三毫五絲八忽六微六纖五沙二塵四渺六埃九漠。

屯田 學田附

舊志鄧公叙云：“屯田有二，有王屯，有軍屯。王屯始於封建，軍屯肇於衛所。”和邑僻處萬山彈丸之地也，明初藩封之所不及，營伍之所未立，是以無屯焉。迨其後也，有慶成府分封於晉，而和有王屯之名。及國朝定鼎以來，將王屯編入民地，奉文改曰更名地，一例徵粮，而屯田無容再志。但有學田數圻，所出租課為文宗教、養學校之資，為數無幾，且属坡、薄，若不紀諸志，恐後來湮沒荆棘間也。

計：

學田五十四畝，坐落平地川。

每畝租谷一升四合零。

共租六斗六升三合零。

雲嶺山一座，徵租銀五錢。

按，和邑隸萬山中，山居其七，溝水居二，田僅一分。在麓者慮大雨漂沒，傍河灣者慮横漳衝塌。每奉皇恩豁免，俱山荒水冲，歷考舊志，往往如是。所賴司民牧者，軫念其苦，時加體恤，勿致逋欠之戶多於良民焉，可也。

戶口

一三門九則，共差五千九百四十一丁，各徵不等，共徵徭銀并辦。買顏料銀二千九十四兩四分八厘。

一順治十二年，清出土著新編差二百二十八丁，俱下下，共徵銀七十三兩五錢五分三毫。

一順治十四年，清出紳衿優免供丁三百七十四丁，各徵不等，共徵徭銀一百七十四兩九錢一分二厘。

以上實行差共六千五百四十三丁，各徵不等，共徵徭銀並辦買顏料銀二千三百四十二兩五錢一分三厘。

康熙五十二年，戶部為欽奉上諭事，會議得直隸各省四十五年編審冊，舊管人丁共二千四百九十八萬五千四十丁，應徵銀三百二十九萬五千一百六兩零，米豆二萬三千七百六十六石零。今河南、山東、山西、浙江、江西、廣西、貴州、雲南等省五十年編審，除抵補開除外，增丁七萬三千六百四丁，應增銀五千五百七十五兩零，粮豆户口八百六十七石零。今該撫等已經造入徵課冊內，具題。應行令各該督撫等將所題過五十年新舊丁數，永為定額，徵收錢粮。嗣後所生人丁，免其加徵。直隸、江南、陝西、湖廣、福建、廣東、四川等省，五十年編審尚未具題，應行該督撫作速確查明白。具題之日，亦照河南、山東等省五十年編審數目，永為定額，嗣後所生人丁，免其加徵。應行文直隸等省督撫，將皇上愛恤黎元，不行加增錢粮之聖諭，通行曉諭，交與各府州縣官。今除五十年編審交納錢粮人等，外將不納錢粮滋生人丁實數，再行挨戶逐一查明，另造清冊。該督撫出具保結，於今年十月內奏聞。嗣後遇編審之年，將滋生人丁數目仍陸續增入五十年編審冊內，具題如額定徵收錢粮丁數。若虧缺，即將各所屬鄉圖之內所增人丁補足。如該督撫各官將滋生人實數隱匿不報，或於定額之外新增人丁、私派錢粮等弊，該督撫即行嚴查題參。如該督撫仍庇不行查參，或被科道查參，或被旁人首告，將該府州縣各官併該督撫等，一併交與該部，從重議處可也。

康熙五十二年，欽奉聖祖仁皇帝六旬萬壽恩詔，內開：

一海宇承平已久，戶口日繁，地畝並未加廣，宜施寬大之恩，共享恬熙之福。嗣後，直隸及各省地方官，遇編審之期，察出增益人丁，止將實數另造清冊奏聞。其徵收錢粮，但據康熙五十年丁冊，定為常額，續生人丁，永不加賦。仍不許有司於造冊之時，籍端需索用，負朕休養生息之恩[1]。

一乾隆十年，詳奉題允，丁徭攤入地粮徵收，每地粮銀一兩，攤徵銀九分二厘三毫，共攤銀八百二十二兩一錢一分三厘，仍隨丁辦納銀一千五百二十兩四錢。

一乾隆三年，奉文於仰請酌改匠價之輸征，以除積累事。案內，額外匠價銀二十兩二錢五分，攤入地粮內征收。

一酒課銀三兩八錢。

一商稅銀一十一兩六錢九厘。

以上通共地丁兩項，共徵銀一萬一千二百八十三兩一錢一分三厘。

起運

一戶部項下解布政司、省營兵餉銀一千二百八十九兩二錢八厘。

一戶部地丁銀八千四十七兩九錢九分九厘。

一驛站抵解正項銀七百五十六兩一錢四分五厘。

一農桑銀二兩六錢一分五厘。

一絲價并脚價，共銀九兩九錢六分五厘。

一徑解本州，轉詳戶部顏料、錫筋并黃蠟折價，共銀一十兩一錢五分七厘。

一酒課銀三兩八錢。

一匠價銀二十兩二錢五分。

一商稅銀一十一兩六錢九厘，遇閏加增銀九錢六分七厘四毫三絲。

以上共解起運銀一萬一百五十四兩七錢四分八厘。

一額外解部：

溢額銀一錢七分三厘。畜稅銀三兩五錢一分三厘。牙稅銀一十三兩八錢。鹽牙稅銀六錢五分。當稅銀一百五十五兩。

存留

一存留官俸、雜支、祭祀等銀一千一百二十八兩三錢六分五厘。內：知縣，俸銀四十五兩。門子二名，工食銀十二兩。快手八名，工食銀四十八兩。民壯十六名，工食銀一百一十五兩二錢。皂隸十六名，工食銀八十四兩。仵作二名，工食銀十二兩。捕役六名，工食銀三十六兩。斗級四名，工食銀二十四兩。庫子四名，工食銀二十四兩。轎夫四名，工食銀二十四兩。傘扇夫三名，工食銀十八兩。禁卒八名，工食銀四十八兩。更夫五名，工食銀三十兩。典史，俸銀三十一兩五錢一分。門子一名，工食銀六兩。馬夫一名，工食銀六兩。補皂四名，工食銀二十四兩。八賦嶺巡檢，俸銀三十一兩五錢二分。巡皂二名，工食銀十二兩。弓兵十名，工食銀六十兩。舖兵三十三名，工食銀一百三十二兩。儒學，俸銀四十兩。廩生二十名，餼銀六十四兩。膳夫銀十三兩三錢三分三厘。齋夫三名，工食銀十八兩。門斗三名，工食銀十八兩。文廟春秋祭祀銀四十兩。啓聖、名宦、鄉賢祠祭祀銀十兩一錢八分。風雲、雷雨、山川、社稷、八蜡等壇祭祀銀二十四兩。關帝廟三代祭品銀二十兩八錢三分。厲壇祭祀銀十二兩。雩祀祭品銀三兩。朔望行香銀五兩六錢。迎春春牛銀五錢。起送赴考貢生銀六兩。鄉飲酒禮銀十五兩。舉人、進士旗匾銀五兩三錢五分。舉人會試盤費銀五兩五錢。孤貧冬衣花布銀二兩八錢三分二厘。

一雍正三年，欽奉恩詔，額徵加一三耗羨銀一千四百六十二兩一錢六分九厘。內留支：

知縣養廉銀八百兩。繁費銀一百五十兩。典史養廉銀六十兩。巡檢養廉銀六十兩。傾寶腳價銀十一兩一錢六分。扣解本州夏、冬兩下半季養廉銀三百七十五兩，本年奉文改解司庫，共解布政司耗羨銀三百八十一兩九厘。

鹽政

查和邑分食徐溝縣土鹽，每年原領額引三百七十一道，共徵稅銀一百四十八兩八錢八分零。從前民銷、商銷設法不一。至康熙四十八年，商人董福物故，合縣公呈請照平定、樂平之式，民運民銷。仰荷上憲恩准。數十年，人人樂易，戶戶安寧；上不負課，下不受害。至雍正三年，陳可大僉緣頂商，增長價值，商利，民受其害。可大年老告退，隨有郝文鳳於雍正八年充頂本少，不孚民用。至乾隆四年，文鳳具呈，呈稱“賠累難支，情愿告退”。闔邑士民彭雯等具呈：“籲懇情愿照康熙四十八年平、樂之式，民運民銷，上不負課，下便民食。況邑僅五里，儀城、德興二里自古及今並無商人，皆係按戶出稅，自行買鹽，一縣之中應無兩岐。蒙前令陳良玿據情詳請各憲，蒙本州批，鹽觔關係民食，誠非淺細，總須上不負課，下不病民，方無貽悞。今據詳稱，紳庶等情愿包引輸稅。是否有例可循，而二分二厘五毫有無虧課、盈餘之處，仰再查明。”另詳報奪，仍候各憲批示行繳。蒙鹽道批：“鹽政首務全在裕課便民。該縣既稱商運與民不便，商請告退，民照平、樂之例，按戶納稅，食鹽聽民自便。上不虧課，下便民食，自應俯順輿情。但此案現奉院憲批飭，查議仍候詳覆，批允之日，另繳飭遵。可也。”蒙按察司批，據詳已悉，仰候撫都鹽院批示繳。蒙布政司批，仰候撫憲暨鹽院批示繳。蒙撫都院批，仰布政司會同運司查議詳奪，併候鹽院批示，録報繳。蒙鹽院批，如詳轉飭該縣遵照繳。各批仰到縣，遵照在案，覆詳各憲。和邑每年額解鹽課銀，原額併增加，共銀一百五十二兩六錢零。和邑牌甲，雖節年參差，約計有三千二百八十餘戶，每戶每季徵銀一分五厘，各項便已足用。伏蒙各憲批准，如詳勒石，以垂永久。乾隆三十一年，又蒙各憲行文，着照代州等處之例，鹽課攤入地丁項下，統徵分解。知縣黃玉衡詳稱，前任陳令於乾隆五年，公同紳民等籌立章程，民運民銷，通詳各憲批允，遵行在案，迄今二十餘載，紳民無不樂從。且查和邑食鹽而無丁粮者，十居四五，惟鹽課則按戶均攤。若照代州等處之例，攤入地丁項下，則粮愈重而畸居，戶口食鹽不納稅，固所樂從。而有限之粮，民忽代衆戶加課，輿情似未愜協，應請仍循其舊，實為公便。蒙各憲批允如詳，照舊辦理在案。

驛站

按，和邑舊協濟樂平縣栢井驛驛馬二十一匹。順治十八年二月內，奉旨議定，正協站銀七百五十六兩，解交藩司以抵正項，免其協濟馬匹。緣國朝定鼎之初，差使浩繁，暫協樂平縣栢井驛驛馬二十一匹。查樂平縣距栢井驛七十里，和順距樂平縣九十里，距栢井驛一百六十里，相沿日久，喂養為難，以致縊死巡檢李棟，苦死里民武應文等，受累不堪。順治十八年七月內，前任知縣李順昌為請廣直言事一案，通詳各憲。蒙驛道李督撫白，彙題在案。隨蒙兵部具覆："晉撫白題前事，稱疏內一欵，和順縣協濟栢井驛馬匹，該撫既稱路遠，喂養難以稽查，相應如議，免其協馬。行令和順縣照依原額，協濟站銀七百五十六兩給栢井驛應差。可也。"奉旨依議，欽遵在案。嗣後，李令將從前應差馬匹申文，請示變價。蒙驛道范牌示："協濟馬匹在歷年站銀內通融買補，自應留驛應差，何得請示變價。"至是，驛馬之根苗未除，索帮之百弊叢生。一順治十八年八月內，知縣李順昌復申詳前事，內稱："卑職遵照原文，隨差人送交站銀。今閱半月，相距百里，銀尚未收，差羈未歸，詢其緣由，要求外帮，為此具文申詳。"蒙太原府調集二令牌，提栢井驛驛丞楊子茂面議。議得和順縣前所交原走馬匹，不論肥瘦老弱，交與驛丞楊子茂銀二百五十兩，以為買補馬匹之資。以後站銀按季解交，以十月初一日為始，接管取有。驛丞楊子茂關防領收管馬冊，回呈在卷。嗣後，買馬、站銀、通融，與和順無干。至於站銀，按季解給，以便喂養。蒙太原府轉詳本部院，行繳在案。繼因康熙三年，驛丞茍毓民又以驛遞衝繁，額外索帮，申告不已，事詳請經。康熙六年內，前任知縣周于文為復行，詳明請廣直言事一案。議令驛丞行差，幸奉院道立有底案，至今七載，歷縣三令，感恩兩便。詎驛丞荀毓民稱“驛遞衝繁”，於站銀七百五十六兩零之外，另行索帮。前既蒙各憲臺會議，又外帮銀一百五十兩，以為買補驛馬之資。惟恐驛丞援為定例，後有需索，因並議後不為例，批允在案。今又於驛官、額馬缺半，縣廠代累難堪，仰祈憲奪，以重皇華事。詳內批示：“驛馬倒斃，和順驗皮買補。竊念前年，外帮驛丞尚未開銷，今又驗皮買補，既協站銀，又協馬匹，苦累難堪。據各憲臺議，再帮銀四十兩，以為買補倒斃驛馬之費，隨將緣由申詳。蒙總督部院盧批，協銀既經題定，何得復索帮貼。此詳不准。”以上三次議帮，皆因驛馬未經變價，留驛應差之故。至康熙七年六月初二日，蒙本州為遵諭，陳言事內，牌行該縣，額徵站銀，火速起解，藩司以抵正項等因到縣。蒙此遵照憲行，查於未奉文之先，先將正、二、三、四、五月站銀三百一十兩八錢，除小建不支外，按月解給樂平縣縣丞荀毓民支用，取有領狀在案。其未領站銀四百四十八兩三錢四分五厘一毫，遵照憲牌，事理於地丁錢粮內，解付布政司，交納完訖。不料，康熙八年二月內，栢井驛驛丞荀毓民又以申討買補倒斃馬匹銀四十兩，具文前來。據此，該知縣鄧憲璋仍照前案，通詳各憲。蒙布政司達批據詳，額外私帮，殊属違例。巡撫阿批：“驛馬倒斃，自有買補之例，其帮買銀兩，未經奉旨，不便私帮。”仰道飭，行繳在案。詎協馬之害方除，而協車之累又至。康熙十六年內，樂平又以泣陳車輛偏苦等詞，具呈各憲。縣令鄧憲璋詳稱：“順治十八年，協馬以前原有，凡遇車輛經過，至百輛以上者，和邑暫協三分之一。所以，十一月內，漢中駐防回京，家口栢井，扳害協騾，晝夜馳行三百餘里，人畜苦累不堪。樂人反暗具和顺失悮，結狀致令。和民赶赴慶都，清算明白，委無失悮情由，方得抽回結狀。今又逞扳害故智，以不論車輛多寡，應和順逐起協濟聳控。竊思車輛供應，原在驛遞之內，未聞在驛遞之外另設車輛，以供應差使。前和所議協車輛者，以有協樂平之馬而然也。順治十八年三月內，督撫白具題，部覆協銀不協馬，久奉諭旨，欽遵在案。康熙七年六月內，於遵諭陳言，案內奉旨，凡驛遞工料着有驛遞地方，於正項錢粮支領，該縣額設協站銀兩，火速照數起解藩司，以抵正項，是樂平之驛，樂平全供之。”和人既不協馬，又焉有協車之累？况過往車輛自有應給腳價銀兩，為此備陳。蒙巡撫十批，粮屯驛傳道張檢閱節年卷案，逐一詳查。和順相離栢井遙遠，兼係山路，車差一到，勢難刻緩，欲求無悮，應付難矣。又查康熙六年十月內，樂平士民趙桂等，又將實陳疾苦等事，呈禀太原府。查議得和順舊有協濟樂平縣栢井驛站銀，協銀則不協差，此晉省通例也。盖因康熙元年定議，凡有非常之差，用車百輛以外者，和順協三分之一，奉各憲批允在案。則所定協車，非為陸續小差而言也。以此窺之，則和順止協銀，並無協車之例，私派屢奉嚴禁，功令煌煌，孰敢不遵？而承議者，亦斷不敢蹈違禁之愆。總之，當今司驛之官，固属難其妄扳之端，亦不便冒為援議。今該府所議，車至五十輛者，和順協三分之一，乃遵未裁；協銀以前之議，應不便准從者也。合無呈請憲臺批飭：“樂平縣加意料理驛務，不得借口貽悮，可也。”蒙批如詳，嚴飭行繳，帖文到縣，遵照在案。似此次第除革，和人差可休息。誠恐日後案牘散佚，又起風波，故詳敘其顛末，云至原稿案，詳載碑記。

附巡撫白彙提請廣直言疏

順治十有七年冬，聖天子有請廣直言之旨，凡內外大小臣工咸抒懷來，以仰答若渴之求。該和順縣知縣李順昌，首以協馬之苦，申各上臺，請改協銀，千言洒赤，謬邀許可，於順治十八年春，山西巡院白彙題為請廣直言事：“據布政司呈詳，該臣看得興利除害，誠為裕國便民之首務。自當悉心籌畫，必使興革得宜，庶與地方有裨也。臣撫晉以來，凡有利弊所關，無事不與分土各官講求力行，以不負任使之意。故年來晉地頗稱小康，兵民亦皆安堵。玆覩科臣請廣直言一疏，臣即遵照部文，檄行藩臬、二司，會通各道，廣採州縣就彼見聞所及，酌其可行，而有關於國計民生者，方敢據以入告。如陽和一城，向為巨鎮，自督鎮道奉裁重兵，復掣僅以一守備領二百兵坐鎮，單弱已甚。新平參將領兵四百，反處閒僻。今議官兵照額更調，緩急得宜。又馬邑縣居三邑之中，頗稱安靖，設守備一員，兵二百七十五名。朔州極邊地方，止一外委操守兵百名，非所以資彈壓也。今議官兵照額更調，冲僻適宜，一轉移之間，地方有賴矣。若夫天陽二衛屯粮，銀兩共計一萬七千有奇。因同知裁并，委之衛弁，致多逋欠。今議，中路通判移駐陽和，稽屯清餉，無增官設役之擾，政事又易舉行矣。至於和順縣，距栢井驛往返三百餘里，所協馬二十一匹，喂養稽查遠不能及，而馬夫作奸倒斃時聞。今議以每年原額站銀七百五十六兩，解協該驛，既遵官養之令，亦無鞭長不及之虞矣。以上各欵，總因晉、雲官兵裁減甚多，冲僻緩急，固須一番調劑。而徵屯重務，協馬苦情，更宜稍為便通。此誠參酌於地方利病，而有關於國計民生者也。既經各司、道、府確議，臣覆核無異，相應具題，伏乞勅部議覆施行。”奉旨該部議奏，該兵部覆題，為請廣直言事：“職方、車駕、司案呈晉撫白如梅題，前事奉旨，該部議奏，欽此。除通判一欵，該吏部議覆外，該臣等議得宣大承平，內地官兵經制久定，頻事更張，徒滋煩擾，相應照舊。又據疏稱，和順縣協栢井驛馬二十一匹，喂養稽查遠不能及。議以每年原額站銀七百五十六兩，解協該驛等因。查和順協濟栢井馬匹，該撫疏稱路遠，喂養難以稽察，相應如議，免其協馬。行令和順縣照依原額協濟站銀，解給栢井驛應差。可也。”奉旨依議，部文遞行到縣，在順治十八年閏七月二十二日也。闔縣士民手額歡呼，遍山谷矣。

陞山東兖州府濟寧州知州、前遼州和順縣知縣，新安李順昌謹識。

里甲 舊二十二里，明神宗四十四年，併為五里。

在城里。南廂里。仁壽里。西峪里。高邱里。玉女里。喬庄里。白泉里。古城里。溫源里。石城里。上豊里。鳳臺里。九京里。忠信里。馬陵里。德寧里。永興里。儀城里。金廂里。獨堆里。西陽里以上舊編。在城里。仁高里。儀城里。德興里。南玉里今編。

謹按《周禮》，大司寇掌萬民之數，歲書國籍，登諸王朝，重所天也。至若潤下作鹹，疇敘《洪範》，折梅逢驛，寄與隴頭。凡居四民之中，秉五行之秀者，何者非國家所養且教之人與？和邑舊列戶甲二十二里，今併為五里，民數不及大邑之二三，而鹽政之所食息，站驛之所供賦，亦不減於他邑。用是志之於乘，以備考云。

村疃

東鄉四十九。蔡家庄距城五里。邢村距城八里。白泉村距城十二里。平松村距城二十里。玉女村距城二十二里。前後祁里距城二十五里。山泉村距城二十五里。新村距城二十八里。小南會距城三十里。松煙鎮距城四十里。煖窑村距城四十五里。灰調曲距城四十八里。轆轤村距城五十五里。馬嶺曲距城五十里。許村距城五十五里。喬庄距城六十里。銀子溝距城七十里。雷庄距城五十里。趙家溝距城五十五里。官家峪距城六十里。圈馬平距城五十八里。范庄距城六十里。青家寨距城五十八里。董平溝距城六十五里。大窑底距城六十里。當城村距城六十里。西河峪距城二十五里。合山村距城三十二里。寺庄頭距城三十八里。虎峪村距城五十五里。土嶺村距城六十里。王卞村距城六十里。石叠村距城六十里。石馱平距城六十八里。白背村距城七十里。青城村距城八十里舊名傾城，縣令張公改為青。新庄子距城九十里。皂突峪距城六十八里。柳科村距城六十里。石家庄距城六十五里。水深村距城七十里。東堖村距城八里。樗樹煙距城十五里。先生堂距城二十里。瓦房子距城二十五里。腰庄子距城三十五里。平地川距城三十里。孫家嶺距城二十五里。河會村距城三十里。南鄉二十三。南園子距城二里。任家窑距城二里。爨村距城三里。白珍村距城五里。會裡村距城五里。南窑村距城八里。南峪村距城十里。西仁村距城十五里。東仁村距城十二里。青背村距城十里。寺圪套距城八里。北安義距城二十里舊志"義"訛"驛"，今改正。南安義距城二十五里。河緒村距城三十里。東喂馬距城二十里。西喂馬距城二十五里。上元村距城二十二里。弓家溝距城三十里。窑堤村距城三十五里。大佛投距城四十里。儀嶺村距城四十二里。寺溝村距城三十五里。遠福村距城三十八里。西鄉一百零六。扒頭村距城八里。儀村距城十五里。青楊樹村距城十八里。南溝距城二十里。團壁村距城二十里。南坡庄距城二十里。馮家庄距城二十五里。李家掌距城三十里。郜家庄距城三十里。裴家峪距城三十五里。水泉村距城四十里。井子村距城三十里。石版房距城三十二里。下虎峪村距城三十里。上虎峪村距城三十五里。管頭村距城四十里。楊家峪距城四十二里。桑家峪距城四十五里。甘草平距城四十八里。九京村距城八里。梳頭村距城十里。石門溝距城十二里。下庄距城十五里。科舉村距城十五里。土地平距城十八里。紫蘿村距城二十里。曲里村距城二十五里。白雲村距城三十里。磚窑村距城三十里。新庄距城三十五里。程家庄距城五十五里。鉄橋村距城五十八里。京上村距城六十里。寺頭村距城六十八里。樂毅村距城六十八里。飲馬村距城七十里。小南溝距城七十里。小張庄距城七十二里。獨堆村距城八十二里。馬坊鎮距城九十里。桑榆溝距城一百里。潤郊鎮距城一百二十里。南君城距城九十八里。北君城距城九十八里。南北天均距城一百里。西石勒村距城一百一十里。土門村距城一百一十里。樹石里距城一百一十五里。懸窑村距城一百二十里。白木寨距城一百二十里。木瓜村距城一百二十里。上庄距城四十里。上楊村距城五十里。牛家溝距城四十五里。田家溝距城四十五里。內陽村距城五十五里。胡松溝距城六十里。榆樹平距城六十五里。白官村距城六十五里。楊照掌距城七十里。龍王村距城七十里。油房村距城九十里。翟家庄距城九十五里。上北舍村距城九十五里。儀城鎮距城一百里。官庄距城一百五里。焦紅色距城一百二十里。水澤村距城一百三十里。石岩村距城一百三十里。交口村距城一百三十里。全灘村距城一百三十里。道陸村距城一百三十里。龍門村距城一百三十五里。寒湖村距城六十里。西溝村距城六十五里。張健村距城六十八里。沙峪村距城七十二里。張科村距城八十里。楊社村距城八十二里。下白岩距城九十里。上白岩距城九十二里。廣屋村距城九十五里。横嶺村距城八十八里。刁岔村距城九十五里。蚕里村距城九十五里。璧子村距城一百里。拐子村距城八十八里。西陽村距城九十五里。小上庄距城九十八里。趙村距城一百里。麻地灣村距城一百一十里。白家庄距城一百十五里。鞏家庄距城一百十五里。馬隆村距城一百二十里。姚家庄距城一百二十里。雙峯村距城一百二十里。郜村距城一百二十里。城南村距城一百二十五里。灰河溝距城一百二十八里。曲裡村距城一百三十里。堡下村距城一百三十里。東溝里村距城一百三十里。溫泉村距城一百三十里。郭家社距城一百二十里。牛槽溝村距城一百三十里。金箱寺溝距城一百三十里。北鄉二十七。堯村距城二里。河北村距城一里。劉家窑距城三里。東窑溝距城三里。後峪村距城十里。溫源村距城十三里。泊裡村距城十五里。

物產[2]

藥屬[3]

蒼术。益母草。金絲草。王不留行。自然銅。無名異。金櫻子。何首烏。

木属

松。椵。槐。柳。楊。榆。楸。椿。樺。赤木。

果属

杏。榛。核桃。樱桃。

禽属

鵲。鷄。鴛鴦。鴟。瓦雀。黄雀。倉庚。戴勝。燕。鶻。鳩。鴿。雉。憨鷄。鵪鶉。子規。

獸属

牛。馬。騾。驢。猪。羊。犬。兔。麅。獐。獾。虎。豹。狼。狐。鼠。

虫属

蚯蚓。螳螂。寒蟬。蛩。

薪属

煤。炭。柴。

王者度地居民，無非欲胥一鄉同井共田之民，而休養生息之也。獨是平原之野，物阜財豐，村舍連結，非聚萬戶，即羅千室。和邑則都邑未滿千家，鄉鄙鮮有百戶，村疃雖多，居民實少。且其地所產者，不過蔬菜、麻穀、菽粟日用尋常之物。總緣在山之田無幾，耦耕之家自寡。司牧者，當何如其保聚也？

【校勘記】

［1］“負”原作“副”，今改。

［2］按，原文無此目，然考此志目錄，本卷“村疃”目後，應為“物產”目，故補之。

［3］按，原文無此目，今據體例補之。

重修和順縣志卷之四終

重修和順縣志卷之五

官師志　官績附

蓋聞宦其地而著其名，則名者實之賓也。按，和邑兩漢以下迄於宋、元，千餘年德政文教傳者，金、元僅馬公克禮、張公欽祖二人。其湮沒弗彰者，曷可勝道？迨明及我朝四百年來，賢守令循良之最，名師儒雅化之成，載入名宦者，李君繼元等十人，流芳口碑者，劉君湛然等數十人，紀載十倍往古。非略前詳後，良以世代較近，聞見堪徵，是宜筆諸邑乘，以流馨奕禩。彼視當官為遽廬一宿者，可知所最矣。志官師。

知縣

金：馬克禮中都人，大定年任德政，載藝文碑記。相傳伏波將軍馬援後裔，入名宦。

元：張欽祖保定人，至正十三年任鼎新學校，譽重當時，入名宦。

明：張克讓洪武十三年任。賈忠洪武十七年任。葛敷河南人，由進士，洪武末年任。王孚興化人，由舉人，永樂年初任。徐彥輝直隸人，由進士，永樂年任。宋傑陝西人，由進士永樂年任。王衡陝西人，由進士，永樂年任。舊志紀其修築城池在正統十四年，訛紀無疑。張庸寧州人，由舉人，正統年任。王屏儀封人，由舉人，正統年任。王恕陝西人，由舉人，景泰年任。段珉豐潤人，由進士，天順年任。賀祐東平州人，由舉人，成化年任。連勝永年縣人，由進士，成化年任。蒞政公勤，吏畏民懷。擢監察御史，歷陞知府、運使。入名宦。武定陝西人，由舉人，成化十八年任。劉文奎直隸人，由舉人，弘治年任[1]。孫鼎渭南人，由舉人，弘治年任。馬廷璽鳳陽人，弘治十三年任。周鉞直隸人，由進士，弘治年任。賦十景詩，紀藝文。李紳曹州人，由進士，弘治年任。鄒瓚直隸人，由進士，弘治十五年任。劉宗保定人，由舉人，嘉靖元年任。楊魁儀封人，嘉靖六年任。持身清介，行政仁慈，士民稱誦，入名宦。霍光先直隸人，由舉人，嘉靖十一年任。李棟陝西人，由進士，嘉靖十九年任。師道立陝西人，由歲貢，嘉靖二十二年任。謝培齡直隸人，由舉人，嘉靖二十七年任。劉邦定直隸人，由歲貢，嘉靖三十二年任。高思敬陝西人，由舉人，嘉靖四十年任。清廉仁愛，入名宦。劉時夏陝西人，由歲貢，嘉靖四十四年任。樊自新陝西人，由歲貢，隆慶二年任。廉介律己，平易近民，入名宦。蘇性愚陝西人，隆慶五年任。補修城池。劉好生陝西人，由舉人，神宗元年任。趙來聘直隸人，由舉人，神宗二年任。周讓延津人，由例貢，神宗四年任。李嘉會山東人，由選貢，神宗七年任。李繼芳直隸人，由歲貢，神宗十年任。李繼元寧夏人，由選貢，神宗十一年任。修城賑荒，始修縣志，重學作人，入名宦。張樞陝西褒城人，由舉人，神宗十五年任。宋士程陝西咸寧人，由舉人，神宗十九年任。王玉汝山東黃縣人，由歲貢，神宗二十二年任。耿熠山東歷城人，由舉人，神宗二十四年任。芮約陝西三原人，由舉人，神宗二十七年任。任惠四川南充人，由舉人，神宗二十九年任。王道行直隸獻縣人，由歲貢，神宗三十三年任。任寵陝西咸寧人，由舉人，神宗三十五年任。張正儒北直新安人，由舉人，神宗三十七年任。孫光前河南項城人，由歲貢，神宗四十一年任。萬象新宜興人，由舉人，神宗四十四年任。合里併甲，薄賦輕徭，入名宦。牛成龍湖廣襄陽人，由歲貢，神宗四十六年任。張儒湖廣枝江人，由歲貢，神宗四十八年任。愷悌慈愛，視民如子，入名宦。楊文見南直涇縣人，由歲貢，天啓二年任。程有本山東聊城人，由恩貢，天啓五年任。高三台北直清苑人，懷宗二年任。路從中北直東光人，由歲貢，懷宗四年任。楊崧陝西漳縣人，由歲貢，懷宗七年任。李呈藻北直平山人，由歲貢，懷宗九年任。蔣敏德遼東鉄嶺人，由歲貢，懷宗十三年任。苟為善陝西醴泉人，由歲貢，懷宗十六年任。

國朝：常應正直隸栢鄉人，由恩貢，順治元年任。樓欽正浙江義烏人，由廪監，順治三年任。蘇宏祖河南湯陰人，由進士，順治四年任。公弱冠舉於鄉，順治丙戌成進士，授和順縣知縣，在任七載，卒於官。聞當時有禦寇事，舊志無紀，未便填入，詳載《湯陰縣志》。

劉湛然河南登封人，由歲貢，順治十一年任。申請題免河塌荒糧，闔邑戴德。**雷湛**直隸通州人，由進士，順治十三年任，行取戶部主事。**李順昌**直隸新安人，由舉人，順治十五年任。條陳驛苦，修理學校，士民立德政碑。陞山東濟寧州知州，入名宦。**楊樓鸞**陝西膚施人，由恩貢，順治十八年任。**周于文**湖廣公安人，由拔貢，康熙元年任。**鄧憲璋**江南虹縣籍，滿洲人。由廕生，康熙七年任。紳士贊曰："時趨繁苛，惟公以簡愛為施；法重催科，惟公以撫字相濟。招流移則逃逋來歸，緝軍伍則閭閻胥慶，永除驛苦則無輪蹄供應之艱，禁絕私徵則有鷄犬安靜之譽。諸務聿新，才之敏也；群情畢照，識之明也。清如漳水秋波，正如行山春峙。士民倚為父母，役胥畏其端嚴。漢代循良，微公誰繼？"**王之旦**奉天府遼陽人，由戶部八品筆帖式，康熙二十二年任。**寧培**北直大興人，由教諭推陞知縣，康熙二十五年任。**張翼**北直滄州人，由進士，康熙三十四年任。**程起鳳**北直獻縣人，由例貢，康熙三十九年任。**謝瓚**福建南平人，由舉人，康熙四十七年任。杜絕私謁，慎固封守。**傅家楨**廣東澄海人，由舉人，康熙五十年任。**王如种**湖廣黃岡人，由舉人，康熙六十年任，調寧鄉縣。**陳聲**福建長泰人，由舉人，雍正二年任。才敏獨斷。**趙懋本**順天大興籍，浙江山陰人。由舉人，雍正五年任。存心寬恕，接物謙和。調襄陵，後陞遼陽知州。**何為英**雲南建水州人，由舉人，雍正八年任。公清勤慎，惜任未久，士民懷之。**鄭國選**河南新野人，由舉人，雍正九年任。廣修典祠，虔誠禱雨，有心民社者，調芮城。**陳良玿**北直文安人，由舉人，雍正十三年任。長於吏治，才能兼優。**蔣祖培**雲南鶴慶人，由進士，乾隆八年任，調盂縣。**戴昱**江蘇婁縣人，由副貢，乾隆十三年任。**朱汝璣**湖南瀏陽人，由例貢，乾隆十五年任。捐俸興學，勤勞勸稼，調天鎮縣，後陞城都府同知。**張諭**河南杞縣人，由舉人，乾隆二十一年任。忠厚樸誠，旋里日，兩袖清風。**邱廷溶**江南元和人，由例貢，乾隆二十三年任。以緝逃功，陞東昌府同知。**侯日曮**北直南皮人，由例貢，乾隆二十八年任。重修城垣，立法嚴峻，匪類潛踪。**馮禾**北直滄州人，由舉人，乾隆二十九年任。渾厚勤慎，動循規矩。**黃玉衡**湖南善化人，由進士初任江南直興縣，乾隆三十一年補任和順縣。紳士贊曰："我公氣度雍容，學問淹雅，刑清政簡，訓士惠農，禮接生徒，法繩胥吏，不煩不擾，父母斯民。"

儒學

舊設教諭一員，訓導二員。明神宗初年，裁訓導一員。康熙初年，裁教諭，止設訓導一員。

教諭

明：楊益。秦懋。丁興。林叢。高寧。張名。張溥。趙寬。陳誥。趙瓏。胡宗夏。劉學。孫秉彝。孫嚴。王言綍。王澤。任禧。劉秉商。董鎮。郭衛民。李朝綱由歲貢，隆慶二年任教諭。純古不浮，誨人不倦，入名宦。許恩。陳科。李遇時。李大猷。周思稷。楊培。竇思侮。賀觀。王廷策。薛勤。石宏璧。杜榛。劉曰示。王之弼。趙志鴻。劉思益。李永培。劉向化。

國朝：段袗祁縣人，歲貢，順治二年任，陞溧水縣丞。田藍玉太原人，歲貢，順治八年任，陞峽江縣丞。白毓秀澤州人，甲午舉人，順治十二年任，陞河南安陽知縣。

訓導 自明至康熙三年，舊志無載，失考。

王協慶陵川人，康熙四年任。狷介持已，強毅與人，殷懷訓士，分俸資貧。班萬方定襄人，歲貢，康熙十五年任。張以整靈石人，歲貢，康熙十九年任。楊鼎儒安邑人，歲貢，康熙二十六年任。韓維址蔚州人，歲貢，康熙三十八年任。張君簡安邑人，例貢，康熙五十一年任。劉中柱石樓人，歲貢，雍正三年任。姜作樑蒲縣人，歲貢，雍正九年任。馬凝瑞壽陽人，舉人，乾隆三年任。宋元址汾陽人，歲貢，乾隆十四年任。學問優裕，氣度安閑，訓士有方，接物無侮。楊鳳棲清源人，歲貢，乾隆十八年任。荆孔正陽曲人，歲貢，乾隆二十年任。秉性果毅，設科謹嚴，肅清聖朝，作興學校。

長吏之職號曰："近民教養之責，一身攸兼"。故官得其人則樂利蒙休，用違其器則流離致嘆。此循良之臣與殘酷之吏併著，前史所以昭勸戒也。歷覽和邑自秦漢以來，賢守令代不乏人，或流光俎豆，或遺傳口碑，惜世遠年湮，載筆者間有舛錯，如王公諱衡者，一紀於永樂年，一紀於正統十四年；李公諱朝綱者，祀於名宦而官師志獨遺之。其他失落年號，前後致訛者亦間有之。然要之，龔黃之化留諸史冊，召杜之歌膾炙人口。迄今行山、漳水之旁，無往非澤流德峙之區。《周書》有云："官不必備，惟其人。"覽者顧官名而思職務，庶乎其可也已！

典史

明：魏中。李剛。陳善。武振。劉傑。羅錦。張潔。賈世勛。姚尚其。黃文煥。鞏文錦。霍世昭。郭玠。趙孟陽。趙節陽。李汝諧。紀世安。王太平。黃家賢。高宦。郝名宦由進士，兵部職方司降。馬之服。鄧良弼。軒守智。陳應奎。薛君相。李瓊芳。方四端。張希邵。

國朝：陳良幹浙江人，順治元年任。余本忠太和人，順治四年任。竇世盈富平人，順治十二年任，陞巡檢。彭雲鵬韓城人，順治十五年任，陞巡檢。祝起鳳無錫人，康熙五年任。敏練慈惠。袁瑜富平人，康熙九年任。趙守順延慶人，康熙十三年任。張秉耀綏德衛人，吏員，康熙二十七年任。郝文永年人，吏員，康熙三十五年任。蔣士海盧龍人，吏員，康熙四十二年任。孫希顏海豐人，吏員，康熙四十四年任。沈起隆山陰人，吏員，康熙四十六年任。丁兆熊大興人，吏員，康熙五十二年任。淩漢章大興人，吏員，雍正元年任。徐金章宛平人，吏員，雍正六年任。方有望義烏人，吏員，乾隆九年任。楊汝梅階州人，吏員，乾隆十三年任。王軒六山陰人，吏員，乾隆十六年任。劉世琛新建人，吏員，乾隆二十八年任。存心忠厚，供職勤勞。

巡檢 駐劄八賦嶺、儀城鎮。

明：党朝宗。王績。田應麒。聶思和。高驥。邊騰。李拊。馬一夔。王佩。曹汝安。魏光大。劉廷彥。孫應舉。李元勛。楊開太。唐好古。段鄂。章奇。劉邦卿。李秦。王國聘。傅宸聰。騫仕穩。雷宏勳。陳文炳。

國朝：李棟江南人，順治十二年任。因督催協濟栢井驛驢頭，路遠不及，縊死平定州內。紀龍躍高平人，順治十六年任。黄錫裳宜川人，康熙元年任。孟養性大興人，康熙五年任。陳怡聖江南懷寧人，吏員，康熙十九年任。鮑國賓河南陳留人，吏員，康熙三十二年任。劉茂棠江南桐縣人，吏員，康熙四十年任。周曾訏北直三河人，吏員，康熙五十九年任。滿永興山東恩縣人，吏員，雍正十一年任。羅浚大興人，吏員，乾隆二年任。李國棟浙江蕭山人，吏員，乾隆五年任。李應魁湖南芷江人，由未滿典史，乾隆十一年任。沈學乾江南元和人，由未滿典史，乾隆十九年任。曹恕河南商邱人，由總吏，乾隆二十二年任。廖國揚江西石城人，由例監，乾隆二十九年任。楊德興北直大興人，由例監，乾隆三十年任。

秦分郡縣，漢承其制。官斯土者，或長、或令、或守，任綦重矣。其他丞倅、佐貳、合贊、分設，歷歷可考，如漢仇香任考城主簿，不罰而能化民。王奂有"枳棘非集鸞鳳"之語，明獄吏孫一謙克盡其職；王世貞贈以赭衣，猶作數行啼之詩。所謂索照於鑑，考轍於車，其在斯乎？欲能其官者，當知所適從矣。

武職[2]

百總

張存禮代州人，行伍，康熙五年委。牛尚武代州人，行伍，康熙七年委。張守太原人，行伍，康熙十三年委。

把總

任玉大同人，行伍，康熙二十四年任。楊之玘大同人，武舉，康熙四十二年任。張國珍太原人，行伍，康熙四十七年任。張宏仁平陽人，武舉，康熙五十八年人任。武璉平陽人，行伍，雍正七年任。郭世元原籍和順人，入伍寄居太原。乾隆二年以軍功任和順營把總。十八年，陞吉州千總。馮成金蒲州人，行伍，乾隆十八年任。賀榮喜太原人，行伍，乾隆二十四年任。李瑋平陽人，武舉，乾隆三十一年任。

昔子貢問政，子曰："足食足兵。"蓋兵以衛民，武備與養道並重也。矧和邑居萬山中，東西南北四嶺扼要處，多設防守以盤詰奸宄，則兵政尤亟務乎？但舊與今設制不一，舊不立營頭，設百總一員，兵一百名。今改設把總一員，兵減六十九名。此又我朝損益不同之大畧也。

陰陽學。醫學。僧會司。道會司。

【校勘記】

［1］原文作"宏治"，考明孝宗年號，應作"弘治"。此書成于乾隆年間，為避乾隆帝諱而以"宏"易"弘"，今改之，下同。

［2］原書目錄中此條目為"把總"，統考全書，當為"武職"，今改之。

重修和順縣志卷之五終

重修和順縣志卷之六

選舉志

自鄉舉里選之法廢，歷代專以科目取士。士之能自樹立彪炳史冊者，皆由此選。梁餘夙稱才藪，洎金、元、明以來，忠孝名賢代興，人材蔚起，彬彬文獻之邦矣。我朝聖化，作人庠序之間，絃誦不輟，自茲以往，間氣所種，英華煥發，科第之盛，必有接踵於前者。矧行山、漳水欝然靈秀，為麟為鳳，將於茲卜之至，若封蔭以子貴，人物以行傳，壽官以年重，節義以風教，著是又國家推恩之特渥者，因併附及之。志選舉。

進士

金：嚴坦名見藝文，餘失考。

元：許狀元今城西崗上許氏塋內塚上立石碑：狀元許公之墓。名失考。

明：胡本乙丑科。彭彰癸丑科，任南京大理寺評事，遷陝西苑馬寺寺丞。王佐戊戌科，戶部尚書。王雲鳳甲辰科，都察院僉都御史，巡撫宣大。周朝著丙戌科，工部郎中。

舉人

明：胡本甲子科。武恒甲午科。彭彰乙酉科。范壽己卯科。郭迪壬午科，任陝西永壽縣知縣。郝演戊子科，任雲南浪渠州州判。韓庸辛卯科。劉政庚子科。裴弼丙午科。趙英丙午科。周文己酉科，任修武縣教諭。王佐乙酉科。程霽丁酉科，任直隸固安縣知縣，政令嚴肅。彭德潤丁酉科。王雲鳳癸卯科。陳桂辛酉科，任蘭陽縣知縣。王之臣甲子科，雲鳳侄，佐之孫。畢世隆庚午科，任臨邑縣知縣，機警有守，調麻城。周朝著庚午科，世隆弟子。齊聞韶甲子科，任慶陽府花馬池通判。藥濟衆神宗丁酉科，歷官昌平兵備道副使，懷宗六年，流賊破城，殉難。贈太僕寺少卿。

謹按：載筆編年，如春秋魯隱元年、魯哀公十四年之類，乃聖人大書特書至意，今閱和邑舊志甲科人物，僅紀年之干支，而於金、元、有明，國號舉無所考，是亦所謂“郭公夏五”也，令人抱杞宋之感。

國朝：曹文炳順治庚子科，任隰州學正、聞喜縣教諭。趙爾覲康熙甲子科，任解州安邑縣教諭。

武進士

鄭元韶順治壬辰進士，授甘州衛守備。

杜蔭棫康熙己未進士，授淮安衛守備補授楊州衛守備。

武舉

鄭元韶順治辛酉科。

杜蔭棫康熙戊午科解元。

拔貢

明：李延昆嘉靖年拔。趙文錦神宗二十三年拔，任湖廣黃州府判，歷署府事及黃崗、廣濟、麻城。所至多惠政民，有趙明月之謠。畢潤赤懷宗八年拔。

國朝：胡淑寅順治六年拔，任江西南康府推官。趙浚順治十一年拔，任廣東靈山縣縣丞。藥延祚康熙十一年拔。曹大觀康熙二十五年拔，任平陸縣教諭、鄉飲大賓。白賁雍正元年拔。杜宏規雍正七年拔，鄉飲大賓。曹濬雍正十三年拔。曹元德乾隆六年拔。劉丹書乾隆三十年拔。

恩貢

明：馬之麒泰昌元年貢，任陕西商南縣知縣。馬之麟天啓元年貢，任湖廣荆門州州同。李月蔚懷宗元年貢，任河南豐邱縣主薄，陞睢陽衛經歷。

國朝：鄭允魁順治元年貢，任江西建昌府經歷。畢承烈順治九年貢，考授府判。畢潤黎康熙元年貢，考授縣丞。馬之鵬康熙十五年貢，任廣昌縣訓導。藥丹康熙四十七年貢。董明德雍正元年貢。焦益謙雍正二年貢，鄉飲大賓。王永蔭乾隆元年貢，任萬泉縣教諭。畢星乾隆十五年貢。畢珍乾隆十七年貢，鄉飲大賓。師元慶乾隆二十六年貢。

歲貢

明：李雄洪武年貢，任照磨。趙豫洪武年貢，任嘉興府推官。王敏洪武年貢，任檢校。郜太洪武年貢，任照磨。曹楹洪武年貢，任樂陵縣主薄。趙俊洪武年貢，任容城縣知縣。曹毅洪武年貢，任安塞縣主薄。溫觀洪武年貢，任直隸唐縣知縣。李鎮永樂年貢，任直隸安州知州。徐威永樂年貢。賈銘永樂年貢，任琢州判官。張冲永樂年貢。趙文永樂年貢，任陕西莊浪縣教諭。馬良宣德年貢，任河南固始縣知縣。藥清宣德年貢，任陕西興平縣教諭。王縉宣德年貢，任四川綿竹縣知縣。魏安宣德年貢，任陕西綏德衛經歷。李睿正統年貢，任直隸通州衛經歷。趙珪正統年貢。趙暹正統年貢，任山東清河縣主簿。劉和正統年貢。賈宗正統年貢，任西城兵馬司。常健正統年貢。畢鸞正德年貢，任蔚州左衛經歷司經歷。張倫景泰年貢，任直隸順義縣主簿。周宗天順年貢，任浙江蕲縣縣丞。趙正天順年貢，任滄州守禦所吏目。吳敬天順年貢，任肅王府典儀。魏新天順年貢。曹桂成化年貢，任淮安府經歷。盧仁成化年貢，任陕西永壽縣訓導。劉溥成化年貢，任韓府伴讀。張憲成化年貢，任直隸南樂縣縣丞。畢志成化年貢，任直隸濬縣縣丞。韓讓成化年貢。賈宣成化年貢，任南直崑山縣縣丞。李時成化年貢，任山東即墨縣主薄。魏宏成化年貢，任直隸贊皇縣教諭。藥濟成化年貢，任山東新泰縣縣丞。李森成化年貢，任陕西中簿縣縣丞。冀信成化年貢，任湖廣衡山縣主簿。常安成化年貢。季棠弘治年貢，任教授[1]。周麟弘治年貢。王贊弘治年貢。齊政弘治年貢。周鷺弘治年貢。周鳳弘治年貢。溫仁弘治年貢，任陝西安塞縣主簿。韓琛正德年貢，任耀州知州。劉漢正德年貢，任陝西涇陽縣訓導。魏繼武正德年貢，任順德府教諭。王墉正德年貢，任陝西同州州同。韓儼正德年貢，任陝西膚施縣教諭。馬勤正德年貢，任晉府典儀。王學正德年貢。王侃嘉靖年貢，任秦府典儀。周朝賓嘉靖年貢。李希文嘉靖年貢，任鞏昌府通判。畢傅芳嘉靖年貢。彭希宗嘉靖年貢，任房山縣教諭。齊世寧嘉靖年貢，任直隸安肅縣訓導。蔡璞嘉靖年貢，任陝西保安縣教諭。韓邦臣嘉靖年貢，任陝西咸寧縣教諭。李經嘉靖年貢，任山東掖縣教諭。任宗道嘉靖年貢，任河南輝縣訓導。王邦智嘉靖年貢。藥大純嘉靖年貢，任蘇州府照磨。李中嘉嘉靖年貢，任陝西醴泉縣知縣。李中芳嘉靖年貢，任山東棲霞縣縣丞。陳良操嘉靖年貢，任陝西寧州學正。李綖嘉靖年貢，任宣府衛訓導。李智嘉靖年貢。彭科隆慶年貢。馬任重隆慶年貢，任湖廣房縣知縣。王札隆慶年貢，任直隸固安縣主簿。李應科隆慶年貢，任寧夏衛經歷。周于禮神宗元年貢，任唐山王府教諭。溫彩神宗年貢，任河南懷慶府訓導。畢聯芳神宗年貢，任陽曲縣訓導。馬任遠神宗年貢，任復州衛經歷。李應科神宗年貢。齊徵韶神宗年貢。王守言神宗年貢。田雲龍神宗年貢。王達肖神宗年貢。李可立神宗年貢。張正蒙神宗年貢。王守訓神宗年貢，任山東淄川縣縣丞。劉朝聘神宗年貢，任陝西渭南縣主簿。李秀神宗年貢。祁清神宗年貢，任直隸元氏縣縣丞。胡效垣神宗年貢，任直隸獻縣縣丞。曹邦重神宗年貢，任平陽府臨汾縣訓導。李華國神宗年貢，任潞安府黎城縣訓導。李伸神宗年貢，任介休縣教諭。樊忠神宗年貢，任貴州府貴定縣知縣。徐登雲神宗年貢，任陽和衛教諭。藥濟邦神宗年貢，任山東曹縣訓導。焦三移神宗年貢，任四川彭山縣知縣。李倣神宗年貢。畢振先神宗年貢。周葵台神宗年貢。胡化鯤天啓年貢。陳爾心天啓年貢，任威遠衛訓導。王尚志天啓年貢，任陝西安化縣知縣。陳所見天啓年貢，任平陽府訓導。鄭用韶懷宗元年貢。尚志懷宗四年貢，任黎城縣教諭。馬九皇懷宗六年貢，任潞安府教授。胡化鯉懷宗八年貢，任忻州學正。呂應鐘懷宗十年貢，任陝西鄠縣訓導。杜甫學懷宗十二年貢。郭維良懷宗十四年貢。杜先華懷宗十六年貢，本朝任山東淄川縣知縣。

國朝：藥遇安順治元年貢，任江西寧州州同。李喬松順治二年貢，任大同左衛訓導[2]。蔡仲德順治四年貢，任襄垣縣訓導。王育秀順治七年貢，任陽高衛訓導。趙成錦順治九年貢，任聞喜縣教諭。馬凌霄順治十一年貢，任福建崇安縣縣丞。李懋中順治十三年貢。張鵬翼順治十五年貢。王吉士順治十七年貢。郝鴻聲康熙元年貢。趙漪康熙九年貢。藥之璋康熙十一年貢。杜起元康熙十三年貢。畢昌齡康熙十五年貢。杜廷機康熙十七年貢。張日騰康熙十九年貢。藥起元康熙二十一年貢。王三錫康熙二十三年貢，任清源縣訓導。彭萬鐘康熙二十五年貢。劉顯揚康熙二十七年貢。彭萬逵康熙二十九年貢。趙潔康熙三十一年貢。鄭大經康熙三十三年貢。杜章康熙三十五年貢。李仲鉉康熙三十七年貢。張爾聖康熙三十九年貢。杜蔭棠康熙四十一年貢。杜蔭樾康熙四十三年貢，任長治縣訓導。李文光康熙四十五年貢。李之構康熙四十七年貢。鞏長慶康熙四十九年貢。王永錫康熙五十一年貢。彭雲康熙五十三年貢。畢寅亮康熙五十五年貢。吳淑頤康熙五十七年貢。李昇雲康熙五十九年貢。藥振康熙六十一年貢。鞏琳雍正二年貢，任垣曲縣訓導。曹大任雍正四年貢，鄉飲大賓。杜蔭楷雍正六年貢。曹大來雍正八年貢，乾隆九年選授解州夏縣訓導，鄉飲大賓。趙爾容雍正十年貢。盧維祚雍正十二年貢。藥蘭乾隆元年貢，鄉飲大賓。趙爾寧乾隆三年貢。杜宏器乾隆五年貢。程永謙乾隆七年貢。吳珄乾隆九年貢。趙大士乾隆十一年貢。杜宏用乾隆十三年貢。藥作楫乾隆十五年貢，乾隆三十年選授隰州蒲縣訓導。畢景乾隆十七年貢。董珥乾隆十九年貢。宋志乾隆二十一年貢，鄉飲大賓。張懷璽乾隆二十三年貢。杜士逾乾隆二十五年貢。程魁乾隆二十七年貢。陳崇德乾隆二十九年貢。劉嗣榮乾隆三十一年貢。藥保極乾隆三十三年貢。

例貢

明：傅復由太學生授給事中，累官江浙布政司左布政使。齊純任濟州衛經歷。劉順任沂水縣主簿。李從周任許州知州。王雲鷺任蘭陽縣主簿。王雲鶴由廩生。周鶚任長垣縣縣丞。王榕。藥大緒任禹城縣主簿。趙鯤任濟南府檢校。周于詩任北京兵馬司。胡可宗。李繹任永平府檢校。李緗任鳳縣主簿。胡可大任魚台縣主簿。杜應休。王速肖。周士愷。杜甫才由生員貢，任河南開封府經歷，陞山東按察司經歷。杜先芳任渭南縣主簿。周鍾政。藥鶴庚考授州判。胡淑瑗。畢偉烈。馬禩任納溪縣主簿。程紹以上舊志俱失年考。

國朝：李之蔚順治二年貢，考授府判。李之楝順治十年貢。程光頤康熙十九年貢。焦霖康熙十九年貢，任平陽府猗氏縣訓導。畢輔聖康熙十九年由廩貢，選洪洞縣司訓。杜蔭桂康熙四十四年由廩貢。彭雯康熙四十四年貢。趙晛雍正五年貢，任浙江長興縣主簿。杜宏鑑雍正五年貢，任江蘇昭文縣主簿。劉晙雍正五年貢。劉嗣仁乾隆七年貢。樊好忠乾隆七年貢。劉嗣煥乾隆二十三年由增生貢，任河南杞縣知縣。程壺乾隆二十四年由附生貢。

例監

國朝：藥通任廣西平樂府永安州吏目。

杜士璉乾隆二十七年，任湖南長沙府湘鄉縣樓底鎮巡檢。

吏員

杜昇雲康熙二十七年任江西南昌府新建縣吳城司巡檢。藥丕正任陝西草凉驛驛丞。馬之驤任山東嶧縣萬家驛驛丞。杜金璧康熙四十六年，任廣西梧州府蒼梧縣典史。杜顯庸雍正七年，選湖廣巴陵縣鹿角司巡檢。藥遐齡乾隆十七年，任福建福寧府霞浦縣巡檢。王聯芳乾隆十七年，任江蘇鎮江府溧陽縣典史。王琮乾隆十九年，任湖南永州府寧遠縣巡檢。

武畧

明：邢郎西峪里人，由戰功陞宣府指揮使。張經溫源里人，由戰功陞會州衛指揮使。程瑾古城里人，由戰功授牧馬所千戶。李卓石城里人，由戰功授指揮使，鎮守良鄉。杜文炳仁高里人，由禦寇功，巡撫蔡給把總職銜。

國朝：郭世元原籍和順儀城里人，寄居太原。入伍，由軍功任和順把總，陞吉州千總，考滿歲給糧一分。杜若楘在城里人，由武生授衛千總職。

封廕

明：王珎因孫佐貴，贈戶部尚書。王義因子佐貴，贈戶部尚書，邑有三世尚書坊，毀於寇。畢玉因子鸞貴，贈徵仕郎。周麒因子朝著貴，封工部主事。藥性因子濟衆貴，贈太僕寺少卿。藥之璵濟衆孫，由恩生授戶部主事，順治元年大順流寇，殉難。

國朝：杜啓元因子蔭棫貴，誥封宣武將軍。杜蔭棫武進士，任淮安衛守備，再任揚州衛守備，誥封宣武將軍。趙爾寧因子晛貴，封登仕郎。劉同光因孫世煥貴，贈承德郎。劉晙因子嗣煥貴，贈承德郎。郭環因子嗣元貴，贈奮力校尉。郭世元任本縣把總，贈奮力校尉，陞吉州千總。杜成高因孫若楘貴，貤贈武信郎。杜海亮因子若楘貴，贈武信郎。

人物

明：傅復，石城里人，洪武年，由監生授吏部給事中。才能著稱，歷陞浙江布政使。祀鄉賢。

王佐，字廷輔，成化戊戌進士。為人孤介寡合，為京卿時久不調，所知諷佐往謁執政，佐諾之。寔未嘗往，又趣之行，且令一隸伺之。佐過執政門仍不入，所知徉問曰："執政云何？"佐曰："執政意無他也。"因言其狀為之一笑。後劉瑾好賄，佐獨無所餽。瑾嘗語人曰："世言山西人吝，果然。"四署天曹。上嘉曰："海深山厚，月白風清，秋水寒潭，快刀利劍。"以南京戶部尚書致仕。祀鄉賢。

王雲鳳，字應韶，佐仲之子，年二十，登成化甲辰進士，授禮部主事，轉員外郎。耿介獨往，足不躡公卿門。嘗上疏却吐魯番[3]貢獅，禁度僧傳奉諸事，又乞斬權閹李廣，為其傾陷下獄。朝臣申救，謫知陝州，綽有政聲，提督陕西學校。教人先德行，後文藝。預識呂柟為狀元。為國子祭酒，朝夕講說，以矩矱繩束諸生。巡撫宣府，嚴明有紀律，邊政振舉，羌人畏不敢入。丁父憂歸服闋，乞致仕。平生言動有度，處私室如在公庭。當官甘虀鹽，視民生利害若切於身，臨生死禍福不苟趨避。雖與世寡合，矯矯強毅君子也。太原名臣坊，公居第五三，立書院，豎神位，河東王鳳公居一焉，有《虎谷集》行世，祀鄉賢。山西提學閔煦贊曰："英敏豪邁，廉靜剛方，學傳古今，道期賢聖，屢疏弊政，觸權要而氣不撓，再秉文衡書儀禮而士以奮，多方教誨感服於六館之情，悉意拊循造施。夫一鎮之福，惓惓忠愛之忱，赫赫才德之華。"

陳桂，南廂里人，弘治辛酉舉人。是科元旦夜，邑人在省城夢府城隍廟神言第六名。陳桂事繼母，至孝，果驗其事，詳陰隲録諸書。任蘭陽，涖政剛直，時流賊作亂，修城守衛，士民恃以無恐。居官二年，丁外艱，撫按保留公，决去。《蘭陽志》詳其績，祀鄉賢。

王侃，佐之曾孫，由貢士，居喪盡禮，立身無玷，在京講明《易》理。居官清潔有聲，終秦府典儀，以禮致仕，祀鄉賢。

鄉賢

周文，永興里人，由舉人，任修武縣教諭。立身清潔，教誨有方，祀鄉賢。

彭德潤，高邱里人，由舉人，行己端方，祀鄉賢。

周朝著，文之孫，登嘉靖丙戌進士，初授工部主事，修通倉，奏績，陞本部郎中，祀鄉賢。

藥濟衆，在城里人，由舉人，歷官八任陞副使。懷宗六年，流賊破城，殉難。贈太僕寺少卿，賜祭葬。附錄諭祭文曰："維崇禎[4]十年，歲次丁丑四月乙日，朔越初十日，皇帝遣山西等處承宣布政使司、左布政使范中彥諭祭原任昌平兵備道、山東按察司副使，贈太僕寺少卿藥濟衆曰：'惟爾歷官勤勞，忠節素著，倡義登陴，助貲巨萬。困守孤城，勢窮被陷，捐軀殉難，闔室淪亡，軫念殘傷，特頒諭祭，英靈如在，尚克欽承尚享。’”祀鄉賢。

杜汝維，壽官，樂善廣施，每歲冬月，給裘炭以撫乞丐，掃雪以飼禽鳥。

齊聞韶，舉人，任慶陽花馬池通判，多善政，時稱為誠實君子。

馬任重，歲貢，任湖廣房山縣知縣，以才能稱。

杜先芳，例貢，任陝西渭南縣主簿。流寇猖狂，經署孫傅廷委辦軍粟，深嘉才能敏練。城陷，全家殉難。

李月蔚，恩貢，居家孝友，舉孝廉，任河南封邱縣主簿，陞睢陽衛經歷，三仕中州，居官清介。

國朝：李喬松，由歲貢，任大同府府學訓導、摠兵。姜勷叛，公執節不屈，全家八口殉難。

杜先華，歲貢，任山東濟南府淄川縣知縣。興學教士，給賞勸農，山西巡按都御史王昌允旌以“召父齊芳”之匾。

胡淑寅，由拔貢，任江西南康府推官。平反明、允致仕、纂修邑志，長於詩，有《鉄笛軒》行世。

趙漪，歲貢，生性聰慧[5]，天負賢良，少負神童之稱。讀書過目能誦，長獲名士之譽。搆文出口成章，詩集最多。今録其《詠南尖峯》一首，云：“穿破行雲出遠峯，懸崖高處植孤松。時人不解堅貞性，浪說新桃多冶容。”峰下有花兒坪。載《通志》。

畢昌齡，歲貢，幼孤弱甘貧，自守苦，志讀書，勉力成名。及長，方正不阿，鄉黨重之，請除驛害，與有力焉。

曹文炳，舉人，任隰州學正，補聞喜縣教諭。孝行純篤，廉介有守，敦崇古道，剛直不阿。

李上雲，廩生，聰明勤學，兼精岐黃，著有摩青脈理。太原傅先生山嘗稱曰："李先生方，一味不可移易。"活人甚多。

趙爾覲，舉人，任解州安邑縣教諭。博學能文，康熙甲子科與謝陳常、劉大鯤聯第，時稱一榜皆名士。

王三錫，由歲貢，任清源縣訓導。樸誠自矢，訓士有方，工楷書學，憲嘉："其揮毫，時有林下美人之致。"

畢啓賢，庠生，鄉飲介賓。品端行潔，好善樂施，凡邑中修建典祀，胥屬首倡。屢蒙縣令旌獎，為一鄉正士。

藥良，庠生。賦性慷慨，見義勇為，郡守沈旌以匾曰："制行醇正"。縣令陳旌以匾曰："好義超群"。且忠孝家聲歷久弗替。雍正年間，巡按勵大人議舉孝廉，因養親辭弗就，壽逾八齡。皇恩賜以衣帛，洵盛世之人瑞云。

劉同光，例監。為人慷慨好義，倜儻不羈。嘗同里人自京返里，寓宿良鄉李家店，各失金百數十，初疑李，鳴之官，追捕甚急，及後聞合家啼哭聲，詢之，將鬻子女以償，猶恐不逮也，公惻然曰："金身外物耳，奈何離人骨肉耶？"勸同失金者，其釋強而後可。至今長安路上猶頌劉老善人云。

杜宏基，增生。孝友謙抑，寧靜樸誠，睦宗族，和鄉黨，與人從無爭論。闔邑稱為"長厚君子"，至今八十余歲，白髮童顏泰如也。

杜宏用，歲貢。性至孝率真，行已矢誠待人，舉優行第一，尤樂施藥濟貧，雖暮夜扣求，無不起應。垂髫戴白，口碑載道。

壽官鄉飲 附

趙爾宗，仁高里人，居家孝友，鄉黨和睦。康熙五十六年，舉鄉耆。乾隆二年，皇恩賜八品壽官。

鄉飲酒禮，賓從日迎，象列月讓。誠朝廷養老尊賢大典，每歲兩舉，使下民觀之而興禮讓焉。

大賓紀貢生冊

介賓：畢尊賢生員。鄭傑生員。畢繼賢生員。趙卓生員。趙盼生員。耆賓：趙鳳梧。任俊士。李鳴高。李昺。張宏勳。趙良臣。李存桂。

孝子

明：陳桂，事繼母至孝，辰昏定省，親提溺器，終身如一日。後任蘭陽令，有惠政。詳載人物志。

蔡翔，在城里人，吏部聽選時，喪母衛氏。聞訃號慟，步歸，廬墓三年，始終不怠，手植松數株，烏巢其上，後仕無錫縣大使。有廉聲至出身銜名。舊志失紀。

趙鯨，南廂里增生，母卒，廬於墓。嘉靖三十二年，兩院旌立孝子碑。

劉春和，在城里人，開飯店，每早開市，必以第一碗奉父，然後發賣。其父八十余歲，未嘗一日怠忽。天啓六年，知縣程有本申請表其門曰：“天性至孝。”

常懷仁，玉女里人，執鞭營生，凡出門必為父營謀所養，至他鄉遇有本縣人必購鮮食捎寄，及還，見父必歙泣，蓋悲其不能躬養也。知縣程有本申請旌其門曰：“孝行可風”。

國朝：李就芝，增生，性孝品端，事親五十餘年，溫凊定省，毫無懈怠。遇父病，百藥不效，日夜憂思。夢醫告以白色石中五色活蟲可治。次日，覓無所得，焚香叩禱。又夢馬鞍山有焉，往尋，果得。歸與服之，數日病愈。里人謂其孝有所感，傳為盛事。

義民

明：徐煥，在城里人，正統年出粟一千石賑濟，有司以聞，奉敕旌表，本縣南關建義民坊。附錄敕書：“敕山西遼州和順縣民徐煥，國家施仁，養民為首，爾能出粟穀等糧一千石用助賑濟，有司以聞，朕甚嘉之。今特賜敕獎諭，勞以羊酒，旌為義民。仍免本戶雜凡差役三年，尚允蹈忠厚，表屬鄉俗，用副朝廷褒嘉之意。欽哉。故敕。”

國朝：賈小極，伶，白泉村人，赤貧無倚，秉性好善。遇亢旱時，頂神馬赤足沿街叩禱，雨降乃已。為人傭工，稍有口糧即補修嶺路，積久不倦。年五十餘，病故，鄉人殯之。越月，有武安縣人稱名來訪，詢其故，言降生賈宦家矣，人以為好善之報也。

昔王裒誦《蓼莪》而隕涕，門人為之廢其詩。太史公敘列傳高萬石君之義，自古孝子、義士，其光於史冊而流馨奕禩者，曷可勝紀？和邑僻壤山陬而亦有以至性之感，通乎神明，任卹之舉，達諸帝聰者，始信：“十室之邑，必有忠信。”姑掇敘數人，以紀其梗概云。

節烈

明：李氏，在城里民齊景妻。年十九歲，夫亡，無子，守節終身。

馬氏，廩生王煒妻，煒故，氏年二十。歷六十餘歲，先事翁姑，後養幼子，子已成家，居住鄉村，節操凜凜，凡有求嫁者，即厲言拒之。

藥氏，監生郭廷佐妻，夫故，氏方二十一歲。生子方週年，子成立，氏年八十歲，節凜冰霜。

李氏，廩生周士奇妻，夫亡，氏年二十餘。子女俱無，享年七十九歲。學憲旌表，冰操難犯。

王氏，生員周士奭妻，夫故，氏年十七歲。杜門不出，守節終身。里人稱為“周門二節”云。

潘氏，廩生藥長庚妻，平定宦家女。適長庚年十六，未逾期，長庚病故。氏青年守節，誓不再嫁。明懷宗六年，流寇破城，其舅濟衆殉節，氏煢煢孤苦，撫育猶守，無異己出，守節終身，故年八十三歲。

國朝：趙氏，廩生青瑣之妻，夫故，氏年二十六歲。撫二歲幼子，成人入泮，守節四十七年而亡。

李氏，焦二保妻，南庄村人。康熙三十五年遭荒，夫妻趁食直隸鉅鹿縣，不能相保，將賣妻與人，價十二兩，券已立，交銀之際，氏泣曰："你羸憊已極，帶銀遠行亦必被人奪去，我生不忍你獨死，不如同還家死，亦有人掩埋。"二保感痢疾，氏乞食供養，跋涉扶持至家，年仍荒，氏先餓死，保亦隨亡，鄉人憐而埋之。

陳氏，生員王邦仁妻，流寇圍城，仁守陴擊賊，被創而死。氏年二十，無子，有以無倚勸氏改嫁者，峻言拒之。自念青年易涉嫌疑，因徒傍外家，畜養雞豚，鬻以度日，五十餘年苦節自安，臨終時，白晝見夫人門曰："辛苦多年，今來接汝！"寢疾，數日而終，年七十有五。

趙氏，王在鎬妻，鎬故，氏年二十七歲。矢志栢舟，茹蔬四十餘年而終。

劉氏，郭才正妻，伯叔四人，康熙三十五六年連歲遭荒，相繼而亡。四婦改嫁，所遺孤幼男女六人。撫育婚嫁與子無異，雖貧，始終不二，其誼行鄉鄰共許。

藥氏，廩生曹大成妻，夫婦九載，善事翁姑，不愧婦道。夫故，遺子三人，俱幼。氏苦志堅貞，撫養羣孤，俱入泮。守節五十二年。乾隆十年，有司申請題准，奉旨建坊旌表。

畢氏，武生青雲路妻，夫故，氏年三十六歲。生三子，俱未及冠。氏上事孀姑，下撫幼子，冰心克堅，守貧茹蔬，養育兼至，守節五十一年，可謂"一門雙節"。

李氏，盧沂之妻，沂故，氏年三十一歲。孝敬翁姑，持家勤儉，恩養幼子，守節四十一年。

柳氏，劉玘之妻，玘故，氏年二十六歲。守苦節，葬翁姑，撫養遺腹子成立，守節三十六年。

李氏，武生趙雲凌之祖母，夫故，氏年二十七歲。經理家業，撫育幼孤，守節三十八年矣。

杜氏，生員畢焕宇之母，夫故，氏年二十四歲。撫育二歲幼子，入泮成立，志凛冰霜，學憲蔣旌以匾曰："節光彤史"，守節三十一年而卒。

韓氏，趙奮揚之母，夫故，氏年二十三歲。矢志堅正，安貧育子，守節三十五年矣。

宋氏，杜宏高之妻，夫故，氏年二十七歲。苦節，撫幼子成立，守節四十年矣。

趙氏，生員張秉乾之妻，夫故，氏年二十六歲。事孀姑二十餘載，克盡婦道，守節三十六年矣。

李氏，武生趙思源之母，夫故，氏年二十七歲。撫子成立入泮，守節三十五年矣。

畢氏，武生張其炆之母，夫故，年方二十四歲。生子甫三齡，端莊誠一，節比松筠，守節三十四年矣。

胡氏，武生杜士林之母，寡居，時年二十六歲。栢舟自矢，撫育二子成立，學憲蔡旌以匾曰："畫荻芳規"，迄今守節三十年矣。

李氏，王忠妻，年十六歲適忠，氏雖農家女，越十三年，於翁姑妯娌間從無疾言厲色。及忠病故，水漿不入口，號泣不息，親戚隣佑勸之不止，至五日哭無聲，七日而亡。

郭氏，韓晉相之祖母，年二十八歲，孀居，安貧茹荼，奉姑育子，克盡孝慈，前縣主寧贈詩結匾以旌之，年至八十二歲而卒。

郝氏，程奇述之妻，夫亡，氏年二十一歲。子女俱無，出奉養翁姑，克盡婦道，守節五十二年。

趙氏，武生李魁園妻，遼州真陽公楫孫女也，性安嫻，二十二歲適魁園，越二載，魁園物故，氏蓬首垢面，哀毀號泣，勺水不入口，親隣苦勸數日，後複閉口，絕食而亡。青年烈風，志之以俟褒揚。

按，邑舊志所載，節婦僅祠祀五氏，迄今百餘年來，不無勢極貧苦，節凜冰霜，家際流離，志堅金石，足以風世勵俗者。其中已蒙旌表之氏，固芳流里巷；而未經獎賞之氏，止傳誦口碑。苟不時為表彰，則閨中之淑範，淪沒九泉之香魂，曷慰乎？故併紀於右。

流寓

石勒，本羯奴，少遊洛陽，倚上東門長嘯，王衍驚云："此雛有異志"。勒遂遁去，來寓於和之北鄉以農為業。史稱"勒耕於野，耳中時聞戰鼓聲"，蓋在此中乎？勒與李陽住處隔五里，因漚麻爭池，時相格鬬，二人勇力蓋不相下也。及勒據鄴，踐後趙大天王位，遣使召陽，人咸為陽危之，陽至，勒引陽臂，云："昔者孤厭卿之老拳，卿亦飽孤毒手"，授陽為將軍。人咸服其量焉。至今以石勒、李陽名其村。勒嘗有言曰："大丈夫當磊磊落落，絕不肖曹孟德、司馬仲達欺人孤兒寡婦也。"於戲，勒亦人傑也哉！

樂毅，靈壽縣人，燕昭王金台市駿，毅應聘，將兵東伐，下齊七十餘城。後以燕王聽齊人之間，別用劫騎代毅。毅懼禍之將及也，來隱於和之西鄉。其地逶迤幽窅，去縣六十里，遂家焉。至今村名樂毅里。舊志云："邑之姓藥者，皆其後云"。

孔傳經緯，奉祀生。聖裔六十八代孫，自六十二代孔真銀移居和順土地平，附紀於此，亦不沒聖裔所在之義也。

仙釋

麻衣和尚，姓氏不傳，惟以好着麻衣，即以為名焉。考寺碑云："此寺為麻衣上人修住於此，貞珉尚存。"且是上人昔在華山，相錢若水，人咸奇異之，因有《麻衣相法》流傳至今。然則麻衣為高人，此刹即為勝地也夫。

蓋聞豪傑挺起，生死不必一其地，顯晦不必一其行。故或畎畝而廊廟之，或山林而隱逸之，要其發跡之奇，安貞之吉，有皭乎其不滓者。他若托身方外，寄跡緇流，飄飄然有仙凡之別，亦令人流連低徊云。

【校勘記】

[1] 原文作"宏治"，考明孝宗年號，應作"弘治"。此書成于乾隆年間，為避乾隆帝諱而以"宏"易"弘"，今改之，下同。

[2] 原文作"太同"，今改之。

[3] 原文作"土魯番"，今改之。

[4] 原文訛作"崇正"，今改之。

[5] 原文作"生性生聰慧"，今據文意改為"生性聰慧"。

重修和順縣志卷之六终

重修和順縣志卷之七

風俗志

《禮》曰："一道德以同俗"，又曰："外和而內順"，此之謂盛德。古人之名斯邑者，其有見於此地之人情與？考之《通志》云："民儉嗇樸實，蓋由唐虞都會遺風尚存，且是邑處山谷之中，水不載舟，路難行車，商賈鮮通，止事耕鑿。又氣候先寒，臨秋而霜，入冬而雪，疲瘠之苦為三晉最。然漳水環流，太行挺峙，人才為山川之鐘靈者，往往間出，載在往冊，可考而知也。至若節序以覘習尚，祥異以示警戒，此又觀風問俗者，所宜加之意焉。"志風俗。

和順屬晉，古唐堯舊封，其民儉嗇，風猶近古焉。士人耕讀相半，安分自守，寧拘鮮通，無武斷之習，有古處之風。民人居萬山中，商賈不通，逐末者十之一二，耕鑿者十之八九。糠薙自安，有餘之家亦不離是。間有游手游食者，人咸訾詈焉。《通志》云："風淳俗厚，和順之名良不誣也。"

禮儀

冠，嘉禮之重者，《家禮》云："男子十五至二十皆可冠，擇日告祖，戒賓三加彌尊，已冠而字，成人之道也。"今廢。

婚禮有六，曰納采、問名、卜吉、請期、納幣、親迎。今和邑未能備禮，兩姓結親，止憑媒妁之一揖，間致有彼此搆訟公門者。玆黃公定庚帖為式，男家用紅柬，女家用綠柬，兩家互送為執。亦古人慎重婚姻遺意。

喪禮：三日小殮，四日成服，附身附棺隨貧富為豐儉，哭奠無時。葬後安魄地下，迎精返室，虞畢，祀諸寢。

祭禮：用木龕棲主，凡朔望、令節及生忌辰，有家廟者祭於廟，無者，薦諸寢。清明、七月望日、十月朔日，皆掃墓致祭。

節序

正月朔日，鷄鳴起，咸盥漱。爆竹燔火，設香燭供饌祭神祀，先家衆跪拜，尊長稱觴上壽，親友彼此往來拜賀。

初五日，各家掃塵土於五更，爆竹送門外，俗云“送窮土”。

初七日，名“人七日”，各家上墳拜掃。

初十日，名“寔子日”，蒸麫象禾穗以供。

十五日，上元節。里巷立社，蒸層糕，插連藁穀供神，逐門張燈火三夜，以祈豐年。

十六日，男女結伴遊行，俗名“走百病”。

二十五日，祀倉神，各家蒸穀麵團填倉。

二月一日，以灰週宅圍房。

二日，張燈照龍角。

三日，各社祀文昌帝君。

十九日，祀觀音大士。

三月，清明節，各家上墳封土，挂錢、紙具、香楮、醴饌祀祖。

旬五日，祀子孫聖母，設供演戲。

二十七日，祀顯澤侯。

二十八日，祀東嶽天齊大帝。

四月四日，祭合山懿濟聖母。

初十日，祀馬王，演戲。

十八日，祀泰山聖母，演劇恭祝。

二十五日，祀八蜡神。

五月五日，裹角黍，插艾葉，擊色線，飲菖蒲酒，佩雄黃蒼術袋以避毒螫。

十三日，祀關聖大帝，設供演劇。

六月十三日，於雲龍山祀大龍神，演戲。

十九日，祀觀音大士。

七月二日，祀后土聖母。

七夕，處女用瓦器生五穀芽，供牛女乞巧。

十五日，農人剪五色紙，挂地禳蟲，家供麻穀，拜墓祭祖。

八月，白露節，祀火德大帝，演劇，集會，祈禱神庥。

十二日，設供演劇，祀城隍尊神。

十五日，中秋節，備瓜、餅、酒醪，賞月。

九月九日，重陽節，拜賀登高。是月，各社擇吉演戲報土功。

十月一日，備香楮供饌，拜墓、焚送寒衣。

十一月，冬至節，拜賀新冬。

十二月八日，各家啜臘粥。

二十三日晚，備香燈、飴糖祀竈，翌日掃舍宇。

立春前期，縣主率屬各行結綵扮演，迎芒神土牛於東郊。立春日，祀芒神，鞭土牛，以送寒氣。

除日，易桃符、更門神，以助春光。爆竹除舊臈。是日多嫁娶，以為百神無忌。

按，《國風》十五："聖人獨許唐、魏為勤儉。"迄今讀其詩曰："職思其居，好樂無荒。"又曰："糾糾葛屨，可以履霜"，是質樸儉嗇，其性然也。今地猶是陶唐古地，民猶是陶唐遺民，苟為之上者，時加以節性防淫之政，安見獨異於古所云耶？

祥異

晉：太康二年五月庚寅，雨雹傷禾。永寧元年，自夏至秋，旱。

宋：太平興國七年八月，田禾隔二壟至五壟，合穗十有三本或二十一莖合為一。

明：正統六年，大饑。嘉靖三十一年，產白兔於窑村，溫紀獲之，進上，奉旨云："誠敬可嘉，賞二表裏銀二十兩"。隆慶三年七月，大雨七晝夜，漂衝禾稼，存無一二。神宗八年四月，雨雹傷稼。十一年，旱甚，人食樹葉。蒙賑濟銀一千五百兩，至秋稍熟。十二年，有年。懷宗六年六月十三日，流寇陷城，傷人百數十，上賑濟銀二千兩。

國朝：順治七年，蝗。順治九年六月，龍見於扒頭村，拔樹數十株。十一年六月，淫雨漂沒民田。康熙五年七月，西門街居民鞏宏泰妻宋氏一產三男。十三年甲寅正月至六月四日，始雨，無豆麥，秋禾大熟。三十四年，霪雨連月。七月二十三日，嚴霜殺稼。三十五年八月一日，嚴霜殺稼，大饑。三十六年，饑。四十二年，蝗。四十四年，龍挂東北。五十八年，大有年。六十年，地震有聲。雍正元年，大有年。三年，有年。七年，石盆煙雨，魚落地即腐。八年，地震。十三年，有年。乾隆九年八月十九日，霜災。十一年，有年。十六年，有年。二十一年七月，陰雨，二十八日，隕霜殺稼。二十三年七月二十八日，大風三日，百禾偃撲，傷穗。二十四年秋，霪雨、蝗蝻。二十五年，大疫，大饑。斗米錢五百。東鄉民死亡過半。二十八年五月二日，隕霜，傷苗。六月始，雨至，秋大熟。三十三年，秋八月，桃李華。

昔孔子作《春秋》，紀災不紀祥，示戒也。漢董仲舒治《公羊春秋》，始推陰陽，為儒者宗。劉向治《穀梁春秋》，數其禍福，傳以《洪範》。歷代諸史因之作《五行志》，以祈災祥之變。誠以天時人事，隨世徵應，休咎自見。神則陰陽不測，天則顯道厥彰，均平影響，殊致同歸。呂伯恭有言曰："和氣致祥，乖氣致異，二氣之相應猶桴鼓也。"覽斯篇者，庶幾常由德義以消伏災咎焉。

重修和順縣志卷之七终

重修和順縣志卷之八

藝文志

昔韓子《答李翊書》論文云："仁義之人，其言藹如"，若左氏、若《檀弓》所記尚矣。他如呂涇野、喬白巖、王虎谷諸先生，以及邑中文人、學士，或景仰先型多所紀載，或怡情山水形諸咏歌，以之黼黻皇猷，鼓吹休明，亦若景星卿雲，允堪絢爛於古今霄壤間也。志藝文。

賦文[1]

梁餘子養御　左邱明

晉獻公使太子申生伐東山皋落氏，里克諫曰："太子[2]奉冢祀社稷之粢盛，以朝夕視君膳者也，故曰冢子。君行則守，有守則從。從曰撫軍，守曰監國，古之制也。夫帥師，專行謀，誓軍旅，君與國政之所圖也，非太子之事也。師在制命而已，禀命則不威，專命則不孝，故君之嗣適不可以帥師。君失其官，帥師不威，將焉用之？且臣聞皋落氏將戰，君其舍之？"公曰："寡人有子，未知其誰立焉。"不對而退。見太子，太子曰："吾其廢乎？"對曰："告之以臨民，教之以軍旅，不供是懼，何故廢乎？且子懼不孝，無懼弗得立，修己而不責人，則免於難。"太子帥師，公衣之偏衣，佩之金玦。狐突御戎，先友為右。梁餘子養御罕夷，先丹木為右，羊舌大夫為御。先友曰："衣身之偏，握兵之要，在此行也，子其勉之！偏躬無慝，兵要遠災，又何患焉？"狐突嘆曰："時，事之徵也；衣，身之章也；佩，衷之旗也。故敬其事則命以始，服其身則衣之純，用其衷則佩之度。今命以時卒，閟其事也；衣之尨服，遠其躬也；佩以金玦，棄其衷也。服以遠之，時以閟之。尨涼冬殺，金寒玦離，胡可恃也？雖欲勉之，狄可盡乎？”梁餘子養曰：“帥師者，受命於廟，受脤於社，有常服矣，不獲而尨，命可知也。死而不孝，不如逃之。”罕夷曰：“尨奇無常，金玦不復，雖復何為？君有心矣。”先丹木曰：“是服也，狂夫阻之。”曰：“盡敵而反，敵可盡乎？雖盡敵，猶有內讒。”狐突欲行，羊舌大夫曰：“不可。違命不孝，棄事不忠。雖知其寒，惡不可取。子其死之！”

太子將戰，狐突諫曰：“不可，昔辛伯諗周桓公云：‘內寵並后，外寵二政，嬖子配適，大都耦國，亂之本也。’周公弗從，故及於難。今亂已成矣，立可必乎？孝而安民，子其圖之。與其危身以速罪也。”

趙文子與叔譽觀乎九原　檀弓

趙文子與叔譽觀乎九原。文子曰：“死者如可作也，吾誰與歸？”叔譽曰：“其陽處父乎？”文子曰：“行並植於晉國，不沒其身，其智不足稱也”。“其舅犯乎？”文子曰：“見利不顧其君，其仁不足稱也。我則隨武乎。利其君，不忘其身；謀其身，不遺其友。”晉人謂文子知人。文子其中退然，如不勝衣，其言吶吶然，如不出諸其口。所舉於晉國管庫之士七十有餘家。生不交利，死不屬其子焉。

送和順劉大尹序　王雲鳳　都御史

事易專，令易行，力易為者，惟治邑則然。而吾邑和順者，其境僻，無監司可否異同之奪其俗淳，無豪猾争論訶訟之擾；其地近而事簡，無車馬將迎、案牘叢挫之苦；其民貧而用嗇，無衣食靡麗、世祿僭擬之患。故往時諸君子惟以賦貢不時集為念，餘則皆優。遊宴笑之日也。是不亦事之尤易，專令之尤易，行力之尤易為者乎？然則令於斯者，宜多繡譽芳聲之士，足以聳世觀聽而壯人志意者矣。吾閱之志記無聞焉，詢之父老無聞焉，豈其邑之不顯而賢有司者之不至耶？抑習於暇逸，盖不知奮往者，無可法來者，無所感而然耳？其亦賢有司者之難逢也。每思得高才遠識、通曉治體之士，如古之良令者，始於察吏胥之因緣欺獘，而惠小弱、憫煢獨、興孝弟、作禮讓、清徭役之濫、勤士子之課，嚴二氏之禁與？凡申明旌善，養濟醫學、陰陽之亭院局者，皆有以覈其實而不徒具其文，私懷耿耿，積以歲年。薊州劉君以鄉進士謁銓部得和順令，嗟夫！天子施德澤、頒政教於九重之上，奉而致之民者，州縣之吏耳。古之言良令者，曰卓茂，曰仇覽，爵顯當時，名垂後世。今誦其德、想其人，若邈乎？其不可及矣！彝考其行事之迹，則茂視民如子，舉善而教其效，至教化大行，道不拾遺；覽勸人業農，子弟就學，其效至於期年，大化感逆而為孝，是豈非人之軌範哉！然世屢降益下長民者，簿書期會之外，有以撫字教化為事者，人必以為迂而笑之。自持不堅，久而必懈，茍非吾所謂才高識遠、曉達治體之士，惡能自拔於流俗而有為哉。若君者其人乎？程明道為晉城令，條教精密而主之以誠心。漢章帝亦厭俗吏之矯餙外貌，取劉方之安靜不煩。然則虛文無實，多事滋擾者，又為令者之所戒也。

上楊太宰書　王雲鳳

山中屢聞忠讜之言，近者留王昂一疏，尤為人所傳誦不間。唐介初貶之時，潞公有此也，執事於是乎加人一等矣。然介雖貶，未久而復其殿中侍御史。今王昂既不獲還之青瑣，則推薦超陞在執事筆端焉耳。他日秉史筆者書此一行，豈不足以照耀今古哉！每恨李文達近稱賢相，然惡羅倫，淪落以死，擯斥岳正，坎坷終身，極貪之陸布政，反不次超擢。今文達之富貴安在哉？一時快意可署也。前輩影樣之多，後人是非之公可畏也，一人私情可署也。天下指視之嚴，史氏紀載之實，可畏也，一身極榮極富極貴可畧也。每日光陰之易去，過者不可復，補百年歲月之無多，來者未必可追，可畏也。且用舍之間，士風所係，扶持正人則善類至，而士風以振；進獎邪人則善類沮，而士風以頹。惟雲鳳於執事可以此言進，故不復忌諱。今承薦剡授雲鳳以都御史，但今兩耳皆聾，調治不瘥，只當耕田納稅為畎畝之閑民，養親讀書，忘歲月之不我，豈有夢寐更着冠束帶耶？伏望周旋其間以必得遁藏為幸，縱猿鹿於林莽之外，投魚蝦於滮淠之中。雲鳳未死之年，皆執事之賜也。

別知賦贈吾友王陝州 樂平 **喬宇明** 少保吏部尚書

巍哉太行之嶙峋兮，盤厚地而坱圠；枕三晉而控燕齊兮，萃扶輿之滃渟；中峻迤為虎谷兮，窺上黨而嶭巀；藹修姱於若人兮，瓌淑姿而秀拔；欝疆理之相望兮，屹北巘之横岡；前石龕而後栢巖兮，曰吾與子之舊鄉；曼余目於寰區兮，周流四方久乃下；觸世路之崎嶮兮，藴素修而莫寫；舍結愲以延佇兮，爰締盟而要之；悵吾道之弗返兮，諒伐木之在兹；揖東皇而導文昌兮，遂騁步乎曲江；啓閶闔以箠籍兮，寤委質於遭逢；聽鏘鸞而待王螭兮，充下位於南省；鑴江蘺與芳芷兮，佩夜光之耿耿；幸朝夕以輔仁兮，繙載籍以校文；心怦怦而亮直兮，匪吾人其誰敦？何浪跡之靡處兮，怊惝怳而多虞；辭京洛以載入兮，迭日月而居諸；邈正學之湮淪兮，羌永嘅乎遺矩；摭微言而奮力兮，共條分而析縷；末俗日以工巧兮，兢呪訾而詭謾；指迂狂以嘲誚兮，曰非哲人之所安；步踽踽而徑趨兮，言侃侃而不惑；苟余分之當然兮，又奚較孰失而孰得？排異端而昌言兮，邁允踐於厥躬；怒汗顔而洟沕兮，固余心之所同；荃蕙化而雜揉兮，紛魚目之混珍也；情悄悄而介立兮，欝孤憤之莫伸也；遡豐隆而上征兮，叩帝閽以懲艾；皇穹亶無私阿兮，囿萬物而無外；雷霆倐鼓以威兮，忽雨露之沾濡；殆苦心而抑志兮，彼焉知造化之所如？羞瓊枝以戒行兮，葺蘭茝之初服；忻順受以康樂兮，匪愆尤之是贖；出國門而南騖兮，指甘棠之遺墟；帝重念此烝民兮，簡賢勞而受圖；竊儃佪以鄗廱兮，曶曶其塊處也。恫麗澤之漸達兮，思好修而莫吾與也；淑景轉而思春兮，撫白日之衆芳；旆旌搖搖不可止兮，意緯繣而難忘；雲屏屏而結蓋兮，馳余情以求索；覽蓬瀛而歷崑崙兮，隨上下之所適；惟人生之大節兮，曰行義而不頗；嗤彼氓之栗斯兮，沫襲愆而終訛；乘嘉運以遠游兮，豈君子之獲多？輕陰砉而有痻兮，雖外處其亦何？嗟孱余質之恂愗兮，憫悟道之不早；窮年矻矻而未得兮，恤役心於辭藻；中忉怛而外觸兮，聊徙倚而遐思；會晤不可常眷眷兮，嘆中道之分歧；余固知曉曉而無所用兮，惟知我者之難得；往事既莫余追兮，庶來今之不忒；莽悵悵而欲有贈兮，具前修之格言；尚崇德以永譽兮，矢斯盟之勿諼。

都察院右僉都御史王公神道碑　喬宇　譔

歷觀自古國家皆有碩大閎偉之材翊贊化理，而其生也，必於至治極盛之際。蓋天地醇粹之氣，於時而會其鐘，於人則賢才出焉。辟猶時雨降而景雲興，谷風至而嘉卉作，此理之當氣化自然者也。然國家重熙累洽，至憲宗、孝宗之世，其治極矣。當是時，海內鉅公偉人相繼而出，若吾友都察院右僉都御史和順王公其人焉。公諱雲鳳，字應韶，曾祖珍、祖義俱贈戶部尚書，考佐累官南京戶部尚書。曾祖妣周氏、祖妣張氏、妣馬氏俱封淑人。公幼有異質，六歲時，尚書公與坐客論《易》，及馬為行地之物，公在傍問："何者為行天之物？"客曰："汝試以意言之。"公曰："得非龍乎？"一坐大驚。

成化癸卯舉於鄉，甲辰登進士第，丁未授禮部主客主事。公自知學即以古人為師，痛排流俗卑近之說，力行聖賢遠大之方。嘗讀《史記·項羽傳》，至沉船破釜，持三日糧示士卒必死無還心，因嘆曰："學者設心要當如是耳，不然其能有成者鮮矣。"自是持志益堅，而進學益銳，慎察於言動謹肆之間，詳審於取舍義利之辨。琉球貢獻使臣以金為饋，公謝却之，弘治[3]庚戌，撒馬而罕貢獅子至，公言於尚書耿公，侍郎倪公、周公，上疏乞差官宣諭遣回，朝廷從之。歷祠祭員外郎、郎中。丁巳春，以各省災異詔令百官言時事，太監李廣恃寵專勢，權傾中外，羣臣莫敢有言。公乃獨具疏劾之曰："近者災異疊見，亢旱為虐，皇上特降勅旨博詢芻蕘之言，臣竊有所見，不敢緘默。臣聞太監李廣者，竊威權，通賄賂，引進黨類，嗜進無恥之徒悉走其門，大壞士風，濁亂綱紀，結托外戚，相倚為奸。今內外臣民疾之入骨髓，獨畏其赫然之勢不敢盡言以告陛下。衆心所向，天心必鑒，災異之來，寔由於此。故臣以今日弭災之急務，其有過於論李廣之罪者？乞斬廣以洩神人之憤。"疏入，留中不報，由是公之直聲震一時。廣啣之，甚欲中傷，以事羅織，久之無所得。是歲十二月朔，駕出省，牲回，公寔以禮官從至郊壇外乘馬。廣先已令人伺之，遽取公牙牌以去，是日詔下公入獄，尋降知陝州。戌午冬，廣敗，在朝之士爭言公前劾廣被誣狀，且荐其賢，陞陝西提學僉事。公之教人，先德行而后藝文，其語學者曰："聖賢之道雖多端，然其切要不過復其本然之性得於天者耳，必先立志以堅。夫趋向之正，主敬以養其清明之氣，讀書以究其事物之理，慎行以致其踐履之寔。明義利之辨，謹隱微之際，勿慕高遠而忽於日用之常，勿涉詭異而出乎人情之外。"士之聞者皆翕然感動。其他條約禁導之方、舉措變化之術，尤多注意。辛酉轉副使，整飭洮、岷等處邊備，邊郡軍戍，番彝錯居互處，故狃驕縱法，馳令格。公至則皆惴惴畏恐無敢干犯者。甲子，以都御史邃菴楊先生薦，仍改提學。

正德丁卯，遷山東按察司，正己率物，奸弊無所容。前時諸色人往來司中者，一切杜絕。禁吏胥輩非公事不得出入。詢府縣官能否有怠事病人者，輕則戒諭，重則逮訊，風采凜然。甫半歲，丁馬淑人憂以去。己巳冬，服闋，起為國子祭酒。時教法隳廢，士習偷惰。公痛懲之，士初或不堪，既而自厲，率公之教。庚午，改南京通政，右赴移告以歸。壬申八月，陞右僉都御史，巡撫宣府地方，以病辭，不允，廼起就職。邊人素苦鎮守將佐侵暴，聞公來皆讙然曰："我輩今幸有主矣"。宦官攬納軍需，遣左右取償民間，各懼而遁去，稍緩者衆憤而毆，幾斃，罵曰："汝輩復敢藉官勢乎！"公至鎮，號令嚴明，罷將官占役軍卒，革權貴私借戰馬。穀價貴，因請增折銀價以足軍食，凡軍官贖罪，悉令入粟。不數旬，積米逾萬石。士大夫聞之，皆服公威望才畧果可大用。

公雖在外，然恒有澄清當世之志，感時多弊政，乃具疏論之，其略曰："今生民益窮，盜賊迭起，京師倉庫空虛，各邊軍食盡缺，傳曰'窮則變，變則通，通則久'，當此窮極之際，正宜變通以為久遠之計"。因條議省民財、復久任，"二事既行，則若光祿供應之濫、添差內官之濫、傳奉陞官之濫、錦衣陞官之濫、內府匠役之濫、奏討地土之濫、權要囑托之濫、馬匹船隻之濫、文職官員之濫、工部民匠之濫、京軍食糧之濫、各邊軍伍之濫、驛遞應付之濫、均徭銀兩之濫等項，臣尚能一一言之，不然則千言萬語皆為虛文，後來之事將不止如今日而已，臣請徒步歸山以俟餓死溝壑耳。一省民財，臣嘗聞堯告舜曰：'四海困窮，天祿永終。'歷考前代無非因上下好利，財盡民窮，海內愁怨，盜賊蠭起而馴至不可捄，乃知聖人之言萬世之定論也。以臣所見，二三十年以來，內外清介之士可數者不過數人，大抵太監之貪過於公卿，公卿之貪過於布按，布按之貪過於府州縣。上下成風，日甚一日，私門之財日倍於往年，而公家之用日竭於往年，士官之富日盛於往年，而百姓之窮日盛於往年。財安得不匱，民安得不窮？宋臣有言，'用財有節，天下雖貧，其富易致也；用財無節，天下雖富，其貧易致也'。伏望陛下以天下之富為富，不必積之府庫，然後為吾之財，躬行儉約為天下先，凡供用施予一切禁罷，明詔天下，令內外大小官員若有交通賄賂、圖謀陞用者置之重法。一復久任舊制，天下官員皆九年為滿方得遷轉。其布政、知府、知州、知縣亦有九年考稱不陞而仍復職管事，有至十四五年甚至布政、知府有二十餘年者，皆安於其位，惟俛首盡職而已，是以民隐悉知吏弊難作。自正統、景泰間，添設巡撫而布政之陞始速，然猶有四五年者。自成化初年，以進士補縣，行取風憲而賢良之令無四五年在縣者，甚則布政不數月或未到任則遷巡撫，知府二三年即陞副使，知縣二三年陞府通判。又有知縣陞主事，知州陞員外之類，品級相去不遠，賢能不得成功。又陞遷不計道途遠近，如右布政越數千里陞左布政，一省州縣名數尚未周知，復陞巡撫於數千里之外，坐席未暖又將顧而之他，且年勞無一歲之差，人品亦相等之輩，致驛遞應付州縣接送，彼往此來，交錯道路，送故迎新，不勝其費。居官之日歹少，監司、有司上下相視，有同過客，膏澤不下於巖穴之民，號令不行於奸頑之吏。一應之弊，皆從此出。乞議復舊制久任，使令可行，若以目下各部侍郎及巡撫、都御史、主事、御史，缺人為說，意在京事簡。衙門即有員缺，亦無廢事官，不必備惟其人，務各安其職，而無苟且之意，則民生幸甚。”識者觀公之言，於是乎見其有志於天下之事矣。已而丁尚書公憂，疏不果。上乙亥服闋，朝臣交章論薦。八月，復除右僉都御史，清理江淮鹽法。公度時不可為而道不能用，遂陳乞致仕，命下，促公受職，公再疏力辭，始得俞旨，俟病痊起用。自是公不屑於出，蓋自知與時不合而時亦不能必欲致公也。戊寅七月某日，卒於里第，享年五十有四。配李氏，封安人。無子，女四人，長適周監生，子守約；次適寇都御史，子敦、子陽；次適閻僉事道鳴，子徵甫；次適馬監生勤，子繼儒。

公自號虎谷學者，因稱“虎谷先生”。公為文雄渾嚴潔，持論一主於理，力剗冗熟蹈襲之弊，善古歌行，選體俊逸、健雅、清奇，夐拔流俗，工篆、隸、大楷，而猶長於八分書，所著文集若干卷藏於家。性素剛介英邁，嚴於嫉惡而勇於趨義，是以利害莫撓乎心，通塞不易所守，其平生大節偉如也。然公既以是齟齬於世，使善人志士喟然惜焉。意者時必終復而德益遠到，庶將試夫經濟之才澤於斯人，究其高明之學，遺之來哲，廼又不假以年，奄至殄瘁，故天下之士尤悲之。若廼考其行而論其世，蓋庶幾乎。近代豪傑之士，其名於天下，後世可信不疑，公於是乎亦可以無憾矣。余與公生同鄉，仕同朝，又辱公以同志相友，責善輔仁，最久且厚。懷念疇昔，使我心惻，故纂公事蹟，俾其從弟國子生雲鶴，揭於隧道。

銘曰："於維王公，才匪迂儒，下睨卑近，高騖遠驅。騫於郎署，士譽推重，獨蹈兇錟，孰過其勇？敷教西土，文源式闢，司憲東邦，奸竇乃塞。偽却怠奮，善漸國子，暴柔擴伏，威讋邊鄙。凡百絕人，維公之餘，積道崇德，實富厥儲。公匪辟世，世莫知我，一邱一壑，豈曰弗可。龍潛麟隱，尚企其徠，天不慭遺，云胡不哀。年僅中旬，後亡嗣裔，祇數之運，降命匪戾。沒不足恃，年亦有盡，公所自立，萬世不泯。伊公之慰，匪公之悲，刻文隧道，以永厥垂。"

虎谷王公墓志銘　門人高陵呂柟譔 明狀元

嗚呼！虎谷先生有作人化俗之文，有安邊戡亂之武，有因時明禮之才，有援古修樂之具。其提學關中時，柟為所造士，親見儀範，身奉教約，雖使顏、孟設科，無以過之。當其志，固欲使天下人各得其所也。及柟為修撰時，嘗同河內何粹夫謁先生，因講馬陵注，不合何子少先生，而先生後當轉官，首讓何子於朝堂，其志固欲使天下賢者盡其用也。嗚呼！先生古睿聖之徒，乃今已矣！將天下不欲斯人之有知乎？嗚呼，痛哉！

先生年十九歲，成化癸卯鄉舉。明年甲辰舉進士。丁未，除禮部主客司主事，即清忠效官，獨立不懼，無故足不躡公門，不赴無名飲晏。或謗其矯激，久亦自息。時憲宗弗豫，禮部沿舊舉醮。先生言於部尚書周公洪謨，曰："祈禱固臣子至情，第行佛老於宮，非禮，若為壇於南郊隙地。”大臣率属禱於天，三日可，乃不克用。弘治庚戌，吐魯番[4]貢獅子，先生商於司郎中，欲却之，不從，遂袖藁以見於部侍郎周公經、尚書耿公裕，皆然之。司郎中怒，乃又婉轉與語，疏入得允，天下傳為盛事。辛亥，陞祠祭司員外郎。乙卯，部尚書倪公岳因災異倡府部院官疏弊政，用先生四事草：一懲邪慝；二禁給度；三停減齋醮；四設處宗室。言甚剴切。丙辰，陞郎中。他日，倪公默語先生曰：“朝廷必欲度僧，奈何？”先生曰：“當力爭之。”曰：“勢已成矣，可奈何？”先生乃疏列千餘言，三上，皆不報。僧道通中貴者，謀欲普度，撼以危語，先生不動。久之，旨下。度僧不多，而逃軍、囚犯不與。時人皆喜其有回天之力。時太監李廣與壽寧侯表裏通惡，怨徹中外，人莫敢言。先生乃又獨上疏，乞斬廣洩神人憤以弭災變。廣怒，令道士設醮咒死術以舒恨，亦不驗，乃令校尉數伺先生出入。十二月朔，聖駕郊天看牲回，誣以駕後騎馬，下錦衣衛獄。先生被罪，從容有詩題獄壁。蓋充養有道，見危授命者如此。戊午三月，謫知河南陝州。命下，怡然就道。比至，問民疾苦，興利却害，惟恐後。州城高阜，井深二百尺，民難於水，乃勸富僧通唐人長孫，操廣濟渠水入城，民皆踴躍。日受百狀皆與別白，匹夫匹婦得言其情，口訊手判仍應他務，人以為有劉穆之風。沈姓兄弟因甕争訟，買甕遺之，兄弟感謝。屬邑靈寶有誣民殺夫有其妻者，邑吏鍛鍊成獄，先生察得其情，并其妻皆出之。尚書許公進之侄犯法，亦治如律。許公稱為真君子，謝其相信之深。雨雹傷禾，乃單騎遍勘村落，穿林入谷，晚宿民舍，自出米菜食之，里老亦自裹糗糧以從。每摧徵，嚴令禁泒，里老不敢求索。乃有勢豪謀利病窮民者，則痛治之，以戒衆。而又表賢者之閭，講朱程之學。毀僧尼寺以正風俗，拆太山廟以給學田。於是士民翕懷服膺，擬諸古循良吏。己未冬，朝覲南京。科道官上疏言先生及布司周瑛等，經術氣節，撫字鋤強，才行政優不凡，欲照天順四年例，賜衣服楮幣，宴於禮部，不果行。十月，李廣因先生刻奏，漸疎於上，懼誅，飲毒死。吏部員外郎張綵及鴻臚寺丞俞琳、編修劉瑞、御史張天衢皆上疏乞窮李廣買官鬻爵之獄，獎先生之犯顏敢諫，以慰人心。閱月，乃陞陝西按察司僉事，奉勑提督學校。道過陝州，父老擁輿號泣，如別慈母。自卯至巳，始獲出郭。至則教人先德行，後文藝。鋤刁惡，拔信善；崇正學，毀淫祠。學正肅清，三秦風動，豪傑之士莫不興起。辛酉，陞副使，奉勑整飭洮河、岷州邊備。州雜彝俗，頗乖禮法。乃申孝弟，革宿弊，所按部贓污官吏，有望風而逋者。軍法嚴明，邊卒悅畏，西烽不警。其條疏入事并禁約三十餘事，皆可常行。甲子，考績都御史楊先生用寧及御史季春交薦其賢，乃復改提學關中。士子相賀曰："王先生復來，後學得依歸矣！"於是，士子益自策厲，甚至有騈肩接踵向往於道。駸駸乎，復漢之舊者矣！是時尚書馬公文昇柄銓衡，因馬儀之士為憾，有磨氣之說，先生聞而作《神劍詩》以曉之。

正德丁卯，陞山東按察使，關防凜然，不敢犯。雖同僚有事乖理法者，亦必曰："慎勿使先生知。"衆嘆服曰："王公非今之按察也。"即縣吏之賢否博詢訟者密記之，以行獎責，一時畏若神明。時劉瑾專橫，因前官事，陰使校尉至山東緝訪，一無刺舉，事因以寢。八月，丁母夫人憂歸。明年，吏部尚書張公綵欲起復先生為尚書，力止之。己巳，服闋，陞國子監祭酒。先生始被命，欲堅辭。有友遺書言："執政者，誦太祖寰中士。夫不為君用者，當殺身滅家"語。於是，先生父大司徒公曰："吾老矣，汝置我何處死乎？"不得已，收拾平生詩文付門生。周朝著藏之泣而就道，至無所餽，瑾怒，欲重以禍，竟不能得而罷。時國學教廢，先生朝夕講說，約束大嚴，誹謗四出。值瑾苛，時人皆危之，先生不為動，六舘士子卒感服先生。欲更六堂名，曰："主敬窮理，修身修道。"教諸生讀《小學》以上達。瑾聞，怒曰："王雲鳳亂成法，欲代刑死耶？"先生以道不行，怏怏求去。會瑾下獄，遂上疏乞致仕。時相有忌先生者，乃改南京通政司右通政。先生復上疏，陳乞准回原籍養病。壬申，御史楊邦正、通政使丁公鳳、都御史石先生邦秀交薦其賢，上命巡撫宣府地方。先生上疏以疾辭，不允。乃上楊太宰書稿傳京師，人爭録誦。先生再欲辭去，尚書公迫之，行不獲已。奉勅之鎮，豪猾久攬粮草者，聞風遁跡。至，便宜從事，將官犯法，依律重輕罰米至萬餘石，用足軍食。先生號令嚴明，法度整肅。自參將以下，頤指氣使莫或敢喘息。練習軍士，率有紀律。日戒諭，防衛如賊在，敵畏，不敢輕入。北門鎖鑰，時論歸之。兩閱月，丁父尚書公丧，歸，將士遮道感泣，有饋以香帛者，不受。乙亥二月，服闋。八月，除職如故，清理浙江鹽法。先生上疏乞致仕，疏入，不允。且促使供職。先生復上疏，推讓賢能，懇乞致仕，上不允，准養病，病痊起用。先生曰："吾志遂矣！"

先生生而神氣清澈，舉止端重，異羣兒。年十一歲，與鄉人立，適妓女過，拜而荅。同舍生或借其扇潛與妓女，赴人宴。先生知之後，以扇還擲之地，下至，或截其袖。同舍生慚，取他扇償之。少年趋向之正，即異流俗類如此。長益刻苦自厲，穎悟出群。六經、百家言一誦輙不忘，文章頃刻立就。二十登進士，相職以花紅迎賀，却之，曰："惡用是炫耀為哉！"衆嘆其不可及。觀戶部山東司政時，廣東陳白沙、陝西薛先生顯思負重名，及門者尊之若程朱。先生聞其言論，評之，人以為允。先生負經濟之學，以堯舜君民為心。天下想見風采，累辭不出入，以道未大行為恨。天資豪邁，狀貌魁異，智識卓越，器度宏遠。博學力行，以聖賢為標的；居無惰容，自少至老如一日。常曰："一息不敬便與天道不相似，理明義精，視國家民生利害痛切於身。"遇事敢為機動，矢發無留礙。一有弛張，上下響應，雖權力弗能齟齬。臨死生禍福之際，有定見，不苟趋避。守官清介，人不敢干。以私歷仕三十年，治行可採旌擢之典，獨後於人時論稱，屈恬不動念。拜官力辭再三乃已，一不得志即奉身而退。人以進退合義為稱。尤篤孝友，執親喪勺水，三日不入口，卧苫枕塊，哀毀骨立，妻妾不同寢處。有父在，一衣不私製，一錢不私蓄，人以為難。自負獎拔善類，始終不踰。疾惡甚嚴，不少假貸。家居屢空，茹蔬衣敝，恬然自樂。門庭內外斬斬，五尺童子非禀白招呼不敢入。宜人李氏，貞順莊謹，先生相敬如賓。邑宰有貪酷者，不時戒諭。里人困苦，恒注意區處之。或誣罪至死，力為白於官，得出。後學執經問難，語之諄諄忘倦。與人接，貌莊氣和，言與心孚可畏，而親談當世事，至綱紀不振，即感慨泣下；及奸臣貪官，怒氣勃然，鬚髪亦奮有搏擊之狀。憂國之誠，老而彌篤。或杖竹於門，跨犢於野，不改布衣時行。農夫見者嘆息曰："此人入朝，天下受福。"然不理於讒佞之口，乃信於愚樸之民。天理在人心，有不可得而泯滅者如此。於書無所不讀，尤邃性理之言。書法真草隸篆自成一家，端勁如其為人。四方人多求之文，有氣力不假雕刻摹倣而出入古格，滔滔不竭。詩賦亦清奇古雅。所著書有《小學章句》、《博趣齋稿》、《四書私記》若干卷。先生為學守敬義，事君秉忠誠，功業樹中外，聲名滿朝野，道德文章政事皆可擬之古人云。

先生諱雲鳳，字應韶，世居山西和順之虎谷，因號焉。父諱佐，南京戶部尚書；母馬氏，誥封淑人，感奇夢生先生，生於成化元年乙酉七月二十五日戌時，卒於正德十三年七月二十二日亥時。配李氏，誥封安人。女四，一適同邑監生周孟霄，男周守約；一適榆次寇都御史天叙，男寇陽；一適太原、陝西僉事閻鐸，男閻徵甫；一尚幼。銘曰："嗚呼！虎谷先生，志欲行道於天下，而位未會，當非時邪？然亦有小試矣。由今言之，又不可謂不試也。嗚呼！虎谷先生！"

虎谷祠堂記　滇南孫繼魯 山西大參臬憲巡撫

惟公出處大節，高陵呂太史公柟、海鹽徐太守，咸有志銘，名臣錄無容喙，惟張綵事似微詞恐滋惑，魯懼其滋惑也，每以綵事質諸聞人，僉云公在正德年丁母馬夫人憂時，綵幸逆瑫瑾驟吏部尚書。綵，關中人，公故提學僉事，洮岷兵備提學副使俱關中，風裁表表，豈唯縉紳介胄，雖草澤巖穴亦稔知獨綵乎？綵以讒慝獵通顯，欲得馨香重望，如公與虛齋蔡公清輩，以鎮壓人，固石亨薦吳聘與弼類也。公誦法孔子，同虛齋督學，正德時同虛齋一時進祭酒，同虛齋何忝聘君，公委質久，似白沙陳公獻章繫監生籍，與聘君韋布，殊聘君願觀秘書不受諭德，白沙繫監生籍，不辭檢討。公自按察使委質受祭酒易地皆然也，況白沙以母思乞還鄉，公以父廹泣就道，公無忝白沙，白沙無忝聘君章章矣。聘君不浼於亨，公獨浼於綵乎？由今觀之，公堅不磷白不緇似薛文清公，瑄公祭酒，至無所饋，瑾怒，欲重以禍，不能得，似文清公在大理卿時不諂中官王振，文清公自失大理家食，起入內閣，猶公自改通政，養病薦陞巡撫邊方，公後力辭蒞政副都御史，遂不起視，文清公力辭宰執，高朗令終不甚懸絕，故海內識不識，今供傳為青天白日云，或者於公之剛介寡與也，厚誣而不韙之，倘亦有私憾之意乎？記虎谷祠堂以俟後之君子。神宗五年三月望日。

金馬公德政碑　邑人　嚴坦謨　進士

夫為民而置吏者，君也；賴吏而治者，民也；受君之責導民之善者，吏也。吏得人則法平政成，不則王道弛而敗矣。故《詩》有“伐檀”之刺，《易》興“覆餗”之譏。大抵賢者在位能盡其治，則民賴其利，物荷其恩矣。若使無能而蒞官，非才而守位，與夫不學操刀，弗貫登車者，製錦思獲，又何暇焉？《書》云：“無曠庶官，天工人其代之”，此之謂也。故明主不敢以私授，忠臣不敢以虛受。然古者治官之法，以九德察其偽正，三考定其黜陟，或辟以四科，求之數路，皆冀得其人也。奈何臧否混淆，幽明雜揉其間，得人者寡，失人者多矣。

國朝懸爵待賢，重祿勸士，選用清白，任從政者為親民之吏。親民之吏，莫急於諸縣之寄。諸縣之寄，出宰百里，民之師帥，所使承流而宣化者也。若師帥不賢，則主德不宣，恩澤不流，與姦為市，民受其殃。所以唐馬周曰："欲令百姓安樂，惟在縣令。縣令既衆，不能皆賢，須妙選其德而擢升之"。然而自古以來，能以化治見稱者幾人而已，惟馬公，諱克禮，字和甫，中都人也，東漢伏波將軍、新息侯文淵之苗裔。大定甲午歲夏五月恭受宸恩，出臨山邑。公下車之始，振舉前綱，剔釐弊政，可則因之，否則革之。夙夜惟寅，恒如不逮，惟公生明，以寬繼猛，聽斷以法，無好惡之私，照察情僞如神明之鑒，使愚盲之夫安生而得所，權豪之子遁迹以吞聲。其奉法循理，不矜功，不伐能，撫字有方，勸課有術。不為利回，不為義疚，專以德化為理，不任刑罰，下亦無犯。圜扉茂草，使夫蓬樞甕牖之士朝行暮徹，家絃戶誦，而人蒙其休，物被其澤。政平訟理而無嘆息愁恨之聲，則其功效豈淺淺而已哉！公之為人，奢儉有度，剛柔適宜，德行溫淳，文章茂美，博古通今，學優則仕。其廉也足以比冰玉，其平也足以擬權衡，其忠也足以事君上，其孝也足以奉祖先。是以三載之間，教化大成。一境之民，視儀取則，去貪遠罪，熙熙然安其田里，皆表倡之所致也。

昨於大定十六年秋七月，民田欲稼，既方既皁，不虞有螟螣蟊賊而害其田，衆皆蹙頞而相告曰："家無餘粟，倘值兇荒，奈何奈何？"公乃潔齋致敬，掃地為壇，禱於漳水之濱，少頃，雷雨暴作，三蟲皆滅，田不為害。及八月，百穀將成，既堅既好未刈未穫。俄然大風暴起，拔木飛沙。民曰："昨免蟲害，今又風災，凶年饑歲，不免於死亡，如之何其可也？"公曰："闔境民憂皆我之過。"乃屬文罪己，躬率父老祭之，良久風頓息。民喜曰："田雖微災，北之鄰境，十無一二，舉歲無轉壑之憂。三農有卒歲之望，斯咸公之德、神之靈、民之福也。"

自甲午五月公到任至丁酉五月已逾一考，惟恐有遷除之報。閤縣居民郭祥等一千餘人連名狀告，留公久任。公乃謙遜而謝曰："某上以負朝廷之委，下以為小民之病，既無異政奇才，又無深恩厚澤，何復區區而以狀舉留耶？況汝等既係農民，徒勞拘繫，有妨田事，逑令還歸。"其郭祥等欲赴州告留公，再三勸諭終不令往，其隱德晦能也如此。美哉公乎！仁愛則杜詩、召信臣，德化則魯恭、張允濟，威信則王渙，嚴明則任峻，功迹則衛颯，感應則童恢。此數君子，自漢、唐以來，皆能以守令見稱者，於方今馬公朝列何優何劣？是以民樂其政、歌其德、沐其恩、服其化。咸曰："公之治迹無能以名，莫可得而報也。恐後世無傳焉。如能使百代之下聞其德如見其人，豈不美哉？"命工刻石以記其事，示民感戴之不忘爾。大定己亥九月之令日。

邑侯李公德政碑　邑人　曹文炳 庚子舉人

太行一帶多疲邑，獨和順為最。官斯地者，成民致主，蓋難兼之。故縣誌書載名宦，自金、元至明時，屈指纔十人，德政碑惟大定[5]中馬公克禮有之。若此者皆所稱慈牧，循良如望父母者也，何以四五百年不數數見也？惟我皇清定鼎，履畝減稅，清問民間，承乏茲土，已六七大尹矣。申除驛苦則有柏鄉常公，請蠲荒粮則有登封劉公。此雖善政一端，至今士民思慕不置也。戊戌歲，李公來守和，覩茲百孔千瘡，諸務廢紛，思與維新焉。雖然宰官救時為民起見者何人無之，特患寡於成效耳。己亥七月，大風傷禾，公虔禱具牒於隍神，其風立止。今有榜記於廟中，縣之災祲連十餘年矣，自公下車，歲漸登稔。庚子之秋，又臻履豐云，和氣致祥。謂非有以迓之不可。前此甲午霪雨，賓凝門崩，當事者因陋就簡而已，公聲色不動，閭左不煩，百雉屹如晏如也。學校傾頽，鞠為茂草，自繼元李公後無有補葺而嗣其美者。公力為創興，科名因之崛起。其詳俱勒孔廟諸碑且也，詐民財者鈎拑也，浚民膏者贖鍰也。公則裁巡路革紙穀，使四鄉之民胥不譁門，犬不夜吠，繼此將有涕泣而誦者矣。僅思云乎哉，甚可幸者，和邑大害在柏井一驛。自常公申除之後，旋為樂平扳告照常走馬，公灑赤千言，為民請命，協銀不協馬。已奉諭旨。民以甦生，若夫催科，不忍鞭樸，大著仁慈，勅法先鋤強暴，衆服嚴明，日用惟具蔬粟，寔見清操。夫且陳新相易賑乏絕，因以便積儲也。養老尊賢敬有德，因以寓激勸也，皆所謂為民起見而有其成效者也。今以三年奏最擢山東濟寧州守將，奪公去。噫！前公而去者有其人矣，後公而來者亦有其人矣。大定迄順治上下四五百年，特立此德政兩碑也。前此者可思，後此者尤可勸也，勒此公門為峴山片石不亦可乎？公諱順昌，字燮五，直隸保定府新安縣人，丙戌科舉人。並記之。

重修和順縣學記　明　薛亨譔 山西提學

甲申秋仲，余東出平定校士，轉太谷赴遼、沁，和順與焉。其縣在遼之北，樂平之南，萬山環列，土瘠民貧，士生其間者類多質樸儉素，前有虎谷王先生以文章氣節雄晉右，余自束髮時即仰之。知有和順名，意為鉅邑。及抵此考士，僻在一隅，庠生又僅僅數十人，益信十室之邑必有忠信，人才不擇地而生，如此且得一虎谷，和順名與晉鉅邑并著。則人之傑者誠不囿於地，地之靈者恒以人而顯也。今虎谷如故而人才不及昔，豈地力有限與？抑人為不力與？

邑令寧夏李君繼元蒞任謁廟見先師與啓聖殿多頹，兩廡牆壁亦壞，神牌矮小，供桌欠整，且名宦、鄉賢舊無顓祠，每遇二祭，止設布帳完事，心甚憫之。因詢其故，諸生謂地疲年荒，宦游者罕樂久居，遑念及此。即欲修理，如庫倉空虛何？李君慨然曰：“學校係根本之地，脩葺乃有司之責。”此地近山有木可採，此舉近義，雖勞曷怨，乃捐俸資陶磚瓦，補厥壞，易厥腐，堊厥餙，宏厥規，又挑浚泮池添盖魁樓一所，儲厥經書，役不踰時，費不及宮殿廡，祠宇齋堂器用秩，如煥如猶，以一方土宜、風俗、貢賦、文獻，咸資諸志。縣久乏志，將何以考？復與諸生謀增脩焉。適余校士至，諸生感其興學育才至意，思勒諸石以彰厥休。余復嘆曰："虎谷先生文行素優，縣誌未備，非缺典乎？然脩學育才者，有司之職，所以進學達才者，顧諸生自脩何如耳？昔契為司徒，教以人倫，曰：'父子有親，君臣有義，夫婦有別，長幼有序，朋友有信。'子張問政：'何謂五美？'曰：'惠而不費、勞而不怨、欲而不貪、泰而不驕、威而不猛。'夫五倫天德也，五美王道也，學者能敦此五倫以脩天德，斯為善學仕者；能尊此五美以達王道，斯為善治。善學無愧於士，善治無愧於官。斯之謂能脩學，斯之謂能事神。不然，雖宮牆整飭、廟貌改觀，不過一時文具已耳。苟得罪於名教將為神羞，況能邀惠神明裨益文風乎？游斯學者，尚共念之。"李君與司訓率，諸生謝曰："敢不受教。"更乞一對懸諸堂額，以資顧諟。余莞然曰："對在古書甚多，即工於對詎，能如古求，其切於學校，關於身心者莫如謹庠序之教，申孝悌之義與？夫己所不欲，亦勿施於人。不得皆友，求諸己。即此一對扁之堂前，庶寓目警心之下，五倫可盡，五美可尊，余復何益？"

重修和顺縣學宮碑記　三韓　白如梅譔 督撫

自古經邦致治，建學為先。虞、夏以迄商、周，重道崇儒之典，班班載籍中矣。其意本於教人而因以取士，故古有辟雍明堂之制，鄉有庠序學校之設，甚盛典也。觀於子衿作而周祚衰，園蔬鞠而漢鼎革，則學之興廢、治之隆替因之，豈曰具文而已哉！夫先王之立法，不厭其詳，而於教人也，尤甚於執經辨志之時，以達九年大成之後，無日不匡正而董率之。講肄必有所，辨說必有數，舞蹈必有節，視聽必有物。以涵濡其心性，陶淑其器識，而後賢俊出其中，德業亦出其中。故雖具良質，未有不資教學而成者也。譬之明珠荆璞，復加以磨瑩之勤、採琢之力，不益焜耀人間乎？余撫晉三載，凡裨益於晉士者，罔不殫力為之。躬承聖治右文之日，尤以訓飭士習為惓惓。董江都曰："養士莫大於學校"。程子曰："善言治者，以成就人才為急務"。余盖念兹不敢忘也。今於和順而竊有喜焉，和順介萬山之中，其地瘠，其民貧，居遼郡之北，樂邑之南。千峰環列，巖徑隘險。士生其間，勤樸儉素，且耕且讀之外，無多事焉，有學而圮。邑侯李順昌憂之，慨然捐資，率先為倡，於是諏吉辰，鳩梓匠，尋尺中，度斷斵，是虔甓之、甃之、塗之、沐之，踰月而工始落成。大約更而創者什之八，仍而葺者什之二。如建奎光樓，於城東盖文昌祠，於城北莫不相其形勢，以啓以闢，輪奐咸美，規模聿新。以視前之傾倚湫隘者，不且煥然改觀哉！若使侯而任其鞠為茂草也，鼓篋之子無自親師，執經之子無由問字，將藏脩游息之無所而輟其業也。夫誰詰之而又誰責之乎？乃今之噲噲者堂搆新也，湛湛者頖璧清也。景至德之莫京，瞻聖教之無外，相與揖讓其間而絃誦其下，文教侵熾，賢才侵興，則是侯之大有造於斯邑也。是役也，邑侯李順昌實主其事，鄉紳胡淑寅、教官白毓秀、典史彭雲鵬亦與有勞焉，皆得並書。

重修和順縣志序　新安　李順昌 邑侯

粵改周制，外史掌志，邦國小史掌志四方。漢、唐、宋以後，十道有志，九域有志，郡邑有志。盖志所以紀美惡而昭鑒戒，令不紀事覈寔則勸懲不彰，文以獻傳獻以文紀志之攸關甚鉅也。和順縣舊無志，創修於明神宗之十有一年，和順令西夏李君繼元操觚其鑒定者，守憲寅齊陳公校訂者，汾州守白公夏、學博李公根序簡弁者，太史樂平趙公思誠和庠王子邦棟書真也。訂卷為二，分類為十有八。迄今七十四年矣。殘缺散佚，魚魯難讀，且七十四年之應載者，更僕難終，此增續之不容已也。余博採老成，兼咨輿論，集文學士分校訂集。余手創稾分卷著類俱仍舊志，缺者補之，殘者訂之，據事直書，惟存七十四年之寔錄質淫於文以備徵考，倘不辱傷於杞、宋乎？夫前事之不忘，後事之師也。後有作者稽宦蹟而思治，睹鄉評而思賢，覽山川土田而思興廢之故，觀民風戶口而思隆替之由，道德一風俗同，以踵美先哲而重光古道。或披卷嘖嘖曰："梁餘，文獻之邦也，庶幾不朽盛事乎？"是役也，脩於己亥之菊月，竣於庚子之八月。余首其勞，學博白君毓秀、鄉先生胡君淑寅贊其成，趙子漪、李子開祥、藥子延祚廣羅嚴集，余敘其畧云。

孫真人廟鼎建序　新安　李順昌

真人隋、唐麟鳳也，秦耀州人，生於隋，終於唐永徽三年二月十五日，諱思邈。生而潁異，日誦萬言，不讀三代以下之書，恥作月露風雲之技。其律躬行已規諸中正，隋之博士不仕，唐之諫議大夫不仕，考之《醫鑑》。真人生，活龍子授以異書，蓬萊謝恩之雀，漢川報德之蛇，遙遙流傳。余補博士，年餘病劇，夢真人調劑，立起即官梁餘。夢與之晉接，即幻甚異。庚子六月初一日，余捐俸創建廟貌於雲龍山陽，龍王堂左，殆與太白山養真涇陽府授方兩有當乎？粵稽其出處，大節懿行嘉言非止幽光已也。開皇、大業昏昏虐虐，綱維澌滅，龍不隱鱗，鳳不藏羽，網羅高張去無所之。班固之文為梁冀立燕然，表宏之文為桓溫撰九錫，奏韶濩於溷厠矣，龔君賓之高蹈尚矣。武德、貞觀炳炳麟麟，若抒小心，餘緒焜耀，凌烟桴鼓耳，既不現宰官身，又不現文士身，或有見於秦尚功利，而流矯詐之毒。漢尚節義而致黨人之慘乎？學未成而躁進，羽鷁之躍也；矜一長而自炫，山鷄之愛也，尚有進於是焉。崔浩料成敗於千里，而昧國書之杙；京房測吉凶於未來，而昧恭顯之難知，未全也。真人良知朗鑒，有以見唐慙德之微乎？操存如青天白日，襟抱如霽月光風，應酧如行雲流水，節概如泰山喬嶽。深於大《易》，又曉暢《春秋》。昔吳許與靜修有言："吳許行道也，吳許不出，吾道不大；靜修守道也，靜修不守，吾道不重。真人，其守道君子哉。寓藝於醫，一端博濟耳。"是役也，學博白君毓秀佐勒幕典，彭君雲鵬捐俸督工，彭鳴珂、劉芳躍、僧人性妙同襄。共志之。

重修關帝廟碑記　杜甫才

夫關聖帝君，即向所祀義勇武安王也。其行誼載在史策，千古無兩，歷代靈應廟而祀之者寰宇皆然。吾縣南門外偏西舊設本廟一所，背坎面離，規制頗壯。建於洪武十八年，重修於正德十三年，再修于神宗十年間，歷歷有紀至四十四年。神佑下土，除邪福國，皇帝降敕封為三界伏魔大帝，神威遠鎮。天尊夫人為九靈懿德肅皇后，文相陸秀夫為左丞，武將張世傑為右丞，子三平封竭忠王，興封顯忠王，索封順忠王，周倉封威靈英勇公。因令海內易像，崇封以昭護國元勳。按《祭法》曰："能禦大災，能捍大患，則祀之其謂是乎？"甫才父諱維，與程氏廷標、杜氏歷試糾衆，議捐所有重修廟貌。正殿五楹中端冕正笏者，神像也。傍列護衛森森嚴整，殿外有拜亭，比舊開廣前列東西房，俱有神像，外有樂樓，大門竪以新，加聖號；門之內，守舍各備，金碧輝煌，燦然奪目，足以祀關聖矣。役始於明神宗四十一年夏四月，告成於今歲之二月。安得無記？余不敏，謹記其顛末，因有僭言於後。夫帝君自昭烈至今奚啻數百世，神功顯應，胡若是靈異也。盖其天日人心，光明不昧，精忠大節，終始不移。考之汗簡，所記昭昭。生為聖哲，沒為神明，有由然哉，有由然哉！余以為廟既新有，履廟廷而供廟祀者，夫誰不欲薦其馨而享其祭也。不思神之忠肝義胆，佑善黜惡，有如邪佞不軌，淫縱破義。外示交情，內懷鱗甲，貌為卑僅，實悖天常，皆關聖帝君所不欲也。以此事神，烏享其祭哉。余與衆共新廟，亦願與衆共自新，或者神其格乎？敢并記之。

重修城隍廟碑記　鄧憲璋　邑侯

王者，列爵封土，幽明本屬無異，其列乎明署，郡則守焉，州則牧焉，縣則令焉。爵之尊卑不一，其嚮明以出治也。則一封乎幽者，郡則公焉，州則侯焉，縣則伯焉，爵之尊卑亦不一，其理幽之權無異也。《書》云："作善降之百祥，作不善降之百殃"。《易》云："積善之家必有餘慶，積不善之家必有餘殃。"故曰，吏以貞事以經人神，寧是陰陽相為表裏，而治民、事神固皆有司之責也。和邑城隍神廟建在縣治之南，相去百數十武。其地居中以制四方也，其位向陽以端揆治也。樂樓立於前以伸侑饗，寢宮居於後以棲神靈也。他如門有防廊，有廡齋，有堂牲，有所規模建置，無不備具。惜歷年以來，風雨傾圮，廟廡不治。余於戊申冬下車伊始，齋宿告虔，喟然者久之爰矢，乃心力以虔誠求成厥功，俾神有寧所民亦願永綏之主。捐俸首倡，偕闔邑士民次第修葺之。覆正殿以堅瓦，建以高瓴，旁塑六曹，獰猙森列，以及寢宮內廊之增益俱補前人所未備。工始於康熙十年秋月，落成於康熙十一年冬月。雖曰集衆力以襄厥事，而堂宇壯觀，制度肅靜，較前丹鉛藻繪，煥然鼎新，足以安神靈而侑報祈。自兹以往，十日風五日雨，禱豐稔之。屢登善者福，惡者禍，期報施之不爽。此又盛朝祀神佑民相為表裏之義。為有司者，宜寔力奉行，務令神道不奸，民義不慝已耳。先民有言曰："柔和萬民，億寧百神"。蓋此之謂矣。

重修雲龍山碑記　丘廷溶 知縣

苟能躡謝公之屐，載陶令之輿，選名區，探奥宅，以求夫山之異焉者，吾知其必有合也。然而古人率先我得之，何則古今來之遊者不獨一，我山豈必荒凉寂滅，待千百年後之我而乃見其異焉？夫世不能無古今，山亦不能無盛衰興廢，我繼古人之志，不沒其異。則雖謂自我得之，古人亦將許我。今之登雲龍山者，皆以為異矣。而兹山之顯其異也，不自今始。先是元人於山之陽得靈泉而異之，設堂其上，崇祀龍王，歲旱有禱必應，其巔則趙王台。或云"襄子避暑地"遺址[6]猶存，世既遠而舉廢之年尤不可考。余嘗登高縱目，但見壞垣頽壁出沒蕪榛，寒雨中牛羊下上、牧樵謳吟，盖山靈之面目不知凡幾更矣。辛巳夏，理甚無事，懼兹山之終蕪沒也，思葺而新之。或慮其廢事而勞民者，余曰："不然，昔柳子厚為柳州，日寄情於山水而民食其德至今尸祝之遊，固不以防政也。且出雲降雨、潤澤郊原者，於是乎在寺宇不可以不肅用，咨於衆悉釁乃心爰命敝者、葺之隙者，盖之蔭以嘉植，繚以脩欄，流丹耀碧，俾壯厥觀。"費積五百緡有奇，皆出自樂輸將者。工始辛巳夏四月，迄壬午秋七月而成，邑之人爭往遊焉。余亦時至其地，躡層巒，憩飛閣，周覽幽遐，放情寥廓，舉凡巖谷之隱顯、川原之繚繞，歷歷在堂廡間，信乎其有異也。噫！地猶昔也，而都人士之遊若始歷其勝焉。昔何以廢，今何以興，昔何以衰，今何以盛，豈兹山之果有遭歟？抑人謀之丕，可不臧歟？書之以俟後君子。

新修雲龍山亭閣記　錢塘　邵樹本 山西提督學院

江南邱侯來知和順縣事，愛民而勤於政，興利革弊，百廢具舉，循聲籍籍在人口，余久心志之弗忘。乾隆二十有六年，復捐俸錢若千緡，有事於邑之雲龍山修神廟也。山之神禱雨輙應，故俗稱神廟為龍王堂。《通志》載"山有雷音臺"，疑卽此。於時鳩工庀材子來恐後。經始於四月十二日，落成於十月望日。工既竣，來請余文。余亦樂書之以勸後之克勤於政者，爰不辭而為之記。按，和順治隸遼州，在漢為上黨郡，多山少水，林壑之美稍遜他郡。而漳水之源有二，寔皆發於和順。《明一統志》云："一自縣西而東，一自縣東而南，至交漳村，而二水合流。"夫水之醞釀也厚，則山之吐納也靈，以故雲龍形勢獨擅斯邑，巖壑窈窕，烟霞澄鮮，橋留玉澗之名，泉湧珠跳之象，而綿延舊德，石井泓然，更復挹之不竭焉。盖其所由來者遠矣。顧其歷歲久遠，瓦礫、榛芀塞渠交徑，翳者莫之闢，圮者莫之完。縱有名勝，而無高明之地以舒登眺，無閑靜之境以息塵勞，無佳卉雜樹之交蔭以潤色光景，用使碧嶂丹崖長此寂寂，亦守土者所宜加之意也。今得邱侯之來新其舊創，所無耳目，為之一曠，寧復患前所云云者已。又念不有居者誰其守之，則又建大士閣於山之陽，與龍王堂南北對峙，俾修業者住持其旁。於是精藍德士長為名岫主人，雖僧寮不過數楹，而有庖、有湢、有垣、有籬，率皆密慮周計，務堅且樸，可以垂諸永久而弗壞。時或憑高俯瞰，遥見漳水東流，如帶如練，河光山色，上下一碧，而山中井之水、泉之水、橋下之水，固知其同出一原也，而侯之澤亦與之俱長矣。余嘗謂《周禮》為治世之書，而山澤川林莫不設之官而分任以事，誠以至纖至悉，皆王政所不可忽。而興廢舉墜之務，固有存乎錢穀簿書之外者。是役也，詎遂足為侯重而不私其財，事暇民附胥於此覘焉，固不可無記以為來者勸也。至規制之詳，若者為堂，若者為軒，若者為亭，若者為閣，若者為庵為房，為棚為欄，欄之外為杏為柳。因地營構。如州居部次，然此則侯有文備志之。余故言之，從畧云。

飭立婚書告示　黃玉衡 知縣

為通飭設立訂婚婚書以端禮俗以杜訟源事。照得夫婦，人倫之本，二姓合好，婚禮斯成，始之以媒妁通言，繼之以婚書禮聘。旣聘之後，海誓山盟。禮所謂一與之齊，終身不改也。和邑土俗，男女婚姻，每有不用婚書但憑媒妁爲準者，不知媒果端方正人，自無異說；設遇射利奸徒始焉。彼此作合，或值女戶不允男戶圖娶，遂籍此居奇唆聳控告。據稱，憑媒有約而媒遂挺身作証，女戶有口難分，更有一等無恥女戶，只圖財禮，一女兩許，兩姓混爭，年月無憑。本縣蒞任以來，控告紛紛，殊堪痛恨。合行出示曉諭為此示，仰合邑軍民人等知悉。嗣後，男女婚姻從本年四月十五日，本縣出示為始，如媒妁說合，果兩相情愿，即聽男家選擇訂期，用婚書二封，上寫男女年庚，男庚居右，男家親寫；女庚居左，女家親寫。後書年月及媒人姓名，兩家各執一封為據，名曰“訂親”，永無反悔。設有不憑婚書，只據媒人一面之辭，顛倒是非，混行控告者，除不准外，定提控告之人并原媒，先行重究，决不寬貸。至若本縣未行出示之前，所有兩家已經憑媒許諾者，自應仍從其舊。倘或籍稱本縣新立式樣，遂將從前許過之婚未用庚書，希圖反悔，捏情控告，一經審實，亦定將賴婚之家按律治罪。各宜凛遵毋違。特示。

乾隆三十三年四月十五日

詩集

靈濟宮聯古句贈寅長王君知陜州

中年苦作別，況此平生遊儲瓘。夜來愛明燭，欲去且復留邵寶。清尊信奇物，豁我萬古愁毛紀。俯看春浪生，汎汎一虛舟石瑶。道人地自靈，風雨撼龍湫喬宇。方春豈無贈，奈此柳未抽何孟春。永雪釀餘寒，光生五城樓陳欽。健馬當歷坂，終為伯樂求宗。吳鈞未全試，奮激鬚如虯儲瓘。嵩雲為君開，倏忽當軒流石瑶。笑談擬周召，坐鎮東西州邵寶。遺風續甘棠，懷賢忽輕邱石瑶。正途在伊洛，吊古且迴輈喬宇。秋哀潼關戍，凍恤閿鄉囚儲瓘。律學漸可讀，兵機慣能籌喬宇。誰言將送煩，竚見疲癃瘳石瑶。興神動高咏，響振山幽幽邵寶。吾生本戇直，不識絃與鈎儲瓘。望鹿者何人，豈雪此顙羞喬宇。壯哉列士志，難與俗子謀邵寶。賦非湘水弔，書待修儲瓘。放歌不能罷，仰見星河浮陳欽。一笑送君去，天未生清秋毛紀。

奎光樓成集唐句　李順昌　邑侯

樓臺橫紫極楊炯，霽色蕩芳辰駱賓王。彩華凝空遠神慧，江花入興新李嘉祐。氣衝星漢表鄭愚，文聚斗牛津顏真卿。東閣邀才子劉長鄉，青雲滿後塵杜甫。

虎谷　王雲鳳　都御史

深山草木稠，結廬向虛敞。盡日無人至，禽鳥互來往。

讀書心力倦，手曳青藤杖。出門何所之，獨坐碧石上。

出頭白雲生，我心自蕭爽。田夫驅犢來，喜道桑麻長。

題聖澤井　石玠 提學副使

洙泗淵源萬水東，偶忻一脈在斯鐘。井泉百尺常行地，老樹千年欲化龍。芹藻晝晴香不斷，宮牆春靜潤無窮。余亦濫叨斯文寄，補益全無半勺功。

許狀元　李順昌 再見

大對元朝第一人，存銜存姓何名湮。或嘉書爵同胡筆，還樂藏名抱楚珍。元禮魏君合秘符，靜修劉子問遥津。清風經久彌芳烈，豈沒荒郊草莽臣。

分賑

明神宗癸未歲，予初任值本縣，旱甚，饑民流棄鄉井。蒙上賑濟，予分給四鄉，民皆鼓舞，喜而賦此。**李繼元** 邑侯

山國炎炎久渴泉，偶從分賑過東川。閑花帶笑迎征輅，飛鳥窺人下野田。童叟歡呼霑化雨，村墟爐竈喜上烟。踟躕思上流民賦，媿我難圖鄭俠箋。

清河泉　喬宇 尚書

萬斛明珠地湧泉，茶經應載品通仙。松蘿上映峰頭月，蘭芷中涵沼内天。興到臨流嗟逝者，歌成呼酒愛陶然。兹遊記取名鐫處，嘉靖時維亥紀年。

鄒獻卿久勞於邑宰慰以前韻

看山未已復觀泉，父老爭誇客似仙。簿領適逢多暇日，風光剛及小春天。卑棲鸞枳非徒爾，暫試牛刀信偶然。海内知音能幾遇，訂交吾亦愛忘年。

弔王虎谷　趙思誠　給事中

先生剛介震人寰，未獲摳衣覩鳳顔。學政昭明秦日月，文章吞吐晉河山。
天空咳嗽清狐鼠，嶽立風裁起懦頑。幸有遺容千古在，文光猶射觜参間。

李陽村　蘇宏祖　邑侯

千秋尚有李陽村，落日西風弔古魂。毒手遂成逐鹿事，老拳終怯漚麻盆。
深山何處龍鱗卧，故壘蕭然燕雀存。池上英雄今已去，年年池水為誰喧！

踏荒警寇時禱雨　楊崧　邑侯

梁餘山北草如烟，狡寇何來盡控弦。不意堯封成虎穴，那看飛將舊龍泉。
輪蹄驛路籌無策，雲葉霏微祈有年，憂國披衣中夜起，長廊翹首祝蒼天。

過寒湖嶺有感　王道行　邑侯

征途公役幾番來，石路重重點翠苔。野鳥翩躚依樹轉，山花馥郁向人開。
清溪最好消塵思，佳木豈甘作樗材？因憶十年窗半約，蕭蕭孤劍且深杯。

張大尹正儒名宦

君宰梁餘四十春，梅鳩鸞羽步前塵。臺城半識英雄氣，山署全聞郎宿神。
瘞塵水湖鸞鳳集，埋輪霜嶽虎狼馴。風流郁烈鬚眉在，俎豆蕭光萬古存。

黃榆古戍　周鉞　邑侯

山形秋色勢相宜，自古乾坤險是奇。怪石籠雲蹲虎豹，枯松挂月走蛟螭。
一夫隘口身無敵，匹馬峰頭力欲疲。林靄野烟正愁絕，行人指點不須疑。

前題次韻　劉順昌 知廳

巖關千仞古今宜，遥望黄榆分外奇。老樹扶踈高燕雀，殘碑磨滅隱龍螭。
秋風隕攆來偏早，朝日升輪度每遲。自此一夫能守險，將軍何必過憂疑。

八賦晚霞　周鉞

上黨東來翠嶺賒，梁餘西去碧雲遮。崚嶒石磴羊腸遠，洶湧波濤鼉鼓撾。
行處縱横多鳥跡，望中寂寞少人家。夕陽殘照無今古，孤鶩長空帶晚霞。

前題次韻　劉順昌

八賦横空路甚賒，巑岏千丈半天遮。懸崖鳥雀莫由下，峭壁藤蘿何處撾。
嶺底羊腸千萬徑，關前蝸室兩三家。衙齋久矣標堂額，何用梁餘餐晚霞。

九京新月　周鉞

吏隱長年泯宦情，西風一笑出郊行。忘機鷗鳥沙邊卧，跨竹兒童馬首迎。
路入九京游衍處，人留千載古今名。一鈎懸挂林梢月，恰到巖城已報更。

前題次韻　劉順昌

古人原自重交情，文子叔譽從此行。偶爾游觀樂未艾，同心言笑喜相迎。
可憐設辨九京上，徒有知人二字名。新月年年照野壑，如何人物幾遷更?

鳳台異形　周鉞

叠嶂廻巒漳水湄，崇岡一似鳳來儀。風松乍作蕭韶奏，露草還吟萋萚詩。
天半朱霞增壯采，雲扶旭日望中移。臨邛舊有求鳳操，西去長天不可思。

前題次韻　劉順昌

高臺漠漠落漳湄，萬丈流霞壯羽儀。六象平鋪堪繪譜，九苞輝映可題詩。
河東應運誰為主，冀北朝陽老不移。丹詔時同紅日近，凌空一望發深思。

漳水環帶　周鉞

百雉孤城間兩洲，南溪北澗揔東流。三門作品題清議，二水成人泛白鷗。
向晚雲收涵兔影，入寒潦盡見龍湫。危橋跨處堪圖畫，高咏滄浪興未休。

前題次韻　劉順昌

不信人間有十洲，今逢雙澗水交流。陰山浪捲疑翔鷺，猴嶺濤飛起宿鷗。
前輩文章推虎谷，環城襟帶賴龍湫，臨河欲展濯纓志，極目南池奮翼修。

風撾石鼓　周鉞

幾度曾經此嶺過，一規石鼓委山阿。琢磨或類宣王制，吟咏誰賡韓子歌。
路險力疲頻駐馬，雨多溪漲怯凌波。懸崖隱約風姨手，水底填填夜擊鼉。

前題次韻　劉順昌

石鼓曾經目擊過，如何零落在山阿。規模是否符型範，文字有無足嘯歌。
殊異歧陽大狩碣，豈同雪浪小文波。山中疑有妖蛟舞，伐爾如撾水底鼉。

松子香風　周鉞

萬壑千巖一夜霜，晚看雲樹兩蒼蒼。懸崖老幹虬龍霧，偃盖新枝鳳鳥翔。
有約不逢黃石履，無緣可到赤松鄉。乘風度嶺蕭蕭起，松子吹來桂子香。

前題次韻　劉順昌

何年蓺種飽經霜，老幹虬枝氣色蒼。日為盖遮常叱馭，鳥因濤拂幾迴翔。
青青陰傲寒冬歲，謖謖風迴醉夢鄉。况有後彫持晚節，應同柏子噴天香。

雨洗麻衣　周鉞

神僧此地事精修，宋祖當年誓遏劉。金甲抛來無卧榻，麻衣着去不迴頭。
北安香火虚千載，南度衣冠閟一邱。雨後登陴頻悵望，極天芳草正悠悠。

前題次韻　劉順昌

廓外招提山徑脩，天台此日又逢劉。人知麻敝衣藏玓，誰信雨過石點頭。
和尚燈傳存古衲，寺門雲鎖即丹邱。會聞宋祖勤祈祝，赫濯如何久且悠。

里言贊麻衣道人　趙爾覲

綴補麻衣耐歲寒，千章喬木與禪安。祗因郊國幾斤盡，怪得仙人破塔看。

合山奇泉　王雲鳳 再見

四月清和雨霽時，來携父老拜神祠四月四日懿濟聖母誕辰，故云。
簷前燕雀多新壘，橋畔松楸只故枝。環抱東西南壁合，周廻三十六峰奇。
靈泉兀突經今古，旋濁旋流誰使為。

前題　蘇宏祖 再見

四山無雪欝蒼蒼，林水悠然自一方。地老龍蛇纏石筍，月明笙鶴過滄浪。
雲林忽作千家棟，靈澤還滋九畹香。縹緲三山人不見，醉携騷雅嘯芝房。

西溪靈井　喬宇　再見

千仞靈源鬼鑿開，真從一竅洩胚胎。蛟龍石底能潛見，雲雨寰中任往來。地界遠分梁子國，山形高枕趙王臺，西漢勝跡堪留詠，從倚蒼松坐碧苔。

前題次韻　胡淑寅　邑人　推官

一望巉巖萬壑開，西山爽氣抱龍胎。泉飛叠澗松聲合，雲暗荒城雨色來。六月長天猶縱酒，七年此日復登臺。石龕空寂靈芝冷，獨對殘碑弔綠苔。

前題次韻　趙漪　貢生

步八幽谿巨壑開，寒泉石底瀉靈胎。潭空時見閒雲起，亭敞頻邀爽氣來。曲磴斜通松下路，輕霞高鎖嶺邊臺。前賢題句藤蘿隱，我為前賢拂碧苔。

前題次韻　趙浚

曲曲幽幽小徑開，龍潛深窟浴靈胎。氣噓霧湧山環黯，沫土泉飛雨細來。佳詠常留三絕字，霸功止見九層臺。當年墨跡風吹散，澗壑增顏長綠苔。

西山踏蝗有感次邑侯　蘇公韻　趙漪　邑人

山原無復草青芊，極目垂涕搃石田。苗湧飛蝗時作陣，空倉懸磬日如年。秋來不獲瞻雙穗，歲盡誰輸供俸錢？憒籲彼蒼何不吊，嗷嗷鴻雁倩誰憐？

丁亥三月三日遊山寺[7]　黃玉衡　邑侯

其一

複嶺重崗殿一巒，松風三月倍增寒。峯高似削仙人掌，寺古猶懸道士冠。

望去好山環繡幙，行來佳氣襲芳蘭。山僧不卜晴和雨，惟問香岩濕也乾。

山頂有三岩，將雨則滴水。

其二

清淨桑門望若懸，雲烟縹緲洞中天。千尋砌石窺檽立，幾處喬松抱佛眠。

過眼春秋僧有待，留人風月吏無緣。超然迥出人間世，勝讀南華第四篇。

石鼓

誰來考擊事山中，一石天然鼓製同。雨過苔生釘隱隱，風鳴谷應響逢逢。

規模不異周宣舊，雕琢猶存魯匠工。故是凡夫撾不得，傳奇罔說獨魚桐。

過寒湖嶺有感

高低山路踏晴沙，一水盈盈帶徑斜。萬壑烟光秋入畫，滿林霜葉麗於花。

羵羊牧慣郀多畜，樵斧聲喧地不譁。我為勤民輕遠役，寒湖行處問庄家。

丁亥歲秋八月念入日賦。

陸機曰：“籠天地於形內，錯萬物於毫端。”劉勰曰：“百年影徂，千載心在。久大之業，孰過於文哉！”謹按和邑舊志所載，若虎谷之奏疏，上格天心；白巖之文稿，夙徵才藪。以及呂涇野之墓銘，李西夏之敘引，允堪黼黻楓猷，爭光日月，貯列石室金匱，流馨奕禩唯是綴文之士家，擅金玉人握靈珠，操觚染翰，卷盈緗帙，使遺而弗紀致憾，何窮矧文章者性情之風標、神明之律呂？乃令古人之文章不傳於後人，并令後人無由識古人之性情、神明焉。誰職其咎哉！

【校勘記】

［1］按，原文無此目，然考此志目錄，本卷“詩集”目前應為“賦文”目，故補之。

［2］原文訛作“夫子”，考《左傳》，應作“太子”，改之。

［3］原文作“宏治”，考明孝宗年號，應作“弘治”。此書成于乾隆年間，為避乾隆帝諱而以“宏”易“弘”，今改之，下同。

［4］原文作“土魯番”，今改之。

［5］原文訛作“太定”，應作“大定”。考卷之五官師志，“馬克禮，中都人，大定年任德政”，故改之。

［6］原文作“遺趾”，今改之。

［7］原文在“遊”與“寺”之間空兩格，考光緒和順縣志作“丁亥三月三日遊山寺”，今據此改之。

重修和順縣志卷之八终

跋一

和順縣志舊跋　劉順昌

余，晉臬散吏也，謫幕良有年記。戊申夏，抄撫憲阿公命余代庖和邑。仲冬之望，鄧侯蒞任。受事自戊徂乙，約歷八年所矣。今年春，侯以期會如省，暱余曰："和邑志書奉上檄重修，將付剞劂，氐請君正之。其間建置、沿革保無有名存而實亡者乎，田賦、官師保無有挂萬而漏一者乎，災祥、藝文保無有月異而歲殊者乎。雖云八年之隔而損益之宜皆不出於君之見聞，盍弁一言襄茲盛舉。"余曰："五日京兆，察識幾何，似未可以元晏自許也。"侯曰："君於梁餘八景俱有題詠，考摭靡遺，迄今膾炙人口，君何謙讓未皇為？"余曰："唯唯"。爰即作志之意而推言之。

粵稽邑之有志，即如國之有史也。古者無史，《尚書》、《春秋》即其史。嗣後，腐遷、班、范以及廬陵、涑水勒成一家言，史學遂大著于天下。故凡典厥邑者，規其義類，倣其事例，竊附於周官外史氏之遺而亦以志名焉，志不綦重哉。雖然修志之要固與修史相表裏矣，然余以為立體必欲其不紊，紀事必欲其不誕，修詞必欲其不褉，而後可補良史之未逮。今觀侯之所述其義類事例，靡不單心編輯，徵信考實，而一切紊者、誕者、褉者，擯而弗錄，美矣，備矣，可以告厥成。非具上下千載之識，網羅百代之才，烏能勝任而愉快乎？余又因是深為和邑幸焉。

夫和壤地褊小，僻處晉之東陲，不及大邑之一村一堡且也，廬託陶穴，畊跋山椒，貿遷絕跡，五穀鮮生。其所恃為恒業者，惟藝麻一事是賴。而國之租稅出於斯家之衣食，取於斯。嗟嗟！和邑獨為匪民也哉？良由地利之不如，其鄉之苦於鹽課，而私販之徒充斥閭閻，疲於驛郵而協濟之累劇似追逋。自定鼎以來，官民交困久之，惟侯竭力釐剔，不惜一官，為民請命，變通不倦，化裁宜人。今已卓有成效。至於繕城、修學、除耗、清獘、招逃、勸農種種善政，此皆侯之緒餘耳。較余代庖之時，誠煥然改觀矣。尤願侯不憚勞怨，善厥終始。務期足國裕民以成經方、致遠之猷，同和志永垂不朽。俾後之官斯土者有所矜式焉。余敢以是為侯勗諸。

跋二

和順縣志舊跋　王協慶　訓導

皇上御極之十有二年，使天下郡邑咸修，端揆之請也，志胡為乎？咸修乎？《易》曰："聖人觀乎人文，以化成天下。"盖以車書一統之盛，非此無以著同文也。和之前古未有志，有之自西夏李君繼元始，考其時，在神宗之中年云。迨至我朝，上谷李公顺昌重輯之，讀其文，稽其事，率皆因陋就簡，剞補舊版而增損之，終未語於全書且也。和於三晉僻疲下邑也，遠據岩疆南箕山，而北沾水，西連晉陽，東接邢州，幅幀之廣，延袤幾三百里，形勝可謂巨矣。第崗嶺溪流居十之七焉，城市村疃居十之一焉，可耕之地約十之二耳，山川險阻，道路隔絕，採風之使罕至，其地志之缺畧在於此乎？雖然志者，史之餘也，太文則縟而不寔，太樸則陋而不雅，摭拾過多則邇於虛，刪削太甚則邇於漏，苟非夙擅通才，簡練贍典，未可語勝任而愉也。

今侯端甫鄧公以鮮華年少，家世雲仍，出宰和也且六七稔矣。其招逋、均徭、疏鹽、清驛，以至修學、勸農諸務無不迎刃而解。迨修志之令下，捧讀憲檄曰："唯唯"。於是參考舊書，盱衡時務，其中條則，一遵河陝次第，示畫一也。凡篇先列舊序，存文獻也；次列己言，表變異也。凡事之有者，必明其所以有之自；事之無者，必辨其所以無之原，以見可信而可傳也。煩者刪之，缺者補之，其事真而寔其文核，而典景物之修明、賢哲之著作犁焉。俱備山川險阻之區，卓然成此全書焉。是不亦補前古之未有也哉！余也上黨迂儒，備員庠署，親炙光輝者，獨厚於他人。因其書成以序於簡末，附青雲以聲施於後，其有深幸也夫！康熙乙卯仲春之吉。

跋三

和順縣志舊跋　藥延祚　邑人

國家建官置吏，與民最親切者，莫先于守令。而守令之司，凡簿書、期會之文，與夫科律、版籍之帙，莫不朝夕披覽之。若夫沿革興廢，名實變更，得以寓其經國憂民之意者，惟志為然。蓋志者所以備史之不及也。和為遼屬，自肇浾以來，名之數易不知經幾，考之盲史云："晉獻公使太子申生伐東山臯落氏，梁餘子養御。"臯落在今樂平縣之東鄉，梁餘卽和順，為周子爵之所受封也。其地高，其氣寒，其田石确，其俗儉嗇，深山遠谷之中多穴居而巢處，鹿鹿于于，衣不識錦，食不識稻，異于太古者幾希矣。雖然瘠苦之民固異于膏腴之民，而治瘠苦之政亦將異于治膏腴之政。何也？治膏腴者利在節宣，治瘠苦者利在生全也。和之民殘矣，殘則存者安之，流者來之；和之民貧矣，貧則匱者實之，勞者佚之。是豈損上以益下，家至而人見之哉。民不擾而始得安民，不奪而始得實也。為之上者生聚之，又從而教養之。膏腴可志，瘠苦亦可志。膏腴可志則壤歌是也，瘠苦亦可志，流民圖是也。

惟我和侯鄧公宰是邑也，生聚教養者已逾七載矣，其所以因地設施，隨時利濟已見於推行矣。今於修志之舉，又從而深切著明焉，故能娓娓而不竭也。今日之修廢舉墜，全書俱備，覽其四至，而山川風物可知矣；按其經制，而沿革窮變可知矣；數其戶口，而田疇子弟可知矣；詳其教令，而文事武備可知矣。是不亦今日之披圖，前古之未有者耶？舍此勿究奚以致治乎？審畫一而恪守之，知公之視邑事如家事，而並窺其經國憂民之意，不有裨于後之守土者乎？古人云："文章不關世道，雖工無益。"吾預知斯志之以邑而成，而斯邑之以志而重焉爾。書之簡末，果有當於修志之意否？

跋四

重修和順縣志跋

國家設官分治，欲養惠元元计，不能無所興釐，然沿革變化，具掌故非邑乘弗稽，志盖其重也。孔正以非材秉鐸兹邑，已歷十四載，課士之暇嘗考舊志，闕九十餘年弗紀，則撫卷而嘆。適楚南黄公來涖兹土，不佞数請事，間及邑志，均以缺畧為憾。戊子秋，奉憲檄纂輯，爰開館明倫堂、修業齋，仰邑中紳士搜羅往蹟，照義例草成，繕稿删訂既竣，復囑不佞綴言於簡末。夫邑乘雖一方，然合邑以徵郡，合郡以徵省，合省以徵天下，而史出焉。志詎易言哉?要以邑所有者，欲無遺所無者，欲無溢鉴往証今，確為寔錄，斯堪述耳。和邑當晉東陲，雖彈丸微區，而要害繫之，則區别疆域，以辨星埜，非可别立天文為一门也。民居太行之巔，商賈不通，五谷鮮重，僅以藝麻為生活计。覩人民戶口登秏之故，起痔蘇瘵為民父母者，宜何如加意焉。邑雖小而鳴琴弦歌之吏代不乏人，循良往蹟班班可考，非後事之師乎?則官師有志。且漳河環帶，氣所磅礴，鐘為人杰。瓌玮卓犖，若文章紀述今昔之故，炳然足觀，則人物、藝文有志。且志田賦，則起運与存留，攸分驛站與鹽引特著。志祀典，則祭器與樂章備載，為廟與為壇綦詳其。餘以類見者，亦弗紊弗遺，是亦可傳也已。嗟乎！為史者採輯易，筆削難，廣蒐軼事博雅之士類能之。至於定體裁，嚴去取非，其人弗信弗從。黄公負海内碩望，一言輕重比於袞鉞，其為和邑志也，據事博立義，嚴徵一時而信百世矣。不佞得以逌采風之慫且附青雲之會，抑何厚幸歟！今天子文教誕敷，海宇同風，凡有兹土者當以時繕輯以備考覈。三晉為西北重鎮，而和邑僻處山隈，稽察匪易，此公志所宜巖且詳也。不佞曷足以識之，第跋数語於後，綜其概以告成事也云爾。

時乾隆三十三年歲次戊子應鐘月吉旦歲

進士，和順縣訓導晉陽荆孔正謹跋

（清）陈守中　魯燮元等　修
岳宜興　纂

和順縣志

光緒十一年刻本

向晉衛　點校

序一

重修和順縣志序

梁餘皆山也，邑設於深巖遠谷之間，俗樸事簡，守之者稱易治為。是地雖僻，而毘連直豫，舊為全晉東藩第一要隘，設文武員弁七，營房九，四嶺扼要處，皆屬邊防，盤詰奸宄，不為不嚴。官於斯者，宜若何慎重周詳，奉職思稱，以期不負所守，而民習扭於便安，少有措置，輒苦煩擾。為之治者，似易而實難。歲庚辰，余由平陸調補斯邑，同官舊好為余不平，以全省十三瘠缺之最，幾無自存理。余曰“否否”，缺小則耳目易周，事少則精神易注，地瘠則度支易儉。何地不可盡吾職，何事不可盡吾心者。況太行巖巖，去天而近，登峰溢想，頡頏青雲，搔首問天，一吐胄中奇氣，以自抒囊括天地、睥睨一世之概，亦丈夫得志於時者之所為乎？造物弄人，一官溷我，天之厄吾遇，殆欲老吾才耶？和順自大祲後，人民逃亡，積苦之區，重以凋敝，元氣大虧。余先辦保甲，稽查戶口額，田三十六萬餘畝，新老荒未及查辦者，幾及十萬之多，加以清漳為患，衆流助虐，連年冰雹，歲又歉收，逋負之戶多於良民。明鄉賢王虎谷中丞贈劉大令序有云，邑以贡賦不時集為憂，然則賦稅積疲自昔已然，何況今日。催科撫字，在在為難，知其難而不敢諉為難。一年以來，日夜淬勵，思所以養，而常恐奪其所養，媿無以教，而常懼失其所教。凡所興除，搃求切要，事事鉤稽，志承其一也。舊志乾隆三十三年黃公玉衡修後，迄今百數十年。前任陳公守中奉憲開局，續修年餘。延邑明經杜蘅數人纂修，未合糾誤補遺之旨，經費支絀，余為節靡費，停局數月，專事採訪。纂修之役，身獨任之，博綜載籍，旁搜故隱，兼採輿論，稽其所未當，章其所未顯，益其所未備，核其所未實，據事立言，揆義定法，變通舊例，參酌新載，三月成書，共計十卷。噫！信今傳後，難矣，不敢自信也。同鄉王大令家坊具舊作手，交卸榆社，便道過舍，互相商榷。商其所為養，商其所為教，且商其所為守，若余紡織、教民、書院、課士、緝捕、移兵，諸大端一一筆之於書，雖然此特盡吾職、盡吾心而已。宰官救時，講求利弊，誰則無之。而公心少雜私心，善政卒流，弊政甚或封阿烹墨，名實混淆。要之，盡職者得安其職，盡心者共諒其心，卒收實效與否，皆天也，非人也。日者邢台以東，則告旱矣。榆太以西，亦以旱告矣。北接平定，告旱尤甚，而南距遼州，經八九十里步，禱亦無應日。吾和蕞爾一隅，雨暘應時，獨保無恙，謂非天哉？若夫生聚之謀殆十年計，是所望於後之賢使君也，何事余言。

時光緒七年七月

下浣知遼州和順縣事古越魯燮光撰

序二

重修和順縣志序

邑志猶國史也。古者列國皆有史官，掌記時事，以備太史。輶軒之採周制，有外史小史，掌邦國四方之志，故孟子舉晉《乘》、楚《檮杌》與《春秋》並論，志與史名異而義一，實相為表裏者也。自秦廢封建，文獻無征，史亦隨闕。漢唐以下，史氏代興，記載林立，内而郡縣，外及疆域，無不有志，然邑之志未詳也。有明之興，始詔郡縣立志，統志所不能備，分載郡志，郡志所未能盡，詳於縣志。凡夫山川、土田、文物、風俗，有關於生民之利病而可為教養之資者，咸得備書志之。有系乎史者，實非淺少。和邑縣志自國朝以來，凡三輯修，迄今又百餘年矣。其間政治之得失，人物之變遷，川原田賦之殊，士習民情之異，風會所趨得毋有今昔異形者乎！嘉言懿行忠孝節義之風，此百餘年中其淺德幽光得毋有堙沒不彰者乎？邑志缺略，則晉乘不全，將何以傳信於將來，垂典型於後世乎？丁戊之歲，三晉薦饑。升任大中丞、威毅伯曾公會各大憲，請命於朝，賑恤招徠，撫摩而噢咻之，億萬生民賴以蘇息，當博濟功成之後，謀轉移澄敘之方，爰有重修晉志之命。當是時，陳公守中實權斯邑，乃網羅舊聞，考徵軼事，旁搜博採，連綴成篇，草創甫經，旋即卸事。繼之者為魯公燮光，就陳所定，更加删輯，未幾，亦緣事被議，志不克竣。壬午秋，兆熊承乏之土，公餘之暇，急取二公所輯，詳加參閱。魯公之書未免過畧，應仍以陳公所輯為準。惟才乏三長，荒鄙寡識，何敢當信今傳後之任。擬即於二公所定，而折衷之。顧以甫經涖任，一切興廢舉墜，庶務殷繁，鞅掌薄書，日不暇給，加以病魔纏擾，動輒經年，欲踵成之而未遑也。皋川岳君雲卿先生高才碩學，識兼古今，兆熊素慕鴻名，顧未親炙。今年春，禮聘來和，主講雲龍書院，朝夕過從，論文外，語無旁及。蓋品學兼優者，晤對甚相投矣。因出舊志，並陳魯二公所輯，併以相屬。請其重加纂輯，以成盛舉。岳君不獲辭，慨然操筆，分體辨例，獨具心裁。復延攬邑紳、文學名流，共勷厥事。如吳君萃、畢君承宗等之採訪考訂，藥子效仙、王子玉汝等之輯次，繕清校正則有學博宋公，司局則有邑尉王君，皆所為有功於斯志者也。自始事以讫竣，事凡三閱月而書成，因共執卷以示，兆熊且屬以一言為敘。嗟夫！文以載道，道以文傳，言之無文，其行不遠。是志也，典麗矞皇，筆書兼有，目張綱舉，條理井然。非岳君筆削之功不及此，非諸君子贊匡之力不為功。兆熊何有也，第念前賢，今經始創修之勞，又樂得諸君子相與圖成之速。雖欲弗言，惡得而弗言。謹為詳其巔末，以志梗概，至此志之成，敘論詳於舊志，予奪衷之輿情，提綱挈要，不漏不支，則又秉筆者之精密審詳，足可與史筆者相輝映者。兆熊得挂名簡末，亦已幸矣，又何敘之敢云。

光緒十一年歲在乙酉冬月吉日

知和順縣事大定左兆熊撰

序三

重修和順縣志序

自周官有小史外史之掌，而漢唐因之，以志郡國志十道，則志與史名目雖分，而要其整飭而修理之者，史必兼具夫三長，志則以三長而折衷於一，是率而操觚，斷不能以酌之。古者準之，今即以信之，今者傳之後也。和志之增修也，肇端於已卯，其間兩易攝篆，而迄無成功。大抵舊志未臻完璧，陳魯二公之續修，繁簡亦未盡適宜。夢卿左侯自壬午抵任後，公退之暇，即合新、舊志，而參考互訂，正其訛，核其實，補其缺，删其繁，討論修飭之兼資，因華損益之並用，總期斟酌盡善，以備採風問俗之資而勉，副諸憲台黼國黻家之雅。於今三年，書未成，而規模悉具矣。乙酉，余適承之於雲龍書院，請謁之次，出邑志以校對。囑夫窮鄉末學，未耄而荒，本非范、沈、姚、魏之徒，安知比事屬時之例，義不獲辭，爰受而讀之。竊幸往哲已示之準繩，時賢早詳其義例。更賴邑中諸名流，彌縫而匡救之。遂使樗櫟庸材，亦得與於斯文。是役也，承謬沿訛之悉屏，獵豔鬭靡之胥捐，以由舊者增新，非敢出而問世也。亦惟信以傳信，無廢乎？侯之始基而竟其緒。侯雖讓美弗居，誰得而掠其美也。獨是世所重於侯者著述，其餘焉耳，以真實無妄之資，挾緩急可恃之。且歷任煩劇，率以振作人材為先，至法良意美，淪浹於萬泉等處之人心，更僕幾難悉數，而其最係人思者，署臨泉則膏雨，祈三日之甘，徒步登山，崎嶇經百里而遠攝翼城，則棚規革百年之陋，籌資抵款，公私合兩美而全。所以口碑載道，興頌盈途，雖時過境遷，不泯於人心之眷戀。今宰和邑，山僻小縣耳，而生聚教訓，凡有裨於民生者，實政罔弗載，實心以出。兹復鶴俸首捐，纂修邑乘，俾數百載之流風餘韻，再傳彌耀簡編，百餘年之瀿德幽光，一旦胥經闡發，他日大展抱負，立朝廟而潤色，昇平不當如是哉？幸蒙不棄，謬與校勘，方藏拙之未遑，乃驥尾之竊附，何幸如之，而何愧如之，把卷流連，惟深喜和人之得慈父也，於是乎書。

時光緒十一年冬月望後三日

敕授承德即内閣中書丙子科舉人樂平岳宜興序

序四

重修和順縣志序

和邑之有志乘，由來舊矣。其始也，創於明季之李君繼元，其繼也，修於國朝順治十三年李君順昌，三修於康熙中之鄧君，後又修於乾隆年間之黄君。一志也，而前後經四名手之參訂，詳矣盡矣，其蔑以加於此矣。顧天道每十年而變，人物歷一日即殊。前既有古人，後亦有來者，來者可徵文獻，而知已往之陳蹟，古人安可無譔述，以資後來之見聞哉？則邑志之修，固不可以緩也。和邑，古梁餘子食邑，居太行之巔，都燕豫之壤，旁列十景，水合二漳，固巖疆亦勝地也。光緒戊寅冬，余來宰斯土，批閲邑志，見其書僅四卷，紀載亦不甚多。蓋自乾隆三十三年，經黄公玉衡纂修以後，迄今百餘年矣。余見其年湮就沒，悵然者久之。因歲值大祲，四野嗷嗷，辦賑辦捐，不遑朝夕，欲即前志而補修之，固有志焉，而未之逮也。己卯夏，奉爵撫憲威毅伯曾札飭各州縣，志書一律修輯，即照舊志原分門内挨次編纂等因，余捧檄之餘，喜甚，爰謀諸邑中。候選教諭之貢生吳君萃，拔貢生杜君蘅，廩生藥君效仙設局纂修，延蜀北甲子科孝廉馬公如筠總其役，率邑中紳士等分任校讐，廣採博訪，編輯成書，其卷軸之次第，及各門之前後，一仍其舊。惟是百餘年之風物災祥，與夫忠孝節義仍分門類。續刊二卷，附於舊志四卷之後，不必改弦而易轍，自然綱舉而目張。書既成，公餘繙閲一過，不禁喟然曰："是志也，所以續前人之美善，開後來之見聞，發潛德之幽光，昭忠孝之苦節，俾城鄉士女聞風而奮然振興，則其有益於風教者，豈淺鮮哉？故先夫余者纂輯於前，余不敏，亦踵事於後。更願後之視今，猶今之視昔，補偏救弊，振舊從新，不以因陋就簡見責，是則余之所甚幸也夫。”

時光緒五年屠維單閼嘉平月

署和順縣知縣陳守中撰

重修和順縣志凡例

一、舊志彙為八門，一地理、二建置、三祠祀、四田賦、五官師、六選舉、七風俗、八藝文。此遵明康封山先生《武功志》體例，條分縷晰，節目詳明。惟人物附選舉之後，而典禮闕如，似非完善。玆編酌仿前志，釐為十卷，其中條目間有增損分併之處，總期折衷一是，衆善靡遺。

二、舊志，首列天文，殊（垂）［乖］體要[1]。按天文每一星野分數千餘里，即如全晉上應參、觜二星，而豫省亦居參商之次，和邑彈丸所屬幾何，且天象雖昭然可覩，自非識微見遠，何能執管以窺。然舉前人已成之式，任意輕刪，亦恐涉自作聰明之嫌，今圖說無所增減，庶不使舊迹陳規從玆放失。

三、祠祀文廟，配哲兩廡，典至重，禮至隆也。遵行固貴謹嚴，記載尤戒疏略，均宜詳其典制源流，務期纖微具備，庶不蹈因陋就簡之愆，玆編一遵同治三年部頒祀位圖式，并詳學制員額，敬錄禦製牌文、匾額、書籍、祭品，悉為臚列，昭慎重也。

四、迎春、勸耕、講約、賓興、鄉飲，諸大典皆禮法所在之處，概置不錄，闕略奚辭。蓋一邦典禮細目不必皆同大綱，未嘗或異，從宜從俗，地方官之責也。玆編并將慶賀、開讀、莅任規儀，逐加釐定，品節務期詳明，儀文不留缺陷，非瑣也，禮者天地不易之常經，無小無大莫不由之，漫視為奉行故事之端要，當廑率由舊章之志。

五、國有賦稅曰“地丁”，曰“耗羨”，曰“徵解”，曰“存留”，定引直則有“鹽課”，供皇華則有“站銀”。自乾隆三十三年以後，時既迭更，法亦屢變，一切款目今昔不同，玆編逐加更正，全載賦役全書以便稽考。

六、舊志官師失載，明制縣丞一員，主薄一員。今據碑文可考者一一補列，又訓導李朝綱誤作教諭，一并改正。

七、和邑踞太行之巔，地勢高而氣冷，民皆畸居山隈，播穫外別無所事。物產之遠遜他邑者，限於天域於地，更局於人，並非有可貴可嘉之品，似難儕大書特書之例。然古聖人教民樹藝必相其士之所宜，不能強不宜者而使之宜也。品類雖甚凡庸，實関前人區畫，更荷大造之生成，棄而不錄，缺陷之端也。爰即境内生育之類，悉著於篇，亦帷是重天時，察地理，並以著其人功用，備考風者之一覽云。

八、他邑乘志人物，或多溢美之詞，閒有過情之譽，非例也。兹編衆美兼收，片長必錄，要無非屬辭比事，循名核實，列其姓氏，並詳其行狀，總期信以傳信，勿溢勿遺。近時如楊曉昀，闔門殉節，尤為一代偉人，實屬千秋盛事，并將宰廬事蹟纂入，以垂不朽云。

九、節烈慈孝風化所關，果操守其彌堅，實表章所必及，舊志採錄綦詳，但百餘年來，豈少冰霜勁節，金石貞心，埋沒於窮簷陋巷閒者。兹旁搜舊卷，博採新聞，闡孤苦之幽光，表堅貞之絕詣，分別已旌未旌，不敢遺亦不敢濫。或有年例未符，另例待旌一條，以示善善從長之意。

十、舊志藝文原仿劉歆《七略》之例，最合體裁，惟蒐輯未周。唐、宋、元碑多半遺漏，今選派文學，搜境内貞珉以及往哲、昔賢之著述，（友）［文］人學士之咏歌[2]，博採兼收，弗致遺漏，非誇多也。考獻尤藉乎徵文，信今即所以傳后，搜羅不富，考鏡何資，況文章悉經籍之光，贈答亦性情之用，讀其文可想見其為人，尚友之心未必不油然生也。惟寺院碑記無關邑中事故，及文不惟馴者不錄。

【校勘记】

［1］殊（垂）［乖］體要按上下文意，“垂”應為“乖”，今改之。

［2］（友）［文］人學士之詠歌按上下文意，“友”應為“文”，今改之。

重修和順縣志

總裁

現任壽陽縣前署和順縣　陳守中字理臣江蘇上元人，監生。

前任和順縣　魯燮光字瑤仙浙江山陰人，廩貢。

和順縣知縣　左兆熊字夢卿永平府樂亭人，舉人。

纂修

雲龍書院主講　岳宜興字雲卿平定州樂平人，丙子解元。

校正

和順縣儒學訓導　宋兆庠字周甫汾州府汾陽人，舉人。

司局

和順縣典史　王金鏡字洗心永平府樂亭人，監生。

和順八賦嶺巡檢　蔡廷奎字瀛仙安徽六安人。

考訂

恩貢候選儒學教諭　吳萃

恩貢候選儒學教諭　張肇修

歲貢候選儒學教諭　鄭台文

附貢生　郭殿邦

採訪

廩生藥效仙

歲貢生劉清煦

武生焦泰

監生畢承宗

廪生蔡蓮峰

貢生祁鵬雲

貢生楊培楨

廪生宋希濂

輯次繕清

廪生王玉汝

廪生劉鐘瑞

增生楊偉

增生周景巖

同輯

衛千總杜咸

武生楊培承

增生張鴻舉

生員馬履謙

重修和順縣志條目

重修和順縣志卷之六　選舉志

進士　舉人　貢生　吏員　武科　封蔭

重修和順縣志卷之七　人物志

忠孝節義　節烈　流寓　仙釋

重修和順縣志卷之八　典禮志

慶賀　開讀　祭祀　賓興　鄉饮酒

重修和順縣志卷之九　風俗志

禮儀　節序　祥異

重修和順縣志卷之十　藝文志

各體文　詩集　虎谷集

重修和順縣志卷之首

圖考

即景繪圖，若吳道子之嘉陵山水，宗少文之瀟湘八景，王摩詰之輞川居圖，米老顛之南宮墨蹟，尤膾炙藝林。今於邑志而以繪事先之者，非徒揮翰墨騁渲染也，亦欲令閱者展卷間而一邑之星躔、疆索、廨舍、城池，與夫高深登覽之所已，不啻列眉睫指掌中耳。志圖考。

考《周禮》，保章氏，以實沈主晉。《國語》曰："實沈之墟，晉人是居。"《漢志》：自畢十二度至東井十五度為實沈之次，於辰為申，謂之涒灘；於律為中呂，於星為參觜。《晉天文志》：班固取三統，歷十二次，配十二野，自畢十二度至東井十五度為實沈。魏太史令陳卓與范蠡、鬼谷、張良、諸葛亮、譙周、京房、張衡並言州縣所入纏度，太原入東井二十九度，上黨入輿鬼二度。《通志》：太原、遼、沁入觜參。並按，天官渾儀之數，周天三百六十五度四分，度之一南北極直徑一百八十度少強，每度九百四十分十二次，每次三十度有奇。申次實沈星為參觜，統主全晉。遼屬晉，和屬遼，所占不及半度，故參觜主和，仍以全晉經度分野言也[1]。

注釋

［1］點校者注：參觜圖、縣境圖、縣治圖、學宮圖、汛署圖、景圖，見圖版。

重修和順縣志卷之一

地理志

粵稽在昔，黄帝畫野分州，得百里之國萬區，《禹貢》詳列山川以定九州，周官（形）［职］方氏掌制邦國之地域而正其封疆[1]。後世郡國志、疆域志等書因之，是知辨區域、奠山川、表宅里，以及考古蹟而溯前徽，懷哲人而訪勝景，有土者責也。和順南抵遼州，西臨古魏，北接沾水，東距直隸，實晉東南邊隘地，凡所以申畫郊圻，愼固封守者，視他邑宜何如哉。志地理。

星野說

《國語》曰："實沈之墟，晉人是居。"《晉天文志》云："班固取三統歷十二次配十二野。"自畢十二度至東井十五度為實沈，魏太史令陳卓與范蠡、鬼谷、張良、諸葛亮、譙周、京房、張衡，並言州縣所入纏度，太原入東井二十九度，上黨入輿鬼二度。《通志》："太原、遼、沁入參井。"按天官渾儀之数，周天三百六十五度四分度之一，南北極直徑一百八十度少強，每度九百四十分。十二次，每次三十度有奇。遼屬晉，和屬遼，所占不及半度，謂參觜主和，以全晉經度分野言耳。

沿革

和順古梁餘子采邑，《左傳》書晉獻公使太子申生（代）［伐］東山皋落氏[2]，梁餘子養禦，卽其人也。在漢為上黨郡沾縣地，晉屬樂平軍，北齊為梁餘縣，隋始改曰和順。因境内有古和城，故名，屬并州。唐武德三年，析治義興縣，仍屬并州，六年省，尋屬遼州。宋熙寧中，省入遼山縣平定軍。元祐初，復屬遼州。金、元、明仍舊，國朝因之。

疆域

東西廣二百一十里。南北袤七十五里。東至邢臺縣桃樹坪村九十里。東南距遼州駱駝村七十里。南距遼州寒王鎮四十里。西南距遼州蒿溝村九十五里。西南距榆社縣社城村一百四十里。西南距太谷縣溫家庄一百四十里。西距榆次白坡村一百三十里。西北距樂平縣北馬坊九十二里。北距松子嶺四十里，距樂平縣治頭村五十里。東北距樂平縣東圃村六十里。東至邢臺縣二百四十里。南至遼州九十里。西至榆社縣一百八十里。西至榆次縣二百一十里。西北至太原府二百七十里。東北距神京一千里。

山川

黃榆嶺在縣東七十里，為山西直省交界，東藩第一要處。轆轤嶺在縣東七十里。桃樹坪嶺在縣東七十里。風門嶺在縣東六十五里。馬嶺在縣東北九十五里，地属樂平，為縣要害。支鍋石嶺在縣東七十里，深溝路狹最險。夫子嶺在縣東八十里。九峯山在縣東二十里，山椒有九峯庵。玉女峯在縣東十二里。首陽山在縣東三十里，其山產薇，土人因建夷齊廟。獅子頭山在縣東六十五里。狀元峯在縣東六十八里。仙人洞在縣東二十五里，風动有聲響嘵，故名。麻稭嶺在縣東南十五里，路通遼州。爐烟嶺在縣南二十五里，為縣南界。

雲龍山在縣西三里，山椒建龍神廟，左建孫真人廟，邑侯程起鳳建瀚俗亭，邑侯鄭國選重建石橋二座、戲臺一座，邑侯邱廷溶建觀音堂、后土廟於南山松林，建淩雲軒、我有斋、清餘亭於西山，建名吾亭、甘泉楼、西溪坊於北山，修欄繞砌，為邑人遊觀之勝地。

麻衣山在縣北五里，有古刹，十景之一，詳古蹟。長縣嶺在縣西南十五里。孤冐嶺在縣西四十里。水泉嶺在縣西四十里。寒湖嶺在縣西四十八里。白関嶺在縣西六十里。油房嶺在縣西七十五里。羊海嶺在縣西一百里。壓煞嶺在縣北一百一十里。八賦嶺在縣西一百二十里，其嶺有二関，西北曰黑虎関，路通太原。西南曰青龍関，路通汾平，設巡檢司一員，弓兵把守。

三尖山在縣西九十里，三峯並峙，故名。

石猴嶺在縣西北四十五里。

山在縣西八十里，與遼州境毗連，上有崋山神祠，供奉鄒國公孟子七世孫女，宋代敕賜額曰："昭懿聖母。"明洪武七年，賜曰："崋山之神。"

松子嶺在縣北四十里，為和順、樂平交界。舊制巡檢司久裁。

漳水有二，一出縣西一百里八賦嶺，名小漳水，流經榆社縣合花嶺，水至武鄉縣西五里合涅水，至襄垣縣東北合濁漳。一出樂平縣少山大涀谷，流經縣東合梁餘水，轉東南至交漳村，合流東注。

梁餘水。源出縣西石猴嶺，流經縣東合清漳。

玉津泉在縣東北三里，俗名水井溝。（東）［冬］不結冰，夏不滿溢[3]，有尼寺曰玉津庵，邑人多遊觀，清潔不濁，故名。

水深水在縣東七十里，源上有龍王廟，河水北流經樂平縣東南八十里，至南界都合沾水。

海眼泉在縣東六十里，有海眼寺，其水澄清，波濤洶湧，又名清河，冬寒数里不涷，西流至松煙鎮與漳水合。有喬白巖、鄒獻鄉題詠，紀藝文。

石公泉在縣東六十里，源出合山東，南流合漳水。

馬嶺洞在縣東六十里，山似新月，内一空洞，洞内轉南用梯上，又一小洞，可容千人。有石佛，天旱，禱之卽雨。

萬泉水源出合山，南流合漳水。

溫泉在縣東南四十里松煙鎮，冬寒無冰。

黑壁洞在縣西南四十里北山，其深莫測，洞口常閉，傳有僧開之，冷氣悉出。

武鄉水出縣西南孫臏坡，經流榆社、武鄉縣界。

天池泉在安南（安）驛東山高峯上，有池出，泉冬夏不涸。

飲馬池在縣西山陰，水清澈。相傳石勒常飲馬於此。按邑境皆山，溝澮之間雨集則盈，雨止則涸，無長流渠道可以灌引。蓋其地寒苦，少浸以水，其田如石。是以他邑可資溉於人功，此地獨待澤於天時，雖舊誌所云有叔敖、文翁之經書，宏羊、充國之屯復，俱無所施。水不為利而為害，亦地勢使之然也。

古蹟

黃榆古戍黃榆，嶺名。巖險曲折，瀑布千尋，舊有兵戍守城垣，故址尚存。宋黃覺有“雲龍古戍”之句。

風樋石鼓石鼓，嶺名。上有石如鼓風動之聲。元人王思誠有“南嶺風吹石鼓鳴”之句。

八賦晚霞八賦，嶺名。晚霞光耀，舊有“八賦晚霞”之詠，紀藝文。

松子香風松子，嶺名。崎嶇蜿蜒，山崗多松，遇風香氣襲人。有“松子香風”之詠，紀藝文。

合山奇泉合山，山名。下有二泉，一名娘子泉，清流湍激，遠近十数村汲飲。一名郎君泉，不時出，出時聲吼泉湧。有“合山奇泉”之詠，紀藝文。敕建懿濟聖母、顯澤侯二祠。

鳳臺異形鳳臺，山名。其形如鳳展翅，連綿数里，突起孤塚，因名。

九京新月九京，山名。一名九原。每月哉生魄，光朗異他處。有“九京新月”之詠，紀藝文。

西溪靈井雲龍山椒建龍神殿，内有井，邑人遇旱禱雨，取水輒應。有“西溪靈井”之詠，紀藝文。

雨洗麻衣麻衣，山名。在北五里，麻衣道人住錫處，寺後有石洞，天將雨，頂水珠涓涓下滴，有“雨洗麻衣”之詠。昔宋太祖征太原至此，祝神前曰：“此行志在弔伐，不戮一人。”

漳水還帶漳水有二，一自縣北東流，一自縣西東流，交繞環抱，有若帶然。題詠紀藝文。

和邑十景，臨觀之勝地也。

戒石亭在縣署，書宋太宗銘，今廢。

雷音臺在雲龍山椒，今廢。

趙王臺在縣西五里，狀如伏虎。

漚麻池在縣北二十里，石勒、李陽嘗漚麻爭池，及勒為後趙天王，召李陽，至引陽臂云："孤固壓卿老拳，卿亦絕孤毒手。"即此地也。

東魏造像碑在西鄉寺頭村聖壽寺。

樂毅村在縣西六十里。毅，靈壽人，被讒，避居於此。

和順古城在縣西北與縣城相倚，垣跡微存。

平城廢縣在縣西一百里儀城鎮。隋置，屬并州。金廢為鎮，今因之。

義興古縣在縣境，唐初置，尋省。

韓信舊寨相傳淮陰侯下趙屯兵處，載舊志，今無考。按韓信下趙，兵駐榆関，聞趙人不用李左車之謀，乃進兵其地，即今平定州之上城。榆関之名如故碑記，昭此志不知何據。

簡子鹿苑在縣六里，相傳趙簡子養鹿苑。

宋藝祖書像石刻在麻衣山。

六合井在縣城後街石樓院，明季山東昌平道藥濟衆殉難處。

蓋闻仰高山者動弔古之思，懷秋水者深伊人之慕，大抵人因地古，地以人傳。此舊國千年，荒城四望，江文通所以作賦也。和雖僻處晉鄙，然太行聳峙，清漳交流，亦足稱一邑之勝。他若関隘之奇險，邱墟之高封，以及趙王之臺、藝祖之像、東魏造像之碑、麻衣歸真之塔，何一非考古者尚論之資哉。

里甲 舊二十二里，明萬曆四十四年併為五里。

在城里。南廂里。仁壽里。西峪里。高邱里。玉女里。喬庄里。白泉里。

古城里。溫源里。石城里。上豐里。鳳臺里。九京里。忠信里。馬陵里。德寧里。永興里。儀城里。金厢里。獨堆里。西陽里以上舊錄。在城里。仁高里。儀城里。德興里。南玉里今編。

謹按《周禮》，大司寇掌萬民之數，歲書國籍，登諸王朝，重所天也，至若潤下作鹹、疇敘《洪範》、折梅逢驛、寄與隴頭，凡居四民之中，秉五行之秀者，何者非國家所養且教之人與！和邑舊列戶甲二十二里，今併為五里，民數不及大邑之二三，而鹽政之所食息，站驛之所供賦，亦不減於他邑，用是志之於乘，以備考云。

村疃

東鄉 四十九。

蔡家庄距城五里。邢村距城八里。白泉村距城八里。平松村距城二十里。玉女村距城二十二里。前後祁里距城二十五里。山泉村距城二十五里。新村距城二十八里。小南會距城三十里。松煙鎮距城四十里。煖窑村距城四十五里。灰調曲距城四十八里。轆轤村距城五十五里。馬嶺曲距城五十里。許村距城五十五里。喬庄距城六十里。營子溝距城七十里。雷庄距城五十里。趙家溝距城五十五里。官家峪距城六十里。圈馬平距城五十八里。范庄距城六十里。青家寨距城五十八里。董平溝距城六十五里。大窑底距城六十里。當城村距城六十里。西河峪距城二十五里。合山村距城三十二里。寺庄頭距城三十八里。虎峪村距城五十五里。土嶺村距城六十里。王下村距城六十里。石疊村距城六十里。石馱平距城六十八里。白背村距城七十里。青城村距城八十里舊名傾城，縣令張公改為青。新庄子距城九十里。皂突峪距城六十八里。柳科村距城六十里。石家庄距城六十五里。水深村距城七十里。東瑙村距城八里。樗樹煙距城十五里。先生堂距城二十里。瓦房子距城二十五里。腰庄子距城三十五里。平地川距城三十里。孫家嶺距城二十五里。河會村距城三十里。

南鄉 二十三。

南園子距城二里。任家窑距城二里。爨村距城三里。白珍村距城五里。會裡村距城五里。南窑村距城八里。南峪村距城十里。西仁村距城十五里。東仁村距城十二里。青背村距城十里。寺圪套距城八里。北安義距城二十里舊志義訛驿，今改正。南安義距城二十五里。河緒村距城三十里。東喂馬距城二十里。西喂馬距城二十五里。上元村距城二十二里。弓家溝距城三十里。窑堤村距城三十五里。大佛投距城四十里。儀嶺村距城四十二里。寺溝村距城三十五里。遠福村距城三十八里。

西鄉 一百零六。

扒頭村距城八里。儀村距城十五里。青楊樹村距城十八里。南溝距城二十里。團壁村距城二十里。南坡庄距城二十里。馮家庄距城二十五里。李家掌距城三十里。郜家庄距城三十里。裴家峪距城三十五里。水泉村距城四十里。井子村距城三十里。石版房距城三十二里。下虎峪村距城三十里。上虎峪村距城三十五里。管頭村距城四十里。楊家峪距城四十二里。桑家峪距城四十五里。甘草平距城四十八里。九京村距城八里。梳頭村距城十里。石門溝距城十二里。下庄距城十五里。科舉村距城十五里。土地平距城十八里。紫蘿村距城二十里。曲里村距城二十五里。白雲村距城三十里。磚窑村距城三十里。新庄距城三十五里。程家庄距城五十五里。鉄橋村距城五十八里。京上村距城六十里。寺頭村距城六十八里。樂毅村距城六十八里。飲馬村距城七十里。小南溝距城七十里。小張庄距城七十二里。獨堆村距城八十二里。馬坊鎮距城九十里。桑榆溝距城一百里。潤郊鎮距城一百二十里。南軍城距城九十八里。北軍城距城九十八里。南北天均距城一百里。西石勒村距城一百一十里。土門村距城一百一十里。樹石里距城一百一十五里。懸窑村距城一百二十里。白木寨距城一百二十里。木瓜村距城一百二十里。上庄距城四十里。上楊村距城五十里。牛家溝距城四十五里。田家溝距城四十五里。内陽村距城五十五里。胡松溝距城六十里。榆樹平距城六十五里。白官村距城六十五里。楊照章距城七十里。龍王村距城七十里。油房村距城九十里。翟家庄距城九十五里。上北舍村距城九十五里。儀城镇距城一百里。官庄距城一百五里。焦紅色距城一百二十里。水澤村距城一百三十里。石岩村距城一百三十里。交口村距城一百三十里。全灘村距城一百三十里。道陸村距城一百三十里。龍門村距城一百三十五里。寒湖村距城六十里。西溝村距城六十五里。張健村距城六十八里。沙峪村距城七十二里。張科村距城八十里。楊社村距城八十二里。下白岩距城九十里。上白岩距城九十二里。廣屋村距城九十五里。横嶺村距城八十八里。刁岔村距城九十五里。蚕里村距城九十五里。壁子村距城一百里。拐子村距城八十八里。西陽村距城九十五里。小上庄距城九十八里。趙村距城一百里。麻地灣村距城一百一十里。白家庄距城一百一五里。鞏家庄距城一百十五里。馬隆村距城一百二十里。姚家庄距城一百二十里。雙峯村距城一百二十里。郜村距城一百二十里。城南村距城一百二十五里。灰河溝距城一百二十八里。曲裡村距城一百三十里。堡下村距城一百三十里。東溝里村距城一百三十里。溫泉村距城一百三十里。郭家社村距城一百二十里。牛槽溝村距城一百三十里。金箱寺溝距城一百三十里。

北鄉 二十七。

堯村距城二里。河北村距城一里。劉家窑距城三里。東窑溝距城三里。後峪村距城十里。溫源村距城十三里。泊裡村距城十五里。三奇村距城二十五里。上石勒距城三十里。下石勒距城二十八里。榆圪塔距城四十里。石梯村距城三十里。三奇堂距城二十五里。南李陽距城二十五里。北李陽距城二十五里。上豐村距城三十里。天井村距城三十五里。史家庄距城三十八里。秦家庄距城三十八里。常家庄距城四十里。黄嶺村距城三十五里。下黄岩距城三十八里。松溝距城二十五里。高邱村距城三十里。牛川村距城三十五里。南庄距城里二十里。大夫煙庄距城二十五里。共二百五處。

【校勘记】

[1] 周官（形）[職] 方氏掌制邦國之地域而正其封疆按，《周禮》無“形方氏”，當為“職方氏”，今改之。

[2]《左傳》書晉獻公使太子申生（代）[伐] 東山皋落氏按，《左傳》原文為“晉獻公使太子申生伐東山皋落氏”，故“代”當為“伐”，今改之。

[3]（東）[冬] 不結冰，夏不滿溢据上下文意，“東”當為“冬”，今改之。

重修和顺縣志卷之二

建置志

王者度地居民，辨方正位，必有一定之規。《書》曰："卜宅攻位。"《禮》曰："置槷眡景。"重建置也。後人因之，而大都小邑規模畢具焉，良以固國衛民。城池綦要，而育人材則學宮之制度宜詳也；臨政事，則官署之經營宜備也；廣積儲，則倉厫之出入宜謹詰；戎兵，則武備之簡閱宜勤也。至若驛站、舖遞，所以供使令；坊表、墟墓，所以旌善良；市集、橋梁，易有無而通來往；育嬰、養濟，卹老幼而甦困窮，何一非涖官行政之要務哉？和自置縣以來，迭經創建，大端備舉，捧檄而來者尚其隨事核稽，因時脩葺，慎守焉而俾勿壞，庶不負前人建置之心也夫。志建置。

城池

按和邑土城一座，周圍二里二百五十步，高連磚垛三丈七尺，根寬二丈五尺，收頂一丈五尺，門三座：南曰"康阜"，西曰"寶凝"，北曰"拱辰"，角樓敵臺共十一座，磚垛口八百一十六，更房五座。正統十四年，知縣王衡補修疑在永樂年。神宗二年，知縣蘇性愚益磚砌，十三年，知縣李繼元益土坯泥砌，外浚深濠。順治十六年，知縣李順昌重修南、北、西三城樓。康熙八年，知縣鄧憲璋補修。雍正十三年，雉堞盡廢，知縣趙懋本重修，全補磚垛。乾隆十年，知縣蔣祖培磚砌西門，二十一年，知縣朱汝璣重修奎光三層樓。乾隆二十八年，知縣侯日曮補修角楼四，東城楼一，西城楼一。迄今失修又百数十年，地瘠民貧，大祲之后，無所設施，但循年（列）［例］[1]，造報完固，而俟年歲順成，尚有待於後之蒞事者。

學宫 在縣城東北隅。

先師正殿三間。東西兩廡十間。敬一亭三間在大殿東。化帛樓一座在大殿西，庠生藥良建。戟門三間。禦路左右泮池。櫺星坊一座。照壁一座。東西二柵。大成坊一座。崇聖祠三間在聖殿左。名宦祠三間在聖廟東隅。鄉賢祠三間在聖廟東隅。奎光樓一座。明倫堂五間。進德齋三間。修業齋三間。東庫二間。西庫三間。東厨二間。西厨三間。

萬壽宫在縣署南中華街路北，光緒七年知縣魯燮光重修。正房三間，安設龍亭一座。朝房三間在丹墀下東院。照壁一座。東西角門各一。

官署 在縣城西北隅。

大堂三間東庫西庫。鄭侯祠在大堂西。東西六房並承發房計十四間。上諭坊。東西站班房。儀門三間。東西角門。寅賓舖廢。土地祠在儀門外，乾隆三十三年，知縣黄玉衡重修。東西四班房計八間。大門三間。鐘鼓楼、申明亭、旌善亭、榜房俱廢。梁榆右治坊嘉慶十年，知縣余光超建。照壁一座。宅門守門房一間。二堂三間知縣朱汝璣重修。東書房三間。西書房三間。學斯楼三間。東號房三間。思鳳樓三間改入典史署。簽押書房三間。

東宅：北房三間。東房三間。南房三間。西門房三間。廚房六間。

西宅：北房三間。東房三間。南房三間。西房三間。西書房三間。馬棚三間。

儒學署在文廟左。儀門一座。廣文廳三間乾隆四年，訓導馬凝瑞重修。書房三間。門斗房三間。

後宅：北房三間。東西房六間。

典史署在儀門東。督捕廳門。

正門：大堂三間。書房三間。

後宅：北房五間。西房三間。東房三間。捕役房三間。

犴狴在儀門西，計房五間。

巡檢署在儀城鎮，明季流寇焚燬。

察院公署在縣治東，乾隆十七年，知縣朱汝璣詳請改修把總汛。

把總汛：大門三間。大堂三間。東西房三間知縣朱汝璣建。

後宅：北房三間。東西房三間。西箭亭三間。南房五間以上俱把總賀榮喜建。

把總衙署在縣治東鄉松煙鎮。頭門一座。大堂三間。東稿房三間。值班房三間。伴當房一間。西軍裝庫三間。東馬號二間。內宅正房三間。東西廂房各二間。照壁一道。

外委營房在縣治東鄉松煙鎮。大門一座。過廳三間。東西廂房各二間。東馬棚一間。內宅正房一間。東西廂房各一間。照壁一道。演武廳三間。將臺一座。照壁一座。

馬道一條計長二十五丈，寬五尺，深二尺。

同治元年七月，奉撫院英奏准，移營移兵，添建衙署，並設立教場、演武廳。查照原奏，所指之地緣遼州裁汰，原設城守千總，改設都司一員於州東粟城鎮，專立一營，添設把總一員，並設營頭汛、千總、外委，各一員，黃驛汛把總一員。和順縣属松煙鎮，把總、外委各一員，均應新立衙署營房。當此經費支絀之時，飭照潞、澤工程辦理，置買民房改修，較為簡省，即或購地建造，總需價廉工省。當於粟城鎮購房二所，改建都司衙署，价一千零八十五千文。又購民房一所，改把總衙署，價一百七十千文，該營招募新兵一百五十名，須設教場操演，因買民地二十畝零五分，價八十二千文，起造演武廳工料一百一十六千零三十六文。雲頭讯民房二所，價四百四十五千文，改修千總衙署及外委營房，共錢八十四千六百六十二文，招募新兵一百五十名。教場操演買民地十四畝，錢二百五十二千文，起造演武廳共計一百一十三千六百九十文。黃澤関相距三里之羊角村，舊有營房官地一塊，破屋数間，改造把總衙署，新兵八十名，購地十畝，價六十千文，起造演武廳須錢七十四千九百一十文。和順縣東鄉松煙鎮買地一畝五分，價二十二千五百文，起造把總衙署暨外委營房共工料錢七百六十一千六百五十四文，新兵一百五十名。購地二十六畝，價一百零四千文，起造演武廳計共料錢八十千六百八十一文。以上統計粟城營、雲頭訊、黃驛鎮、並和順縣松煙鎮四處衙署、五所營房、二所教場、四所演武廳，總共房地工料計錢四千二百六十四千六百九十文，合庫平紋銀二千七百一十六兩三錢六分二厘八毫，分別依限照例保固房地各契，工匠承攬，詳册圖結，各存備案。兹於同治二年四月二十日，松煙鎮興工，十月二十日竣工，計錢九百六十八千八百三十五文，内買李蔭、杜慶恩、馬三俊民地，價錢二十六千五百文，合庫平紋銀六百一十七兩零九分三厘，前由知縣孫汝霖報銷，咨部在案。

演武場　在縣城南郭外，東長一百一十二步，西長一百一十七步，南寬四十三步，北寬三十一步。演武廳三間。東西耳房二間。旗亭一座。

書院　在縣署東中和街路北，係義學舊址，邑先有梁榆書院遺跡，無可考。乾隆三十五年，知縣唐楷即義學地，創建雲龍書院。道光十五年，知縣張兆衡捐貲重修，並輸廉銀八百兩為膏火義學經費，泐石院中。正房五間。東西房各五間。講堂三間。東厨房一間。中院東西房各五間。外院東首奎星閣一座，西房两間。大門一間。大門東西官廳各二間。

驛站

按和邑舊協濟樂平縣柏井驛驛馬二十一匹，順治十八年二月内，奉旨議定止協站銀七百五十六兩，解交藩司以抵正項，免其協濟馬匹。緣國朝定鼎之初，差事浩繁，暫協樂平縣柏井驛驛馬二十一匹，查樂平縣距柏井驛七十里，和順距樂平縣九十里，距柏井驛一百六十里，相沿日久，喂養為難，以致縊死。巡檢李棟苦死，里民武應文等受累不堪。順治十八年七月内，前任知縣李順昌為請廣直言事一案，通詳各憲。蒙驛道李、督撫白彙題在案，隨蒙兵部具覆晉撫白，題前事稱疏内一款。和順縣協濟柏井驛馬匹，該撫既稱路遠，喂養難以稽查，相應如議，免其協馬，行令和順縣，照依原額協濟站銀七百五十六兩給柏井驛，應差可也。奉旨依議，欽遵在案。嗣後李令將從前應差馬匹，申文請示變價，蒙驛道范牌示協濟馬匹在歷年站銀内，通融買補，自應留驛應差，何得請示變價？至是驛馬之根苗未除，索帮之百獘叢生。（一）順治十八年八月内[2]，知縣李順昌復申詳前事，内稱：卑職遵照原文，隨差人送交站銀，今閱半月相距百里，銀尚未收，差驛未歸，詢其緣由，要求外帮為此具文申詳。蒙太原府調集二令牌，提柏井驛驛丞楊子茂面議，議得和順縣前所交原走馬匹，不論肥瘦老弱，交與驛丞楊子茂銀二百五十兩，以為買補馬匹之資，以後站銀按季解交，以十月初一日為始。接管取有驛丞楊子茂，關防領收管馬册，回呈在卷，嗣後買馬站銀通融與和順無干。至於站銀，按季解給以便喂馬養。蒙太原府轉詳本部院，行繳在案，繼因康熙三年驛丞苟毓民又以驛遞衝繁，額外索帮，申告不已，事詳請經。康熙六年内，前任知縣周于文為復行，詳明請廣直言事一案，議令驛丞行差，幸奉院道，立有底案，至今七載，歷縣三令，感恩兩便，詎驛丞苟毓民稱驛遞衝繁，於站銀七百五十六兩零之外，另行索帮。前既蒙各憲臺會議，又外帮銀一百五十兩以為買補驛馬之資，惟恐驛丞援為定例，後有需索，因並議後不為例，批允在案。今又於驛官額馬缺半，縣厰代累難堪，仰祈憲奪，以重皇華。事詳内批示：驛馬倒斃，和順驗皮買補，竊念前年外帮驛丞尚未開銷，今又驗皮買補，既協站銀又協馬匹，苦累難堪，據各憲臺議，再帮銀四十兩以為買補倒斃驛馬之費。隨將緣由申詳，蒙總督部院盧批。協銀既經題定，何得復索帮貼，此詳不准。以上三次議帮，皆因驛馬未經變價，留驛應差之故，至康熙七年六月初二日，蒙本州為遵諭陳言事内牌行。該縣額徵站銀，火速起解藩司，以抵正項，等因到縣，蒙此遵照憲行，查於未奉文之先。先將正、二、三、四、五月站銀三百一十八兩八錢，除小建不支外，按月解給樂平縣驛丞荀毓民，支用取有領狀在案。其未領站銀四百四十八兩三錢四分五厘一毫遵照憲牌事理，於地丁錢粮内解付布政司交納完迄。不料康熙八年二月内，柏井驛驛丞荀毓民又以申討賣補倒斃馬匹銀四十兩，具文前來，據此該知縣鄧憲璋仍照前案通詳各憲：蒙布政使達批據詳，額外私帮殊属違例。巡撫阿批驛馬倒斃自有買補之例，其帮買銀兩未經奉旨不便私帮，仰道飭行繳在案。詎協馬之害方除，而協車之累又至。康熙十六年内，樂平又以泣陳車輛偏苦等詞，具呈各憲，縣令鄧憲璋詳稱。順治十八年協馬以前，原有凡遇車輛經過至百輛以上者，和邑暫協三分之一。所以十一月内，漢中駐防回京家口柏井扳害，協騾晝夜馳行三百餘里，人畜苦累不堪。樂人反暗具和順失悮結狀，致令和民赶赴慶都清算，明白委無失悮情由，方得抽回結狀。今又逞扳害故智，以不論車輛多寡，應和順遂起協濟聳控。竊思車輛以供應，原在驛遞之内，未聞在驛遞之外，另設車輛以供差使。前和所議協車輛者，以有協樂平馬而然也。順治十八年三月内，督撫白具題部覆：協銀不協馬，久奉諭旨，欽遵在案。康熙七年六月内，於遵諭陳言，案内奉旨，凡驛遞工料着有驛遞，地方於正項錢糧支領，該縣額設協站銀兩，火速照數起解藩司，以抵正項。是樂平之驛，樂平全供之，和人既不協馬，又馬有協車之累，況過往車輛自有應給脚價銀兩，為此備陳。蒙巡撫土批粮屯驛傳道張檢閱，節年卷案逐一詳查。和順離柏井遙遠，兼係山路，車差一到，勢難刻緩，欲求無悞，應付難矣。又查康熙六年十月内，樂平士民趙桂等又將實陳疾苦等事，呈稟太原查，議得和順舊有協濟樂平縣柏井驛站銀，協銀則不協差，此晉省通例也。盖因康熙元年定議，凡有非常之差，用車百輛以外者，和順協三分之一，奉各憲批允在案，則所定協車非為陸續小差而言也。以此窺之，則和順止協銀並無協車之例，私派屢奉嚴禁，功令煌煌，孰敢不遵，而承議者亦斷不敢蹈違禁之愆。總之，當今司驛之官，固属難其妄扳之端，亦不便冒為援議。今該府所議車至五十輛者，和順協三分之一，乃遵未裁協銀以前之議，應不便准從者也，合無呈請憲臺批飭樂平縣，加意料理驛務，不得借口貽悞可也。蒙批如詳，嚴飭行繳帖文到縣，遵照在案，似此次第除革，和人差可休息。誠恐日後案牘散佚又起風波，故詳敘其顛末云。至原稿案詳載碑記。

附巡撫白彙題請廣直言疏

順治十有七年冬，聖天子有請廣直言之旨，凡内外大小臣工，咸抒懷來，以仰答若渴之求，該和順縣知縣李順昌，首以協馬之苦申各上臺，請改協銀，千言洒赤，謬邀許可。於順治十八年春，山西撫院白彙題為請廣直言事，據布政司呈詳該。臣看得興利除害，誠為裕國便民之首務，自當悉心籌畫，必使興革得宜，無與地方有裨也。臣撫晉以来，凡有利獘所關，無事不與分土各官講求力行，以不負任使之意，故年來晉地頗稱小康，兵民亦皆安堵。玆覩科臣請廣直言一疏，臣卽遵照部文，檄行藩、臬二司，會通各道，廣採州縣，就彼見聞所及，酌其可行，而有關於國計民生者，方敢據以入告。如陽和一城，向為巨鎮，自督鎮道奉裁重復製，僅以一守備領二百兵坐鎮，單弱已甚。新平參將領兵四百，反處閑僻。今議官兵照額更調，緩急得宜。又馬邑縣居三邑之中，頗稱安靖，設守備一員，兵一百七十五名。朔州極邊地，方止一外委操守，兵百名，非所以資彈壓也。今議官兵照額更調，冲僻適宜，一轉移之閒，地方有賴矣。若夫天、陽二衛，屯粮銀兩共計一萬七千有奇，因同知裁并，委之衛弁，致多逋欠。今議中路通判移駐陽和，稽屯清餉，無增官設役之擾，政事又易舉行矣。至於和順縣距柏井驛往返三百餘里，所協馬二十一匹，喂養稽查遠不能及，而馬夫作奸倒斃時聞。今議以每年原額站銀七百五十六兩解協，該驛既遵官養之令，亦無鞭長不及之虞矣。以上各款，總因晉雲官兵裁減甚多，冲僻緩急固須一番調劑，而徵屯重務、協馬苦情，更宜稍為便通，此誠參酌於地方利病，而有關於國計民生者也。既經各司道府確議，臣覆核無異，相應具題，伏乞勅部議覆施行。奉旨：該部議奏。該兵部覆題：為請廣直言事，職方車駕司案，呈晉撫白如梅題前事。奉旨：該部議奏，欽此。除通判一款，該吏部議復外，該臣等議得：宣大承平，内地官兵經制久定，頻事更張，徒滋煩擾，相應照舊。又據疏稱，和順縣協柏井驛馬二十一匹，喂養稽查遠不能及，議以每年原額站銀七百二十六兩解協該驛馬等。因查和順協濟柏井馬匹，該撫疏稱路遠，喂養難以稽查，相應如議，免其協馬，行合和順縣，照依原額，協濟站銀解給柏井驛應差可也。奉旨：依議。部文遞行到縣，在順治十八年閏七月二十二日也。闔縣士民手額歡呼遍山谷矣，陞山東兗州府濟寧州知州遼州和順縣知縣李順昌謹識。

營房

黄榆嶺在縣东七十里，為山西直省交界第一要處，舊制設巡檢司，久裁。國朝設營房一所，墩臺一座，煙墩五座，移駐石馱坪防守。

轆轤村在縣東七十里，國朝設營房一所，墩臺一座，煙墩五座，移駐煖窑溝防守。

桃樹坪嶺在縣東七十里，國朝設營房一所，墩臺一座，煙墩座移駐青家寨防守。

風門嶺在縣東六十五里，國朝設營房一所，墩臺一座，煙墩五座，移駐後當城門防守。

馬嶺在縣東北九十五里，地屬樂平，為縣要害，國朝建營房一所，墩臺一座，煙墩五座，移駐青城村防守。

夫子嶺在縣東八十里，國朝設營房一所，墩臺一座，煙墩五座，移駐銀子溝防守。

麻稭嶺在縣南十五里，路通遼州，國朝設營房一所，墩臺一座，煙墩五座，移駐喂馬村防守。

爐煙嶺在縣南二十五里，國朝設營房一所，墩臺一座，煙墩五座，移駐窑提村防守，為縣南畛。

松子嶺在縣北四十里，為和順、樂平交界，舊制巡檢司一員，久裁。國朝設營房一所，墩臺一座，煙墩五座，駐嶺防守。

八賦嶺在縣西一百二十里，其嶺有二関，西北曰“黑虎關”，路通太原。西南曰“青龍関”，路通汾、平，設巡檢司一員，領弓兵把守。

養濟院。漏澤園。育嬰堂。常平倉。天字廒五間後改為陽字廒。地字廒五間。元字廒五間坍塌。黃字廒五間後改脩七間。宇字廒三間坍塌。洪字廒三間。月字廒五間。盈字廒五間。滿字廒五間坍塌一間，以上俱乾隆三年以前舊建。成字廒七間。宿字廒三間以上二廒，乾隆四年知縣陳良玿領款建。宿字廒後改為日字廒。大字廒五間。有字廒六間坍塌。

年字廒五間以上三廒，乾隆二十九年，知縣侯日曮領款建。年字廒坍塌。

原額倉穀一萬八千石，除屡年動支外，淨存倉穀一萬零二石餘，光緒三年，被旱成災，奉文開倉賑濟，至四年正月，倉儲穀三百餘石，經爵撫部院曾奏請籌款買補，奉旨允准五年冬奉發銀一萬兩，六年春續發銀四千一百兩，交知縣陳守中賣補，還倉内義社倉谷，銀一千七百三十七兩。

社倉

社倉房五間在縣署大門外東，雍正六年知縣趙懋本建。

義倉三座：一在城内。一在儀城鎮。一在馬坊鎮。

社、義二倉原額儲穀一千九百二十九石零，大祲后儘數放賑，其從前借穀欠戶，逃亡大半，存者皆係凋敝，餘生難以追還，有司稟請豁免。蒙爵撫部院曾發銀儲州庫，飭地方官隨時買補舊欠，永遠不追繳。

按邦以民為本，民以食為天，則守土之要務，固莫要於積儲也。晉自大祲而後，倉儲告竭，幸蒙朝廷之深仁厚澤，諸憲台之碩德鴻猷，賑蠲之餘，更詳善後之謀。大發帑幣，責成守令，俾於倉之虛者實之，虧者盈之，天適降康，農有餘粟，援成例而額仍其舊，因時價而穀易以新，閭閻並未覺轉移之勞，而昨之空空無物者，今復綽綽有餘矣。此誠千古罕見之仁政也，爰贅數語，用誌感激云。

市集 七處。

在城。李陽鎮。松煙鎮。儀城鎮。馬坊鎮。澗交鎮。橫嶺鎮。

舖遞

在城二舖。西路：儀村舖。郜家舖。水泉舖。寒湖舖。沙峪舖。楊廣舖。白岩舖。橫嶺舖。刁岔舖。儀城舖。鬬池舖。南路：南窑舖。喂馬舖。窑堤舖。北路：李陽舖係半舖，在城舖撥出。

共一十六舖，半舖司三十三名額，設工食銀一百三十二兩。

坊表 舊建共二十，新建三。

明：育賢坊縣中歷年科鄉甲姓名，廢。司徒坊王佐立。尚書坊王佐立。天曹四署坊王佐立。進士坊王佐立。步月坊王佐立。儒宗坊王雲鳳立。世登科第坊王雲鳳立。己卯舉人坊周文立。誥封主事坊周麒立。庚午舉人坊周朝著立。丙戌舉人坊周朝著立。丁酉舉人坊程霽立。辛酉舉人坊程桂立。甲子舉人坊王之臣立。庚午舉人坊畢世隆立。甲子舉人坊齊聞韶立。兵憲石坊藥濟衆立。養民坊徐焕立。誥封副使坊藥性立。

國朝：節婦坊周氏立。節婦坊李天祥妻立。節婦坊藥氏立。

橋梁 舊建共三座，新建一座。

東河橋在邢村，距縣八里，路通河南。

通濟橋在河北，距縣二里，路通北京。

南河橋在爨村，距縣三里，路通潞安，係木橋，知縣鄧憲璋重修。

永固橋在南安義村，距縣二十五里，乾隆十四年，義民杜若楷新建。

水利

邑境皆山，溝澮之間，雨集則盈，雨止則涸，無長流渠道可以灌引。蓋其地苦寒，少浸以水，其田如石。是以他邑可資溉於人功，此地獨待澤於天時，一遇旱澇之災，便仰給於朝廷之軫恤，雖有叔敖、文翁之起穿，（宏）［弘］羊、充國之屯復[3]，俱無所施，水不為利而為害，亦地勢使之然也。

墟墓

晉大夫墓有二，一在縣西九京山椒，相傳陽處夫墓，今里人稱為陽將軍墓。一在縣北堯村山椒，相傳為狐偃葬地，今里人猶稱為狐偃墓，《廣輿記》志士會亦葬此，無考。

麻衣道人塚在麻衣山椒，塚上有石塔題詠，紀藝文。

許狀元墓在縣西坡，有石碣，名失傳，題詠，紀藝文。

明：王尚書墓在縣東虎峪村，戶部尚書王佐葬地。王都憲墓佐子雲鳳，都察院僉都御史，父子同塋。周舉人墓諱文，在白泉村。誥封周主事墓諱麒，在白泉村。周郎中墓麒子，諱朝著，工部郎中，父子同塋。**藥少卿墓**諱濟衆，贈太僕寺少卿，任副使，葬九京山前。**彭舉人墓**諱德潤，葬縣南。**藥主事墓**諱之璵，薊鎮督餉戶部主事，葬北璋之北。

按和邑自秦漢建置以來，興廢不一，沿革亦殊然。岳峙川流，弗改昔年之风景，城廓壇壝，不殊舊日之規模。迄今憑覽梁餘之墟，見夫公廨布署井井，學校廟貌巍巍，以及倉廪之充實，廛市之懋遷，坊表之旌樹，壟邱之綿延，橋梁之虹彩，未嘗不嘆盛世之良法，美政固有歷久彌新者，雖曰山僻小邑，其區畫經營能無望於後之加意民社者耶?

【校勘記】

[1] 但循年（列）[例] 按乾隆版為“例”，據改。

[2]（一）順治十八年八月内按，此處疑“一”為衍文，當刪。

[3]（宏）[弘] 羊、充國之屯復按，此處應為漢代桑弘羊、趙充國事。乾隆皇帝字弘曆，上文當為避其名諱而改寫，今正之。

重修和順縣志卷之三

祠祀志

《周禮》大司徒以祀禮教敬，則民不苟，典綦重也。洪維昭代之隆，郅治馨香，百靈効順，自壇壝先師外，凡關帝、文昌、呂祖，屢極尊崇，列在祀典，誠煌煌乎，帝者之上儀哉。和雖下邑，敢弗欽承。他若民間私祀寺廟，似無關於典要，然昭靈感應，勸善懲惡，實有以襄王化之所不及。昔吳道子畫地獄，變相畏罪者多；韓昌黎題木居士詩，向善者衆。《祭法》曰："有功於民則祀之。"悉舉而附於篇，所以隆祈報，亦猶是神道設教之意也。志祠祀。

廟祭

文廟 謹遵同治三年部頒祀位圖。

大成殿正中奉祀至聖先師孔子，恭錄禦製匾：順治：德配天地，道貫古今。康熙：萬世師表。雍正：生民未有。乾隆：與天地參。嘉慶：聖集大成。道光：聖協時中。咸豐：德齊幬載。同治：聖神天縱。光緒：斯文在兹。

東配祀：復聖顔子。述聖子思子。

西配祀：宗聖曾子。亞聖孟子。

東哲祀：先賢閔子名損，字子騫。先賢冉子名耕，字伯牛。先賢端木子名賜，字子貢。先賢仲子名由，字子路。先賢卜子名商，字子夏。先賢有子名若，字子有。

西哲［祀］[1]：先賢仲子名雍，字仲弓。先賢宰子名予，字子我。先賢冉子名求，字子有。先賢言子名偃，字子有。先賢顓孫子名師，字子張。先賢朱子名熹，字元晦。

東廡祀：先賢公孫子僑、林子放、原子憲、南宫子适、商子瞿、漆雕子開、司馬子耕、梁子鱣、冉子儒、伯子虔、冉子季、漆雕子徒父、漆雕子哆、公西子赤、任子不齊、公良子儒、公肩子定、鄡子單、罕父子黑、榮子旂、左子人郢、鄭子國、源子亢、廉子潔、叔仲子會、公西子與、如邽子巽、陳子亢、琴子張、步叔子乘、秦子非、顏子噲、顏子何、縣子亶、牧子皮、樂正子克、萬子章、周子敦頤、程子灝、邵子雍。

先儒公羊氏高、伏氏勝、毛氏亨、孔氏安國、后氏蒼、許氏慎、鄭氏康成、范氏甯、陸氏贄、范氏仲淹、歐陽氏修、司馬氏光、謝氏良佐、羅氏從彥、李氏綱、張氏栻、陸氏九淵、陳氏湻、真氏德秀、何氏基、文氏天祥、趙氏復、金氏履祥、陳氏澔、方氏孝儒、薛氏瑄、胡氏居仁、羅氏欽順、呂氏柟、劉氏宗周、孫氏奇逢、張氏履祥、陸氏隴其。

西廡祀：先贤蘧子瑗、澹臺子滅明、宓子不齊、公冶子長、公晳子哀、高子柴、樊子須、商子澤巫、馬子施、顏子辛、曹子卹，公孫子龍，秦子商，颜子高、壤駟子赤、石子作蜀、公夏子首、后子處、奚容子蔵、颜子祖、勾子井疆、秦子祖、縣子成、公祖子勾兹、燕子伋、樂子欬、狄子黑、孔子忠、公西子蔵、颜子之僕、施子之常、申子棖、左邱子明、秦子冉、公明子儀、公都子樂正克、公孫子丑、張子載、程子頤。

先儒穀梁氏赤、高唐氏生、董氏仲舒、劉氏德、毛氏萇、杜氏子春、諸葛氏亮、王氏通、韓氏愈、胡氏瑗、韓氏琦、楊氏時、尹氏焞，胡氏安國、李氏侗、呂氏祖謙、袁氏爕、黃氏榦、蔡氏沈、魏氏了翁、王氏柏、陸氏秀夫、許氏衡、吳氏澄、許氏謙、曹氏端、陳氏獻章、蔡氏清、王氏守仁、呂氏坤、黃氏道周、陸氏世儀、湯氏斌、張氏伯行。

崇聖祠正中奉祀：肇聖王木金父公。裕聖王祈父公。詒聖王防叔公。昌聖王伯夏公。啓聖王叔梁公。

東配：先賢孔氏孟皮，孔子庶兄。先賢颜氏名無繇，颜子父。先賢孔氏名鯉，子思父。

西配：先賢曾氏名點，字子晳，曾子父。先賢孟孫氏名激，字公宣，孟子父。

東廡：先賢周氏名輔成，先賢敦頤父。先儒程氏名珦，先賢二程子父。先儒蔡氏名元定，先儒沈子父。

西廡：先儒張氏名迪，先賢載子父。先儒朱氏名松，先賢朱子熹之父。

名宦祠祀：

金：馬克禮。

元：張欽祖。

明：連勝。楊魁。高思敬。樊自新。李朝綱。李繼元。張正儒。萬象新。

國朝：李順昌。

鄉賢祠祀：

明：傅復。王佐。王雲鳳。陳桂。王侃。周文。彭德潤。周朝著。藥濟衆。

忠義孝弟祠在明倫堂右，祀前明忠臣王佐、孝子蔡翔、忠臣王雲鳳、孝子趙鯨、孝子劉春和、孝子常懷仁，義民徐煥、忠臣藥濟衆。

祭大成殿樂章

大哉宣聖，道德尊崇，維持王化，斯民是宗。典祀有常。精純並隆，神其來格，於昭聖容右迎神咸和之曲，無舞。

自生民來，誰底其盛，惟師神明，度越前聖。粢帛具成，禮容斯稱，黍稷非馨，惟神之聽右奠帛寧和之曲，有舞。

大哉聖師，實天生德，作樂以崇，時祀無斁。清酤惟馨，嘉牲孔碩，薦羞神明，庶幾昭格右初獻安和之曲，有舞。

百王宗師，生民物軌，瞻之洋洋，神其寧止。酌彼金罍，惟清且旨，登獻惟三，於戲成禮右亞獻景和之曲，有舞。

按亞獻後有終獻，曲舞皆與亞獻同。

犧尊在前，豆籩在列，以享以薦，既芬既潔。禮成樂備，人和神悦，祭則受福，率尊無越右徹俎宣和之曲，無舞。

有嚴學宮，四方来崇，恪恭祀事，威儀雍容，歆資惟馨，神驭還復，明禋斯畢，咸膺百福右迎神祥和之曲，無舞。

按送神之後有望瘞曲，與送神同舞。

祝文

惟先師德隆千聖，道冠百王。揭日月以常行，自生民所未有。屬文教昌明之會，正禮和樂節之時，辟雍鐘鼓，咸恪薦於馨香，泮水膠庠益致嚴於籩豆。兹當仲春秋，祗率彝章，肅展徽忱，聿將祀典，以復聖顏子、宗聖曾子、述聖子思子、亞聖孟子，尚饗。

祭崇聖祠祝文

惟王奕葉鐘祥，先開聖緒，盛德之後，積久彌昌。凡聲教所覃敷，率循原而朔本。宜肅明禋之典，用伸守土之忱。兹届仲春（秋），聿修祀事，配以先賢顏氏、先賢曾氏、先賢孔氏、先賢孟氏，尚饗。

祭器

銅爵二十。銅籩三十。錫籩四十。銅燈台一對舊存。祝牌二座。帛篚二十。牲俎二十五。錫燈台四對。木籩六十。錫爵三雙訓導荆孔正補。銅籩三十個。錫籩四十八個。銅爵一十四個。銅爵一十三個。錫燈台五對。樂器缺。樂舞生缺。

書籍

《詩經》全部二十四本。《書經》全部二十三本。《周易》全部一十二本。《春秋》全部二十四本。《朱子全書》一十二本。《性理論》三本。四書文全部一十八本。十三經全部一十二本。廿一史全部五十套。字典全部六套。《三禮》全部一百八十二。《明史》全部八套。《禮部則例》二十四本。鄉飲畫一軸。

學額

國朝初，考試童生進學，不拘額數，順治四年，定每考童生，大學進四十名，中學二十五名，小學十二名。十七年，定大學十五名，中學十名，小學五名，進武學如之。十八年，定兩考歸併一考。康熙八年，定府學一年貢一人，州學四年三人，縣學二年一人。九年，督學道董朱衮請於部，定中學進二十名，小學八名。十年，復恩拔副榜等，貢府選拔二人，州縣一人。十二年，復三年内歲科兩考，進文童二次，武童一次，恩拔貢生閒舉行。和順為小學，每考進童生八名。雍正五年，選拔府學二名，州縣一名，六年一舉。乾隆七年，選拔十二年一舉，定為例。

祠宇

武廟

關聖帝君廟在縣治南關外，祀漢壽亭候，歷代褒崇並崇奉先代。國朝遞加封號曰："忠義神武靈佑仁勇威顯護國保民精誠綏靖翊贊宣德關聖帝君。"咸豐三年，奉文升入中祀，每歲春秋二仲、五月十三日致祭，樂用六成，舞用八佾，加封三代。光昭公為光昭王。裕昌公為裕昌王。成忠公為成忠王。

春秋二仲告祭正殿祝文

維神星日英靈，乾坤正氣。允文允武，紹聖學於千秋。至大至剛，顯神威於六合，仰聲靈之赫濯，崇禮於馨香，茲當仲春（秋），用昭時饗。惟祈昭格，克鑒精虔。尚饗。

春秋二仲告祭三代祝文

維王世澤覃庥，令儀裕後，靈鐘河嶽，篤生神武之英。追溯淵源，宜切尊崇之報。班爵超躬，桓而上升。香肅俎豆之陳，茲際仲春（秋），爰修祀事，尚祈昭鑒，式此苾芬。尚饗。

五月十三日告祭正殿祝文

維神九宇承庥，兩儀合撰，崧生嶽降。溯誕聖之靈辰，日午天中，届恢台之令序，聰明正直壹者也。千秋徵肹，蠁之隆盛，德大業至矣哉。六幕肅馨香之薦，爰循懋典，式展明禋，苾芬時陳，精誠鑒格。尚饗。

五月十三日告祭後殿祝文

維王迪德承家，累仁昌後。崧生嶽降，識毓聖之有基。木本水源，宜推恩之及遠。封爵上招於五等，馨香允薦於千秋。際仲夏之令時，命禮官而將事。惟祈昭格，鑒此精虔。尚饗。

樂章

懿鑠兮煌煌，神威靈兮赫八方。偉烈昭兮異祼，祀事明兮允光。達精誠兮黍稷，馨香儼如在兮洋洋右迎神格平之章。

英風颯兮神格忠，紛綺蓋兮龍旗舆。桂醑兮盈卮，香始升兮明粢，惟降監兮在兹，流景祚翊昌時右奠帛初獻翊平之章。

觴再酌兮告虔，舞干戚兮合宫縣，歆苾芬兮潔蠲，扇巍顕翼兮神功宣右亞獻恢平之章。

欝鬯兮三升，羅籩豆兮畢陳，儀率度兮肅明，禋神降福兮宜民宜人右終獻靖平之章。

物維備兮咸有明，德惟馨兮神其受，告徹兮禮終罔咎，佑我家邦兮孔厚徹饌。

幢葆葳蕤兮神聿歸，馭鳳軫兮驂虬騑，降煙煴兮餘馚馡，回靈眄兮德洽明，威君蒿烈兮燎有輝送神。

神光遙燭兮祥雲霏，祭受福兮茂典無違，庶揚駿烈兮永奠畺畿右望燎康平之章。

文昌廟

文昌帝君廟在城東門外，嘉慶六年奉文列入祀典。咸豐六年奉文升入中祀，每歲二月聖誕日照關帝聖誕禮節，春秋二仲卜吉致敬。

春秋二仲告祭正殿祝文

維神道闡苞符，性敦孝友。並行並育，德侔天地以同流；乃聖乃神，教炳日星而大顯。仰鑒觀之有赫，示明德之維馨。兹當仲春（秋），用昭時享。惟祈歆格，克鑒精虔。尚饗。

春秋二仲告祭先代祝文

祭引先河之義，禮崇反本之思。矧夫世德彌光，延賞斯及，祥鐘累代，炯列宿之精靈；化被千秋，綽人文之主宰。是尊後殿，用答前庥。兹値仲春（秋），肅將時祀，用中告潔，神其歆格。尚饗。

二月初三日告祭正殿祝文

維神功参槖籥，撰合乾坤。溯誕之靈辰，三台紀瑞；度中和之令節，九宇承暉。若日月之有光，明闡大文於孝友；如天地無不覆載，感郅治於馨香。爰舉上儀，敬承芳薦。精禋罔斁，神鑒式臨。尚饗。

二月初三日告祭先代祝文

惟文昌帝君道備中和，神超亭毒。稟詒謀而久紹，欽毓聖之有基。雲漢昭回，際嶽降崧生之會；馨香感格，興水源木本之思。式肇明禋，用光彝典，尚祈神鑒，享此清芬。尚饗。

樂章

秉氣分靈，躔翊文運兮赫中天；蜿旌兮戾止，雕俎兮告虔，迓神兮於萬斯年右迎神丕平之章。

神之來兮籩簋式陳，神之格兮几筵式親。極昭彰兮靈貺，致蠲兮明禋，神香兮伊始，居歆兮佑我民人奠帛右初獻俶平之章。

再酌兮瑤觴，燦爛兮庭燎之光。申虔禱兮神座儼，陟降兮帝旁。粢醴潔兮齊速將，綏景運兮靈長右亞獻煥平之章。

禮成三獻兮樂奏三終，覃敷元化兮繄神功。馨香達兮肹蠁通，歆明德兮昭察寅哀右終獻煜平之章。

備物兮維時，告徹兮終禮儀。神悅懌兮鑒在兹，垂鴻佑兮累洽重熙右徹饌懿平之章。

雲駢駕兮風旗招，神之歸兮天路遙。瞻翠葆兮企丹霄。願廻靈眷兮德音孔昭右送神蔚平之章。

絪緼降兮元氣和，神光燭兮梓潼之阿。化成耆定兮櫜弓戈，文治光兮受福則那右望燎蔚平之章。

呂祖廟在縣城遵化街，嘉慶十年奉文列入祀典，每歲春秋仲月初四日致祭，每月朔望日有司行香。

城隍廟在縣治南，創建時代不可考。康熙十二年知縣鄧憲璋修輯。雍正九年，知縣鄭國選重修。每歲八月十二日闔邑致祭，有司官每月朔望詣廟行香。

按史載吳赤烏二年，建蕪湖城隍廟，其廟祀之權輿乎。唐宋而後，祀宇遍天下。至前明洪武初，錫勅書頌封爵，府稱威靈公，衛稱炳靈公，州稱顯佑侯，縣稱顯佑伯。今遼州城隍廟誥勅碑猶存，末年改正祀典曰：本縣城隍廟之神，每歲春秋仲月，合風、雲、雷、雨、山川壇而合祭焉。清明、中元節，祭邑厲壇，則迎城隍神至壇而主祀焉。國朝因之。

壇祭

社稷壇 在城北郊。

祝文

惟神奠安九土，粒食萬邦。分五色以表奉圻，育三農而蕃稼穡。恭承守土，肅展明禋。時届仲春（秋），敬化祀典。庶芃芃松柏，鞏磐石於無疆；翼翼黍苗，佐神倉於不匱。尚饗。

風、雲、雷雨、山川、城隍壇在縣南一里，月上戊日祭。許歲以春秋仲。

祝文

惟神襄贊天澤，福佑蒼黎。佑靈化以流行，生成永賴。乘氣機而鼓盪，溫肅攸宜。磅礴高深，長保安貞之吉；憑依鞏固，寔資捍禦之功。幸民俗之殷盈，仰神明之庇護。恭修歲祀，正值良辰。敬潔籩豆，祗陳牲幣。尚饗。

先農壇 在縣東一里許，雍正五年立壇，前置籍田五畝。乾隆三十二年，知縣黃玉衡重修，歲三月亥日率屬員、耆老、農夫致祭，行九推禮。

祝文

惟神肇興稼穡，粒我烝民。頌思文之德，克酌彼天。念率育之功，陳常時夏。玆當東作，咸服先疇。洪惟九五之尊，遂舉三推之典。恭膺守土，敢忘勞民。謹奉彝章，聿修祀事。惟願五風十雨，嘉祥恒沐於神庥，庶幾九穗雙岐，上瑞頻書，夫大有。尚饗。

厲壇 在縣西半里許，歲以清明節七月望日、十月朔日祀之。

祝文

惟年月日，某官為祭祀本縣無祀鬼神事，欽奉皇帝聖旨，普天之下，后土之上，無不有人，無不有鬼神，人鬼之道，幽明雖殊，其理則一。故天下之廣，兆民之衆，必立君以主之。君總其大，又設官分職於各府州縣以長治之。各府州縣又於每一百戶內設一里長，以綱領之，上下之職，紀綱不紊，此治人之法如此。天子祭天地神祇及天下山川，各府州縣祭境內山川及祀典神祇，庶民祭其祖先及里神、土穀之社，上下之禮，各有等第，此事神之道如此。尚念冥冥之中無祀鬼神，昔為生民，未知何故而歿，其間有遭兵刃而橫傷者；有死於水火盜賊者；有被人取財而逼死者；有被人強奪妻妾而殺死者；有遭刑禍而負屈死者；有天災流行而疫死者；有為猛獸毒蛇所患者；有為饑餓凍餒死者；有為戰鬬而殞身者；有因危急而自縊死者；有因牆壁而壓死者；有死後無子孫者，此等鬼魂或終於前代，或歿於後世，或兵戈擾攘流移於他鄉，或人烟断絕，久缺其祭祀，姓名泯滅於一時，祀典無聞而不載。此等孤魂，死無所依，精魂未散，結為陰靈，或依草附木，或興妖作怪，悲號於星月之下，呻吟於風雨之時。凡遇人間節令，心思陽世，魂杳杳以無歸，身墮沈淪，意懸懸而望祭興。言及此，憐其慘悽，故勅天下有司，依時享祭。在京都有泰厲之祭，在王國有國厲之祭，在各府州有郡厲之祭，在一里有鄉厲之祭。斯於神，依人而血食，人敬神而知禮，乃命本處城隍以主此祭，欽奉如此。今某等不敢有違，謹設壇於城西，以某日敬備牲禮、羹飯，專祭本縣闔境無祀鬼神等衆靈，其不昧來享此祭。尚饗。

八蜡廟在縣東里許，歲以春秋上戊日祭。土地祠在儀門外，春秋仲月戊日祭。魁星樓舊在文廟東城上，乾隆二十二年移建城東南巽地。以上俱列祀典，其他官民公建廟宇以及民間祈禱祠廟、寺觀附後。

梁餘祠在書院北，祀晉國大夫梁餘子養。嘉慶十三年，知縣余光超創建。光緒五年，署知縣陳守中重修。火帝廟在北城上，白露節闔邑致祭。藥王廟有二，一在雲龍山祀孫真人，一在西關祀華先師。東嶽廟在東關街，祀天齊仁聖大帝。泰山廟在縣東關，歲四月十八日闔邑恭祝泰山聖母。懿濟聖母廟在縣東三十里合山村。顯澤侯廟有二，一在合山村，一在縣東。子孫聖母廟在城隍廟東。大龍神廟在雲龍山。白龍廟在南關。五龍廟在北關。晉溪廟在下黃岩村，坐下有溫泉。后土神祠有二，一在縣北三十里李陽鎮，一在上豐村。

寺觀 附

準提庵在縣遵化街。瑞雲觀在爨村高岡上，下俯漳河，南山屏列，傳為秦漢古剎，祀玉皇上帝。三聖庵在縣東郊外。龍泉寺有二，一在西關，一在黃嶺村，坐下有溫泉，隆冬不凍。興國寺在遵化街，習儀拜牌之所。麻衣寺在縣北山。青崗寺在扒頭村。洞仙寺。聖壽寺有二，一在寺頭村，一在上豐村。天池寺在窑提村，西寺南石峽內有古桃一本，春月花放葉生，至冬月花開落葉始凋。南城寺。海眼寺在圈馬平村。懸空寺在縣東四十里懸崖處建山椒，今廢。金廂寺。香巖寺。洪福寺在溫泉村。龍附寺在雲龍山，今廢。石佛寺。聖泉寺。興福寺。壽聖寺有二，一在橫領，一在南安義村。福興寺。千佛寺在縣西山。禪堂寺在紫羅村。重興寺在高邱村。聖佛寺。天聖寺。龍劍寺。胡蓁寺。天宮寺在天軍村。興隆寺。永興寺。張公仙侶祠。呂天仙祠在科舉村。榮華寺在喂馬村。

《周禮》："春官掌五禮，其別三十有六，而吉禮之別十有二"，是祀典之詳，於周為盛。司馬彪《續後漢書》，因舉中興以來，所修用者以為祭祀志，歷代史家大概附祭祀於《禮志》，雖一郡一縣，莫不皆然。蓋祀典首重文廟，詳列從祀志先賢先儒姓名，尊道統也。次及禮樂、祭器、慎典守也。次志名宦、鄉賢諸祠，按其世次，詳其姓名，昭功德也。次志武廟、文昌、呂祖，崇其加封，隆其典祀，昭靈爽也。次志社稷、厲壇、蜡廟，時其歲享，述邦典也。又次忘古來之先賢仁賢以及忠孝節烈，有專祠於茲土者，悉為紀其本末，發其幽潛，明血食之不可沒也。若夫梵宮琳觀，不列祀典中。然玩《楞巖五會彌陀》一卷，無非勸人為善至意，自漢及今不廢。是在司牧者，鼓其向善之機，禁其崇尚之俗，庶大有關於世教也乎。

【校勘记】

［1］西哲［祀］按，據上下文意，此處疑脫"祀"，今補之。

重修和順縣志卷之四

賦役志

古者因田定賦，量功受役，民生不匱，國計無虧，法至善也。自魯宣稅畝而賦法壞，漢高算口而役法壞，三代之法不可復行於後世也久矣。和邑山田磽确，戶口畸零，核其徵賦不足當大邑之二三，民亦勞止，汔可小康。我國家深仁厚澤，屢頒寬大之詔，是以其民重犯法而賦稅無虧。蓋涵濡聖澤者數百年之深也。若夫鹽務物產者，皆經國遠圖，土宜所出，不可以弗誌。蒞斯土者，果何以上不病國，下不病民，而寓撫字於催科也乎。志賦役。

地畝

原額民田，實在熟地二千九百五十一頃七十五畝二分八釐四毫，共徵粮五千四百四十六石七斗七升七合九勺六抄，共折銀四千一百三十六兩二錢八分二釐二毫一絲四忽一微七纖，地畝九釐，銀一千二百八十三兩一分九釐五毫九絲二忽一微三纖，驛站銀七百五十九兩一錢四分五釐一毫，三項共銀六千一百七十八兩四錢四分六釐九毫六忽三微。

內麻地一百六十頃三十八畝三分八釐八毫，每畝徵粮四升，共粮六百四十一石五斗三升五合五勺二抄，每石折銀七錢五分九釐三毫九絲九忽八微二纖二沙，該銀四百八十七兩一錢八分一釐九毫五絲九忽。地畝九釐，每畝徵銀四釐三毫四絲六忽六微三纖六抄，該銀六十九兩七錢一分三釐三絲四忽六微六纖。站銀每石派銀一錢三分九釐三毫七絲五忽七纖七沙，該銀八十九兩四錢一分四釐六絲二忽五微八纖八沙，三項共銀六百四十六兩三錢九釐五絲六忽二微四纖八沙。

平地六百一十一頃七十五畝三分三釐二毫，每畝徵粮三升，共粮一千八百三十五石二斗五升九合九勺六抄，每石折銀七錢五分九釐三毫九絲九忽八微二纖二抄，該銀一千三百九十三兩六錢九分六釐八絲。地畝九釐，每畝徵銀四釐三毫四絲六忽六微三纖六沙，該銀二百六十五兩九錢六釐九毫三微八纖。站銀每石派銀一錢三分九釐三毫七絲五忽七纖七沙，該銀二百五十五兩七錢七分九釐四毫九絲八忽二微四纖。三項共銀一千九百一十五兩三錢九分二釐四毫七絲八忽六微二纖。

坡地一千四百九十六頃三十九畝二分三釐，每畝徵粮一升四合六勺九抄二撮一圭，共粮二千一百九十八石五斗一升四合五勺，每石折銀七錢五分九釐三毫九絲九忽八微二纖二沙，該銀一千六百六十九兩五錢五分一釐五毫二絲。地畝九釐，每畝徵銀四釐三毫四絲六忽六微三纖六沙，該銀六百五十兩四錢二分七釐二毫六絲四忽。站銀每石派銀一錢三分九釐三毫七絲五忽七纖七沙，該銀三百六兩四錢一分八釐一毫二絲七忽七微二纖，三項共銀二千六百二十六兩三錢九分六釐九毫一絲一忽七微二纖。

沙地二百九十四頃一十四畝八分八釐，每畝徵粮一升三合，共粮三百八十二石三斗九升三合四勺四抄，每石折銀七錢五分九釐三毫九絲九忽八微二纖二沙，該銀二百九十兩三錢八分九釐五毫一絲。地畝九釐，每畝徵銀四釐三毫四絲六忽六（徵）［微］三纖六沙[1]，該銀一百二十七兩八錢五分五釐七毫七絲六忽。站銀每石派銀一錢三分九釐三毫七絲五忽七纖七沙，該銀五十三兩二錢九分六釐一毫一絲五忽一微四纖四沙，三項共銀四百七十一兩五錢四分一釐四毫一忽一微四纖四沙。

薄地三百八十九頃七畝四分五釐四毫，每畝徵粮一升，共粮三百八十九石七升四合五勺四抄，每石折銀七錢五分九釐三毫九絲九忽八微二纖二沙，該銀二百九十五兩四錢六分三釐一毫四絲五忽一微七纖。地畝九釐，每畝徵銀四釐三毫四絲六忽六微三纖六沙，該銀一百六十九兩一錢一分六釐六毫一絲七忽九纖。站銀每石派銀一錢三分九釐三毫七絲五忽七纖七沙，該銀五十四兩二錢二分七釐二毫九絲六忽三微八沙，三項共銀五百一十八兩八錢七釐五絲八忽五微六纖八沙。

更名田下地二十八頃三十七畝三分，每畝征租银一分七釐一毫二忽五微二纖三沙七塵，共銀四十八兩五錢二分五釐。民田地畝加增絲絹銀六錢五分。

順治十四年起至十八年止，共開墾過民田、荒地三百二十六頃九十二畝二分九釐八毫，共徵粮四百六十石六斗六升六合四勺七抄七撮，各徵不等，共徵折色銀五百二十二兩九錢七分三釐七毫七忽一微六纖。

康熙二、三兩年，共開墾過民田、荒地一百四十頃四十二畝四分，共徵粮一百五十五石三斗八升九合四抄，各徵不等，共折色銀一百八十五兩九錢九分八釐九毫三絲四忽六微二沙八塵。

康熙十六年，清出隱漏額内民田共地二百一十六頃八十二畝九分，共徵粮二百九十六石四斗三升二合七勺一抄三撮二圭，各徵不等，共折色銀三百四十四兩七錢六分四毫六絲九忽五微八纖五沙一塵一渺八埃九漠。

雍正六年，民人首懇額内民田共地三百九頃三十九畝九分八釐，共徵粮四百一十二石三斗一升一合八勺三抄四撮八圭八粒八粟，各征不等，共折色銀五百五兩六分三毫五絲八忽六微六纖五沙二塵四渺六埃九漠。

以上民田、更名田實在熟地三千九百七十三頃七十畝一分六釐二毫，各徵不等，共徵折色并加增絲絹租銀七千七百八十六兩四錢一分五釐三毫七絲六忽三微一纖三沙一塵六渺五埃八漠。

民田共地三千九百四十五頃三十二畝八分六釐二毫，共徵折色并加增絲絹銀七千七百三十七兩八錢九分三毫七絲六忽三微一纖三沙一塵六渺五埃八漠。

更民田共地二十八頃三十七畝三分，共徵租銀四十八兩五錢二分五釐。

戶口

康熙五十二年欽奉恩詔，但據康熙五十年審定丁册，定為常額，續生人丁永不加賦，於乾隆三十七年奉旨編審停止。今照乾隆三十一年編審之數刊造，實在共人六千一百丁，内除紳衿優免本身一百五十九丁外，實行差人五千九百四十一丁。内下上則四丁，每丁徵銀一兩二分五釐二毫二絲一忽一（徵）［微］一纖[2]，共銀四兩一錢八毫八絲四忽四（徵）［微］四纖[3]。下中則一百八十七丁，每丁徵銀六錢八分三釐四毫八絲七（徵）［微］四纖[4]，共銀一百二十七兩八錢一分八毫九絲八忽三微八纖。下下則五千七百五十丁，每丁徵銀三錢四分一釐二毫四絲一忽一（徵）［微］二纖七渺二埃四漠[5]，共銀一千九百六十二兩一錢三分六釐四毫四絲四微一纖六沙。以上共徵均徭并辦買本色顏料加增銀二千九十四兩四分八釐二毫二絲三忽二微三纖六沙，又地差銀一千九十五兩八錢四分七毫六絲八忽五微，共銀三千一百八十九兩八錢八分八釐九毫九絲一忽七微三纖六沙。

順治十二年，清出土著新編人二百二十八丁，俱下下，則每丁徵銀三錢二分二釐六毫二忽四微八纖四沙，共銀七十三兩五錢五分三厘三毫六絲六忽三微五纖二沙。順治十四年，清出紳衿優免共丁三百七十四丁，内下上則五丁，每丁徵銀一兩一分四釐九毫六絲，共銀五兩七分四釐八毫。下中則一百三十三丁，每丁徵銀六錢七分六釐六毫四絲，共銀八十九兩九錢九分三釐一毫二絲。下下則二百三十六丁，每丁徵銀三錢三分八釐三毫三絲，共銀七十九兩八錢四分三釐五毫二絲。以上共徵徭銀一百七十四兩九錢一分一釐四毫四絲，又地差銀二十二兩六錢八分五釐，共銀一百九十七兩五錢九分六釐四毫四絲。

以上通共實行差人六千五百四十三丁，共徵均徭并辦買本色顏料加增，共銀二千三百四十二兩五錢一分三釐二絲九忽五微八纖八沙，地差銀一千一百一十八兩五錢二分五釐七毫六絲八忽五微，共銀三千四百六十一兩三分八釐七毫九絲八忽八纖八沙，内於乾隆十年詳奉題允丁徭歸入地粮，徵收銀八百二十二兩一錢一分三釐二絲九忽五微八纖八沙，仍隨丁辦，納粮一千五百二十兩四錢。其地差銀兩，向係按粮征收。嗣於道光五年，奉旨將隨徵丁銀一千五百二十兩四錢，全行歸入地粮，内攤徵附錄丁徭歸并地粮。碑記嘗思井田之制，耕則通力合作，收則計畝均分，是賦不離乎役也。至唐分租、庸、調三等，而丁戶有差焉。今之徵收丁徭，即孟子所云“力役之征”也。閱邑舊誌，丁徭額數半係前明之制。自國朝定鼎，悉從新訂，屢奉皇恩，惠養元元，體察輿情。如康熙五十二年，各省丁册定為常額，以後續生人丁，永不加賦，一也；乾隆十年，詳奉題允攤入地粮三分之一，二也；三十一年編審為限，三也。至今五十餘年，升富察貧例不行，遂致丁倒累戶，戶倒累甲，邑中里老久有攤辦之意。道光元年，聖天子初登大寶，查三晉尚有未攤之州縣，諭撫憲悉心籌辦。邑民呈懇，前任邑侯周公諱之彥，蒙批票傳五里公直公同，妥議各具，樂從甘結，申詳上憲，不意未行，卸任去，民皆曰“此事無望矣。”逢山東郭公諱書俊來，愛民如子，下車入門，一按民情，即奮然辦理。三年六月，内錄案徑詳藩憲，蒙批仰遼州，速飭該縣，再行確查，造具攤征細册，并將里民投到，樂從甘結，加具印結，迅速轉詳，立等彙核詳辦，毋違繳。四年八月内，蒙州憲史轉詳，蒙批仰候彙案詳辦，併飭遵照，仍俟批，到日，另繳行知册，結存至此，人皆仰望。遲之又久，民心恍惚無定，不知尚欠請起歸年月一層。幸得天賜福星，我陳邑侯諱熙健來蒞斯土，念切民瘼，奉文申詳，蒙撫憲福於四年十月初七日恭摺具奉。年底，奉旨依議妥協辦理，民心悉然歡呼，家家焚頂，戶戶感戴，窃念此也。里甲中雖有諸父母為之成全，烏能至此哉。恐日久湮沒不傳，謹敘其始終，節畧以誌，不忘焉耳。

以上地丁共徵折色銀一萬一千二百四十七兩四錢五分四釐一毫七絲四忽四微一沙一塵六渺五埃八漠。

本折起運

戶部項下共銀四千八百三十六兩五錢二分四釐七毫六絲七忽三微三纖七沙四塵七渺二埃三漠，腳價銀四兩三錢七分五釐六絲五忽。内戶部地畝丁徭等銀四千一十七兩九分八釐三毫六絲七忽三微三纖七沙四塵七渺二埃三漠。禮部羊價、藥味、紙價等銀二十三兩七錢六釐四毫，腳價銀七錢八分三釐一毫七絲一忽。兵部柴直銀三十五兩五錢，腳價銀一兩五錢七分八釐五毫二絲。工部柴夫、木柴、胖袄等項，共銀七百五十兩二錢二分，腳價銀二兩一分三釐三毫七絲四忽。舊額存留項款、奉文節年裁扣裁官經費等項，共解部銀一千五百三十一兩六錢四釐六毫九絲六忽七微六纖三沙六塵九渺三埃五漠。又乾隆二十八年，為清裁冗役等事，案内裁弓兵、工食銀一十八兩九錢。以上共起解銀六千三百八十七兩二九九釐四毫六絲四忽一微一沙一塵六渺五埃八漠。内除節年添設加增各項，共銀一百五十九兩一錢四分，實該解銀六千二百二十七兩八錢九分九釐四毫六絲四忽一微一沙一塵六渺五埃八漠，腳價銀四兩三錢七分五釐六絲五忽。買造解紬絹銀一十二兩四錢四分五毫二絲二忽三微，腳價銀一錢三分八釐七毫四絲一忽，本色原額顏料銀三十四兩二錢五分二釐五毫。内節次奉文改折、核減并停解各項，除增添外，該解部銀二十九兩三錢四分四釐四毫八絲二忽六微二塵二渺九埃五漠。乾隆二十九年奉文好鐵復辦錫斤，除抵支好鐵價銀三兩九錢八分四釐九絲七忽三微一纖九塵七埃一漠，腳價銀四錢九分八釐一絲二忽一微六纖三沙八塵六渺三埃四漠。該留給不敷，鍋價銀四兩九錢八分一釐二絲一忽六微三纖八沙六塵三渺三埃九漠，腳價銀二錢六分八釐九毫二絲六忽五微六纖八沙四塵八渺六埃二漠外，又於乾隆四十五年奉文添解錫斤，該留給價銀二兩三錢八分九釐九毫八絲九忽三微七纖五沙，腳價銀二錢四釐四毫七絲六忽八微六纖八沙七塵五渺。實該折色解部銀二十一兩五錢九毫六絲八忽一微四纖九沙三塵五渺九埃四漠。存留顏料價銀一十一兩七錢五分九釐九毫五絲九忽五微七纖四沙五塵四渺一埃，腳價銀九錢九分一釐五毫七絲二忽二微七纖六沙九渺九埃六漠。本色顏料并錫斤共銀一百二十八斤一十二兩四錢九釐九毫二絲四忽三微六纖二沙八塵四渺一埃九漠。

丁字庫

黄蠟二斤九兩八錢八分四釐，每斤照減定價銀一錢五分五釐，共銀四錢五釐七毫五絲一忽二微五纖，腳價銀二分一毫五絲六忽六微七纖五沙。錫斤一百二十六斤二兩五錢二分五釐九毫二絲四忽三微六纖二沙八塵四渺一埃九漠。每斤價銀九分，共銀一十一兩三錢五分四釐二毫八忽三微二纖四沙五塵四渺一埃，腳價銀九錢七分一釐四毫一絲五忽六微一沙九渺九埃六漠。

存留

本省額編兵餉銀三千八十兩八錢四分七釐七毫八絲二忽。官奉役食經費、雜支銀一千一百四十四兩一錢四分五釐。驛站銀七百五十九兩一錢四分五釐一毫，奉文抵解地丁正項。訖額外共解部銀三十五兩六錢五分九釐。内商稅銀一十一兩六錢九釐。酒課銀三兩八錢。匠價銀二十兩二錢五分，於仰請酌改匠價之輸微，以除隐累事，案内攤入地粮徵收。以上通共銀一萬一千二百八十三兩一錢一分三釐一毫七絲四忽四微一沙一塵六渺五埃八漠。内奉旨彙解戶部正賦，裁扣、裁官經費并開墾額外隱漏首墾，顏料折價核减，停止驛站抵解等項，共銀七千二十八兩四錢一分四釐五毫三絲二忽二微五纖五塵二渺五埃二漠，腳價銀四兩三錢七分五釐六絲五忽。又置買紬絹銀一十二兩四錢四分五毫二絲二忽三微，腳價銀一錢三分八釐七毫四絲一忽。又辦買本色顏料價銀十一兩七錢五分九釐九毫五絲九忽五微七纖四沙五塵四渺一埃，腳價銀九錢九分一釐五毫七絲二忽二微七纖六沙九渺九埃六漠。

解司核給本省額編兵餉銀三千八十兩八錢四分七釐七毫八絲二忽。存留發給本縣官俸、衙役工食、雜支照裁定銀一千一百四十四兩一錢四分五釐。内本縣知縣俸銀四十五兩。門子二名，每名工食銀六兩，共銀十二兩。皂隸十四名，每名工食銀六兩，共銀八十四兩。仵作二名，每名六兩，共銀十二兩。馬快手八名，每名工食銀六兩，共銀四十八兩。更夫五名，每名工食銀六兩，共銀三十兩。轎夫四名，每名工食銀六兩，共銀二十四兩。傘扇夫三名，每名工食銀六兩，共銀一十八兩。庫子四名，每名工食銀六兩，共銀二十四兩。斗級四名，每名工食銀六兩，共銀二十四兩。禁卒八名，每名工食銀六兩，共銀四十八兩。民壯一十六名，每名工食銀七兩二錢，共銀一百一十五兩二錢。捕役六名，每名工食銀六兩，共銀三十六兩。舖兵三十三名，每名工食銀四兩，共銀一百三十二兩。

本縣典史俸銀三十一兩五錢二分。門子一名，工食銀六兩。捕皂四名，每名工食銀六兩，共銀二十四兩。馬夫一名，工食銀六兩。

本縣儒學教官俸銀四十兩。廩生二十名，每名餼粮銀三兩二錢，共銀六十四兩。齋夫三名，每名工食銀六兩，共銀一十八兩。膳夫二名，每名工食銀六兩六錢六分六釐五毫，共銀一十三兩三錢三分三釐。門斗三名，每名工食銀六兩，共銀一十八兩。

八賦嶺巡檢俸銀三十一兩五錢二分。巡皂二名，每名工食銀六兩，共銀一十二兩。弓兵十名，每名工食銀六兩，共銀六十兩。

文廟春、秋二祭銀四十兩。

啓聖名宦、鄉賢二祠祭祀銀十一兩一錢八分。

風雲、雷雨、山川、社稷、八蜡等壇祭祀銀二十四兩。

邑厲壇祭祀銀十二兩。

雩禮壇祭品銀三兩。

關帝三代祭品銀二十兩八錢三分。

鄉飲酒禮銀一十五兩。

孤貧冬衣花布銀二兩八錢三分二釐。

迎春神牛酒席銀五錢。

朔望行香、講書等銀五兩六錢。

文昌廟春、秋二祭銀一十五兩七錢八分。

二年一辦起運赴考貢生酒席，及考中正貢旗匾、花紅等銀一十二兩，每年銀六兩。三年一辦餞送舊舉人赴京會試，以一名為率，盤纏、酒席等銀一十六兩五錢，每年銀五兩五錢，舉進旗、匾銀五兩三錢五分。新中進士以一名為率，旗、匾、賀儀等銀八兩五錢五分，每年銀二兩八錢五分。新中舉人以一人為率，花紅、酒席、旗、匾、賀儀銀七兩五錢，每年銀二兩五錢。

雍正三年欽奉恩詔，額徵加一三繁費銀一百二十兩，耗羨銀一千四百六十二兩一錢六分九釐，内留支：

知縣養廉銀八百兩。

繁費銀一百五十兩。今減留支一百二十兩。

典史養廉銀六十兩。

巡檢養廉銀六十兩。

傾寶腳價銀十一兩一錢六分

扣解本州夏、冬兩下半季養廉銀三百七十五兩。

乾隆三十三年奉文，扣解司庫，共解布政司耗羨銀三百八十一兩九釐。

豁免粮田

順治十四年二月，山西巡撫白具題部覆，奉旨蠲免有主傷亡荒地一千五百三十六頃六十五畝二分四釐，共粮二千三百八石二斗七升四合八抄，共銀二千六百一十八兩六錢二分九釐七毫二忽八微。順治十四年九月，山西巡撫白具題部覆，奉旨蠲免續荒河塌，水占荒地八百三十九頃九十六畝七分七釐六毫，該粮一千五百一十九石一斗五升三合二勺六抄，連地畝九釐，共銀一千七百二十三兩三錢九分五釐六毫九絲七忽二微。光緒五年五月，奉局憲飭知事案查前因，大祲之餘，戶口即多逃亡，地畝亦即荒蕪。蒙爵撫憲曾奏奉諭旨，編審丁粮，清查荒地，當經通飭各屬，實力舉辦。署知縣陳公守中督同紳士吳萃、焦泰、楊偉、張肇修、劉清煦、祁鵬雲、楊培楨、劉鐘瑞、周景巖、杜嘉德、杜咸、王玉汝、楊培承、鄭台文、郭殿邦、藥效仙等履畝親勘，查得水衝、沙壓、石積、鹽鹻，通共老荒地三百四十六頃四十六畝八分四毫二忽七微，又更民老荒地七頃九十二畝三分。該正耗共銀一千二百二十八兩九錢八分六釐二毫四絲三忽七微。於七月中旬委員候補知縣易公德容到縣，會同覆查，無異，稟覆在案。蒙爾爵撫部院曾於光緒五年繕具清单，恭摺具奏，遵旨查明，懇恩永遠豁免，以廣皇仁而蘇民困。因於六年正月二十七日，内閣奉上諭，加恩將和順縣所查水衝、沙壓、石積、鹽鹻老荒田地耕種即不能施，粮賦自無從出，均着自光緒五年，上忙起永遠豁免，於六年二月二十六日接奉行知在案。計開光緒五年豁免田粮數目：

東鄉

蔡家庄水冲坍荒地七頃五十二畝三分。南平上石積坍荒地三頃八十三畝。邢村水冲坍荒地一頃五十四畝。白泉村水冲坍荒地四十八畝。小南庄石積坍荒地一十四畝。

平松村水冲坍荒地一頃二十一畝。石南坪石積坍荒地四十二畝七分。西河峪水冲坍荒地八十六畝。瓦房村石積坍荒地五十九畝三分。小廟村水冲坍荒地一頃五十畝。要庄水冲坍荒地一頃一十五畝。玉女村水冲坍荒地一頃零八畝。前旗村石積坍荒地八十九畝。後旗村石積坍荒地四十六畝。山泉村水冲坍荒地四十六畝。小南會水冲坍荒地三十七畝。新村石積坍荒地二十畝。虎峪鎮水冲坍荒地七十五畝。神堂峪石積坍荒地一十四畝。柳科村水冲坍荒地三十三畝。石家庄石積坍荒地五十四畝。水深村水冲坍荒地六十二畝。後虎峪石積坍荒地三十一畝。馬嶺鎮水冲坍荒地五十四畝。許村水冲坍荒地二十六畝。富峪村水冲坍荒地三十五畝。喬庄水冲坍荒地一十七畝。南嶺頭石積坍荒地一十一畝。前營村石積坍荒地二十九畝。大塔溝石積坍荒地二十四畝六分。青城鎮水冲坍荒地二十一畝。白背村水冲坍荒地二十九畝五分。

南鄉

寺圪套水冲坍荒地三頃零七畝五分。園子街水冲坍荒地二頃二十畝。甲村水冲坍荒地二頃四十三畝。南峪村石積坍荒地一頃八十八畝。石門溝石積坍荒地一頃三十畝。任家窑水冲坍荒地一頃九十五畝二分。其林台石積坍荒地一頃七十五畝。漢橋溝石積坍荒地六十畝。會裡村水冲坍荒地一頃四十四畝。白珍村水冲坍荒地一頃五十一畝。南窑村水冲坍荒地一頃四畝二分半。青陽樹石積坍荒地六十二畝。口上村水冲坍荒地五十三畝。東仁村石積坍荒地一頃七十五畝。北安義水冲坍荒地四十九畝。東遠伏水冲坍荒地二頃五十三畝。南安義水冲坍荒地二頃零八畝。上元村水冲坍荒地一頃三十四畝四分半。東喂馬村水冲坍荒地一頃九十二畝。西喂馬村水冲坍荒地九十七畝五分。大佛頭村水冲坍荒地五頃五十八畝。康家溝水冲坍荒地四頃一十一畝。西遠佛石積坍荒地二頃三十六畝。寺溝村石積坍荒地一頃九十五畝。前儀嶺水冲坍荒地八十九畝七分。後儀嶺石積坍荒地一頃二十畝。遠伏口水冲坍荒地二頃四十一畝。圪套村水冲坍荒地一頃七十四畝。房家庄石積坍荒地一頃六十九畝。窑提村水冲坍荒地二頃六十七畝。

西鄉

狐峪口水冲坍荒地一頃十八畝。管頭村水冲坍荒地七十七畝。上狐峪水冲坍荒地八十三畝。甘草坪水冲坍荒地九十二畝。桑家峪石積坍荒地一頃一十畝。後桑家峪石積坍荒地七十八畝。楊家峪石積坍荒地一頃二十二畝。石猴嶺石積坍荒地一頃二十七畝。井子村水冲坍荒地十一畝。石板房沙壓坍荒地六畝。馮家庄水冲坍荒地三畝。儀村水冲坍荒地一頃三十五畝。團壁村水冲坍荒地二十九畝。南坡上石積坍荒地二十八畝六分。官庄水冲坍荒地一頃三十九畝。青楊口水冲坍荒地九十八畝。南溝口水冲坍荒地一頃四十七畝。郜家庄水冲坍荒地二頃六十七畝。寒湖村水冲坍荒地五頃三十六畝。内楊村水冲坍荒地五頃五十六畝。上陽村水冲坍荒地二頃二十七畝。西溝村水冲坍荒地二頃二十八畝。東溝村水冲坍荒地二頃四十八畝五分。張建村水冲坍荒地二頃五十畝。狐存溝水冲坍荒地一頃六十五畝。崔上庄石積坍荒地二頃一十八畝。牛家溝石積坍荒地一頃六十六畝。蔡樹平石積坍荒地一頃五十八畝。了子掌石積坍荒地七十九畝。京上村水冲坍荒地二頃八十畝。寺頭村水冲坍荒地二頃零三畝。黄窑圍水冲坍荒地六十五畝。張庄水冲坍荒地一頃四十五畝。洋泉村水冲坍荒地九十九畝。石猴溝石積坍荒地八十四畝。印東村石積坍荒地一頃六十一畝。樂毅村水冲坍荒地一頃二十三畝。飲馬池水冲坍荒地一頃一十九畝。小南溝水冲坍荒地一頃三十九畝。虎子溝石積坍荒地一頃二十一畝。鉄橋溝石積坍荒地三十六畝。牛寨溝石積坍荒地五十六畝。卧羊塲水冲坍荒地三十七畝。陳家庄水冲坍荒地一頃三十畝。北村水冲坍荒地一頃三十八畝。馬泉村水冲坍荒地三十七畝。化樹岩水冲坍荒地一頃四十四畝。上木瓜石積坍荒地八十五畝。圍上庄石積坍荒地一頃三十畝。下木瓜石積坍荒地七十四畝。柏木塞石積坍荒地一頃三十四畝。胡蘆村石積坍荒地一頃一十八畝。蒼溝石積坍荒地五十九畝。新庄窩石積坍荒［地］一頃四十畝[6]。曲石岩石積坍荒地一頃七十一畝。小張庄水冲坍荒地一頃三十六畝五分。圍兜凹水冲坍荒地一頃五十七畝五分。小木魚水冲坍荒地一頃零六畝。上白岩水冲坍荒地一頃二十五畝。下白岩水冲坍荒地一頃四十五畝。拐上村水冲坍荒地六十四畝。西洋村水冲坍地九十一畝。小上庄水冲坍荒地七十八畝。張科村水冲坍荒地一頃六十四畝。沙峪村水冲坍荒地一頃五十一畝。西力石石積坍荒地五頃九十五畝。樹石里石積坍荒地一頃四十一畝。北軍城水冲坍荒地二頃九十二畝。南軍城水冲坍荒地四頃二十九畝。桐樹溝水冲坍荒地六頃零三畝。馬坊鎮水冲坍荒地三頃六十七畝。寺頭村水冲坍荒地一頃二十六畝。胡蘆巴水冲坍荒地八十四畝。水牛岩水冲坍荒地一頃五十八畝。獨堆村水冲坍荒地一頃一十五畝。深岩村水冲坍荒地八十三畝。圪剪截水冲坍荒地一頃七十五畝。鴨子岩水冲坍荒地一頃三十四畝。小東堖水冲坍荒地一頃二十四畝。風子頭水（積）［冲］坍荒地一頃五十三畝[7]。四十畝石積坍荒地六十六畝。宣窑溝石積坍荒地一頃二十一畝。交牛嘴石積坍荒地一頃二十畝。富家庄石積坍荒地六十四畝。新庄村石積坍荒地七十三畝。溫家截水冲坍荒地九十八畝。石門溝水冲坍荒地一頃二十畝。甲道岩石積坍荒地八十畝。梨樹堖水冲坍荒地一頃七十七畝。印東村水冲坍荒地一頃六十九畝。麻岩截水冲坍荒地一頃五十一畝。小張溝水冲坍荒地九十八畝。澗郊村水冲坍荒地一頃三十畝。水西平水冲坍荒地二十七畝。霸林橋水冲坍荒地二十九畝。尖凹庄水冲坍荒地五十四畝。肖子嶺石積坍荒地五十一畝。平上村水冲坍荒地八畝。石家嶺水冲坍荒地十五畝。龍堖村石積坍荒地十五畝。東嶺村水冲坍荒地六十四畝。成下庄水冲坍荒地十五畝。桑凹村石積坍荒地五畝。羊兜嶺石積坍荒地九畝。石片岩石積坍荒地十三畝。中蘭村石積坍荒地十四畝。清子山石積坍荒地二十七畝。庄里村水冲坍荒地二頃四十八畝。廣務口水冲坍荒地二頃五十五畝。白官村水冲坍荒地二頃二十八畝。龍王村水冲坍荒地二頃七十六畝。陽照村水冲坍荒地一頃四十五畝。其林村石積坍荒地八十四畝五分。白子村水冲坍荒地一頃三十九畝。胡存灘水冲坍荒地二頃六十七畝。魚林坡水冲坍荒地二頃四十五畝。東堖後石積坍荒地一頃五十五畝。新庄窩石積坍荒地一頃五十九畝。儀城鎮水冲坍荒地五頃四十畝。石拐村水冲坍荒地一頃一十一畝五分。調陽村水冲坍荒地一頃四十四畝。油房村水冲坍荒地五十二畝。横嶺村水冲坍荒地一頃七十三畝。上北舍水冲坍荒地一頃一十八畝。翟家庄水冲坍荒地一頃八十二畝。馬陵村水冲坍荒地三十七畝五分。南寨村石積坍荒地十五畝。郜村石積坍荒地二十四畝。下城南水冲坍荒地二十六畝。沙窩村水冲坍荒地一頃三十六畝。石元村水冲坍荒地九十四畝。道陸村水冲坍荒地一頃零三畝。双峯村水冲坍荒地一頃七十二畝。水澤村水冲坍荒地二頃六十四畝。泉灘村水冲坍荒地十八畝。堡下村水冲坍荒地一頃四十九畝。

北鄉

窑村水冲坍荒地一頃八十畝。黄獅堖石積坍荒地八十八畝。石門村石積坍荒地九十七畝。坡兜凸石積坍荒地五十四畝。斗坡石積坍荒地二頃九畝五分。河北村水冲坍荒地一頃一十五畝。賈家溝水冲坍荒地七十一畝。東窑溝水冲坍荒地三十四畝。平地川水冲坍荒地一頃三十三畝。松家嶺水冲坍荒地一頃三十六畝。朱家嶺石積坍荒地六十七畝二分。九京村水冲坍荒地二頃六十五畝。疏頭村水冲坍荒地三頃四十三畝。科舉村水冲坍荒地七頃三十八畝。上庄村水冲坍荒地二頃九十四畝。下庄村水冲坍荒地三頃二十五畝。紫羅村水冲坍荒地四頃四十四畝。土地坪水冲坍荒地三頃九十一畝。白雲村水冲坍荒地二頃六十五畝。磚窑村石積坍荒地一頃三十七畝。高窑村石積坍荒地一頃十八畝。新庄村水冲坍荒地二頃四十三畝。曲里村石積坍荒地一頃五十五畝。寨裡村石積坍荒地一頃二十九畝。紅蒲溝石積坍荒地八十八畝七分。綠竹岩石積坍荒地一頃七十畝。岩庄水冲坍荒地一頃五十四畝。川水平水冲坍荒地一頃七十七畝。月坡村水冲坍荒地一頃七十一畝。松溝村水冲坍荒地一頃六十九畝。庄窩掌水冲坍荒地七十九畝。東平上水冲坍荒地一頃二十七畝。溫泉村水冲坍荒地二頃七十八畝。後峪村水冲坍荒地一頃零七畝。泊里村水冲坍荒地一頃二十二畝。山奇村水冲坍荒地九十四畝。上石勒水冲坍荒地五十四畝。下石勒水冲坍荒地五十八畝七分。掌里水冲坍荒地三十二畝。南里陽水冲坍荒地八十五畝。北里陽水冲坍荒地一頃三十八畝。郭家堖石積坍荒地七十六畝。石梯村石積坍荒地六十六畝。馬圈溝石積坍荒地九十畝。河舖上石積坍荒地六十八畝六分。高邱村水冲坍荒地七十八畝三分。崔家平水冲坍荒地六十畝。

以上四鄉二百四十六村庄，共坍荒地三百四十六頃四十六畝八分。額徵麻、平、坡、沙、簿五等，粮色不等，每年共應正粮銀一千零七十四兩零四分九釐四毫四絲五忽八微，耗羨銀一百三十九兩六錢二分六釐四毫二絲七忽九微。

豁免更名粮田

白岩村水冲坍荒地七十九畝。横嶺溝水冲坍荒地三十三畝。小牛坡水冲坍荒地十三畝。北道足石積坍荒地四十畝。官道塔石積坍荒地三十六畝。劉王後水冲坍荒地四畝。新庄水冲坍荒地七畝。坪土石積坍荒地十畝。牛槽溝水冲坍荒地九畝。交口村水冲坍荒地八十八畝。双峯村水冲坍荒地十六畝。範村水冲坍荒地五十畝。西賈村水冲坍荒地一頃一十一畝六分。堡下村石積坍荒地二十六畝。沙峪村水冲坍荒地二十六畝。寒湖村水冲坍荒地一頃五十七畝。柏木寨石積坍荒地八十六畝七分。

以上十七村共坍荒地七頃九十二畝三分，每畝額徵租銀一分七釐一毫，每年共應征更名粮銀三十兩五錢四分九釐，耗羨銀一兩七錢六分一釐三毫七絲。

屯田學田

按舊志鄧公敘云："屯田有二，有（三）［王］屯[8]，有軍屯。王屯始於封建，軍屯肇於衛所。和邑僻處萬山，彈丸之地也。明初藩封之所不及，營伍之所未立，是以無屯焉。迨其後也，有慶成府分封於晉，而和有王屯之名。及國朝定鼎以來，將王屯編入民地，奉文改曰更名地，一例徵粮，而屯田無容再志。但有學田數圻，所出租課為文宗教養學校之資，為數無幾，且屬坡薄，若不紀諸志，恐後來湮沒荆棘間也。”計開學田五十四畝，坐落平地川，每畝租穀一升四合零，共租六斗六升三合零。

鹽政

查和邑分食徐溝縣土鹽，每年原領額引三百七十一道，共徵税銀一百四十八兩八錢八分零。從前，民銷、商銷設法不一，至康熙四十八年，商人董福物故合縣公，呈請照平定、樂平之式，民運民銷。仰荷上憲恩准，數十年人人樂易，戶戶安寧，上不負課，下不受害。至雍正三年，陳可大僉緣頂商，增長價值，商利民受其害。可大年老告退，隨有郝文鳳於雍正八年充頂，本少不敷民用。至乾隆四年，文鳳具呈，稱賠累難支，情愿告退。閤邑士民彭雯等具呈，籲懇情願照康熙四十八年樂平之式，民運民銷，上不負課，下便人食。况邑僅五里，儀城、德興二里，自古及今，並無商人，皆係按戶出税，自行買鹽，一縣之中，應無兩歧。蒙前陳令良玿據請詳情各憲，蒙本州批鹽觔関係民食，誠非淺細，總須上不負課，下不病民，方無貽悮。令據詳稱紳庶等，情愿包引輸税，是否有例可循，而二分二釐五毫有無虧課、盈餘之處，仰再查明，另詳報奪，仍候各憲批示行繳。蒙鹽道批鹽政，首務全在裕課便民，該縣既稱商運與民不便，商請告退，民照樂平之例按戶納税，食鹽聽民自便，上不虧課，下便民食，自應俯順輿情，但此案現奉院憲批飭查議，仍候詳覆，批允之日另繳飭遵可也。蒙按察司批，據詳已悉，仰候撫部鹽院批示繳。蒙布政司批，仰候撫憲暨鹽院批示繳。蒙撫部院批示，仰布政司會同運司查議詳奪，併候鹽院批示，錄報繳。蒙鹽院批，如詳轉飭該縣遵照繳，各批仰到縣，遵照在案，覆詳各憲。和邑每年額解鹽課銀，原額併增加，共銀一百五十二兩六錢零。和邑牌甲，雖節年參差，約計有三千二百八十餘戶，每戶每季徵銀一分五鳌，各項便已足用，伏蒙各憲批准，如詳勒石，以垂永允。乾隆三十一年，又蒙各憲行文着照代州等處之例，鹽課攤入地丁項下，統徵分解。知縣黃玉衡詳稱前任陳令，於乾隆五年，公同紳等籌立章程，民運民銷，通詳各憲批允，遵行在案，迄今二十餘載，民無不樂從。且查和邑食鹽而無丁粮者，十居四五。惟鹽課則按戶均攤，若照代州等處之例，攤入地丁項下，則粮愈重而畸居戶口，食鹽不納税，固所樂從，而有限之粮，民忽代衆戶加課，輿情似未愜協，應請仍循其舊，實為公便。蒙各憲批允，如詳照舊辦理在案。

物產

穀屬

黍有硬、軟二種，色赤、白、黃、黎、黑五種。稷有數種。麻有大、小二種。梁粒小而色白、味甘。麥有三種：春麥、宿麥、蕎麥。地寒，不多種。莜有甘、苦二種。燕麥性寒，多種當五谷之半。豆種甚多。稗形如黍，黑而銳，亦可食。葫麻可作油。

蔬屬

葱。韭。芹。芥。蒜。莞荽。紅白蘿葡。蘑菇。木耳。蕪菁又名蔓菁，又名諸葛菜，以諸葛行兵多種此，根苗俱可食，邑人廣種之，以資生。白菜。藤蒿。君達。苦菜。

花屬

萱草。石竹。金箋。菊花。葵花。芍藥。鳳仙。珍珠花。玫瑰。牡丹。

藥屬

茅香。續斷。甘草。黃芩。瞿麥。藜蘆。芍藥。欵冬。藁本。大黃。龍骨。茯苓。南星。芫花。蒼术。益母草。金絲草。王不留行。自然銅。無名異。金櫻子。何首烏。

木屬

松。椵。槐。柳。楊。榆。椿。楸。樺。赤木。

果屬

杏。榛。核桃。櫻桃。

禽屬

鵲。雞。鴛鴦。鵶。瓦雀。黄雀。倉庚。戴勝。燕。鶻。鳩。鴿。雉。憨雞。鵪鶉。子規。

獸属

牛。馬。騾。驢。猪。羊。犬。兔。麞。獐。獾。虎。豹。狼。狐。

虫属

蚯蚓。螳螂。寒蟬。蛩。

薪属

煤。炭。柴。

王者度地居民，無非欲胥一鄉同井共田之民，而休養生息之也。獨是平原之野，物阜財豊，村舍連結，非聚萬戶即羅千室。和邑則城聚未蒲千家，鄉鄙鮮有百戶。村疃雖多，居民實少，且地產者不過蔬菜、青麻、莜、粟等物，總緣在山之田無幾，耦耕之家自寡，司牧者當何如其保聚也。

【校勘記】

[1] 每畝徵銀四釐三毫四絲六忽六（徵）[微]三纖六沙按，清代計量單位依次為“頃、畝、分、厘、毫、絲、忽、微、纖、沙”，故此處“徵”應為“微”。

[2]、[3]、[4]、[5] 同上。

[6] 新庄窩石積坍荒[地]一頃四十畝據上下文意，此處當缺一[地]字，今補之。

[7] 風子頭水(積)[沖]坍荒地一頃五十三畝據上下文意，此處"積"當為"沖"，今改之。

[8] 屯田有二，有(三)[王]屯據上下文意，此處"三"當為"王"，今改之。

重修和順縣志卷之五

官師志 宦績附

蓋聞學古入官，儀事以制，有一官即有一官之事。仕本非為名也，而實至者名自歸。和邑自兩漢迄元、明千餘年間，以德政文教傳者，惟馬公克禮、張公欽祖、李公繼元等十餘人而已。逮我聖朝官方澄叙賢守令，循良之最名師儒雅化之成，後先接踵。今雖人往風微，而循名考實，尚論者有餘慕焉。允宜筆之於書，昭兹來許。世有專騖虛名而視當官為蘧廬一宿者，可知所勖矣。志官師。

知縣

金：馬克禮中都人，大定年任。德政載藝文碑記，相傳為伏波將軍馬援後裔，入名宦。

元：張欽祖保定人，至正十三年任。鼎新學校，譽重當時，入名宦。中男阿都至元四年任。籍貫失考，見重修懿濟夫人廟碑。

明：張克讓洪武十三年任。賈忠洪武十七年任。葛敷河南人，由進士洪武末年任。王孚興化人，由舉人永樂初年任。徐彦輝直隸人，由進士永樂年任。宋傑陝西人，由進士永樂年任。王衡陝西人，由進士永樂年任。舊志紀其修築城池，在正統十四年，訛。紀無疑。張庸寧州人，由舉人正統年任。王屏儀封人，由舉人正統年任。王恕陝西人，由舉人景泰年任。段珉豐潤人，由進士天順年任。賀祐東平州人，由舉人成化年任。連勝永年縣人，由進士成化年任。蒞政公勤，吏畏民懷，擢監察御史，歷陞知府運使，入名宦。武定陝西人，由舉人成化十八年任。劉文奎直隸人，由舉人（宏）［弘］治年任[1]。孫鼎渭南人，由舉人（宏）［弘］治年任[2]。馬廷璽鳳陽人，（宏）［弘］治十三年任[3]。周鉞直隸人，由進士（宏）［弘］治年任，賦十景詩，紀藝文。[4]李紳曹州人，由進士（宏）［弘］

治年任[5]。鄒瓚直隸人，由進士（宏）［弘］治十五年任[6]。劉宗保定人，由舉人嘉靖元年任。楊魁儀封人，嘉靖六年任。持身清介，行政仁慈，士民稱頌，入名宦。霍光先直隸人，由舉人嘉靖十一年任。李棟陝西人，由進士嘉靖十九年任。師道立陝西人，由歲貢嘉靖二十二年任。謝培齡直隸人，由舉人嘉靖二十七年任。劉邦定直隸人，由歲貢嘉靖三十二年任。高思敬陝西人，由舉人嘉靖四十年任。清廉仁愛，入名宦。劉時夏陝西人，由歲貢嘉靖四十四年任。樊自新陝西人，由歲貢隆慶二年任。廉介律己，平易近民，入名宦。蘇性愚陝西人，隆慶五年任，補修城池。劉好生陝西人，由舉人神宗元年任。趙來聘直隸人，由舉人神宗二年任。周讓延津人，由例貢神宗四年任。李嘉會山東人，由選貢神宗七年任。李繼芳直隸人，由歲貢神宗十年任。李繼元寧夏人，由選貢神宗十一年任。修城賑荒，續修縣志，重學作人，入名宦。張樞陝西褒城人，由舉人神宗十五年任。宋士程陝西咸寧人，由舉人神宗十九年任。王玉汝山東黄縣人，由歲貢神宗二十二年任。耿熠山東歷城人，由舉人神宗二十四年任。芮約陝西三原人，由舉人神宗二十七年任。任惠四川南充人，由舉人神宗二十九年任。王道行直隸獻縣人，由歲貢神宗三十三年任。任寵陝西咸寧人，由舉人神宗三十五年任。張正儒北直新安人，由舉人神宗三十七年任。孫光前河南项城人，由歲貢神宗四十一年任。萬象新宜興人，由舉人神宗四十四年任。合里併甲，薄賦輕徭，入名宦。牛成龍湖廣襄陽人，由歲貢神宗四十六年任。張儒湖廣枝江人，由歲貢神宗四十八年任。愷悌慈愛，視民如子，入名宦。楊文見南直涇縣人，由歲貢天啓二年任。程有本山東聊城人，由恩貢天啓五年任。高三台北直清苑人，懷宗二年任。路從中北直東光人，由歲貢懷宗四年任。楊崧陝西漳縣人，由歲貢懷宗七年任。李呈藻北直平山人，由歲貢懷宗九年任。蔣敏德遼東鉄嶺人，由歲貢懷宗十三年任。荀為善陝西醴泉人，由歲貢懷宗十六年任。

國朝：常應正直隸栢鄉人，由恩貢順治元年任。樓欽正浙江義烏人，由廩監順治三年任。蘇宏祖河南湯陰人，由進士順治四年任。公弱冠，舉於鄉，順治丙戌成進士，授和順縣知縣，在任七載，卒於官。聞當時有禦寇事，舊志無紀未便填入，詳載《湯陰縣志》。劉湛然河南登封人，由歲貢順治十一年任。申請題免河塌荒糧，闔邑戴德。雷湛直隸通州人，由進士順治十三年任。行取戶部主事。**李順昌**直隸新安人，由舉人順治十五年任。條陳驛苦，修理學校，士民立德政碑，陞山東濟寧州知州。入名宦。**楊棲鸞**陝西膚施人，由恩貢順治十八年任。**周于文**湖廣公安人，由拔貢康熙元年任。**鄧憲璋**江南虹縣籍滿洲人，由廕生康熙七年任。紳士贊曰："時趋繁苛，惟公以簡愛為施；法重催科，惟公以撫字相濟。招流移則逃逋來歸，戢軍伍則閭閻胥慶，永除驛苦則無輪蹄供應之艱，禁絕私徵則有雞犬安靜之譽。諸務聿新，才之敏也；羣情畢照，識之明也。清如漳水秋波，正如行山春峙，士民倚為父母，役胥畏其端嚴，漢代循良，微公誰繼。"**王之旦**奉天府遼陽州人，由戶部八品筆帖式，選同知縣，康熙二十二年任。勤勞政績，振作庶務，始終如一，澤洽人心。**甯培**北直大興人，由教諭推陞知縣，康熙二十五年任。**張翼**北直滄州人。**程起鳳**北直獻縣人，例貢，康熙三十九年任。**謝瓚**福建南平人，舉人，康熙四十七年任。杜絕私謁，慎固封守。**傅家楨**廣東澄海人，康熙五十年任。**王如种**湖廣黄岡人，舉人，康熙六十年任。調寧鄉縣。**陳聲**福建長泰人，舉人，雍正二年任。才敏獨斷。**趙懋本**順天大興籍，浙江山陰人，舉人，雍正五年任。存心寬恕，接物謙和，調襄陵，後陞遼陽知州。**何為英**雲南建水州人，舉人，雍正八年任。公清勤慎，惜任未久，士民懷之。**鄭國選**河南新野人，舉人，雍正九年任。廣修典祠，虔誠禱雨，有心民社者，調芮城。**陳良玿**北直文安人，舉人，雍正十三年任。長於吏治，才能兼優。**程沅**丹徒人，乾隆九年任。**蔣祖培**雲南鶴慶人，進士，乾隆八年任。調盂縣。**戴昱**江蘇樓縣人，副貢，乾隆十三年任。**朱汝璣**湖南瀏陽人，例貢，乾隆十五年任。捐俸興學，勤勞勸稼，調天鎮縣，後陞城都府同知。**張諭**河南杞縣人，舉人，乾隆二十一年任。忠厚樸誠，旋里曰"兩袖清風"。**邱廷溶**江南元和人，例貢，乾隆二十三年任。以緝逃功陞東昌府同知。**候日曬**北直南皮人，例貢，乾隆二十八年任。重修城垣，立法嚴峻，匪類潛蹤。**馮禾**北直滄州人，舉人，乾隆二十九年任。渾厚勤慎，動循規矩。**黄玉衡**湖南善化人，進士，初任江南宜興縣，乾隆三十一年補任和順縣。紳士贊曰："我公氣度雍容，學問淹雅，刑清政簡，訓士惠農，禮接生徒，法繩胥吏，不煩不擾，父母斯民。"**唐楷**安徽滁州，舉人，乾隆三十五年任。除民陋規，創建雲龍書院。**陳燦然**直隸丙子，舉人，乾隆三十六年署任。**高光大**乾隆五十一年署任。汪大錡乾隆五十一年任。劉薰乾隆五十三年署任。趙琰乾隆五十六年署任。鄭玉振福建，進士，嘉慶元年任。有惠政，病免，邑人乞留，賦詩見志，刻石合山麓。劉去過關中人，乾隆甲午科舉人，嘉慶三年任。見重修烏龍廟殿宇碑。薛焜嘉慶十八年署任，見西門外樂樓碑記。李攀桂嘉慶十一年任。余光超江西清流縣人，壬申進士，嘉慶十三年任。創建梁餘祠，政通人和，百廢具興。劉養鋒嘉慶十三年署任。劉斯裕進士，嘉慶十六年任。雷學淇直隸通州人，嘉慶甲戌進士，嘉慶二十一年任。龔文淵嘉慶二十一年署任。見新建土地祠樂樓記。周人甲道光元年任。周之彥舉人，道光二年任。毛鳳儀進士，道光四年任。張問彤四川遂寧縣人，解元，道光十二年任。劉緒科道光十二年署任，後陞平陽分府。夏寶晉進士，道光十四年任。為人耿直。張兆衡甘肅武威縣人，翰林院庶吉士，道光十五年任。重興學校，作育人材。陳棻道光二年任。顧錫升道光十八年任。見移建五瘟神廟碑記。陳準嘉慶癸（西）［酉］科舉人[7]，湖北蘄州人，道光二十年任。草除胥役，扣折舖倉，穀草價值積弊。施承培江蘇金匱人，道光二十二年任。唐昌廷道光二十八年任。朱德澐廣西博白縣人，進士，道光三十年任。後調夏縣。陳德格咸豐元年任。彭以璧舉人，咸豐元年任。劉端福建侯官縣人，壬辰舉人，咸豐三年任。是年九月初三日，官兵過境，七千有餘，至十八日始止。初備騾馬，脚戶多多滋事，公皆令民撇去，或有不法，以刑馭之，從容坐鎮，民賴以安，合邑感德，調任汾陽。馮璞四川忠州人，拔貢，咸豐四年任。章頌椿咸豐五年任。李仲祁咸豐五年任。陳榮宗咸豐五年任。劉澐山東茌平縣人，副榜，咸豐六年任。吳延慶咸豐七年任。危之安咸豐八年任。胡楓林咸豐九年任。陳仲貴咸豐十年任。孫汝霖奉天錦州府人，進士，咸豐十一年署任。居心忠厚，學問優裕。陳瑞虬建長樂縣人，進士，同治二年任。周伯貞河南祥符縣人，進士，同治四年署任。何子鈺同治五年任。榮杏春山東人，同治六年任。程鐘瀚安徽人，光緒元年署任。夏肇庸四川射洪縣人，進士，光緒二年任。調任平陸縣。陳承媯福建龍巖州漳平縣人，光緒四年署任。平陸自矢，忠慎居心，勤勞政務，卒於署。謝震江蘇人，光緒四年代理。陳守中江蘇上元縣人，光緒五年署任。勤勞政事，愛育黎元，辦賑查荒，法良意美。魯燮光浙江山陰縣人，廩貢訓導，歷署湖州、嚴州等府教授，同治元年隨同閩浙制憲左克，復浙江省城保，舉軍功知縣。光緒元年選授平陸縣知縣，六年調任。左兆熊直隸永平府樂亭縣人，咸豐壬科舉人，國史館謄錄。總檔告成，議敘以知縣用，欽加同知銜。歷署翼城、臨縣、萬泉縣事，八年任。

附 縣丞 今裁。

明：劉敬正統十二年任。見重修合山廟碑。孫懋正德二年任。見前宰李坤游合山詩碑。程端正德五年任。見聖壽寺碑。劉時泰（宏）[弘]治十四年任[8]。見重修麻衣寺碑。韓祥成化十五年任。見西溪龍附寺碑。樊盛南宫人，（宏）[弘]治年間任[9]。郭璋嘉靖三年任。見聖壽寺碑。

儒學

舊設教諭一員，訓導二員，明萬曆初裁訓導一員。國朝康熙初裁教諭，止設訓導一員。

教諭

明：楊益。秦懋。丁興。林叢。高甯。張明正統十一年。藥清正統十一年。張溥（宏）[弘]治二年[10]。趙寬（宏）[弘]治十四年[11]。陳誥。趙瓏。胡宗夏。劉學。孫秉彝。孫嚴。王言綍。王澤。任禧。劉秉商。董鎮。郭衛民。許恩。陳科。李遇時。李大猷。周思稷。楊培。竇恩侮。賀觀。王廷策。薛勤。石宏璧。杜榛。劉曰示。王之弼。趙志鴻。劉思益。李永培。劉向化。

國朝：段珍祁縣人，歲貢，順治二年任。陞傈水縣丞。田藍玉太原人，歲貢，順治八年任。陞陝江縣丞。白毓秀澤州人，甲午舉人，順治十二年任。陞河南安陽知縣。

訓導

明：薛九正統十一年任。楊冕成化十五年任。蔡茂（宏）[弘]治二年署任[12]。陳瑜（宏）［弘］治二年任[13]。常宇（宏）［弘］治十四年任[14]。吴達（宏）［弘］治年間任[15]。王賢（宏）［弘］治年間任[16]。羅儀嘉靖年間任。李朝綱嘉靖十六年任，舊志載隆慶二年任教諭，純古不浮，誨人不倦，後入名宦。張情嘉靖二十三年任。見虎谷祠堂碑記。

國朝：王協慶陵川人，康熙四年任。捐介持己，強毅與人，殷懷訓士，分俸資貧。班萬方定襄人，歲貢，康熙十五年任。張以整靈石人，歲貢，康熙十九年任。楊鼎儒安邑人，歲貢，康熙二十六年任。韓維址蔚州人，歲貢，康熙三十八年任。高旋康熙四十九年任。張君簡安邑人，例貢，康熙五十一年任。劉中柱石樓人，例貢，雍正三年任。姜作樑蒲縣人，歲貢，雍正九年任。馬凝瑞壽陽人，舉人，乾隆三年任。宋元址汾陽人，歲貢，乾隆十四年任。學問優裕，氣度安閒，訓士有方，接物無侮。楊鳳樓清源人，歲貢，乾隆十八年任。荆孔正陽曲人，歲貢，乾隆二十年任。秉性果毅，設科謹嚴，肅清聖廟，作興學校。劉有彩乾隆五十一年署任。李念祖乾隆五十一年任。彭襄聖乾隆五十一年任。燕嵩年嘉慶十年任。張問達交城人，庚子科舉人，嘉慶二十一年任。趙咸正舉人，樂平鄉人，道光元年任。劉撫衆歲貢，道光十年任。甯鄉人。賀騰麒歲貢，道光十六年任。甘恪信貢生，陽曲縣人，道［光］十八年任[17]。王一心優貢，河津縣人，道光十九年任。李家鵬舉人，翼城縣人，道光二十年任。劉宗漢附貢，太谷縣人，道光二十四年任。王樹常壬辰舉人，高平縣人，道光二十七年任。劉克庸附貢，平遥縣人，咸豐五年署任。張志賢丁酉舉人，五台縣人，咸豐六年任。李本裕乙卯舉人，忻州人，咸豐九年任。崔天護癸卯舉人，永濟縣人，同治六年任。楊汝霖廪貢，寧鄉縣人，光緒四年署任。宋兆庠壬戌舉人，汾陽縣人，光緒六年任。

主簿 今裁。

明：李剛正統十二年任。見修龍泉寺碑。馬驥正德二年任。見游合山（詩）［寺］碑[18]。郭登正德五年任。見聖壽寺碑。李朝嘉靖三年任，見聖壽寺碑。張文瑞嘉靖十六年任。見修合山廟碑。翁澍嘉靖二十三年任。見虎谷祠堂記。任能成化十五年任。見西溪龍附寺碑。趙愷三原人，（宏）［弘］治年間任[19]。

巡檢 駐劄八賦嶺儀城鎮。

明：党朝宗。李肅（宏）［弘］治二年任。黄榆嶺，見龍泉寺碑[20]。李洵（宏）［弘］治二年任。松子嶺，見龍泉寺碑[21]。冀文嘉靖三年任。見聖壽寺碑。王績。田應麒。聶思和。高驥。邊騰。李拊。馬蘷。王佩。曹汝安。魏光大。劉廷彦。孫應舉。李元勛。楊開泰。唐好古。段鄂。章奇。劉邦鄉。李泰。王國聘。傅宸聰。騫仕穩。雷宏勲。陳文炳。

國朝：李楝江南人，順治十二年任。因督催協濟柏井驛驢頭，路遠不及，縊死平定州内。紀龍躍富平人，順治十六年任。黄錫裳宜川人，康熙元年任。孟養性江南懷寧人，吏員，康熙十九年任。陳怡聖大興人，康熙五年任。鮑國賓河南陳留人，吏員，康熙四十年任。劉茂棠江南桐縣人，吏員，康熙五十九年任。周曾訏北直三河縣人，吏員，康熙五十九年任。滿永興山東恩縣人，吏員，雍正十一年任。羅浚大興人，吏員，乾隆二年。李國棟浙江蕭山人，吏員，乾隆五年任。李應魁湖南芷江人，由未滿吏，乾隆十一年任。沈學乾江南元和人，由未滿吏，乾隆十九年任。曹恕河南商邱人，由總吏，乾隆二十二年任。廖國揚江西石城人，由例監，乾隆二十九年任。楊德興北直大興人，由例監，乾隆三十年任。方時成乾隆四十九年任。鮑維綱乾隆五十一年任。趙鳳池乾隆五十二年任。吳魯田乾隆五十六年署任。曾錫麒嘉慶二十三年任。楊成楝道光二年任。來昌士道光十一年任。邵峻德道光二十年任。高克定咸豐十年任。張霖同治八年任。徐貽泰同治十三年任。金福基。蔡廷奎安徽六安州監生，光緒五年任。

典史

明：魏中。李綱。張傑正統二年任。見游合山（詩）［寺］碑[22]。陳善正統十一年任。羅希善正德五年任。武振。劉傑。羅錦。張潔。賈世勛。姚尚其。黄文煥一作煥文。鞏文錦。霍世昭。郭玠。趙孟陽。趙節陽。李汝諸。紀世安。王太平。黄家賢。高宦。郝名宦由進七兵部職方司降。馬之服。鄧良弼。軒守智。孫廣成化十五年任。見修龍附寺碑記。傅恭嘉靖壬午年任。見修合山鐘樓記。陳應奎。薛君相。韓羡嘉靖十六年任。見修合山廟碑。李瓊芳。方四端。張希邵。

國朝：陳良幹浙江人，順治元年任。余本忠太和人，順治四年任。竇世盈富平人，順治十二年任。陞巡檢。彭雲鵬韓城人，順治十五年任。陞巡檢。祝起鳳無錫人，康熙五年任。敏練兹惠。袁瑜富平人，康熙九年任。趙守順延慶人，康熙十三年任。張秉耀綏德衛人，吏員，康熙二十七年任。郝文永年人，吏員，康熙三十五年任。蔣士海盧龍人，吏員，康熙四十二年任。孫希顔海豐人，吏員，康熙四十四年任。沈起隆山陰人，康熙四十六年任。丁兆熊大興人，吏員，康熙五十二年任。凌漢章大興人，吏員，雍正元年任。徐金章宛平人，吏員，雍正六年任。方有望義烏人，吏員，乾隆九年任。楊汝梅階州人，吏員，乾隆十三年任。王軒六山陰人，吏員，乾隆十六年任。劉世琛新建人，吏員，乾隆三十八年任。鐘式序乾隆五十一年任。林昌湖乾隆五十六年署任。王文烜乾隆五十七年任。屠祖武乾隆五十九年任。宫大廷嘉慶十一年任。施洽嘉慶十三年任。鄭恭和。丁裕俊嘉慶二十一年任。程宗禮道光二年任。朱廷欽道光五年任。朱廷然道光六年任。陳梁道光十四年任。鄭溓道光十八年任。石建業道光二十年任。崇善。于恒。湯懋官同治八年任。王慶祺同治十三年任。鄭紹華光緒元年任。孟文福光緒三年署任。順天府涿州附貢生，候補巡檢。因賑務出力，保舉補缺，後以主簿升用。王金鏡監生，直隸永平府樂亭縣人，光緒七年任。

營弁

國朝：張存禮代州人，行伍，康熙五年委。牛尚武代州人，行伍，康熙七年委。張守太原人，行伍，康熙十三年委。任玉大同人，行伍，康熙二十四年任。楊之玘大同人，行伍，康熙四十二年任。張國珍太原人，行伍，康熙四十七年任。張宏仁平陽人，武舉，康熙五十八年任。武璉平陽人，行伍，雍正七年任。趙瑾倫雍正十年任。何大發乾隆元年任。郭世元原籍和順人，入伍，寄居太原。乾隆二年以軍功任和順營把總，十八年陞吉州千總。馮成金蒲州人，行伍，乾隆十八年任。賀榮喜太原人，行伍，乾隆二十四年任。李瑋平陽人，武舉，乾隆三十一年任。何景陽曲人，行伍，嘉慶七年任。李廷棟臨汾縣人，行伍，嘉慶十八年任。常永盛陽曲人，行伍，道光元年任。陳俊陽曲人，行伍，道光十年任。鄭濂道光十八年任。武名賢文水縣人，武舉，道光二十年任。李文通臨汾縣人，行伍，道光二十九年任。王邦英。翟兆元。王建基行伍。趙秉文世襲恩騎尉，平陽府人，光緒十年署任。松煙汛。

把總

劉本華平陽府人，行伍，同［治］元年任[23]。宋廷魁太原府人，行伍，光緒四年任。

經制外委

楊鳳來大同府人，行伍，同治元年任。王世林平陽府人，行伍，同治八年任。王源平陽府人，行伍，同治十三年任。

額外外委

暢文英平陽府人，行伍，同治元年任。楊開喜平陽府人，行伍，同治九年任。張亮璣大同府人，行伍，光緒四年任。郭泰潞安府人，行伍，光緒十年任。

陰陽訓術

王雲鴻嘉靖十六年任。張琦（宏）［弘］治二年任[24]。

醫學訓科

張漢嘉靖十六年任。藥齡（宏）［弘］治二年任[25]。

邑舊設教諭一員，訓導二員。明萬曆初年裁訓導一員，國朝康熙初年裁教諭，止設訓導一員。舊設縣丞、主簿各一員，不知何年裁省，舊志缺如。兹搜考碑碣，僅得前明楊益等五十餘人，他若陰陽訓術、醫學訓科，附列搢紳之後，有裨日用民生，例得并書而挂名碑碣者，亦僅四人。於以嘆代遠年湮，凡若此之湮沒弗傳者，可勝道哉。因表而出之，附官師末以存其名云。

【校勘记】

[1] 由舉人（宏）[弘]治年任按，明孝宗年號為“弘治”，此處“宏治”當為避乾隆皇帝名諱而改，今正之。

[2]、[3]、[4]、[5]、[6]、[8]、[9]、[10]、[11]、[12]、[13]、[14]、[15]、[16]、[19]、[20]、[21]、[24]、[25]，同上。

[7] 嘉慶癸（西）[酉]科舉人據上下文義，此處“西”當為“酉”，今改之。

[17] 道（光）十八年任按，此處疑脫“光”字，今補之。

[18] 見遊合山（詩）[寺]碑據上下文意，此處應為“寺”字，今改之。

[22] 同上。

[23] 同[治]元年任按，此處疑脫“治”字，今補之。

重修和順縣志卷之六

選舉志

自鄉舉里選之法廢而士皆以科目進，梁餘山拱太行，水流清漳，自李唐以來，歷金、元、明三朝，間出偉人，後先輝映。矧際國家明盛，廣登進之階，隆封蔭之典，教忠教孝，立賢無方。覩斯編也，有不奮然興起，而思追美前哲者乎。志選舉。

進士

金：嚴坦名見藝文，餘失考。

元：許狀元今城西崗上許氏塋内塜上立石碑書："狀元許公之墓。"名失考。

明：胡本乙丑科。彭彰癸丑科，任南京大理寺評事，遷陝西苑馬寺寺丞。王佐戊戌科，戶部尚書。王雲鳳甲辰科，都察院僉都御史，巡撫宣大。周朝著丙戌科，工部郎中。

國朝：楊曉昀道光壬辰科進士，任江西廬陵縣知縣，陞湖北興國州知州，未赴任，在廬陵殉難。

舉人

明：胡本甲子科。武恒甲午科。彭彰乙酉科。范壽己卯科。郭迪壬午科，任陝西永壽縣知縣。郝演戊子科，任雲南浪渠州州判。韓庸辛卯科。劉政庚子科。裴弼丙午科。趙英丙午科。周文己酉科，任修武縣教諭。王佐乙酉科。程霽丁酉科，任直隸固安縣知縣。彭德潤丁酉科。王雲鳳癸卯科。陳桂辛酉科，任蘭陽縣知縣。王之臣甲子科，雲鳳侄佐之孫。畢世隆庚午科，任臨邑縣知縣，機警有守，調麻城。周朝著庚午科，世隆弟子。齊聞韶甲子科，任慶陽府花馬池通判。藥濟衆萬曆丁酉科，歷官昌平兵備道副使，崇禎六年流賊破城，殉難，贈太僕寺少卿。

國朝：曹交炳順治庚子科，任隰州學正、聞喜縣教諭。趙爾覲康熙甲子科，任解州安邑縣教諭。鄭泰華乾隆甲午科，沁州學正，課士嚴肅。董子愚乾隆丙午科。楊曉昀道光辛卯科。

貢生

恩貢

明：馬之麒泰昌元年貢，任陝西商南縣知縣。馬之麟天啓元年貢，任湖廣荊門州州同。李月蔚崇禎元年貢，任河南豐邱縣主簿，陞睢陽衛經歷。

國朝：鄭允魁順治元年貢，任江西建昌府經歷。畢承烈順治九年貢，考授府判。畢潤黎康熙元年貢，考授縣丞。馬之鵬康熙十五年貢，任廣昌縣訓導。藥丹康熙四十七年貢。董明德雍正元年貢。焦益謙雍正二年貢，鄉飲大賓。王永蔭乾隆元年貢，任萬泉縣教諭。畢星乾隆十五年貢。畢昣乾隆十七年貢，鄉飲大賓。師元慶乾隆二十六年貢。焦天佑。任全仁。程錫圖道光元年貢。吳維垣道光三年貢。冀泰道光十一年貢。霍明倫道光年貢。康臣周道光二十五年貢。楊曉峯咸豐四年貢。王紹唐咸豐十年貢。杜家麟同治二年貢。蘇應蘭同治三年貢。吳萃同治十二年貢。張肇修光緒三年貢。常正誼光緒六年貢。

拔貢

明：李延昆嘉靖年貢。趙文錦萬曆二十三年拔，任湖廣黄州府判，歷署府事及黄崗、廣濟、麻城。所至多惠政，民有“趙明月”之謠。畢潤赤崇禎八年拔。

國朝：胡淑寅順治六年拔，任江西南康府推官。趙浚順治十一年拔，任廣西靈山縣縣丞。藥延祚康熙十一年拔。曹大觀康熙二十五年拔，任平陸縣教諭，鄉飲大賓。白賁雍正元年拔。杜宏規雍正七年拔，候選直隸州州判，改選儒學教諭，鄉飲大賓。曹濬雍正十三年拔。曹元德乾隆辛酉科拔。劉丹書乾隆乙酉科拔，署湖北石首縣知縣。吳端乾隆丁酉科。

朝考一等，四十八年分發湖北，署黃州府同知，補麻城縣縣丞，又署安陸縣知縣，三署麻城縣知縣，丁艱家居，教授生徒，縣中文士，半出其門。李肇敏乾隆己酉科。朝考二等，歷署太原縣訓導，補永濟縣教諭，賀宗師保舉，分發山東，歷署魚臺、范縣、齊河知縣，平慶州知州，後補黃縣知縣。趙建中嘉慶辛酉科。鄭維風嘉慶癸酉科，候選分州，奉母至孝，養親不仕，設教授徒，先器識而後文藝，當時學士，半出其門。楊曉昀道光乙酉科。鄭延庥道光丁酉科。張聯斗道光己酉科。杜蘅咸豐辛酉科。楊毓藻同治癸酉科。宋宗昌光緒乙酉科。

副貢

國朝：曹恩榮乾隆庚午科，任平遙縣教諭。

歲貢

明：李雄洪武年貢，任照磨。趙豫洪武年貢，任嘉興府推官。王敏洪武年貢，任檢校。郜太洪武年貢，任照磨。曹楹洪武年貢，任樂陵縣主簿。趙俊洪武年貢，任容城縣知縣。曹毅洪武年貢，任安塞縣主簿。温觀洪武年貢，任安塞縣主簿。李鎮永樂年貢，任直隸安州知州。徐威永樂年貢。賈銘永樂年貢，任琢州判官。張冲永樂年貢。趙文永樂年貢，任陝西莊浪縣教諭。馬良宣德年貢，任河南固始縣知縣。藥清宣德年貢，任陝西興平縣教諭。王縉宣德年貢，任四川綿竹縣知縣。魏安宣德年貢，任陝西綏德衛經歷。李睿宣德年貢，任直隸通州衛經歷。趙珪正統年貢。趙暹正統年貢，任山東清河縣主簿。劉和正統年貢。賈宗正統年貢，任西城兵馬司。常健正統年貢。畢鸞正統年貢。張倫景泰年貢，任直隸順義縣主簿。周宗天順年貢，任浙江蘄縣縣丞。趙正天順年貢，任滄州守禦所吏目。吳敬天順年貢，任肅王府典儀。魏新天順年貢。曹桂成化年貢，任淮安府經歷。盧仁成化年貢，任陝西永壽縣訓導。劉溥成化年貢，任韓府伴讀。張憲成化年貢，任直隸南樂縣縣丞。畢志成化年貢，任直隸濬縣縣丞。韓讓成化年貢。賈宣成化年貢，任南直隸崑山縣縣丞。李時成化年貢，任山東即墨縣主簿。魏宏成化年貢，任直隸贊皇縣教諭。藥濟成化年貢，任山東新泰縣縣丞。李森成化年貢，任陝西中簿縣縣丞。冀信成化年貢，任湖廣衡山縣主簿。常安成化年貢。季棠（宏）［弘］治年貢，任教授[1]。周麟（宏）［弘］治年貢，任教授[2]。王贊

（宏）[弘]治年貢[3]。齊政（宏）[弘]治年貢[4]。周鸞（宏）[弘]治年貢[5]。周鳳（宏）[弘]治年貢[6]。温仁（宏）[弘]治年貢[7]，任陝西安塞縣主簿。韓琛正德年貢，任耀州知州。劉漢正德年貢，任陝西涇陽縣訓導。魏繼武正德年貢，任順德府教諭。王墉正德年貢，任陝西同州州同。韓儼正德年貢，任陝西膚施縣教諭。馬勤正德年貢，任晉府典儀。王學正德年貢。王侃嘉靖年貢，秦府典儀。周朝賓嘉靖年貢。李希文嘉靖年貢，任鞏昌通判。畢傳芳嘉靖年貢。彭希宗嘉靖年貢，任房山線教諭。齊世寧嘉靖年貢，任直隸安肅縣訓導。蔡璞嘉靖年貢，任陝西保安縣教諭。韓邦臣嘉靖年貢，任陝西咸寧縣教諭。李經嘉靖年貢，任山東掖縣教諭。任宗道嘉靖年貢，任河南輝縣訓導。王邦智嘉靖年貢。藥大純嘉靖年貢，任蘇州府照磨。李中嘉嘉靖年貢，任陝西醴泉縣知縣。李中芳嘉靖年貢，任山東棲霞縣縣丞。陳良操嘉靖年貢，任陝西西寧州學正。李綎嘉靖年貢，任宣府衛訓導。李智嘉靖年貢。彭科隆慶年貢。馬任重隆慶年貢，任湖廣房縣知縣。王札隆慶年貢，任直隸固安縣主簿。李應科隆慶年貢，任寧夏衛經歷。周于禮萬曆元年貢，任唐山縣王府教授。温彩萬曆年貢，任河南懷慶府訓導。畢聯芳萬曆年貢，任陽曲縣訓導。馬任遠萬曆年貢，任復州衛經歷。李應科萬曆年貢。齊徵韶萬曆年貢。王守言萬曆年貢。田雲龍萬曆年貢。王達肖萬曆年貢。李可立萬曆年貢。張蒙正萬曆年貢。王守訓萬曆年貢，任山東淄川縣縣丞。劉朝聘萬曆年貢，任陝西渭南縣主簿。李秀萬曆年貢。祁清萬曆年貢，直隸元氏縣縣丞。胡效垣萬曆年貢，任直隸獻縣縣丞。曹邦重萬曆年貢，任平陽府臨汾縣訓導。李華國萬曆年貢，任潞安府黎城縣教諭。李伸萬曆年貢，任介休縣教諭。樊忠萬曆年貢，任貴州府貴定縣知縣。徐登雲萬曆年貢，任陽和衛教諭。藥濟邦萬曆年貢，任山東曹縣訓導。焦三移萬曆年貢，任四川彭山縣知縣。李倣萬曆年貢。畢振先萬曆年貢。周蔡台萬曆年貢。胡化鯤天啓年貢。陳爾心天啓年貢，任威遠衛訓導。王尚志天啓年貢，任安化縣知縣。陳所見天啓年貢，任平陽府訓導。鄭用韶崇禎元年貢。尚志崇禎四年貢，任黎城縣教諭。馬九皋崇禎六年貢，任潞安府教授。胡化鯉崇禎八年貢，任忻州學正。吕應鍾崇禎十年貢，任陝西鄠縣訓導。杜甫學崇禎十二年貢。郭維良崇禎十四年貢。杜先華崇禎十六年貢，本朝任山東淄川縣知縣。

國朝：藥遇安順治元年貢，任江西寧州州同。李喬松順治二年貢，任大同左衛訓導。蔡仲德順治四年貢，任襄垣縣訓導。王育秀順治七年貢，任陽高衛訓導。趙成錦順治九年貢，任聞喜縣教諭。馬凌霄順治十一年貢，任福建崇安縣縣丞。李懋中順治十三年貢。張鵬翼順治十五年貢。王吉士順治十七年貢。郝鴻聲康熙元年貢。趙漪康熙九年貢。劉嗣榮康熙年間貢，見重修北關關帝廟碑記。藥之璋康熙十一年貢。杜起元康熙十三年貢。畢昌齡康熙十五年貢。杜廷機康熙十七年貢。張日騰康熙十九年貢。藥起元康熙二十一年貢。王三錫康熙二十三年貢，任清源縣訓導。彭萬鍾康熙二十五年貢。劉顯揚康熙二十七年貢。彭萬逵康熙二十九年貢。趙潔康熙三十一年貢。鄭大經康熙三十三年貢。杜章康熙三十五年貢。李冲鉉康熙三十七年貢。張爾聖康熙三十九年貢。杜蔭棠康熙四十一年貢。杜蔭樾康熙四十三年貢，任長治縣訓導。李文光康熙四十五年貢。李之構康熙四十五年貢。鞏長慶康熙四十七年貢。王永錫康熙五十一年貢。彭雲康熙五十三年貢。畢寅亮康熙五十五年貢。吳淑頤康熙五十七年貢。李昇雲康熙五十九年貢。藥振康熙六十一年貢。藥丹康熙年貢。藥丕貞康熙年貢，任陝西凉驛驛丞。鞏琳雍正二年貢，任垣曲縣訓導。曹大任雍正四年，鄉飲大賓。杜蔭楷雍正六年貢。曹大來雍正八年貢，授解州夏縣訓導。趙爾容雍正十年貢。盧維祚雍正十二年貢。藥蘭乾隆元年貢，鄉飲大賓。趙爾寧乾隆三年貢。杜宏器乾隆五年貢。程永謙乾隆七年貢。吳珄乾隆九年貢。趙大士乾隆十一年貢。杜宏用乾隆十三年貢。藥作楫乾隆十五年貢，乾隆三十年選授隰州蒲縣訓導。畢景乾隆十七年貢。董珥乾隆十九年貢。宋志乾隆二十一年貢。鄉飲大賓。張懷璽乾隆二十三年貢。杜士逾乾隆二十五年貢。程魁乾隆二十七年貢。陳崇德乾隆二十九年貢。劉嗣榮乾隆三十一年貢。藥保極乾隆三十三貢。王昭。杜文綱。張思文汾州府訓導。蔡重。張鍵。李玫。張映櫺嘉慶年間貢，見修重興寺碑。張繼嘉慶年間貢，見修文廟碑。杜士璁。張世述。李友膺。曹沂。張健。李瑞。馬步瀛。盧映棠嘉慶年間貢，見修文廟碑。麻作霖。韓瑜。張錦雲。張桂葉。趙一鳴。蘇子忠。楊曉江。祁潤蘭道光二十三年貢。蘇子實任太原縣訓導。王緝熙道光二十五年貢。盧世華道光二十五年貢。楊曉霞道光二十七年貢。鞏對揚道光二十七年貢。張崇吉道光二十七年貢。曹子儒道光三十年貢。陳溥咸豐元年貢。程殿圖咸豐四年貢。左思學咸豐四年貢。楊曉塘咸豐六年貢。盧世楷咸豐六年貢。麻維豐咸豐六年貢。馬三升咸豐六年貢。趙源晉咸豐十一年貢。麻維星咸豐十一年貢。蘇崇德同治三年貢。鞏繩武同治五年貢。麻長春同治五年貢。曹周藩同治五年貢。焦肇基同治五年貢。盧弢同治十二年貢。劉清煦光緒元年貢。宋存殷光緒四年貢。王泰階光緒六年貢。楊培楨光緒六年貢。

吏員

明：傅復由太學生授給事中，累官浙江布政使司左布政使。齊純任濟州衛經歷。劉順任沂水縣主簿。李從周任許州知州。王雲鷺任蘭陽縣主簿。王雲鶴由廩生。周鶪任長垣縣縣丞。王榕任禹城縣主簿。藥大緒任濟南府檢校。趙鯤。周于詩任北京兵馬司。胡可宗。李繹任永平府檢校。李緗任鳳縣主簿。胡可大任魚台縣主簿。杜應休。王速肖。周士愷。杜甫才由生員貢。任河南開封府經歷，陞山東按察使司經歷。杜先芳任渭南縣主簿。周鍾政。藥鶴庚考授州判。胡淑瑗。畢偉烈。馬穠任納溪縣主簿。程紹以上舊志俱失年考。王義成化二年，陝西隴州故關巡檢。

國朝：李之蔚順治二年貢，考授府判。李之棟順治十年貢。趙浚順治年廣東靈山縣縣丞。程光頤康熙十九年貢。焦霖康熙十九年貢，任平陽府猗氏縣訓導。畢輔聖康熙十九年貢，選洪洞縣司訓。杜昇雲康熙二十七年，任江西南昌府新建縣吴城司巡檢。藥丕正任陝西草凉驛驛丞。馬之驥任山東嶧縣萬家驛驛丞。杜蔭桂康熙四十四年廩貢。彭雯康熙四十四年貢。杜金璧康熙四十六年任廣西梧州府蒼梧縣典史。趙晛雍正五年貢，任浙江長興縣主簿。杜宏鑑雍正五年貢，任江蘇昭文縣主簿。劉晙雍正五年貢。杜顯庸雍正七年選湖廣巴陵縣鹿角司巡檢。劉嗣仁乾隆七年貢。樊好忠乾隆七年貢。藥遐齡乾隆十七年任福建寧府霞浦縣巡檢。王聯芳乾隆十七年任江蘇鎮江府溧陽縣典史。王琮乾隆十九年任湖南永州府寧遠縣巡檢。劉嗣煥乾隆二十三年由增生貢，任河南杞縣知縣。程壺乾隆二十四年由附生貢。藥通任廣西平樂府永安州吏目。杜士璉乾隆二十七年任湖南長沙府湘鄉縣樓底巡檢。王雲雁晉府典膳。藥濟世增生，鴻臚寺序班。藥鶴庚州判，遭闖賊難。藥宏祚州判。藥光祚州同。劉奎璧嘉慶北城兵馬司，推陞湖北武昌府同知。鄭培蘭從九品，歷署沂水府蘭山縣典史、登州府經歷、靖海分司、蓬萊萊陽典史、泰安府新泰縣上池庄巡檢。李正峯監生，議叙八品，見咸豐七年修儀川龍王廟碑記。杜荷恩州同，鄉飲大賓。杜玉成布政司經歷。

按前明例監、吏貢，皆入太學。肄業考入上舍者，與出身往往有由貢監而位通顯者。國朝仍明制，貢監皆得肄業。其恩拔副歲貢生肄業期滿，咨送吏部，註册以教職，用例監得肄業，鄉試而已。舊志載例監、吏貢蓋皆隸仕版者，既膺一命之榮，自不得沒其名也。兹編仿此意而統以吏員標目，凡例監、例貢之未授職銜者，概不錄，非不欲以多為貴，良由衣冠濟濟，美不勝收耳。

武科

武進士

鄭元韶順治壬辰進士，授甘州衛守備。杜蔭棫康熙己未進士，授淮安衛守備，補授揚州衛。

武舉

鄭元韶順治辛卯科。杜蔭棫康熙戊午科解元。麻麗升乾隆己酉科。馬三德道光乙酉科。

武職

明：邢即西峪里人，由戰功陞宣府指揮使。張經溫源里人，由戰功陞會州衛指揮使。程瑾古城里人，由戰功授牧馬所千戶。李卓石城里人，由戰功授指揮使，鎮守良鄉。杜文炳仁高里人，由禦寇功巡撫蔡給把總銜。

國朝：王友才邑北鄉野狐坪人。崇禎壬申年，四海鼎沸，時年十九，拔劍從戎，屢戰克捷，積勞累資，將三十載，授湖廣辰常鎮總兵官，進爵都督同知。轉戰由楚入滇，值國朝定鼎，束身歸命西平親王，承制以參將任軍，自臨安兼鎮大理，克勤職守，又十年，卒於官。郭世元原籍和順儀城里人。寄居太原，入伍，由軍功任和順把總，陞吉州千總，考滿歲，給粮一分。王邦英武生，由軍功歷署永濟、和順縣把總。

封蔭

明：王珎以孫佐貴贈戶部尚書。王義以子佐貴贈戶部尚書。邑有三世尚書坊，毀於寇。畢玉以子鸞貴贈徵仕郎。周麒以子朝著貴封工部主事。藥性以子濟衆貴贈太僕寺少卿。藥之琠濟衆孫，由恩生授戶部陝西司主事，順治元年流寇破城，殉難。

國朝：杜啓元以子蔭棫貴誥封宣武將軍。杜蔭棫武進士，任淮安衛守備，任揚州衛守備，誥封宣武將軍。趙爾寧以子晛貴貤封登仕郎。劉同光以孫嗣煥貴贈承德郎。劉唆以子嗣煥貴贈承德郎。郭環以子世元貴贈奮力校尉。郭世元任本縣把總，贈奮力校尉，後陞吉州千總。杜成高以孫若榘貴貤贈武信郎。杜海亮以子若榘貴贈武信郎。吳廷獻以子端貴封修職郎。劉嗣榮以子丹書貴勅贈文林郎、湖北石首縣知縣。楊俊曉昀之曾祖父，誥贈奉政大夫。楊國秀以孫曉昀貴貤贈奉直大夫。楊旺枝以子曉昀貴誥贈奉直大夫。李一誠以子方達貴誥封營千總銜。楊廷楨增生，江西廬陵縣知縣，曉昀孫，世襲雲騎尉。

【校勘記】

［1］（宏）［弘］］治年貢，任教授按，明孝宗年號為“弘治”，此處“宏治”當為避乾隆皇帝名諱而改，今正之。

［2］、［3］、［4］、［5］、［6］、［7］，同上。

重修和順縣志卷之七

人物志

世嘗言："千里一聖，百里一賢，五百年必有名世。"似人才之生關乎時地，然姬周之東，聖賢接踵，炎宋之南，理學迭興，則又何也？竊謂造物生材皆有可賢可聖之資，克自樹立不囿於俗，則地不必不靈，而時運之說不與焉。和邑星躔參井，壤接畿封，自北齊肇建以來，不乏人傑。時代綿邈，雖善無徵。兹參考舊乘，搜訪近聞，凡忠孝義烈有裨風教者，列敘姓名，錄其行事。他如方外、寓賢，亦非碌碌無奇節者，比考古者或有取焉。志人物。

忠孝節義

明：

傅復，石城里人，洪武年由監生授吏部給事中，才能著稱。歷陞浙江布政使。祀鄉賢。

王佐，字廷輔，成化戊戌進士，為人孤介寡合。爲京鄉時，久不調所，知諷佐往謁執政，佐諾之，實未嘗往。又趨之行，且令一隸伺之。佐過執政門，仍不入所，知佯問曰："執政云何？"佐曰："執政意無他也。"因言其狀，爲之一笑。後劉瑾好賄，佐獨無所餽。瑾嘗語人曰："世言山西人吝，果然。"四署天曹，上嘉曰："海深山厚，月白風清，秋水寒潭，快刀利劍。"以南京戶部尚書致仕。祀鄉賢。

王雲鳳，字應韶，佐仲子。年二十，登成化甲辰進士，授禮部主事，轉員外郎。耿介獨往，足不躡公卿門，嘗上疏却土魯番貢獅，禁度僧傳奉諸事。又乞斬權閹李廣，為其傾陷下獄，朝臣申救，謫知陝州，綽有政聲。提督陝西學校，教人先德行後文藝，預識呂柟爲狀元。爲國子祭酒，朝夕講說，以矩矱绳束諸生。巡撫宣府，嚴明有紀律，邊政振舉，羌人畏不敢入。丁父憂歸，服闋乞致仕。平生言動有度，處私室如在公庭。當官甘虀鹽，視民生利害若切於身，臨生死禍福不苟趨避，雖與世寡合，矯矯強毅君子也。太原名臣坊，公居第五。三立書院豎神位，河東三鳳，公居一焉。有《虎谷集》行世。祀鄉賢。山西提學閔煦贊曰："英敏豪邁，廉靜剛方。學傳古今，道期賢聖。屢疏弊政，觸權要而氣不撓。再秉文衡，晝儀禮而士以奮。多方教誨，感服於六館之情。悉意拊循，造施夫一鎮之福。惓惓忠愛之忱，赫赫才德之華。"

陳桂，南廂里人，（宏）［弘］治辛酉舉人[1]。是科元旦夜，邑人在省城夢府城隍廟，神言第六名。陳桂事繼母至孝，果驗其事，詳陰隲錄諸書。任蘭陽，涖政剛直。時流賊作亂，修城守衛，士民恃以無恐。居官二年，丁外艱，撫按保留，公決去。《蘭陽志》詳其績。祀鄉賢。

王侃，佐之胞弟。由貢士，居喪盡禮，立身無玷。在京講明《易》理，居官清潔有聲，終秦府典儀，以禮致仕。祀鄉賢。

周文，永興里人，由舉人任修武縣教諭，立身清潔，教誨有方。祀鄉賢。

彭德潤，高邱里人，由舉人行己端方。祀鄉賢。

周朝著，文之孫，登嘉靖丙戌進士。初授工部主事，修通倉，奏績陞本部郎中。祀鄉賢。

藥濟衆，在城里人，由舉人歷官八任，陞副使。懷宗六年，流賊破城，殉難。贈太僕寺少卿，賜祭葬。附錄諭祭文曰："維崇正十年，歲次丁丑，四月乙巳，朔越初十日，皇帝遣山西等處承宣布政使司、左布政使范中彥諭祭，原任昌平兵備道，山東按察司副使，贈太僕寺少卿藥濟衆，曰：惟爾歷官，勤勞忠節，素著倡義，登陴助貲巨萬。困守孤城，勢窮被陷，捐軀殉難，闔室淪亡。軫念殘傷，特頒諭祭，英靈如在，尚克欽承尚享。"祀鄉賢。

杜汝維，壽官，樂善廣施。每歲冬月，給裘炭以撫乞丐，掃雪以飼禽鳥。

齊聞韶，舉人，任慶陽花馬池通判。多善政，時稱為誠實君子。

馬任重，歲貢，任湖廣房山縣知縣，以才能稱。

杜先芳，例貢，任陝西渭南縣主簿。流寇猖狂，經畧孫傳廷委辦軍粟，深嘉才能敏練。城陷，全家殉難。

李月蔚，恩貢，居家孝友，舉孝廉。任河南封邱縣主簿，陞睢陽衛，經歷三仕中州，居官清介。

國朝：

李喬松，由歲貢任大同府學訓導。摠兵姜勷叛，公執節不屈，全家八口殉難。

杜先華，歲貢，任山東濟南府淄川縣知縣，興學教士，給賞勸農，山西巡按都御史王昌允旌以“召父齊芳”之匾。

胡淑寅，由拔貢任江西南康府推官，平反明允。致仕，纂修邑志，長於詩，有《鉄笛軒》行世。

趙漪，歲貢生，性生聰慧，天資賢良，少負神童之稱。讀書過目能誦，長獲名士之譽。搆文出口成章，詩集最多，令錄其《詠南尖峯》一首。云：“穿破行雲出远峯，懸崖高處植孤松。時人不解堅貞性，浪說新桃多冶容。”峯下有花兒坪。載《通志》。

畢昌齡，歲貢，幼孤弱，甘貧自守，苦志讀書，勉力成名。及長，方正不阿。鄉黨重之，請除驛害，與有力焉。

曹文炳，舉人，隰州學正，補聞喜縣教諭。孝行純篤，廉介有守，敦崇古道，剛直不阿。

李上雲，廩生，聰明勤學，兼精岐黃，著有《摩青脈理》，太原傅先生山嘗稱曰：“李先生方一味，不可移易，活人甚多。”

趙爾覲，舉人，任解州安邑縣教諭，博學能文。康熙甲子科，與謝陳當、劉大鯤聯第，時稱一榜皆名士。

王三錫，由歲貢仕清源縣訓導，樸誠自矢，訓士有方。工楷書，學憲嘉其揮毫，時有林下美人之致。

畢啓賢，庠生，鄉飲介賓，品端行潔，好善樂施。凡邑中修建典祀，胥屬首倡，屢蒙縣令旌獎，爲一鄉正士。

藥良，庠生，賦性慷慨，見義勇為。郡守沈旌以匾曰："制行醇正。"縣令陳旌以匾曰："好義超羣。"且忠孝家聲，歷久弗替。雍正年間，巡按勵大人議舉孝廉，因養親辭，弗就。壽逾八齡。皇恩賜以衣帛，洵盛世之人瑞云。

劉同光，例監，為人慷慨好義，倜儻不羈。嘗同里人自京返里，寓宿良鄉李家店，各失金百數十，初疑李。鳴之，官追捕甚急。及後聞合家啼哭聲，詢之，將鬻子女以償，猶恐不逮也。公惻然曰："金，身外物耳，奈何離人骨肉耶。"勸同失金者共釋強而後可。至今長安路上猶頌爲劉老善人云。

杜宏基，增生，孝友謙抑，寧靜樸誠，睦宗族，和鄉黨，與人從無爭論，闔邑稱爲長厚君子。至今八十餘歲，白髮童顔，泰如也。

杜宏用，歲貢，性至孝，率真行巳，矢誠待人，舉優行第一，尤樂施藥濟貧，雖暮夜扣求，無不起應，垂髫戴白，口碑載道。

徐煥，在城里人。正統年，出粟一千石賑濟，有司以聞，旌表本縣，南關建義民坊。附錄勅書："勅山西遼州和順縣民徐煥，國家施仁，養民為首。爾能出粟穀等粮一千石，用助賑濟，有司以聞，朕甚嘉之。今特示勅獎諭，勞以羊酒，旌爲義民，仍免本戶雜凡差役三年。尚允蹈忠厚，表屬鄉俗，用副朝廷褒嘉之意，欽哉，故勅。"

蔡翔，在城里人，吏部聽選。時喪母衛氏，聞訃號痛，步歸廬墓。三年始終不怠，手植松數株，鳥巢其上。後仕無錫縣大使，有廉聲至。出身銜名，舊志失紀。

趙鯨，南廂里，增生。母卒，廬於墓側三年不倦，兩院旌立孝子碑。

劉春和，在城里人，開飯店。每早開市，必以第一碗奉父，然後發賣，其父八十餘歲未嘗一日怠忽。天啓六年，知縣程有本申講，表其門曰："天性至孝。"

常懷仁，玉女里人，執鞭營生，凡出門必爲父營謀所養。至他鄉遇有本縣人，必購鮮食捎寄，及還見父，必飲泣，蓋悲其不能躬養也。知縣程有本申講，旌其門曰："孝行可風。"

楊曉昀，進士，倜儻有氣節，歷任直隸、東明、江西、永甯知縣，推陞湖北興國州知州，奏留吉安府廬陵縣。粵賊攻吉安城，太守遇害。公以縣攝府事，力保危城。再逾年，賊復圍城，號稱十萬。公泣血誓師，困守逾兩月，矢盡援絶不少衰。會大雪，賊轟地洞破城，公持大刀巷戰，遇賊衆而死。子文藻、摛藻荷戈相繼至，皆遇害，妾杜姬縱火自焚。事聞，詔旨優卹，世襲雲騎尉，襲次完時，世襲恩騎尉，罔替。光緒六年，知縣魯燮光臚具事實，詳請建祠以彰忠節。有傳見藝文。

李就芝，增生，性孝品端，事親五十餘年。溫清定省，毫無懈怠。遇父病，百藥不效，日夜憂思。夢醫告以白色石中、五色活蟲可治。次日覓無所得，焚香叩禱。又夢馬鞍山有焉，往尋，果得。歸與服之，數日病愈。里人謂其孝有所感，傳為盛事。

賈小極，伶，白泉村人，赤貧無倚，秉性好善。遇亢旱時，頂神馬赤足沿街叩禱，雨降，乃止。為人傭工，稍有口粮，即補修嶺路，積久不倦。年五十餘，病故，鄉人殯之。越月有武安縣人，稱名來訪，詢其故，言降生賈宦家矣。人以爲好善之報也。

杜培芝，武生，繼嬸母朝夕奉侍，不離左右。家雖貧，每飯必有酒肉，有小疵，嬸母見責，勞而不怨。

郭映參，優廩生，孝事雙親三十餘年，後繼母失明，定省奉養不離牀蓐。母故，涕泣不止，思親不置，不數月相繼而亡。

楊文藻，廩貢，隨父曉昀廬陵殉節。同治五年，旌孝子楊摛藻，年一十七歲，同兄文藻廬陵殉節同治五年旌孝子。

陳印，為人慷慨，仗義輸財。每有修建，不吝施予。扶危濟困，一鄉皆稱善人焉。

祁萬安，監生，十五歲喪父，孝事孀母，友育弱弟。親鄰有貧乏者，無不極力周濟。每歲秋夏之交，早禾登場，以所獲之粟，分給親鄰貧乏之家。至今寬厚之稱，口碑不絕。

郭輔，品行端方，見義勇為，縣令賜匾："持身忠厚。"

郭肇元，邑庠生，鄉飲介賓，賦性剛直，好善樂施，享壽九十一歲，賜八品頂戴，旌匾："年高德邵。"

郭瑞祥，廩生，居家孝友，立志讀書，縣令旌以"一鄉善士"之匾。

李正峰，監生，世居儀村。凡邑中之修建，俱能首倡。鄉鄰有困，必多方周濟。

裴泰，仁高里農民。少失怙，母改嫁，泣留不得，見育於叔母。及長，事叔母孝，友愛堂弟，躬自務農作苦，而延師課弟讀，得遊庠。有族弟某房院，與泰屋毗連，窮無措，將出售。泰操土音哭謂曰："人可無坡，不可無窠。你有急，吾以全價給你。你仍留住，不必立契也。"每遇冬寒，設義漿以給行旅。道光十六年，歲饑，出穀以分給餓者，不定，繼以粃糠。壽七十餘終。至光緒三年，邑遇大祲，見有兄弟爭食而蓄儲粃糠居奇者，鄉人始追頌泰之德，不絕口。

白昣，字衡章，小南會人，秉性忠厚，每為人勸爭息訟。鄰里有乞貸者，無吝色。猶能隱人之過，成人之美。村有傭工，偶爲穿窬，被拘而逸，差捕急，累鄉保，昣爲之周旋，得釋。事既寢，村人無敢與傭交者，昣先傭用十餘日，傭亦改悔，一芥不妄取，乃見容於鄉，卒爲良民。

趙履端，崔家坪人，坪與高郵、南莊二村毗連，故無井。其祖某於道西隙地鑿旱池一，美（每）［其］名曰："畜龍飲虎[2]。"每遇天雨，引衆流儲於池，以供一歲之需，而鄰村艱於得水如故。履端曰："衆苦渴，吾何甘獨飲。"乃擴而大之，浚深數丈，捨爲三村公業。又慮子孫無知，刻石池旁以杜爭端，乾隆丙午孝廉董子愚爲之記。

贈太僕寺少卿前昌平道藥濟衆傳　王家坊

藥濟衆，號潤蒼，故明太僕寺卿，家居殉難，從祀鄉賢。其先系出樂毅，由燕奔趙，憂讒避禍，別居梁榆。遺令子孫改樂姓藥，遂世爲山西遼州和順縣在城里人。祖諱榮，庠生。父諱性，廩生。兄濟世，增生。公生而歧嶷，爲諸生時，好施與，重然諾，偪偪不干時譽，登萬曆丁酉科鄉榜。三十六年，任山東濟南府臨縣，極意撫綏，灾黎感德。秩滿，遷順天府馬政通判。四十三年，升鎮江府海防同知。府爲南北舟車孔道，素號難治。至則勤同運甓，操比懸魚，不以閒曹自放為也。久之，内調宗人府經歷司。四十八年，遷戶部江西司員外郎，升江西清吏司郎中，通輕重，酌盈虛，備軍儲，袪國蠹，宵小側目，大吏傾心。天啓二年，授直隸永平府知府。值邊圉多事，憂在門庭。既抵任，弭盜詰戎，日討國人而申儆之，闔郡恃以無恐。四年陞山東按察司昌平兵備道副使，恩威並用，張弛咸宜，聲績聞於朝，上方嚮用，獨守知足之戒，以老乞休歸。當是時也，紀綱漸壞，泯泯棼棼，大勢已成瓦解，加以饑饉薦臻，拊循失策。崇（正）［禎］元年[3]，陝西飢民苦加派，流賊四起。三年，流賊犯山西，陷蒲縣，肆佚河曲。四年，賊目羅汝才復犯山西，烽煙之警蔓延陝洛，出入省西沿河諸郡。和邑在晉東南偏鄙，暫可休息，惟幸賊之不至。然公每閲邸報，未嘗不扼腕太息，日夜區畫攻勦方略，計以上謁。顧朝局則門戶糾紛，疆埸則將驕卒惰，猶復信用宦官，布列要地，動輒掣肘。公既自知方正之難容也，讒諛之蔽明也，遂不果行，而闕廷亦卒無顧念及之者。乃於后街石樓院別業鑿井一方，顏曰："六合。"暇則徘徊其上，顧影自照，曰："吾其娱老於此乎，其以此爲吾菟裘乎。"家人莫識其指焉，自是疆事日亟。六年，左良玉破賊於涉縣，曹文詔敗賊於山西，賊犯畿南，又敗之於懷慶。賊乃四竄，由河北順德等處入山谷屯聚，侵晉東邊，直逼和順。公聞警，出巨資，募勇儲糧。賊猝至，躬冒矢石，登陴固守，灑淚誓師，人人用命。賊百計攻撲，百計堵禦，擊斃賊無算。賊築長圍以困之，相持四十餘日，城陷。公赴六合井死之，子長庚同時殉難，時六月十三日也。事聞，贈太僕寺少卿，諭賜祭葬，蔭孫之璵戶部陝西清吏司主事。後公十七年殉闖賊僞官王兆熊之難。甲申五月，我大清受命，殄滅羣寇，四海澄清，凡前朝死事諸臣，皆荷寵褒，當軸上事，奉旨從祀鄉賢。光緒六年，知縣魯燮光輯志乘，採訪軼事，得公守孤城記於其族孫，求六合井遺址，徧詢父老，無知者。繼得之張姓蔬圃中，幾無可辨識。周遭諦視，覺平地有微凹處，試劚之，土鬆而潤，再掘之，深二三寸，井眉見焉。甃石尚存六合形，以問土人，曰："嘻，自我高、曾以來，相傳園有井，藥老死難所。吾儕小人不知藥老何官，死難何故。但因其死而以藥稱也，諱之。每歲填以土，填後土即低陷云。"魯君喟然嘆曰："豈非忠魂不泯，鬼神實呵護之耶。"亟令淘，土盡泉噴湧，聲瀌瀌鳴，觀者如堵。有歎息泣下者，乃捐貲立亭於其上，泐石署名，而屬予為之傳。

論曰："忠臣殉國，與節婦殉夫同，有激於俠烈者，取必於一時轉念，而易爲牽引。有安於義理者，雖萬變而不可屈撓。吾觀明季甲申以前，一二重臣宿將，歸命如恐不及，及大事既去，殉國者固多，推戴者亦復不少。殆景運將開，天實使之佐翊興朝，以自效歟。若蘗公者，綜其生平，行事卓卓，使還就依回，安知不再以功業顯。然而終不以彼易此者，其素所審決者然也。卒之，受卹蔭於前，荷褒榮於後，馨香俎豆，百世不祧。乌乎，忠義亦何負於人哉。”

平定吉郡記 國朝 楊曉昀 邑人

咸豐三年正月，粵西賊匪攻陷武昌，順流破安慶，竄踞金陵。五月十八日，分股來撲，豫章、西江郡縣處處戒嚴，而吉安爲尤要，以人物殷富，定必為所垂涎，且長江一綫揚帆可直達也。太守王公琴仙愁焉，憂之，與余謀戰守策。先募壯勇千數百人，分隷各署，日勤訓練以濟兵力之所不足。敝篋舊藏兵書數卷，因詳加檢閲，凡擊刺之具，捍禦之物，苟價廉工省，力所能爲者，無不購備以須。而又念城内無百金之家，一闃之市，凡百財物曩皆取給於外，脫有不虞，涸可立待。乃儲米千二百石，錢萬餘千，油鹽雜物稱是嗣省。圍日久，食用漸乏，檄令外郡協濟，余曰：“是烏可常，藉資於外以守，孰與藉資於外以戰。昔宸濠叛，王文成公聞變，次吉安，率知府伍文定等討平之，此往事可師也。今瑞、袁、臨、吉、南、贛六府俱居省上游，府各出壯丁千六七百人，計可得萬人。統以員弁，配以輜重，合夫役廝養，需船千餘隻。若同時舉義，蔽江而下，小醜不足滅也。”太守壯余言而難於發端。旬餘，廬州以信來，所見同，太守忻然許諾。遂致書各府，約會師期。余欲議定後動，太守義不能緩。即於六月十六日建旆，先行至臨江樟鎖以待各府，訖無應者。

二十一日，泰和土寇突起，襲據縣城，贛道周觀察率衆往勦，失利而往，太守得信，返旆移師赴泰。韓恭府忠勇過人，五月間滅寇於龍邑，實嘉賴之，竟積勞成疾，既下船，病不能行。乃以永新林把總、泰和楊把總、吉水黄把總分將其兵爲先鋒，泰和郭大令帥府縣勇爲中軍，候補秦府經秦縣丞帥保衡勇爲左右翼，秀洲麻巡檢帥四廳勇為後隊，余經歷爲參謀，軍於距泰十里之倉背嶺，賊衆，乘夜來刦，兵勇潰散，爭舟渡水溺死者以十數。募友葉梅棠與馬，乃退保府城。

七月十二日，賊陷萬安，又分擾龍泉。龍泉有備，未獲逞志。二十一日清晨來攻吉安，捕廳少尹同探差來告，曰："賊船數十隻，已下陳冏山，將至矣。"先日，余已將東北二門封閉，急命閉西南三門，並傳知在城文武。余既由南煥文門登城，見天氣清爽，江澄如鍊，緑陰樹靜，白鷺時飛，絕非荒亂景象。惟遠望，船多掛帆，移泊東岸，似覺有異，遂緩步而南，將近魁聚門。從人曰："果來矣。"撫雉堞視之，頭裹紅巾，手搖白扇，宛如劇戲。城下未得出門者，積有三四十人，閧然奔逃。余喝曰："無畏，咸回來。"衆遽止，漸有上城者來觀者。時守門兵僅七八人在，即命開銃，惶懼，火未發，速命開炮，斃一人，又謂之，復斃二人。一賊以扇遮面，疾趨作飛狀入門，闔推，所置竹烘下之，傷其腰，兩手據地，臂腿蹉挪而去，衆遂莫敢當橋立。後兵勇漸集，官亦繼至，賊更無能為矣。余乃周巡各門，嚴行戒備。午後，見賊已懈，選當戰四百人開門突出，乘其不意，小有斬獲，以挫其鋒。次日續來，益衆，仍攻魁聚及西門，以二百餘人繞路城西，攻北門，北門空虛。余聞信，沿途號召兵勇急往防守。磚石交下，賊不得近，有悍賊奮勇向前，銃發，應聲而倒，相繼死傷者又數人。賊勢不敵，仍竄南城。其後或晝、或夜、或明攻、或暗襲、或執竹排來、或荷木梯至、或衣紅作法、或披髪誦咒、出沒隱見，施無一效。其不足言，惟焚搶店鋪，搬運漕米，結懽省賊。其肆行荼毒，將何所底。參將已故，兵權歸岳守備，屢商出隊，堅執不肯，太守憤甚。

二十六日，集在事僚屬於煥文門樓，請於岳守備，曰："今必出戰，不敢藉重，君行但銜鋒，須得銃砲一隊，願發兵百名，我率壯勇五百往，坐守待困非良策也。"許之。乃遣劉外委帶兵列前，太守命余居守，自與泰和郭令、吉水楊令、謝照磨、章典史率壯勇繼之，一路搜勦，無與敌者。殺至火府廟，賊目在焉，閉門自固，窮蹙無計。良久逸出，衆遽驚散，衹留太守暨謝照磨與一家丁、一僕皆遇害。嗚呼！賊已成釜底游魂，且無論砲轟火燬，可聚而殲也。亦無論刀矛夾門，有出即殺，莫能漏網也。何使敦陣以待，兵不必施銃，勇不必奮擊，屹立不動，吾知賊將逃命之不暇，豈敢與戰。乃以五六百之衆，圍三五十之賊，紅巾一出，紛然奔潰，竟使忠義之氣不得伸，反見害於么麼之寇。一局勝算，掃地以盡，悲夫。余聞信，悲憤交集，欲率衆再往，無如新潰之師難遽振。且人心惶懼，綏靖爲先，仍命登陴慎守，徹夜巡視撫輯，鎮之以靜，賊見聲息如常，莫測所以，驚疑未動。郡城形勢，東南一帶，濱臨大江，無可窺伺。最要惟北門，地既僻遠，其外曾祠樓窗正對城樓，火器可以平施，前因毀之重勞，視賊且非能者，故未撤去。不料其見竟及此，遂狡焉思逞。

二十八日，偽攻西南，牽制我師。悉衆徑攻北門，聲言午時破城。各路把手欲作血洗計，城内洶洶面如土色。余躍馬馳往，仗劍城上。賊蜂屯蟻聚，金鼓亂鳴，銃砲擊處，屋瓦皆震。一壯勇在余身旁，中砲立斃。有二兵擲火城下，反受重傷。衆稍卻，余令曰："有敢退者，其試吾劍。"自辰及申抵禦五時，賊忽肩輿舁擁而退。乃縋勇下城，焚其祠，召守者問之，言賊飯飯設飲，更番食息，意在必克。天奪其魄，銃忽炸裂，及城上大砲轟入，自傷並被官兵擊斃者，樓内共五人，皆賊正副頭目，樓下傷斃不知其數。賊衆始懼，敵臺距雷公橋一里餘，砲又傷其僞元帥一名。賊衆益懼，俄見江面數十船來，疑係救兵，倉皇解去。是夜，遂竄歸泰和。

二十九日戌刻，贛鎮阿總戎統兵自省至，駐紮城内。八月初二日，出城安民，且耀軍容。而賊匪無一留者，因勸令進兵，不從。余曰："公之此來爲勦賊，非助吉安守城也。不速往如燎原，何以偵探？"未確辭。初六日，賊復纛至，力請出隊，謝曰："吾不肯蹈汝故府之覆轍也，姑少安毋躁。"次日又言，仍不許。余曰："賊去，猶將勦往。今賊來而反避之，其何以對士庶。"

越日，乃令馬都閫率衆出，由古東山街一行即鳴金退，賊聞而追之，始勒馬同戰，斬殺十餘輩。入自北門，獻捷賞賚有差，賊夜遁。初九日，又出隊，至高峰坡，未見賊而還。時賊黨蕭殿揚聚衆，焚固江巡司署，剽掠澧田劉姓，環圍村疃無不危懼。黃少司寇奉，諱里居。初十日，來見鎮台，說以興師，毋令鴟張，且滅此亦以剪泰賊之翼也。鎮台不可，謂此地方官事，非所與知無已，即徹守城兵勇往捕焉可。司寇出，恚形於色。余曰："無足慮，楚南江中丞夏廉訪遣其援江省之師，來援吉安，已過峽江，約計明日可到。若得公言，分一隊往，必可擒也。"

十一日午後，城上望見旆幟連檣而上，諜報曰："楚湘勇來三隊，隊各四百人。"其藍旆乃管領楚勇劉分府之麾也，其紅幟乃管領湘勇羅教諭、李把總之麾也，可往迓之。余查驗得實，司寇即登舟謁見，許與，分隊羅、劉二君言於鎮台，不獲命，至縣相商。余曰："君等非所節制，亦豈能阻。"

十二日，余具舟於江。劉君帥楚勇，李君帥湘勇，各一隊，先鎮台以所部兵六百從，擇吉水楊令幫郭令辦糧臺，由水路赴泰和。羅君帥湘勇一隊，副以孟從九爲執訊官，由陸路至固江。賊首蕭殿揚已率衆擾安福，乃擒其父與其姪，斬之。遂跟踪往，比至賊焚官署，綑武弁經。盧、安二邑紳民共伸義憤，於午前馳至縣城，勦戮殆盡，蕭賊業已授首。滿城商民驚怖之餘，喜天上下將軍也，簞壺相迎。未食頃，泰賊二千餘抄山徑，過永陽，焚搶司衙，逶迤百餘里，徑入安福南門，湘勇躍出，呼聲動天地，鋭氣憾雷霆。刀兵接處，無不以一抵百。夕陽西沉，遂漸潰散。夜又嘯聚而來，及晨光已曦，又來。見勢不能支，乃逃奔，復歸泰和。有竄入永新者，北門一戰，遏其凶燄。因竄至蓮花廳，搶掠而去，入湖南境。劉、李二君至泰和，用雲梯攻城。先登者，刺而顛，其次又顛，其次連受數創，聳身直上，奪其大砲擲城下。左右衝突，賊皆辟易，衆勇接踵而登，奪門盡入，圍賊首於澄江書院。院四壁峭立，發火球、火箭焚其堂。有二勇破大門，衝火入，各斬首二級懸腰間，手握寶銀數枚出，壁上觀者莫不驚絶，遂立營城中。二十日，周觀察亦克復萬安，以師來會，詰朝從興國一路索捕餘匪而還。阿總戎留兵二百，亦由水路歸鎮。楚、湘勇又分往朗川等洞，清其窟穴。二十八日，凱旋至郡。余與寅僚以鼓吹、酒果迎勞於碼頭，請留五日，爲勦涫化鄉土匪，既允諾矣，夜接江中丞檄調追省垣竄去賊。早遣使辭，即開船行，余急往江干，同章少尹追至白塔灣乃返棹。以李把總一隊往遣，秦縣丞帶勇三十名爲嚮道，從孝廉羅文江之請也。先是賊目劉得添，雷公橋砲傷後逃匿該鄉，孝廉糾合團壯勇擒之，並搜獲僞大元帥印，斬於富田司。而厫上殷富，匪徒蠭起，刦掠鄉材，恐緩則滋蔓難圖，兩次來請兵，故乘楚勇聲威正壯，一舉平之。

九月初四日，振旅還。設宴縣堂，以豬羊酒麵犒師白鷺洲。次日，爲劉君祖道赴省城，亦餞李君往安福，與羅君合永新蓮花廳。本兵勇單弱，被擾後，時聞風鶴之警，屢來告難。因轉致羅君，安成無事，可向彼一行，乃整隊而前，各有斬獲。軍威所到，民心始定。二十三日，仍由安福回郡，迎勞於魁聚橋之南，凡設宴犒師俱如泰和凱旋儀。又茶陵州林笑如者，堪輿家也。與黃少司寇有舊，自言兄弟皆拳勇。鄰村材武多出門下。若募壯勇，咄咤可得數百人。司寇信之，爲書囑余專丁往召來三百名。乃沿途零星雇覓，半是吉屬新龍泉人，因勉留之，作一隊。彌縫補闕師，亦兵家之所不可少也。時賊匪由蓮花廳竄入湖南者，復自永新回，焚上坪司，過天河白堡，入泰和西界。其逼近處爲廬陵，東西坑間山棚亦有匿匪。令范外委帶兵，同永陽黃巡檢即率此隊茶陵勇搜之，並於縣界扼要防禦。賊再擾泰和，兵勇疲於奔命，遣使復來請師。十月初六日，羅君以屢勝之勇，一半休息，帥一半前往，尾賊所至。沿途追勦，死亡過半。直至興國縣界，興國鄉民復邀而殺之，僅留殘傷一二十人向募都去，不能成聚矣。十七日還師，聞省圍久解。二十一日袁州回楚，茶陵勇分一百守蓮花廳，餘亦散去。惟留練勇，重加陶汰，以整軍實。並嚴行申警，凡諸逆黨，令各團悉數擒拴門關津梁，密爲稽察，奸宄無從溷入，吉郡悉平。是役也，實吉郡數百年未有之奇變，今承乏此土疆域之寄，責任在余，敢有不慎。自圍城後，料軍需，嚴守備，晝夜黽皇，衣不解帶者幾二十日。幸得保全無害，此皆仰賴諸君子同心贊助，真實任事之力。痛定思痛，未之能忘其時，守魁聚門者，經歷余焯，按知事黃曾慰，候補縣丞張成鈞，武營爲外委劉坤。守西門者，縣丞呂承恩，候補從九孟奎英、許慶豐，武營爲千總謝明亮。守西城中腰者，永新營把總林月光。守北門者，候補縣丞秦振元，從九徐椿、歐貫，武營爲守備岳殿卿。守東門者，吉水知縣楊昇，泰和知縣郭椿齡，永甯典史態鴻元，候補府經秦夔，從九王秉鈴，武營爲外委劉效鵬。守南煥文門者，秀洲巡檢麻春潮，衛千總姚文淦，武營爲外委范應龍。分府王別駕原守煥文門，府憲歿，印儲縣庫者七日，衆議以缺不可久懸，乃稟請兼護府事典史章德懋守魁聚門，兼稽查街道。余統巡全城，又兼守北門。至於給發餉糈，預備夫船，並戰守需用一切支應，局爲最重。余與經糧捕廳爲局員，請府友趙雨辰章行之。縣友王懋齊、朱雪樵專司其事，俱能籌盡精詳，不辭勞瘁，毋濫毋缺，極臻妥善。因備書之以告來者，其他各縣克復防守，皆有出力人員，余未周知，玆不具錄。

論楚湘勇功　楊曉昀

逆賊鄒蒽隆者，一賣卜流匪也。以左道惑人，泰和不逞之徒翕然從之，相約倡亂，襲踞縣城，贛南道周觀察、吉安府王太守先後往勦，俱失利返。賊勢遂益猖獗，陷萬安，擾龍泉，攻興國境，且來撲吉郡。其黨蕭殿揚亦乘機起事，焚固江巡司署，沿途搶掠，直破安福縣城。幸盧、安二邑紳民同舉義旗，追而殲之，而鄒賊尚不知也。遣兩千餘衆繼至，適楚、湘義勇來援吉安，乃請羅教諭帥湘勇一隊往。先賊至數刻，禦之於南門，自酉及卯三戰皆捷，賊始遁竄。羅君代之修城，代之鍊男，月餘而安福定。劉升府率楚勇，李把總率勇各一隊，亦偕贛鎮赴泰和。賊嬰城拒戰，劉君令以雲梯攻，勇不避矢石，冒死競登，奪門而入，遂拔其城，匪黨潰散。搜捕十日，殺戮者以千計。周觀察克復萬安，以師來會。更請楚、湘勇往東沔、郎川等洞，清其勦穴，由是而泰和亦定。議者曰："楚、湘勇之功偉矣。楚、湘勇不來，則泰和必不可復。安福雖克，賊繼至亦必復失，是楚湘勇大有造於安、泰二邑也。二邑即家祀而戶祝之，誰曰不宜？"嗚呼，是說也，乃止就事言事，尚未綜全局而計之也。夫鄒葸隆之襲踞泰和，分擾鄰境也，正粵匪攻撲省城之日。方是時，省城被圍，幾閱兩月矣。賊作木城，穿地道，火攻水戰，業已窮其伎倆，省城之必不可破，想已知之稔矣。其所以相持而不肯舍者，猶冀得志於外府也。故乘秋水方盛，搶刦豐城，擾亂瑞州，豈不欲揚帆直上哉。以贛爲西江重鎮，吉乃豫章屏翰，必多勁旅，倘進不能遂，恐省兵得以議其後而有所不敢也。向非湘勇而安福失，匪徒奸黨不旬日嘯聚益衆，毗連之新寗、蓮廳，捍禦無藉，烏能自保。非楚、湘勇而泰和不復，則賊勢日大，民氣日餒，逞其封豕長蛇，龍泉、興國雖振於前，未必能不躓於後。亂氛四起，藪澤皆警，彼贛師之下萬安者，濟與不濟將不可知。即贛鎮相助可固守，而外縣之東崩西陷，勢皆鞭長莫及，誰與爲援。上游既蠢然騷動，其聲息必與省賊相通，而謂省賊之狡焉思逞，猶不乘釁而動，縱橫恣肆也，必不然矣。江省之禍，殆有不堪思議者。審是，則楚、湘勇之功在安、泰二邑也，豈僅在安、泰二邑哉，實吉郡之幸，亦江省之幸也。觀於吉安平而省圍解，其明徵矣。吾故曰："以安、泰二邑議楚、湘勇之功，乃止就事言事，尚未綜全局而計之也。"

照廳謝公從祀贊　楊曉昀

嗚呼！雨耕當死。死矣，胡爲乎使我鬱鬱而不勝情。敬拜几筵，述君忠貞。何物么麼，乃敢弄兵，陷我數縣，攻我郡城。君之憤烈，激不能平。白於上憲，願請長纓。憲曰"壯哉"，與子偕行。即日整旅，伐鼓敲鉦。沿途勦戮，街巷尸横。至火府廟，爲賊主營。非虎負隅，衆莫敢攖。驀地突出，一軍皆驚。兵勇潰散，賸止零丁。君有肝胆，義重命輕。長官遇害，我何獨生。仗劍罵賊，死且益榮。當是時也，天地慘淡，日月失明，人鬼飲泣，風雨悽鳴。而君則血漬泉壤，神遊玉京，方將馭香雲，軿建翠蜺旌，螺山鷺水，默相編氓。今已肅遺像，薦粢盛，固不待光昭史册，而已垂千古令名，嗚呼雨耕。

蕭、徐二丁從祀贊　楊曉昀

衆若肯死，爾亦必不至死。爾不肯死，衆豈相強以死。惟衆不肯似爾之死，爾死由衆之不死而死，爾又不肯似衆之不死。衆誰援爾之死於不死。雖然，死則死矣，忽忽數年數十年，必有悔當日之不死而亦死，而羡爾之死而不死。余嘉爾之義，余更不能無遺恨云。

平定吉郡論功說　國朝　張喈鳳

無功者冒功，有功者爭功。有功而不矜己之功，但論人之功，且推極焉，以表人之功，而己若無功，此其人必能有衆人所不能有之功，而功固無乎不有。春野楊夫子以名進士，宰廬陵。廬陵當漕時罷考，時鄉村間蠢蠢然將動而爲變。公下車徧論百姓以大義，不絕一弦折一矢而民定，識者已卜爲儒將才。咸豐三年夏五月，粤匪寇豫章、吉郡，商民預謀所以餽賊者。公聞之，厲色宣言於衆曰："有敢餽賊者，以從賊論。"謀遂熄。於是運米千餘石，錢萬餘貫，油鹽雜物稱是，軍裝火藥器械悉具焉，蓋爲粤匪備也。無何，六月二十一日，泰和土匪起，贛道、吉守往勦，俱失利。踰月，寇郡城，王太守死之，韓參戎以病先亡。當是時，一郡事權操纵惟公，成败惟公，一郡生靈安危惟公，生死惟公。夫兵家之最急者餉，城中文武官弁數十人，營兵數百人，楚、湘之勇數千人，向所儲之錢米油鹽諸物，蓋三五日用之，而已空如也。公請餉藩庫，藩庫不能給，推之贛庫，以為粵東解銀四萬餘，道阻不能通，存贛庫。贛庫則用以給贛兵，而不能給吉，事急矣，可若何。或曰："是年也，固師旅饑饉之年也。"自夏四月初，不雨，至於五月杪，始雨。雨則浹兩辰，遍地汪洋。禾稍成實者，皆作稻孫，天實為之，謂之何哉，而不知是正天之默以庇我吉郡也。公因雨暘愆期，請緩徵舊所收漕米，未輸運船者，以三分之二變價通融焉，以濟軍餉。蓋有不畏上官之參革，而必欲拯民於水火者，公也。夫人家一日不食，妻孥有相詬誶者矣。人身一日不食，手足有若痿痺者矣。以三四千之兵勇，日事奪擊衝突，而復嚴以刁斗不絕聲，設餉不繼，或且縋城暗潰，賊將誘以爲爪牙，或借以偵虛實。即不然，而逃亡回籍，棄戈矛而仍事耰鋤，郡城其何以保，而外縣之既失者，又奚從而復。故夫湘勇由吉而泰和，而興國，而東沔、朗川等洞，軍餉於盧署乎資藉，非公滿腹經綸，調度多方，俾九旬軍餉源源不絕，而謂楚、湘勇能長驅遠擣，義旗所指，無不摧枯拉朽也，難矣。雖然，盧署之軍餉難矣哉。公項，罄矣。傾諸私，私積罄矣。復貸諸旁郡所義存之公，至今猶請在上之公償在下之公，而曲爲彌縫。公之謀事，有始有終也如是。以是論功，功固當誰屬者。公所撰一記一論，詳載僚屬、募友功，於楚、湘勇之功，則推極言之。然而籌辦軍餉，公之仲郎君郁齋與有功焉。公不自功，而烏肯爲其子功。余以門下生館公署中，知其事之詳，故爲之說，以俟當道者衡焉。

楊春野夫子合家殉難記 張喈鳳

記者，紀實也。不知其事之實，則實何以紀。然則必紀其所言，而始可信其所行也。春野夫子宰廬陵。咸豐三年夏七月，鄒恩瀊聚匪萬餘人，由泰和攻吉安，王太守本梧遇害。公率僚屬保城池。事定後，廬陵士民實賴之，頌以額曰："仁德勇功"。聯曰："父母遺愛，公侯干城"。公顧之，無喜色。一日與鳳語曰："予今年恨不死，恐難再得此死所也。人誰不死，死於疾，以此身歸父母，此居家者也。死於敵，愾禦侮，以此身歸君上，此居官者之責也。且予年六十有四矣，何不可死之。有王太守死，而予即當死，但予能守而賊不能攻。攻而破，予則死。賊攻而不破，予保全城以安堵，而又何死爲。雖然，此特小醜耳，設有大賊至，予當與決一死。勝，則取其渠魁而殲之。不勝，則予雖肝腦塗地，乃真得死所也。"再踰年乙卯，賊陷楚南之茶陵，與蓮廳毗連。公夜半聚家與語，先呼三子而謂之。三子，鳳所同學友也，曰："若賊至，汝將何如。"對曰："兒知大人之志決矣，父生則子生，父死則子死。若使棄父而逃，偷生以避死，兒不爲也。"公笑曰："汝從先生學六年，予以爲但知帖括體耳，乃能識大義，若是，吾無憾矣。汝二兄學較深，且從予宰東明至此，予不問而知其志也。"旋顧二姬曰："賊若圍城久，乏食，吾將殺汝二人以食，軍士張睢陽之往事可師也，爾願否？"二姬嘿然。已而又曰："爾等知此地文信國公乎？人苟且以生於世，生亦死也。若如文信國公之成仁取義，俎豆千秋，死亦生也。予每祭其祠，蓋不勝嚮慕焉。魏殷州刺史崔楷，闔家之官，表乞兵糧不得。葛榮逼城久，或勸減弱小以避之。遣一幼子夜出，既而悔之，追還，遂盡死難，然亦矯矣。吾有孫在家，可奉先人後。吾父子三人死於此，縱使屍横暴露，螺山鷺水，皆吾三人棲靈地，不懼也，不憂也。"及賊報漸警，公捐廉，練勇五百人，號和順軍，從所產邑各也。十一月二十一日，賊至吉安，近十餘萬人。鳳以事歸家，時適束裝往，至中途阻截不能通，乃返。聞公守城時，賊屢掘地洞，以棺載銷轟城。公偵知之，先穴城内地，以銷其燄，故四五舉而不能破也。求援於上下游，無一救者。城中乏油，官弁兵勇皆暗坐以守，無鹽輒食淡，惟有米、豬、鷄、狗，食悉盡。馬有斃者，剝其肉賣之，價比時常昂三倍。

次年丙辰正月二十三日，大雪。翼日，雪愈甚，深二尺餘。城中無柴炭，兵勇凍且餒。二十五日寅時，賊從地洞轟城入，而吉安破矣。公之死也，匹馬持大刀，從十字街往東門殺賊，遇賊衆而死。二公子繼至，咸遇害。杜姬自焚於署，黎姬投城，不死，後歸卒於和。而公之大節，故昭昭日月星矣。嗟嗟，平時談忠孝，臨事移操守者，曷可勝道。如公父子，真可謂後所行不負前所言者也。故草此記，以俟修史者採。公諱曉昀，號春野，山西和順人，由乙酉選拔中辛卯舉人壬辰進士，陞湖北興國州知州，留宰廬陵。長子名翰藻，號西園，夫妻皆先卒廬陵署。次子名文藻，號郁齋，廩貢生，娶郭氏，生一子，在籍。三子名擒藻，號繽齋，年十七，未娶妻。

知府銜湖北興國州留守廬陵縣楊曉昀傳　王家坊

公楊姓，曉昀名，霽卿其字也。世爲和順縣儀城里人，曾祖俊、祖國秀，世業農。父旺枝，國學生。公生有至性，慷慨尚氣節，幼讀書，經史帖括外，喜孫、吳韜略。稍長，益攻苦力學。道光乙酉，登拔萃科，宗師奇其才，延入幕，每談當世務，论論古今成敗得失，能究厥本原。師歎曰："楊生氣節非常，他日當以忠義顯。"辛卯，登賢書，壬辰成進士，謁銓部以親老乞近地，授直隸東明縣知縣。甫下車，問民疾苦，陋俗有所謂填宅錢車票錢者，爲民累，立革除之，闔境歡呼，旋以憂去。服闋，授江西永寧縣，治如東明。癸卯，得卓異引，見行之日，父老攀轅，獻衣鏡一，瓶水一，曰："明府鐵面冰心，計無可贈者，敢藉此表盛德。"比回任，父老喜相告，迎於境，城爲之空。聲聞遐邇，達大府，鄰封有疑難事，輒委公，無不迎刃而解。庚戌，廬陵因漕激變，已調兵勦辦矣。既慮禍不測，檄公往攝篆，至則留兵駐城外，而親自遍歷鄉村，曉以大義。不旬日，安堵如故，民不知兵，遂補廬陵。咸豐三年夏，粵匪撲豫章，分募壯勇，備器械，儲糗糧，以備不虞。嗣省圍日久，檄外郡協濟，吉安守王本梧邀公計議，憂形於色。公曰："藉資於外以守，孰若藉資於外以戰。瑞、袁、臨、吉、南、贛六郡居上游，郡各出壯丁千六七百名，計可敵萬人。若同時舉義，蔽江而下，賊可滅也。"郡守壯其言。會廬、瑞州函來見，畧同。太守欣然許諾，致書各郡，約師期，並欲先出師爲倡。公曰："凡舉大事，須議定而後動。且欲靖外患，必先清内憂。盍俟各郡有成約，再往何如？"弗聽。即於六月十六日，率師往臨漳鎮以待，至期訖無應者。而泰和土寇鄒蒽蓬突起，郡守聞警，移師赴泰，軍於距泰十里之倉背嶺，失利，退保郡城，賊陷萬安，擾龍泉，順流而下。二十一日黎明，撲吉安。公大呼，登城開砲，連斃三人。一賊以扇遮面，作飛狀，推竹烘下之，傷其腰。賊卻退，日晡伺稍懈，選敢戰士四百開門突擊，挫其鋒。翌日，賊來益衆，公親自督戰，賊由西北竄南門，晝夜攻襲，賊終不得逞。乃摽刼關外錢米，結粵匪歡。韓參將，宿將也。五月間，滅龍泉寇，積勞病故。獄守備攝兵權，無擊賊意，守謂之曰："今必出戰，無須借重君行，但得銃礮手一隊，步兵百名，某率壯勇往。"許之。乃委公居守，而整軍以出，搜殺至火府廟。賊自閉門自守，兵勇輕敵少，不為備。俄見紅巾闖然出，衆驚潰。郡守與謝照磨死之，二僕蕭姓、徐姓從焉。衆聞信股慄，公鎮之以靜，賊不敢逼。吉郡形勢，東南濱大江，易守。北門地僻遠，而城外有曾公祠樓，與城樓對峙。火器可平施，公患之，潛移重兵以守。二十八日，賊果僞攻西南，牽掣我師。悉悍賊徑攻北門，金鼓震天，蜂屯蟻聚。一勇侍公旁，中礮立斃。二兵受火器傷顛，衆洶懼。公厲聲曰："敢有退者，齒吾劍。"人人奮勇抵禦，礮傷其頭目五人，僞元帥一人，矢石擊斃者無算。賊退竄泰和。當是時，賊黨蕭殿邦掠固江、澧田等處，鄒蒽蔭則分股擾永陽、安福，其他朗川等洞，素爲賊藪，郡圍雖解，風鶴四起。適贛鎮某總戎統兵來援，公請追勦，總戎安扎城中，與嶽守備如駿之斬。賊復纛至，公悉力堵擊。賊聞劉司馬、長佑、羅廣、文澤南率楚湘勇赴援，夜遁。公瀝情以告於劉、羅，轉商諸總戎，瞠目直視，噤不能出聲。劉與羅忿然起，自率所部出，某始出兵綴其後。湘軍至固江，蕭賊先期竄安福，擒其父，斬之。追及蕭賊，梟其首，鄒蒽蔭不知也。分賊二千餘抄出山徑，過永陽，趨安福助逆，入南門。湘勇躍出，呼聲動天，三戰皆捷，賊奔泰和，則劉司馬軍臨城下矣，殲之。鄒嬰城拒守，劉司馬豎雲梯，率勇冒死競登，鄒蒽蔭授首，餘黨悉平。

秋七月晦日，凱旋。奉江中丞檄調，次日即返舟，某總戎亦歸鎮。公餽運芻糧，補輯鎧仗不絕於道。舟車犒勞之費，必豐必恪，故得人歡心，以助滅巨憝。由是論戰敘功，僉曰："公第一。署府事崔君以花翎同知銜請奏保，允之。"公置若罔聞，惟申儆軍實，如臨大敵。或謂之曰："轉危為安，喜可知矣。乃終日戚戚，將毋當憂而喜乎？"公蹙然曰："郡守死節，吾輩生存，何忍言功。且子亦知事勢乎，贛爲西江重鎮，吉爲豫章屏藩，粵逆一日不滅，吉安一日不得高卧也。"聞者愧服。是年秩滿，陞興國州知州，中丞爲固圉計，奏留江省補用。又明年乙卯秋八月，粵逆擾楚南之茶陵州，公謀駐軍蓮花廳，以扼其咽喉。郡守陳計猶豫。未幾，蓮花廳破，遣白參將往禦之，交綏而退。公又謀以一軍駐馬龍塔，防泰和路，一軍駐真君山，防袁州路，皆不果用。而賊已乘勢破安福，又遣白參將堵勦，兵潰。賊遂入萍鄉萬載，連破袁州、臨江。公見謀議不合，兵勇過單，賊勢猖獗，乃捐廉募新勇五百，日夜訓鍊，號和順軍，從公所産名也。其他積儲蒐輯，一如庚戌守城法。因賊率用地雷轟城，令於西城開濠引水以阻其道。邑巨紳拘青烏家言，持不可。公知事不可爲，猶冀萬一得當，議請戰船邀擊於江中，巨紳欣然代爲請。及戰船至，則攜其族竊駛以行，從此戰船不復至。既而賊氛漸逼，公顧謂其子曰："賊至城，必破，我必死，汝意云何。"對曰："願生死相從。"公笑曰："吾謂汝第知帖括耳，亦曉大義如是耶？"冬十一月二十一日，粵賊來攻，衆逾十萬，兵民皆倉皇失措。公曰："守者，長久之計。今寇衆我寡，利速戰。"親率鋭卒出戰，大捷。相持旬餘，無隙可乘。賊潛施地雷轟西門月城，墮三板。公指揮兵勇禦以銃礮，立時堵築，乃於城墻内開溝灌水，以防地雷。賊果掘地洞，實硝樇柎中以轟城，四五舉不能發。十二月十四日復出戰。初接仗，小有斬獲，乘勝直追，遇伏受砲傷。兵勇擁公還，孝廉羅子璘被害。自合圍後，公以蠟丸遺健卒，突圍，求救於會垣者數輩，郡守陳詞尤慘烈。至是不聞以鏃矢相遺，勇愈單，糧愈竭，至羅掘鼠雀以充食。最後薪燭盡，夜則暗坐以守。公雖砲傷，猶日登城安衆心。顧士卒疲敝不任戰，然公攘背一呼，莫不髮衝眥裂，誓不與賊俱生。賊亦莫測公所為，將圖再舉。明年，僞翼王石達開猝至，勢張甚。天大雨雪，兵勇僵卧不能起。石逆別開地道，用卍字式，安地雷轟西城，城陷。公持大刀馳至十字街巷戰，刃數賊，賊羣聚攢刺，力竭死之。二子文藻、摛藻殉焉。妾杜姬自焚死，黎姬投樓下死，復蘇，以灰自污其面，輾轉流離，匿鄉僻民舍。同城文武三十餘員殘卒，遺民千餘人，感公忠烈，同死義，鮮有降賊以求生者。時丙辰正月二十五日也。先蒙奏請加知府銜，事聞，奉上諭照知府例議䘏，並准部咨照都司例，給予䘏銀三百五十兩，給雲騎尉，世成襲，次完時，世襲恩騎尉，罔替。有孫一廷楨，邑增廣生，文藻出，承襲世職。咸豐九年，公季弟曉塘徒步數千里往覓屍骸，未獲。訪黎姬於民間以歸，旋卒。同治六年，斂衣冠葬公於和順縣城東之多祿坡，而以黎姬祔。

贊曰："楊公宰廬陵，以羸卒千餘禦強寇十萬餘衆。始則力保危城，繼則與城俱亡。其氣節之盛，雖顏常山、許睢陽，何以過焉。夫人自束髮受書，誰不知取義成仁之說。一旦臨大難，志餒氣衰，甚有位通顯而甘心降賊者，抑又何也。嗚虖，士窮見節義，非平時氣節挺挺百折不回，而欲矯厲於祟朝，難矣。予嘗于役梁榆，習聞公死難事，輒欷歔憑弔，不能自已。會曾君瑤仙以志乘屬爲勘校，乃訪其家，得宰廬實記并行狀，因序次之，語曰：太上達節，次守節，次不失節。夫達節，非聖人不能也。士君子立身行事，欲求無忝於君父，顧不重守節乎哉。”

節烈

明：

李氏，在城里民齊景妻。年十九歲，夫亡，無子，守節終身。

馬氏，廩生王煒妻。煒故，氏年二十，歷六十餘歲。先事翁姑，後養幼子，子已成家，居住鄉村，節操凜凜，凡有求嫁者即厲言拒之。

藥氏，監生郭廷佐妻。夫故，氏方二十一歲，生子方週年，子成立，氏年八十歲，節凛冰霜。

李氏，廩生周士奇妻。夫亡，氏年二十餘，子女俱無。享年七十九歲，學憲旌表，冰操難犯。

王氏，生員周士奭妻。夫故，氏年十七歲，杜門不出，守節終身。里人稱為周門二節云。

潘氏，廩生藥長庚妻，平定宦家女，適長庚年十六。未逾期，長庚病故。氏青年守節，誓不再嫁。明懷宗六年，流寇破城，其舅濟衆殉節，氏煢煢孤苦，撫育猶子，無異己出，守節終身。故年八十三歲。

國朝：

韓氏，趙奮揚之母。夫故，氏年二十三歲。矢志堅正，安貧育子，守節三十五年矣。

宋氏，杜宏高之妻。夫故，氏年二十七歲。苦節撫幼子，成立，守節四十年矣。

趙氏，生員張秉乾之妻。夫故，氏年二十六歲。事孀姑二十餘載，克盡婦道，守節三十六年矣。

李氏，武生趙思源之母。夫故，氏年二十七歲。撫子成立，入泮，守節三十五年矣。

畢氏，武生張其炇之母。夫故，年方二十四歲。生子甫三齡，端莊誠一，節比松筠，守節三十四年矣。

胡氏，武生杜士林之母。寡居時年二十六歲，栢舟自矢，撫育二子成立。學憲蔡旌以匾曰："畫荻芳規"。迄今守節三十年矣。

李氏，王忠妻。年十六歲，適忠氏，雖農家女，越十三年於翁姑妯娌間，從無疾言厲色。及忠病故，水漿不入口，號泣不息，親戚隣佑勸之，不止。至五日哭無聲，七日而亡。

郭氏，韓晉相之祖母。年二十八歲孀居，安貧茹荼，奉姑育子，克盡孝慈，前縣主甯贈詩結匾以旌之。年至八十二歲而卒。

郝氏，程奇述之妻。夫故，氏年二十一歲，子女俱無出，奉養翁姑，克盡婦道，守節五十二年。

杜氏，楊曉昀妾，自焚廬陵縣署，殉節。同治五年題准。

李氏，廪生郭�參之妻。夫故，氏年二十八歲。孀姑失明，氏朝夕奉養，不離左右。遺子女四人俱幼，氏苦志堅貞，撫育二子成名，子女婚嫁。守節四十六年。同治五年題准。

曹氏，處士李舒翠之妻，于歸後孝敬翁姑。夫亡，氏年二十九歲，艱苦備嘗，訓子入泮，守節經三十餘年。同治五年題准。

盧氏，監生郭映斗之妻。夫故，氏年二十三歲，孝事繼姑，勤儉持家，撫育二子成名，守節三十餘年。同治五年題准。

劉氏，增生杜隆恩之繼妻。夫故，氏年二十九歲，遺五子，俱幼，後皆成名。上事孀姑，敬養兼盡，守節四十三年，未嘗苟言笑，其貞潔有如此者。同治五年題准。

趙氏，廩生青琐之妻。夫故，氏年二十六歲，撫二歲幼子成人，入泮，守節四十七年而亡。

李氏，焦二保妻，南庄村人。康熙三十五年遭荒，夫妻趑食直隸鉅鹿縣，不能相保，將賣妻與人，價十二兩。券已立，交銀之際，氏泣曰："你羸憊已極，帶銀遠行，亦必被人奪去。我生不忍你獨死，不如同還家，死亦有人掩埋。"二保感痢疾，氏乞食供養，跋涉扶持。至家年仍荒，氏先餓死，保亦隨亡，鄉人憐而埋之。

陳氏，生員王邦仁妻。流寇圍城，仁守陴擊賊，被創而死。氏年二十，無子。有以無倚勸氏改嫁者，峻言拒之。自念青年易涉嫌疑，因徙傍外家，畜養雞豚，鬻以度日五十餘年，苦節自安。臨終時白晝見夫入門曰："辛苦多年，今來接汝。"寢疾，數日而終，年七十有五。

趙氏，王在鎬妻。鎬故，氏年二十七歲。矢志栢舟，茹蔬四十餘年而終。

劉氏，郭才正妻。伯叔四人，康熙三十五、六年，連歲遭荒，相繼而亡。四婦改嫁，所遺孤幼男女六人，撫育婚嫁，與子無異。雖貧，始終不二，其誼行，鄉鄰共許。

藥氏，廩生曹大成妻。夫婦九載，善事翁姑，不愧婦道。夫故，遺子三人，俱幼。氏苦志堅貞，撫養羣孤，俱入泮，守節五十二年。乾隆十年，有司申請題准，奉旨建坊旌表。

畢氏，武生青雲路妻。夫故，氏年三十六歲。生三子，俱未及冠。氏上事孀姑，下撫幼子。冰心克堅，守貧茹蔬，養育兼至。守節五十一年，可謂一門雙節。

李氏，盧沂之妻。沂故，氏年三十一歲，孝敬翁姑，持家勤儉，恩養幼子，守節四十一年。

柳氏，劉玘之妻，玘故，氏年二十六歲。守苦節，葬翁姑，撫養遺腹子成立，守節三十六年。

李氏，武生趙雲凌之祖母。夫故，氏年二十七歲，經理家業，撫育幼孤，守節三十八年矣。

杜氏，生員畢煥宇之母。夫故，氏年二十四歲，撫育二歲幼子，入泮成立，志凜冰霜。學憲蔣旌以匾曰："節光彤史。"守節三十一年而卒。

宋氏，庠生郭鎮邦之妻。夫故，氏年一十九歲，家稍裕，堂上祖姑並繼姑俱存，氏孝養備至。遺一女，氏撫之有稱，稱賢女焉。守節數十年，無疾而終。同治五年題准。

母氏，李根泰之妻。夫亡，氏年二十歲，孝養翁姑。撫育子女，治理家務，井井有條。守節二十六年，始終如一。同治六年題准。

白氏，州同杜荷恩之妻。夫故，氏年二十三歲，孝養孀姑，教調幼子，孝慈兼至，勤儉治家，守節四十餘年。同治六年題准。

馬氏，處士趙棫之妻，年二十九歲。夫故時，翁年逾七旬，三子皆幼。氏仰事俯畜，冰霜自矢，守節四十五年，現年八十歲。光緒八年奉准。

蔡氏，處士韓廷秀之妻，一十七歲于歸。勤儉持家，孝事舅姑。夫死，即日自縊。時年二十歲。學憲予匾："貞心烈行"。光緒八年奉准。

劉氏，處士宋運雲之妻，年一十九歲。夫故，氏矢志靡他，有勸以改適者，厲言拒之。後撫夫棺大痛，投環而死。同治六年奉准。

田氏，文童周邦彥之妻，一十七歲于歸。甫及五載，其夫病亡，氏晝夜號哭，淚盡血出，服藥而死。三奇村立有節烈碑記。同治十二年題准。

馬氏，處士劉裔仁之妻。夫故，氏年三十歲。葬埋翁姑，殯厝兄嫂。守節立志，孀居三十年，族黨稱賢。光緒八年題准。

韓氏，鄉氏陳萬海之妻。于歸，氏年一十六歲。夫故，氏年二十七歲。家極貧，撫育二子成人。守節三十年，鄉黨皆稱賢淑。光緒八年奉准。

趙氏，生員李賡颺之妻。于歸，氏年一十六歲。夫故，氏年二十九歲。孝事翁姑，撫育二子成立。守節三十年，賢淑可嘉，鄉黨稱之。光緒八年奉准。

鞏氏，丁毓楨之妻。道光十三年于歸，氏年一十七歲。夫故，氏年二十三歲。勤儉持家，守節四十一年矣。光緒八年奉准。

畢氏，王邦錦之妻。于歸，氏年一十五歲。夫故，氏年二十三歲。夙夜勤勞，終無間意，守節已三十餘年矣，鄉黨皆稱賢孝。光緒八［年］奉准[4]。

劉氏，處士杜金桂之妻。于歸，氏年一十六歲。夫故，氏年二十九歲，貧窮孤苦，矢志靡他，守節已三十年矣。光緒八［年］奉准[5]。

李氏，處士宋延敬之妻。于歸，氏年一十六歲。夫故，氏年三十歲，姑老子幼，貧窶難堪。氏日事女紅，仰事俯畜，備歷艱苦，矢志不移，守節三十三年，閭里矜式。同治六年題准。

鞏氏，處士裴靄元之妻。于歸，氏年一十三歲。夫故，氏年二十一歲，僅遺一子裴謙，氏冰霜自矢，善事舅姑，訓子入庠。守節五十年，鄉黨奉爲典型。同治六年題准。

王氏，處士杜召棠之妾。于歸，氏年一十七歲。夫故，氏年二十三歲，僅遺一子杜雲霄。栢舟自誓，奉養舅姑，訓子成人，守節三十六歲，始終不渝。同治六年題准。

李氏，處士張鐸之繼妻。于歸，氏年一十六歲。夫故，氏年二十二歲，前妻遺子張思裕方九歲，己子張思敬方五歲，氏視如己生，盡心撫養二子入庠，克振家聲。守節四十九年，無疾而終。同治五年題准。

鞏氏，三奇村董三綱妻，一十七歲，字董事姑孝。二十九歲，夫故，矢志靡他，備嘗艱苦，撫子成立，送親歸窆，現年七十餘歲。

曹氏，小南會村白從榮之妻。一十五歲于歸，二十七歲孀居。子在襁褓，矢志苦守，葬夫歸穸，教子遊庠，守節三十年而終。

李氏，三奇村張三陽之妻。夫故，氏年二十七。有二女，俱幼，氏苦志守節，撫女擇配，至今守節三十餘年。

劉氏，三奇村鞏萬祿之妻。夫故，時氏年二十三歲。持家勤儉，撫子成立。迄今守節三十餘年。

李氏，下石勒村杜玉榮妻，二十八歲，夫故，無子。適有媒勸氏改嫁，氏竣拒之。後媒以重價誘氏，翁計以夤夜強娶。轎已到門，氏偵知之，托言往鄰家索錢，乘隙自縊死，遂成訟。邑令雷獎以匾曰："從一而終"。

宋氏，小廟村文童李宗白妻。白故，氏年二十三歲。無出子，然一身立志守義，撫姪如己出，守節三十七年而卒。

鞏氏，南李陽村宋延齡妻。二十八歲，夫故，事姑訓子，終身茹苦，守節五十年而終。

張氏，紫羅村李鼎封妻。夫故，時年二十八歲。勤儉成家，守節三十七年而卒。

白氏，九京村張書仁妻，年二十五歲，夫病瘵，與夫誓言不改適。夫卒，氏堅守前约，撫子婚配，女出聘。現年五十餘歲，計守節三十年。

杜氏，三泉村左起生妻。夫故，時年二十歲，遺幼孤。氏守節撫孤，守節五十年而終。

陳氏，裴□妻。夫故，時氏年二十八歲。生二子，俱幼。有親族威逼改嫁，氏再三拒絕，以死自誓，親族不能奪。守節四十三年而卒，現曾孫名繡。

劉氏，鄭立之妻。年二十九歲，夫故，安貧茹苦，撫幼子成立，節操凜凛，現年八十餘歲。

陳氏，白□妻。年二十七歲，夫故。勤儉持家，撫幼子成立，守節五十二年而卒。白富保，其孫也。

李氏，泊里村杜召茭之妻。夫故，氏年三十二歲。遺一子一女，俱幼，翁姑老病，氏仰事俯畜，矢節終身，現年六十餘歲。

張氏，南李陽宋晙妻。年二十五歲，夫故。氏矢志守節，敬事舅姑，撫育子女，待其成人，壽八十三歲卒。

畢氏，南李陽宋延壽妻。年二十四歲，夫故。一心守節，事姑訓子，始終無二，現年七十餘歲。

王氏，平村劉更成之妻。于歸，氏年一十七歲。夫故，氏年三十歲，姑年七旬，氏事之極孝。遺孤三，教養成人，家業漸裕，現年五十餘歲。

宋氏，東瑙邨蔡輔周之妻。于歸，氏年一十八歲。夫故，氏年二十七歲。子二，氏守志教養，勤自甘，現年五十餘歲。

趙氏，武生李魁園妻，遼州真陽公棏孫女也，性安嫻。二十二歲，適魁園，越二載，魁園物故。氏蓬首垢面，哀毀號泣，勺水不入口。親鄰苦勸，數日後復閉口，絕食而亡。青年烈風，志之以俟褒揚。

流寓

石勒本羯奴，少游洛陽，倚上東門長嘯。王衍驚，云此雛有異志。勒遂遁去，來寓於和之北鄉，以農為業，史稱“勒耕於野”。耳中時聞戰鼓聲，蓋在此中乎。勒與李陽住處隔五里，因漚麻爭池相格鬪，二人勇力蓋不相下也。及勒據鄴，踐後趙大天王位，遣使召陽入，咸為陽危之。陽至，勒引陽臂云：“昔者孤厭卿之老拳，卿亦飽孤毒手。”授陽為將軍，人咸服其量焉。至今以石勒、李陽名其村。勒嘗有言曰：“大丈夫當磊磊落落，絕不肖曹孟德、司馬仲達，欺人孤兒寡婦也。”於戲，勒亦人傑也哉。

樂毅，靈壽縣人。燕昭王金臺市駿，毅應聘，將兵東伐，下齊七十餘城。後以燕王聽齊人之閒，別用劫騎代毅。毅懼禍之將及也，來隱於和之西鄉，其地逶迪幽窅，去縣六十里，遂家焉。至今村名樂毅里，舊志云邑之姓藥者皆其後云。

孔傳經緯，奉祀生，聖裔六十八代孫。自六十二代孔真銀移居和順土地平。附紀於此，亦不沒聖裔所在之義也。

仙釋

麻衣和尚，姓氏不傳，惟以好着麻衣，即以之為名焉。考寺碑云：“此寺爲麻衣上人修，住於此。貞珉尚存，且是上人。昔在華山，相錢若水，人咸奇異之，因有《麻衣相法》流傳於今。”然則麻衣爲高人，此刹即爲勝地也夫。蓋聞豪傑挺起，生死不必一其地，顯晦不必一其行。故或甽畝而廊廟之，或山林而隱逸之。要其發跡之奇，安貞之吉，有皭乎其不滓者。他若托身方外，寄跡緇流，飄飄然有仙凡之別，亦令人流連低徊云。

【校勘記】

［1］宏）［弘］治辛酉舉人按，明孝宗年號為“弘治”，此處“宏治”當為避乾隆皇帝名諱而改，今正之。

［2］美（每）［其］名曰：“畜龍飲虎。”據上下文意，此處“每”應為“其”，今改之。

［3］崇（正）［禎］元年按，明思宗年號為“崇禎”，此處“崇正”當為避諱雍正皇帝名“胤禎”而改，今正之。

［4］光緒八［年］奉准據上下文意，此處當脫“年”字，今補之。

［5］同上。

重修和順縣志卷之八

典禮志

《周禮》大宗佰掌邦禮，以佐王建保邦國。建者，立其基。保者，固其脉。國於天地，必有與立，禮是也。事必有禮，而後陰陽和，風雨時，萬民效順，建邦基而安保之裕如也。

國家典章大備，禮教昌明。原於天理之節文，著為人事之儀則，大而等威必辨，小亦度數綦詳。和雖山僻微區，而幽明感格，豈能外秩序之常經。進退周旋，奚徒拘儀文之末節。詳求典則，備載禮文，於以見教親教讓，不遺於僻壤窮鄉也。志典禮。

慶賀

萬壽、聖旦及元旦長至節昧爽，知縣率僚屬，具朝服，詣行宫，序立丹墀下，排班，班齊北向，龍牌前行，三跪九叩首。禮畢，文武分東西班坐朝，畢，鄉宦、紳、耆以叩，祝作樂演劇。

開讀

詔旨至，知縣率僚屬穿朝服，具龍亭、儀仗、鼓樂，出南關外跪接，導引至縣署大堂，設香案，行三跪九叩首禮，詣受詔位，跪聽開讀，復行三跪九叩首禮。捧詔書至内署，設香案珍藏。

涖任

新官到城外拜門，行一跪三叩首禮，入城到公館，擇吉，穿公服，詣本署祭門，換朝服拜印，行三跪九叩首禮，畢，望闕謝恩，禮如初。易服升堂受謁，畢，退與僚屬相見。次日，行香，講書閱城。

祭祀

文廟，每春秋仲月上丁先一日，知縣公服至先師孔子神位前，行上香禮，三跪九叩首。詣宰牲所一揖，宰牲领牲畢，一揖復位，行三跪九叩首禮。回署，祭日子夜先祭崇聖祠，行二跪六叩首禮，昧爽，鼓初嚴，徧然，庭燎，鼓再嚴，執事者各序立，鼓三嚴，引贊引各官至戟門下立。通贊、贊司事者，各司其事，糾儀生就位，樂舞生就位，陪祭官各就位，承祭官就位，引贊引承祭官，詣盥洗所。司事者，酌水盥洗，進巾，復位，瘞毛血，迎神堂下，樂作舞興，奏咸平之章，奏畢，行三跪九叩首禮，樂奏寧平之章，奏畢，贊行初獻禮，引贊引承祭官詣酒尊所，司尊者舉羃酌酒，詣先師孔子神位前跪獻帛，初獻爵，叩首。興，詣復聖顏子神位前跪獻帛，初獻爵，叩首。詣宗聖曾子神位前跪獻帛，初獻爵，叩首。興，詣述聖子思子神位前跪獻帛，初獻爵，叩首。興，詣亞聖孟子神位前跪獻帛，初獻爵，叩首。興，詣讀祝位跪，衆官皆跪，讀祝文。讀畢，叩首，興，復位，行亞獻禮，樂奏安平之章，奏畢，引贊引承祭官詣神位前，儀如初獻。引贊各引分獻官詣十二哲位前跪，奠帛獻爵。又詣兩廡先賢、先儒位前，跪奠帛獻爵。畢，各復位，行終獻禮，樂奏景平之章。奏畢，引贊引承祭官詣神位前，儀如亞獻，復位，引贊引承祭官詣飲福受胙位，跪福酒，受福胙，叩首，興，復位，徹饌送神，樂奏咸平之章，奏畢，行三跪九叩首禮，畢，司帛者捧帛，司爵者捧爵，讀祝者捧祝，各詣燎所，望燎，禮成而退樂章、祝文俱載祠祀部。

關聖帝君廟，祭祀儀注與文廟同。樂部章、祝文俱載祠祀部。

文昌帝君廟，祭祀儀注與文廟同。樂部章、祝文俱載祠祀部。

社稷壇，每歲春秋仲月上戊日，質明，知縣率僚屬，具朝服，集壇。通贊、贊司事者各司其事，主祭官就位，陪祭官各就位，引贊引承祭官詣盥洗所，司事者酌水盥洗，淨巾復位，瘞毛血，迎神，行三跪九叩首禮，贊奠帛，行初獻禮，詣社神神位前跪獻帛，初獻爵，叩首。興，詣稷神神位前跪獻帛，初獻爵，叩首，興，復位。贊讀祝文，引贊引承祭官詣讀祝位，跪，衆官皆跪，讀祝文。讀畢，叩首，興，復位。贊行亞獻禮，儀如初獻。復位，贊行終獻禮，儀如亞獻禮。復位，贊飲福受胙，引贊引承祭官詣飲福受胙位，跪，飲福酒，受福胙，叩首，興，復位。贊徹饌送神，行三跪九叩首禮，畢，司帛者捧帛，司爵者捧爵，讀祝者捧祝，恭送瘞所，望瘞，禮成而退。

神祇壇、先農壇雩祭，儀注與社稷壇同祝文詳祠祀部。

邑厲壇，每歲清明、七月望、十月朔致祭。先期，知縣詣城隍廟座前。行二跪六叩首禮，畢，焚牒至期，迎城隍神於壇南面，左右設境内無祀鬼神位，通贊贊迎神，行二跪六叩首禮。畢，贊獻爵，承祭官詣神位前跪，初獻爵，亞獻爵，三獻爵，叩首，興，復位。贊讀祝，詣讀祝位，跪讀祝文，興，復位。贊送神，行二跪六叩首禮，僧會司、陰陽學諷誦經卷，畢，奉城隍神還廟，典史安神。

呂祖廟，每歲四月十四日致祭，祭品用蔬菓，知縣具蟒袍補掛，行二跪六叩首禮。

八蜡廟，每歲五月十八日致祭，届期知縣具蟒袍補掛，詣廟，拈香，行二跪六叩首禮。

梁餘祠，每歲五月初一日致祭，行一跪三叩首禮。

迎春

每歲立春前一日，知縣具朝服，率僚屬迎春於東郊，詣芒神前，行三跪九叩首禮，畢，同各官行春酒，演劇。舁芒神、土牛，鼓樂前導至公署。奉芒神於儀門東，土牛在西，衆官詣芒神前揖。立春日按立春時刻鞭春。知縣具朝服，率僚屬，詣芒神前，行三跪九叩首禮。詣春牛，所擊鼓者三，執綵鞭擊土牛三匝，禮畢。

救護

日食，知縣豫移行僚屬。至期，僚屬畢集，設香案於縣署堂階下。金鼓列儀門，樂列堂下。屆時陰陽官報，日初虧，文武官俱索服，向日，行三跪九叩首禮，執事奉鼓稟擊鼓，知縣擊鼓三聲，金鼓齊鳴。陰陽官報食甚，行禮如初。陰陽官報復圓，堂下樂作，易朝服，行三跪九叩首禮。月食同。

講約

每月朔、望，知縣率僚屬、約正、集紳、耆人等詣講約所，正北設龍牌，行三跪九叩首禮，宣講聖諭廣訓一条。又於各約中，選素行誠謹、通曉文義之人爲約正，值月赴各約，遍講一週。

送學

歲科試，取進文、武生，揭曉歸，知縣會同儒學，諏吉送學，至期，諸生齊集縣署，序班立於堂階，候知縣升堂點名，魚貫而入。知縣簪花酌酒，諸生捧爵，南向酹地揖。知縣升堂，諸生向上，行四拜禮。知縣拱答，受二拜，免二拜。諸生出儀門，鼓樂前導，知縣隨後，送入黌宮，率諸生謁至聖先師，行三跪九叩首禮。畢，率諸生詣明倫堂，行送學禮。教官在東，知縣在西，再拜，教官轉西，知縣轉東，再拜。知縣命諸生謁教官，行四拜禮，諸生謝知縣，行四拜禮，俱受二拜，免二拜，以次拜捕廳齋長。諸生分東西序立，拜同年，俱行再拜禮。畢，以次排坐，賜茶，樂作。知縣起身，向教官揖別，諸生候送庠門外，揖，復反向教官，肅揖而退。

賓興

每科鄉試前，擇吉，延科舉生員贡監，設宴縣堂。架登瀛橋，結綵棚，插桂枝。諸生公服至，知縣率僚屬迎于堂簷下，行禮畢，就席。知縣主席，僚屬席東向，諸生席西向。酒三行，樂作。諸生起，揖，辭行。過登瀛橋，折桂花枝，從儀門出。鼓樂前導，知縣率僚屬送南門外，揖。武場亦如之。

鄉飲酒

每歲正月十五日、十月初一日舉行，知縣爲主人。先期具書速賓，凡致仕官、舉貢生監及民有齒德儒行者，咸得與。至日，主人及僚屬先詣明倫堂。賓至，主人率僚屬迎於庠門外，賓人介衆從入，主由東，賓由西，三揖。至階，三讓。升堂，行再拜，禮畢，請賓即席。乃延介衆賓，皆即席。監禮席於庭東，北向。賓席於堂西北，南向。主人席於堂東，西向。介席於西南，東向。衆賓之長，三人席於賓席西南向，東上，皆專席，不屬衆。賓席於西序，東向，僚佐席於東序，西向。教官一人爲司正，席於主人之東北向，律令案設於主介間正中。九十者，六豆。八十者，五豆。七十者，四豆。六十者，坐。五十者，立。司正揚觶致辭曰："恭惟朝廷，率由舊章，敦崇禮教，舉行鄉飲。凡我長幼，各相勸勉。爲臣盡忠，為子盡孝，長幼有序，兄友弟恭，内睦宗族，外和鄉黨。毋或廢墜，以忝所生"。讀畢，司正舉觶，飲畢，揖。賓介以下，皆揖。司正復位，引贊引讀律令者，諸案前北向立。賓介以下皆跪听讀律令。讀畢，興，復位，獻爵。賓主北向立，執事者酌酒授主人。主人執爵，置賓席前，再拜，賓答拜，主人復位。賓酢酒，執事者酌酒授賓，賓執爵置主席前，再拜。主人答拜，賓復位，主人獻介，介酢主人如前儀。執事於衆賓席，以次酌酒，訖，樂作工升歌《鹿鳴》。卒，歌《南陔》，間歌《魚麗》，乃合樂歌《關雎》，工告樂備，排班望闕謝恩，行三跪九叩首禮。畢，賓在西階，主人在東階，再拜。主人率僚屬送賓介於庠門外，禮成。

重修和順縣志卷之九

風俗志

《禮》曰："一道德以同俗。"又曰："外和而内順，此之謂盛德。"古人之名斯邑者，其有見於此地之人情與。考之《通志》，云："民儉嗇樸實。"蓋由唐虞都會，遺風尚存。且是邑處山谷之中，水不載舟，陸難行車。商賈鮮通，止事耕鑿。又氣候先寒，臨秋而霜，入冬而雪，疲瘠之苦，爲三晉最。然漳水環流，太行挺峙，人才爲山川之鐘靈者，往往間出，載在往册可考而知也。至若節序以覘習尚，祥異以示警戒，此又觀風問俗者，所宜加之意焉。志風俗。

和順，属晉，古唐堯舊封，其民儉嗇風猶近古焉。士人耕讀相半，安分自守，寧拘鮮通，無武斷之習，有古處之風。民人居萬山中，商賈不通，逐末者十之一二，耕鑿者十之八九。糠薤自安，有餘之家亦不離。是間有游手游食者，人咸訾詈焉。《通志》云："風淳俗厚"。和順之名良不誣也。

禮儀

冠，嘉禮之重者。《家禮》云："男子十五至二十，皆可冠。"擇日，告祖，戒賓，三加彌尊。已冠而字，成人之道也。今廢。

婚禮有六，曰："納采，問名，卜吉，請期，納幣，親迎。"今和邑未能備禮，兩姓結親，止憑媒妁之一揖間，致有彼此搆訟公門者。兹黃公定庚帖爲式。男家用紅柬，女家用緑柬，兩家互送爲執，亦古人慎重婚姻遺意。

喪禮，三日小殮，四日成服，附身附棺隨貧富爲豐儉，哭奠無時，葬後安魄地下，迎精返室。虞畢，祀諸寢。

祭禮，用木龕棲主，凡朔、望、令節及生忌辰，有家廟者，祭於廟。無者，薦諸寢。清明、七月望日、十月朔日，皆掃墓致祭。

節序

正月朔日，雞鳴起，咸盥潄。爆竹燔火，設香燭，供饌祭神。祀先家，衆跪拜，尊長稱觴。上壽，親友彼此往來，拜賀。

初五日，各家掃塵土於五更，爆竹送門外，俗云“送窮土”。

初七日，名“人七日”，各家上墳，拜掃。

初十日，名“寔子日”，蒸麪象禾穗以供。

十五日，上元節。里巷立社，蒸層糕，插連藁穀供神。逐門張燈火三夜，以祈豐年。

十六日，男女結伴遊行，俗名“走百病”。

二十五日，祀倉神，各家蒸穀麪團填倉。

二月一日，以灰遶宅圍房。

二日，張燈照龍角。

三日，各社祀文昌帝君。

十九日，祀觀音大士。

三月清明節，各家上墳封土，挂錢紙，具香楮、醴饌，祀祖。

旬五日，祀子孫聖母，設供，演戲。

二十七日，祀顯澤侯。

二十八日，祀東嶽天齊大帝。

四月四日，祭合山懿濟聖母。

初十日，祀馬王，演戲。

十八日，祀泰山聖母，演劇，恭祝。

二十五日，祀八蜡神。

五月五日，裹角黍，插艾葉，繫色線，飲菖蒲酒，佩雄黄、蒼术袋，以避毒螫。

十三日，祀關聖大帝，设供，演劇。

六月十三日，於雲龍山祀大龍神，演戲。

十九日，祀觀音大士。

七月二日，祀后土聖母。

七夕，處女用瓦器生五穀芽，供牛女乞巧。

十五日，農人剪五色紙，挂地禳蟲，家供麻穀，拜墓，祭祖。

八月白露節，祀火德大帝，演劇，集會，祈禱神庥。

十二日，設供，演劇，祀城隍尊神。

十五日，中秋節，備瓜餅、酒醪，賞月。

九月九日，重陽節，拜賀登高。是月，各社擇吉演戲，報土功。

十月一日，備香楮，供饌墓焚，送寒衣。

十一月冬至節，拜賀新冬。

十二月八日，各家啜臘粥。

二十三日晚，備香燈、飴糖，祀竈。翌日，掃舍宇。

立春前期，縣主率属各行，結綵扮演，迎芒神土牛於東郊。立春日，祀芒神，鞭土牛以送寒氣。

除日，易桃符，更門神，以助春光，爆竹除舊臈。是日，多嫁娶，以爲百神無忌。

按《國風》十五，聖人獨許唐、魏爲勤儉，迄今讀其詩，曰："職思其居，好樂無荒。"又曰："糾糾葛屨，可以履霜。"是質樸儉嗇，其性然也。今地猶是陶唐古地，民猶是陶唐遺民。苟爲之上者，時加以節性防淫之政，安見獨異於古所云耶。

祥異

晉：太康二年五月庚寅，雨雹傷禾。

永寧元年，自夏至秋，旱。

宋：太平興國七年八月，田禾隔二壠至五壠合穗十有三本，或二十一莖合爲一。

明：正統六年，大饑。

嘉靖三十一年，産白兔於窑村，溫紀獲之，進上。奉旨云："誠敬可嘉，賞二表裏，銀二十兩。"

隆慶三年七月，大雨七晝夜，漂衝禾稼，存無一二。

神宗八年四月，雨雹，傷稼。

十一年，旱甚。人食樹葉，蒙賑濟銀一千五百兩，至秋稍熟。

十二年，有年。

懷宗六年六月十三日，流寇陷城，傷人百數十，上賑濟銀二千兩。

國朝：順治七年，蝗。

順治九年六月，龍見於扒頭村，拔樹數十株。

十一年六月，淫雨，漂没民田。

康熙五年七月，西門街居民鞏宏泰、妻宋氏一産三男。

十三年甲寅正月至六月四日，始雨，無豆麥，秋禾大熟。

三十四年，霪雨連月。七月二十三日，嚴霜殺稼。

三十五年八月一日，嚴霜殺稼，大饑。

三十六年，饑。

四十二年，蝗。

四十四年，龍挂東北。

五十八年，大有年。

六十年，地震有聲。

雍正元年，大有年。

三年，有年。

七年，石盆煙雨魚，落地即腐。

八年，地震。

十三年，有年。

乾隆九年八月十九日，霜災。

十一年，有年。

十六年，有年。

二十一年七月，陰雨二十八日，隕霜殺稼。（隕霜殺）[1]。

二十三年七月二十八日，大風三日，百禾偃扑，傷穗。

二十四年秋，霪雨，蝗蝻。

二十五年，大疫大饑，斗米錢五百，東鄉民死亡過千。

二十八年五月二日，隕霜傷苗。六月始雨至，秋大熟。

三十三年秋八月，桃李華。

嘉慶元年夏，雨。大風拔禾，有堰於隴背，秋皆結實。是歲，大有年。

道光十五年，霪雨傷禾，方秋即凍。是歲，大饑。斗米價值壹千叁佰餘，燕麥價至柒百餘。

道光十七年，有年。

咸豐三年，官兵過境七千餘，搶掠貨物牲畜，城鄉男女皆逃匿山中。時魯汀劉公署理縣事，躬親彈厭，有肆虐者，即加之以罰，人民由此獲安。官兵畏劉公之剛直，羣稱爲生鐵子。

咸豐七年八月初，飛蝗入境，禱於八蜡廟，乃止。

同治六年正月至五月，不雨。六月初三日，微雨，農人幸沾溥潤，種晚禾。後三日，甘霖大沛，苗興勃勃然。是歲，大熟。

七年四月十三日，烈風驟起，自乾方來，吹折雲龍山松樹八百餘株，甚至有連根拔者。南城樓屋脊俱傾，居民房屋損壞尤多，東南關更甚。

光緒三年，自春至夏不雨。六月，微雨。七月初七日，復下冰雹。二十三日，嚴霜殺稼。八月，牛大疫，秋未獲。十一月，知縣夏公京珊奉撫臺曾諭，開倉放賑。

四年春，斗米價昂至貳千零，雜粟價皆壹千餘。流離失散，死亡相籍，倉儲亦空。邑令夏肇庸禀請，賑米五百石，署任陳承嫣又請米三百石，在城隍廟督同紳士散賑。秋獲，民心稍安。

五年春，粮價雖稍減，飢民尚苦艱食。署任陳守中復請，賑米七百五十石，以續賑。請發耕牛四十九頭，給無力貧民，以資開墾。

六年六月十八、九等日，西、南、北各鄉柳林、團壁等二十七村，先後被雹，計平坡地四萬三千三百九十七畝，禾稼被傷。知縣魯燮光逐畝履勘，據情申請，給發補種籽粒、銀兩。蒙本州憲陳轉奉撫憲葆、藩憲松批准，撥動前儲州庫穀，價銀六百一十五兩零七分四釐七毫七丝五忽，均匀散給被雹農民，造册詳報在案。秋後，晚禾成熟，民皆忘災。

昔孔子作《春秋》，紀災不紀祥，示戒也。漢董仲舒治《公羊春秋》，始推陰陽，爲儒者宗。劉向治《穀梁春秋》，數其禍福，傳以《洪範》，歷代諸史因之作《五行志》，以祈災祥之變。誠以天時人事隨世徵應，休咎自見，神則靈妙不測，天則顯道厥彰，均平影響，殊致同歸。呂伯恭有言曰："和氣致祥，乖氣致異。二氣之相應，猶桴鼓也。"覽斯篇者，庶幾常申德義，以消災咎焉，則又非一人之幸也。

【校勘記】

［1］（隕霜殺）按此處三字疑為衍文，當删。

重修和順縣志卷之十

藝文志

昔韓子《答李翊書》，論文云："仁義之人，其言藹如。"若《左氏》，若《檀弓》，所記尚矣。他如呂涇野、喬白巖、王虎谷諸先生，以及邑中文人學士，或景仰先型多所紀載，或怡情山水形諸咏歌，以之黼黻皇猷，鼓吹休明，亦若景星卿云，允堪絢爛，於古今霄壤間也。志藝文。

各體文

梁餘子養御　左邱明

晉獻公使太子申生伐東山皋落氏。里克諫曰："夫［大］子奉冢，祀社稷之粢盛[1]，以朝夕視君膳者也，故曰'冢子'。君行則守，有守則從。從曰撫軍，守曰監國，古之制也。夫帥師，專行謀，誓軍旅，君與國政之所圖也，非太子之事也。師在制命而已，禀命則不威，專命則不孝，故君之嗣適，不可以帥師。君失其官，帥師不威，將焉用之？且臣聞皋落氏將戰。君其舍之？"公曰："寡人有子，未知其誰立焉。"不對而退。見太子。太子曰："吾其廢乎？"對曰："告之以臨民，教之以軍旅，不供是懼，何故廢乎。且子懼不孝，無懼弗得立，修己而不責人，則免於難。"太子帥師，公衣之偏衣，佩之金玦。狐突御戎，先友為（有）［右］[2]，梁餘子養御罕夷，先丹木為右，羊舌大夫為御。先友曰："衣身之偏，握兵之要，在此行也，子其勉之！偏躬無慝，兵要遠災，又何患焉？"狐突嘆曰："時，事之徵也；衣，身之章也；佩，衷之旗也。故敬其事，則命以始；服其身，則衣之純；用其衷，則佩之度。今命以時卒，閟其事也；衣之尨服，遠其躬也；佩以金玦，棄其衷也。服以遠之，時以閟之。尨，涼；冬，殺；金，寒；玦，離；胡可恃也？雖欲勉之，狄可盡乎？”梁餘子養曰：“帥師者，受命於廟，受脤於社，有常服矣。不獲而尨，命可知也。死而不孝，不如逃之。”罕夷曰：“尨奇無常，金玦不復，雖復何為？君有心矣。”先丹木曰：“是服也，狂夫阻之。曰盡敵而反，敵可盡乎？雖盡敵，猶有内讒，［不如违之］[3]。”狐突欲行。羊舌大夫曰：“不可。違命不孝，棄事不忠。雖知其寒，惡不可取，子其死之！”太子將戰，狐突諫曰：“不可。昔辛伯諗周桓公云，内寵並后，外寵二政，嬖子配適，大都耦國，亂之本也。周公弗從，故及於難。今亂已成矣，立可必乎？孝而安民，子其圖之！與其危身以速罪也。”

趙文子與叔譽觀乎九原　檀弓

趙文子與叔譽觀乎九原。文子曰：“死者如可作也，吾誰與歸？”叔譽曰：“其陽處父乎？”文子曰：“行並植于晉國，不沒其身，其智不足稱也”。“其舅犯乎？”文子曰：“見利不顧其君，其仁不足稱也。我則隨武子乎。利其君，不忘其身；謀其身，不遺其友。”晉人謂文子知人。文子其中退然如不勝衣，其言吶吶然如不出諸其口。所舉於晉國，管庫之士七十有餘家，生不交利，死不屬其子焉。

縣治西北有九京山即其地也。按晉都絳，距和順千有餘里，文子執政，大臣日有萬機。即或乘輿登臨，惟是附郭山水，聊以游目騁懷耳。豈能違棄君親，跋涉夫重山疊水，越千里而遠遊。且玩二人問答之語，是殆觸目感懷，用作月旦之評，必非憑空結撰也。今登九京而訪古塚遺跡，渺不可尋。雖相傳有某某之墓，究非確有可據，恐未免輾轉相訛耳。又聞絳州城外有山，疊然高起者九，晉卿大夫多葬其麓，故名九原。其山為絳州附郭勝地，文子、叔譽時或遊歷其間，亦固其所，若以和之九京當之，既無可據之跡，更無可信之理。古今之異地同名者，奚止一山，必欲援彼就此，似有張冠李戴之嫌。惟舊志相沿已久，續修者更閲幾家，當非概無定見，姑仍其舊，俟就正於博物君子焉。

重修府君廟碑 元 失名

蓋聞惟聖神者，乃天地之功用，造化之迹也。大而化之之謂聖，聖而不可知之之謂神，過化存神之妙，未易窺測也。語云："祭如在祭，神如神在。"又曰："敬鬼神而遠之，可謂知矣。"此之謂也。夫府君神者，系出祈郡，籍貫樂平，博識古今，兼知鬼神情狀，嘉譽升聞於朝右，德義推重於鄉閭。昔唐貞觀間，徵召天下才智賢能之士，應聘而起，釋褐登朝，恩臨敕賜，取應三仕為縣尹。克修厥職，廉能有智，正直無私，刑罰省而稅斂薄，井地均而穀祿平直，得為政之本也。晝抅陽世，夜理陰司，内外多事，千緒萬端，罔有遺誤，萬無失一也。時值李唐初興，異政升聞，累加謚號，曰護國顯應侯，曰威應公，曰西齊王。自嘉祐年間，創建靈祠於溫溪之左，佛崀之陽，名曰"溫源勝境"。峯巒掩映，嶡岳崢嶸。資嵐光之景媚，取山秀而水明，倚仙神之崇麗，鎮遠郡之鄉民，為諸神之宰府，作千古之英靈。致廟享而不絕，重祈禱而必誠。奈歲月之悠悠，致廟貌以頹傾。丹青剝落，金碧凋零，於是從新整理，莫敢遑遲。同約感而相謂曰："上有經營且就，下無飾塑之功，遂慨然有意於神，同發虔誠，廣生懇志，敬設酒餚之具，會集鄉里耆老人等，願樂輸者有之矣。"因玆程功，命匠以漗熅煖之財，置位粧餚，用選高強之輩，整從前之廟貌，摹物外之儀刑。繪質雖完，金粧未就，還酬百色之功能，庶見一堂之新美，牌額崢嶸，致英靈之顯應，棟樑危峻，藉施主之良名。興殘起廢，乃者之所為革故更新，實君子之所倡。深仁厚力，伏借衆善之資；道泰聲揚，終結良緣之慶。每遇歲時朔望，禦災捍患，悉歸統理，誠禱必應。願金粧之神明，俯垂慈憫，預降禎祥，保佑永年之綏福增餘，五穀而登豐。沔等三人周揖而來謁於予，予辭不獲已，故爲之俚语，置立石之銘焉，庶報神之德於無既矣。敬祝當今聖主，登庸萬載，臣宰千秋，百靈咸助，四海康甯，周霑福利者矣。元至正元年歲次辛巳甲子月丁未朔。

重修府君廟碑 元 王仲安 甘泉逸士

《傳》曰："鬼神之為德，其盛矣乎。視之而弗見，聽之而弗聞，體物而不可遺。使天下之人，齊明盛服，以承祭祀。敢不敬乎？"《詩》曰："神之格思，不可度思，矧可斁思。"此之謂也。夫府君神者，樂平之崔鳳嶺人也。姓崔氏名珏，一名元靖，其父夢神賜玉而生，生而聰敏，長而好學，純良德義，鄉里推重。唐貞觀間，進士取應，凡仕為令尹者三：始任長子，次滏陽，次衛縣。其守職也，廉介無私，治端有異，省刑罰，民無怨讟以虐政；均賦役，吏無夤緣以巧法。福善禍淫，弭災息盜，至於除物害、告水災、絕飛蝗、遠強暴，凡如是者，皆出於公之至誠，非高明識遠者不能也。公生而為賢，沒而為神者此也。吁今之從政者，能如事乎。又況唐、宋以還，累加敕號以尊之，復嚴祠宇以崇之，不亦可乎。考於《祭法》，宜在祀典。和順縣溫源里，古有府君廟像，於溫泉之陽。諺曰："水旱愆期禱於斯，寒暑乖候禱於斯，（崇）［祟］殃厲疾禱於斯。"[4]咸若有合焉。歷年多椽楝朽墜，簷瓦崩摧，風雨相仍，幾毀神位。然有歲時香火，孰能盡如在之誠。至元三年丁丑里人趙、李者惻然有起敬之心，於是共備酒餚，會集鄉閭耆德，恢度舊制，協力重修，未獲完功。歲值大疫，嗚呼，趙、李二妙亦以疾故，疫氣方熾，加以年饑，目覩善緣，中道而廢。瓴瓦琉璃材植之用，狼藉滿前。疫氣方歇，倅吏趙適丁憂之際焉。李聚姪，諱慶者，握手而相謂曰："神之靈不可誣，父之志不可違，廟緣之願可復繼乎？"慶曰："諾。"是以再議於衆，以續前功，里中長幼，無不從服。願輸楮幣者有之，願輸粟布者有之，願輸工役者有之。至於髫童缺齒，踴躍執役，喜無少怠，幾及半載，功乃落成。是歲千災殄滅，百穀豐登，神意感而宣靈，人心悦而致和。噫，可謂有其誠則有其神者矣。敬為祝贊當今大元元首，聖同堯、舜、禹、湯之為君，左右股肱德邁臯陶、伊、傳之為臣者矣，及爾多方士庶，永保康寧。

重修懿濟夫人廟碑記 元 馮雯

梁餘邑之東，距城四十里，有里曰合山，里之南三百餘武。於山之陰，林木薈蔚，水泉沸涌，有古祠焉，曰懿濟夫人廟。夫人之弟曰顯澤王，並有靈應。每遇旱暵，四國禱之，則元雲觸石，霈澤周被，靡不答其所求，賴神錫福，積有年矣。予竊考之古碑，參以民傳，以為夫人蓋嫗姑氏之女也，世代未詳究其實。夫人有柔懿之德，歿而為神。暨弟侯，咸能興雲致雨，澤潤生民。按《祭法》有曰："以勞定國則祀之，能禦大災則祀之，能捍大患則祀之，有功於民則祀之。"二神蓋有功於民者也，血食於斯世，不亦宜乎？其爵秩祀號，封自宋朝，逮至金室，廟宇傾毀，兵刼火焚之餘，鄉耆之魁者，固故基，理痺宇，粗置神位扁，曰聖母，曰顯澤王。厥後有經畧使張公，始治而侈之，迄今十餘紀矣。風簷雨壁，歲久朽敗，室樑毀墜，幾為荒墟，謾無有省之者。本廟道士白道榮，自幼出家，賦性純謹，心志於道。及成童，勇於為義，其事神接人，無不推誠致敬。居十餘歲，慨然有志於斯。目相頽圮，軫念不置，於是市木僦功，累歲修理，厥有成績。始於至治二年五月，撤新拜殿。泰定四年八月，圬鏝顯侯殿壁，四圍磨甓甋，東砌花台二坐，功成，其巧曲有妙致。天歷改元，補葺東雲堂二十楹。至順元年，重建太尉堂一十二楹，繪塑神像，完舊益新，赫赫巍巍，儼然可畏。至順三年秋，恢度舊制，創蓋神門，兼營東雲堂三間而小其制。元統二年，以夫人之殿痺陋無足快目，復革故，改作反宇翬飛，四榮跂翼。至元四年，重修龍王堂一十二楹，前後新造，諰諰然歷十餘載而始克備。經營之間，厥亦勞矣。而道榮曾不以勞為少懈，可謂強毅其力，堅忍其性者矣。嗚呼，有志者事竟成，豈不信哉。落成之日，黃髮耆艾，野夫版尹，來會祠下。觀其廟舍峻整，堦序廓大，棟宇軒翔，金碧煇映，抃蹈歡躍，咸相謂曰："今神既能對於禱祝，又俾有憑託而宣烈也，微我道榮，其曷能然。"於是傾囊倒篋，以佐其費，協力率衆，以贊其功。人事既備，神用時若。予適以公事託梁餘驛，道榮持酒來謁，属予文以記歲月。予視夫官府造作，刑驅勢逼，尚有不克完者。今道榮無刑勢之驅逼，而人皆趨事赴功，樂為之助，卒底於成世，亦罕矣。以其事功周密詳備，是不可以不誌。元至元五年。

重修壽聖寺碑記 明 釋謚菴

大覺聖人，出興於世羣，如杲日麗天，奪衆景之耀，須彌橫海，落羣峰之高，不亦然乎。語其理者，以清虛為教，慈惠為本，使人化惡從善，以求造乎本體明靜之域，而不墮於人欲色相之趨。所謂見性成佛，直指人心者是也。若夫縱欲戕生、蠹人喪物者，則有天堂、地獄之戒，今世、未來之報，是亦勸善懲惡之一意也。其所以誘化兇頑以歸正覺，上以陰佑國家，緜萬年無疆之祚。下以黙相生民，享太平無窮之福，亦豈小補云乎哉？蓋往古先朝，尊崇其化，昭昭于世者，其來尚矣。若今和順縣西北隅，去城九十里，有古刹曰壽聖寺，則德宇里馬坊村之地也。考其前碑，大宋熙寧元年，勅賜重建，因兵燹之餘，殿宇崩隤，惟基址尚存焉。有石佛三尊，迄今年代逾遠，有山環水秀之奇，地靈人傑之壯，真所謂梵刹之古制也。成化丙午，蓋村鄉耆請本府千佛寺祥瑞菴了意主持，焚修薙染，有出塵志，抱道林泉，戒行彌篤，慨斯寺殿宇堂廊風雨頽壞。乃發心捐己，資募化緣，同維那郭文海，暨諸善衆，鳩工伐材，重修正殿，種種不輟。復建東西廊，威光擁護，堂次以南，殿内各塑聖像。迨正德庚午歲落成，紺園儼然宏敞也。然而重簷飛瓦，則前後乎相映，金碧丹堊，則左右乎交輝，峩峩勝概，鬱鬱叢林，實梁餘第一佛境也。若了意，逮人性，可謂用力久而成功難矣，豈止布地插草之可論焉。他日振錫兹山，開堂出世，非惟大闡宗風，抑亦宏抑祖道，尚冀晨香夕燭，朝唄朝經，祝人地久天長，祈四海民安物阜，公其勉旃，則門崇勝安和，不負有力於斯山，檀信之歸仰也。然了意恐歲久，泯其先人之功，預礱石請予文垂於後，然予非能文也，而喜其教門，故不辭。出于砟，乃復以繼銘曰："大哉佛教，與日之升。聳然古刹，大宋之興。昔遭兵燹，殿宇頹傾。元基尚在，了意重營。流傳允嗣，歷代於承。重修正殿，金碧輝烜。倚山之勢，毓地之靈。東西廊廡，三門扁成。盛光擁護，架以飛瓦。上延國祚，下佑生民。用力斯石，垂于無窮。

重修關帝廟碑記 明 杜甫才 邑人

夫關帝君，即向所祀義勇武安王也。其行誼載在史策，千古無兩，歷代靈應，廟而祀之者，寰宇皆然。吾縣南門外偏西，舊設本廟一所，背坎面離，規制頗壯，建於洪武十八年，重修於正德十三年，再修於神宗十年間，歷歷有紀。至四十四年，神佑下土，除邪福國，皇帝降敕封為三界伏魔大帝神威遠鎮天尊，夫人為九靈懿德肅皇后，文相陸秀夫為左丞，武將張世傑為右丞。子三，封平竭忠王，興封顯忠王，索封順忠王。周倉封威靈英勇公。因令海内易像崇封，以昭護國元勲。按《祭法》曰："能禦大災，能捍大患，則祀之。"其謂是乎？甫才父諱維與、程氏廷標、杜氏歷試，糾衆議捐所有，重修廟貌。正殿五楹中，端冕正笏者，神像也。傍列護衛，森森嚴整。殿外有拜亭，比舊開廣，前列東西房，均有神像。外有樂樓，大門竪以新加聖號。門之内，守舍各備，金碧輝煌，燦然奪目，足以祀關聖矣。役始於明神宗四十一年夏四月，告成於今歲之二月，安得無記。余不敏，謹記其顛末，因有僭言於後。夫帝君，自照烈至今，奚啻數百世，神功顯應，胡若是靈異也。蓋其天日人心，光明不昧，精忠大節，終始不移，考之汗簡，所記昭昭，生為聖哲，沒為神明，有由然哉，有由然哉。余以為廟既興，有履廟廷而供廟祀者，夫誰不欲薦其馨而享其祭也。不思神之忠肝義胆，佑善黜惡，有如邪佞不軌，淫縱破義，外示交情，内懷鱗甲，貌為卑謹，實悖天常，皆關聖帝君所惡也。以此事神，神烏享其祭哉。余與衆共新廟，亦願與衆共自新，或者神其格乎，敢并記之。

孫真人廟鼎建序 國朝 李順昌 邑令

真人，隋唐麟鳳也，秦耀州人，生於隋，終於唐永徽三年二月十五日。諱思邈，生而穎異，日誦萬言，不讀三代以下之書，恥作月露風雲之技。其律躬行已，規諸中正，隋之博士不仕，唐之諫議大夫不仕，考之《醫鑑》：真人生，活龍子授以異書，蓬萊謝恩之雀，漢川報德之蛇，遙遙並傳。余補博士，年餘病劇，夢真人調劑立起，即官梁餘，夢與之晉接事，雖幻而甚異。庚子六月初一日，余捐俸創建真人廟於雲龍山陽，龍王堂左，殆與太白山養真、涇陽府授方，兩有當乎。奧稽其出處大節，懿行嘉言，非止幽光已也。開皇大業，昏昏虐虐，網維澌滅，龍不隱鱗，鳳不藏羽，網羅高張，去無所之。班固之文為（梁冀）［竇憲］立燕然[5]，袁宏之文為桓溫撰九錫，奏韶濩於溷厠矣。龔君實之，高蹈尚矣。武德、貞觀，炳炳麟麟，若抒小心，餘緒焜燿，凌煙桴鼓耳。既不現宰官身，又不現文士身。或有見於秦尚功利，而流矯詐之毒，漢尚節義，而致黨人之慘乎。學未成而躁進，羽鵲之躍也。矜一長而自炫，山雞之愛也，尚有進於是焉。崔浩料成敗於千里，而昧國書之杙。京房測吉凶於未來，而昧恭顯之難，知未全也。真人良知朗鑒，有以見唐慙德之微乎。操存如青天白日，襟抱如霽月光風，應酬如行雲流水，節概如泰山喬嶽，深於大《易》又曉暢《春秋》。昔吳許與靜修有言，吳許行道也，吳許不出，吾道不大。靜修守道也，靜修不守，吾道不重。真人其守道君子哉，寓藝於醫一端博濟耳。是役也，學博白君毓秀，佐勒幕典史彭君雲鵬捐俸，督工彭鳴珂、劉芳躍，僧人性妙，同襄共志之。

準提菴碑記 國朝 周于文 邑令

佛寺始於東京白馬寺。佛之始，不知於何時。而演教東土，則自漢永平之八季昉也。儒者闢佛，謂三代以前，中國未嘗有佛，而主聖臣良，民用康乂。逮漢唐以還，主庸臣佞，奉佛漸謹，季祚漸促。細儒不晵也，同聲吠和，勦說以難夫奉佛者。嗟乎，彼謂是佛來而世衰，不知世衰而后佛來也。三代以上，君相即為帝天，如軒轅氏之鼎成，上昇六相之為蒼龍，祝融等至今赫赫無論已。夏之興也，融降於崇；商之興也，檮杌次於大邳；周之興也，鸑鷟鳴於岐山，是皆明神之志者也。當此之時，民無夭札，物無疵厲，三時不害而國以永寧。故慈悲教主，可以不來。迫周德衰，春秋化為戰國。小刑刀鋸，大刑甲兵。取天下者以干戈為正，得天下者以不慈取勝。嗟乎，楚漢之際，生民盡矣，不有佛法何以救其後，治國去之，亂國就之。醫門多疾，莊生之言固釋氏之言也。葢自有佛以來，雖世道與人心遞降，而弒君亡國之變不至如春秋之甚。且大亂大兵之餘，一躋昇平，即人皆向善，發慈憫心，不以習見慘殺為常事。則慈悲法王之教，有以扶進乎衆心故也。余代皐兹土，亢旱為災，禱於興國寺，持佛母準提真言，許降雨即建刹造像，用志不忘。於是乎，七日而雨足。有奸辨者曰："天之旱也半三晉，其後雨也亦且半三晉，豈皆因禱於佛者？"余竊謂之不知言，帝代之水，王時之旱，或且九年，或且七年。及其敷土告成，桑林應禱，人皆德之，歸功於禹湯。如曰待之九年，遲之七年，是固水將落，天將雨之時，非上聖之功也，世且以為知言乎哉。方今聖天子在上，大臣施仁，固甘露應降時也，豈霖雨獨私乎一方。辨者唯唯。爰是，不佞於文，捐俸若干，與縣尉彭雲鵬，貢生李之蔚，生員畢昌齡、杜光蘅、王世隆、周新岐，居民焦克榮、彭鳴珂等，各捐銀錢若干，共募十姓。庀材鳩工，修菴建像，而為之偈。偈曰："佛法顯慈悲，嘗以身濟物，霖雨潤蒼生，不啻彈指足。大衆但奉持，如響應聲速。刀兵不能害，水火無碍入，况於祿名壽，所求自無拂，未施先言報，凡以誘庸碌。"

建修火神廟碑記 國朝 張翼 邑令

天地之生物，陰與陽而已。陰陽之所以生物，中與和而已。故陽盛則亢，陰盛則凝，皆非至生之道。是知陰陽相濟，化道斯成，二氣調爕，太和乃見，古今不易之理也。和邑地逼太行，高而氣寒。候既遲而霜且早，歲值多雨，禾稼之難熟更甚，是以民窮而善逃，率以陰多之故耳。乙亥歲，余於六月十八日至和，而七月三十日忽降繁霜，穀黍豆蕎盡被傷隕，以形報憲。蒙委太原分府戴公，諱天佑，來勘。因言及陰陽之理，即以建火帝祠為囑。蓋多寒之區，援火以灼之。雖曰俗論，實為至理，况遼陽為祝融氏故墟。當日建祠以祭,或未必即資其陽光，然和為遼屬，何可無祀。越明年，因商之紳士而建祠焉。擇其地則北城之樓，炎至上也。臨其下，則城門之洞離中虛也，安其位即北方之坎。既濟之道，中和之極也。紳士咸曰善。余即捐俸鳩工而庀之，旬日告成。每月之朔望臨之，每歲之立夏祭之。迄今三載而歲適熟，或即其陽和之明，煦照萬彙而陰氣不能為沴歟非也。邑名和順，當日之命名有義存焉。蓋以人心即天地，人心和即天地之心亦和，人心順即天地之心亦順，和以招和，順以來順，斯萬物咸若而歲其稔也。今之建祠以祀者，亦以神道設教之意云爾，且火帝正神，非淫祀也，事神以為民，非妄舉也。後之人其勿以余，惑於陰陽之説，而為是媚神之行，斯已矣。本縣南玉里九甲民人溫體泰、溫存祿，施舍無糧平坡地七十二畝以為此祠香火之資。此地坐落縣東七十里董平溝，每年租穀三石五斗。段懷德佃種城隍廟，僧人正寅收租，以司香火，并誌之，以垂永不朽云。

重修縣治記　魯爕光

縣之有治，以治事也。治之不治事，將何治，即不得謂之治，此其義，固夫人而知之矣。和順舊制，創自何朝，檔册無稽，志又失載，殆不可考。第就所知者，一修於乾隆間朱公汝璣，再修於嘉慶間余公光超，至今又百十年。光緒二年夏，公肇庸銓受是邑，其衙署内外頹垣傾棟，幾難自存。謀之合縣，傳四十三鄉保捐派公項，計錢五千餘緡，子民樂助，不為不多。惜經理不得其人，僅建大堂五間，儀門三間，頭門三間，科房十間，門房八間，川堂一帶，西書房上下七間，二堂東西廂二間，如此而已。次年歲大祲，工未及半，蜚语上聞，旋復因事撤省。來攝事者，屢易其人，咸惴惴以夏公為戒，而縣治之不治，榛莽荒穢，糜爛滋甚。又五年於兹矣，余由平陸調補斯邑，蒿目時艱，稽查前項捐輸，皆不可問。為之議曰：荒陋官衙，非治也；科派民財，非治也。鈎稽舊項，恐多株連，亦非政體也。查有捐賑餘項現錢一千餘緡，經前令陳公守中詳定，修輯監獄、西城節孝坊、文廟、文昌廟、文峯塔，逐項工程，並無餘欵。尚未動工，因逐加樽節，可省錢二百千，其不敷者，捐廉辦理，以整一縣規模。即日通禀上憲報司。又因年向不利，姑從署東，重建内宅三楹，其敗壞者修葺七間，二堂之東舊為簽押房四間，廢為馬厩久矣。南下東廂三間全倒，厨房二間，破垣不分内外，頭門外墻垣兩旁八十餘丈，悉行堵築。其大堂下之上諭坊，勢太低陷。術者云："外強内弱，官民相輕，恐啓欺慢，挾制之漸。"重築寬聳以鎮外觀，鄭侯祠三間，寅賓館三間，四班各房十二間，一概重建，并大門外梁榆古治坊表一座。工程遂完，全署油漆，内外稱是。題西書房曰："西谿草堂"。東曰："雲龍東洞"。夫是役也，督工估價，事事躬親，始於六年十月，告成於八年五月。先後計十越月，計費六百餘緡，提公項不敷外，悉捐廉辦理，恐後人之不知所自也，因記之，以告來者。

重修城隍廟碑記 国朝 鄧憲璋 邑侯

王者列爵封土，幽明本屬無異。其列乎明者，郡則守焉，州則牧焉，縣則令焉。爵之尊卑不一，其向明以出治則一也。封乎幽者，郡則公焉，州則侯焉，縣則伯焉，爵之尊卑亦不一，其理幽之權無異也。《書》云："作善，降之百祥；作不善，降之百殃。"《易》云："積善之家必有餘慶，積不善之家必有餘殃。"故曰：吏以貞事以經人，神寧，是陰陽相為表裏，而治民事神，固皆有司之責也。和邑城隍廟，建在縣治之南，相去百數十武，其地居中，以制四方也。其位向陽，以端揆治也。樂樓立於前，以伸侑饗也。寢宮居於後，以棲神靈也。他如門有防廊，有廡齋，有堂牲，有所規模建治，無不備具。惜歷年以來，風雨傾圮，廟廡不治，余於戊申冬，下車伊始，齋宿告虔，喟然者久之。爰矢，乃心力以虔誠求成厥功，俾神有寧所民，亦賴永綏之主。捐俸首倡偕闔邑士民，次第修葺之，覆正殿以堅瓦，建以高瓴，傍塑六曹，獰猙森列，以及寢宮内廊之增益，俱備前人所未備。工始於康熙十年秋月，落成於康熙十一年冬月。雖曰集衆力以襄厥事，而堂宇壯觀，制度肅靜，較前丹鉛藻繪，煥然鼎新，足以妥神靈而侑報祈。自茲以往，十日風五日雨，禱豐稔之屢登，善者福，惡者禍，期報施之不爽。此又盛朝祀神佑民，相為表裏之義，為有司者宜實力奉行，務令神道不奸，民義不慝已耳。先民有言曰："柔和萬民，億寧百神。"蓋此之謂矣。

新修雲龍山亭閣記 國朝 邵樹本 山西學院

江南邱侯來知和順縣事，愛民而勤於政，興利革獘，百廢具舉，循聲藉藉在人口，余久心志之弗忘。乾隆二十有六年，復捐俸錢若千緡，有事於邑之雲龍山，修神廟也。山之神，禱雨輒應，故俗稱神廟為龍王堂。《通志》載“山有雷音臺”，疑即此。於是鳩工庀材，子來恐後。經始於四月十二日，落成於十月望日。工既竣，來請余文，余亦樂書之，以勸後之克勤於政者，爰不辭而為之記。按和順治隸遼州，在漢為上黨郡，多山少水，林壑之美稍遜他郡。而漳水之源有二，實皆經於和順。明《一統志》云：“一自縣西而東，一自縣北而南，至交漳村而二水合流。”夫水之醞釀也厚，則山之吐納也靈。以故雲龍形勢，獨擅斯邑。巖壑窈窕，烟霞澄鮮，橋留玉硐之名，泉湧珠跳之象，而綿延舊德石井浤然，更復挹之不竭焉。葢其所由來者遠矣，顧其歷歲久遠，瓦礫榛艿，塞渠交徑，醫者莫之闢，圯者莫之完。縱有名勝，而無高明之地以舒登眺，無閑靜之境以息塵勞，無佳卉雜樹之交蔭，以潤色光景。用使碧嶂丹崖，長此寂寂，亦守土者所宜加之意也。今得邱侯之來，新其舊，創所無，耳目為之一曠，詎復患前所云云者哉。特是不有居者，誰其守之。則又建大士閣於山之陰，與龍王堂南北對峙，俾修業者住持其旁。於是精鑑德士，長為名岫主人。雖僧寮不過數楹，而有庖、有湢、有垣、有籬，率皆密慮周計，務堅且樸，可以垂諸永久而弗壞。時或憑高俯矙，遙見漳水東流，如帶如練，河光山色，上下一碧，而山中井之水，泉之水，橋下之水，固知其同出一源也。而侯之澤，亦與之俱長矣。余嘗謂《周禮》為治世之書，而山澤川林莫不設之官，而分任以事。誠以至纖至悉，皆王政所不可忽，而興廢舉墜之務，固有存乎錢穀簿書之外者。是役也，詎遂足為侯重，而不私其財，事暇民附，胥於是覘焉。固不可無記，以為來者勸也。至規制之詳，若者焉堂，若者為軒，若者為亭，若者為閣，若者為庵、為房、為棚、為棚欄。欄之外為杏、為柳，因地營構，如州居部次然，此則侯有文備志之，余固言之從略云。

重修雲龍山碑記　國朝　邱廷溶　邑令

苟能躡謝公之屐，載陶令之輿，選名區，探奧宅，以求夫山之異焉者，吾知其必有合也。然而古人率先我得之，何則？古今來之遊者不獨一我，山豈必荒涼寂寞，待千百年之我而乃見其異焉。夫世不能無古今，山亦不能無盛衰興廢，我繼古人之志，不敢沒其異，則雖謂自我得之，古人亦將許我。今之登雲龍山者，皆以為異矣。而兹山之顯，其異也，不自今始。先是元人於山之陽得靈泉而異之，設堂其上，崇祀龍王，歲旱有禱必應。其巔則趙王臺，或云襄子避暑地遺趾，猶存。世既遠，而興廢之年尤不可考。余嘗登高縱目，但見壞垣頹壁，出沒蕪蓁，寒雨中牛羊下上，牧樵謳吟，葢山林之面目，不知凡幾更矣。辛巳夏，理甚無事，懼兹山之終蕪沒也，思葺而新之，或慮其廢事而勞民者。余曰："不然，昔柳子厚為柳州，日寄情於山水，而民食其德，至今尸祝之，遊固不以妨政也。且出雲降雨，潤澤郊原者，於是乎在，寺宇不可以不肅也。"用咨於衆，悉饜乃心，爰命敝者葺之，隙者葢之，蔭以嘉植，繚以修欄，流丹耀碧，俾壯厥觀，費積五百緡有奇，皆出自樂輸將者。工始辛巳夏四月，迄壬午秋七月而成，邑之人爭往遊焉。余亦時至其地，躡層巒憩，飛閣周覽，幽遐放情寥廓。舉凡巖谷之隱顯，川原之繚繞，歷歷在堂廡間，信乎其有異也。噫，地猶昔也，而都人士之遊，若始歷其勝焉。昔何以廢，今何以興，昔何以衰，今何以盛，豈兹山之果有遭與，抑人謀之不可不臧。與書之，以俟後君子。

創建梁餘祠碑記　國朝　余光超　邑侯

《記》曰："天下之禮，致反始也，致反始以厚其本也。"君子報情復古，不忘其所由生，故周公封魯而開其始，則以為少皞之墟。太公封齊而原其先，則以為爽鳩之地。古人舉不忘本，衆服乎此，故聽且速也。和順建邑，始於北齊，本晉大夫梁餘子養食邑，故置縣初名梁餘城，今一千二百餘年。而大夫乏祀，此缺典也。昔獻公命共太子伐東山皋落氏，杜預以為赤狄別種。今皋落即樂平邑界皋落之南，大夫時食采於茲，其部落形勢尤為洞悉。故其言曰："死而不孝，不如逃之。"其料事明决，與狐突等埒，故獻公倚為東北保障。特世代綿遠，又僻處荒區，其開闢事蹟不少概見耳。余承乏茲土，凡學校、城池、壇祠，悉為補葺，尤有意於報本崇祀。期厚俗化民，因卜地於書院之陽，命工鳩材，創建祠宇，以補缺典。且捐廉俸若干交商行，息以備歲祀，且酌其餘息以為士子公費卷資。欲士民仰沐神惠而飲水知源，因而孝於親，忠於君，順於長，舉而措之裕如也。或曰："有天地即有此土，梁餘氏以前，其可置而失之遺忘乎？"曰："不然。子獨不聞射者乎，貫蝨而車輪，神之所凝也。沒石而飲羽，誠之所發也。吾追吾知之所及，不能追吾知之所不及。孔子論知禘，以為治國如示掌，亦祭其祖之所自出。倘惟玩惟忽，設為空虛烏有之說，不且祭近諂而祀，即於淫哉。"問者唯唯而退。因記其顛末，使後世得有所考云。

建和順縣雲龍書院記 國朝 唐楷 邑侯

蛟龍非池中物，當其蟄伏存身，必涵育於深壑巨川，以蓄其飛騰變化之勢。及一朝噓氣成雲，遂有以上蟠下際而無難。書院者，邑人士之川壑也，壑不深，川不巨，其蓄不大，其伸不奇。余葵丑秋蒞任之初，行釋奠先師禮，集諸生明倫堂，寥寥數人耳。詢諸廣文荊君，曰此梁餘書院肄業生也。和邑苦磽瘠，士幸博一衿，輙投筆秉耒謀生產之。數人固有有志者，而寒儒缺薪米供師，若弟咸借棲於茲堂之旁舍。嗟乎，鶩虛名而鮮實效，是猶有慮及於涸澤也。奚書院為我皇上乘龍禦宇，雲漢作人，自會城訖郡邑例得立書院，拔學校之尤者，以陶冶而裁成之。和順雖彈丸，太行之麓，漳水之濱，屈首泥沙者不知凡幾，豈盡常鱗凡甲之品彙匹儔哉。冬春來倣行，宋儒學規課藝，則隨其材質之高下一經昭示。而從余遊者日益衆，因度縣廨之東，得義學舊址，橫十弓袤廿八弓，北建正堂五楹，東西各號房五楹，又南三楹為講堂。前門三楹，取西郭山名顏曰："雲龍書院"。而講堂則額以："立品讀書"。木石磚甓，工匠不遽擾民，捐置膏火田一百七十六畝有奇，規模粗具。此余力所能為者，至擴充美備，余兹力不能為，則姑緩之耳。工閱月落成，詔諸生曰："書院規條"，以宋朱、程兩先生為標的，余則括以立品讀書。夫立品，所以端其體，讀書，所以儲其用。上之能希聖賢，次之不失為寡過，廣之能通達治術，近之為應舉之文，亦必能湛深經史，不蹈一切膚庸險怪之習。諸生不見夫雲龍山乎，崖谷崒嵂，源泉流為巨津，每當煙结霧凝，不崇朝而霖雨遍野，意其中有神物焉。曩所以蓄飛騰變化之勢於深壑大川者，其在是歟。乾之九五日，雲從龍，慶聖人作而物覩也。九二日，見龍在田，天下文明，言有君子之德者，宜乘時利見也。余於諸生拭目以俟，是為記。

重修雲龍書院捐贈膏火暨設立義學碑記 國朝 **張兆衡** 邑令

書院之制，昉於宋，盛於明。張江陵嘗欲廢之，而卒未能者，誠以敬業、樂羣、講肆、誦習，較學宫為倍親，故其造就為最易也哉。國家治化，覃敷無遠弗届。雍正年間，詔令天下省會設立書院。費帑金巨萬，其在州縣者，則聽其自舉。而當時明公碩儒類能宣揚德意，提唱宗風。百餘年來，自通都大邑，以至蕞爾微區，講帷經舍，所在多興。休哉，文教之隆，蓋振古未有也。和邑為古梁餘地，河山毓秀，代不乏人。有明成化間，王氏父子以文章風節顯兩京，當代推為士林冠冕，其他制行卓異者，不可勝紀。繼至今而人文之稱渺焉寡聞，豈造物生材果間世而一出歟，抑董率未得其人而培植之，無其資耶。歲癸巳，餘出守斯土，下車之日，見署東有書院一區，茂草是鞠，闃無居人。詢之紳士，稱舊制為社學，自淮南唐公，始創建書院，今幾經廢興矣。余聞而惜之。明年春，集都人士議所以復興者，衆皆踴躍，樂輸用襄厥舉。旬餘，捐得制錢四十貫有奇，遂鳩工庀材，營建廈宇，越五月而工落成。計所餘資，并前存捐項共足錢四千貫，發商生息，以為修脯膏火之需，復購存經史若干卷，俾資觀覽，以廣見聞。傳曰："既得其養，乃施其教。兹爾多士，庶不至廢卷而嘆歟。"在昔文翁治蜀，他務未遑，兢兢以敬教勸學為急，當時課績為天下最。余嘗讀史至此，竊嘆巴蜀僻處荒夷，積陋相沿。文景而後，英傑聿興，如王褒、司馬相如之徒，卓然以文學傳。及其季也，而王商、任安、董扶、張裔、尹黙、杜微、譙周輩，猶各以經術文章顯揚。當劍閣以南，為兩漢人材之藪，揆厥所由，實文翁有以啓之也。余不敢謂此舉之欲希踪乎古人，然奉天子命為此邦吏，宜體聖朝作人之化，爲國家育人材、培元氣，亦守土者之責也。又况前人成蹟未沒，而踵而行之，之易爲力哉。抑又聞之，學校爲風化之本，蒙養裕作聖人之基。和邑地瘠民貧，髫齔之子率多游閑，豈無美材，或因束脯無力，汩沒於販夫牧子而卒，至一丁不識，爲可慨已。余於書院外，復設立義學，延請塾師，專訓童蒙，俾貧寒之家得以執經從學。他日人文蔚起，以有造而進有德，由小成而躋大成。師師濟濟，相觀而化，是則余之厚望也。夫謹記。

重修和順縣學記 明 薛亨 山西提學

甲申秋仲，余東出平定校士。轉太谷，赴遼、沁，和順與焉。其縣在遼之北，樂平之南。萬山環列，土瘠民貧。士生其間者，類多質樸儉素。前有虎谷王先生以文章氣節雄晉右，余自束髮時即仰之，知有和順名，意爲鉅邑。及抵此考士，僻在一隅。庠生又僅僅數十人，益信十室之邑，必有忠信，人才不擇地而生如此。且得一虎谷，和順名與鉅邑并著。則人之傑者，誠不囿於地，地之靈者，恒以人而顯也。今虎谷如故，而人才不及昔，豈地力有限與，仰人爲不力與。

邑令寧夏李君繼元蒞任，謁廟，見先師與啓聖殿多頹，兩廡牆壁亦壞，神牌矮小，供桌欠整，且名宦、鄉賢舊無專祠，每遇二祭，止設布帳完事，心甚憫之。因詢其故，諸生謂地疲年荒，宦遊者罕樂久居。遑念及此，即欲修理，如庫倉空虛何。李君概然曰："學校係根本之地，修葺乃有司之責，此地近山有木可採，此舉近義，雖勞疇怨。"乃捐俸資，陶磚瓦，補厥壞，易厥腐，堊厥飾，宏厥規，又挑浚泮池，添蓋魁星樓一所，儲厥經書。役不踰時，費不及官。殿廡祠宇齋堂器用，秩如煥如。猶以一方土宜、風俗、貢賦、文獻，咸資諸志。縣久乏志，將何以考。復與諸生謀增修理，適余校士至，諸生感其興學育才至意，思勒諸石，以彰厥休。余復嘆曰："虎谷先生文行素優，縣志未備，非缺典乎。然修學育才者，有司之職，所以重學成才者，顧諸生之自修，何如耳。昔契爲司徒，教以人倫曰：'父子有親，君臣有義，夫婦有別，長幼有序，朋友有信。'子張問政：'何謂五美？'曰：'惠而不費，勞而不怨，欲而不貪，泰而不驕，威而不猛。'夫五倫，天德也；五美，王道也。學者能敦此五倫以修天德，斯爲善學仕者；能尊此五美以達王道，斯爲善治。善學無愧於士，善治無愧於官。斯之謂能修學，斯之謂能事神。不然，雖宮牆整飭，廟貌改觀，不過一時文具已耳。苟得罪名教，將爲神羞，况能邀惠神明，裨益文風乎？遊斯學者，尚共念之。"李君與司訓幸諸生謝曰："敢不受教，更乞一對，懸諸堂額，以資顧諟。"余莞然曰："對在古書甚多，即工於對，詎能如古。求其切於學校，關於身心者，莫如謹庠序之教，申孝弟之義與。夫己所不欲，亦勿施於人。行有不得，皆反求諸己。即此一對，扁之堂前，庶寓目警心之下，五倫可盡，五美可尊，余復何益。"

和順縣修學碑記 國朝刑部尚書 **白俔謙**

天子命官，其最親民者，莫如令。令所統治八計攸司，尤重文教，每縣立學宫，春秋以禮釋奠，擇其民以養之，十年宰輔皆育於斯。是學宫習禮樂而勵風化，誠重典也。太行之側，古梁餘和順縣學，建立在縣之東北隅，創於元，繼修於明萬曆之十有一年，李公繼元董其事。再修於崇禎十有一年，邑人大參藥君濟衆，胥捐己資，因前限於地，規模微縮，歷年已久，兵火風雨，傾欹朽敗，基地僅存。李令任事之初，奠於先師，喟然曰："學宫，教化攸關，尤虎谷先生鳳輝之地也。"申詳兩台道府，慨出［己资］[6]，先爲之倡，寮屬協贊，闔邑之紳衿，咸輸穀以助之。邑人司理胡君淑寅，尤任其事，拓地數丈，［庀材鳩］工創建大成殿[7]，高大堅好。創建啓聖祠，修補兩廡明倫堂。又創立奎光樓，於城頭建大成坊，與［楼遥］對置櫺星門[8]。門前立石獅一對，木欄屏翰周圍，宫墻宏廠，靚深言言翼翼。始於是年之三月，落於是年之七月。邑人士喜學之更新，而大李令之成績。公屬予記。李令學修有本，政治有方，教紡養民，築城衛民，修學作士，其全體良知見諸大用者乎。天下不可一日廢學。自黨庠術序之法立，而後君臣、父子、夫婦、長幼、朋友之道明，三代之學，皆所以明人倫也。邇來學宫頹圮，絃誦之聲寂然，教之不力，治之不重，人材所以不庶也。李令創修廢墜於數百年之後，使後之學者，羣師敬一，咸藏修息游，自列其中。而日講乎人倫之大節，則一邑之教化興，風俗美，人材出，三鳳未必不全於一邑也。其爲國［家］之助[9]，豈小補哉？特爲記。李令名順昌，新安人。

重修和順縣學宫碑記 國朝 白如梅 山西督撫

自古經邦致治，建學爲先。虞夏以迄商周，重道崇儒之典，班班載籍中矣。其意本於教人，而因以取士。故古有辟雍、明堂之制，鄉有庠序、學校之設，甚盛典也。觀於子衿作而周祚衰，園蔬鞠而漢鼎革，則學之興廢，治之隆替因之，豈曰具文而已哉。夫先王之立法，不厭其詳。而於教人也，尤甚於執經辨志之時，以逮九年太成之後，無日不匡正而董率之。講肄必有所，辨說必有數，舞蹈必有節，視聽必有物，以涵濡其心性，陶淑其器識，而後賢俊出其中，德業亦出其中。故雖具良質，未有不資教學而成者也。譬之明珠荆璞，復加以磨瑩之勤，採琢之力，不益焜燿人間乎。余撫晉三載，凡裨益於晉土者，罔不殫力爲之躬承。聖治右文之日，尤以訓飭士習爲惓惓。董江都曰："養士莫大於學校。"程子曰："善言治者，以成就人才爲急務。"余蓋念兹不敢忘也。今於和順而竊有喜焉。和順介萬山之中，其地瘠，其民貧。居遼郡之北，樂邑之南，千峰環列，巖徑益險。士生其間，勤樸儉素，且耕且讀之外，無多事焉。有學而圮，邑侯李順昌憂之，慨然捐資，率先爲倡。乃諏吉辰，鳩梓匠，尋人是度，斵斵是虔，甓之、甃之、塗之、沫之，踰月而工始落成，大約更而創者什之八，仍而葺者什之二。如建奎光樓於城東，蓋文昌祠於城北，莫不相其形勢，以啓以闢，輪奂咸美，規模聿新，以視前之傾倚湫隘者，不且焕然改觀哉！夫使侯而任其鞠爲茂草也，鼓篋之子無自親師，執經之子無由問字，將藏游息修之無所，而輒棄其業也。其誰詰之，而又誰責之乎。乃今噲噲者堂構新也，湛湛者頖壁清也。景至德之莫京，瞻聖教之無外，相與揖讓其間，而絃誦其下，文教浸熾，賢才浸興，則是侯之大有造於斯邑也。是役也，邑侯李順昌實主其事，鄉紳胡淑寅，教官白毓秀，典史彭雲鵬，亦與有勞焉。皆得並書。

重修麻衣山祠碑記 國朝 張兆衡 邑令

邑城之西北隅，有麻衣山。層巒聳翠，蒼松蔚然，俗傳爲麻衣道人修練之所，因名且祠焉。宋太祖伐（東）［北］漢[10]，駐蹕於此，聞道人名，訪之，故山之巔猶存太祖繪像。事雖無考，以時代按之，或亦有然也。道光癸巳，余奉天子命出守此邦。明年都人士，因屋宇傾圮，重葺治之。既落成，請序於余，以誌其概。余惟國家祀典之設，原有常制，山川社稷壇壝而外，能禦大災則祀之，能捍大患則祀之。凡有功於民者，悉崇明禋，隆報享，典禮之垂，燦然明備。吾不知道人之功與德，其及與世爲何如。而史闕無徵，所傳者惟相法一書而已。其仙與不仙，固無論也。然余嘗歷觀籍典，參以輶迹，所歷有如關西之祠希夷，江淮之祠子晉，河洛之祠魏元芝，幽薊之祠長春子，尚已。其在晉則姑射仙洞、汾水神祠、信北丹府之類，尤彰彰在人耳目間。此外穿鑿附會，矯飾悠謬，詭俶不經者，不可勝紀。好事者述其異，而文人學士復從而表揚之。至於援引仙籙，摭拾靈蹟，勒之貞珉，傳爲盛事，而亦爲王章之所不禁。俗情好尚，無足怪也，於道人乎何異。且余重有疑焉者，五代干戈之際，戎馬倥偬，日相尋仇。歷八姓十二君，類皆武夫豎子，倔僵恣横。前後五十餘年，不聞有畸人傑士一出其間，拯時救獘熄殘暴之焰，濟生民於阽危，豈天之愛才，不生於亂世歟。抑有其人焉，遭逢離亂，自以匿跡，韜光退處深山大澤間，托之黄冠緇衣，終老其身。而不肯卒投禍患，枉所抱負，則如智楫、慧定輩，間亦有足稱者，道人或即其流歟。惜乎，姓氏不傳，踪跡隱秘，亦僅與葛衣藤杖諸公，同歸湮沒而已。要其所著相書，猶以術數之學，傳示後世，亦一班之可見，而不謂無功於人也。《傳》曰："既有其人，祀之可也。"遂援筆而爲之序。

移建酇候祠碑記 国朝 左兆熊 知縣

嘗考祀典有云："法施於民則祀之，以勞定國則祀之，能禦大災捍大患則祀之，所以尊其德而報其功也。"若酇候者，原沛邑一吏，逢秦之亂，崛起草茅，佐漢高皇，以布衣興義師，除暴秦，滅強楚，五載成帝業，三章立約法，遂致天下承平，開炎漢四百年之統緒。其功德之著於當時，傳之萬世者，誠炳炳然，烺烺然，如日星之不可沒滅。天下後世凡屬郡邑衙署，罔不立祠祀之，宜哉！和順舊有鄭候祠一所，在縣署大堂東偏西向，祠僅一間，并無院落規模，極形狹小，且與科房相齊并列，位置未免失宜，甚非所以尊奉神明，崇禋祀而隆妥侑也。又歲久失修，棟宇則傾而多敗，神像則朽而無光，更不足以壯觀瞻而肅礼拜，乃夏公莅任，於衙署内外無不捐資重修，独鄭候之祠依然仍舊，未加修葺，其殆有意移建而未之逮歟？余於壬午初秋，奉天子命來宰是邑，接篆之次日，循例謁廟奠拜之，下見其位置非宜，頽敗已甚，慨然即有移建之思。特以甫經到任，一切興廢舉墜庶政殷繁，未遑也。次年秋，簿書稍暇，爰集十房經書，諭以移建之意，僉曰善。惟以地基為难。予曰："大堂下科房之後，倉厫以東，不有隙地乎？雖碎磚、亂瓦、煤渣等類堆積如山，而削而除之易易也。"遂多募工人，羣力並除，不数日而其平如砥，建祠於此何不可者。爰乃相其陰陽，度其丈尺，坐北向南可建正殿五間，其下可立穿廊三間，其旁可立两厢六间，其南可立樂楼三間，左右可立角門兩坐。如此建置，規模宏敞矣。於是命吏書張彥修總理其事，凡糾工庀財一切事宜胥於一人是任。至所需經費則余於廣交宋公兆庠、少尉王公金鏡、城守趙公秉文，各捐廉俸以為之倡，又命十房經書王士林、李生墀、王彥榮、張輝遠、張從政、白維邦、王蔭三、藥好仙等八人分下四鄉，勸諭各村善人君子，随意捐輸以成盛舉，統共捐錢一千二百千，吏、戶、盐、礼、兵庫各房共墊錢二百千有奇。但工程浩大，隨捐隨用，僅將正殿樂楼東西角門，暨裝飾神象、雕刻廊簷、丹青彩畫，甫經完畢而錢已用盡矣。至穿廓两廂，惟有徐圖後舉耳。是役也，經始於癸未仲夏，告成於乙酉孟秋。觀其規製則精以工，繪事則素以絢，丹艧爛燦，金碧輝煌，真所謂美哉輪而美哉奐，鳥斯革而翬斯飛也，欷歟休哉，以視前此卑陋之形，傾頽之狀，相去天淵，不誠巍巍乎一大觀也哉。至凡樂輸諸善士姓名数目，則皆勒之碑陰，永垂不朽，且以為後來之勸也。是為序。

馬公德政碑 金 嚴坦 進士

夫爲民而置吏者，君也。賴吏而治者，民也。受君之責，導民之善者，吏也。吏得人，則法平政成，否則王道弛而敗矣。故《詩》有“伐檀”之刺，《易》興“覆餗”之譏。大抵賢者在位能盡其职，則民賴其利，物荷其恩矣。若使無能而蒞官，非才而守位，與夫不學操刀，弗慣登車，製錦思獲者，又何異焉。《書》云：“無曠庶官，天工人其代之。”此之謂也。故明主不敢以私授，忠臣不敢以虛受。然古者治官之法，以九德察其真僞，三考定其黜陟。或辟以四科，求之數路，皆冀得其人也。奈何臧否混淆，幽明雜揉其間，得人者寡，失人者多矣。

國朝懸爵待賢，重祿勸士，選用清白，任從政者爲親民之吏。親民之吏，莫急於諸縣之寄，諸縣之寄，出宰百里，民之師帥，所使承流而宣化者也。若師帥不賢，則主德不宣，恩澤不流，與姦爲市，民受其殃。所以唐馬周曰：“欲令百姓安樂，惟在縣令。縣令既衆，不能皆賢，須妙選其德而擢升之。”然而自古以來，能以治化見稱者幾人而已。惟馬公，諱克禮，字和甫，中都人也。東漢伏波將軍、新息侯文淵之苗裔。大定甲午歲夏五月，恭受宸恩出臨山邑。公下車之始，振舉乾綱，剔蠹弊政，可則因之，否則革之，夙夜惟寅，恒如不逮。惟公生明，以寬繼猛，聽斷以法，無好惡之私，照察情僞如神明之鑒。使愚盲之夫安生而得所，權豪之子遁跡以吞聲。其奉法循理，不矜功，不伐能，撫字有方，勸課有術，不爲利回，不爲義疚，專以德化爲理，不任刑法，下亦無犯。園扉茂草，使夫蓬樞甕牖之士，朝行暮徹，家絃戶誦，而人蒙其休。物被其澤，政平訟理，而無嘆息愁若之聲，則其效豈淺淺而已哉。公之爲人，奢儉有度，剛柔適宜，德性溫淳，文章茂美，博古通今，學優則仕。其廉也足以比冰玉，其平也足以擬權衡，其忠也足以事君上，其孝也足以奉祖先。是以三載之間，孝化大成。一境之民，視儀取則，去貪遠罪，熙熙然安其田里，皆表倡之所致也。

昨於大定十六年秋七月，民田欲稼，既方既皁，不虞有螟螣蟊賊而害其田。衆皆蹙額而相告曰："家無餘粟，倘值凶荒，奈何奈何。"公乃潔齋致敬，掃地爲壇，禱於漳水之濱。少頃，雷雨暴作，三蟲皆滅，田不爲害。及八月百穀將成，既堅既好，未刈未穫。俄而大風暴起，拔木飛沙。民曰："昨免蟲害，今又風災，凶年饑歲，不免於死亡，如之何其可也。"公曰："闔境民憂，皆我之過。"乃屬文罪已，躬率父老祭之。良久，風顿息。民喜曰："田雖微災，比之鄰境十無一二，舉邑無轉壑之憂，三農有卒歲之望，斯咸公之德，神之靈，民之福也。"

自甲午五月公到任，至丁酉五月已逾一考，惟恐有還除之報，闔邑居民郭祥等一千餘人，連名狀告，留公久任。公乃謙遜而謝曰："某以上負朝廷之委，下爲小民之病，既無異政奇才，又無深恩厚澤，河復區區而以狀舉留耶。况汝等既係農民，徒勞拘繫，有妨田事，速令還歸。"其郭祥等欲赴州告留，公再三勸諭，終不令往，其隱德晦能也如此，美哉。公平仁愛則杜詩、召信臣，德化則魯恭、張允濟，威信則王渙，嚴明則任峻，功迹則衛颯，感應則童炊。此數君子，自漢唐以來，皆能以守令見稱者，於方今馬公朝列，何優何劣。是以民樂其政，歌其德，沐其恩，服其化。咸曰："公之治迹，無能以名，莫可得而報也，恐後世無傳焉。如能使百代之下聞其德，如見其人，豈不美哉。"命工刻石以記其事，示民感戴之不忘爾。大定已亥九月之令日。

邑侯李公德政碑 國朝 曹文炳 邑人

太行一帶多疲邑，獨和順爲最。官斯地者，成民致主蓋難兼之。故縣志書載名宦，自金、元至明時，屈指纔十人。德政碑惟大定中馬公克禮有之，若此者皆所稱，慈牧循良，如望父母者也，何以四五百年不數數見也。惟我皇清定鼎，履畝減稅，清問民間。承乏茲土，已六七大尹矣。申除驛苦則有栢鄉常公，請蠲荒糧則有登對劉公，此雖善政一端，至今士民思慕不置也。戊戌歲，李公來守和，覩茲百孔千瘡，諸務廢紛，思與維新焉。雖然，宰官救時爲民起見者，何人無之，特患寡與成效耳。己亥七月，大風傷禾，公具牒虔禱於城隍廟，其風立息，今有榜記於廟中。縣之災祲連十餘年矣，自公下車，歲漸登稔。庚子之秋，又臻覆豐。語云："和氣致祥"，謂非有以迓之不可。前此甲午霪雨，竇凝門崩，當事者因陋就簡。而公聲色不動，閭左不煩，百雉屹如晏如也。學校傾頹，鞠爲草茂，自繼元李公後無有補葺而嗣其美者。公力爲創興科名，因之崛起，其詳俱勒孔廟諸碑。且也詐民財者鈎攝也，浚民膏者贖鍰也。公則裁巡路，革紙穀，使四鄉之民，胥不譁門，犬不夜吠，繼此將有啼泣而誦者矣。謹思云乎哉，甚可幸者。和邑大害，在柏井一驛，自常公申除之後，旋爲樂平扳告照常走馬。公灑赤千言，爲民請命，協銀不協馬，已奉諭旨民以甦生。若夫催科，不忍鞭扑，大著仁慈勑法，先鋤強暴，衆服嚴明，日用惟具蔬粟，實見清操。夫且陳新相易賑之絕，因以便積儲也。養老尊賢敬有德，因以寓激勸也。皆所謂爲民起見，而有其成效者也。今以三年奏最，擢山東濟寧州守，將奪公去。噫，前公而去者，有其人矣，後公而來者，亦有其人矣。大定迄順治，上下四五百年，特立此德政兩碑，前此者可思，後此者尤可勸也。勒此公門，爲峴山井石，不亦可乎。公諱順昌，字燮五，直隸保定府新安縣人，丙戌科舉人。並記之。

節立婚書告示　黃玉衡 邑令

爲通飭，設立訂婚婚書，以端禮俗，以杜訟源，事照得。夫婦人倫之本，二姓合好，婚禮斯成。始之以媒妁通言，繼之以婚書禮聘。既聘之後，海誓山盟，禮所謂一與之齊，終身不改也。和邑土俗，男女婚姻，每有不用婚書，但憑媒妁爲準者，不知媒果端方正人，自無異說。設遇射利奸徒，始焉彼此作合。或值女戶不允，男戶圖娶，遂藉此居奇，唆聳控告，據稱憑媒有約，而媒遂挺身作證，女戶有口難分。更有一等無恥女戶，只圖財禮，一女兩許，兩姓混爭，年月無憑。本縣蒞任以來，控告紛紛，殊堪痛恨，合行出示曉諭爲此示仰。合邑軍民人等知悉，嗣後男女婚姻。從本年四月十五日本縣出示爲始，如媒妁說合，果兩相情愿，即聽男家選擇訂期，用婚書二封，上寫男女年庚，男庚居右，男家親寫，女庚居左，女家親寫。後書年月，及媒人姓名，兩家各執一封爲據，名曰"訂親"。永無反悔。設有不憑婚書，只據媒人一面之辭，顛倒是非，混行控告者，除不准外，定提控告之人，并原媒先行，重究，决不寬貸。至若本縣未行出示之前，所有兩家已經憑媒許諾者，自應仍從其舊。倘或藉稱本縣新立式樣，遂將從前許過之親，未用庚書，希圖反悔，捏情控告，一經審實，亦定將賴婚之家，按律治罪。各宜凛遵，毋違特示。

傳課書院諭　魯燮光

爲傳課書院事，照得雲龍書院，爲闔邑生童觀摩之所，是應不分遠近，造就人材。乃查近年第課城關生童，及二三十里村庄而止，遠鄉概不與考。人數寥寥，並無肄業攻苦之徒，志圖上進。每評月課，絕少佳文，因思十室之邑，必有忠信，十步之內，必有芳草。天地生才，必不限於窮鄉僻壤，此邦三百餘里，豈無傑出之才。總因少年失學，暴棄自甘，父師之教不先，子弟之率不謹，青衿佻達，憒憒終身，恬不知恥，所以文風委靡。國朝二百數十年來，僅僅楊進士一人，絕無嗣響。讀書士子，豈不汗顏，此亦地方官之責也。本縣自慚，科第司教二十年，吾浙寧郡慈谿，何無科甲，本縣與諸生，實力講求，勤於面課，數年不懈，多士從風。十年以來，登巍科、入詞館，屢主文衡，前科典試湖南楊泰亨、上科典試本省周晉麒，皆出門下。去春，館選又得二人。就中鄉會，題名不下二十餘人，此明驗也。今者忝司兹土，念切士林，不敢狃於何年積習，徒事虛文，有名無實，顯分畛域，誠恐各鄉可造之人從此廢棄。爲此，查明闔縣生童，傳論來縣應試。本縣定於二月初八日扃門甄別，捐給點食其遠來者，按照道里酌給川資。願在院肄業者，優加膏火。近年新進諸生，雲路初登，尤宜努力上進，以副本縣造就人才至意。臨期早到，均無遲延，行見文風，蒸蒸日上。王虎谷父子文章風節再見，今兹於生童等有厚室焉。切切特論。

爲再傳課書院事，照得闔縣生童一百數十餘人，前經開單傳課，許以川資，啖以膏火，限二月初八日來縣甄別。是日所到，人數寥寥，恐係該差失傳，或阻雪途躭悞，間有初九日過期到縣，概未收考。兹特改於三月初三日，傳論大收，扃門甄別，爲此再論生童人等知悉。爾等務各準期到縣，毋再違延，如果該生等垂老給頂，學值久荒，不諳文理，應聽其便。此外年力強壯或身家殷實，皆應進取之徒，不得以幸博一衿，中道自書。甚至赤貧寒士，有志攻書，苦無教導之門，頓阻功名之路，兼務農業，荒棄斯文。殊不知古人漂麥鋤經，耕不廢學，皆成大儒。本縣上年到任，雅好憐才，急思延攬得人，師事友事，無如人材難得耶。有明經數人，類皆口不出聲，胸無點墨，數十年浮沉庠序，不知所學何事。延訪至今，迄無一人應者，特爲人材起見，於此邦提倡文風，該生等即諉為時運難逢，料名莫必。如果潛心力學亦不失為飽學通儒，為遼陽文苑儒林，增些聲色，較之甲第更出一頭。本縣一片熱腸，留心課士，不逐詞章之末，還求器識之先。制藝不過敲門磚，子弋取浮名，辭讓羞惡，禮義廉恥，實為讀書根本。有文无行，千古笑罵，務必先講作人道理、克已功夫，生等不見余儀門榜聯乎。人苦不自知，小百姓亟攻，吾知弊去其太甚，大凡事率由舊章，官只一身，左右耳目，事事蒙蔽，那有許多覺察，多士肯來問學，不特四鄉利弊，藉得周知，兼為此官考鏡之資。孺子滄浪，清由自取。義利之辨，第一關頭。少為吾民見輕，即屬終身大玷。許該生等當頭棒喝，裨勗身心，定從優奬，此即教學相長之一道也。此次傳課後，不啻三令五申，如再冥頑不靈，漫無警悟，則是無志上進，自外裁成，直屏門牆之外，揭貼大堂。倘有詞訟錢糧到案，决不以斯文看待，毋貽後悔，凛之切切，特諭。

奉斷虎谷祠堂祭田記 國朝 傅家楨 邑令

虎谷王公祠堂祭田，閲碑文所載，係冀南道滇南孫老大人，諱繼魯者。設法創制，不令諸骨肉承業，惟使義僮王萬經理。葢恐其蕩覆，防微杜漸，曲盡周詳，碑碣言之最悉，無容再贅。據族人王永錫等公呈，稱王萬傳四世失嗣。先是合族公議有大司農鳳台先生嫡派，理當承管，相沿二輩，至王復初亦至絕裔。時有復初藏獲名福延者，繼室隨子，自名王玘，欲冒正宗經管祠田。康熙丙子歲，前令張公諱翼，係戊辰科甲，引鄫子滅鄫之嫌，重懲驅之。辛巳歲，獻縣程公諱起鳳，來宰是邦，玘婉托夤緣，揑控哀懇，程公存繼絕之仁，不顧亂宗之義。聚王氏闔族，勸諭收玘入祠，以供洒掃、管籥之役，繼而畀收田租房課以葺祠宇。功竣，公同清算，不得冒破。玘輒起奸謀，將公官衢神道碑潛造子若孫名，久後欲冒嫡裔，以爲覇田、覇祠之券。族人以理戒諭，玘揑詞誣懇，本州太尊王老大人，案下執族人王賜禄等六人，對質臨審。玘懼，復浼友而求息和，賜禄等亦依伊姓王入族，作股輪遞經管。至秋成，玘乃廢祭缺品，賜禄偕族姪輩講諫不辰，領譜族孫輩永錫、爾清、錫璧、錫命、永蔭、承統，擁縣陳過。玘恃其悍惡，又越縣赴州揑誑，禄等赴質辯。幸太尊明若秦鑑，鬼蜮現行，悉得覇田祠之情，謂異姓不可亂宗，祭田不可腴私。立繼祭田三十三畝，内麻地十二畝，平地二十一畝。按地該糧一石一斗一升，於徵册内獨註爲王公祠，祭田糧銀晰明便納，勿使淆雜。其戶人免包吞之弊，又斷得玘於祭田中，瘞所奉之塚墓，應於附近處照塚估畝，分買補還充，無缺其田，或玘任便，別塋遷葬，留所估之田以供祀。將神道碑文潛造之名毁削，并徒祠房別賃。每歲祭田租粒，及祠中房課銀，除歲仲春秋，一切祭并納稅糧外，餘貲盡數入縣庫，籍記。積若饒足，有公所著《博趣齊稿》，與喬太保宇呂、太史柟爲公識行實録，悉付之剞劂。氏登梨棗，播諸海内，使公文章爲後學楷模。次積或修房修祠，或增置祭田。後之族人，可效范文正公作義莊。而賙族之貧乏者，爲婚喪用。或王氏之子弟，有俊秀無力讀書者，延名士而教誨之，以爲束脩之貲。訟平，仰和順縣照斷董行立石。余承乏兹土，謁公之祠，覽公之集，知公德行文章炳耀天壤。宜冀南道孫大人爲之建祠宇，置田土，創祭典於前。本州王大人爲之止横暴，嚴宗派，防吞覇於後。故詳具始末，勒諸貞珉，惟冀王氏奕葉子孫賢者，體孫大人之垂留。宜存恪守之心，不肖者覩王大人之判案，無起覬覦之志。兼望後之涖斯邑者，倘遇王氏有藉端蕩覆之匪，僡異姓有併吞之富豪。覽糧冊曰："王公祠祭田"，以大義諭之，無人私相買賣，不與滄桑同其變遷。庶王公之血食，得以不絕，孫、王兩大人之美意，亦傳留無罄矣。爲是立石，以垂不朽云爾。

詩集

靈濟宫　聯古句贈寅長王君知陝州

中年苦作别，况此平生遊儲瓘。夜來愛明燭，欲去且復留邵寶。清尊信奇物，豁我萬古愁毛紀。俯看春浪生，汎汎一虚舟石瑶。道人地自靈，風雨撼龍湫喬宇。方春豈無贈，奈此柳未抽何孟春。水雪釀餘寒，光生五城樓陳欽。健馬當歷坂，終爲伯樂求宗。吴鈎未全試，奮激鬚如虬儲瓘。嵩雲爲君開，倐忽當軒流石瑶。笑談擬周召，坐鎮東西州邵寶。遺風續甘棠，懷賢忽輕邱石瑶。正途在伊洛，吊古且迴輈喬宇。秋哀潼關戍，凍恤閿鄉囚儲瓘。律學漸可讀，兵機慣能籌喬宇。誰言將送煩，竚見疲癃瘳石瑶。興神動高咏，響振山幽幽邵寶。吾生本戇直，不識絃與鈎儲瓘。望鹿者何人，豈雪此顙羞喬宇。壯哉列士志，難與俗子謀邵寶。賦非湘水弔，書待周南修儲瓘。放歌不能罷，仰見星河浮陳欽。一笑送君去，天未生清秋毛紀。

奎光樓成集唐句　李順昌　邑侯

樓臺横紫極楊炯，霽色蕩芳長駱賓王。彩華凝空遠神慧，江花入與新李嘉祐。氣衝星漢表鄭愚，文聚斗牛津顔真卿。東閣邀才子劉長卿，青雲滿後塵杜甫。

虎谷　王雲鳳　都御史

深山草木稠，結廬向虚敞。盡日無人至，禽鳥互來往。

讀書心力倦，手曳青藤杖。出門何所之，獨坐碧石上。

山頭白雲生，我心自蕭爽。田夫驅犢來，喜道桑麻長。

題聖澤井　石玠提學副使

洙泗淵源萬水東，偶忻一脈在斯鍾。井泉百尺常行地，老樹千年欲化龍。
芹藻晝晴香不斷，宮牆春靜潤無窮。余亦濫叨斯文寄，補益全無半勺功。

許狀元　李順昌　再見

大對元朝第一人，存銜存姓何名湮。或嘉書爵同胡筆，還樂藏名抱楚珍。
元禮魏君合秘符，靜修劉子問遙津。清風經久彌芳烈，豈沒荒郊草莽臣。

分賑

明神宗癸未歲，予初任值本縣，旱甚，饑民流棄鄉井，蒙上賑濟，予分給四鄉，民皆鼓舞，賦此。**李繼元**　邑侯

山國炎炎久渴泉，偶從分賑過東川。閑花帶笑迎征軺，飛鳥窺人下野田。
童叟歡呼霑化雨，村墟爐竈喜生烟。踟躕思上流民賦，媿我難圖鄭俠箋。

清河泉　喬宇　尚書

萬斛明珠地湧泉，茶經應載品通仙。松蘿上映峰頭月，蘭芷中涵沼内天。
興到臨流嗟逝者，歌成呼酒愛陶然。兹遊記取名鐫處，嘉靖時維亥紀年。

鄒獻卿久勞於邑宰慰以前韻

看山未已復觀泉，父老爭誇客似仙。簿領適逢多暇日，風光剛及小春天。早棲鸞枳非徒爾，暫試牛刀信偶然。海内知音能幾遇，訂交吾亦愛忘年。

弔王虎谷　趙思誠　給事中

先王剛介震人寰，未獲摳衣覩鳳顔。學政昭明秦日月，文章吞吐晉河山。
天空咳嗽清狐鼠，嶽立風裁起懦頑。幸有遺容千古在，文光猶射觜參閒。

李陽村　蘇宏祖　邑侯

千秋尚有李陽村，落日西風弔古魂。毒手遂成逐鹿事，老拳終怯漚麻盆。
深山何處龍鱗卧，故壘蕭然燕雀存。池上英雄今已去，年年池水爲誰喧。

踏荒警寇時祈雨　楊崧　邑侯

梁餘山北草如烟，狡寇何來盡控弦。不意堯封成虎穴，那看飛將奪龍泉。
輪蹄驛路籌無策，雲業霏微祈有年。憂國披衣中夜起，長廊翹首祝蒼天。

過寒湖嶺有感　王道行　邑侯

征途公役幾番來，石路重重點翠苔。野鳥翩躚依樹轉，山花馥郁向人開。
清溪最好消塵思，佳木豈甘作樗材。因憶十年窗半約，蕭蕭孤劍且深杯。

張大尹正儒名宦

君宰梁餘四十春，梅鳩鸞羽步前塵。臺城半識英雄氣，山署全聞郎宿神。
瘞塵水湖鸞鳳集，埋輪霜嶽虎狼馴。風流郁烈鬚眉在，俎豆蕭光萬古存。

黄榆古戍　周鉞　邑侯

山形秋色勢相宜，自古乾坤險是奇。怪石籠雲蹲虎豹，枯松挂月走蛟螭。
一夫隘口身無敵，匹馬峰頭力欲疲。林藹野烟正愁絕，行人指點不須疑。

前題次韻　劉順昌 知廳

嚴關千仞古今宜，遥望黄榆分外奇。老樹扶踈高燕雀，殘碑磨滅隱龍螭。
秋風隕擇來偏早，朝日升輪度每遲。自此一夫能守險，將軍何必過憂疑。

八賦晚霞　周鉞

上黨東來翠嶺賒，梁餘西去碧雲遮。崚嶒石磴羊腸遠，洶湧波濤鼉鼓撾。
行處縱横多鳥跡，望中寂寞少人家。夕陽殘照無今古，孤鶩長空帶晚霞。

前題次韻　劉順昌

八賦横空路甚賒，巑岏千丈半天遮。懸崖鳥雀末由下，峭壁藤蘿何處撾。
嶺底羊腸千萬徑，關前蝸室兩三家。衙齋久矣標堂額，何用梁餘餐晚霞。

九京新月　周鉞

吏隱長年泯宦情，西風一笑出郊行。忘機驅鳥沙邊卧，跨竹兒童馬首迎。
路入九京游衍處，人留千載古今名。一鈎懸挂林梢月，恰到嚴城已報更。

前題次韻　劉順昌

古人原自重交情，文子叔譽從此行。偶爾游觀樂未艾，同心言笑喜相迎。
可憐設辨九京上，徒有知人二字名。新月年年照野壑，如何人物幾遷更。

鳳臺異形　周鉞

叠嶂廻巒漳水湄，崇岡一似鳳來儀。風松乍作蕭韶奏，露草還吟萋萃詩。
天半朱霞增壯采，雲扶旭日望中移。臨邛舊有求鳳操，西去長天不可思。

前題次韻　劉順昌

高臺漠漠落漳湄，萬丈流霞壯羽儀。六象平鋪堪繪譜，九苞輝映可題詩。
河東應運誰爲主，冀北朝陽老不移。丹詔時同紅日近，凌空一望發深思。

漳水環帶　周鉞

百雉孤城閒兩洲，南溪北澗摠東流。三門作品題清議，二水成人泛白鷗。
向晚雲妝涵兎影，入寒潦盡見龍湫。危橋跨處堪圖書，高咏滄浪興未休。

前題次韻　劉順昌

不信人閒有十洲，今逢雙澗水交流。陰山浪捲疑翔鷺，猴嶺濤飛起宿鷗。
前輩文章推虎谷，環城襟帶賴龍湫。臨河欲展濯纓志，極目南池奮翼修。

風擱石鼓　周鉞

幾度曾經此嶺過，一規石鼓委岀阿。琢磨或類宜王制，吟咏誰賡韓子歌。
路險力疲頻駐馬，雨多溪漲怯凌波。懸崖隱約風姨手，水底塡塡夜擊鼉。

前題次韻　劉順昌

石鼓曾經目擊過，如何零落在山阿。規模是否符型範，文字有無足嘯歌。
殊異岐陽大狩碣，豈同雪浪小文波。山中疑有妖蛟舞，伐爾如擱水底鼉。

松子香風　周鉞

萬壑千巖一夜霜，晚看雲樹兩蒼蒼。懸崖老幹虬龍霧，偃蓋新枝鳳鳥翔。
有約不逢黃石覆，無緣可到赤松鄉。乘風度嶺蕭蕭起，松子吹來桂子香。

前題次韻　劉順昌

何年蓺種飽經霜，老幹虬枝氣色蒼。日爲蓋遮常叱馭，鳥因濤拂幾廻翔。青青陰傲寒冬歲，謖謖風廻醉夢鄉。況有後彫持晚節，應同柏子噴天香。

雨洗麻衣　周鉞

神僧此地事精修，宋祖當年誓遏劉。金甲抛來無卧榻，麻衣着去不廻頭。北安香火虛千載，南度衣冠闢一邱。雨後登陴頻悵望，極天芳草正悠悠。

前題次韻　劉順昌

廊外招提山徑脩，天台此日又逢劉。人知麻敝衣藏玓，誰信雨過石點頭。和尚燈傳存古衲，寺門雲鎖即丹邱。曾聞宋祖勤祈祝，赫濯如何久且悠。

里言贊麻衣道人　趙爾覲

綴補麻衣耐歲寒，千章喬木與禪安。衹因郊國幾斤盡，怪得仙人破塔看。

合山奇泉　王雲鳳　再見

四月清和雨霽時，來携父老拜神祠。四月四日懿濟聖母誕辰，故云。簷前燕雀多新壘，橋畔松楸只故枝。環抱東西南壁合，周廻三十六峰奇。靈泉兀突經今古，旋渴旋流誰使爲。

前題　蘇宏祖　再見

四山無雪鬱蒼蒼，林水悠然自一方。地老龍蛇纏石筍，月明笙鶴過滄浪。雲林忽作千家棟，靈澤還滋九畹香。縹緲三山人不見，醉携騷雅嘯芝房。

西溪靈井　喬宇　再見

千仞靈源鬼鑿開，真從一竅洩胚胎。蛟龍石底能潛見，雲雨寰中任往來。
地界遠分梁子國，山形高枕趙王台。西溪勝跡堪留詠，徒倚蒼松坐碧苔。

前題次韻　胡淑寅　邑人　推官

一望巉岩萬豁開，西山爽气抱龙胎。泉飛疊澗松聲合，雲暗荒城雨色來。
六月長天猶縱酒，七年此日複登臺。石龕空寂靈芝冷，獨對殘碑弔綠苔。

前題次韻　赵漪　贡生

步入幽谷巨豁開，寒泉石底泄靈胎。潭空時見閑雲起，亭敞頻邀爽氣來。
曲墱斜通松下路。輕霞高鎖領邊基。前賢題句藤蘿隱，我為前賢拂碧苔。

前題次韻　赵浚

曲曲幽幽小脛开，龙潜深谷浴灵胎。氣嘘霧踴山環暗，珠吐泉飛雨細來。
佳詠常留三絕字，霸功止見九層台。當年墨蹟風吹散，澗壑增顏長綠苔。

西山踏蝗有感次邑侯蘇公韻　趙漪　邑人

山原無複草青青，極目垂涕總石田。苗湧飛蝗時作隙，空倉懸罄日作年。
秋來不獲瞻雙穗，歲盡誰輸供奉錢。憤籲彼蒼何不弔，嗷嗷鴻雁倩誰憐。

丁亥三月三日遊山寺　黃玉衡　邑侯

其一

複嶺重崗殿一巒，松風三月倍增寒。峯高似削仙人掌，寺古猶懸道士冠。

望去好山環繡幙，行來佳氣襲芳蘭。山僧不卜晴和雨，惟問香岩濕也乾。山項有三岩，將雨則滴水。

其二

清净桑門望若懸，雲烟縹緲洞中天。千尋砌石窺欞立，幾處喬松抱佛眠。過眼春秋僧有待，留人風月吏無緣。超然逈出人間世，勝讀南華第四篇。

石鼓

誰來考擊事山中，一石天然鼓製同。雨過苔生釘隱隱，風鳴谷應響逢逢。規模不異周宣舊，雕琢猶存魯匠工。故是凡夫檛不得，傳奇罔說蜀魚桐。

過寒湖嶺有感

高低山路踏晴沙，一水盈盈帶徑斜。萬壑烟光秋入畫，滿林霜葉麗於花。羵羊牧慣邨多畜，樵斧聲喧地不譁。我爲勤民輕遠役，寒湖行處問庄家。丁亥歲秋八月念八日賦。

別邑中士民有序　國朝　**鄭玉振**　邑令

嘉慶元年，余以進士謁選，得晉之梁餘。於一載二季冬，奉使於潼關，蒙焉冢犯霧露，偶得採薪。三年春，以疾告，拙邑紳耆聞知，環署挽留，情詞切至，因爲收回告章。密令馳遞，既得請卸篆。五里士民後至者，復皇然傳告，率十百人赴會垣，請於大憲，乞於在治養疴。比聞憲令，求例不合，衆悒悒而歸。余承乏玆邑，爲日不多，且無善治，乃臨行父老攀留如以，余自問不知何由，言之不增余愧乎。然戀戀之情，終不可沒，因作是詩以誌別。

捧檄向梁榆，濫竽歲已朞。政暇頻問俗，早知邑僻疲。玆邑太行巔，逕側少通達。黃壤雜沙石，播植多非宜。人烟亦寥落，羅布異星棋。所賴在生全，日惟富教之。而余企此訓，學拙未能施。尚恐負國家，素餐位空尸。注騰緬皇華，於役西秦陲。歸途冒星露，偶傷蒲柳姿。胸懷不自得，治理荒於嬉。及兹歲已晚，遠賦歸來辭。升沉纔欲發，士庶趨堦墀。謂余病勿藥，敢請緩斯湏。其令諄且至，盈路動嗟咨。余亦感此意，哽咽涕幾垂。勉爾收去檄，縉史載星馳。上官俞我請，許我臨田期。胡爲彼耆老，緬念終相追。傳語赴并妙，十百紛相隨。重趼三百里，夜光忌晨炊。皇然告大憲，蘄遂挽留私。憲德隆山岳，非不允所爲。國家難復移，吁嗟此邦民。念我情何癡，而余問寸心。得失豈不知，那留一湖水。爲汝救年饑，得此牽我位。如彼借新時，行行重余念，回首漳水湄，枯腸攄浮語，留以知我思。

卸篆偶題有序　國朝　**余光超**　邑令

予乙丑釋褐莅和，三載迂疏寡效，而于役甘蘭襄事棘院，僕僕者迄無寧歲。今秋以憂去，廻思往事，彌滋慙悚也，爰紀一絕以誌余過。

三年爲政事迂疏，況值奔馳力未舒。今日皋魚徒泣血，憑何報績達宸居。

慰邑侯雷竹卿先生丁外艱即以贈行　國朝　**鞏對揚**

行山陟巘望燕山，千里勞人夢早還。易簀未能明治命，招魂空自想兹顏。耆英預會思溫洛，作述多才識馬班。借寇無從難挽駕，漳流嗚咽響潺潺。哀訃驚聞動邇遐，星騎箕尾駐雲車。立三不朽詒謀遠，膺九垂封寵賚加。遂有勳名傳國史，緣多政績翊王家。丁艱奪我賢侯去，霜冷榆城一縣花。

重修雲龍山落成紀事　邑令　**陳熙健**

躡屐幾回凌絕頂，遠瞻近矚總清虛。雲烟杳靄天無際，城郭參差畫不如。四面暮山新雨後，一亭殘照晚霞初。停琴待看松梢月，月色昏黃透綺疏。

萬樹濃陰望不分，小軒幽敞封斜曛。濤聲散作千峰雨，黛色堆成半嶺雲。
颯颯音隨流水聽，騷騷韻借晚風聞。眠琴更有天然趣，拂地清蒼掃俗氛。
野徑天斜彳亍行，石溪流水小橋横。巖花豔豔迎人笑，澗草萋萋夾岸生。
望去雲山皆秀净，坐來亭閣亦空明。慙予自謫風塵後，隔着蓬箂幾萬程。
案牘勞形百感縈，得閒每作看山行。松花滿地僧房靜，香霧迷空佛舍精。
不受塵埃侵半點，自然心跡喜雙清。何時重載淩雲酒，風月無邊更適情。
雲根一脉瀉涓涓，新汲山房手自煎。火爇松花烟篆細，茶烹石乳水珠圓。
香生齒頰清於露，冷沁詩脾妙欲仙。最是酒醒眠熟後，不湏七碗已陶然。

訪得石樓院藥太僕殉節井 邑令 魯燮光

大節光泉壤，滄桑事莫論。先生真不死，古井此長存。
波咽萇宏血，石銜精衛魂。夕陽蔬圃裏，誰認舊啼痕。

井在張姓廢圃中，幾不可踪跡。

朝坡村訪農家九老內有百歲老翁 魯燮光

都是童顔鶴髪翁，朝坡九老話年豐。百齡天假緣非偶，五福疇先典特崇。
自有田家風景樂，不湏朝籍姓名通。從今亦被君恩渥，人瑞齊開壽域同。

前後虎峪村登山謁王尚書總憲二公墓 魯燮光

松風謖謖墓門清，前後村傳虎谷名。棹楔褒題賢尚子，衣冠僾接古公卿。
事賢轉恨居邦晚，論世彌深尚友情。泉壤有靈應匡我，要爭氣節到先生。

九月重三謝雨人孟鳳樓登雲龍山 魯燮光

預作登高會，同人出郭游。宮閒民事樂，地僻梵天幽。

古洞瀉寒淥，雲山入莫秋。題名偕謝孟，少憩亦風流。

捫王雲鳳峭壁題名，擬亦記遊於後。

重九日同趙蔚堂大令登麻衣雲龍諸山小飲　魯燮光

四溪探勝境，東道話前緣。結伴客常到，登高吏亦仙。

會逢重九日，小飲洞中天。松翠落尊酒，詩成醉欲眠。

其二

才謁麻衣寺，來尋玉磵橋。塵襟容水浣，逸興比雲超。

夕影澹山色，濤聲詐暮潮。同儕商晚節，珍重歲寒彫。

九月朔有五日偕胡星輔大令登雲龍山　魯燮光

重九登高先四日，叨陪知己作清游。漫空雲影澹無際，寒動松濤翠半浮。

虎谷流風人地古，龍潭欲雨暮天秋。煮茶埽石間題品，細認歸途月上鈎。

陪侍魯瑤仙堂臺謝雨人參軍遊雲龍山率和　孟文福

難得羣賢集，登高紀勝遊。連山雲氣滃，古洞水聲幽。

葉落秋風老，臺荒舊蹟留。喜賡流水調，餘響送溪流。

陸機曰："籠天地於形内，錯萬物於毫端。"劉勰曰："百年影徂，千載心在，久大之業，孰過於文哉。"謹按和邑舊志所載，若虎谷之奏疏，上格天心。白巖之文稿，夙徵才藪，以及呂涇野之墓銘，李西夏之敘引。允堪黼黻，楓猷爭光日月，貯列石室金匱，流馨奕祺。唯是綴文之士，家擅金玉，人握靈珠，操觚染翰，卷盈緗帙，使遺而弗紀，致憾何窮。矧文章者，性情之風標，神明之律呂，乃令古人之文章不傳於後人，并令後人無由識古人之性情神明焉。誰職其咎哉。

虎谷集

上楊太宰書 明 王雲鳳

伏惟晉位太宰，竊惟天下慶而不敢奉問者，非敢效劉元城不通司馬公書之義也。以時事多端，每一把筆，輒長太息而止。又不欲瑣瑣，作世俗寒暄語，是以因循至今，失禮殊甚。近於咨文中，始見陞少保，益慶位之愈崇，而志之可大行也。山中屢聞忠讜之言，近者留王昻一疏，尤為人所傳誦。不聞唐介初貶之時，潞公有此執事，於是乎加人一等矣。然介雖貶，未久而復其殿中侍御史，今王昻既不獲還之青瑣，則推薦超陞，在執事筆端焉耳。他日秉史筆者，書此一行，豈不足以照耀今古哉。每恨李文達近稱賢相，然惡羅倫淪落以死，擯斥岳正坎坷終身，極貪之陸布政，反不次超擢，今文達之富貴安在哉？一時快意可略也。前輩影樣之多，後人是非之公，可畏也。一人私情，可略也。天下指示之嚴，史氏紀載之實，可畏也。一身極榮極富極貴，可略也。每日光陰之易去，過者不可復補，百年歲月之無多，來者未必可追，可畏也。且用舍之間，士風所係，扶持正人，則善類慶而士風以振。獎進邪人，則善類沮而士風以頹。惟雲鳳於執事，可以此言進，故不復忌諱。今辱薦槖援雲鳳以巡撫，重寄感激之餘，慚懼交至，久病殘喘，豈堪任事，不敢祗受，輒用上陳，迂拙情詞，備見奏疏，伏乞賜臨見，便見愚哀。况兩耳皆聾，調治不瘥，只當耕田納稅爲畎畝之閑民。養親讀書，忘歲月之不我，豈有夢，未更著冠束帶耶。伏望周旋其間，以必得遁藏爲幸，縱猿鹿於林莽之外，投魚鰕於澔淠之中，雲鳳未死之年，皆執事之賜也。

又 明 王雲鳳

進本家人回，蒙賜手札，教以吾儒出處之義，所以開悟不肖者至矣。但賤疾委不堪任事，且此身一出之後，必至更陞他官。若欲行其正君救民之志，而盡其讜正之言，施其澄清之正，則立異好名之論過當。太嚴之謗，必至交口騰沸，撩蛇虺之頭，履虎狼之尾，亡身喪家而無益人國。智不足以保身，死不足以善道，非孔門之訓也。若遜言恭色取悅於人，塗罅塞漏，小補於事。倘不幸不洊至崇顯之位，滔滔皆是，謇謇難容，毀方爲圓，枉尋直尺，危而不持，顛而不扶，既不可去，又不得死，何以免貪冒苟容之笑於天下後世邪？以數年之寵榮，而喪一生之節。以一家之溫飽，而喪一身之節，孔光、張禹之徒可以鑒矣。蓋明哲保身之說，可言於卑微疎遠之時，而不可言於樞要華近之後。雲鳳今日出與不出，乃一生一死，路頭不可不慎，伏望台慈令雲鳳爲未老致仕之錢若水、文天祥，不使雲鳳犯魏桓生行死歸之戒也。雲鳳今年已五十二歲，假有七十之壽，不過十八九年耳。欲於此十八九年之間，汲汲力學，冀有寸進。入山惟恐不深，閉門惟恐不堅，豈暇更問天下事哉。手札又有來年，索我金焦之論。斯言也，有麟鳳不可羈縶之氣象，但執事官居極品，汲黯所謂已在其位者與。雲鳳輩不同，祇當先正其心，先治其身，使在我者無纖毫罅隙之可議，然後直言正論，上說下教，犯顏極諫，直前不回。凡事以身當之，至大利害，以死決之，求死不得，乃以罪謫罷免，斯合於能致其身，見危授命之意。平日讀書，不爲空言。杜子美贈一裴道州而曰："早居要路思捐軀"。古人忠於國者其相勉如此，所以相敬相愛，非所以相病也。雲鳳雖不才，豈肯出杜子美之下哉。故爲諛言諂辭，勸執事保富貴身家者，兒童婦女之見，瞼瞼姁姁之情，失可爲之時，喪蚤有之譽，非真愛執事者也。雲鳳欲執事盛德偉業，與古大臣等，敬之至也。不欲執事虛居此位，以貽萬世之誚，愛之至也。每見今之君子，高爵厚祿，罔念國事，所急者修怨報恩，昵邪害正，自以爲善處世而不知陷於胡廣之中庸，自以爲善處世而不知陷於王導之周旋。天下蒼生無可頌之功，賢士大夫無可述之善，卒之身死而名不稱焉，無足效也。然雲鳳此言，惟執事處可以言之，亦未審尊意何如。若以爲然，非雲鳳之幸，乃國家之幸，天也。倘以爲狂妄詆訕，非雲鳳之不幸，乃國家之不幸，亦天也，天於國家必有意矣。

送和順劉大尹序

事易專，令易行，力易爲者，惟治邑則然。而吾邑和順者，其境僻無監司可否異同之奪，其俗淳無豪猾爭論詞訟之擾。其地近而事簡，無車馬將迎、案牘叢脞之苦。其民貧而用嗇，無衣食靡麗僭擬之患。故往時諸君子，惟以賦貢不時集爲念，餘則皆優游宴笑之日也。是不亦事之尤易專，令之尤易行，力之尤易爲者乎。然則令於斯者，定多繡譽芳聲之士，足以聳世觀聽，而壯人志意者矣。吾閱之志記，無聞焉。詢之父老，無聞焉。豈其邑之不顯，而賢有司之不至耶。抑習於暇逸，蓋不知奮，往無可法。來者無所感而然耳，其亦賢有司者之難逢也。每思得高才遠識，通曉治體之士。如古之良令者，始於察吏胥之因緣。欺弊而惠小，弱憫煢獨，興孝弟，作禮讓，清徭役之濫，勤士子之課，嚴二氏之禁，與凡申明旌善養濟、醫學陰陽之亭院局者，皆有以覈其實而不徒具其文。私懷耿耿，積以歲年。薊州劉君以鄉進士，謁詮部，得和順令。嗟夫，天子施德澤，頒政教於九重之上，奉而致之百姓者，州縣之吏耳。古之言良令者，曰卓茂，曰仇覽，爵顯當時，名垂後世。今誦其德，想其人，若邈乎其不可及矣。彝考其行事之跡，則茂視民如子，舉善而教，其效至教化大行，道不拾遺。覽勸人業農，子弟就學，其效至於期年大行，感逆而爲孝，是豈非人之軌範哉？然世屢降益，下長民者，簿書期會之外，有以撫字教化爲事者，人必以爲迂而笑之。自持不堅，久而必懈，苟非吾所謂才高識遠，曉達治體之士，惡能自拔於流俗而有爲哉？若君者其人乎，程明道爲晉城令，條教精密而主以誠心，漢章帝亦厭俗吏之矯飾外貌，取劉方之安靜不煩。然則虛文無多實事，滋擾者又爲令者之所戒也。

遼州學田記

宋元學皆有賜田。其無田者，則守令之賢者必爲給之，上無所禁焉。洪武十五年，太祖皇帝以天下學田多寡不一，著令每歲給米，府一千石，州八百，縣六百，田有餘者歸之宮，不足則割他田足焉。後去田而惟徵米於有司，以至於今。然是時諸生，府惟四十，州三十，縣二十。蓋凡學於學者，無不廩食之人。後又增曰："增廣各如廩膳之數。"有曰："待缺，無名數之限"，故每學之中，廩食者不過三四分之一。其孤貧之士，困於饑寒，廹於婚喪，而無所控訴者多矣。州縣或有閑田，官必令輿隸耕，以自取其入，否則賄賂請託，以與人耕。若告之曰："以資諸生之養"，則悻然弗聞也。大抵本朝士大夫，不喜稽古禮文、教化儒業之事，乃習尚致然，已非一日。遼州故有隙地二，一在城南西隅，一在藕亭里，乃前守自耕。及與人耕者，今守楊侯取以畀之學，請於巡撫何公，公從焉。其耕穫之役，斂散之法，具有明約，予聞而喜之。予曩守陝州，曾毀泰山廟，以其址與學，監司以爲非。及提學陝西有正學書院，每欲置田數十頃，謀之數年，此可彼否，竟以無成。今揚侯能行人所不能行之事，何公能從人所不能從之請，然則予之喜，豈特爲諸生溫飽之私哉！有感於是焉耳。侯之好儒，而篤於禮教如此，諸生可不知所以副侯之意乎。今學者雖羣，然日誦聖賢之書，而不知以一言用之於身，規爲識見，無以異於鄉里之常人。迨人仕路，則又以智巧求合於時，姦譎求富於利，惟便其身之爲，而鮮有君民之念，然則，何取於學哉？吾遼諸生，自今反此而求吾所以爲人者，於吾所讀之書，主敬以存其心，窮理以明其智，行道以復其性。窮則以是修於家，達則以是用於世，則侯之意庶乎其不負矣。侯名惠，字澤民，洛陽人，以宰費治高遷而來。愛養貧弱，招徠流亡，吏泯姦慝，境無盜賊，頒《呂氏鄉約》以化民，善政多可書云。

書德華文章正宗辯後

宋西山真氏，集古人詩文，作《文章正宗》，蓋爲專攻文詞者設與。昭明《文選》、姚鉉《文粹》，用心無異。至其自序，乃曰："學者所以窮理而致用也，文雖學之一事，要亦不外乎此。"故今所取，以明義理切世用爲主，則以儒者體用之學，濟其說而未勉岐而二之。夫聖賢所以相傳者道而已。是道也，其功用極於育萬物、贊天地，而其實不外乎日用行事之間。故聖人既有是道於身，則自日用行事，以至所以育萬物而贊天地者，固已煥然其明盛而不可揜矣。若堯、舜、禹、湯、文、武、周公之禮樂制度，威儀文辭，與凡見諸事、形諸外者，皆文也。孔子曰："文工既沒，文不在兹乎？"文者，道之可見者也，而言辭者，尤文之可見者也。故六經四書，儒者謂之文，誦說其文，以求其道，而體之於已。儒者謂之學，學者誠知所以學而得夫道，則所謂文者，將復自我出，豈特言辭而已哉。若以文爲學之一事，則是孔門之徒，皆將操筆學爲文詞，而不知儒者之學，固未始有外於文，而徒學爲文者，固不得竊學之名也。蓋自三代之教廢，而儒者之學不講。世之人徒見聖賢言辭之無弊，流傳之無窮，心慕而竊效之。然不知深探源本，於是乎秉筆締思，日積月累，久而既多，編之成書。則自視以爲天下之文，不吾過矣。轉相授受，倣傚成風，千有餘年，使才質高明者，不得進爲德義之儒，而資質庸下者，不德守爲謹愿之士。至於有宋，真儒迭起，講明聖學，一洗其陋，其有輔之，其徒和之，所見雖有淺深，所就雖有高下，要皆能辨於二者之間，而知所取舍矣。真氏生於諸儒之後，號爲大儒，而不能拔於文詞陷溺之中，反又從而文之。子曰："惡紫之奪朱"，似是而非，有誤後學。非若昭明、姚鉉爲淺溥之士，而《文選》、《文粹》出於文家之手，固不足重輕也。其辭命、議論、敘事，德華辯之悉矣。其詩賦曰："三百五篇之詩，正言義理者，無幾"云云。蓋詩者人心之感物，而形於言之餘也。人各言其志，故有是非之不同，而無工拙之可言。誦詩者諷詠之間，既有以因其言之是非，而知其心之邪正。以爲言之所當取舍，然必窮理慎獨。真有好惡之誠者，精察之久，實能爲善去惡，而後性情之正有可言者。故古人必十三誦詩，久而後能有所興起，其次第之不可紊，而功效之難如此。今曰："諷詠之間，悠然得其性情之正，即所謂義理，爲言亦傷易矣。"又曰："後世之作，興寄高遠，讀之使人忘寵辱、去係吝，翛然有自得之趣"，此蓋後世躭吟之流，溺意詩句之間，而不知其他。所謂"但覺高歌有鬼神焉，知餓死填溝壑者"，實非有見於道，安於命，胷中自悠然灑落，而無寵辱係吝之可言也。至若朱子詩有三變之說，蓋爲答鞏仲至之問，雖其論極盡詩之本末取舍，其意則以爲使今之作詩者能如此，亦庶乎不失古人遺意矣。豈可謂詩乃朱子之所取，學者必不可不作，不爲學之一事乎。且朱子嘗欲注莊文矣，使其書成，必能尋究其病根之所起，體貼其旨意之所在，而大有取舍於其間。蓋窮理者必如此，然後是非功罪可得而定也，亦將謂朱子教學者以學莊乎。況真氏雖自謂以文公之言爲準，乃不分三等，兼失之矣。或曰："如子之言，則孔子所謂，則以學文，博學於文。周子所謂，文辭藝也，道德實也，篤其實而藝者書之，皆非歟。"曰："孔子所謂文，詩書、六藝之文，格物致知之謂也。若文莫吾猶人，則專以言辭而言，若宰我、子貢之言語者耳。"真氏言文乃作文章之文，然作文之文與周子所言之文，雖若不異而所言之實不同。周子之意，祗謂學者當先篤其實，明其道，而後可以言其言，亦不可不美。而所謂美者，則亦善其說辭云耳，非謂有志於求道者，又不可不學文也。不觀朱子之言乎，人之才德，偏有長短，其或意中了了，而言不足以發之，則亦不能傳於遠矣。故孔子曰："辭達而已矣。"程子亦言："《西銘》吾得其意，但無子厚筆力，不能作。"然言或可少，而德不可無。有德而有言者常多，有德不能言者常少。學者先務，亦勉於德而已矣。此其緩急本末輕重取舍，學者所當潛心也。

矩庵記

古之學者，惴惴焉惟恐違乎道。今之學者，貿貿焉不自知其所爲。宗之讀孔氏書而有味焉，名其庵曰"矩"。余於是知宗之非今之學者流矣。宗之早有聲於南畿諸士子間，及舉於鄉爲第一，試於禮部，於大廷，俱高第。文辭泉湧而雲敷，泳游經史，泛濫乎百家之言。夫號稱學者，於今之世，如斯而已。其或知古之學，有所謂道者，則往往厭經書之勤，而專求之於其心，卒無據依，以墮佛老之歸。至有實崇莊、列，尚空虛，恐吾儒擯而不納，則頗援周、程，而未免醜詆晦翁。嗚呼！其厚自誣而無忌憚也，亦甚矣哉。崇之將進於道，而有味乎？矩之一言，是豈今之學者所及知哉。矩，法度之器，在人則曰一心，以至於一身之所具，日用之所接，凡有是物，必有當然之則，而非人力之所及者。是則所謂矩也，庶民去之，君子循之，聖人安焉。士希賢，賢希聖，之謂學，學者所以求復，是矩也。宗之自是收其放心，刊落浮言，讀書窮理以考聖賢。已行之成法，慎於閒居之奧，而察於應物之頃，朝夕自省於法度中，如古之惴惴焉者，則道在是矣。身與庵居，心與矩隨，此爲己之學，所謂古之學者也。余有感於今，烏乎不記。

平水書室記

樵者趨山，漁者趨水，耕者趨野，貨者趨市，所趨在是，其志在是，而樂亦在是。仕者趨朝，豈有異於樵、漁、耕、貨者乎。世之官師小吏，走塵土以事人，莫不足其志而安其樂。若有軒冕金紫之華者，則雖顛毛雪墮，而猶以休爲諱，矧乎壯年高第，立天子之廷，則其志當益遠。若健翮之視長空，駛足之走曠野，豈有不樂於其心，而外其職位，以爲樂者哉。吾友安君行之，居山西之平陽家，食時嘗一出郭遊，而愛所謂姑射山者。遵山而左，得泉，曰平水。始如青蚓素練，縈廻於沙石叢薄間，東流數十步，潺潺有聲，聲漸揚，勢漸大。而隴畝遠園圃之灌溉，禾稻桑麻之浸潤，草木魚鳥之憑藉，晴烟暝霧，秋蛩春鶯，變幻無窮，應接不暇。蓋每愛而不能去，去而不能不重來也。於是擇其尤勝者，買田築室焉。今君宦於京師十年矣，乃遺繪筆於素楮，廣不盈尺，其境鬱然不窮，其趣悠然而有餘。時或披閱，則長吟獨笑，起而詠嘆，不啻置身姑射、平水之間，而讀於其室。吾觀今之君子，以宫闕廊廟，簪紳冠佩，形諸圖畫，張寵光榮，遭際者往往而是。君以進士爲行人，年未及強仕，名久則大位登，則崇宜其樂之在此，乃記憶乎。服韋布而蹲寂寞者，無聊取適之具，豈君子之志，獨異於人。人而所趣者，非其身之所處也。抑君子之志，超乎人之上，與古之君子者爲徒，世固莫得而同也。古之君子修其道於身，而後用於天下，不用則斂而退，以淑人而善俗，是進亦有爲，退亦有爲，故有常樂而無暫憂。今之君子反是，進則爵禄之詡耀，退則嗒然無據，咄咄窮廬而已。君好學嗜善，名節自礪，予嘗以爲有東漢諸公之風，仕於朝不忘乎山林，不求於進，亦不求於退，惟其時焉。持君之志，安往而不得其樂哉。乃記之。

山西提學題名記

進賢退不肖於朝廷之上，而致天下治平之盛者，宰相之職也。進賢退不肖於學校之中，而立天下治平之基者，提學之職也。國無賢，責之宰相，天下無賢，或莫知所責焉。然則提學，豈考課巡閲之間而已哉。示之以聖賢之正，而使之的知所向，開之以良心之好，而使之自不能已。士之賢者，廩之舉之，以勸不能者，而不肖之終不可化者，不使亂苗敗羣於青衿之列，此真提學之職也。宰相之職失，壞於一時，提學之職失，賢才之根柢拔矣。嘗執事，以求之提學，有定命焉。正德已巳，泰和陳君文鳴提學山西，使士皆讀朱子之《小學》，爲立身之本。讀《近思録》，爲入道之門。凡曉告學校者，無非正士風、興禮教之事，而以身率之，吾邦之士，翕然服從，皆知正學之可修身而及於天下。然聞者未察，或以爲嚴。嗟夫！寬嚴之說，不明於世久矣。舜之命契，欲其教民以親、義、序、別、信，五品之人倫，必優游漸漬以變其氣質，養其德性，而各有欲去理存，喜悅自得之妙，然後能之，非一朝一夕之可致也。故曰："敬敷五教在寬。"今學校之教，其本固不外此，而舉業淺深高下，固不可以一律齊然。有讀書作文之程，辰入酉出之規，凡所以防其侈放，而約之禮法者，自不可畧。提學所統，少亦不下萬餘人，非有朝訓暮誨，耳提面命之相親也。若非嚴爲之令，則條格徒挂墻壁，若罔聞知，挾冊而喜，易衣而遊，甚則凡民之所不爲者而爲之者矣。許魯齋在太學，有大體要嚴密之言，正以此耳。況當此教廢法弛、民散人玩之時。予以爲十分嚴，方濟一、二分事，此救弊之術。而論者往往以因循姑息，周旋人事，善惡是非，不大別白，爲合時宜，是豈有教人濟世之實心也哉。君存主以寬，而作用以嚴，其在湖南亦若是，提學之道在是矣。嗟夫，吾盡吾道，而人之知不知，又安足計耶。君暇時裒正統以來提學者而刻之石，徵予爲記。予以世未嘗究提學之職之重也，故爲之說如此，而記其故。曰："提學始建於正統元年，後罷於景泰庚午，而復建於天順辛巳。"自高公志至君十有三人，氏名爵里具石，石在書院之提學分司，虛其下方，以俟來者。正德庚午八月望日也。

封南京光禄寺少卿李公墓誌銘

公諱寧，字仲元。先世居平定，徙樂平，今爲樂平人。五世祖諱尉，前元某年間爲蒙哥近侍，嘗負其主脫艱危，以勞復其家。曾祖諱唐，祖諱德，父諱季忠，年踰九十，恩例冠帶，家世以善良稱於鄉。公幼嘗見讀書，性純和樸實，凡事任自然不爲華矯，人與久處，未嘗見其一惡言厲色。機變強橫之徒，遇公則惘然自失，非惟不能以非禮相加，退而心服改行者多矣。公早失母，繼母王弗慈，公事之，得其歡心。正统己巳，虜寇掠近地，鄉人相率竄避。公曰："如吾去，吾親孰與養。寇亦不至。"景泰初，饑甚。公躬耕採拾爲養，菽水僅足而親安之。後公之子與孫，相繼居清要貴顯。公以子官封南京刑科給事中，再封南京光禄寺少鄉。自處儉素，不改於前，非法之事，非義之財，與有司相涉者，非但不一污於身，而亦不復萌於心。人以其自少至老，守一而不變也，號曰"一齋先生"。相戒者曰："無愧一齋。"相擬者曰："與一齋何如。"若公者，可謂一鄉之善士矣。壽九十有五，無苦而終。配劉氏，贈宜人。子男二，長曰岱，丁未進士，先任南京刑科給事中，光禄寺少卿，今爲陜西布政司右參政。次曰恒，義官。女二，長適劉廷逵，次適劉憲，皆宦族。孫男四，長天衢，河南按察司兵備僉事。次天街、天衝、天衞，皆幼。孫女四，適聶鎬，次適馬騰雲，次適宋郕，次許嫁喬詩。公生於永樂十一年正月七日，卒於正德六年正月十一日，葬以四月六日，墓在南谷獅子山之原。銘曰："皋落之墟，粤有善人。樸焉弗斵，太古之民。少孤而養，於稼於薪。既富且貴，不忘賤貧。人之譊譊，我若不聞。人之獧趨，我獨逡廵。德豐其身，利其子孫。"

送李朝振序　名紀　潞安人

自秦而後，郡守莫重於漢。而漢之循吏武相，接名相輝。自唐而下，郡守莫輕於今，則雖有賢者，亦不能以自振矣。漢法簡易，刺史以六條監郡。而丞相挈其網，所事者少，所任者專。後世監司繁多，令人人殊，將周旋文法，日且不暇，又安能建一事效一謀，出於吾所事者指揮之外哉？故今之擁皂蓋而分麟符者，簿書治焉，貢賦時焉，訟獄理焉，逸戍逋役之察且舉焉，則已謂之良守，赫然衆之上矣。而吾每持以質於漢之循良武相，接名相輝者，往往不類。蓋上知所以責乎下，則下不知所以責乎己。上下相安於苟且，仰望待遷而已，然則如吾民何。吾邦潞人李君朝振，以故城尹有聲，進爲錦衣經歷，復有聲，今遷臨洮守。故城𠏉而錦衣劇，君處之未九載，民懷事理，繡譽在人口耳，其吾所謂賢者也。今天下之民病而俗壞，亦已甚矣，而天子憂勞至惓惓也。郡守，吏民之本，故每慎是選，不輕畀人。君自縣而郡，則民隱所在，乃其素諳，顧而取諸囊中以施之，足矣。自内而外，則親見吾君憫民責守之意，凡所以爲吾民者，當何如哉。臨洮爲郡，處於陜之西偏，地瘠產薄，民多愁苦。羌戎雜居，禮教不行，則又有甚於他郡者，夫志在足民而卒之，郡以殷富，漢之人有行之者，召信臣是也。志在化民而卒之，民尚文雅，漢之人有行之者，文翁是也。吾將進君於二君子之列，則亦在乎君之自振，何如耳。今陜之藩臬，多吾鄉磊落才能識達治體之士，必能相勉以有爲，不徒以吏治相促廹而已。君之志，於是乎可振，而君之賢，其儷諸二君子哉！君往矣，羣奸視我以起伏，諸吏視我以貪廉，衆職視我以勤惰。明其政，厲其守，先其身而後云云者，可舉而施焉。若徒度長絜大於今之守，而曰古人非所及，則非吾望於君者也。

都門別意序

營田之制，莫善於我朝，亦莫弊於今日。自兵農既判，荷戈而編伍者，不辨阡陌之東西，執耒而趨隴者，不知卒旅之多寡。惟所謂營田，無事散之耕，有事聚之戰，有寓兵於農之意。然漢惟行之邊塞，唐雖徧行中州，不久而廢。我聖祖監古作法，凡天下兵衛，鄰邇閒曠之也，皆分畝為屯，本耕以守，令甲一定，百世不改，是其制不亦善乎。昇平百餘年，兵耗於逃，貧於役使，而田遂假於豪奪，棄於游惰。田雖歲有登稼，而兵則家無遺秉。予嘗以今日兵、馬、屯田三者如不調之琴瑟，既朽之屋，盧非解而張之，撤而新之，不可鼓而居也。近世頗有知其然者，乃議分設風憲，以任提督之責，則始可以與滯補罅，救十之二三，然非才能足以辨劇，風力足以攝姦，廉介足以服人，亦未易有爲於其間也。遼州孟仲平，以大理寺副膺陝西僉憲之命，摠甘肅諸衛營田事。甘肅諸衛者，陝之西垂，控羌戎，扼匈奴，其地要，其兵當愈強，其食當愈急，而其責當愈重者也。或謂如仲平之賢，當留在天子左右，不宜處之外且遠，仲平亦有戀闕懷君，離羣遠鄉之嘆。予謂不然，官有内外，爵有崇卑，職有要散，君子處之一也。故人不於身家勢利之謀，而惟君國民物之憂，則自廊廟以至荒夷，以卿相而視倉庫，我無加損焉。且力易行而事易爲者，莫若風憲之職，璽書之使平仲往陝，而平仲挾其辨劇，攝姦服人之具，則所以興治補罅，有人所不能爲，不敢爲之者矣。其名之大起，位之益崇，可可計日以待，又何遠外之計哉。

別知賦　喬宇　明少保吏部尚書

吾友王君雲鳳，字應韶，虎谷其別號也。向以大璫李廣竊弄威福，衆莫敢言，抗疏直斥其罪，中外危之，而直聲震一時矣。廣啣之甚，欲中傷以事而不得，後因郊祀從行，誣以駕後騎馬之罪，下錦衣衛獄，尋謫知陜州。由是縉紳之士，咸重應韶之名，爰爲之說曰："昔漢宣帝試蕭望之於三輔，太祖高皇帝出宋景濂爲知縣，蓋皆欲老其才而大用之也。應韶今日之行焉，知非聖主之意，將玉汝於成乎。"予與應韶，學同鄉，仕同朝，又辱有平日相知之雅，其所以望之者，固不在區區升降榮辱之間，故於其將行，而作此以見志。

巍哉大行之嶙峋兮，盤厚地而坱北。枕三晉而控燕齊兮，萃扶輿之滃涬。中峻迤爲虎谷兮，窾上黨而嶭巀。藹修姱於若人兮，環淑姿而秀拔。欝疆理之相望兮，屹北巘之横岡。前石龕而後栢巖兮，曰吾與子之舊鄉。曼余目於寰區兮，周流四方久乃下。觸世路之崎嶮兮，藴素修而莫寫。舍結惛以延佇兮，爰締盟而要之。帳吾道之弗返兮，諒伐木之在兹。揖東皇而導文昌兮，遂騁步乎曲江。啓閶闔以箋籍兮，寤委質於遭逢。聽鏘鸞而待玉螭兮，充下位於南省。鑴江蘺與芳芷兮，佩夜光之耿耿。幸朝夕以輔仁兮，緬載籍以校文。心怦怦而亮直兮，匪吾人其誰敦。何浪跡之靡處兮，愵恍悅而多虞。辭京恪以載人兮，迭日月而居諸。遞正學之湮淪兮，羌永嘅乎遺矩。摭微言而奮力兮，共條分而縷析。末俗日以工巧兮，競呪訾而詑謾。指迂狂以嘲誚兮，曰非哲人之所。安步踽踽而徑趨兮，言侃侃而不惑。苟余分之當然兮，又奚較孰失而孰得。排異端而昌言兮，邁允踐於厥躬。怒汗顏而泚涊兮，固余心之所同。荃蕙化而雜揉兮，紛魚目之混珍也。情悄悄而介立兮，鬱孤憤之莫伸也。遡豐隆而上征兮，叩帝閽以徽艾。皇穹亶無私阿兮，囿萬物而無外。雷霆倏鼓以威兮，忍雨露之沾濡。殆苦心而抑志兮，彼焉知造化之所如。羞瓊枝以戒行兮，葺蘭芷之初服。忻順受以康樂兮，匪愆尤之是贖。出國門而南騖兮，捎甘棠之遺墟。帝重念此烝民兮，簡賢勞而受圖。竊僮佪以鄣廱兮，曶曶其塊處也。恫麗澤之漸違兮，思好修而莫吾與也。淑景轉而思春兮，撫白日之衆芳。旆旌摇摇不可止兮，意緯繣而難忠。雲屏屏而結蓋兮，馳余情以求索。覽蓬瀛而歷崑崙兮，隨上下之所適。惟人生之大節兮，曰行義而不頗。嗤彼氓之栗斯兮，沫襲愆而終訛。乘嘉運以遠遊兮，豈君子之獲多。輕陰砉而有寤兮，雖外處其亦何嗟。孱余質之恂愁兮，憫悟道之不早。窮年矻矻而未得兮，愐役心於辭藻。中忉怛而外觸兮，聊徙倚而遐思。會晤不可常眷眷兮，嘆中道之分岐。余固知曉曉而無所用兮，惟知我者之難得。往事既莫余追兮，庶來今之不忒。莽悵悵而欲有贈兮，具前修之格言。尚崇得以永譽兮，矢斯盟之勿諼。

都察院右僉都御史王公神道牌　喬宇 譔

歷觀自古國家，皆有碩大閎偉之村，翊贊化理，而其生也必於至治極盛之際，蓋天地醇粹之氣，於時而會其鍾於人，則賢才出焉，辟猶時雨降而景雲興，谷風至而嘉卉作，此理之常，氣化自然者也。然國家重熙累洽，至憲宗、孝宗之世，其治極矣。當是時，海内鉅公偉人相繼而出，若吾友都察院右僉都御史和順王公其人焉。公諱雲鳳，字應詔，會祖珍，祖義，俱贈戶部尚書，考佐累官南京戶部尚書。曾祖妣周氏，祖妣張氏，妣馬氏，俱封淑人。公幼有異質，六歲時，尚書公與坐客論《易》，及馬爲行地之物。公在傍問："向者爲行天之物。"客曰："汝試以意言之。"公曰："得非龍乎。"一坐大驚。成化癸卯舉於鄉，甲辰登進士第，丁未授禮部主客主事。公自知學即以古人爲師，痛排流俗卑近之説，力行聖賢遠大之方。嘗讀《史記·項羽傳》，至沉船破斧時，三日糧示士卒必死無還心，因嘆曰："學者設心要當如是耳，不然，其能有成者鮮矣。"自是持志益堅，而進學益鋭，慎察於言動謹肆之間，詳審於取舍義利之辨。琉球貢獻使臣，以金爲餽，公謝却之。（宏）［弘］治庚戌，撒馬而罕貢獅子至公[11]，於尚書耿公、侍郎倪公、周公，上疏乞差官宣諭遣回朝廷，從之，歷祠祭員外郎郎中。丁巳春，以各省災異，詔令百官言時事，太監李廣恃寵專勢，權傾中外，羣臣莫敢有言。公乃獨具疏劾之，曰："近者災異疊見，亢旱爲虐，皇上特降勅旨博詢芻蕘之言，臣竊有所見，不敢緘默。臣聞太監李廣者，竊威權，通賄賂，引進黨類，嗜進無恥之徒悉走共門，大壞士風，濁亂綱紀，結托外戚相倚爲奸。今内外臣民，疾之入骨髓，獨畏其赫然之勢，不敢盡言以告陛下。衆心所向，天心必鑒。災異之來，寔由於此。故臣以今日弭災之急務，其有過於論李廣之罪者，乞斬廣以洩神人之憤。"疏入，留中不報。由是公之直聲震一時，廣啣之甚，欲中傷，以事羅織，久之無所得。是歲十二月朔，駕出省牲回，公寔以禮官從。至郊壇外乘馬，廣先已令人伺之，遽取公牙牌以去。是日詔下公獄，尋降知陝州。戊午冬，廣敗。在朝之士爭言公前劾廣被誣狀，且荐其賢，陞陝西提學僉事。公之教人，先德行而後藝文，其語學者曰："聖賢之道，雖多端，然其切要，不過復其本然之性，得於天者耳。必先立志以堅夫趋向之正，主敬以養其清明之氣，讀書以究其事物之理，慎行以致其踐履之寔，明義利之辨，謹隱微之際。勿慕高遠，而忽於日用之常。勿涉詭異，而出乎人情之外。"士之聞者，皆翕然感動，其他條約禁導之方，舉措變化之術，尤多注意。辛酉，轉副使，整飭洮岷等處邊備，邊郡軍戍番彝錯居互處，故狃驕縱，法弛令格，公至則皆惴惴畏恐，無敢干犯者。甲子以都御史邃菴楊先生薦仍改提學。正德丁卯，遷山東按察司，正已率物，奸弊無所容。前時諸色人往來司中者，一切杜絕。禁吏胥輩，非公事不得出入。詢府縣官能否有怠事病人者，輕則戒諭，重則逮訊，風采凛然。甫半歲，丁馬淑人憂以去。已巳冬，服闋起爲國子祭酒。時教法墮廢，士習偷惰。公痛懲之。士初或不堪，既而自厲率公之教。庚午，改南京通政，右赴移告以歸。壬申八月，陞右僉都御史，巡撫宣府地方，以病辭，不允，廼起就職。邊人素苦，鎮守將佐侵暴，聞公來，皆讙然曰："我輩今幸有主矣。"宦官攬納軍需，遣左右取償民間，各懼而遁去，稍緩者衆憤而毆，幾斃。罵曰："汝輩復敢藉官勢乎？"公至鎮，號令嚴明，罷將官占役軍卒，革權貴私借戰馬。穀價貴，因請增折銀價以足軍食。凡軍官贖罪，悉令入粟，不數旬，積米逾萬石，士大夫聞之，皆服公威望才畧，果可大用。公雖在外，然恒有澄清當世之志，感時多弊政，乃具疏論之。其畧曰：今生民益窮，盜賊迭起，京師倉庫空虛，各邊軍食盡缺。《傳》曰："窮則變，變則通，通則久。"當此窮極之際，正宜變通以爲久遠之計，因條議省民財、復久任二事。既行，則若光祿供應之濫，添差內官之濫，傳奉陞官之濫，錦衣陞官之濫，內府匠役之濫，奏討地土之濫，權要囑托之濫，馬匹船隻之濫，文職官員之濫，工部民匠之濫，京軍食糧之濫，各邊軍伍之濫，驛遞應付之濫，均徭銀兩之濫等項，臣尚能一一言之。不然，則千言萬語皆爲虛文，後來之事將不止如今日而已。臣請徒步歸山，以俟餓死溝壑耳，一省民財。臣嘗聞堯告舜曰：“四海困窮，天祿永終。”歷考前代，無非因上下好利，財盡民窮，海內愁怨，盜賊蠭起，而馴至不可救，乃知聖人之言，萬世之定論也。以臣所見，二三十年以來，內外清介之士，可數者不過數人，大抵太監之貪過於公卿，公卿之貪，過於布按，布按之貪過於府州縣，上下成風，日甚一日。私門之財，日倍於往年，而公家之用，日竭於往年。士官之富，日盛於往年，而百姓之窮，日甚於往年。財安得不匱，民安得不窮。宋臣有言，用財有節，天下雖貧，其富易致也。用財無節，天下雖富，其貧易致也。伏望陛下以天下之富爲富，不必積之府庫，然後爲吾之財，躬行儉約，爲天下先。凡供用施予一切禁罷，明詔天下，令內外大小官員，若有交通賄賂，圖謀陞用者，寘之重法。一復久任舊制，天下官員皆九年爲滿，方得遷轉，其布政、知府、知州、知縣，亦有九年考滿而仍復職。管事至十四五甚至二十餘年者，皆安於其位，惟俛首盡職而已，是以民隱悉知，吏弊難作。自正統、景泰間，添設巡撫，而布政之陞始速，然猶有四五年者。自成化初年，以進士補縣，行取風憲，而賢良之令無四五年在縣者，甚則布政不數月，或未到任即遷巡撫，知府二三年即陞副使，知縣三四年陞府通判。又有知縣陞主事，知州陞員外之類，品級相去不遠，賢能不得成功。又陞遷，不計道途遠近，如右布政司越數千里陞左布政，一省州縣名數尚未周知，復陞巡撫於數千里之外。坐席未暖，又將顧而之他。且年勞無一歲之差，人品亦相等之輩，驛遞應付，州縣接送，彼往此來，交錯道路，送故迎新，不勝其費。居官之日甚少，行路之日反多。監司有司，上下相視，有同過客，膏澤不下於巖穴之民，號令不行於姦頑之吏，一應之弊，皆從此出。乞議復舊制久任，使令可行。若以目下各部侍郎，及巡撫都御史主事、御史缺人爲說，愚意在京事簡，衙門即有員缺，亦無廢事，官不必備，惟其人務各安其職，而無苟且之意，則民生幸甚。識者觀公之言，於是乎見其有志於天下之事矣。已而，丁尚書公憂，疏不果上。乙亥服闋，朝臣交章論薦。八月復除右僉都御史，清理江淮鹽法。公度時不可爲，而道不能用，遂陳乞致仕。命下，促公受職，公再疏力辭，始得俞旨，俟病痊，起用。自是公不屑於出，蓋自知與時不合，而時亦不能必欲致公也。戊寅七月某日，卒於里第，享年五十有四。配李氏，封安人，無子。女四人，長適周監生，子守約。次適寇都御史子敦子陽，次適閻僉事道鳴子徵甫，次適馬監生勤子繼儒。

公自號虎谷，學者因稱虎谷先生。公爲文雄渾嚴潔，持論一主於理，力剗冗熟蹈襲之弊。善古歌行選體，俊逸健雅，書詩清奇，敻拔流俗，工篆隸大楷，而尤長於八分書，所著文集若干卷，藏於家。惟素剛介英邁，嚴於嫉惡，而勇於趨義，是以利害莫撓乎心，通塞不易所守，其生平大節偉如也。然公既以是齟齬於世，使善人志士喟然惜焉。意者時必終復而德益遠，到庶將試。夫經濟之才，澤於斯人，究其高明之學，遺之來哲，廼又不假以年，奄至殄瘁，故天下之士尤悲之。若廼考其行而論其世，蓋庶幾乎近代豪傑之士，其名於天下後世，可信不疑，公於是乎亦可以無憾矣。余與公生同鄉，仕同朝，又辱公以同志相友，責善輔仁，最久且厚，懷念疇昔，使我心惻，故纂公事蹟，俾其從第國子生雲鶴，揭於隧道。銘曰："於維王公，才匪迂儒。下睨卑近，高騖遠驅。騫於郎署，士譽推重。獨蹈兇錟，孰過其勇。敷教西土，文源式闢。司憲東邦，奸竇乃塞。僞却怠奮，善漸國子。暴柔擴伏，威讋邊鄙。凡百絕人，維公之餘。積道崇德，實富厥儲。公匪辟世，世莫知我。一邱一壑，豈曰弗可。龍潛麟隱，尚企其徠。天不憖遺，云胡不哀。年僅中旬，後亡嗣裔。袛數之運，降命匪戾。沒不足恃，年亦有盡。公所自立，萬世不泯。伊公之慰，匪公之悲。刻文隧道，以永厥垂。"

虎谷王公墓志銘　門人高陵呂柟譔　明狀元

嗚呼！虎谷先生有作人化俗之文，有安邊勘亂之武，有因時明禮之才，有援古修樂之具。其提學關中時，柟爲所造，上親見儀範，身奉教約，雖使顔、孟設科，無以過之。當其志，固欲使天下人各得其所也。及柟爲修撰，時嘗同河内何粹夫謁先生，因講馬陵注不合何子少先生，而先生後當轉官，首讓何子於朝堂，其志固欲使天下賢皆盡其用也。嗚呼！先生古睿聖之徒，乃今已矣，將天下不欲斯人之有知乎。嗚呼痛哉！

先生年十九歲，成化癸卯鄉舉。明年甲辰舉進士，丁未除禮部，主客司主事，即清忠效官，獨立不懼，無故足不躡公門，不赴無名飲宴。或謗其矯激，久亦自息。時憲宗弗豫，禮部沿舊舉醮先生，言於部尚書周公洪謨曰："祈禱固臣子至情，第行佛老於宮，非禮。若爲壇於南郊隙地，大臣率屬禱於天，三日可乃不克用。"（宏）［弘］治庚戌，土魯番貢獅子[12]，先生商於司郎中，欲却之，不從。遂袖藁以見於部侍郎周公經、尚書耿公裕，皆然之。司郎中怒，乃又婉轉與語，疏入得允，天下傳爲盛事。辛亥，陞祠祭司員外郎。乙卯，部尚書倪公岳，因災異倡府、部、院官疏弊政。用先生四事草，一懲邪慝，二禁給度，三停减齋醮，四設處宗室，言甚剴切。丙辰陞郎中，他日，倪公默語先生曰："朝廷必欲度僧，奈何？"先生曰："當力爭之。"曰："勢已成矣，可奈何？"先生乃疏列千餘言，三上皆不報，僧道通中貴者，謀欲普度，撼以危語，先生不動。久之，旨下度僧不多，而逃軍囚犯不與，時人皆喜其有回天之力。時太監李廣與壽寧侯表裏通惡，怨徹中外，人莫敢言。先生乃又獨上疏，乞斬廣，洩神人憤以弭災變。廣怒，令道士設醮咒死術以舒恨，亦不驗，乃令校尉數伺先生出入。十二月朔，聖駕郊天看牲回，誣以駕後騎馬，下錦衣衛獄，先生被罪從容，有詩題獄壁。蓋充養有道，見危授命者如此。戊午三月，謫知河南陝州，命下，怡然就道，比至問民疾苦，興利却害，惟恐後。州城高阜井深二百尺，民難於水，乃勸富僧通唐人長孫操廣濟渠水入城，民皆踴躍。日受百狀，皆與別白。匹夫匹婦得言其情，口訊手判，仍應他務，人以爲有劉穆之風。沈姓兄弟因甕爭訟，買甕遺之，兄弟感謝。屬邑靈寶有誣民殺夫有其妻者，邑吏鍛鍊成獄，先生察得其情，并其妻皆出之。尚書許公進之侄犯法，亦治如律。許公稱爲真君子，謝其相信之深。雨雹傷禾，乃單騎遍勘村落，穿林入谷，晚宿民舍，自出米菜食之，里老亦自裹糗糧以從。每摧徵，嚴令禁泒里老，不敢求索，乃有勢豪謀利病窮民者，則痛治之以戒衆。而又表賢者之閭，講朱程之學，毀僧尼寺以正風俗，拆太山廟以給學田，於是士民翕懷服膺，擬諸古循良吏。已未冬，朝覲，南京科道官上疏言："先生及布司周瑛等經術氣節，撫字鋤強，才行政優不凡，欲照天順四年例，賜衣服楮幣宴於禮部。"不果行。十月，李廣因先生刻奏，漸疎於上，懼誅，飲毒死。吏部員外郎張綵及鴻臚寺丞俞琳、編修劉瑞、御史張天衢皆上疏，乞窮李廣賣官鬻爵之獄，奬先生之犯顔敢諫，以慰人心。閱月乃陞陝西按察司僉事，奉勅提督學校，道過陝州，父老擁輿號泣，如別慈母。自卯至巳，始獲出郭，至則教人先德行後文藝，鋤刁惡，拔信善，崇正學，毀淫祠，學正肅清，三秦風動，豪傑之士莫不興起。辛酉陞副使，奉勅整飭洮河岷州邊備。州雜夷俗，頗乖禮法，乃申孝弟，革宿弊，所按部贓污，官吏有望風而逋者，軍法嚴明，邊卒悅畏。西烽不警，其條疏八事，并禁約三十餘事，皆可常行。甲子考績，都御史楊先生用寧及御史季春交薦其賢，乃復改提學關中。士子相賀曰："王先生復來，後學得依歸矣。"於是士子益自策厲甚，至有駢肩接踵，向往於道，駸駸乎復漢之舊者矣。是時尚書馬公文昇柄銓衡，因馬儀之士爲摵有磨氣之說，先生聞而作《神劍詩》以曉之。

正德丁卯，陞山東按察使，關防凛然不敢犯，雖同僚有事乖理法者，亦必曰："慎勿使先生知。"衆嘆服曰："王公，非今之按察也。"即縣吏之賢否，博詢訟者，密記之，以行獎責，一時畏若神明。時劉瑾專橫，因前官事，陰使校尉至山東緝訪，一無刺舉事，因以寢。八月丁母夫人憂歸，明年吏部尚書張公綵，欲起復先生爲尚書，力止之。已巳服闋，陞國子監祭酒，先生始被命，欲堅辭。有友遺書言，執政者誦太祖，寰中士夫不爲君用者，當殺身滅家，語於是先生父大司徒。公曰："吾老矣，汝置我何，處死乎。"不得已，收拾平生詩文付門生周朝著藏之，泣而就道。至無所餽，瑾怒，欲重以禍，竟不能得而罷。時國學教廢，先生朝夕講說，約束大嚴，誹謗四出。值瑾苛，時人皆危之。先生不爲動，六舘士子卒，感服先生，欲更六堂，名曰："主敬窮理，修身修道。"教諸生讀《小學》，以上達。瑾聞，怒曰："王雲鳳亂成法，欲代刑死耶？"先生以道不行，怏怏求去，會瑾下獄，遂上疏乞致仕。時相有忌先生者，乃改南京通政司右通政，先生復上疏，陳乞准回原籍養病。壬申，御史楊邦正，通政使丁公鳳，都御史石先生邦秀，交薦其賢，上命巡撫宣府地方。先生上疏以疾辭，不允，乃上楊太宰書，稿傳京師，人爭錄誦。先生再欲辭去尚書，公迫之，行不獲已，奉勅之鎮。豪猾久攬粮草者，聞風遁迹，至便宜從事，將官犯法依律重輕罰，米至萬餘石，用足軍食。先生號令嚴明，法度整肅，自參將以下，頤指氣使，莫或敢喘息。練習軍士，率有紀律，日戒諭防衛，如賊在，敵畏不敢輕入。北門鎖鑰，時論歸之。兩閱月，丁父尚書公喪歸，將士遮道感泣，有餽以香帛者，不受。乙亥二月服闋。八月，除職如故，清理浙江鹽法。先生上疏，乞致仕，疏入不允，且促使供職。先生復上疏，推讓賢能，懇乞致仕，上不允，准養病，病痊起用。先生曰："吾志遂矣。"

先生生而神氣清澈，舉止端重異羣兒。年十一歲，與鄉人立，適妓女過拜而荅，同舍生或借其扇，潛與妓女赴人宴，先生知之後，以扇還擲之地下，至或截其袖。同舍生慚取他扇償之，少年趨向之正，即異流俗類如此。長益刻苦自厲，穎悟出羣，六經百家言，一誦輒不忘，文章頃刻立就。二十登進士，相職以花紅迎賀，却之曰："惡用是炫耀爲哉？"衆嘆其不可及。觀戶部山東司政時，廣東陳白沙、陝西薛先生顯思負重名，及門者尊之。若程朱先生聞其言論，評之人以爲允。先生負經濟之學，以堯舜君民爲心，天下想見風采，累辭不出，人以道未大行爲恨。天資豪邁，狀貌魁異，智識卓越，器度宏遠，博學力行，以聖賢爲標的，居無惰容，自少至老如一日。常曰："一息不敬，便與天道不相似。"理明義精，視國家民生利害痛切於身，遇事敢爲，機動矢發，無留礙一。有弛張，上下響應，雖權力弗能齟齬，臨死生禍福之際，有定見，不苟趋避。守官清介，人不敢干以私，歷仕三十年治行可採，旌擢之典，獨後於人，時論稱屈恬不動念，拜官力辭再三乃已。一不得志，即奉身而退，人以進退合義爲稱。尤篤孝友，執親喪，勺水三日不入口，卧苫枕塊，哀毀骨，立妻妾，不同寢處。有父在，一衣不私製，一錢不私蓄，人以爲難。自負奬拔善類，始終不踰，疾惡甚嚴，不少假貸，家居屢空，茹蔬衣敝，恬然自樂，門庭内外，斬斬五尺童子，非禀白招呼不敢入。宜人李氏貞順莊謹，先生相敬如賓。邑宰有貪酷者，不時戒諭，里人困苦，恒注意區處之。或誣罪至死，力爲白於官，得出。後學執經問難，語之諄諄忘倦。與人接，貌莊氣和，言與心孚，可畏而親。談當世事，至綱紀不振，即感慨泣下，及奸臣貪官，怒氣勃然鬚髮，亦奮有搏擊之狀，憂國之誠，老而彌篤。或杖竹於門，跨犢於野，不改布衣時行。農夫見者嘆息曰："此人入朝，天下受福然。"不理於讒佞之口，乃信於愚樸之民，天理在人心，有不可得而泯滅者如此。於書無所不讀，尤邃性理之言。書法真、草、隸、篆自成一家，端勁如其爲人，四方人多求之。文有氣力，不假雕刻纂倣而出入古格，滔滔不竭，詩賦亦清奇古雅。所著書有《小學章句》、《博趣齊稿》、《四書私記》若干卷。先生爲學守敬義，事君秉忠誠，功業樹中外，聲名滿朝野，道德、文章、政事皆可擬之古人云。

先生諱雲鳳，字應韶，世居山西和順之虎谷，因號焉。父諱佐南京戶部尚書，母馬氏，誥封淑人，感奇夢生先生，生於成化元年乙酉七月二十五日戌時，卒於正德十三年七月二十二日亥時。配李氏，誥封安人。女四，一適同邑監生周孟霄男周守約，一適榆次寇都御史天叙男寇陽，一適太原陝西僉事閻鐸男閻徵甫，一尚幼。銘曰："嗚呼！虎谷先生志欲行道於天下，而位未曾當，非時邪，然亦有小試矣。由今言之，又不可謂不誠也。嗚呼！虎谷先生。"

虎谷祠堂記　滇南孫繼魯 山西大參臬憲巡撫

惟公出處大節，高陵吕太史公柟，海鹽徐太守咸，有志銘名臣錄，無容喙。惟張綵事似微詞，恐滋惑。魯懼其滋惑也，每以綵事質諸聞人，僉云："公在正德年丁母馬夫人憂時，綵幸逆瑺瑾，驟吏部尚書。綵，關中人，公故提學僉事、洮岷兵備、提學副使，俱關中，風裁表表，豈唯縉紳介冑，雖草澤巖穴，亦稔知，獨綵乎。綵以讒慝獵通顯，欲得馨香重望如公，與虛齊蔡公淸輩以鎮壓人，固石亨薦吳聘與弼類也。公誦法孔子，同虛齋督學。正德時同虛齋一時進祭酒，同虛齊何忝聘君。公委質久，似白沙陳公獻章，繫監生籍，與聘君韋布殊。聘君願觀，秘書不受。諭德白沙，繫監生籍，不辭檢討，公自按察使委質受祭酒，易地皆然也。況白沙以母思乞還鄉，公以父廹泣就道，公無忝白沙，白沙無忝聘君章章矣。聘君不免於亨，公獨浼於綵乎。由今觀之，公堅不磷白不緇，似薛文淸公瑄公祭酒。至無所餽，瑾怒，欲重以禍，不能得。似文淸公在大理卿時，不諂中官王振，文淸公自失大理，家食起入内閣，猶公自改通政養病。薦陞巡撫邊方，公後力辭䞓政副都御史，遂不起，視文淸公力辭宰執高朗令，終不甚懸絕。故海内識不識，今供傳爲青天白日云，或者於公之剛介寡與也。厚誣而不韙之，倘亦有私撼之意乎。記虎谷祠堂以俟後之君子。神宗五年三月望日。

祭王虎谷都憲文　喬宇

嗚呼痛哉！應韶與余石門峽之别，纔四閲星霜矣。君在上黨，我居建業，兩地音問，歲率爲常。君方以采山釣水爲飲食，以著書立言爲耕桑，何此志之屯塞，遽中道之憫傷，豈人事之錯迕，殆天道之冥茫。訃音一至，我心盡傷。嗚呼！君有高亢拔俗之操，而不知者，或以爲矯。君有踔厲驚人之才，而見嫉者，謬以爲狂。忠摧權奸，弗避雷霆之怒，教敷善類，化均時雨之祥。威振臺栢，愛留郡棠。至於吟體法少陵之詩格，詞宗踵西漢之文章，篆籀擬秦，隸分邁唐，其多才與藝之美，又不足以盡君之所長也。方君之始謫，跡雖躓而名愈揚。及君之再振，身漸顯而道益昌。乃甘棲遯，乃厭紛尨，義辨王霸道，慕羲皇辭召命而不赴，歌考槃以徜徉，可謂勇貫千鈞之弩，而堅逾百鍊之鋼者矣。然則君之用於國家，用於天下者，雖未獲究竟，厥施其正氣之耿耿，可傳者固不在於爵位之晦與彰也。余與君誼切兄弟之分，情深桑梓之鄉，仰高標而莫覿，慨麗澤之未忘緘辭，千里寓哀一觴。是今日之所以哭君者，匪直吾儕悲友道之失輔，蓋爲天下悼哲人之云亡也。嗚呼痛哉！先生教人讀書，自《小學》、《近思録》始，次及各經史。語學者以聖賢之道曰："立志以堅趨向之方，主敬以養清明之氣，讀書以究事物之理，愼行以致踐履之實，勿妄意高遠忽於日用之常，勿過爲詭異出乎人情之外。"故以五要肅士心曰："敬以收放心，静以定躁心，誠以息妄心，公以滅私心，正以省動心。"以十容飭士身曰："頭容直，色容莊，耳容審，目容端，聲容静，手容恭，足容重，坐容正，立容直，揖容肅，拜容懇。"以十有一行正士教曰："孝事父母，弟事兄長，恭事師範，睦事宗族，孫事鄉黨，忠於謀事，信處朋友，禮馭行事，義馭接物，廉馭貨物，耻馭過愆。"以九戒敦士禮曰："冠禮以重成人戒無序，婚禮以重夫婦戒論財，喪禮以重哀死戒浮費，祭禮以厚追遠戒苟且，射禮以觀志體戒無德，鄉相見禮以觀和敬戒侮悍，鄉飲酒禮以尚齒德戒偏私，慶賀節禮以觀忠愛戒惰慢，鞭春、日、月食禮以觀報本戒忽畧。”又立四科以待象士曰：“求道科以待上士，讀書科以待博士，學文科以待俊士，治事科以待材士。”以二十有一過禁士愆：“曰逆親及當喪用酒肉，曰期功赴席請客，曰兄弟爭財，曰不睦宗族，曰不和鄉黨朋友，曰姦，曰盜，曰賭博，曰宿娼，曰酗酒撒潑，曰好飲破產，曰妻妾失序，曰侵占田土，曰誆貨債，曰包攬錢糧，曰買賣官物，曰教詞寫狀，曰暴横鄉里，曰出入衙門，打攪驛遞，曰把持官府，挾制師長，曰事佛飯僧，師巫賽會，曰造言生事，浮躁驕奢。”立十政以收士曰：“聯齋號以聚士，謹衣以肅士，禁入酒肆以貴士，端學官以教士，鼓提調以督士，置三等簿以造士，拔公直生以稽士，選社師以發士，訪賢能以式士，禁諂呼佞跪以振士。”

【校勘記】

［1］夫［太］子奉冢祀、社稷之粢盛按，据《左傳》闵公二年文，疑此處脱“太”字，今補之。

［2］狐突禦戎，先友為（有）［右］按，据《左傳》闵公二年文，疑此處当为“右”字，今改之。

［3］猶有内讒，［不如違之］按，据《左傳》闵公二年文，疑此處脱四字，今補之。

［4］（崇）［祟］殃厲疾禱於斯据上下文意，此處應為“祟”字，今改之。

［5］班固之文為（梁冀）［竇憲］立燕然据上下文意，此處應為“竇憲”，今改之。

［6］此篇原刻本缺，今據民國版和順縣誌補。

［7］申詳兩台道府，慨出［己資］据上下文意，此處脱二字，今據民國版和順縣誌補。

［8］［庀材鳩］工創建大成殿据上下文意，此處有脱字，今據民國版和順縣誌補。

［9］與［樓遙］對置櫺星門据上下文意，此處有脱字，今據民國版和順縣誌補。

[10] 其爲國［家］之助据上下文意，此處有脱字，今據民國版和順縣誌補。

[11] 宋太祖伐（東）［北］漢据上下文意，此處應為“北”，今改之。

[12]（宏）［弘］治庚戌，撒馬而罕貢獅子至公按，明孝宗年號為“弘治”，此處“宏治”當為避諱乾隆皇帝名而改，今正之。

[13] 同上。

（民國）張夔典　修
王玉汝　纂

和順縣志

民國三年石印本

郝平　杜匯　點校

重修和順縣志序

自共和成立而後，凡我同胞，脫離專制之威權，得享自由之幸福。從此舊獘漸除，文明日啓。典以菲材，承乏斯邑。自蒞任後，批閱縣志，見其書類多殘缺，版片亦遺失不全，致難稽攷。溯自前清光緒年間纂修後，迄今已數十年矣。現在國體更變，百度維新。則縣志一書，亟宜補修完善，未便湮沒。況奉都督民政長通令，飭：將縣志一律呈送，以資備攷。等因。余捧令之下，當與劉議長祖基，周咨博訪。玆查有王君玉汝，年邁古稀，人品端正，學問優長，為邑中望。聘訂重加纂輯，以成盛舉。王君慨然操筆，正其訛而核其實，補其缺而刪其繁，討論修飾，不數月而志書告成矣。更兼霍君毓瑞、藥君賜康，斟酌盡善，攷訂校正，共襄厥事。正所以續古人之美善，且可開後人之見聞也。余幸甚！

中華民國三年一月十一號

丁酉拔貢、日本教育選科畢業學員、知和順縣事西寧張夔典謹序並書

序

清皇遜位，袁、黎諸公變專制為共和。共和者三權鼎立，除恃勢作威之習，開和衷共濟之風也。即如一縣之中，議會立法，知事行法，審判司法。法定事舉，同寅協恭，人莫得以私情。議謂之變，而不失其常，非乎？我和自改革之後，新政林立，舊獘漸除，世道雖更而四境宴如。於是，當路諸君議及修志一節，邀玉任事。玉憶世當改革，事事更新，縣志殘缺，修所難緩。第以才短學浮者任其事，保無隕越貽羞乎！抑又思之，修志之件，繼往開來事耳。事懼遺則羅致者有採訪，事恐忌則登錄者有繕清。至褒貶之寓，是非之公，欲傳信筆於後世，則磋商者有霍君卿雲、蘗君恩圃。玉即學識遠遜於人，似不妨濫竽其中，忝博華國之榮也。任我者其諒之矣。

時中華民國三年三月

梁餘致仕鄉飲大賓琢如王玉汝譔並書

重修和順縣志姓氏

總裁

代理和順縣知事　張夔典字友龍，前清丁酉拔貢，日本教育選科畢業學員。

纂修

致仕鄉飲大賓　王玉汝字琢如，前清就職教諭，歷任臨汾、襄陵等縣，功給五品銜。

分纂

前巡警教練所教員　霍毓瑞字卿雲，前清貢生，給五品銜。

民團局董事　藥賜康字恩圃，前清廪生。

校正

前縣議會議長、現任省議會議員　劉祖基字守先，前清丁酉拔貢，功給五品銜。

高等小學校教員　徐桂林字丹芳，前清己酉拔貢，簽分河南州判。

測繪

高等小學校教員　郝占龍字子雲，遼縣人，前清生員，師範畢業。

清徭局董事　趙文翰字西園，前清例貢生。

司局

教育會副會長、縣議會文牘科秘書　王樹倫字彝卿，前清生員，師範傳習所畢業。

縣議會議員兼庶務科秘書　李友梅字魁甫，前清太學生。

攷訂

清徭局董事　郭鶴鳴字芝田，前清貢生。

初小學校教員　畢曜字藻軒，前清恩貢生，功給六品銜。

清徭局董事　趙文煥字章甫，前清生員，功給五品銜。

清徭局董事　劉鍾瑞字凝甫，前清貢生。

前自治事務所所長　祁汝霖字潤生，前清生員，功給五品銜。

前清太學生　王來聘字筱尹。

採訪

縣議會議員　楊廷采字亮臣，前清生員，功給六品銜。

高等小學校司事　焦延運字子泰，前清廪生，功給五品銜。

商務會總理　李鈺清字相臣，前清生員，功給六品銜。

縣議會議員　王文海字星垣，前清貢生。

高等小學校校長　杜元善字子仁，前清廪生，功給五品銜，師範畢業。

初等小學校教員　馬陵字撝甫，前清生員，功給六品銜。

縣議會議員、北區區長　李鳴暢字鳳山，前清廪生，功給五品銜。

縣議會議員　藥盈科字宗海，前清恩貢生，內閣中書銜。

輯次繕清

初等小學校教員　丁振殷字中興，前清廪生。

清徭局董事　李廷榮字俊臣，前清增生。

縣議會議員　周家齊字禮臣，前清州學佾生。

宣講員　陳憲瑞字輯五，高小學校畢業。

縣議會議員　劉親晏字友賢，高小學校畢業。

縣議會議員　李於源字子養，前清太學生，高等小學校畢業。

同輯

縣議會副議長　王世和字仁山，前清增生，功給五品銜。

縣議會議員　任佐清字鑒綱，前清生員。

縣議會議員　杜照書字青藜，前清生員。

清徭局董事　楊承緒字【原缺】，前清武生。

初等小學校教員　鄭彥英字漢三，前清增生。

第一科科長　吳湘字景山，前清佾生，師範傳習所畢業。

第二科科長　周家修字子剛，前清州學增生。

協辦

前教育科科員　李水茂字樹森，前清候補典史。

第一科科員　張文壇字登封，前清從九品。

第二科科員　李世榮字宰治，前清從九品。

重修和順縣志凡例

一、舊志彙為八門：一地理，二建置，三祠祀，四田賦，五官師，六選舉，七風俗，八藝文。此遵明康對山先生《武功志》體例，條分縷晰，節目詳明。惟人物未列一門，典禮闕如，似非完善。玆心靜磋商，添列典禮，敘祠祀上，另紀人物，敘選舉下，釐為十卷。其餘細目，間有增損合併之處，總期折衷一是，衆善靡遺。

一、舊志首列天文，殊乖體要。按天文每一星野，分數千餘里。即如：全晉上應參觜二星，而豫省亦居參商之次。和邑彈丸，所屬幾何？且天象雖昭然可覩，自非識微見遠，何能執管以窺。第舉前人已成之式，任意輕刪，亦恐涉自作聰明之嫌。今於圖說無所增減，不敢使舊迹陳規從玆放佚。

一、祠祀文廟，配哲兩廡，典至重，禮至隆也。遵行因貴謹嚴，記載尤戒疏略。均宜詳其典制源流，務期纖微具備，庶不蹈因陋就簡之愆。玆編一遵同治三年部頒祀位圖式，並詳學制員額，兼錄歷代牌文、匾額、書籍、祭品，悉為臚列，昭慎重也！

一、迎春、勸耕、賓興、鄉飲諸大典，皆禮法所在之處，概置不錄，闕略奚辭。蓋一邦典禮，細目不必皆同，大綱未常或異。從宜從俗，祇求事真情洽。玆編併將慶賀、讀詔、涖任規儀逐加釐定，品節務期詳明，儀文不留闕陷，非瑣也。禮者天地不易之常經，無小無大莫不由之，勿視為奉行故事之端要，當壓率由舊章之志。

一、國有賦稅，曰地丁，曰耗羨，曰徵解，曰存留。定引直則有鹽課，供皇華則有站銀。自前修志後，事既迭更，法亦屢變，一切款目，今昔不同。玆編逐加更正，兼錄賦役全書，以便稽攷。至民國代興，賦役益形參差，用將自前大略載入，以待新政頒發再行確刊。

一、志官師。外至之名宦，内有之科甲，自今及清，知毋或遺。近今知縣易為知事等名目，科舉變為畢業等人才，悉敘之，毋敢疏忽。

一、和邑踞太行之巔，地勢高而氣冷。民皆畸居山限，播獲外别無所事，物產之遠遜他邑者，限於天，域於地，更局於人，並無可貴可嘉之品，難躋大書特書之例。然聖人教民樹藝，必相其土之所宜，不能強不宜者而使之宜也。品類雖甚凡庸，亦荷大造之生成，棄而不錄，缺陷之端也。爰及境内生育之類，悉著於編，所以明天時、察地理，並著其人功，且備攷風者之一覽云。

一、邑乘志人物，懼多溢美之詞、過情之譽。兹編衆美兼收，片長必錄，要皆屬詞比事，循名核實，列其姓氏，詳其行狀，總其信以傳信，勿濫勿遺。如清咸豐年楊曉昀闔門殉節，尤為一代偉人，實屬千秋盛事，並將宰廬事蹟纂入，以垂不朽！

一、節、烈、慈、孝，風化所關。果操守其彌堅，即表章所必及。舊志採錄綦詳，但數十年來，豈少冰霜勁節、金石居心，埋沒於窮簷陋巷間者！兹頻翻舊卷，博採新聞，闡孤苦之幽光，表堅貞之絕詣。不敢遺亦不敢濫，庶不負與人為善之意也夫。

一、舊志藝文，原倣劉歆《七略》之例，最合體裁。惟蒐輯未周，古人碑志多半遺漏。今選派文學搜境内貞珉，以及往哲昔賢之著述，文人學士之咏歌，博採兼收，弗致遺漏，非誇多也。攷獻尤藉乎徵文，信今即所以傳後，搜羅不富，攷鏡何資？況文章悉經籍之光，贈答亦性情之用。讀其文可想見其為人，尚友之心未必不油然生也。惟碑記無關世界風化，及文不雅馴者暫置不錄。

重修和順縣志條目

重修和順縣志圖攷

即景繪圖，若吳道子之嘉陵山水，宗少文之瀟湘八景，王摩詰之輞川居圖，米老顛之南宮墨蹟，尤膾炙藝林。今於邑志而以繪事先之者，非徒揮翰墨、騁渲染也。亦欲令閱者展卷間而一邑之星纏疆索、廨舍城池與夫高深登覽之所，已不啻列眉睫指掌中耳。志圖攷[1]。

注釋

［1］點校者注：参嵛圖、景繪圖，見圖版。

重修和順縣志卷之一

地理

地理

粤稽在昔，黄帝畫野分州，得百里之國萬區。《禹貢》詳列山川以定九州，周官職方氏掌制邦國之地域，而正其封疆。後世郡國志、疆域志等書因之。是知辨區域、奠山川、表宅里，以及攷古蹟而溯前徵，懷哲人而訪勝景，有土者責也。和順南抵遼州，西臨古魏，北接沾水，東距直隸，實晉東南邊隘地。凡所以申畫郊圻，慎固封守者，視他邑亦何如哉？志地理。

星野說

《國語》曰："實沈之墟，晉人是居。"《晉・天文志》云："班固取三統，歷十二次，配十二野，自畢十二度，至東井十五度為實沈。"魏太史令陳卓興、范蠡、鬼谷、張良、諸葛亮、譙周、京房、張衡並言州縣所入纏度，太原入東井二十九度，上黨入輿鬼二度。《通志》："太原遼沁入参井。"按天官渾儀之數，周天三百六十五度四分度之一，南北極直徑一百八十度少強，每度九百四十分，十二次每次三十度有奇。遼屬晉，和屬遼，所占不及半度，謂參觜主和，以全晉經度分野言耳。

沿革

和順，古梁餘子采邑。《左傳》書，晉獻公使太子申生伐東山皋落氏，梁餘子養御[1]，即其人也。在漢為上黨郡沾縣地，晉屬樂平軍，北齊為梁餘縣。隋始改曰和順，因境内有古和城，故名，屬并州。唐武德三年析治義興縣，仍屬并州，六年省，尋屬遼州。宋熙寧中，省入遼山縣平定軍。元祐初，復屬遼州。金、元、明、清仍舊。民國成立，府、廳、州均改為縣，是以和順不屬之遼，而直隸於省。

疆域

東西廣二百一十里，南北袤七十五里。東至邢台縣桃樹坪村九十里。東南距遼州駱駝村七十里，南距遼州寒王鎮四十里，西南距遼州蒿溝村九十五里，西南距榆社縣社城村一百四十里，西南距太谷縣溫家莊一百四十里，西距榆次白坡村一百三十里，西北距樂平縣北馬坊九十二里，北距松子嶺四十里，距樂平縣冶頭村五十里，東北距樂平縣東圑村六十里。東至邢台縣二百四十里，南至遼州九十里，西至榆社縣一百八十里，西至榆次縣二百一十里，西北至太原府二百七十里。東北距北京一千里。

山川

黃榆嶺，在縣東七十里，為山西、直隸省交界，東藩第一要處。

轆轤嶺，在縣東七十里。

桃樹坪嶺，在縣東七十里。

風門嶺，在縣東六十五里。

馬嶺，在縣東北九十五里，地屬樂平，為縣要害。

支鍋石嶺，在縣東七十里，深溝路狹，最險。

夫子嶺，在縣東八十里。

九峯山，在縣東二十里，山椒有九峯庵。

玉女峯，在縣東十二里。

首陽山，在縣東三十里，其山產微土，人因建夷齊廟。

獅子頭山，在縣東六十五里。

狀元峯，在縣東六十八里。

仙人洞，在縣東二十五里，風動有聲響亮，故名。

馬脊嶺，在縣南十五里，路通遼州。

爐煙嶺，在縣南二十五里，為縣南界。

雲龍山，在縣西三里，山椒建龍神廟，左建孫真人廟，邑侯程起鳳建瀚俗亭。邑侯鄭國選重建石橋二座，戲臺一座。邑侯邱廷溶建觀音堂、后土廟，於南山松林建淩雲軒、我有齋、清餘亭，於西山建名吾亭、甘泉樓、西溪坊，於北山修欄繞砌，為邑人遊覽之勝地。

麻衣山，在縣北五里，有古刹，十景之一，詳古蹟。

長縣嶺，在縣西南十五里。

孤冒嶺，在縣西四十里。

水泉嶺，在縣西四十里。

寒湖嶺，在縣西四十八里。

白關嶺，在縣西六十里。

油房嶺，在縣西七十五里。

羊海嶺，在縣西一百里。

壓煞嶺，在縣西一百一十里。

八賦嶺，在縣西一百二十里。其嶺有二關：西北曰黑虎關，路通太原；西南曰青龍關，路通汾平。設巡檢司一員，弓兵把守，今裁。

三尖山，在縣西九十里，三峯並峙，故名。

石猴嶺，在縣西北四十五里。

暈山，在縣西八十里，與遼州境毗連。上有暈山神祠，供奉鄒國公孟子七世孫女，宋代勅賜額曰：昭懿聖母。明洪武七年，賜曰：暈山之神。

松子嶺，在縣北四十里，為和順、樂平交界。舊制巡檢司，久裁。

漳水，有二：一出縣西一百里八賦嶺，名小漳水，流經榆社縣合黃花嶺水，至武鄉縣西五里合涅水，至襄垣縣東北合濁漳。一出樂平縣少山大漶谷，流經縣東合梁餘水，轉東南至交漳村，合流東注。

梁餘水，源出縣西石猴嶺，流經縣東合濟漳。

玉津泉，在縣東北三里，俗名水井溝，冬不結冰，夏不滿溢，有尼寺曰玉津庵，邑人多遊觀，清潔不濁，故名。

水深水，在縣東七十里。源上有龍王廟，地勢盩厔，源若釜形，旱不涸而冬不結，且愈流而愈湧，運磨數十盤。北流經樂平縣，東南八十里至南界都合沾水。

海眼泉，在縣東六十里圈馬坪西。建有海眼寺，寺西有水，從地罅出，初不過漂杵，繼足以撼山，性清冽，又名清河。雖嚴冬經數里不凍，業水磨者實利賴之。西流至松煙鎮與漳水合。有喬白巖、鄒獻卿題詠，紀藝文。

石公泉，在縣東六十里，源出合山，東南流，合漳水。

馬嶺洞，在縣東六十里，山似新月，内一空洞，洞内轉南用梯上，有石蝙蝠棲若綴旒。又一小洞，可容千人，有石佛，天旱禱之即雨。

萬泉水，源出合山，南流合漳水。

溫泉，在縣東南四十里松煙鎮，冬寒無冰。

黑壁洞，在縣西南四十里，北山其深莫測，洞口常閉，傳有僧，開之冷氣悉出。

武鄉水，出縣西南孫臏坡。經流榆社、武鄉縣界。

天池泉，在安南義東山高峯上，有池出泉，冬夏不涸。

飲馬池，在縣西山陰，水清澈，相傳石勒常飲馬於此。

神掌窊，在北區北李陽村之北。山連松嶺，勢等鵝眉，上建后土聖母廟，神坐之地，有手掌手，座下龍潭一穴，水通靈井。遇天旱，四方禱雨者咸向井取水焉。又拜臺前有古松一株，粗數十圍，高十餘丈，皮色亦異凡種，或擬以錦官城外武鄉侯祠前古栢，不為過也。

石匣洞，在東區馬嶺曲村北二里許，地名王家坪，傍有石岩，中截有洞，口周丈餘，内貯石棺一，棺傍枯骨堆積，雖父老莫知其由來。洞内石形有拱朝是棺之象，奇事也。用傳奇以俟博物君子確評之。

按，邑境皆山，溝澮之間，雨集則盈，雨止則涸，無長流渠道可以灌引。蓋其地寒苦，少浸以水，其田如石，是以他邑可資溉於人功，此地獨待澤於天時。舊志云：雖有叔敖、文翁之經畫，宏羊、充國之屯復，俱無所施。水不為利而為害，亦地勢使之然也。

古蹟

黄榆古戍黄榆，嶺名。巖險曲折，瀑布千尋，舊有兵戍守，城垣故址尚存。宋黄覺有“雲籠古戍”之句。

風撾石鼓石鼓，嶺名。上有石如鼓，風動有聲。元人王思誠有“南嶺風吹石鼓鳴”之句。

八賦晚霞八賦，嶺名。晚霞光耀。舊有“八賦晚霞”之詠。紀藝文。

松子香風松子，嶺名。崎嶇蜿蜒，山岡多松，遇風香氣襲人。有“松子香風”之詠。紀藝文。

合山奇泉合山，山名。下有二泉一名娘子泉，清流湍激，遠近十數村汲飲；一名郎君泉，不時而出，出時聲吼泉湧。有“合山奇泉”之詠。紀藝文。勅建懿濟聖母、顯澤侯二祠。

鳳臺異形鳳臺，山名。其形如鳳展翅，連綿數里，突起孤塚，因名。

九京新月九京，山名。一名九原。每月哉生魄，光朗異他處。有“九京新月”之詠。紀藝文。

西溪靈井雲龍山椒建龍神殿，内有井，邑人遇旱禱雨，取水輒應。有“西溪靈井”之詠。紀藝文。

雨洗麻衣麻衣，山名。在北五里麻衣道人住錫處。寺後有石洞，天將雨，頂水珠涓涓下滴。有“雨洗麻衣”之詠。昔宋太祖征太原至此，祝神前曰：“此行志在弔伐，不戮一人。”

漳水環帶漳水有二，一自縣北東流，一自縣西東流，交繞環抱，有若帶然。題詠紀藝文。

和邑十景，臨觀之勝地也。

戒石亭在縣署。書宋太宗銘，今廢。

雷音臺在雲龍山椒。

趙王臺在縣西五里。一山突起，狀若伏虎，相傳石勒避暑處。

漚麻池在縣北二十里。石勒、李陽嘗漚麻爭池，及勒為後趙天王，召李陽至，引陽臂云：“孤固厭卿老拳，卿亦飽孤毒手。”即此地也。

東魏造像碑在西鄉寺頭村聖壽寺。

樂毅村在縣西六十里。毅，靈壽人，被讒避居於此。

和順古城在縣西北。與縣城相倚，垣跡微存。

平城廢縣在縣西一百里儀城鎮。隋置，屬并州。金廢為鎮，今因之。

義興古縣在縣境。唐初置，尋省。

韓信舊寨相傳淮陰侯下趙屯兵處，載舊志，今無攷。按：韓信下趙，兵駐榆關，聞趙人不用李左車之謀，乃進兵其地，即今平定州之上城。榆關之名如故，碑記昭此，志不知何據。

襄子鹿苑在縣西五里。方廣數十畝，相傳趙襄子養鹿處。

宋藝祖畫像石刻在麻衣山。

六合井在縣城遵化街石樓院，明季山東昌平兵備道藥濟衆殉難處。邑侯魯燮光建亭井上，名曰“表忠”，弔以聯云：“古井重新公自大明沈碧血，孤城依舊我來何處弔忠魂。”

趙奢壘在縣東石家莊。即趙奢救韓去閼，與五十里而軍處，今廟猶存。

透靈碑在南安義村東，風雲嶺椒。建山神廟，舊有石碑一座，光明異常，遇鳥獸花草等物一歷其前，影射碑內，如明鏡然。樵歌牧唱，有鳴輒應，經此者莫不奔瞻其異，相傳以為快。

蓋聞仰高山者，動弔古之思；懷秋水者，深伊人之慕。大抵人因地古，地以人傳，此舊國千年，荒域四望，江文通所以作賦也。和雖僻處晉鄙，然太行聳峙，清漳交流，亦足稱一邑之勝。他若關隘之奇險，邱墟之高封，以及趙王之臺，藝祖之像，東魏造像之碑，麻衣歸真之塔，何一非攷古者尚論之資哉！

里甲

舊二十二里，萬曆四十四年併為五里。今因之。

在城里。仁高里。南玉里。儀城里。德興里。

謹按《周禮》，大司寇掌萬民之數，歲書國籍，登諸王朝，重所天也。至若潤下作鹹疇，敘《洪範》，折梅逢驛，寄與隴頭，凡居四民之中，秉五行之秀者，何者非國家所養，且教之人與。和邑舊列戶甲二十二里，今併為五里。民數不及大邑之二三，而鹽政之所食息，站驛之所供賦，亦不減於他邑。用是志之於乘，以備攷云。

村疃

中區：東窑溝三里；朱家嶺五里；東堖村八里；蔡家莊五里；寺圪套八里；青背村十里；棋盤堖十里；漢橋溝二里；扒頭村八里；儀村十五里；團壁村二十里；禿欒坪二十五里；井子村三十里；石板房三十二里；下虎峪口三十二里；上虎峪口三十五里；管頭村三十六里；楊家峪三十七里；桑家峪三十八里；甘草坪四十里；南坡莊二十里；馮家莊二十五里；郜家莊三十里；李家掌三十里；裴家峪三十五里；鄭家溝四十里；井玉溝五里；九京村八里；梳頭村十里；黃獅堖八里；石門溝十二里；賈家溝十三里；上下莊十五里；科舉村十五里；土地坪十八里；紅堡溝十八里；紫羅村二十里；曲里村二十五里；白雲村三十里；磚窑村三十里；高窑村三十三里；綠竹岩三十七里；新莊三十五里；泉水坪四十里。自扒頭以下三十六村屬小西路鄉約今劃入中區。河北村一里；堯村二里；劉家窑三里。

東區：邢村八里；白泉村十二里；石南坪十七里；平松村二十里；玉女村二十二里；前後祁里二十五里；山泉村二十五里；新寸村二十八里；小南滙三十里；白仁村三十五里；西坡三十七里；松煙鎮四十里；東坡四十二里；暖窑溝四十五里；灰調曲四十八里；轆轤嶺五十五里；走馬槽五十五里；馬嶺曲五十里；許村五十五里；喬莊六十里；營子溝七十里；大發溝七十五里；小拐六十二里；夫子嶺八十里；富峪村六十五里；雷莊五十里；牛郎峪五十一里；趙家溝五十五里；風闖五十五里；官家峪六十里；圈馬坪五十八里；次榆溝五十八里；青家寨五十八里；南天池六十里；杏樹灣六十里；范莊六十里；大窑底六十里；當城村六十里；董平溝六十五里；西河峪二十五里；合山村三十二里；十八闖二十八里；寺莊頭三十八里；前後虎峪五十五里；神堂峪五十三里；土嶺村六十里；西溝六十里；王下村六十一里；石疊村六十里；石馱坪六十八里；白背村七十里；青城鎮八十里；新莊村九十里；朝坡村八十五里；大川口八十里；大川溝八十二里；石家峰七十五里；井窊村八十八里；皂突峪六十八里；柳科村六十里；石家莊六十五里；水深村七十里；水磨溝七十里；松堖村六十三里；石片溝五十二里；風吹嶺五十五里；陽坡莊五十三里；石盆岩二十八里；東西小廟三十里；新安莊三十五里；北峪三十三里；沙福陀三十二里；瓦房村二十五里；先生堂二十五里；樗樹岩十五里；平地川三十里；松家嶺二十里。以上新莊、新安莊、平地川、松家嶺四村屬在城鄉約，東小廟、北峪屬北鄉鄉約。

南區：園子街一里；任家窑二里；爨村三里；白珍村五里；會里村五里；南窑村八里；南峪村十里；青楊樹十里；太陽坡八里；東仁村十二里；西仁村十五里；楊家岩十四里；細窑村十八里；北安義二十里；南安驛二十五里；河緒村三十里；東喂馬二十里；西喂馬二十五里；上元村二十二里；弓家溝三十里；瑤堤村三十五里；古窑村三十三里；東西遠伏三十二里；康家溝三十五里；寺溝三十六里；遠伏口三十八里；大佛頭四十里；前後儀嶺四十五里；圪套村四十八里；房家莊五十里；闊地村；大南溝；核桃樹灣；七里灘；白地堖。

西區：石猴溝五十里；程家莊五十五里；鐵橋村五十八里；京上村六十六里；樂毅村六十八里；飲馬村七十里；小南溝七十里；小張莊七十二里；寺頭村七十八里；獨堆村八十六里；馬坊鎮九十里；桑榆溝一百里；闊郊鎮一百二十里；南軍城九十八里；北軍城九十八里；南北天均一百里；西石勒一百一十里；北林村一百一十里；土門村一百一十里；樹石里一百一十五里；懸瑤村一百二十里；白木寨一百二十里；胡蓁寺一百二十里；木瓜村一百二十里；崔上莊四十里；上楊村五十里；牛家溝四十五里；田家溝四十五里；内陽村五十五里；胡松溝六十里；榆樹平六十五里；白官村六十五里；楊照掌七十里；龍王村七十里；油房村九十里；翟家莊九十五里；上北舍九十五里；儀城鎮一百里；石拐村九十里；官莊一百里；焦紅色一百里；沙窩村一百一十里；水澤村一百一十里；石岩村一百二十里；交口村一百二十里；兩河口一百二十里；羊樂莊一百三十里；道陸村一百三十里；雙峯村一百四十里；西河村一百四十里；全灘村一百三十里；龍門村一百三十五里；寒湖村六十里；東溝村六十三里；西溝村六十五里；張健村六十八里；沙峪村七十二里；張科村八十里；楊社村八十二里；陽光占九十里；下白岩九十里；上白岩九十二里；廣屋村九十五里；横嶺村八十八里；刁岔村九十五里；蚕里村九十五里；壁子村一百里；莊里村八十五里；拐子村九十二里；西陽村九十五里；小上莊九十八里；趙村一百里；北峪溝九十里；麻地灣一百一十里；白家莊一百一十五里；孔家莊一百一十五里；高崖底一百二十里；馬陵村一百二十里；路峪村一百二十里；石匣溝一百二十里；北寨村一百二十里；南寨村一百二十里；郜村一百二十里；上下城南一百二十五里；灰河溝一百二十八里；曲裡村一百三十里；堡下村一百三十里；東溝里一百三十里；新莊村一百三十里；溫泉村一百三十里；窑灣村一百三十里；郭家社一百二十里；後莊溝一百一十里；牛槽溝一百一十五里；思齊村一百一十五里；金箱寺一百三十里。

北區：後峪村十里；溫源村十四里；泊里村十五里；柳林溝二十里；三奇村二十五里；三奇掌三十里；狐窊村三十里；下石勒三十里；上石勒三十三里；榆圪塔

三十八里；南坪四十里；龍峪村四十二里；馬圈溝三十里；鳳凰廟三十三里；石梯村三十七里；回黄村四十里；石版溝四十三里；郭家堖三十里；沙谷駝三十三里；野狐坪三十八里；南李陽二十五里；河鋪鎮二十五里；北李陽二十八里；天井村三十里；常家莊三十三里；羊圈村三十三里；巖莊截三十六里；秦家莊四十里；蟾窑溝四十五里；史家莊三十五里；上豐村三十里；下黄岩三十三里；陳家莊四十里；黄嶺村三十五里；麒麟臺三十里；南莊二十里；崔家坪二十里；東西河會二十四里；大夫岩二十四里；上下松溝二十六里；高村二十五里；牛川村三十三里；梁家莊三十八里；吕家溝四十里；栢木槽三十八里；樗南溝三十五里；官地溝三十五里。以上三奇掌、松溝村屬在城鄉約，麒麟臺屬南鄉爨村約。

注釋

[1] 梁餘子養御：事見《左傳》閔公二年。

重修和順縣志卷之二

建置

建置志

王者度地居民，辨方正位，必有一定之規。《書》曰："卜宅攻位"。《禮》曰："置槷眡景"。重建置也，後人因之。而大都小邑，規模畢具焉。良以固國衛民，城池綦要。而育人材，則學宮之制度宜詳也。臨政事，則官署之經營宜備也。廣積儲，則倉廒之出入宜謹也。詰戎兵，則武備之簡閱宜勤也。至若驛站舖遞，所以供使令。坊表墟墓，所以旌善良。市集橋梁，易有無而通往來。育嬰養濟，卹老幼而甦困窮。何一非蒞官行政之要務哉。和自置縣以來，迭經創建，大端備舉。捧檄而來者，尚其隨事核稽，因時修葺，慎守焉而俾勿壞，庶不負前人建置之心也。惟舊所建制，非不因地制宜，各適其用，各壯其觀。第多歷年所坍塌者有之，更變者有之。玆將現在各處布署規模續刊於後，以新一時之耳目。

城池

按，和邑土城一座，周圍二里二百五十步，高連磚垛三丈七尺，根寬二丈五尺，收頂一丈五尺。門三座，南曰康阜，西曰寶凝，北曰拱辰。角樓敵臺共十一座，磚垛口八百一十六，更房三座。正統十四年，知縣王衡補修，疑在永樂年。萬曆二年，知縣蘇性愚益磚砌。十三年知縣李繼元益土坯泥砌，外浚深濠。順治十六年，知縣李順昌重修南、北、西三城樓。康熙八年，知縣鄧憲璋補修。雍正十三年，雉堞盡廢，知縣趙懋本重修，全補磚垛。乾隆十年，知縣蔣祖培磚砌西門。二十一年，知縣朱汝璣重修奎光三層樓。乾隆二十八年，知縣侯日曬補修角樓四，東城樓一，西城樓一。迄今失修又百數十年。地瘠民貧，大祲之後，無所設施。但循年例，造報完固。而俟年歲順成，尚有待於後之蒞事者。

學宮 在縣城東北隅。

先師正殿三間，東西角門，東西兩廡十間，敬一亭三間在大殿東，現在改設宗聖宣講堂。化帛樓一座在大殿西，庠生藥良建。戟門三間，更衣亭三間，名宦祠三間，鄉賢祠三間，御路左右泮池，欞星坊一座，照壁一座，東西二柵，大成坊一座，崇聖祠三間，奎光樓一座，入德之門，忠義孝弟祠，節孝祠三間，二門一座。以下現為縣議會借占：明倫堂五間現作議場。進德齋三間現為會客室。修業齋三間現為議員室。東庫二間現為秘書室。西庫二間現為議長室。東廚二間現為大膳室。西廚二間現為差役室。西角門一道。

官署

知事署在縣城西北隅：大堂三間東庫、西庫各三間。東房七間現設地丁稅捐徵收處。西房七間管獄員室三間，審檢所收發處二間，存儲公文室二間。上諭坊，儀門三間，土地祠，五聖殿，酇侯祠以上均在儀門東。東西警察房八間，看守所房二座五間，大門三間，梁餘古治坊，照壁一座。宅門守門房東西二間。二堂三間，東西簽押房四間，東西房各五間，學斯樓三間，東券門一座，北客庭四間，南房三間，東書院，東房三間，北房五間。西宅，審檢所門一座，北房共六間，西房四間。

公所

行政公所辦公處在月門東舊典史署：大門一座，大廳三間，西房三間，北房五間；東宅，北房五間，東房三間，西房三間，南房三間傾圮。

犴狴[1]在儀門西，計房五間。

巡檢署在儀城鎮，明季流寇焚燬。

察院公署在縣東松煙鎮。乾隆十七年，知縣朱汝璣詳請改修把總汛。今廢。

儒學署在文廟左，現設教育會：儀門一座，廣文廳三間，齋房三間；後宅，北房三間，東西房六間，書房三間坍塌，廚房二間。

警務公所，大門三間，大堂三間，東房三間，西房三間，西大庭三間，南房五間；後宅現設初小學校，北房三間，東耳房二間，東房三間，西房三間。

把總衙署在縣治東鄉松煙鎮，今廢：大門一座，大堂三間，東稿房二間，值班、伴當房各一間，西軍裝庫三間，東馬廄二間以上四處今均坍塌；內宅，正房三間，東西廂房各二間，照壁一座。

外委營房在縣東區松煙鎮：大門一座，過廳三間，東、西廂房各二間，東馬棚一間；內宅，正房三間，東、西廂房各一間，照壁一座，演武廳三間，今坍塌，將臺一座，照壁一座，馬道一條計長二十五丈，寬五尺，深二尺。

同治元年七月，奉撫院英奏准，移營移兵，添建衙署，並設立教場、演武廳。查照原奏所指之地，緣遼州裁汰。原設城守千總，改設都司一員。於州東粟城鎮專立一營，添設把總一員，並設營頭汛千總、外委各一員；黃澤汛把總一員。和順縣屬松煙鎮把總、外委各一員。均應新立衙署營房。當此經費支絀之時，飭照潞澤工程辦理，置買民房改修，較為簡省。即或購地建造，總須價廉工省。當於粟城鎮購房二所，改建都司衙署，價一千零八十五千文。又購民房一所，改把總衙署，價一百七十千文。該營招募新兵一百五十名，須設教場操演。因買民地二十畝零五分，價八十二千文。起造演武廳工料，一百一十六千零三十六文。營頭汛民房二所，價四百四十五千文。改修千總衙署及外委營房，共錢八十四千六百六十二文。招募新兵一百五十名，教場操演買民地十四畝。錢二百五十二千文。起造演武廳，共計一百一十三千六百九十文。黃澤關相距三里之羊角村，舊有營房官地一塊，破屋數間，改造把總衙署。新兵八十名，購地十畝，價六十千文。起造演武廳，須錢七十四千九百一十文。和順縣東鄉松煙鎮，買地一畝五分，價二十二千五百文。起造把總衙署暨外委營房，共工料錢七百六十一千六百五十四文。新兵一百五十名，購地二十六畝，價一百零四千文。起造演武廳，計工料錢八十千六百八十一文。以上統計：粟城營、營頭汛、黃澤鎮，並和順縣松煙鎮四處衙署，五所營房，二所教場，四所演武廳，總共房、地、工料計錢四千二百六十四千六百九十文，合庫平紋銀二千七百一十六兩三錢六分二厘八毫。分別依限，照例保固。房地各契，工匠承攬。詳冊圖結，各存備案。茲於同治二年四月二十日，松煙鎮興工，十月二十日工竣，共計錢九百六十八千八百三十五文。內買李蔭滋、杜慶恩、馬三俊民地價錢二十六千五百文，合庫平紋銀六百一十七兩零九分三厘。前由知縣孫汝霖報銷咨部在案

演武場在縣城南郭外。東長一百一十二步，西長一百一十七步，南寬四十三步，北寬三十一步：演武廳三間，東西耳房二間，旗亭一座以上各營廳房均已坍塌，現皆開墾為田，每年共徵租錢一十六千文，按時估酌銀解司。

學校

高等小學校在縣署東，中和街路北，係義學舊址。邑先有梁餘書院遺跡，無可攷。乾隆三十五年，知縣唐楷即義學地創建雲龍書院。道光十五年，知縣張兆衡捐貲重修，並輸廉銀八百兩，為膏火義學經費，泐石院中。光緒三十三年，知縣胡保頤改為學堂。宣統元年，知縣李金鎔改建講堂。民國二年，知事張夔典建第二講堂。前講堂四間，後講堂五間，後院東、西配房各五間，前院東、西配房各五間，二門外奎星樓一座，坐東向西，

臨街房五間，大門在内，把門房二間，大門内西邊，廚房二間，飯亭二間，前講堂東峭，廁所，在前講堂西峭外。

市集 七處。

在城。李陽鎮。松煙鎮。儀城鎮。馬坊鎮。闆交鎮。横嶺鎮。

舖遞

在城二舖。西路：儀村舖，郜家舖，水泉舖，寒湖舖，沙峪舖，陽光舖，白巖舖，横嶺舖，刁岔舖，儀城舖，關池舖。南路：南窑舖，喂馬舖，窑堤舖。北路：李陽舖係半舖，在城舖撥外。共一十六舖半，舖司三十三名，額設工食銀一百三十。光緒【原缺】年奉文裁撤，節省經費，撥充巡警餉需。

驛站

按，和邑舊協濟樂平縣栢井驛[2]驛馬二十一匹。順治十八年二月内，奉旨議定正協站銀七百五十六兩，解交藩司，以抵正項，免其協濟馬匹。緣清朝定鼎之初，差使浩繁，暫協樂平縣栢井驛驛馬二十一匹。查樂平縣距栢井驛七十里，和順距樂平縣九十里，距栢井驛一百六十里。相沿日久，喂養為難。以致縊死巡檢李棟，苦死里民武應文等，受累不堪。順治十八年七月内，前任知縣李順昌，為請廣直言事一案，通詳各憲。蒙驛道李督撫白彙題在案。隨蒙兵部具覆："晉撫白題前事稱疏内一款，和順縣協濟栢井驛馬匹，該撫既稱路遠喂養，難以稽查，相應如議免其協馬，行令和順縣照依原額協濟站銀七百五十六兩，給栢井驛應差可也。"奉旨，依議欽遵在案。嗣後，李令將從前應差馬匹申文請示變價。蒙驛道范牌示："協濟馬匹在歷年站銀内通融買補，自應留驛應差，何得請示變價。"至是驛馬之根苗未除，索幫之百弊叢生。順治十八年八月內，知縣李順昌復申詳前事內稱："卑職遵照原文隨差人送交站銀，今閱半月，相距百里，銀尚未收，差羈未歸，詢其緣由，要求外幫。為此具文申詳。"蒙太原府調集二令牌，提栢井驛驛丞楊子茂面議。議得和順縣前所交原走馬匹，不論肥瘦老弱，交與驛丞楊子茂銀二百五十兩，以為買補馬匹之資。以後站銀，按季解交，以十月初一為始接管。取有驛丞楊子茂關防，領收管馬冊回呈在卷，嗣後買馬站銀通融與和順無干。至於站銀，按季解給，以便喂養，蒙太原府轉詳本部院行繳在案。繼因康熙三年，驛丞荀毓民又以驛遞衝繁，額外索幫，申告不已。事詳請經康熙六年內，前任知縣周于文為復行詳明，請廣直言事一案，議令驛丞行差。幸奉院道立有底案，至今七載，歷縣三令，感恩兩便。詎驛丞荀毓民稱：驛遞衝繁，於站銀七百五十六兩零之外，另行索幫。前既蒙各憲臺會議，又外幫銀一百五十兩，以為買補驛馬之資。惟恐驛丞援為定例，後有需索，因並議後不為例，批允在案。今又於驛官額馬缺半，縣廠代累難堪。仰祈憲奪，以重皇華事。詳內批示："驛馬倒斃，和順驗皮買補。"竊念前年外幫，驛丞尚未開銷，今又驗皮買補，既協站銀，又協馬匹，苦累難堪。據各憲臺議，再幫銀四十兩，以為買補倒斃驛馬之費。隨將緣由申詳，蒙總督部院盧批："協銀既經題定，何得復索幫貼？此詳不准。"以上三次議幫，皆因驛馬未經變價，留驛應差之故。至康熙七年六月初二日，蒙本州為遵諭陳言事內，牌行該縣，額徵站銀，火速起解藩司，以抵正項，等因。到縣。蒙此。遵照憲行。查於未奉文之先，先將正、二、三、四、五月站銀三百一十兩八錢，除小建不支外，按月解交樂平縣驛丞荀毓民支用，取有領狀在案。其未領站銀四百四十八兩三錢四分五厘一毫，遵照憲牌事，理於地丁錢糧內，解付布政司交納完訖。不料康熙八年二月內，栢井驛驛丞荀毓民，又以申討買補倒斃馬匹銀四十兩，具文前來。據此，該知縣鄧憲璋，仍照前案通詳各憲，蒙布政司達批："據詳，額外私幫，殊屬違例。"巡撫阿批：

“驛馬倒斃，既有買補之例，其幫買銀兩未經奉旨，不便私幫。”仰道飭行交在案。詎協馬之害方除，而協車之累又至。康熙十六年内，樂平又以泣陳車輛偏苦等詞，具呈各憲。縣令鄧憲璋詳稱：“順治十八年，協馬以前原有凡遇車輛，經過至百輛以上者，和邑暫協三分之一。所以十一月内，漢中駐防回京家口，栢井扳害協騾，晝夜馳行三百餘里，人畜苦累不堪。樂人反暗具和順失誤結狀，致令和民趕赴慶都清算明白，委無失誤情由，方得抽回結狀。今又逞扳害故智，以不論車輛多寡，應和順逐起協濟聳控。竊思車輛供應，原在驛遞之内。未聞在驛遞之外，另設車輛，以供差使。前和所議協車輛者，以有協樂平之馬而然也。”順治十八年三月内，督撫白具題部覆：“協銀不協馬，久奉諭旨欽遵在案”。康熙七年六月内，於遵諭陳言案内，奉旨：“凡驛遞工料，着有驛遞地方，於正項錢糧支領。該縣額設協站銀兩，火速照數起解藩司，以抵正項。”是樂平之驛，樂平全供之。和人既不協馬，又焉有協車之累。況過往車輛，自有應給腳價銀兩。為此備陳。蒙巡撫王批：“糧屯驛傳，道張檢閱，節年卷案，逐一詳查。和順相離栢井遙遠，兼係山路，車差一到，勢難刻緩，欲求無誤，應付難矣。”又查康熙六年十月内，樂平士民趙桂等，又將實陳疾苦等事，呈稟太原府。查議得，和順舊有協濟樂平縣栢井驛站銀，協銀則不協差，此晉省通例也。蓋因康熙元年定議，凡有非常之差，用車百輛以外者，和順協三分之一。奉各憲批允在案，則所定協車，非為陸續小差而言也。以此窺之，則和順止協銀，並無協車之例。私派屢奉嚴禁，功令煌煌，孰敢不遵。而承議者，亦斷不敢蹈違禁之愆。總之，當今司鐸之官固屬難，其妄扳之端亦不便冒為援議。今該府所議車至五十輛者，和順協三分之一，乃遵未裁協銀以前之議，應不便準從者也。合無呈請憲臺批飭，樂平縣加意料理驛務，不得借口貽誤可也。蒙批：如詳嚴飭，行檄帖文到縣遵照在案。似此次第除革，和人差可休息，誠恐日後案牘散佚，又起風波，故詳敘其顛末云。至原稿案詳載碑記。

附：巡撫白彙題請廣直言疏

順治十有七年冬，有請廣直言之旨。凡内外大小臣工咸抒懷來，以仰答若渴之求。該和順縣知縣李順昌，首以協馬之苦，申各上臺，請改協銀，千言洒赤，謬邀許可。於順治十八年春，山西巡撫白彙題為請廣直言事。據布政司呈詳，該臣看得，興利除害，誠為裕國便民之首務，自當悉心籌畫，必使興革得宜，庶與地方有裨也。臣撫晉以來，凡有利弊所關，無事不與分土各官講求力行，以不負任使之意。故年來晉地頗稱小康，兵民亦皆安堵。兹覩科臣請廣直言一疏，臣即遵照部文檄行藩臬二司，會通各道廣採州縣，就彼見聞所及，酌其可行而有關於國計民生者，方敢據以入告。如陽和一城，向為巨鎮，自督鎮道奉裁，重兵復徹，僅以一守備領二百兵坐鎮，單弱已甚。新平參將領兵四百，反處閑僻。今議官兵照額更調，緩急得宜。又馬邑縣居三邑之中，頗稱安靖。設守備一員，兵一百七十五名。朔州極邊地方，止一外委，操守兵百名，非所以資彈壓也。今議官兵照額更調，衝僻適宜。一轉移之間，地方有賴矣。若夫天陽二衛，屯糧銀兩共計一萬七千有奇，因同知裁并，委之衛弁，致多逋欠。今議中路通判，移駐陽和，稽屯清餉，無增官設役之擾，政事又易舉行矣。至於和順縣，距栢井驛往返三百餘里，所協馬二十一匹，喂養稽查，遠不能及。而馬夫作奸，倒斃時聞。今議以每年原額站銀七百五十六兩，解協該驛。既遵官養之令，亦無鞭長不及之虞矣。以上各款，總因晉雲官兵裁減甚多，衝僻緩急固須一番調劑。而徵屯重務，協馬苦情，更宜稍為便通。此誠參酌於地方利病，而有關於國計民生者也。既經各司道府確議，臣覆核無異，相應具題。伏乞勅部議覆施行。奉旨。該部議奏，該兵部覆題，為請廣直言事，職方車駕司，案呈晉撫白如梅題前事。奉旨。該部議奏，欽此。除通判一款該吏部議覆外，該臣等議得宜大承平，内地官兵經制久定，頻事更張，徒滋煩擾，相應照舊。又據疏稱，和順縣協栢井驛馬二十一匹。喂養稽查，遠不能及。議以每年原額站銀七百五十六兩，解協該驛。等因。查和順協濟栢井馬匹，該撫疏稱，路遠喂養，難以稽查，相應如議免其協馬，行令和順縣照依原額協濟站銀，解給栢井驛應差可也。奉旨。依議部文遞行到縣，在順治十八年閏七月二十二日也。闔縣士民手額歡呼，遍山谷矣。陞山東兗州府濟寧州知州，遼州和順縣知縣李順昌謹識。

營房

黃榆嶺，在縣東七十里，為山西、直省交界第一要處。舊制設巡檢司，久裁。前清設營房一所，墩臺一座，煙墩五座。移駐石馱坪村防守，久裁。

轆轤村，在縣東七十里。前清設營房一座，墩臺一座，煙墩五座。移駐暖窑溝防守，久裁。

桃樹坪嶺，在縣東七十里。前清設營房一所，墩臺一座，煙墩五座。移駐青家寨防守，久裁。

風門嶺，在縣東六十五里。前清設營房一所，墩臺一座，煙墩五座。移駐後當城口防守，久裁。

馬嶺，在縣東北九十五里，地屬樂平，為縣要害。前清建營房一所，墩臺一座，煙墩五座。移駐青城村防守。

夫子嶺，在縣東八十里。前清設營房一所，墩臺一座，煙墩五座。移駐營子溝防守，久裁。

馬脊嶺，在縣南平五里，路通遼州。前清設營房一所，墩臺一座，煙墩五座。移駐喂馬村防守，久裁。

爐煙嶺，在縣南二十五里。前清設營房一所，墩臺一座，煙墩五座。移駐窑堤村防守，為縣南界。

松子嶺，在縣北四十里，為和順、樂平交界。舊制巡檢司一員，久裁。前清設營房一所，墩臺一座，煙墩五座。駐嶺防守，久裁。

八賦嶺，在縣西一百二十里。其嶺有二關：西北曰黑虎關，路通太原；西南曰青龍關，路通汾平。設巡檢司一員，領弓兵把守，今裁。

養濟院今廢。

漏澤園有四處。一在縣治北□里，方十畝，紳士周於禮施。一在縣北五里許，方十畝，知縣鄧憲璋置。一在縣南會里村邊，約三畝。一在縣北一里許，方十畝，四角皆立望柱，柱內為園柱，外餘地歸北關鄉約經管，道光二十年楊曉昀施。

育嬰堂今廢。

倉廒

常平倉

地字廒四間，黃字廒七間，宇字廒四間，洪字廒三間，盈字廒五間，藏字廒三間，餘字廒五間，成字廒六間，陽字廒五間，大字廒七間，有字廒七間，滿字廒五間。常平倉穀原額一萬八千石。除屢年動支孤貧口糧、賑濟水旱成災、上潮下濕、蟲嚙鼠咬外，實存穀一萬三千四百三十三石四斗四升。

社義兩倉

社義兩倉，積不一處，散不一時。今查或有存儲，亦多半糜爛，礙不成粒。俟新制底定，再作整理，始克地點明白，穀石清楚。

坊表　舊建共二十，新建三。

明：育賢坊縣中歷科鄉甲，姓名廢。司徒坊王佐立。尚書坊王佐立。天曹四署坊王佐立。進士坊王佐立。步月坊王佐立。儒宗坊王雲鳳立。世登科第坊王雲鳳立。己卯舉人坊周文立。誥封主事坊周麒立。庚午舉人坊周朝著立。丙戌進士坊周朝著立。丁酉舉人坊程霽立。辛酉舉人坊陳桂立。甲子舉人坊王之臣立。庚午舉人坊畢世隆立。甲子舉人坊齊聞韶立。兵憲石坊藥濟衆立。義民坊徐煥立，廢。誥封副使坊藥性立。

清：節婦坊周氏立。節婦坊李天祥妻立。節婦坊藥氏立。

橋梁

舊建共三座，新建一座。

東河橋在邢村，距縣八里，路通河南。通濟橋在河北，距縣二里，路通北京。南河橋在爨村，距縣三里，路通潞安。係木橋知縣鄧憲璋重修。永固橋在南安義村，距縣二十五里。乾隆十四年，義民杜若楷新建。

水利

邑境皆山，溝澮之間雨集則盈，雨止則涸，無長流渠道可以灌引。蓋其地苦寒，少浸以水，其田如石。是以他邑可資溉於人功，此地獨待澤於天時。一遇旱澇之災，便仰於朝廷之軫恤。雖有叔敖、文翁之起穿，宏羊、充國之屯復，俱無所施。水不為利而為害，亦地勢使之然也。

墟墓

周晉大夫墓有二。一在縣西九京山椒，相傳陽處父墓，今里人稱為楊將軍墓。一在縣北堯村山椒，相傳為狐偃葬地，今里人猶稱為狐偃墓。《廣無記》志士會亦葬此，無攷。麻衣道人塚在麻衣山椒，塚上有石塔。題詠紀藝文。

元：許狀元墓在縣西坡，有石碣，名失傳。題詠紀藝文。

明：王尚書墓在縣東虎峪村，戶部尚書王佐葬地。王都憲墓佐子雲鳳，都察院僉都御史，父子同塋。周舉人墓諱文，在白泉村。誥封周主事墓諱麒，在白泉村。周郎中墓麒子，諱朝著，工部郎中，父子同塋。藥少卿墓諱濟衆，贈太僕寺少卿，任副使，葬九京山前。彭舉人墓諱德潤，葬縣南。藥主事墓諱之璵，薊鎮督餉，戶部主事，葬北漳之北。楊進士墓諱曉昀，葬城東多祿坡。

按，和邑自秦漢建置以來，興廢不一，沿革亦殊。然嶽峙川流，弗改昔年之風景，城廓壇壝，不殊舊日之規模。迄今憑覽梁餘之墟，見夫公廨布署井井，學校廟貌巍巍，以及倉廩之充實，闤市之懋遷，坊表之旌樹，壟邱之綿延，橋梁之虹彩，未嘗不嘆盛世之良法美政，固有歷久彌新者。雖曰山僻小邑，其區畫經營，寧無望於後之加意民社者耶！

注釋

[1] 犴狴：即監獄。

[2] 栢井驛：位於今山西省平定縣東部，自古乃是由山西高原東出太行的必經之地，明清時代設驛站於此。

重修和順縣志卷之三

典禮

典禮志

《周禮》：太宗伯掌邦禮，以佐王建保邦國。建者立其基，保者固其脈。國於天地，必有與立禮是也。事必有禮，而後陰陽，和風雨時，萬民效順，建邦基而安保之裕如也。

國家典章大備，禮教昌明，原於天理之節文，若為人事之儀則。大而等威必辨，小亦度數綦詳。和雖山僻微區，而幽明咸格，豈能外秩序之常經；進退周旋，奚徒拘儀文之末節、詳求典則，備載禮文。於以見教親教，讓不遺於僻壤窮鄉也。志典禮。

慶賀

萬壽聖旦[1]及元旦長至節昧爽，知縣率僚屬，具朝服，詣行宮，序立丹墀下排班。班齊，北向龍牌前，行三跪九叩首禮畢，文武分東西班坐朝竣，鄉宦紳耆均叩祝。作樂演劇畢，朝散悉歸。遇有皇詔至縣，知縣率僚屬，穿朝服，具龍亭儀仗，鼓樂出南關外跪接。導至縣署大堂，設香案行三跪九叩首禮，詣受詔位。齋長開讀詔旨，官紳士庶均跪聽。讀畢，復行三跪九叩首禮。捧詔書至內署，設香案珍藏。禮畢。

蒞任

新官至北城外拜門，行一跪三叩首禮。入城到公館，擇吉穿公服，詣本署拜儀門畢，換朝服，拜印，行三跪九叩首禮。再望闕謝恩，禮如初。易服升堂，受謁。畢，退與僚屬相見。次日行香，講書，閱城。

祭祀

文廟，每春秋仲月上丁先一日，知縣公服至先師孔子神位前行禮，上香，三跪九叩首禮。詣宰牲所，一揖，宰牲。領牲畢，一揖，復位。行三跪九叩首禮，回署。祭日子夜，先祭崇聖祠，行二跪六叩首禮。昧爽，鼓初嚴，徧然庭燎；鼓再嚴，執事者各序立；鼓三嚴，引贊生引各官至戟門外立。通贊生贊：司事者各司其事，糾儀生就位，樂舞生就位，陪祭官各就位，承祭官就位。引贊引承祭官詣盥洗所，司事者酌水盥手，淨巾，復位。瘞毛血，迎神堂下，樂作舞興，奏咸平之章。奏畢，行三跪九叩首禮。樂奏寧平之章。奏畢，贊行初獻禮。引贊引承祭官詣酒尊所，司尊者舉冪酌酒。詣先師孔子神位前，跪獻帛。初獻爵，叩首，興。詣復聖顏子神位前，跪獻帛。初獻爵，叩首，興。詣宗聖曾子神位前，跪獻帛。初獻爵，叩首，興。詣述聖子思子神位前，跪獻帛。初獻爵，叩首，興。詣亞聖孟子神位前，跪獻帛。初獻爵，叩首，興。詣讀祝位跪，衆官皆跪，讀祝文。讀畢，叩首，興。復位，行亞獻禮。樂奏安平之章。奏畢，引贊引承祭官詣神位前，儀如初獻。引贊各引分獻官，詣十二哲暨兩廡先賢、先儒位前，跪奠帛，獻爵畢，各復位。行終獻禮。樂奏景平之章。奏畢，引贊引承祭官詣神位前，儀如亞獻。復位。引贊引承祭官詣飲福受胙位，跪飲福酒，受福胙，叩首，興。復位。撤饌送神。樂奏咸平之章。奏畢，行三跪九叩首禮。畢，司帛者捧帛，司爵者捧爵，讀祝者捧祝，各詣燎所，望燎，禮成而退。樂章祝文俱載祠祀部。

關聖帝君廟，祭祀儀注與文廟同。樂章祝文俱載祠祀部。

文昌帝君廟，祭祀儀注與文廟同。樂章祝文俱載祠祀部。

社稷壇，每歲春秋仲月上戊日質明，知縣率僚屬，具朝服集壇。通贊贊：

司事者各司其事，主祭官就位，陪祭官各就位。引贊引承祭官詣盥洗所，司事者酌水，盥手、淨巾，復位。瘞毛血，迎神。行三跪九叩首禮。贊奠帛，行初獻禮。詣社神神位前跪獻帛，初獻爵，叩首，興。詣稷神神位前跪獻帛。初獻爵，叩首，興，復位。贊讀祝文，引贊引承祭官詣讀祝位跪，衆官皆跪。讀祝文，讀畢，叩首，興，復位。贊行亞獻禮，儀如初獻，復位。贊行終獻禮，儀如亞獻禮，復位。贊飲福受胙，引贊引承祭官詣飲福受胙位，跪飲福酒，受福胙，叩首，興，復位。贊徹饌，送神，行三跪九叩首禮畢。司帛者捧帛，司爵者捧爵，讀祝者捧祝，恭送瘞所，望瘞，禮成而退。

神祇壇、先農壇，雩祭儀注與社稷壇同。祝文詳祠祀部。

邑厲壇，每歲清明、七月望、十月朔致祭。祭日，知縣先詣城隍廟神座前，行二跪六叩首禮畢，焚牒迎城隍神於壇。面向南，左右設境内無祀鬼神位。通贊贊迎神，行二跪六叩首禮畢，贊獻爵，承祭官詣神位前跪。初獻爵，亞獻爵，三獻爵，叩首，興，復位。贊讀祝。詣讀祝位跪，讀祝文，興，復位。贊送神，行二跪六叩首禮。僧會司、陰陽學諷誦經卷畢。奉城隍神還廟。典史安神。

呂祖廟，每歲四月十四日致祭，祭品用蔬果。知縣具蟒袍、補褂，行二跪六叩首禮。

八蜡廟，每歲五月十八日致祭。届期知縣具蟒袍、補褂詣廟拈香，行二跪六叩首禮。

梁餘祠，每歲五月初一日致祭，行一跪三叩首禮。

迎春

每歲立春前一日，知縣具朝服，率僚屬，迎春於東郊。詣芒神前，行三跪九叩首禮畢。偕僚屬回至大堂，開春宴，演劇報喜。芒神土牛鼓樂前導，舁奉公署儀門東。土牛列芒神之前。次日立春，按立春時刻鞭春。知縣具朝服，率僚屬，詣芒神前，行三跪九叩首禮畢。詣春牛所，擊鼓者三，執綵鞭擊土牛三匝。禮畢。

救護

日食，知縣豫移文僚屬，至期，僚屬畢集。設香案於縣署堂階下，金鼓列儀門，樂列堂下。届時陰陽官報日初虧，文武官俱素服，向日行三跪九叩首禮。執事奉鼓稟擊鼓，知縣擊鼓三聲，金鼓齊鳴。陰陽官報食甚，行禮如初。陰陽官報復圓，下堂，樂作，易朝服，行三跪九叩首禮。月食同。

送學

歲科試，取進文武生揭曉歸。知縣會同儒學諏吉送學。至期諸生齊集縣署，序班立於堂階。候知縣升堂點名，魚貫而入。知縣簪花酌酒，諸生捧爵南向酬地，揖知縣升座。諸生向上行四拜禮。知縣拱答，受二拜，免二拜。諸生出儀門，鼓樂前導，知縣隨後送入黌宮，率諸生謁至聖先師。行三跪九叩首禮畢，率諸生詣明倫堂行送學禮。教官在東，知縣在西，再拜。教官轉西，知縣轉東，再拜。知縣命諸生拜謁教官，行四拜禮。諸生謝知縣，行四拜禮。俱受二拜，免二拜。次拜齋長等畢，諸生分東西序立拜同年，俱行再拜禮。尋以次排坐賜茶。聽訓畢，樂作，知縣起身向教官揖别。諸生送出庠門外，揖，復返，向教官肅揖而退。

賓興[2]

每科鄉試前，擇吉延赴試生員、貢、監，設宴縣堂。架登瀛橋，結綵棚，插桂枝。諸生公服至，知縣率屬僚迎於堂簷下，行禮畢，就席。知縣主席，僚屬席東向，諸生席西向。酒三行，樂作，諸生起揖辭行。過登瀛橋，折桂花枝，從儀門出。鼓樂前導，知縣率僚屬送南門外，揖。武科亦如之。

鄉飲酒

每歲正月十五日、十月初一日舉行。知縣為主人，先朝具書速賓。凡致仕官、舉、貢、生、監及民有齒德者咸得與。至日，主人及僚屬先詣明倫堂。賓至，主人率僚屬迎於庠門外，賓入，介、衆從入。主由東，賓由西，三揖至階，三讓升堂。行再拜禮畢，請賓即席。延介、衆賓皆即席。監禮席於庭東，北向。賓席於堂西北，南向。主人席於堂東，西向。介席於西南，東向。衆賓之長三人席於賓席西，南向。東上皆專席，不屬衆賓席，於西序東向。僚佐席於東序西向。教官一人為司正席，於主人之東，北向。律令案設於主介間，正中九十者六豆，八十者五豆，七十者四豆。六十者坐，五十者立。司正揚觶致辭曰："恭惟朝廷，率由舊章；敦崇禮教，舉行鄉飲。凡我長幼，各相勸勉，為臣盡忠，為子盡孝，長幼有序，兄友弟恭，内睦宗族，外和鄉黨，毋或廢墜，以忝所生。"讀畢，司正舉觶飲畢，揖，賓介以下皆揖。司正復位，引贊引讀律令者詣案前，北向立。賓介以下皆跪聽，讀律令。讀畢，興，復位。獻爵，賓主北向立，執事者酌酒授主人，主人執爵置賓席前，再拜。賓答拜，主人復位。賓酢酒，執事者酌酒授賓。賓執爵置主席前，再拜。主人答拜，賓復位。主人獻介介酢。主人如前儀，執事於衆賓席以次酌酒訖。樂作，工升，歌鹿鳴，卒歌南陔，間歌魚麗乃合樂歌關雎，工告樂備。排班望闕謝恩，行三跪九叩首禮畢。賓在西階，主人在東階，再拜。主人率僚屬送賓介於庠門外，禮成。

際此改革時代，典禮未定，礙難載入。右列古禮，雖後未必用，而古道不可反，古跡要不可滅也。姑存之，以俟後日確有定制，再行續刊。

注釋

［1］萬壽聖旦：即皇帝的誕辰日，取萬壽無疆之意。

［2］賓興：原出《周禮》："以鄉三物教萬民而賓興之"。后指科舉時代地方官設宴招待應舉之士。亦指鄉試。

重修和順縣志卷之四

祠祀

祠祀志

《周禮》：大司徒以祀禮教敬，則民不苟，典綦重也。洪維昭代之隆，郅治馨香，百靈效順。自壇壝、先師外，凡關帝、文昌、呂祖，屢極尊崇，列在祀典，誠煌煌乎帝者之上儀哉！和雖下邑，敢弗欽承。他若民間私祀寺廟，似無關於典要。然昭靈感應，勸善懲惡，實有以襄王化之所不及。昔吳道子畫地獄變相，畏罪者多；韓昌黎題木居士詩，向善者衆。《祭法》曰：有功於民則祀之。悉舉而附於篇，所以隆祈報，亦猶是神道設教之意也。志祠祀。

廟祭

文廟謹遵同治三年部頒祀位圖。

大成殿正中奉祀至聖先師孔子。

恭錄御製匾，順治："德配天地，道貫古今"；康熙："萬世師表"；雍正："生民未有"；乾隆："與天地參"；嘉慶："聖集大成"；道光："聖協時中"；咸豐："德齊幬載"；同治："聖神天縱"；光緒："斯文在茲"；宣統："位育中和"；民國："聖教昌明"。

康熙二十五年謁祀闕里御製至聖先師孔子贊並序

蓋自三才建與，天地不居其功，一中傳與，聖人代宣其蘊。有行道之聖，得位以綏猷，有明道之聖，立言以垂憲。此正學所以常明，人心所以不泯也。粵稽往緒，仰溯前徽，堯、舜、禹、湯、文、武達而在上，兼君師之寄，行道之聖人也。孔子不得位，窮而在下，秉刪述之權，明道之聖人也。行道者勳業炳於一朝，明道者教化周於百世。堯、舜、文、武之後不有孔子，則學術紛淆，仁義堙塞，斯道之失傳也久矣。後之人而明探二帝三王之心法，以為治國平天下之準，其奚所取衷焉。然則孔子為萬古一人也審矣。朕巡省東國，謁祀闕里，景企滋深，敬摛筆而為之贊曰：清濁有氣，剛柔有質。聖人參之，人極以立。行著習察，舍道莫由。惟皇建極，惟后綏猷。作君作師，垂統萬古。曰惟堯舜，禹湯文武。五百餘載，至聖挺生。聲金振玉，集厥大成。序書刪詩，定禮正樂。既窮象繫，亦嚴筆削。上紹往緒，下示來型。道不終晦，秩然大經。百家紛紜，殊途異趣。日月無踰，羹墻可晤。孔子之道，惟中與庸。此心此理，千載所同。孔子之德，仁義中正。秉彝之好，根本天性。庶幾夙夜，勖哉令圖。溯源洙泗，景躅唐虞。載歷庭除，式觀禮器。摛毫仰贊，心焉遐企。百世而上，以聖為歸。百世而下，以聖為師。非師夫子，惟師於道。統天御世，惟道為寶。泰山巖巖，東海泱泱。墻高萬仞，夫子之堂。孰窺其藩，孰窺其径。道不遠人，克念作聖。

康熙二十八年御製顏、曾、思、孟贊

顏子贊：聖道早聞，天資獨粹。約禮博文，不遷不貳。一善服膺，萬德來萃。能化而齊，其樂一致。禮樂四代，治法兼備。用行舍藏，王佐之器。曾子贊：洙泗之傳，魯以得之。一貫曰惟，聖學在茲。明德新民，止善為期。格致誠正，均平以推。至德要道，百行所基。綦承統緒，修明訓辭。子思子贊：於穆天命，道之大原。靜養動察，庸德庸言。以育萬物，以贊乾坤。九經三重，大法是存。篤恭慎獨，成德之門。卷之藏密，擴之無垠。孟子贊：哲人見萎，楊墨昌熾。子輿闢之，曰仁曰義。性善獨闡，知言養氣。道稱堯舜，學屏功利。煌煌七篇，並垂六藝。孔學攸傳，禹功作配。

乾隆十有三年御製四賢贊並序

聖門弟子三千，其賢者七十有二人。《史記》、《家語》各為記其姓氏，攷其事迹，以垂之後世。而能契夫子之心傳，得道統之正脈者，則惟顏、曾、思、孟四人。顏子得克己復禮之說。曾子與聞一貫之傳，親炙一堂，若堯、舜、禹之相授受，復子尚矣。子思師事曾子，發明中庸之道，而歸其功於為己。謹獨孟子當戰國橫流之時，私淑子思，距楊墨、闡聖道，而養氣之論，為前聖所未發。昌黎韓子以為其功不在禹下，良有以也。庚戌秋，偶閱有宋諸儒傳，因思宋儒所宗者孔子之道，賴顏、曾、思、孟而傳今。聖廟祀典，四子升配堂上，為百代之楷模。因各係以贊，用志景行之私云爾。復聖贊曰：貧也者無不知其所惡，壽也者無不知其所慕。德以潤身，孰謂其貧？心以傳道，孰謂難老？簞瓢陋巷，至樂不移。仰高鑽堅，三月無違。夫子有言，克己成性。用致其功，允成復聖。宗聖贊曰：宣聖轍環，在陳興歎。孰是中行，授茲一貫。曾子孜孜，惟聖依歸。唯而不疑，以魯得之。會友輔仁，任重道遠。十傳釋經，超商軼偃。念被曾子，沂水春風。淵源益粹，篤實春容。臨深履薄，得正以中。三千雖多，獨得其宗。述聖贊曰：天地儲精，川嶽萃靈。是生仲尼，玉振金聲。世德作求，教孫維則。師曾傳孟，誠身是力。眷茲後學，示我中庸。位天育物，致和致中。夫子道法，堯舜文武。紹乃家聲，述乃文祖。亞聖贊曰：戰國春秋，又異其世。陷溺人心，豈惟功利。時君爭雄，處士橫議。為我兼愛，鼓簧樹幟。魯連高風，陳仲廉士。所謂英賢，不過若是。於此有人，入孝出弟。一髮千鈞，道脈永擊。能不動心，知言養氣。治世之畧，堯舜仁義。愛君澤民，惓惓餘意。欲入孔門，非孟何自？孟丁其難，顏丁其易。語默故殊，道無二致。卓哉亞聖，功在天地。

光緒三十三年欽頒孔聖祭文

謹致祭於至聖先師孔子之神曰：惟神，聖由天縱，緬萬世師表之尊；道協時中，繼三代明倫之治。學校徧乎鄉國，秩祀著在彝章。仰維先師孔子，教範古今，德彌宇宙。達天盡性，淵源集群聖之成，守道遵經，文軌洽大同之盛。

稽崇儒之鉅典，先朝久重明禋，擴興學之鴻規，懿訓特升上祀。風聲所樹，承矩矱於三雍，教澤無垠，廣甄陶於百代。大義炳如日月，馨香永以春秋。於戲玉振金聲，億代猶存夫愾慕，麟祥鳳德，八方莫外於尊親。文治恢昭，苾芬歆恪。以復聖顏子、宗聖曾子、述聖子思子、亞聖孟子配。尚饗。

東配祀：復聖顏子、述聖子思子。

西配祀：宗聖曾子、亞聖孟子。

東哲祀：先賢閔子名損，字子騫；先賢冉子名耕，字伯牛；先賢端木子名賜，字子貢；先賢仲子名由，字子路；先賢卜子名商，字子夏；先賢有子名若，字子有。

西哲祀：先賢仲子名雍，字仲弓；先賢宰子名予，字子我；先賢冉子名求，字子有；先賢言子名偃，字子游；先賢顓孫子名師，字子張；先賢朱子名熹，字元晦。

東廡祀：先賢公孫子僑、林子放、原子憲、南宮子适、商子瞿、漆雕子開、司馬子耕、梁子鱣、冉子儒、伯子虔、冉子季、漆雕子徒父、漆雕子哆、公西子赤、任子不齊、公良子儒、公肩子定、鄡子單、罕父子黑、榮子旂、左子人郢、鄭子國、源子亢、廉子潔、叔仲子會、公西子輿如、邽子巽、陳子亢、琴子張、步叔子乘、秦子非、顏子噲、顏子何、縣子亶、牧子皮、樂正子克、萬子章、周子敦頤、程子顥、邵子雍、呂子大臨；先儒公羊氏高、伏氏勝、毛氏亨、孔氏安國、后氏蒼、許氏慎、鄭氏康成、范氏甯、陸氏贄、范氏仲淹、歐陽氏修、司馬氏光、謝氏良佐、羅氏從彥、李氏綱、張氏栻、陸氏九淵、陳氏淳、真氏德秀、何氏基、文氏天祥、趙氏復、金氏履祥、陳氏澔、方氏孝儒、薛氏瑄、胡氏居仁、羅氏欽順、呂氏柟、劉氏宗周、孫氏奇逢、張氏履祥、陸氏隴其、王氏夫之、黃氏宗羲。

西廡祀：先賢蘧子瑗、澹臺子滅明、宓子不齊、公冶子長、公晳子哀、高子柴、樊子須、商子澤、巫馬子施、顏子辛、曹子卹、公孫子龍、秦子商、顏子高、壤駟子赤、石子作蜀、公夏子首、后子處、奚容子蒧、顏子祖、句子井疆、秦子祖、縣子成公、祖子句兹、燕子伋、樂子欬、狄子黑、孔子忠、公西子蒧、顏子之僕、施子之常、申子棖、左邱子明、秦子冉、公明子儀、公都子、樂正克、公孫子丑、張子載、程子頤、遊子酢；先儒穀梁氏赤、高堂氏生、董氏仲舒、劉氏德、毛氏萇、杜氏子春、諸葛氏亮、王氏通、韓氏愈、胡氏瑗、韓氏琦、楊氏時、尹氏焞、胡氏安國、李氏桐、吕氏祖謙、袁氏燮、黄氏榦、輔氏廣、蔡氏沈、魏氏了翁、王氏栢、陸氏秀夫、許氏衡、吴氏澄、許氏謙、曹氏端、陳氏獻璋、蔡氏清、王氏守仁、吕氏坤、黄氏道周、陸氏世儀、湯氏斌、張氏伯行、顧氏炎武。

崇聖祠正中奉祀：肇聖王木金父公、裕聖王祈父公、詒聖王防叔公、昌聖王伯夏公、啓聖王叔梁公。

東配：先賢孔氏孟皮，孔子庶兄；先賢顏氏名無繇，顏子父；先賢孔氏名鯉，子思父。

西配：先賢曾氏名點，字子晳，曾子父；先賢孟孫氏名激，字公宣，孟子父。

東廡：先賢周氏名輔成，先賢敦頤父；先儒程氏名珦，先賢二程子父；先儒蔡氏名元定，先儒沈子父。

西廡：先儒張氏名迪，先賢載之父；先儒朱氏名松，先賢朱子熹之父。

名宦祠祀：金：馬克禮；元：張欽祖；明：連勝、楊魁、高思敬、樊自新、李朝綱、李繼元、張正儒、萬象新；清：李順昌。

鄉賢祠祀：明：傅復、王佐、王侃、王雲鳳、陳桂、周文、彭德潤、周朝著、藥濟衆、楊曉昀。

忠義孝弟祠，在明倫堂右。祀前明忠臣王佐、孝子藥翔、忠臣王雲鳳、孝子趙鯨、孝子劉春和、孝子常懷仁、義民徐焕、忠臣藥濟衆、楊曉昀。

祭大成殿樂章

大哉宣聖，道德尊崇。維持王化，斯民是宗。典祀有常，精純並隆。神其來格，於昭聖容。右迎神，咸和之曲，無舞。

自生民來，誰底其盛。惟師神明，度越前聖。粢帛具陳，禮容斯稱。黍稷非馨，惟神之聽。右奠帛，寧和之曲，有舞。

大哉聖師，實天生德。作樂以崇，時祀無斁。清酤惟馨，嘉牲孔碩。薦饈神明，庶幾昭格。右初獻，安和之曲，有舞。

百王宗師，生民物軌。瞻之洋洋，神其寧止。酌彼金罍，惟清且旨。登獻惟三，於戲成禮。右亞獻，景和之曲，有舞。

按，亞獻後有終獻曲舞，皆與亞獻同。

犧尊在前，豆籩在列。以享以薦，既芬既潔。禮成樂備，人和神悅，祭則受福，率尊無越。右徹俎，宣和之曲，無舞。

有嚴學宮，四方來崇。恪恭祀事，威儀雍容。歆兹惟馨，神馭還復。明禋斯畢，咸膺百福。右送神，祥和之曲，無舞。

按：送神之後有望瘞曲，與送神同，無舞。

祝文

惟先師德隆千聖，道冠百王。揭日月以常行，自生民所未有。屬文教昌明之會，正禮和樂節之時。辟雍鍾鼓，咸恪薦於馨香；泮水膠庠，益致嚴於籩豆。兹當仲春（秋），衹率彝章。肅展微忱，聿將祀典。以復聖顔子、宗聖曾子、述聖子思子、亞聖孟子配，尚饗。

祭崇聖祠祝文

惟王奕葉鍾祥，先開聖緒。盛德之後，積久彌昌。凡聲教所覃敷，率循原而溯本。宜肅明禋之典，用坤守土之忱。兹届仲春（秋），聿脩祀事。配以先賢顔氏、先賢曾氏、先賢孔氏、先賢孟氏。尚饗。

祭器：銅爵二十，銅籩三十，錫籩四十，銅燈臺一對，舊存，祝牌二座，帛篚二十，牲俎二十五，錫燈臺四對，木籩六十，錫爵三隻，訓導荆孔正補，銅籩三十個，錫籩四十八個，銅爵一十四個，銅爵一十三個，錫燈臺五對。

樂器：缺

樂舞生：缺

書籍：《詩經》，全部二十四本；《書經》，全部二十三本；《易經》，全部一十二本；《春秋》，全部二十四本；《朱子》，全書一十二本；《性理論》，三本；《四書》文，全部一十八本；《十三經》，全部一十二套；《廿一史》，全部五十套；字典，全部六套；《三禮》，全部一百八十二；《明史》，全部八套；《禮部則例》，二十四本；鄉飲畫一軸，舊存書籍殘缺失次。

學額：清初，攷試童生進學額數，屢更不定。自康熙九年，大、中、小學之制頒，府州縣之學額始有確數。和順為小學，每逢科試，進文生八名；歲試進文生八名；武生八名。文生入學再進則有幫增者，有補廩者，有中舉者，有遇恩出恩貢者，有間年出歲貢者，有逢酉科得拔貢者。自變科舉為畢業，人才遂不出於試院，而出於學校。光緒三十一年，設立學校，兩次畢業得十數人耳。待新制規定，必當菁莪造士，樸棫作人，遠接聖化，更有一派新條例，以作育人才也。敬候之！

武廟，關聖帝君廟在縣治南關外，祀漢壽亭侯，歷代褒崇，並崇奉先代。清朝遞加封號曰：忠義神武，靈佑仁勇，威顯護國，保民精誠，綏靖翊贊，宣德關聖帝君。咸豐三年，奉文升入中祀，每歲春秋二仲、五月十三日致祭，樂用六成，舞用八佾。加封三代：光昭公為光昭王，裕昌公為裕昌王，成忠公為成忠王。

春秋二仲告祭正殿祝文

維神星日英靈，乾坤正氣。允文允武，紹聖學於千秋。至大至剛，顯神威於六合。仰聲靈之赫濯，崇典禮於馨香。茲當仲春（秋），用昭時饗。惟祈昭格，克鑒精虔。尚饗。

春秋二仲告祭三代祝文

維王世澤覃庥，令儀裕後。靈鍾河嶽，篤生神武之英。追溯淵源，宜切尊崇之報。班爵超躬，桓而上升，香肅俎豆之陳。茲際仲春（秋），爰修祀事。尚祈昭鑒，式此苾芬。尚饗。

五月十三日告祭正殿祝文

維神九宇承庥，兩儀合撰。崧生嶽降，溯誕聖之靈辰。日矢天中，届恢臺之令序。聰明正直，壹者也，千秋徵肸蠁之隆；盛德大業，至矣哉，六幕肅馨香之薦。爰循懋典，式展明禋。苾芬時陳，精誠鑒格。尚饗。

五月十三日告祭後殿祝文

維王迪德承家，累仁昌後。崧生嶽降，識毓聖之有基。木本水源，宜推恩之及遠。封爵上招於五等，馨香允薦於千秋。際仲夏之令時，命禮官而將事。惟祈昭格，鑒此精虔。尚饗。

樂章

懿鑠兮煌煌，神威靈兮赫八方。偉烈昭兮異禩，祀事明兮允光。達精誠兮黍稷馨香，儼如在兮洋洋。右迎神，格平之章。

英風颯兮神格思，紛綺蓋兮龍旗舞。桂醑兮盈卮，香始升兮明粢。惟降監兮在兹，流景祚兮翊昌時。右奠帛，初獻，翊平之章。

觴再酌兮告虔，舞干戚兮合宮懸。歆苾芬兮潔蠲扇，巍顯翼兮神功宣。右亞獻，恢平之章。

鬱鬯兮三升，羅籩豆兮畢陳。儀率度兮肅明禋，神降福兮宜民宜人。右終獻，靖平之章。

物維備兮咸有，明德惟馨兮神其受。告徹兮禮終罔咎，佑我家邦兮孔厚。徹饌。

幢葆葳蕤兮神聿歸，馭鳳軫兮驂虬騑。降煙熅兮餘馠馡，回靈盼兮德洽明。葳蕤薦烈兮燎有輝。送神。

神光遙燭兮祥雲霏。祭受福兮茂典無違，庶揚駿烈兮永奠疆畿。右望燎，康平之章。

文昌廟，文昌帝君廟在城東關外，嘉慶六年奉文列入祀典。咸豐六年奉文升入中祀。每歲二月聖誕日，照關帝聖誕禮節，春秋二仲卜吉致祭。

春秋二仲告祭正殿祝文

維神道闡苞符，性敦孝友。並行並育，德侔天地以同流。乃聖乃神，教炳日星而大顯。仰鑒觀之有赫，示明德之維馨。茲當仲春（秋），用昭時享。惟祈歆格，克鑒精虔。尚饗。

春秋二仲告祭三代祝文

祭引先河之義，禮宗反本之思。矧世夫德彌光，延賞斯及。祥鍾累代，炯列宿之精靈；化被千秋，緯文人之主宰。是尊後殿，用答前庥。茲值仲春（秋），肅將時祀。用申告潔，神其歆格。尚饗。

二月初三日告祭正殿祝文

維神功參橐籥，撰合乾坤。溯誕澤之靈辰，三台紀瑞。度中和之令節，九宇承暉。若日月之有光明，闡大文於孝友。如天地無不覆載，感郅治於馨香。爰舉上儀，敬承芳薦。精禋罔斁，神鑒式臨。尚饗。

二月初三日告祭先代祝文

惟文昌帝君，道備中和，神超亭毒。稟貽謀而久紹，欽毓聖之有基。雲漢昭回，際嶽降崧生之會。馨香感格，興水源木本之思。式肇明禋，用光彝典。尚祈神鑑，享此清芬。尚饗。

樂章

秉氣兮靈躔，翊文運兮赫中天。虯旌兮戾止，雕俎兮告虔。迓神兮於萬斯年。右迎神，丕平之章。

神之來兮，籩篚式陳。神之格兮，几筵式親。極昭彰兮靈貺，致蠲兮明禋。升香兮伊始，居歆兮佑我民人奠帛。右初獻，俶平之章。

再酌兮瑤觴，燦爛兮庭燎之光。申虔禱兮神座，儼陟降兮帝旁。粢醴潔兮齋肅，將綏景運兮靈長。右亞獻，煥平之章。

禮成三獻兮樂奏三終，覃敷元化兮緊神功。馨香達兮肸蠁通，歆明德兮昭察寅終。右終獻，煜平之章。

備物兮維時，告徹兮終禮。儀神悅懌兮鑒在，玆垂鴻佑兮累洽重熙。右徹饌，懿平之章。

雲駢駕兮風旗招，神之歸兮天路遙。瞻翠葆兮企丹霄，願迴靈眷兮德音孔昭。右送神，蔚平之章。

絪縕降兮元氣和，神光燭兮梓潼之阿。化成耆定兮櫜弓戈，文治光兮受福則那。右望燎，蔚平之章。

呂祖廟，呂祖廟在縣城遵化街。嘉慶十年，奉文列入祀典。每歲春秋仲月初四日致祭，每月朔望日有司行香。

城隍廟在縣治南，創建時代不可攷。康熙十二年知縣鄧憲璋修葺。雍正九年，知縣鄭國選重修。每歲八月十二日闔邑致祭，有司官每月朔望詣廟行香。

按，史載吳赤烏二年建蕪湖城隍廟，其廟祀之權輿乎！唐宋而後祠宇遍天下。至前明洪武初，賜勅書，頒封爵，府稱威靈公，衛稱炳靈公，州稱顯佑侯，縣稱顯佑伯。今遼州城隍廟誥勅碑猶有，末年改正祀典曰：“本縣城隍之神”。歲春秋仲月，合風、雲、雷、雨、山川壇而合祭焉。清明、中元節祭邑厲壇，則迎城隍神至壇而主祀焉。清因之。

壇祭

社稷壇在城北郊。

祝文

惟神奠安九土，粒食萬邦。分五色以表封圻，育三農而蕃稼穡。恭承守土，肅展明禋。時屆仲春（秋），敬化祀典。庶芃芃松柏，鞏磐石於無疆；翼翼黍苗，佐神倉於不匱。尚饗。

風雲雷雨山川城隍壇在城南一里許。歲以春秋仲月上戊日祭。

祝文

惟神襄贊天澤，福佑蒼藜。佑靈化以流行，生民永賴；乘氣機而鼓盪，溫肅攸宜。磅礴高深，長保安貞之吉；憑依鞏固，實資捍御之功。幸民俗之殷盈，仰神明之庇護。恭修歲祀，正值良辰。敬潔籩豆，抵陳牲幣。尚饗。

先農壇在縣東一里許。雍正五年立壇，前置籍田五畝。乾隆三十二年，知縣黃玉衡重修。歲三月亥日率屬員、耆老、農夫致祭。行九推禮。宣統元年，知縣劉洪闢補修。

祝文

惟神肇興稼穡，粒我烝民。頌思文之德，克配彼天；念率育之功，陳常時夏。玆當東作，咸服先疇。洪惟九五之尊，遂舉三推之典。恭膺守土，敢忘勞民？謹奉彝章，聿修祀事。惟願五風十雨，嘉祥恒沐於神庥；庶幾九穗雙岐，上瑞頻書夫大有。尚饗。

厲壇在縣西半里許。歲以清明節、七月望日、十月朔日祀之。

祝文

維年月日，某官為祭祀本縣無祀鬼神事。欽奉皇帝聖旨："普天之下，后土之上，無不有人，無不有鬼神，人鬼之道，幽明雖殊，其理則一。故天下之廣，兆民之衆，必立君以主之。君總其大，又設官分職於各府州縣，以長治之。各府州縣，又於每一百戶內設一里長，以綱領之。上下之職，紀綱不紊，此治人之法如此。天子祭天地神祇及天下山川，各府州縣祭境内山川及祀典神祇，庶民祭其祖先及里神土穀之社，上下之禮各有等第，此事神之道如此。尚念冥冥之中無祀鬼神，昔為生民，未知何故而歿。其間有遭兵刃而横傷者；有死於水火盜賊者，有被人取財而逼死者，有被人強奪妻妾而殺死者，有遭刑禍而負屈死者，有天災流行而疫死者，有為猛獸毒蛇所害者；有為飢餓凍餒死者，有為戰鬥而殞身者，有因危急而自縊死者，有因墻壁傾摧而壓死者，有死後無子孫者。此等鬼魂，或終於前代，或歿於後世。或兵戈擾攘流移於他鄉，或人煙斷絕久缺其祭祀。姓名泯滅於一時，祀典無聞而不載。此等孤魂，死無所依。精魂未散，結為陰靈。或依草附木，或興妖作怪。悲號於星月之下，呻吟於風雨之時。凡遇人間令節，心思陽世，魂杳杳以無歸；身墮沉淪，意懸懸而望祭。興言及此，憐其慘凄。故勅天下有司依時享祭。在京都有泰厲之祭，在王國有國厲之祭，在各府州有郡厲之祭，在一里有鄉厲之祭。斯神依人而血食，人敬神而知禮。乃命本處城隍以主此祭”。欽奉。如此。今某等不敢有違，謹設壇於城西，以某日敬備牲醴羹飯，專祭本縣合境無祀鬼神等，衆靈其不昧，來享此祭。尚饗。

八蜡廟在縣東里許。歲以春秋上戊日祭。

土地祠在儀門外。春秋仲月戊日祭。

魁星樓在文廟東城上。乾隆二十二年，移建城東南巽地。

以上俱列祀典，其他官民公建廟宇，及民間祈禱祠、廟、寺、觀附後。

祠宇

梁餘祠在書院北，祀晉大夫梁餘子養。嘉慶十三年，知縣余光超創建。光緒五年，署知縣陳守中重修。

火帝廟在北城上。白露節闔邑致祭。

藥王廟有二，一在雲龍山，祀孫真人；一在西關，祀華先師。

東嶽廟在城東街，祀天齊仁聖大帝。

泰山廟在縣東關。歲四月十八日，闔邑恭祝泰山聖母。

懿濟聖母廟在縣東三十里合山村。

顯澤侯廟有二：一在合山村；一在縣東。今廢。

子孫聖母廟在城隍廟東。

大龍神廟在雲龍山。

白龍廟在南關。

烏龍廟在北關。

晉溪廟在下黄岩村，坐下有溫泉。

后土神祠有二：一在縣北三十里李陽鎮；一在上豐村。

寺觀 附

準提庵在縣遵化街。

瑞雲觀在爨村高崗上，下俯漳河，南山屏列。傳為秦漢古剎，祀玉皇上帝。

三聖庵在縣東郭外。

龍泉寺有二，一在西關，廢；一在黄嶺村，坐下有溫泉，隆冬不凍。

興國寺在遵化街，習儀拜碑之所。

麻衣寺在縣北山。

青崗寺在扒頭村。

洞仙寺

聖壽寺有二：一在寺頭村；一在上豐村。

天池寺在窑堤村西。寺南石峽内有古桃一本，春月花放葉生，至冬月花開落葉，始凋。

南城寺

海眼寺在圈馬坪村。

懸空寺在縣東四十里，懸崖仞，建山椒。今廢。

香巖寺

金廂寺在縣西百一十里小市山。

洪福寺在溫泉村。

龍附寺在雲龍山。廢。

石佛寺在縣北三十里下石勒村。内建古碑一座，高丈餘。上塑無數佛像十八層，代遠年湮，莫知所立。人言佛高八尺，蓋相傳失實也。

聖泉寺

興福寺

壽聖寺有二，一在横嶺村；一在南安義村。

福興寺

千佛寺在縣西闊交鎮。

禪堂寺在紫羅村。

重興寺在高邱村。

聖佛寺

天聖寺在西距縣百二十里城南村。

龍劍寺

胡蓁寺

天宮寺在天井村。

興隆寺

永興寺

張公仙侶祠

呂天仙祠在科舉村。

榮華寺在喂馬村。

《周禮》：春官掌五禮。其別三十有六，而志禮之別十有二。是祀典之詳於周為盛。司馬彪《續後漢書》，因舉中興以來，所修用者以為祭祀志。歷代史家大概附祭祀於《禮志》，雖一郡一縣莫不皆然。蓋祀典首重文廟，詳列從祀先賢、先儒姓名、尊道統也。次及禮樂、祭器，慎典守也。次志名宦、鄉賢諸祠，按其世次，詳其姓名，昭功德也。次志武廟、文昌、呂祖，崇其加封，隆其典祀，昭靈爽也。次志社稷、厲壇、八蜡廟，時其歲享，述邦典也。又次志古來之先賢、仁賢，以及忠、孝、節、烈有專祠於兹土者，悉為紀其本末，發其幽潛，明血食之不可沒也。若夫梵宮琳觀，不列祀典中。然玩《楞巖五會彌陀》一卷，無非勸人為善至意，自漢及今不廢。是在司牧者，鼓其向善之機，禁其崇尚之俗，庶大有關於世教也乎！

重修和順縣志卷之五

賦役

賦役志

古者因田定賦，量功受役，民生不匱，國計無虧，法至善也。自魯宣稅畝而賦法壞，漢高算口而役法壞，三代之法不可復行於後世也久矣。和邑山田磽確，戶口畸零，核其徵賦，不足當大邑之二三。民亦勞止，汔可小康。至前清國家賦稅，定有常經，悉遵現行則例，是以其民重犯法而賦稅無虧焉。若夫鹽務物產，皆經國遠圖，土宜所出不可以弗誌。蒞斯土者，果何以上不病國，下不病民，而寓撫字於催科也乎！志賦役。

地畝

原額民田實在熟地二千九百五十一頃七十五畝二分八厘四毫。共徵糧五千四百四十六石七斗七升七合九勺六抄。共折銀四千一百三十六兩二錢八分二厘二毫一絲四忽一微七纖。地畝九厘銀一千二百八十三兩一分九厘五絲二忽一微三纖；驛站銀七百五十九兩一錢四分五厘一毫。三項共銀六千一百七十八兩四錢四分六厘九毫六忽三微。內：

麻地一百六十頃三十八畝三分八厘八毫。每畝徵糧四升，共糧六百四十一石五斗三升五合五勺二抄。每石折銀七錢五分九厘三毫九絲九忽八微二纖二沙，該銀四百八十七兩一錢八分一厘九毫五絲九忽。地畝九厘，每畝徵銀四厘三毫四絲六忽六微三纖六沙，該銀六十九兩七錢一分三厘三絲四忽六微六纖。站銀每石派銀一錢三分九厘三毫七絲五忽七纖七沙，該銀八十九兩四錢一分四厘六絲二忽五微八纖八沙。三項共銀六百四十六兩三錢九厘五絲六忽二微四纖八沙。

平地六百一十一頃七十五畝三分三厘二毫。每畝徵糧三升，共糧一千八百三十五石二斗五升九合九勺六抄。每石折銀七錢五分九厘三毫九絲九忽八微二纖二沙，该銀一千三百九十三兩六錢九分六厘八絲。地畝九厘，每畝徵銀四厘三毫四絲六忽六微三纖六沙，該銀二百六十五兩九錢六厘九毫三微八纖。站銀每石派銀一錢三分九厘三毫七絲五忽七纖七沙，該銀二百五十五兩七錢七分九厘四毫九絲八忽二微四纖。三項共銀一千九百一十五兩三錢九分二厘四毫七絲八忽六微二纖。

坡地一千四百九十六頃三十九畝二分三厘。每畝徵糧一升四合六勺九抄二撮一圭，共糧二千一百九十八石五斗一升四合五勺。每石折銀七錢五分九厘三毫九絲九忽八微二纖二沙，該銀一千六百六十九兩五錢五分一厘五毫二絲。地畝九厘，每畝徵銀四厘三毫四絲六忽六微三纖六沙，該銀六百五十兩四錢二分七厘二毫六絲四忽。站銀每石派銀一錢三分九厘三毫七絲五忽七纖七沙，該銀三百六兩四錢一分八厘一毫二絲七忽七微二纖。三項共銀二千六百二十六兩三錢九分六厘九毫一絲一忽七微二纖。

沙地二百九十四頃一十四畝八分八厘。每畝徵糧一升三合，共糧三百八十二石三斗九升三合四勺四抄，每石折銀七錢五分九厘三毫九絲九忽八微二纖二沙，該銀二百九十兩三錢八分九厘五毫一絲。地畝九厘，每畝徵銀四厘三毫四絲六忽六微三纖六沙，該銀一百二十七兩八錢五分五厘七毫七絲六忽。站銀每石派銀一錢三分九厘三毫七絲五忽七纖七沙，該銀五十三兩二錢九分六厘一毫一絲五忽一微四纖四沙。三項共銀四百七十一兩五錢四分一厘四毫一忽一微四纖四沙。

薄地三百八十九頃七畝四分五厘四毫。每畝徵糧一升，共糧三百八十九石七升四合五勺四抄，每石折銀七錢五分九厘三毫九絲九忽八微二纖二沙，該銀二百九十五兩四錢六分三厘一毫四絲五忽一微七纖。地畝九厘，每畝徵銀四厘三毫四絲六忽六微三纖六沙，該銀一百六十九兩一錢一分六厘六毫一絲七忽九纖。站銀每石派銀一錢三分九厘三毫七絲五忽七纖七沙，該銀五十四兩二錢二分七厘二毫九絲六忽三微八沙。三項共銀五百一十八兩八錢七厘五絲八忽五微六纖八沙。

一、更名田下地二十八頃三十七畝三分，每畝徵租銀一分七厘一毫二忽五微二纖三沙七塵，共銀四十八兩五錢二分五厘。

一、民田地畝、加增絲絹銀六錢五分。

一、順治十四年起，至十八年止，共開墾過民田荒地，三百二十六頃九十二畝二分九厘八毫。共徵糧四百六十石六斗六升六合四勺七抄七撮。各徵不等，共徵折色銀五百二十二兩九錢七分三厘七毫七忽一微六纖。

一、康熙二、三兩年，共開墾過民田荒地，一百四十頃四十二畝四分。共徵糧一百五十五石三斗八升九合四抄。各徵不等，共折色銀一百八十五兩九錢九分八厘九毫三絲四忽六微二沙八塵。

一、康熙十六年，清出隱漏額内民田，共地二百一十六頃八十二畝九分。共徵糧二百九十六石四斗三升二合七勺一抄三撮二圭。各徵不等，共折色銀三百四十四兩七錢六分四毫六絲九忽五微八纖五沙一塵一渺八埃九漠。

一、雍正六年，民人首墾額内民田，共地三百九頃三十九畝九分八厘。共徵糧四百一十二石三斗一升一合八勺三抄四撮八圭八粒八粟。各徵不等，共折色銀五百五兩六分三毫五絲八忽六微六纖五沙二塵四渺六埃九漠。

以上民田、更名田、實在熟地三千九百七十三頃七十畝一分六厘二毫，各徵不等，共徵折色並加增絲絹租銀七千七百八十六兩四錢一分五厘三毫七絲六忽三微一纖三沙一塵六渺五埃八漠。

民田共地三千九百四十五頃三十二畝八分六厘二毫。共徵折色並加徵絲絹銀七千七百三十七兩八錢九分三毫七絲六忽三微一纖三沙一塵六渺五埃八漠。

更名田共地二十八頃三十七畝三分，共徵租銀四十八兩五錢二分五厘。

戶口

康熙五十二年，欽奉恩詔：但據康熙五十年審定丁冊，定為常額，續生人丁永不加賦。於乾隆三十七年奉旨編審停止。今照乾隆三十一年編審之數刊造，實在共人六千一百丁。內除紳衿優免本身一百五十九丁外，實行差人五千九百四十一丁。內：

下上則四丁，每丁徵銀一兩二分五厘二毫二絲一忽一微一纖，共銀四兩一錢八毫八絲四忽四微四纖。

下中則一百八十七丁，每丁徵銀六錢八分三厘四毫八絲七微四纖，共銀一百二十七兩八錢一分八毫九絲八忽三微八纖。

下下則五千七百五十丁，每丁徵銀三錢四分一厘二毫四絲一忽一微二纖七渺二埃四漠，共銀一千九百六十二兩一錢三分六厘四毫四絲四微一纖六沙。

以上共徵均徭並辦買本色顏料加增銀：二千九十四兩四分八厘二毫二絲三忽二微三纖六沙。又地差銀：一千九十五兩八錢四分七毫六絲八忽五微，共銀三千一百八十九兩八錢八分八厘九毫九絲一忽七微三纖六沙。

順治十二年，清出土著新編人二百二十八丁，俱下下則。每丁徵銀三錢二分二厘六毫二忽四微八纖四沙，共銀七十三兩五錢五分三厘三毫六絲六忽三微五纖二沙。

順治十四年，清出紳衿優免共丁三百七十四丁。內：

下上則五丁，每丁徵銀一兩一分四厘九毫六絲，共銀五兩七分四厘八毫。

下中則一百三十三丁，每丁徵銀六錢七分六厘六毫四絲，共銀八十九兩九钱九分三厘一毫二絲。

下下則二百三十六丁，每丁徵銀三錢三分八厘三毫二絲，共銀七十九兩八錢四分三厘五毫二絲。

以上共徵傜銀：一百七十四兩九錢一分一厘四毫四絲。又地差銀二十二兩六錢八分五厘，共銀一百九十七兩五錢九分六厘四毫四絲。

以上通共實行差人，六千五百四十三丁。共徵均傜並辦買本色顏料加增，共銀：二千三百四十二兩五钱一分三厘二絲九忽五微八纖八沙。地差銀；一千一百一十八兩五錢二分五厘七毫六絲八忽五微。共銀三千四百六十一兩三分八厘七毫九絲八忽八纖八沙。內：於乾隆十年詳奉題允，丁徭歸入地糧徵收銀：八百二十二兩一錢一分三厘二絲九忽五微八纖八沙。仍隨丁辦納糧，一千五百二十兩四錢。其地差銀兩，向係按糧徵收。嗣於道光五年奉旨，將隨征丁銀，一千五百二十兩四錢，全行歸入地糧内攤徵。

附錄：丁傜歸併地糧碑記

嘗思井田之制，耕則通力合作，收則計畝均分，是賦不離乎役也。至唐分租、庸、調三等，而丁戶有差焉。今之徵收丁傜，即孟子所云力役之徵也。

閱邑舊志，丁傜額數半係前明之制。自清朝定鼎，悉從新訂。屢奉皇恩，惠養元元，體察輿情。如康熙五十二年各省丁冊定為常額，以後續生人丁，永不加賦，一也；乾隆十年，詳奉題允，攤入地糧三分之一，二也；三十一年編審為限，三也。至今五十餘年，升富察貧例不行，遂致丁倒累戶，戶倒累甲。邑中里老，久有攤辦之意。

道光元年，聖天子初登大寶，查三晉尚有未攤之州縣，諭撫憲悉心籌辦，邑民呈懇前任邑侯周公諱之彥。蒙批，票傳五里公直，公同妥議，各具樂從甘結，申詳上憲，不意未行卸任去。民皆曰：此事無望矣！逢山東郭公諱書俊來，愛民如子，下車入門，一按民情即奮然辦理。三年六月內錄案，徑詳藩憲。蒙批："仰遼州速飭該縣再行確查，造具攤徵細冊，並將里民投到樂從甘結，加具印結，迅速轉詳，立等彙核，詳辦毋違繳。”四年八月內，蒙州憲史轉詳。蒙批：“仰候彙案詳辦，併飭遵照，仍俟批到日，另繳行知冊結存”。至此，人皆仰望，遲之又久，民心恍惚無定，不知尚欠請起歸年月一層。幸得天賜福星，我陳邑侯諱熙健，來蒞斯土。念切民瘼，奉文申詳。蒙撫憲福，於四年十月初七日恭摺具奏，年底奉旨，“依議妥協辦理”。民心悉然歡呼，家家焚頂，戶戶感戴。竊念此也，里甲中雖有諸父母為之成全，焉能至此哉！恐日久湮沒不傳，謹敘其始終節略，以誌不忘焉耳。

以上地丁共徵折色銀：一萬一千二百四十七兩四錢五分四厘一毫七絲四忽四微一沙一塵六渺五埃八漠。

本折起運

戶部項下共銀：四千八百三十六兩五錢二分四厘七毫六絲七忽三微三纖七沙四塵七渺二埃三漠。腳價銀：四兩三錢七分五厘六絲五忽。內：

戶部地畝丁徭等銀：四千一十七兩九分八厘三毫六絲七忽三微三纖七沙四塵七渺二埃三漠。

禮部羊價、藥味、紙價等銀：三十三兩七錢六厘四毫，腳價銀：七錢八分三厘一毫七絲一忽。

兵部柴直銀：三十五兩五錢。腳價銀：一兩五錢七分八厘五毫二絲。

工部柴夫、木柴、胖袄等項共銀：七百五十兩二錢二分。腳價銀：二兩一分三厘三毫七絲四忽。

舊額存留款項，奉文節年裁扣，裁官經費等項共解部銀：一千五百三十一兩六錢四厘六毫九絲六忽七微六纖三沙六塵九渺三埃五漠。又，乾隆二十八年，為清裁冗役等事案內，裁弓兵工食銀一十八兩九錢。

以上共起解銀：六千三百八十七兩二錢九分九厘四毫六絲四忽一微一沙一

塵六渺五埃八漠。內：除節年添設加增各項共銀：一百五十九兩一錢四分。

實該解銀：六千二百二十七兩八錢九分九厘四毫六絲四忽一微一沙一塵六渺五埃八漠。腳價銀：四兩三錢七分五厘六絲五忽。

買造解紬絹銀：一十二兩四錢四分五毫二絲二忽三微。腳價銀：一錢三分八厘七毫四絲一忽。

本色原額顏料銀：三十四兩二錢五分二厘五毫。內：節次奉文改折核減，並停解各項，除增添外，該解部銀：二十九兩三錢四分四厘四毫八絲二忽六微二塵二渺九埃五漠。乾隆二十九年奉文，好鐵復辦錫斤。除抵支好鐵價銀：二兩九錢八分四厘九絲七忽三微一纖九塵七埃一漠。腳價銀：四錢九分八厘一絲二忽一微六纖三沙八塵六渺三埃四漠；該留給不敷鍋價銀：四兩九錢八分一厘二絲一忽六微三纖八沙六塵三渺三埃九漠，腳價銀：二錢六分八厘九毫二絲六忽五微六纖八沙四塵八渺六埃二漠外。又於乾隆四十五年奉文，添解錫斤，該留給價銀：二兩三錢八分九厘九毫八絲九忽三微七纖五沙，腳價銀：二錢四厘四毫七絲六忽八微六纖八沙七塵五渺。

實該折色解部銀：二十一兩五錢九毫六絲八忽一微四纖九沙三塵五渺九埃四漠。

存留顏料價銀：一十一兩七錢五分九厘九毫五絲九忽五微七纖四沙五塵四渺一埃。腳價銀：九錢九分一厘五毫七絲二忽二微七纖六沙九渺九埃六漠。

本色顏料並錫斤共銀：一百二十八斤一十二兩四錢九厘九毫一絲四忽三微六纖二沙八塵四渺一埃九漠。

丁字庫

黃蠟二斤九兩八錢八分四厘。每斤照減定價銀：一錢五分五厘，共銀四錢五厘七毫五絲一忽二微五纖。腳價銀：二分一毫五絲六忽六微七纖五沙。

錫斤一百二十六斤二兩五錢二分五厘九毫二絲四忽三微六纖二沙八塵四渺

一埃九漠。每斤價銀九分，共銀一十一兩三錢五分四厘二毫八忽三微二纖四沙五塵四渺一埃。腳價銀：九錢七分一厘四毫一絲五忽六微一沙九渺九埃六漠。

存留

本省額編兵餉銀：三千八十兩八錢四分七厘七毫八絲二忽。

官俸役食經費雜支銀：一千一百四十四兩一錢四分五厘。驛站銀：七百五十九兩一錢四分五厘一毫。奉文抵解地丁正項訖。

一額外共解

部銀三十五兩六錢五分九厘。內：商稅銀：一十一兩六錢九厘。酒課銀：三兩八錢。匠價銀：二十兩二錢五分。於“仰請酌改匠價之輸徵，以除隱累事。”案內。攤入地糧徵收。

以上通共銀：一萬一千二百八十三兩一錢一分三厘一毫七絲四忽四微一沙一塵六渺五埃八漠。內：奉旨彙解戶部正賦、裁扣、裁官經費，並開墾、額外隱漏、首墾、顏料折價、核減、停止驛站抵解等項共銀；七千二十八兩四錢一分四厘五毫三絲二忽二微五纖五塵二渺五埃二漠。腳價銀：四兩三錢七分五厘六絲五忽。又置買紬絹銀：一十二兩四錢四分五毫二絲二忽三微。腳價銀：一錢三分八厘七毫四絲一忽。

又，辦買本色顏料價銀：十一兩七錢五分九厘九毫五絲九忽五微七纖四沙五塵四渺一埃。腳價銀：九錢九分一厘五毫七絲二忽二微七纖六沙九渺九埃六漠。

解司核給本省額編兵餉銀：三千八十兩八錢四分七厘七毫八絲二忽。

存留發給本縣官俸、衙役工食、雜支照裁定銀：一千一百四十四兩一錢四分五厘。內：

本縣知縣俸銀四十五兩；門子二名，每名工食銀六兩，共銀十二兩；皂隸十四名，每名工食銀六兩，共銀八十四兩；仵作二名，每名六兩，共銀十二兩；馬快手八名，每名工食銀六兩，共銀四十八兩；更夫五名，每名工食銀六兩，共銀三十兩；轎夫四名，每名工食銀六兩，共銀二十四兩；傘扇夫三名，每名工食銀六兩，共銀十八兩；庫子四名，每名工食銀六兩，共銀二十四兩；斗級四名，每名工食銀六兩，共銀二十四兩；禁卒八名，每名工食銀六兩，共銀四十八兩；民壯一十六名，每名工食銀七兩二錢，共銀一百一十五兩二錢；捕役六名，每名工食銀六兩，共銀三十六兩；舖兵三十三名，每名工食銀四兩，共銀一百三十二兩。

本縣典史俸銀三十一兩五錢二分；門子一名，工食銀六兩；捕皂四名，每名工食銀六兩，共銀二十四兩；馬夫一名，工食銀六兩。

本縣儒學教官，俸銀四十兩；廪生二十名，每名餼糧銀三兩二錢，共銀六十四兩；齋夫三名，每名工食銀六兩，共銀十八兩；膳夫二名，每名工食銀六兩六錢六分六厘五毫，共銀一十三兩三錢三分三厘；門斗三名，每名工食銀六兩，共銀一十八兩。

八賦嶺巡檢，俸銀三十一兩五錢二分；巡皂二名，每名工食銀六兩，共銀一十二兩；弓兵十名，每名工食銀六兩，共銀六十兩。

文廟春秋二祭，銀四十兩；啓聖、名宦鄉賢二祠，祭祀銀十一兩一錢八分。風雲雷雨、山川、社稷、八腊等壇，祭祀銀二十四兩。邑厲壇，祭祀銀十二兩。雩禮壇，祭品銀三兩。關帝三代，祭品銀二十兩八錢三分。鄉飲酒禮，銀一十五兩。孤貧冬衣花布，銀二兩八錢三分二厘。迎春神牛，酒席銀五錢。朔望行香、講書等，銀五兩六錢。文昌廟春秋二祭，銀一十五兩七錢八分。二年一辦起運赴攷貢生酒席、及攷中正貢旗匾、花紅等銀一十二兩，每年銀六兩；三年一辦饋送舊舉人赴京會試，以一名為率，盤纏酒席等銀一十六兩五錢，每年銀五兩五錢、舉進旗匾銀五兩三錢五分。新中進士以一名為率，旗匾、賀儀等銀八兩五錢五分，每年銀二兩八錢五分。新中舉人，以一名為率，花紅酒席旗匾賀儀銀七兩五錢，每年銀二兩五錢。

一雍正三年欽奉恩詔：額徵加一三繁費銀一百二十兩，耗羨銀一千四百六十二兩一錢六分九厘。内留支：

知縣養廉銀八百兩；繁費銀一百五十兩今減留支銀一百二十兩；典史養廉銀六十兩；巡檢養廉銀六十兩；傾寶腳價銀十一兩一錢六分；扣解本州夏、冬兩下半季養廉銀：三百七十五兩。乾隆三十三年，奉文扣解司庫。共解布政司耗羨銀三百八十一兩九厘。

豁免糧田

順治十四年二月，山西巡撫白，具題部覆奉旨：蠲免有主傷亡荒地一千五百三十六頃六十五畝二分四厘。共糧二千三百八石二斗七升四合八抄。共銀二千六百一十八兩六錢二分九厘七毫二忽八微。

順治十四年九月，山西巡撫白，具題部覆奉旨：蠲免續荒、河塌、水占荒地八百三十九頃九十六畝七分七厘六毫。該糧一千五百一十九石一斗五升三合二勺六抄。連地畝九厘共銀一千七百二十三兩三錢九分五厘六毫九絲七忽二微。

光緒五年五月，奉局憲飭知事。案查前因大祲之餘，戶口既多逃亡，地畝亦即荒蕪。蒙爵撫憲曾，奉諭旨："編審丁糧，清查荒地。"當經通飭各屬，實力舉辦。署知縣陳公守中，督同紳士吳萃、焦泰、楊偉、張肇修、劉清煦、祁鵬雲、楊培楨、劉宗瑞、周景巖、杜嘉德、杜咸、王玉汝、楊培承、鄭台文、郭殿邦、藥效仙等，履畝親勘。查得：水沖、沙壓、石積、鹽堿，通共老荒地三百四十六頃四十六畝八分四厘二忽七微。又更名老荒地七頃九十二畝三分。

該正耗共銀：一千二百二十八兩九錢八分六厘二毫四絲三忽七微，於七月中旬，委員候補知縣易公德容到縣。會同覆查無異，稟覆在案。蒙爵撫部院曾於光緒五年，繕具清單，恭摺具奏，遵旨查明，懇恩永遠豁免，以廣皇仁而蘇民困。因於六年正月二十七日，内閣奉上諭加恩："將和順縣所查水沖、沙壓、石積、鹽堿、老荒田地，耕種既不能施，糧賦自無從出。"均著自光緒五年上忙起，永遠豁免。於六年二月二十六日，接奉行知在案。

計開光緒五年豁免田糧數目：

東鄉：蔡家莊水沖坍荒地七頃五十二畝三分；南平上石積坍荒地三頃八十三畝；邢村水沖坍荒地一頃五十四畝；白泉村水沖坍荒地四十八畝；小南莊石積坍荒地一十四畝；平松村水沖坍荒地一頃二十一畝；石南平石積坍荒地四十二畝七分；西河峪水沖坍荒地八十六畝；瓦房村石積坍荒地五十九畝三分；小廟村水沖坍荒地一頃五十畝；要莊水沖坍荒地一頃一十五畝；玉女村水沖坍荒地一頃零八畝；前祁村石積坍荒地八十九畝；後祁村石積坍荒地四十六畝；山泉村水沖坍荒地四十六畝；小南會水沖坍荒地三十七畝；新村石積坍荒地二十畝；虎峪鎮水沖坍荒地七十五畝；神堂峪石積坍荒地一十四畝；柳科村水沖坍荒地三十三畝；石家莊石積坍荒地五十四畝；水深村水沖坍荒地六十二畝；後虎峪石積坍荒地三十一畝；馬嶺鎮水沖坍荒地五十四畝；許村水沖坍荒地二十六畝；富裕村水沖坍荒地三十五畝；喬莊水沖坍荒地一十七畝；南嶺頭石積坍荒地一十一畝；前營村石積坍荒地二十九畝；大塔溝石積坍荒地二十四畝六分；青城鎮水沖坍荒地二十一畝；白背村水沖坍荒地二十九畝五分。

南鄉：寺圪套水沖坍荒地三頃零七畝五分；園子街水沖坍荒地二頃二十畝；甲村水沖坍荒地二頃四十三畝；南峪村石積坍荒地一頃八十八畝；石門溝石積坍荒地一頃三十畝；任家窑水沖坍荒地一頃九十五畝二分；麒麟臺石積坍荒地一頃七十五畝；漢橋溝石積坍荒地六十畝；會裡村水沖坍荒地一頃四十四畝；白珍村水沖坍荒地一頃五十一畝；南窑村水沖坍荒地一頃四畝二分半；青楊樹石積坍荒地六十二畝；口上村水沖坍荒地五十三畝；東仁村石積坍荒地一

頃七十五畝；北安義水沖坍荒地四十九畝；東遠伏水沖坍荒地二頃五十三畝；南安義水沖坍荒地二頃零八畝；上元村水沖坍荒地一頃三十四畝四分半；東喂馬村水沖坍荒地一頃九十二畝；西喂馬村水沖坍荒地九十七畝五分；大佛頭村水沖坍荒地五頃五十八畝；康家溝水沖坍荒地四頃一十一畝；西遠佛石積坍荒地二頃三十六畝；寺溝村石積坍荒地一頃九十五畝；前儀嶺水沖坍荒地八十九畝七分；後儀嶺石積坍荒地一頃二十畝；遠伏口水沖坍荒地二頃四十二畝；圪套村水沖坍荒地一頃七十四畝；房家莊石積坍荒地一頃六十九畝；窑堤村水沖坍荒地二頃六十七畝。

西鄉：虎峪口水沖坍荒地一頃一十八畝；營頭村水沖坍荒地七十七畝；上虎峪水坍荒地八十三畝；甘草坪水沖坍荒地九十二畝；桑家峪石坍荒地一頃一十畝；後桑家峪石積坍荒地七十八畝；楊家峪石積坍荒地一頃二十二畝；石猴嶺石積坍荒地一頃二十七畝；井子村水沖坍荒地十一畝；石板房沙壓坍荒地六畝；馮家莊水沖坍荒地三畝；儀村水沖坍荒地一頃三十五畝；團壁村水沖坍荒地二十九畝；南坡上石積坍荒地二十八畝六分；官莊水沖坍荒地一頃三十九畝；青楊口水坍荒地九十八畝；南溝口水沖坍荒地一頃四十七畝；郜家莊水沖坍荒地二頃六十七畝；寒湖村水沖坍荒地五頃三十六畝；内陽村水沖坍荒地五頃五十六畝；上陽村水沖坍荒地二頃二十七畝；西溝村水沖坍荒地二頃二十八畝；東溝村水沖坍荒地二頃四十八畝五分；張建村水沖坍荒地二頃五十畝；狐存溝水沖坍荒地一頃六十五畝；崔上莊石積坍荒地二頃一十八畝；牛家溝石積坍荒地一頃六十六畝；蔡樹平石積坍荒地一頃五十八畝；了子掌石積坍荒地七十九畝；京上村水沖坍荒地二頃八十畝；寺頭村水沖坍荒地二頃零三畝；黃窑圍水沖坍荒地六十五畝；張莊水沖坍荒地一頃四十五畝；洋泉村水沖坍荒地九十九畝；石猴溝石積坍荒地八十四畝；印東村石積坍荒地一頃六十一畝；樂毅村水沖坍荒地一頃二十三畝；飲馬池水沖坍荒地一頃一十九畝；小南溝水

沖坍荒地一頃三十九畝；虎子溝石積坍地一頃二十一畝；鐵橋溝石積坍荒地三十六畝；牛寨溝石積坍荒地五十六畝；臥羊場水沖坍荒地三十七畝；陳家莊水沖坍荒地一頃三十畝；北村水沖坍荒地一頃三十八畝；馬泉村水沖坍荒地三十七畝；化樹岩水沖坍荒地一頃四十四畝；上木瓜石積坍荒地八十五畝；圍上莊石積坍荒地一頃三十畝；下木瓜石積坍荒地七十四畝；柏木寨石積坍荒地一頃三十四畝；胡蘆村石積坍荒地一頃一十八畝；蒼溝石積坍荒地五十九畝；新莊窩石積坍荒地一頃四十畝；曲石岩石積坍荒地一頃七十一畝；小張莊水沖坍荒地一頃三十六畝五分；圍兒凹水沖坍荒地一頃五十七畝五分；小木魚水沖坍荒地一頃零六畝；上白岩水沖坍荒地一頃二十五畝；下白岩水沖坍荒地一頃四十五畝；拐上村水沖坍荒地六十四畝；西洋村水沖坍荒地九十一畝；小上莊水沖坍荒地七十八畝；張科村水沖坍荒地一頃六十四畝；沙峪村水沖坍荒地一頃五十一畝；西力石石積坍荒地五頃九十五畝；樹石里石積坍荒地一頃四十一畝；北軍城水沖坍荒地二頃九十二畝；南軍城水沖坍荒地四頃二十九畝；桐樹溝水沖坍荒地六頃零三畝；馬坊鎮水沖坍荒地三頃六十七畝；寺頭村水沖坍荒地一頃二十六畝；胡蘆巴水沖坍荒地八十四畝；水牛岩水沖坍荒地一頃五十八畝；獨堆村水沖坍荒地一頃一十五畝；深岩村水沖坍荒地八十三畝；圪剪截水沖坍荒地一頃七十五畝；鴨子岩水沖坍荒地一頃三十四畝；小東堖水沖坍荒地一頃二十四畝；風子頭水沖坍荒地一頃五十三畝；四十畝石積坍荒地六十六畝；宣窑溝石積坍荒地一頃二十一畝；交牛嘴石積坍荒地一頃二十畝；富家莊石積坍荒地六十四畝；新莊村石積坍荒地七十三畝；溫家截水沖坍荒地九十八畝；石門溝水沖坍荒地一頃二十畝；甲道岩石積坍荒地八十畝；梨樹堖水沖坍荒地一頃七十七畝；印東村水沖坍荒地一頃六十九畝；麻岩截水沖坍荒地一頃五十一畝；小張溝水沖坍荒地九十八畝；閫郊村水沖坍荒地一頃三十畝；水西平水沖坍荒地二十七畝；霸林橋水沖坍荒地二十九畝；尖凹莊水沖坍荒地

五十四畝；肖子嶺石積坍荒地五十一畝；平上村水沖坍荒地八畝；石家嶺水沖坍荒地十五畝；龍堖村石積坍荒地十五畝；東嶺村水沖坍荒地六十四畝；成下莊水沖坍荒地十五畝；桑凹村石積坍荒地五畝；羊兒嶺石積坍荒地九畝；石片岩石積坍荒地十三畝；中蘭村石積坍荒地十四畝；清子山石積坍荒地二十七畝；莊里村水沖坍荒地二頃四十八畝；廣務口水沖坍荒地二頃五十五畝；白官村水沖坍荒地二頃二十八畝；龍王村水沖坍荒地二頃七十六畝；陽照村水沖坍荒地一頃四十五畝；其林村石積坍荒地八十四畝五分；白子村水沖坍荒地一頃三十九畝；胡存灘水沖坍荒地二頃六十七畝；魚林坡水沖坍荒地二頃四十五畝；東堖後石積坍荒地一頃五十五畝；新莊窩石積坍荒地一頃五十九畝；儀城鎮水沖坍荒地五頃四十畝；石拐村水沖坍荒地一頃一十一畝五分；調陽村水沖坍荒地一頃四十四畝；油房村水沖坍荒地五十二畝；橫嶺村水沖坍荒地一頃七十三畝；上北舍水沖坍荒地一頃一十八畝；翟家莊水沖坍荒地一頃八十二畝；馬陵村水沖坍荒地三十七畝五分；南寨村石積坍荒地十五畝；郜村石積荒地二十四畝；下城南水沖坍荒地二十六畝；沙窩村水沖坍荒地一頃三十六畝；石元村水沖坍荒地九十四畝；道陸村水沖坍荒地一頃零三畝；雙峰村水沖坍荒地一頃七十二畝；水澤村水沖坍荒地二頃六十四畝；泉灘村水沖坍荒地十八畝；堡下村水沖坍荒地一頃四十九畝。

北鄉：窑村水沖坍荒地一頃八十畝；黃獅堖石積坍荒地八十八畝；石門村石積坍荒地九十七畝；坡兒凸石積坍荒地五十四畝；斗坡石積坍荒地二頃九畝五分；河北村水沖坍荒地一頃一十五畝；賈家溝水沖坍荒地七十一畝；東窑溝水沖坍荒地三十四畝；平地川水沖坍荒地一頃三十三畝；松家嶺水沖坍荒地一頃三十六畝；朱家嶺石積坍荒地六十七畝二分；九京村水沖坍荒地二頃六十五畝；疏頭村水沖坍荒地三頃四十三畝；科舉村水沖坍荒地七頃三十八畝；上莊村水沖坍荒地二頃九十四畝；下莊村水沖坍荒地三頃二十五畝；紫羅村水沖坍

荒地四頃四十四畝；土地坪水沖坍荒地三頃九十一畝；白雲村水沖坍荒地二頃六十五畝；磚窑村石積坍荒地一頃三十七畝；高窑村石積坍荒地一頃一十八畝；新莊村水沖坍荒地二頃四十三畝；曲里村石積坍荒地一頃五十五畝；寨裡村石積坍荒地一頃二十九畝；紅蒲溝石積坍荒地八十八畝七分；綠竹岩石積坍荒地一頃七十畝；岩莊水沖坍荒地一頃五十四畝；泉水平水沖坍荒地一頃七十七畝；月坡村水沖坍荒地一頃七十一畝；松溝村水沖坍荒地一頃六十九畝；莊窩掌水沖坍荒地七十九畝；東平上水沖坍荒地一頃二十七畝；溫泉村水沖坍荒地二頃七十八畝；後峪村水沖坍荒地一頃零七畝；泊里村水沖坍荒地一頃二十二畝；山奇村水沖坍荒地九十四畝；下石勒水沖坍荒地五十八畝七分；上石勒水沖坍荒地五十四畝；掌里水沖坍荒地三十二畝；南李陽水沖坍荒地八十五畝；北李陽水沖坍荒地一頃三十八畝；郭家堖石積坍荒地七十六畝；石梯村石積坍荒地六十六畝；馬圈溝石積坍荒地九十畝；河舖上石積坍荒地六十八畝六分；高邱村水沖坍荒地七十八畝三分；崔家平水沖坍荒地六十畝。

以上四鄉二百四十六村莊，共坍荒地三百四十六頃四十六畝八分。額徵麻、平、坡、沙、薄五等糧色不等，每年共應徵糧銀：一千零七十四兩零四分九厘四毫四絲五忽八微。耗羨銀：一百三十九兩六錢二分六厘四毫二絲七忽九微。

豁免更名糧田

白岩村水沖坍荒地七十九畝；横嶺溝水沖坍荒地三十三畝；小牛坡水沖坍荒地十三畝；北道足石積坍荒地四十畝；官道塔石積坍荒地三十六畝；劉王後水沖坍荒地四畝；新莊水沖坍荒地七畝；坪土石積坍荒地十畝；牛槽溝水沖坍荒地九畝；交口村水沖坍荒地八十八畝；雙峰村水沖坍荒地十六畝；范村水沖坍荒地五十畝；西賈村水沖坍荒地一頃一十一畝六分；堡下村石積坍荒地二十六畝；沙峪村水沖坍荒地二十六畝；寒湖村水沖坍荒地一頃五十七畝；柏木寨石積坍荒地八十六畝七分。

以上十七村，共坍荒地七頃九十二畝三分。每畝額徵租銀一分七厘一毫，每年共應徵更名糧銀：三十兩五錢四分九毫。耗羨銀：一兩七錢六分一厘三毫七絲。

屯田學田 附屯田學田攷

按，舊志鄧公敘云："屯田有二，有王屯，有軍屯。王屯始於封建，軍屯肇於衛所。"和邑僻處萬山彈丸之地也。明初藩封之所不及，營伍之所未立，是以無屯焉。迨其後也，有慶成府分封於晉，而和有王屯之名。及清定鼎以來，將王屯編入民地。奉文改曰更名地，一例徵糧，而屯田無容再志。但有學田數圻，所出租課，為文宗教養學校之資。為數無幾，且屬坡薄。若不紀諸志，恐後來湮沒荆棘間也。

計開學田五十四畝，坐落：平地川、石南坪、松溝、東河會、牛川、雲嶺山、康家溝。南壇地二畝、北壇地八畝。除南北壇暨射圃、崇聖祠前後之地、撥歸看守文廟人外係自民國元年裁撤門斗後，縣議會議訣：撥與看守文廟人耕種，作為常年津貼，餘均民人佃種。平地川租米一石，牛川村租米一石三斗五升，松溝村地錢二千文，石南坪租米九斗，又地錢四百文。河會村租米八斗，雲嶺山租莜麥二斗。完在城里七甲學宮糧銀二兩二錢六分以上向歸儒學收管，自裁撤儒學後，歸自治事務所。民國元年歸縣議會。二年議歸宗聖社。會時移勢轉，風景不殊，而度支異矣，用於確錄舊章。後將民國元年算定，國家稅出入、地方稅出入之數，清列於茲，以為稽攷，不致蒙混。

國家歲入：額徵地丁正銀九千九百八十五兩六錢七分。每正銀一兩，隨徵耗羨銀一錢三分。除水沖、石積，沙壓五等，徵糧不等，不敷銀一百九十九兩七錢五分四厘三毫三絲八忽四微九纖。實在九千七百八十五兩八錢五分三厘八毫三絲五忽九微二纖。額徵耗羨銀一千二百九十三兩四錢九分四厘。每正銀一兩，隨徵升平銀八厘。大費銀五厘。額徵升平大耗銀一百二十九兩八錢一分三厘。額徵綠營教場地錢一十六千文按時估以錢易銀報解。額徵鹽稅銀二百兩六厘報解銀一百五十二兩六錢六分，下餘之數以備請引繳引。額徵契稅銀一百九十八兩七錢六分。額徵牙稅銀三十兩零一分下則牙行二十五名，每名稅銀六錢。內鹽牙稅銀六錢五分。額徵當稅銀七十五兩每座稅銀二十五兩。

國家歲出：知事俸一千九百二十元。知事飯饌九十六元。知事傭員一員一俸一百四十四元。知事用役工食一百四十四元擬設丁役三名，廚夫一名，茶爐一名，每名月支四元。知事印紅、紙張、油燭、薪炭費三百六十元照酌定山西簡缺和順縣行政公署經費表約估數填報。兩科科長二員，俸四百八十元照省議會原定每員月支二十元。兩科科員二員，俸三百六十元照省議會原定每員月支十五元。雇員俸膳三百一十六元兩科應設雇員八名。一等二員，月支十元；二等六員，月支八元。各科飯饌、茶水二百一十六元兩科科長科員共四員，每員月支飯饌三元，每科月支茶水三元。科丁、廚夫工資一百六十八元每科設科丁一名，月支四元；每科設廚夫一名，月支三元。催徵差役工資五百七十六元擬酌設催收地丁、稅捐等事十二名，每名月支四元。各科印紅、紙張、油燭、薪炭。費二百二十元照酌定山西簡缺和順縣行政公署經費表，約估數填報。雜役工資一百二十元設把宅門、打堂更、聽事雜役四名，每名月支二元五角。郵費三百元自民國二年七月起，裁驛歸郵，應需郵費暫估通年三百元。預備費六百元內係開支公出旅費、土木修繕、購備物品、一切臨時發生事件，暫為約估。以上開支，奉到民政長支付命令，准由國稅項下開支。

幫審員俸六百元。書記俸五百零四元一等書记一員、月支二十元。二等書记二員，一員月支二十元，一員月支十元。雇員俸一百九十二元雇員二員，每員月支八元。承發吏俸七十二元一名，月支六元。檢驗吏俸七十二元一名，月支六元。傳達吏俸一百四十四元二名，每名月支六元。庭丁工資二百四十元四名，每名月支五元。雜費九百六十元此係照開辦月分，平均每月填報八十元。按通行章程，每月四十元以上七十元以下。以上開支，尚未奉到民政長支付命令，准由何款項下動支。

管獄員俸三百元按之章程每月二十元以上，三十元以下。和順平均合計月支二十五元。醫士薪水九十六元一名，月支八元。看守部長薪水九十六元一名，月支八元。看守工資二百一十六元三名，每名月支六元。獄丁工資九十六元二名，每名月支四元。雜費一百八十元由知事會同管獄員，按開辦月支數填報，通行章程無此名目。以上亦未奉到命令。是由何款開支。

地方歲入以下均照民國三年度預算之數填寫：畝捐銀一千四百九十二兩四錢九分二厘隨正加徵。公費銀八百六十八兩六錢六分六厘公費一目，每正銀一兩，隨徵大費銀一分六毫，大餘平三分五厘五毫，小餘平三厘五毫五絲，公費銀三分七厘三毫五絲。商稅五百二十七元淡旺無定，民國三年預算，平均以銀易元合計填報。畜稅二百二十五元同商稅辦法。斗捐一千九十五元斗捐一目，每斗抽錢十四文。三文解上；五文留充巡餉；二文解同蒲鐵路；四文歸學校之款。淡旺無定，平均填報。秤捐二百三元每麻一斤抽錢八厘，淡旺無定，以錢易銀折元填報。商捐六十元係折減面行撥充巡餉。每月收錢六千文，以錢易銀折元平均合計。戲捐四百一十六元每演戲一台捐錢二千文。內除送捐川錢二百文，通年所收，多寡無定。攷前三年所抽之數，以錢易銀折元，平均填報，歸學校之需。鐵捐二十二元按爐抽捐，歸學校之需。窑四座，每座抽錢六千文，按估易錢折元填報。牲畜捐一百七十五元歷年包收多寡無定，照前三年包數，平均估計，以錢易銀折元填報。歸縣議會經費。屠捐二十二元每戶月抽捐錢二千文，以錢易銀折元填報，歸行政經費。煤捐一百七十一元淡旺無定，平均填報。生息三百八十二元生息有二：一為學校之款二百五十二元；一為巡警之款一百三十元。學校租一百八十三元按所收租粟平均折價，以錢易銀合元填報。

地方歲出：議會經費：議長俸三百元正副議長各一員，正議長月支十四元，副議長月支十一元。議員俸二百一十六元常駐議員二員，每員月支九元。職員薪水一百九十八元文牘、庶務、書記各一員，每員月支五元五角。夫役工資九十一元夫役三名，廚夫一名，月支二元六角；門夫、差役各一名，月支二元五角。辦公費六十八元係印紅、紙、郵、報各費，平均合計。消耗費七十八元係油、燭、薪、炭以及酬應賓客茶水等項，平均核算。補助費三十六元係因警款絀短，每月由會補助警務長津貼三元。會費二百六十元係通年開定期會一次，並特別招集臨時會，平均估計。修繕費三十元臨時修葺，歲無定額，並添置物品，平均估計。旅費四十元查議員下鄉調查，每員每日川資二角，旅費四角；差役下鄉辦公，川資一角。通年多寡，平均合計。雜費二十二元係臨時其他活支等項，歲無定額。

警務辦公費：警務長薪水二百一十六元警務長一員，月支一十九千文，按錢易銀合元。巡長餉一百四十二元巡長三名，每名月支錢四千二百文，按錢易銀合元。巡警餉九百三十一元巡警二十三名，每名月支錢三千六百文，按錢易銀合元。火藥費五十元按月平均合計。煤水費二十七元按月平均合計。

高等小學校歲入舊雲龍書院產業：原本四千串，發商生息，年一分。光緒三十一年，崔任巡警，節省項下歸本六百千文，發商生息，月一分。通年戲捐五六百千不等。通年抽斗捐，每斗抽錢四文，約收四百千上下不等。

歲出：校長一百五十八千文。正教學一百二十千文。副教學一百千文。職員七十千文。火夫二名，每名一十二千文。把門一名，一十二千文。催斗、戲捐一名，三十千文。學生飯饌，通年三百千上下不等。

鹽政

查和邑分食徐溝縣土鹽，每年原領額引三百七十一道，共徵稅銀一百四十八兩八錢八分零。從前民銷商銷設法不一，至康熙四十八年，商人董福物故，合縣公呈請照平定、樂平之式民運民銷，仰荷上憲恩准。數十年人人樂易，戶戶安寧，上不負課，下不受害。至雍正三年，陳可大夤緣頂商，增長價值，商利，民受其害。可大年老告退，隨有郝文鳳，於雍正八年充頂，本少，不敷民用。至乾隆四年，文鳳具呈稱："賠累難支，情願告退。"闔邑士民彭雯等具呈籲懇，情願照康熙四十八年樂平之式，民運民銷。上不負課，下便人食。況邑僅五里，儀城、德興二里，自古及今並無商人，皆係按戶出稅，自行買鹽。一縣之中應無兩歧，蒙前令陳良玿，據情詳請各憲。蒙本州批："鹽觔關係民食，誠非淺細。總須上不負課，下不病民，方無貽誤。今據詳稱，紳庶等情願包引輸稅，是否有例可循？而二分二厘五毫，有無虧課盈餘之處？仰再查明，另詳報奪，仍候各憲批示行繳。"蒙鹽道批："鹽政首務，全在裕課便民。該縣既稱商運與民不便，商請告退，民照樂平之例，按戶納稅，食鹽聽民自便。上不虧課，下便民食，自應俯順輿情。但此案現奉院憲批飭查議，仍候詳覆批允之日，另檄飭遵可也。"蒙按察司批："據詳已悉，仰候撫部、鹽院批示繳。"蒙布政司批："併候撫憲暨鹽院批示繳。"蒙撫部院批示："仰布政司會同運司查議詳奪，並候鹽院批示錄報繳。"蒙鹽院批："如詳，轉飭該縣遵照繳各批，仰到縣遵照"在案。覆詳各憲，和邑每年額解鹽課銀，原額併增加共銀：一百五十二兩六錢零。和邑牌甲，雖節年參差，約計有三千二百八十餘戶，每戶每季徵銀一分五厘，各項便已足用。伏蒙各憲批准，如詳勒石，以垂永允。乾隆三十一年，又蒙各憲行文，着照代州等處之例，鹽課攤入地丁項下統徵分解。知縣黃玉衡詳稱："前任陳令於乾隆五年，公同紳民等籌立章程，民運民銷，通詳各憲批允遵行在案。迄今二十餘載，民無不樂從。且查和邑食鹽而無丁糧者十居四五。惟鹽課則按戶均攤，若照代州等處之例攤入地丁項下，則糧愈重而畸居。戶口食鹽不納稅固所樂從。而有限之糧民，忽代衆戶加課，輿情似未愜協。應請仍循其舊，實為公便。"蒙各憲批允如詳，照舊辦理在案。

物產

穀屬：黍有硬、軟二種，色赤、白、黃、黎、黑五種；稷有數種；麻，有大、小二種；粱粒小而色白，味甘；麥有三種，春麥、雪麥、大麥，地寒不多種；蕎有甜、苦二種；燕麥性寒，多種，當五穀之半；豆種甚多；稗形如黍，黑而銳，亦可食；胡蔴可作油。

蔬屬：蔥；韭；芹；芥；蒜；芫荽；紅白蘿蔔；蘑菇；木耳；蕪菁又名蔓菁，又名諸葛菜，以諸葛行兵多種此，根苗俱可食，邑人廣種之以資生；白菜；藤蒿；莙達；苦菜。

花屬：萱草、石竹、金簻、菊花、葵花、芍藥、鳳仙、珍珠花、玫瑰、牡丹。

藥屬：茅香、續斷、甘草、黃芩、瞿麥、藜蘆、芍藥、款冬[1]、藁本、大黃、龍骨、茯苓、南星、芫花、蒼朮、益母草、金絲草、王不留行[2]、自然銅、無名異、金櫻子、何首烏。

木屬：松、椵、槐、柳、楊、榆、椿、楸、樺、赤木。

果屬：杏、核桃、榛、櫻桃。

禽屬：鴿、雞、鴛鴦、鴟、瓦雀、黃雀、倉庚[3]、戴勝[4]、燕、鵲、鳩、鴿、雉、憨雞、鶺鴒、子規。

獸屬：牛、馬、騾、驢、豬、羊、犬、兔、麅、獐、獾、虎、豹、狼、狐。

蟲屬：蚯蚓、螳螂、寒蟬、蛩。

薪屬：煤、炭、柴。

王者度地居民，無非欲胥一鄉同井共田之民，而休養生息之也。獨是平原之野，物阜財豐，村舍連結，非聚萬戶，即羅千室。和邑則城聚未滿千家，鄉鄙鮮有百戶。村疃雖多，居民實少。且地產不過蔬菜、青麻、菽、粟等物。總緣在山之田無幾，耦耕之家自寡。司牧者當何如其保聚也。

注釋

[1] 款冬：別名冬花、蜂斗菜。為菊科款冬屬植物。性味辛溫，具有潤肺下氣、化痰止咳之效。

[2] 王不留行：中藥名，具有活血通經、下乳消腫、利尿通淋之效。

[3] 倉庚：黃鶯之別名。

[4] 戴勝：又名胡哱哱、花蒲扇、山和尚等。在我國廣泛分佈。

重修和順縣志卷之六

官師

官師志 附宦績

蓋聞宦其地而著其名，則名者實之賓也。按，和邑兩漢以下迄於宋、元千餘年，德政、文教傳者，金、元僅馬公克禮、張公欽祖二人，其湮沒弗彰者曷可勝道！迨明及清四百年來，賢守令循良之最，名師儒雅化之成，載入名宦者，李君繼元等十人；流芳口碑者，劉君湛然等數十人。紀載十倍往古，非略前詳後，良以世代較近，聞見堪徵。是宜筆諸邑乘，以流馨奕禩。彼視當官為蘧盧一宿者，可知所勖矣！志官師。

知縣

金：馬克禮中都人，大定年任。德政載藝文碑記。相傳為伏波將軍馬援後裔。入名宦。

元：張欽祖保定人，至正十三年任。鼎新學校，譽重當時。入名宦。

明：張克讓洪武十三年任。賈忠洪武十七年任。葛敷河南人，由進士，洪武末年任。王孚興化人，由舉人，永樂初年任。徐彥輝直隸人，由進士，永樂年任。宋傑陝西人，由進士，永樂年任。王衡陝西人，由進士，永樂年任。舊志紀其修築城池，在正統十四年，訛紀無疑。張庸寧州人，由舉人，正統年任。王屏儀封人，由舉人，正統年任。王恕陝西人，由舉人，景泰年任。段珉豐潤人，由進士，天順年任。賀祐東平人，由舉人，成化年任。連勝永年縣人，由進士，成化年任。涖政公勤，吏畏民懷，擢監察御史，歷陞知府、運使。入名宦。武定陝西人，由舉人，成化十八年任。劉文奎直隸人，由舉人，弘治年任。孫鼎渭南人，由舉人，弘治年任。馬廷璽鳳陽人，弘治十三年任。周鉞直隸人，由進士，弘治年任。賦十景詩，紀藝文。李紳曹州人，由進士，弘治年任。鄒瓚直隸人，由進士，弘治十五年任。劉宗保定人，由舉人，嘉靖元年任。楊魁儀封人，嘉靖六年任。持身清介，行政仁慈，士民稱誦。入名宦。霍光先直隸人，由舉人，嘉靖十一年任。李棟陝西人，由進士，嘉靖十九年任。師道立陝西人，由歲貢，嘉靖二十二年任。謝培齡直隸人，由舉人，嘉靖二十七年任。劉邦定直隸人，由歲貢，嘉靖三十二年任。高思敬陝西人，由舉人，嘉靖四十年任。清廉仁愛。入名宦。劉時夏陝西人，由歲貢，嘉靖四十四年任。樊自新陝西人，由歲貢，隆慶二年任。廉介律己，平易近民。入名宦。蘇性愚陝西人，隆慶五年任。補修城池。劉好生陝西人，由舉人，神宗元年任。趙來聘直隸人，由舉人，神宗二年任。周讓延津人，由例貢，神宗四年任。李嘉會山東人，由選貢，神宗七年任。李繼芳直隸人，由歲貢，神宗十年任。李繼元寧夏人，由選貢，神宗十一年任。修城賑荒，始修縣志，重學作人。入名宦。張樞陝西褒城人，由舉人，神宗十五年任。宋士程陝西咸寧人，由舉人，神宗十九年任。王玉汝山東黃縣人，由歲貢，神宗二十二年任。耿熠山東歷城人，由舉人，神宗二十四年任。芮約陝西三原人，由舉人，神宗二十七年任。任惠四川南充人，由舉人，神宗二十九年任。王道行直隸獻縣人，由歲貢，神宗三十三年任。任寵陝西咸寧人，由舉人，神宗三十五年任。張正儒北直新安人，由舉人，神宗三十七年任。孫光前河南項城人，由歲貢，神宗四十一年任。萬象新宜興人，由舉人，神宗四十四年任。合里併甲，薄賦輕徭。入名宦。牛成龍湖廣襄陽人，由歲貢，神宗四十六年任。張儒湖廣枝江人，由歲貢，神宗四十八年任。楊文見南直涇縣人，由歲貢，天啓二年任。程有本山東聊城人，由恩貢，天啓五年任。高三台北直清苑人，懷宗二年任。路從中北直東光人，由歲貢，懷宗四年任。楊崧陝西漳縣人，由歲貢，懷宗七年任。李呈藻北直平山人，由歲貢，懷宗九年任。蔣敏德遼東鐵嶺人，由歲貢，懷宗十二年任。苟為善陝西醴泉人，由歲貢，懷宗十六年任。

清：常應正直隸栢鄉人，由恩貢，順治元年任。樓欽正浙江義烏人，由廩監，順治三年任。蘇宏祖河南湯陰人，由進士，順治四年任。公弱冠舉於鄉，順治丙戌成進士。授和順縣知縣，在任七載，卒於官。聞當時有御寇事，舊志無紀，未便填入。詳載《湯陰縣志》。劉湛然河南登封人，由歲貢，順治十一年任。申諸題免河塌荒糧，闔邑戴德。雷湛直隸通州人，由進士，順治十三年任。行取戶部主事。李順昌直隸新安人，由舉人，順治十五年任。條陳驛苦，修理學校，士民立德政碑，陞山東濟寧州知州。入名宦。楊棲鸞陝西膚施人，由恩貢，順治十八年任。周于文湖廣公安人，由拔貢，康熙元年任。鄧憲璋江南虹縣籍，滿洲人，由廕生，康熙七年任。紳士贊曰：時趨繁苛，惟公以簡愛為施；法重催科，惟公以撫字相濟。招流移則逃逋來歸；戢軍伍則閭閻胥慶。永除驛苦，則無輪蹄供應之艱；禁絕私徵，則有雞犬安靜之譽。諸務聿新，才之敏也；群情畢照，識之明也。清如漳水秋波，正如行山春峙。士民依為父母，役胥畏其端嚴。漢代循良，微公誰繼？王之旦奉天府遼陽州人，由戶部八品筆帖式，選用知縣，康熙二十二年任。勤勞政績，振作庶務，始終如一，澤洽人心。寧培北直大興人，由教諭推陞知縣，康熙二十五年任。張翼北直滄州人。程起鳳北直獻縣人，例貢，康熙三十九年任。謝瓚福建南平，舉人，康熙四十七年任。杜絕私謁，慎固封守。傅家楨廣東澄海人，康熙五十年任。王如种湖廣黃崗，舉人，康熙六十年任。調寧鄉縣。陳聲福建長泰，舉人，雍正二年任，才敏獨斷。趙懋本順天大興籍，浙江山陰舉人，雍正五年任。存心寬恕，接物謙和。調襄陵後陞遼陽知州。何為英雲南建水州，舉人，雍正八年任。公清勤慎，惜任未久，士民懷之。鄭國選河南新野人，舉人，雍正九年任。廣修典祠，虔誠禱雨，有心民社者。調芮城。陳良玿北直文安人，舉人，雍正十三年任。長於吏治，才能兼優。程沅丹徒人，乾隆九年任。蔣祖培雲南鶴慶人，進士，乾隆八年任。調盂縣。戴昱江蘇樓縣人，副貢，乾隆十三年任。朱汝璣湖南瀏陽人，例貢，乾隆十五年任。捐俸興學，勤勞勸稼。調天鎮縣，後陞成都府同知。張諭河南杞縣人，舉人，乾隆二十一年任。忠厚樸誠，旋里日兩袖清風。邱廷溶江南元和人，例貢，乾隆二十三年任。以緝逃功，陞東昌府同知。侯日曨北真南皮人，例貢，乾隆二十八年任。重修城垣，立法嚴峻，匪類潛踪。馮禾北直滄州人，舉人，乾隆二十九年任。渾厚勤慎，動循規矩。黃玉衡湖南善化人，進士，初任江南宜興縣，乾隆三十一年補任和順縣。紳士贊曰：我公氣度雍容，學問淹雅。刑清政簡，訓士惠農。禮接生徒，法繩胥吏。不煩不擾，父母斯民。唐楷安徽滁州舉人，乾隆三十五年任。除民陋規，創建雲龍書院。陳燦然直隸丙子舉人，乾隆三十六年署任。高光大乾隆五十一年署任。汪大琦乾隆五十一年任。劉薰乾隆五十三年署任。趙琰乾隆五十六年署任。鄭玉振福建進士，嘉慶元年任。有惠政，病免。邑人乞留，賦詩見志，刻石合山麓。劉去過關中人，乾隆甲午科舉人，嘉慶三年任。見重修烏龍廟殿宇碑。薛焜嘉慶十八年署任，見西門外樂樓碑記。李攀桂嘉慶十一年任。余光超江西清流縣人，壬申進士，嘉慶十三年任。創建梁餘祠。政通人和，百廢俱興。劉養鋒嘉慶十三年署任。劉斯裕進士，嘉慶十六年任。雷學淇直隸通州人，嘉慶甲戌進士，嘉慶二十一年任。龔文淵嘉慶二十一年署任，見新建土地祠樂樓記。周人甲道光元年任。周之彥舉人，道光二年任。毛鳳儀進士，道光四年任。張問彤四川遂寧縣人，解元，道光十二年任。劉緒科道光十二年署任。後陞平陽分府。夏寶晉進士，道光十四年任。為人耿直。張兆衡甘肅武威縣人，翰林院庶吉士，道光十五年任。重興學校，作育人才。陳棻道光二年任。顧錫陞道光十八年任。見移建五瘟神廟碑記。陳準嘉慶癸酉科舉人，湖北蘄州人，道光二十年任。革除胥役扣折舖倉、谷草價值積弊。施承培江蘇金匱人，道光二十二年任。唐昌廷道光二十八年任。朱德澐廣西博白縣人，進士，道光三十年任。後調夏縣。陳德格咸豐元年任。陳以璧舉人，咸豐元年任。劉端福建侯官縣人，壬辰舉人，咸豐三年任。是年九月初三日，官兵過境，七千有餘，至十八日始止。初備騾馬脚戶，多多滋事，公皆令民撤去。或有不法，以刑馭之。從容坐鎮，民賴以安，合邑感德。調任汾陽。馮璞四川忠州人，拔貢，咸豐四年任。章頌椿咸豐五年任。李仲祁咸豐五年任。陳榮宗咸豐五年任。劉澐山東茌平縣人，副榜，咸豐六年任。吳延慶咸豐七年任。危之安咸豐八年任。胡楓林咸豐九年任。陳仲貴咸豐十年任。孫汝霖奉天錦州府人，進士，咸豐十一年署任。居心忠厚，學問優裕。陳瑞歕福建長樂縣人，進士，同治二年任。周伯貞河南祥符縣人，進士，同治四年署任。何于鈺同治五年任。榮杏春山東人，同治六年任。程鍾翰安徽人，光緒元年署任。夏肇庸四川射洪縣人，進士，光緒二年任。調任平陸縣。陳承媯福建龍巖州漳平縣人，光緒四年署任。忠慎居心，勤勞政務。卒於署。謝震江蘇人，光緒四年代理。陳守中江蘇上元縣人，光緒五年署任。勤勞政事，愛育黎元，辦賑查荒，法良意美。左兆熊直隸永平府樂亭縣人，咸豐壬戌科舉人，國史館謄錄。總檔告成，議敘以知縣用，欽加同知銜。歷署翼城、臨縣、萬泉縣事。八年任。黃縉榮江蘇上元縣供事，光緒十六年任。慶鍾，旗人，進士，光緒十七年任。曹廷杰湖北枝江縣，廩貢，光緒十八年任。改建孜棚，嚴禁匪類，多士感栽培之德，群黎懷安堵之恩。唐洪謨安徽績溪縣，監生，光緒十九年任。陳曰稔進士，光緒二十年任。丁兆彬順天通州，監生，光緒二十二年任。王懿恭河南祥符縣，監生，光緒二十三年任。李培霖四川人，光緒二十四年任。卒於署。向廸明四川彭縣，舉人，光緒二十五年任。姜詰順天宛平縣，監生，光緒二十六年任。梅鬱九陝西長安縣，舉人，光緒二十七年任。錫元光緒二十七年任。湘勇過境，多肆猖狂。公權馭靜鎮，人民賴以安堵。闔邑咸德，奉入梁餘祠。後陞遼州。徐昭儉浙江烏程縣人，光緒二十八年任。廉以持己，恕以待人。衙署供給陋規，率皆指歸公用。崔鑄善直隸慶雲縣，監生，光緒三十年任。老成歷練，熱心建築。城垣學宮，均賴修整。胡葆頤河南進士，光緒三十一年任。李金鎔湖南永州府祁陽縣，文生，光緒三十三年任。金鏞直隸天津縣，監生，光緒三十四年任。劉洪闢江西萍鄉縣，舉人，宣統元年任。陳丹墀陝西紫陽縣，舉人，宣統二年任。

民國　知縣改知事：趙鑑塘河南汝寧府遂平縣，監生，宣統三年任。張夔典直隸宣化府西寧縣人，丁酉拔貢，日本教育選科畢業學員，民國元年任。品端學粹，廉潔自持。當過度時代，與自治員紳協力同心，共濟時艱。擬之漢循良非過也。

附：縣丞　久裁。

明：劉敬正統十二年任。見重修合山廟碑。孫懋正德二年任。見前宰李坤游合山詩碑。程端正德五年任。見聖壽寺碑。劉時泰弘治十四年任。見重修麻衣寺碑。韓祥成化十五年任。見西溪龍附寺碑。樊盛南宮人，弘治年間任。郭璋嘉靖三年任。見聖壽寺碑。

儒學　舊設教諭一員，訓導二員。明萬曆初，裁訓導一員。康熙初，裁教諭，止設訓導一員。

教諭 久裁。

明：楊益。秦懋。丁興。林叢。高寧。張明正統十一年。藥清正統十一年。張溥弘治二年。趙寬弘治十四年。陳誥。趙瓏。胡宗夏。劉學。孫秉彝。孫嚴。王言紼。王澤。任禧。劉秉商。董鎮。郭衛民。許恩。陳科。李遇時。李大猷。周思稷。楊培。竇恩侮。賀觀。王廷策。薛勤。石宏璧。杜榛。劉曰示。王之弼。趙志鴻。劉思益。李永培。劉向化。

清：段珍祁縣人，歲貢，順治二年任。陞溧水縣丞。田藍玉太原人，歲貢，順治八年任。陞陝江縣丞。白玉秀澤州府，甲午舉人，順治十二年任。陞河南安陽縣知縣。

訓導 自明至康熙三年，舊志無載，失攷。

明：薛允正統十一年任。楊冕成化十五年任。蔡茂弘治二年署任。陳瑜弘治二年任。常宇弘治十四年任。吳達弘治年間任。王賢弘治年間任。羅儀嘉靖年間任。李朝綱嘉靖十六年任。舊志載隆慶二年任教諭。純古不浮，誨人不倦。後入名宦。張情嘉靖二十三年任。見虎谷祠堂碑記。

清：王協慶陵川人，康熙四年任。捐介持己，強毅與人，殷懷訓士，分俸資貧。班萬方定襄人，歲貢，康熙十五年任。張以整靈石人，歲貢，康熙十九年任。楊鼎汝安邑人，歲貢，康熙二十六年任。韓維址蔚州人，歲貢，康熙三十八年任。高旋康熙四十九年任。張君簡安邑人，例貢，康熙五十一年任。劉中柱石樓人，例貢，雍正三年任。姜作樑蒲縣人，歲貢，雍正九年任。馬凝瑞壽陽人，舉人，乾隆三年任。宋元址汾陽人，歲貢，乾隆十四年任。學問優裕，氣度安閒，訓士有方，接物無侮。楊鳳樓清源人，歲貢，乾隆十八年任。荆孔正陽曲人，歲貢，乾隆二十年任。秉性果毅，設科謹嚴。肅清聖廟，作興學校。劉有彩乾隆五十一年任。李念祖乾隆五十一年任。彭襄聖乾隆五十一年任。燕嵩年嘉慶十年任。張問達交城人，庚子科舉人，嘉慶二十一年任。趙咸正舉人，樂平鄉人，道光元年任。劉撫衆歲貢，道光十年任，寧鄉人。賀騰麒歲貢，道光十六年任。甘恪信貢生，陽曲縣人，道光十八年任。王一心優貢，河津縣人，道光十九年任。李家鵬舉人，翼城縣人，道光二十年任。劉宗漢附貢，太谷縣人，道光二十四年任。王樹常壬辰舉人，高平縣人，道光二十七年任。劉克庸附貢，平遙縣人，咸豐五年署任。張志賢丁酉舉人，五臺縣人，咸豐六年任。李本裕乙卯舉人，忻州人，咸豐九年任。崔天護癸卯舉人，永濟縣人，同治六年任。楊汝霖廩貢，寧鄉人，光緒四年署任。宋兆庠壬戌舉人，汾陽縣人，光緒六年任。白銜華。楊映淦徐溝縣人，廩貢。王尊五保德州人，舉人。

主簿 久裁。

明：李岡正統十二年任。見修龍泉寺碑。馬驥正德二年任。見游合山詩碑。郭登正德五年任。見聖壽寺碑。李朝嘉靖三年任。見聖壽寺碑。張文瑞嘉靖十六年任。見修合山廟碑。翁澍嘉靖二十三年任。見虎谷祠堂記。任能成化十五年任。見西溪龍附寺碑。趙愷三原人，弘治年間任。

巡檢 駐扎八賦嶺、儀城鎮，今裁。

明：党朝宗。李肅弘治二年任，黃榆嶺，見龍泉寺碑。李洵弘治二年任，松子嶺，見龍泉寺碑。冀文嘉靖三年任，見聖壽寺碑。王績。田應麒。聶思和。高驥。邊騰。李拊。馬夔。王佩。曹汝安。魏光大。劉廷彥。孫應舉。李元勛。楊開泰。唐好古。段鄂。章奇。劉邦卿。李泰。王國聘。傅宸聰。騫仁穩。雷宏勳。陳文炳。

清：李棟江南人，順治十二年任。因督催協濟栢井驛驢頭，路遠不及，縊死平定州內。紀龍躍富平人，順治十六年任。黃錫裳宜川人，康熙元年任。孟養性江南懷寧人，吏員，康熙十九年任。陳怡聖大興人，康熙五年任。鮑國賓河南陳留人，吏員，康熙四十年任。劉茂棠江南桐縣人，吏員，康熙五十九年任。周曾許北直三河縣人，吏員，康熙五十九年任。滿永興山東恩縣人，吏員，雍正十一年任。羅浚大興人，吏員，乾隆二年任。李國棟浙江蕭山人，吏員，乾隆五年任。李應魁湖南芷江人，由未滿吏，乾隆十一年任。沈學乾江南元和人，由未滿吏，乾隆十九年任。曹恕河南商邱人，由總吏，乾隆二十二年任。廖國揚江西石城縣人，由例監，乾隆二十九年任。楊德興北直大興人，由例監，乾隆三十年任。方時成乾隆四十九年任。鮑維岡乾隆五十一年任。趙鳳池乾隆五十二年任。吳魯田乾隆五十六年署任。曾錫麒嘉慶二十三年任。楊成棟道光二年任。來昌士道光十一年任。邵峻德道光二十年任。高克定咸豐十年任。張霖同治八年任。徐貽泰同治十三年任。金福基。蔡廷奎安徽六安州，監生，光緒五年任。孫汝龍浙江歸安，監生，光緒十七年任。強榮杰民國元年五月底裁。

民國二年新設審檢所：張秀錦沁縣人。郭海林趙城縣人。

典史

明：魏中。李綱。張傑正統二年任，見游合山詩碑。陳善正統十一年任。羅希善正德五年任。武振。劉傑。羅錦。張潔。賈世勛。姚尚其。黃文煥一作煥文。鞏文錦。霍世昭。郭玠。趙孟陽。趙節陽。李汝諧。紀世安。王太平。黃家賢。高宦。郝名宦由進士，兵部職方司降。馬之服。鄧良弼。軒守智。孫廣成化十五年任，見修龍附寺碑記。傅恭嘉靖壬戌年任，見修合山鍾樓記。陳應奎。薛君相。韓美嘉靖十六年任，見修合山廟碑。李瓊芳。方四端。張希邵。

清：陳良幹浙江人，順治元年任。余本忠太和人，順治四年任。竇世盈富平人，順治十二年任。陞巡檢。彭雲騰韓城人，順治十五年任。陞巡檢。祝起鳳無錫人，康熙五年任。敏練慈惠。袁瑜富平人，康熙九年任。趙守順延慶人，康熙十三年任。張秉耀綏德衛人，吏員，康熙二十七年任。郝文永年人，吏員，康熙三十五年任。蔣士海盧龍人，吏員，康熙四十二年任。孫希顏海豐人，吏員，康熙四十四年任。沈起隆山陰人，康熙四十六年任。丁兆熊大興人，吏員，康熙五十二年任。凌漢章大興人，吏員，雍正元年任。徐金章宛平人，吏員，雍正六年任。方有望義烏人，吏員，乾隆九年任。楊汝梅階州人，吏員，乾隆十三年任。王軒六山陰人，吏員，乾隆十六年任。劉世琛新建人，吏員，乾隆三十八年任。鍾式序乾隆五十一年任。林昌湖乾隆五十六年署任。王文烜乾隆五十七年任。屠祖武乾隆五十九年任。宫大廷嘉慶十一年任。施洽嘉慶十三年任。鄭恭和丁裕後，嘉慶二十一年任。程宗禮道光二年任。朱廷欽道光五年任。朱廷然道光六年任。陳梁道光十四年任。鄭濂道光十八年任。石建業道光二十年任。崇善于恒湯懋官，同治八年任。王慶祺同治十三年任。鄭紹華光緒元年任。孟文福光緒三年署任。順天府涿州，附貢生，候補巡檢。因賑務出力，保舉補缺，後以主簿陞用。王金鏡監生，直隸永平府樂亭縣人，光緒七年任。周楣。吴壽昌江蘇上元縣人，功給五品銜，光緒十四年任。民國元年卒於署。

管獄員

民國：柴樹棠長子縣人。

營弁

清：張存禮代州人，行伍，康熙五年委。牛尚武代州人，行伍，康熙七年委。張守太原人，行伍，康熙十三年委。任玉大同人，行伍，康熙二十四年任。楊之玘大同人，行伍，康熙四十二年任。張國珍太原人，行伍，康熙四十七年任。張宏仁平陽人，武舉，康熙五十八年任。武璉平陽人，行伍，雍正七年任。趙瑾倫雍正十年任。何大發乾隆元年任。郭世元原籍和順人，入伍寄居太原，乾隆二年以軍功任和順營把總。十八年，陞吉州千總。馮成金蒲州人，行伍，乾隆十八年任。賀榮喜太原人，行伍，乾隆二十四年任。李瑋平陽人，武舉，乾隆三十一年任。何景陽曲人，行伍，嘉慶七年任。李廷楝臨汾縣人，行伍，嘉慶十八年任。常永盛陽曲人，行伍，道光元年任。陳俊陽曲人，行伍，道光十年任。鄭濂道光十八年任。武名賢文水縣人，武舉，道光二十年任。李文通臨汾縣人，行伍，道光二十九年任。王邦英本邑人，由茅津渡防守出力，同治八年委任。翟兆元。王建基行伍。趙秉文世襲恩騎尉，平陽府人，光緒十年署任。

城守外委

張保恒。路華光緒二十八年裁改。

警務公所　警務長

高有秋。王書紳臨汾縣人。段成綺洪洞縣人。喬儒林榆社縣人。

松煙汛　裁

把總　裁

劉本華平陽府人，行伍，同治九年任。宋廷魁太原府人，行伍，光緒四年任。

經制外委　裁

楊鳳來大同府人，行伍，同治元年任。王世林平陽府人，行伍，同治八年任。王源平陽府人，行伍，同治十三年任。

額外外委

暢文英平陽府人，行伍，同治元年任。楊開嘉平陽府人，行伍，同治九年任。張亮璣大同府人，行伍，光緒四年任。郭泰潞安府人，行伍，光緒十年任。

陰陽訓術

王雲鴻嘉靖十一年任。張琦弘治二年任。

醫學訓科

張漢嘉靖十一年任。藥齡弘治二年任。

邑舊設教諭一員，訓導二員。明萬曆初年，裁訓導一員。清康熙初年，裁教諭，止設訓導一員。舊設縣丞、主簿一員，不知何年裁省，舊志缺如。兹搜孜碑碣，僅得前明楊益等五十餘人，他若陰陽訓術、醫學訓科，附列縉紳之後，有俾日用民生，例得並書而掛名碑碣者，亦僅四人。於以歎代遠年湮，凡若此之湮沒弗傳者，可勝道哉。因表而出之，附官師末，以存其名云。

重修和順縣志卷之七

選舉

選舉志

自鄉舉里選之法廢，而士皆以科目進。梁餘山拱太行，水流清漳。自李唐以來，歷金、元、明、清，代出偉人，後先輝映。矧今際文明時代，廣登進之階，隆封蔭之典。教忠教孝，立賢無方。覩斯編也，有不奮然興起，而思追美前哲者乎！志選舉。

進士

金：嚴坦名見藝文，餘失攷。

元：許狀元今城西崗上許氏塋内，塚上立石碑，書狀元許公之墓。名失攷。

明：胡本乙丑科。彭彰癸丑科，任南京大理寺評事，遷陜西苑馬寺寺丞。王佐戊戌科，戶部尚書。王雲鳳甲辰科，都察院僉都御史，巡撫宣大。周朝著丙戌科，工部郎中。

清：楊曉昀道光壬辰科進士，任江西盧陵縣知縣，陞湖北興國州知州，未赴任，在盧陵殉難。

舉人

明：胡本甲子科。武恒甲午科。彭彰乙酉科。范壽己卯科。郭廸壬午科，任陜西永壽縣知縣。郝演戊子科，任雲南浪渠州州判。韓庸辛卯科。劉政庚子科。裴弼丙午科。趙英丙午科。周文己酉科，任修武縣教諭。王佐乙酉科。程霽丁酉科，任直隸固安縣知縣。彭德潤丁酉科。王雲鳳癸卯科。陳桂辛酉科，任蘭陽縣知縣。王之臣甲子科，雲鳳侄，佐之孫。畢世隆庚午科，任臨邑縣知縣，機警有守，調麻城。周朝著庚午科，世隆弟子。齊聞韶甲子科，任慶陽府花馬池通判。藥濟衆萬曆丁酉科，歷官昌平兵備道副使。崇禎六年，流賊破城殉難，贈太僕寺少卿。

清：曹文炳順治庚子科，任隰州學正，聞喜縣教諭。趙爾覲康熙甲子科，任解州安邑縣教諭。鄭華泰乾隆甲午科，沁州學正，課士嚴肅。董子愚乾隆丙午科。楊曉昀道光辛卯科。

恩貢[1]

明：馬之麒泰昌元年貢，任陝西商南縣知縣。馬之麟天啓元年貢，任湖廣荆門州州同。李月蔚崇禎元年貢，任河南豐邱縣主簿，陞睢陽衛經歷。

清：鄭允魁順治元年貢，任江西建昌府經歷。畢承烈順治九年貢，攷授府判。畢潤黎康熙元年貢，攷授縣丞。馬之鵬康熙十五年貢，任廣昌縣訓導。藥丹康熙四十七年貢。董明德雍正元年貢。焦益謙雍正二年貢，鄉飲大賓。王永蔭乾隆元年貢，任萬泉縣教諭。畢星乾隆十五年貢。畢昣乾隆十七年貢，鄉飲大賓。師元慶乾隆二十六年貢。焦天佑。任全仁。程錫圖道光元年貢。吳維垣道光三年貢。冀泰道光十一年貢。霍明倫道光年貢。康臣周道光二十五年貢。楊曉峯咸豐四年貢。王紹唐咸豐十年貢，闔學舉大賓，詞曰：存心忠厚，遇事剛方。杜家麟同治二年貢。蘇應蘭同治三年貢。吳萃同治十二年貢。張肇修光緒三年貢。常正誼光緒六年貢。祁鵬雲光緒九年貢。王玉汝庚寅年貢，就職教諭。撫憲攷語曰：學粹品端，堪資矜式。歷任臨汾、襄陵等縣。蔡成瑗光緒十九年貢。白恩華光緒二十四年貢。藥盈科光緒二十八年貢。蔡步堂光緒三十四年貢。畢曜宣統二年貢。郭鶴鳴宣統二年貢。

拔貢[2]

明：李延昆嘉靖年貢。趙文錦萬曆二十三年拔，任湖廣黄州府判。歷署府事及黄崗、廣濟、麻城，所至多惠政，民有趙明月之謠。畢潤赤崇禎八年拔。

清：胡淑寅順治六年拔，任江西南康府推官。趙浚順治十一年拔，任廣西靈山縣縣丞。藥延祚康熙十一年拔。曹大觀康熙二十五年拔，任平陸縣教諭、鄉飲大賓。白賁雍正元年拔。杜宏規雍正七年拔，候選直隸州州判，改選儒學教諭、鄉飲大賓。曹濬雍正十三年拔。曹元德乾隆辛酉科拔。劉丹書乾隆乙酉科拔，署湖北石首縣知縣。吳端乾隆丁酉科，朝攷一等，四十八年分發湖北，署黃州府同知，補麻城縣縣丞。又署安陸縣知縣。三署麻城縣知縣。丁艱家居，教授生徒，縣中文士，半出其門。李肇敏乾隆己酉科，朝攷二等。歷署太原縣訓導，補永濟縣教諭。賀宗師保舉，分發山東，歷署魚台、范縣、齊河知縣。平度州知州。後補黃縣知縣。趙建中嘉慶辛酉科。鄭維風嘉慶癸酉科，候選分州。奉母至孝，養親不仕。設教授徒，先器識而後文藝，當時學士，半出其門。楊曉昀道光乙酉科。鄭延林道光丁酉科。張聯斗道光己酉科。杜蘅咸豐辛酉科。楊毓藻同治癸酉年。宋宗昌光緒乙酉科。劉祖基光緒丁酉科。徐桂林宣統己酉科。劉鑒基宣統己酉科。

副貢[3]

清：曹恩榮乾隆庚午科，任平遙縣教諭。

歲貢

明：李雄洪武年貢，任照磨。趙豫洪武年貢，任嘉興府推官。王敏洪武年貢，任檢校。郜太洪武年貢，任照磨。曹楹洪武年貢，任樂陵縣主簿。趙俊洪武年貢，任容城縣知縣。曹毅洪武年貢，任安塞縣主簿。溫觀洪武年貢，任直隸唐縣知縣。李鎮永樂年貢，任直隸安州知州。徐威永樂年貢。賈銘永樂年貢，任涿州判官。張沖永樂年貢。趙文永樂年貢，任陝西莊浪縣教諭。馬良宣德年貢，任河南固始縣知縣。藥清宣德年貢，任陝西興平縣教諭。王縉宣德年貢，任四川綿竹縣知縣。魏安宣德年貢，任陝西綏德衛經歷。李睿宣德年貢，任直隸通州衛經歷。趙珪正統年貢。趙暹正統年貢，任山東清河縣主簿。劉和正統年貢。賈宗正統年貢，任西城兵馬司。常健正統年貢。畢鸞正統年貢。張倫景泰年貢，任直隸順義縣主簿。周宗天順年貢，任浙江蘄縣縣丞。趙正天順年貢，任滄州守禦所吏目。吳敬天順年貢，任肅王府典儀。魏新天順年貢。曹桂成化年貢，任淮安府經歷。盧仁成化年貢，任陝西永壽縣訓導。劉溥成化年貢，任韓府伴讀。張憲成化年貢，任直隸南樂縣縣丞。畢志成化年貢，任直隸濬縣縣丞。韓讓成化年貢。賈宣成化年貢，任南直隸崑山縣縣丞。李時成化年貢，任山東即墨縣主簿。魏宏成化年貢，任直隸贊皇縣教諭。藥濟成化年貢，任山東新泰縣縣丞。李森成化年貢，任陝西中簿縣縣丞。冀信成化年貢，任湖廣衡山縣主簿。常安成化年貢。李棠弘治年貢，任教授。周麟弘治年貢，任教授。王贊弘治年貢。齊政弘治年貢。周鸞弘治年貢。周鳳弘治年貢。溫仁弘治年貢，任陝西安塞縣主簿。韓琛正德年貢，任耀州知州。劉漢正德年貢，任陝西涇陽縣訓導。魏繼武正德年貢，任順德府教諭。王墉正德年貢，任陝西同州州同。韓儼正德年貢，任陝西膚施縣教諭。馬勤正德年貢，任晉府典儀。王學正德年貢。王侃嘉靖年貢，秦府典儀。周朝賓嘉靖年貢。李希文嘉靖年貢，任鞏昌通判。畢傳芳嘉靖年貢。彭希宗嘉靖年貢，任房山縣教諭。齊世寧嘉靖年貢，任直隸安肅縣訓導。蔡璞嘉靖年貢，任陝西保安縣教諭。韓邦臣嘉靖年貢，任陝西咸寧縣教諭。李經嘉靖年貢，任山東掖縣教諭。任宗道嘉靖年貢，任河南輝縣訓導。王邦智嘉靖年貢。藥大純嘉靖年貢，任蘇州府照磨。李中嘉嘉靖年貢，任陝西醴泉縣知縣。李中芳嘉靖年貢，任山東棲霞縣縣丞。陳良操嘉靖年貢，任陝西寧州學正。李綖嘉靖年貢，任宣府衛訓導。李智嘉靖年貢。彭科隆慶年貢。馬任重隆慶年貢，任湖廣房縣知縣。王札隆慶年貢，任直隸固安縣主簿。李應科隆慶年貢，任寧夏衛經歷。周于禮萬曆元年貢，任唐山縣王府教授。溫彩萬曆年貢，任河南懷慶府訓導。畢聯芳萬曆年貢，任陽曲縣訓導。馬任遠萬曆年貢，任復州衛經歷。李應科萬曆年貢。齊徵韶萬曆年貢。王守言萬曆年貢。田雲龍萬曆年貢。王達肖萬曆年貢。李可立萬曆年貢。張正蒙萬曆年貢。王守訓萬曆年貢，任山東淄川縣縣丞。劉朝聘萬曆年貢，任陝西渭南縣主簿。李秀萬曆年貢。祁清萬曆年貢，任直隸元氏縣縣丞。胡效垣萬曆年貢，任直隸獻縣縣丞。曹邦重萬曆年貢，任平陽府臨汾縣訓導。李華國萬曆年貢，任潞安府黎城縣教諭。李伸萬曆年貢，任介休縣教諭。樊忠萬曆年貢，任貴州府貴定縣知縣。徐登雲萬曆年貢，任陽和衛教諭。藥濟邦萬曆年貢，任山東曹縣訓導。焦三移萬曆年貢，任四川彭山縣知縣。李俶萬曆年貢。畢振先萬曆年貢。周蔡台萬曆年貢。胡化鯤天啓年貢。陳爾心天啓年貢，任威遠衛訓導。王尚志天啓年貢，任安化縣知縣。陳所見天啓年貢，任平陽府訓導。鄭用韶崇禎元年貢。尚志崇禎四年貢，任黎城縣教諭。馬九皋崇禎六年貢，任潞安府教授。胡化鯉崇禎八年貢，任忻州學正。呂應鍾崇禎十年貢，任陝西鄠縣訓導。杜甫學崇禎十二年貢。郭維良崇禎十四年貢。杜先華崇禎十六年貢，清朝任山東淄川縣知縣。

清：藥遇安順治元年貢，任江西寧州州同。李喬松順治二年貢，任大同左衛訓導。蔡仲德順治四年貢，任襄垣縣訓導。王育秀順治七年貢，任陽高衛訓導。趙成錦順治九年貢，任聞喜縣教諭。馬凌霄順治十年貢，任福建崇安縣縣丞。李懋中順治十三年貢。張鵬翼順治十五年貢。王吉士順治十七年貢。郝鴻聲康熙元年貢。趙漪康熙九年貢。劉嗣榮康熙年間貢，見重修北關關帝廟碑記。藥之璋康熙十一年貢。杜起元康熙十三年貢。畢昌齡康熙十五年貢。杜廷機康熙十七年貢。張日騰康熙十九年貢。藥起元康熙二十一年貢。王三錫康熙二十三年貢，任清源縣訓導。彭萬鍾康熙二十五年貢。劉顯揚康熙二十七年貢。彭萬逵康熙二十九年貢。趙潔康熙三十一年貢。鄭大經康熙三十三年貢。杜章康熙三十五年貢。李中鉉康熙三十七年貢。張爾聖康熙三十九年貢。杜蔭棠康熙四十一年貢。杜蔭樾康熙四十三年貢，任長治縣訓導。李文光康熙四十五年貢。李之構康熙四十五年貢。鞏長慶康熙四十七年貢。王永錫康熙五十一年貢。彭雲康熙五十三年貢。畢寅亮康熙五十五年貢。吳淑頤康熙五十七年貢。李昇雲康熙五十九年貢。藥振康熙六十一年貢。藥丹康熙年貢。藥丕真康熙年貢，任陝西涼驛驛丞。鞏琳雍正二年貢，任垣曲縣訓導。曹大任雍正四年貢，鄉飲大賓。杜蔭楷雍正六年貢。曹大來雍正八年貢，授解州夏縣訓導。趙爾容雍正十年貢。盧維祚雍正十二年貢。藥蘭乾隆元年貢，鄉飲大賓。趙爾寧乾隆三年貢。杜宏器乾隆五年貢。程永謙乾隆七年貢。吳珄乾隆九年貢。趙大士乾隆十一年貢。杜宏用乾隆十三年貢。藥作楫乾隆十五年貢，乾隆三十年選授隰州蒲縣訓導。畢景乾隆十七年貢。董珥乾隆十九年貢。宋志乾隆二十一年貢，鄉飲大賓。張懷璽乾隆二十三年貢。杜士邁乾隆二十五年貢。程魁乾隆二十七年貢。陳榮德乾隆二十九年貢。劉嗣榮乾隆三十一年貢。藥保極乾隆三十三年貢。王昭。杜文綱。張思文汾州府訓導。蔡重。張緂。李玫。張映欞嘉慶年間貢，見修重興寺碑。張繼嘉慶年間貢，見修文廟碑。杜士璁。張世述。李友膺。曹沂。張健。李瑞。馬步瀛。盧映棠嘉慶年間貢，見修文廟碑。麻作霖。韓瑜。張錦雲。張桂葉。趙一鳴。蘇子忠。楊曉江。祁潤蘭道光二十三年貢。蘇子實任太原縣訓導。王緝熙道光二十五年貢。盧世華道光二十五年貢。楊曉霞道光二十七年貢。鞏對揚道光二十七年貢。張崇吉道光二十七年貢。曹子儒道光三十年貢。陳溥咸豐元年貢。程殿圖咸豐四年貢。左思學咸豐四年貢。楊曉塘咸豐六年貢。盧世楷咸豐六年貢。麻維豐咸豐六年貢。馬三升咸豐六年貢。趙源晉咸豐十一年貢。麻維星咸豐十一年貢。蘇崇德同治三年貢。鞏繩武同治五年貢。麻長春同治五年貢。曹周藩同治五年貢。焦肇基同治五年貢。盧駿同治十二年貢。劉清煦光緒元年貢。宋存殷光緒四年貢。王泰階光緒六年貢。楊培楨光緒六年貢。王聘彥光緒九年貢。張紀光緒十一年貢。鄭台文光緒十四年貢。宋希濂光緒十七年貢。鄭楷光緒二十年貢。藥效仙一生熱心公益，光緒年辦賑務，辦荒糧。知縣陳諱守中，號理臣，江蘇上元縣人，旌以匾曰："勤襄政務"。丙申貢。王三錫光緒二十四年貢。丁成章光緒二十六年貢。劉鍾瑞光緒三十年貢。白琳光緒三十年貢。劉鍾榮光緒三十二年貢。李先春光緒三十二年貢。霍毓瑞光緒三十四年貢。麻玉五宣統元年貢。王文海宣統二年貢。

吏員

明：王義字士方，成化年任陝西隴州故關巡檢，弘治年贈戶部尚書。傅復，由太學生授給事中，累官浙江布政使司左布政使。齊純任濟州衛經歷。劉順任沂水縣主簿。李從周任許州知州。王雲鷺任蘭陽縣主簿。王雲鶴由廩生。周鶚任長垣縣縣丞。王榕任禹城縣主簿。藥大緒任濟南府檢校。趙鯤。周于詩任北京兵馬司。胡可宗。李繹任永平府檢校。李緗任鳳縣主簿。胡可大任魚台縣主簿。杜應休。王速肖。周士愷。杜甫才由生員貢，任河南開封府經歷，陞山東按察使司經歷。杜先芳任渭南縣主簿。周鍾政。藥鶴庚攷授州判。胡淑瑗。畢偉烈。馬禩任納溪縣主簿。程紹。

以上舊志俱失年攷。

清：李之蔚順治二年貢，攷授府判。李之棟順治十年貢。趙浚順治年，廣東靈山縣縣丞。程光頤康熙十九年貢。焦霖康熙十九年貢，任平陽府猗氏縣訓導。畢輔聖康熙十九年貢，選洪洞縣司訓。杜昇雲康熙二十七年，任江西南昌府新建縣吳城司巡檢。藥丕正任陝西草涼驛驛丞。馬之驥任山東嶧縣萬家驛驛丞。杜蔭桂康熙四十四年廪貢。彭雯康熙四十四年貢。杜金璧康熙四十六年，任廣西梧州府蒼梧縣典史。趙晛雍正五年貢，任浙江長興縣主簿。杜宏鑑雍正五年貢，任江蘇昭文縣主簿。劉晙雍正五年貢。杜顯庸雍正七年，選湖廣巴陵縣鹿角司巡檢。劉嗣仁乾隆七年貢。樊好忠乾隆七年貢。藥遐齡乾隆十七年，任福建福寧府霞浦縣巡檢。王聯芳乾隆十七年，任江蘇鎮江府溧陽縣典史。王琮乾隆十九年，任湖南永州府寧遠縣巡檢。劉嗣煥乾隆二十三年，由增生貢，任河南杞縣知縣。程壺乾隆二十四年，由附生貢。藥通任廣西平樂府永安州吏目。杜士璉乾隆二十七年，任湖南長沙府湘鄉縣樓底巡檢。王雲雁晉府典膳。藥濟世增生，鴻臚寺序班。藥鶴庚州判，遭闖賊難。藥宏祚州判。藥光祚州同。劉奎璧嘉慶年北城兵馬司，推陞湖北武昌府同知。鄭培蘭從九品，歷署沂州府蘭山縣典史、登州府經歷、靖海分司、蓬萊、萊陽典史，泰安府新泰縣上池莊巡檢。李正峰監生，議敘八品。見咸豐七年修儀村龍王廟碑記。杜荷恩州同，鄉飲大賓。杜玉成布政司經歷。

按前明例監、例貢，皆入太學肄業。攷入上舍者與出身，往往有由貢、監而位通顯者。清朝仍明制，貢、監皆得肄業。其恩、拔、附、歲貢生肄業期滿，咨送吏部註冊，以教職用。例監得肄業鄉試而已。舊志載例監、吏員，蓋皆隸仕版者。既膺一命之榮，自不得沒其名也。兹編仿此意而統以吏員標目。凡例監例貢之未授職、銜者，概不錄。非不欲以多為貴，良由衣冠濟濟，美不勝收耳。

武進士

鄭元韶順治壬辰進士，授甘州衛守備。杜蔭棫康熙己未進士，授淮安衛守備，補授揚州衛。

武舉

鄭元韶順治辛卯科。杜蔭棫康熙戊午科解元。麻麗升乾隆己酉科。馬三德道光乙酉科。

武職

明：邢朗西峪里人，由戰功陞宣府指揮使。張經溫涼里人，由戰功陞會州衛指揮使。程瑾古城里人，由戰功授牧馬所千戶。李卓石城里人，由戰功授指揮使，鎮守良鄉。杜文炳仁高里人，由禦寇功，巡撫蔡給把總衛。

清：王友才邑北鄉野狐坪人，崇禎壬申年。四海鼎沸，時年十九。拔劍從戎，屢戰克捷，積勞累資，將三十載。授湖廣辰常鎮總兵官，進爵都督同知，轉戰由楚入滇。值清定鼎，束身歸命。西平親王承制以參將任，軍自臨安兼鎮大理，克勤職守。又十年卒於官。郭世元原籍和順儀城里人，寄居太原入伍。由軍功任和順把總，陞吉州千總。攷滿，歲給糧一分。王邦英武生，由軍功。歷署永濟、和順縣把總。

封蔭

明：王玠以孫佐貴，贈戶部尚書。王義以子佐貴，贈戶部尚書。邑有三世尚書坊，毀於寇。畢玉以子鸞貴，贈徵仕郎。周麒以子朝著貴，封工部主事。藥性以子濟衆貴，贈太僕寺少卿。藥之璵濟衆孫，由恩生授戶部陝西司主事。順治元年流寇破城，殉難。

清：杜啓元以子蔭棫貴，誥封宣武將軍。杜蔭棫武進士。任淮安衛守備，任揚州衛守備，誥封宣武將軍。趙爾寧以子晛貴，馳封登仕郎。劉同光以孫嗣煥貴，贈承德郎。劉晙以子嗣煥貴，贈承德郎。郭環以子世元貴，贈奮力校尉。郭世元任本縣把總，贈奮力校尉，陞吉州千總。杜成高以孫若楘貴，馳贈武信郎。杜海亮以子若楘貴，贈武信郎。吳廷獻以子端貴，封修職郎。劉嗣榮以子丹書貴，敕贈文林郎，湖北石首縣知縣。楊俊曉昀之曾祖父，誥贈奉政大夫。楊國秀以孫曉昀貴，馳贈奉直大夫。楊旺枝以子曉昀貴，誥贈奉直大夫。李一誠以子方達貴，誥封營千總銜。楊廷楨增生，江西盧陵縣知縣曉昀孫，世襲雲騎尉。楊炳南曉昀元孫，世襲雲騎尉。歸府標效力，攷准以守備用。

民國議員

劉祖基字守先，前清丁酉拔貢。民國成立，被選為縣議會議長。任事以來，任勞任怨，一切利弊，賴以興除。後被選為省議會議員。王世和字仁山，前清增生。民國成立，被選為縣議會副議長。性情忠厚，慈善為懷，閭里咸稱長者。李鈺清字相臣，前清生員。被選為縣議會議員。辭職未就。吳湘字景山，前清佾生。被選為縣議會議員。任事未久辭職，就行政公所民治科科長。今又改第一科科長。李友梅字魁甫，前清太學生。被選為縣議會議員，兼任庶務科秘書。王樹倫字彝卿，前清生員，師範傳習所畢業。前充初小學校教員，後被選為縣議會議員，兼任文牘科秘書。李于源字子養，高小學校畢業生。因李鈺清辭職，補入縣議會議員。楊廷采字亮臣，前清生員。因吳湘就職行政公所科長，補入為縣議會議員。徐桂林字丹芳，前清法政學校肄業生，後入自治研究所畢業。己酉科拔貢，簽分河南州判。聽差未久，民國成立，被選為縣議會議員。常瑛字璞亭，前清廪生。被選為縣議會議員。王文海字星垣，前清貢生。被選為縣議會議員。劉永清字鏡如，前清附貢。被選為縣議會議員。陳統熙字定一，前清例貢生。被選為縣議會議員。陳金銘字澤山，高等小學校畢業。充本校乙班教員，後被選為縣議會議員。杜照書字青黎，前清生員。被選為縣議會議員。程履賓字子敬，前清生員。被選為縣議會議員。未幾辭職，入省實業學校肄業。趙晉臣字子忠，前清廪生。被選為縣議會議員。辭職，入省垣宣講所肄業。畢業回縣，擔任宣講，未幾緣事辭職。周家淦字靜山，前清太學生。被選為縣議會議員，辭職未就。程懋明字德輔，前清生員。因周家淦辭職，補入縣議會議員，未幾亦辭職。任左清字鑑綱，前清生員。因程履賓辭職，補入縣議會議員。陳嘉猷字圖治，前清生員。因趙晉臣辭職，補入縣議會議員。周家齊字禮臣，前清州學佾生。因程懋明辭職，補入縣議會議員，兼任書記科秘書。李鳴暢字鳳山，前清廩生。被選為縣議會議員。丁振殷字中興，前清廩生。被選為縣議會議員，因就初小學校教員辭職。藥盈科字宗海，前清貢生，被選為縣議會議員。張世英字子萬，前清武生。守備銜。被選為縣議會議員。劉親晏字友賢，高小學校畢業。充本校丙班教員，因丁振殷辭職，補入縣議會議員。

注釋

[1] 恩貢：科舉制度中由地方貢入國子監的生員之一種。明清定制，凡遇皇室慶典，據府、州、縣學歲貢常例，加貢一次稱為恩貢。

[2] 拔貢：科舉制度之一種。初定六年一次，乾隆年間改為逢酉一選，也即十二年攷一次，優選者以小京官用，次選為教諭用。每府學二名，州縣學各一名，由各省學政從生員中攷選，保送入京，作為拔貢。

[3] 副貢：清代科舉制度之一種，在鄉試錄取名額外列入備取，可入國子監讀書，成為副榜貢生，簡稱副貢。

重修和順縣志卷之八

人物

人物志

世嘗言，千里一聖，百里一賢，五百年必有名世。似人才之生，關乎時地。然姬周之東，聖賢接踵，炎宋之南，理學迭興，則又何也？竊謂造物生材，皆有可賢可聖之資，克自樹立不囿於俗，則地不必不靈，而時運之說不與焉！和邑星纏參井，壤接畿封，自北齊肇建以來，不乏人傑，時代綿邈，雖善無徵。茲參攷舊乘，搜訪近聞，凡忠、孝、義、烈有裨風教者，列敘姓名，錄其行事。他如方外寓賢，亦非碌碌無奇節者比，攷古者或有取焉！志人物。

忠義孝弟

明：

傅復，石城里人，洪武年由監生授吏部給事中。才能著稱，歷陞浙江布政使。祀鄉賢。

王佐，字廷輔，成化戊戌進士。為人孤介寡合，為京卿時久不調，所知諷佐，往謁執政。佐諾之，實未嘗往。又趣之行，且令一隸伺之。佐過執政門仍不入，所知佯問曰："執政云何？"佐曰："執政意無他也。"因言其狀為之一笑。後劉瑾好賄，佐獨無所餽。瑾嘗語人曰："世言山西人吝，果然。"四署天曹。上嘉曰："海深山厚，月白風清。秋水寒潭，快刀利劍。"以南京戶部尚書致仕。祀鄉賢。

王雲鳳，字應韶，佐仲子，年二十登成化甲辰進士，授禮部主事，轉員外郎。耿介獨往，足不躡公卿門。嘗上疏卻吐魯番貢獅、禁度僧、傳奉諸事。又乞斬權閹李廣，為其傾陷下獄。朝臣申救，謫知陜州，綽有政聲。提督陜西學校，教人先德行、後文藝，預識呂柟為狀元。為國子祭酒，朝夕講說，以矩矱繩束諸生。巡撫宣府，嚴明有紀律，邊政振舉，羌人畏不敢入。丁父憂歸，服闋，乞致仕。平生言動有度，處私室如在公庭。當官甘齑鹽，視民生利害若切於身，臨生死禍福不苟趨避。雖與世寡合，矯矯強毅君子也。太原名臣坊，公居第五。三立書院，竪神位。河東三鳳，公居一焉。有《虎谷集》行世，祀鄉賢。山西提學閔煦贊曰："英敏豪邁、廉靜剛方。學傳古今，道期賢聖。屢疏弊政，觸權要而氣不撓；再秉文衡，書儀禮而士以奮。多方教誨，感服於六館之情；悉意拊循，造施夫一鎮之福。惓惓忠愛之忱，赫赫才德之華。"

陳桂，南廂里人，弘治辛酉舉人。是科元旦夜，邑人在省城夢府城隍廟神言："第六名陳桂，事繼母至孝。"果驗。其事詳陰騭錄諸書。任蘭陽，蒞政剛直。時流賊作亂，修城守衛，士民恃以無恐。居官二年，丁外艱。撫、按保留，公決去。《蘭陽志》詳其績。祀鄉賢。

王侃，佐之胞弟，由貢士。居喪盡禮，立身無玷。在京講明《易》理，居官清潔有聲，終秦府典儀，以禮致仕。祀鄉賢。

周文，永興里人，由舉人。任修武縣教諭。立身清潔，教誨有方。祀鄉賢。

彭德潤，高邱里人，由舉人。行己端方。祀鄉賢。

周朝著，文之孫，登嘉靖丙戌進士，初授工部主事。修通倉奏績，陞本部郎中。祀鄉賢。

藥濟衆，在城里人，由舉人。歷官八任，陞副使。懷宗六年，流賊破城殉難。贈太僕寺少卿，賜祭葬。附錄諭祭文曰："維崇禎十年，歲次丁丑四月乙巳朔，越初十日，皇帝遣山西等處承宣布政使司左布政使范中彥諭祭，原任常平兵備道、山東按察司副使、贈太僕寺少卿藥濟衆曰：'惟爾歷官勤勞，忠節素著。倡義登陴，助貲巨萬。困守孤城，勢窮被陷。捐軀殉難，闔室淪亡。軫念殘傷，特頒諭祭。英靈如在，尚克欽承。尚饗。’”祀鄉賢。

杜汝維，壽官。樂善廣施，每歲冬月，給裘炭以撫乞丐，掃雪以飼禽鳥。

齊聞韶，舉人。任慶陽花馬池通判，多善政，時稱為誠實君子。

馬任重，歲貢。任湖廣房山縣知縣，以才能稱。

杜先芳，例貢。任陝西渭南縣主簿，流寇猖狂，經略孫傳廷委辦軍粟，深嘉才能敏練。城陷全家殉難。

李月蔚，恩貢。居家孝友，舉孝廉。任河南封丘縣主簿，陞睢陽衛經歷。三仕中州，居官清介。

清：

李喬松，由歲貢，任大同府府學訓導。總兵姜襄叛，公執節不屈，全家八口殉難。

杜先華，歲貢，任山東濟南府淄川縣知縣。興學教士，給賞勸農。山西巡按都御史王昌允旌以“召父齊芳”之匾。

胡淑寅，由拔貢，任江西南康府推官。平反明允，致仕。纂修邑志，長於詩，有《鐵笛軒》行世。

趙漪，歲貢生。性生聰慧，天資賢良。少負神童之稱，讀書過目能誦。長獲名士之譽，構文出口成章。詩集最多，今錄其《詠南尖峰》一首云：“穿破行雲出遠峰，懸崖高處植孤松。時人不解堅貞性，浪說新桃多治容。”峰下有花兒坪。載《通志》。

畢昌齡，歲貢。幼孤弱，甘貧自守，苦志讀書，勉力成名。及長方正不阿，鄉黨重之。請除驛害，與有力焉。

曹文炳，舉人。任隰州學正，補聞喜縣教諭。孝行純篤，廉介有守。敦純古道，剛直不阿。

李上雲，廩生。聰明勤學，兼精岐黃，著有摩青脈理。太原傅先生山嘗稱曰：“李先生方，一味不可移易。活人甚多。”

趙爾覲，舉人，任解州安邑縣教諭。博學能文，康熙甲子科，與謝陳常、劉大鯤聯第，時稱一榜皆名士。

王三錫，由歲貢，任清源縣訓導。樸誠自矢，訓士有方。工楷書，學憲嘉其揮毫時有林下美人之致。

畢啓賢，庠生，鄉飲介賓。品端行潔，好善樂施。凡邑中修建典祀，胥屬首倡。屢蒙縣令旌獎，為一鄉正士。

欒良，庠生。賦性慷慨，見義勇為。郡守沈旌以匾曰：“制行醇正”。縣令陳旌以匾曰：“好義超群”。且忠孝家聲，歷久弗替。雍正年間，巡按勵大人議舉孝廉，因養親辭弗就。壽逾八旬，皇恩賜以衣帛，洵盛世之人瑞云。

劉同光，例監。為人慷慨好義，倜儻不羈。嘗同里人自京返里，寓宿良鄉李家店，各失金百數十。初疑李。鳴之官，追捕甚急。及後聞合家啼哭聲，詢之，將鬻子女以償，猶恐不逮也。公惻然曰：“金，身外物耳，奈何離人骨肉耶？”勸同失金者共釋之，強而後可。至今長安路上，猶頌為劉老善人云。

杜宏基，增生。孝友謙抑、寧靜樸誠。睦宗族，和鄉黨，與人從無爭論，闔邑稱為長厚君子。壽逾八十餘歲，白髮童顏泰如也。

杜宏用，歲貢。性至孝，率真行己，矢誠待人，舉優行第一。尤樂施藥濟貧，雖暮夜扣求，無不起應，垂髫戴白，口碑載道。

徐煥，在城里人。正統年出粟一千石賑濟，有司以聞旌表，本縣南關建義民坊。附錄敕書：“敕山西遼州和順縣民徐煥：國家施仁，養民為首。爾能出粟穀等糧一千石，用助賑濟，有司以聞，朕甚嘉之。今特示敕獎諭，勞以羊酒，旌為義民，仍免本戶雜凡差役三年。尚允蹈忠厚，表屬鄉俗，用副朝廷褒嘉之意，欽哉！特敕。”

蔡翔，在城里人，吏部聽選。時喪母衛氏，聞訃號痛步歸，廬墓三年，始終不怠。手植松數株，烏巢其上。後仕無錫縣大使，有廉聲。至出身銜名，舊志失紀。

趙鯨，南廂里人，增生。母卒，廬於墓側，三年不倦，兩院旌立孝子碑。

劉春和，在城里人。開飯店，每早開市，必以第一碗奉父，然後發賣。其父八十餘歲，未嘗一日怠忽。天啓六年，知縣程有本申請表其門曰："天性至孝"。

常懷仁，玉女里人。執鞭營生，凡出門必為父營謀所養。至他鄉遇有本縣人，必購鮮食捎寄。及還，見其父必飲泣，蓋悲其不能躬養也。知縣程有本申請旌其門曰："孝行可風"。

楊曉昀，進士。倜儻有氣節，歷任直隸東明、江西永寧知縣。推陞湖北興國州知州，奏留吉安府盧陵縣。粵賊攻吉安城，太守遇害，公以縣攝府事，力保危城。再逾年，賊復圍城，號稱十萬。公泣血誓師困守，逾兩月，矢盡援絕，不少衰。會大雪，賊轟地洞破城。公持大刀巷戰，遇賊衆而死。子文藻、摛藻，荷戈相繼至，皆遇害。妾杜姬縱火自焚。事聞，詔旨優卹，世襲雲騎尉三世，次襲恩騎尉罔替。光緒六年，知縣魯燮光臚具事實，詳請建祠，以彰忠節。有傳，見藝文。

李就芝，增生。性孝品端，事親五十餘年，溫凊定省，毫無懈怠。遇父病，百藥不效，日夜憂思。夢醫告以白色石中五色活蟲可治，次日覓無所得。焚香叩禱，又夢馬鞍山有焉。往尋果得，歸與服之，數日病愈。里人謂其孝有所感，傳為盛事。

賈小極，伶，白泉村人。赤貧無倚，秉性好善，遇亢旱時，頂神馬赤足沿街叩禱，雨降乃止。為人傭工，稍有口糧，即補修嶺路，積久不倦。年五十餘病故，鄉人殯之。越月，有武安縣人稱名來訪，詢其故，言降生賈宦家矣。人以為好善之報也。

杜培芝，武生。事繼嬸母，朝夕奉侍不離左右。家雖貧，每飯必有酒肉。有小疵，嬸母見責，勞而不怨。

郭映參，優廩生。孝事雙親三十餘年，後繼母失明，定省奉養不離牀褥。母故，涕泣不止，思親不置，不數月相繼而亡。

楊文藻，廩貢生。隨父曉昀盧陵殉節，同治五年旌孝子。

楊摛藻，年一十七歲，同兄文藻廬陵殉節，同治五年旌孝子。

陳印，為人慷慨，仗義輸財。每有修建，不吝施予。扶危濟困，一鄉皆稱善人焉。

祁萬安，監生。十五歲喪父，孝事孀母，友育弱弟。親鄰有貧乏者，無不極方周濟。每歲秋夏之交，早禾登場，以所獲之粟，分給親鄰貧乏之家。至今寬厚之稱，口碑不絕。

郭輔，品行端方，見義勇為。縣令賜匾“持身忠厚”。

郭肇元，邑庠生，鄉飲介賓。賦性剛直，好善樂施，享壽九十一歲。賜八品頂戴，旌匾“年高德邵”。

郭瑞祥，廩生。居家孝友，立志讀書。縣令旌以“一鄉善士”之匾。

李正峰，監生，世居儀村。凡邑中之修建，俱能首倡。鄉鄰有困，必多方周濟。

裴泰，仁高里農民。少失怙，母改嫁，泣留不得，見育於叔母。及長，事叔母孝，友愛堂弟。躬自務農作苦，而延師課弟，讀得游庠。有族弟某，房院與泰屋毗連，窮無措，將出售。泰操土音哭謂曰：“人可無坡，不可無窠。你有急，吾以全價給你，你仍留住，不必立契也。”每遇冬寒，設義漿以給行旅。道光十六年歲饑，出穀以分給餓者，不足繼以秕糠。壽七十餘終。至光緒三年，邑遇大祲，見有兄弟爭食，而蓄儲秕糠居奇者，鄉人始追頌泰之德不絕口。

白昣，字衡章，小南會人。秉性忠厚，每為人勸爭息訟。鄰里有乞貸者，無吝色。猶能隱人之過，成人之美。村有傭工，偶為穿窬，被拘而逸，差捕急，累鄉保，昣為周旋得釋。事既寢，村人無敢與傭交者，昣先僱用十餘日，傭亦改悔，一芥不妄取，乃見容於鄉，卒為良民。

趙履端，崔家坪人。坪與高邱、南莊二村毗連，故無井。其祖某於道西隙地鑿旱池一，美其名曰："畜龍飲虎"。每遇天雨，引衆流儲於池，以供一歲之需。而鄰村艱於得水如故。履瑞曰："衆苦渴、吾何甘獨飲。"乃擴而大之，浚深數丈捨為三村公業。又慮子孫無知，刻石池旁以杜爭端。乾隆丙午，孝廉董子愚為之記。

王槐，優廩生，東區松煙鎮人。秉性剛直，喜排難解紛。嚴於治家，子侄之成立，皆其力也。石南坪河路無橋，人病於涉，捐田數畝，施橋一道，迄今往來是路者，無不頌德焉。

李興，世居城東街。性揮霍而孝，二十六歲失怙，殯葬如禮。自是事孀母愈竭其力，無論昏定晨省、冬溫夏清，不失其時。而世路崎嶇，應酬有不如意事，萬不令其母知，懼傷親心也。雖先母而卒，抱恨終天。而有子友梅學識異群兒，人以為孝德之感云。

北區松溝國學生謝子聯，家稱富，有田園極廣。佃其田者至秋交納租粟，不如約數，概不與較。年值饑饉，屢發積儲，賑濟貧乏，毫無吝色。聞其風者，莫不義之。被其澤者當何如！

節烈

明：

李氏，在城里民齊景妻。年十九歲，夫亡，無子。守節終身。

馬氏，廩生王煒妻。煒故，氏年二十。歷六十餘歲，先事翁姑，後養幼子。子已成家，居住鄉村。節操凛凛，凡有求嫁者，即厲言拒之。

藥氏，監生郭廷佐妻。夫故，氏方二十一歲，生子方週年。子成立，氏年八十歲，節凛冰霜。

李氏，生周士奇妻。夫亡，氏年二十餘，子女俱無。享年七十九歲，學憲旌表“冰霜難犯”。

王氏，生員周士奭妻。夫故，氏年十七歲。杜門不出，守節終身。里人稱為周門二節云。

潘氏，廩生藥長庚妻。平定宦家女，適長庚年十六，未逾期長庚病故。氏青年守節，誓不再嫁。明懷宗六年，流寇破城，其舅濟衆殉節，氏煢煢孤苦，撫育猶子，無異己出。守節終身，故年八十三歲。

清：

韓氏，趙奮揚之母。夫故，氏年二十三歲。矢志堅正，安貧育子。守節三十五年矣。

宋氏，杜宏高之妻。夫故，氏年二十七歲。苦節，撫幼子成立。守節四十年矣。

趙氏，生員張秉乾之妻。夫故，氏年二十六歲。事孀姑二十餘載，克盡婦道。守節三十六年矣。

李氏，武生趙思源之母。夫故，氏年二十七歲。撫子成立，入泮。守節三十五年矣。

畢氏，武生張其炆之母。夫故，年方二十四歲，生子甫三齡。端莊誠一，節比松筠。守節三十四年矣。

胡氏，武生杜士林之母。寡居時年二十六歲，《栢舟》自矢，撫育二子成立。學憲蔡旌以匾曰“畫荻芳規”，迄今守節三十年矣。

李氏，王忠妻。年十六歲適忠。氏雖農家女，越十三年，於翁姑妯娌間，從無疾言厲色。及忠病故，水漿不入口，號泣不息，親戚鄰右，勸之不止。至五日哭無聲，七日而亡。

郭氏，韓晉相之祖母。年二十八歲孀居，安貧茹荼，奉姑育子，克盡孝慈。前縣主寧贈詩給匾以旌之。年至八十二歲而卒。

郝氏，程奇述之妻。夫故，氏年二十一歲。子女俱無出，奉養翁姑，克盡婦道。守節五十二年。

杜氏，楊曉昀妾。自焚盧陵縣署殉節。同治五年題准。

李氏，郭映参之妻。夫故，氏年二十八歲。孀姑失明，氏朝夕奉養，不離左右。遺子女四人俱幼，苦志堅貞，撫育二子成名，子女婚嫁。守節四十六年。同治五年題准。

曹氏，處士李舒翠之妻。于歸後，孝敬翁姑。夫亡，氏年二十九歲。艱苦備嘗，訓子入泮。守節經三十餘年。同治五年題准。

盧氏，監生郭映斗之妻。夫故，氏年二十三歲。孝事繼姑，勤儉持家，撫育二子成名。守節三十餘年。同治五年題准。

劉氏，增生杜隆恩之繼妻。夫故，氏年二十九歲。遺子五俱幼，後皆成名。上事孀姑，敬養兼盡。守節四十三年，未嘗苟言笑，其貞潔有如此者。同治五年題准。

趙氏，廪生青瑣之妻。夫故，氏年二十六歲。撫三歲幼子成人，入泮。守節四十七歲而亡。

李氏，焦二保妻，南莊村人。康熙五年遭荒，夫妻乞食直隸鉅鹿縣，不能相保，將賣妻與人，價十二兩。券已立，交銀之際，氏泣曰："你羸憊已極，帶銀遠行，亦必被人奪去。我生不忍你獨死，不如同還家，死亦有人掩埋。"二保感痢疾，氏乞食供養，跋涉扶持至家。年仍荒，氏先餓死，保亦隨亡，鄉人憐而埋之。

陳氏，生員王邦仁之妻。流寇圍城，仁守陴擊賊，被創而死。氏年二十，無子。有以無倚勸氏改嫁者，峻言拒之。自念青年易涉嫌疑，因徙傍外家，畜養雞、豚，鬻以度日。五十餘年，苦節自安。臨終時，白晝見夫入門曰："辛苦多年，今來接汝。"寢疾數日而終，年七十有五。

趙氏，王在鎬妻。鎬故，氏年二十七歲。矢志《栢舟》，茹蔬四十餘年而終。

劉氏，郭才正妻。伯叔四人，康熙三十五、六年，連歲遭荒，相繼而亡。四婦改嫁，所遺孤幼男女六人，撫育婚嫁，與子無異。雖貧始終不二，其誼行鄉鄰共許。

藥氏，廩生曹大成妻。夫婦九載，善事翁姑，不愧婦道。夫故，遺子三人俱幼，氏苦志堅貞，撫養群孤，俱入泮。守節五十二年。乾隆十年，有司申請題准。奉旨建坊旌表。

畢氏，武生青雲路妻。夫故，氏年三十六歲。生三子，俱未及冠，氏上事孀姑，下撫幼子，冰心克堅，守貧茹蔬，養育兼至。守節五十一年，可謂一門雙節。

李氏，盧沂之妻。沂故，氏年三十一歲。孝敬翁姑，持家勤儉，恩養幼子。守節四十一年。

柳氏，劉玘之妻。玘故，氏年二十六歲。守苦節，葬翁姑，撫養遺腹子成立。守節三十六年。

李氏，武生趙雲凌之祖母。夫故，氏年二十七歲。經理家業，撫育幼孤。守節三十八年矣。

杜氏，生員畢煥宇之母，夫故，氏年二十四歲。撫育二歲幼子，入泮，成立。志凛冰霜，學憲獎旌以匾曰："節光彤史"。守節三十一年而卒。

宋氏，庠生郭鎮邦之妻。夫故，氏年一十九歲。家稍裕，堂上祖姑並繼姑俱存，氏孝養備至。遺一女，氏撫之有成，稱賢女焉。守節數十年無疾而終。同治五年題准。

毋氏，李根泰之妻。夫亡，氏年二十歲。孝養翁姑，撫育子女，治理家務，井井有條。守節二十六年，始終如一。同治六年題准。

白氏，州同杜荷恩之妻。夫故，氏年二十三歲。孝養孀姑，教訓幼子，孝慈兼至，勤儉治家。守節四十餘年。同治六年題准。

馬氏，處士趙棫之妻。年二十九歲，夫故時，翁年逾七旬，三子皆幼。氏仰事俯畜，冰霜自矢。守節四十五年，現在八十歲。光緒八年奉准。

蔡氏，處士韓廷秀之妻。一十七歲於歸，勤儉持家，孝事舅姑，夫死，即日自縊，時年二十歲，學憲予匾“貞心烈行”。光緒八年奉准。

劉氏，處士宋運雲之妻。年一十九歲，夫故。氏矢志靡他，有勸以改適者，厲言拒之。後撫夫棺大痛，投環而死。同治六年奉准。

田氏，文童周邦彥之妻。一十七歲於歸，甫及五載，其夫病亡。氏晝夜號哭，淚盡血出，服藥而死。界牌岩立有節烈碑記。同治十二年題准。

馬氏，處士劉裔仁之妻。夫故，氏年三十歲。葬埋翁姑，殯厝兄嫂，守節立志，孀居三十年，族黨稱賢。光緒八年題准。

韓氏，鄉民陳萬海之妻。于歸，氏年一十六歲。夫故，氏年二十七歲。家極貧，撫育二子成人。守節三十年，鄉黨皆稱賢淑，光緒八年奉准。

趙氏，生員李賡颸之妻。于歸，氏年一十六歲。夫故，氏年二十九歲。孝事翁姑、撫育二子成立。守節三十年，賢淑可嘉，鄉黨稱之。光緒八年奉准。

鞏氏，丁毓貞之妻。道光十三年于歸，氏年一十七歲，夫故氏年二十三歲，勤儉持家、守節四十一年矣。光緒八年奉准。

畢氏，王邦錦之妻。于歸，氏年一十五歲。夫故，氏年二十三歲。夙夜勤勞，終無間意。守節已三十餘年矣。鄉黨皆稱賢孝，光緒八年奉准。

劉氏，處士杜金桂之妻。于歸，氏年一十六歲。夫故，氏年二十九歲。貧窮孤苦，矢志靡他，守節已三十年矣。光緒八年奉准。

李氏，處士宋廷敬之妻。于歸，氏年一十六歲。夫故，氏年三十歲。姑老子幼，貧寠難堪。氏日事女紅，仰事俯畜，備歷艱苦，矢志不移。守節三十三年，閭里矜式。同治六年題准。

鞏氏，處士裴靄元之妻。于歸，氏年一十三歲。夫故，氏年二十一歲，僅遺一子裴謙。氏冰霜自矢，善事舅姑，訓子入庠。守節五十年，鄉黨奉為典型。同治六年題准。

王氏，處士杜召棠之妾。于歸，氏年一十七歲。夫故，氏年二十三歲，僅遺一子杜雲霄。《栢舟》自誓，奉養舅姑，訓子成人。守節三十六歲，始終不渝。同治六年題准。

李氏，張鐸之繼妻。于歸，氏年一十六歲。夫故，氏年二十二歲。前妻遺子張思裕方九歲，己子張思敬方五歲。氏視如己生，盡心撫養，二子入庠，克振家聲。守節四十九年，無疾而終。同治五年題准。

鞏氏，三奇村董三綱妻。一十七歲字董，事姑孝。二十九歲，夫故。矢志靡他，備嘗艱苦，撫子成立，送親歸塋。現年七十餘歲。

曹氏，小南會村白從容之妻。一十五歲于歸，二十七歲孀居。子在襁褓，矢志苦守，葬夫歸窆，教子游庠。守節三十年而終。

李氏，三奇村張三陽之妻。夫故，氏年二十七歲，有二女俱幼。氏苦志守節，撫女擇配。至今守節三十餘年。

劉氏，三奇村鞏萬祿之妻。夫故時，氏年二十三歲。持家勤儉，撫子成立。迄今守節三十餘年。

李氏，下石勒村杜玉榮妻。二十八歲夫故，無子。適有媒勸氏改嫁，氏拒絕之。後媒以重價誘氏翁，計以夤夜強娶，轎已到門，氏偵知之，託言往鄰家索錢，乘隙自縊死，遂成訟。邑令雷獎以匾曰：“從一而終”。

宋氏，小廟村文童李宗白妻。白故，氏年二十三歲，無出。孑然一身，立志守義，撫姪如己出。守節三十七年而卒。

鞏氏，南李陽村宋延齡妻。二十八歲夫故，事姑訓子，終身茹苦，守節五十年而終。

張氏，紫羅村李鼎封妻。夫故時，年二十八歲。勤儉成家，守節三十七年而卒。

白氏，九京村張書仁妻。年二十五歲夫病瘵，與夫誓言不改適。夫卒，氏堅守前約，撫子婚配，女出聘。現年五十餘歲，計守節三十年。

杜氏，三泉村左起生妻。夫故時，年二十歲。遺幼孤，氏守節撫孤。守節五十年而終。

陳氏，裴□妻。夫故時，氏年二十八歲，生二子俱幼。有親族威逼改嫁，氏再三拒絕，以死自誓，親族不能奪。守節四十三年而卒，現曾孫名繡。

劉氏，鄭立之妻，年二十九歲夫故，安貧茹苦，撫子成立，節操凜凜。現年八十餘歲。

陳氏，白□妻。年二十七歲夫故，勤儉持家，撫幼子成立。守節五十二年而卒。白富保其孫也。

李氏，泊里村杜召茇之妻。夫故，氏年三十二歲。遺一子一女，俱幼，翁姑老病、氏仰事俯畜，矢節終身。現年六十餘歲。

張氏，南李陽宋晙妻。年二十五歲夫故，氏矢志守節，敬事舅姑，撫育子女，待其成人。壽八十三歲卒。

畢氏，南李陽宋延壽妻。年二十四歲夫故，一心守節，事姑訓子，始終無二。現年七十餘歲。

王氏，平村劉更成之妻。于歸，氏年一十七歲。夫故，氏年三十歲。姑年七旬，氏事之極孝。遺孤三，教養成人，家業漸裕。現年五十餘歲。

宋氏，東堖村蔡輔周之妻。于歸，氏年一十八歲。夫故，氏年二十七歲，子二。氏守志教養，勤苦自甘。現年五十餘歲。

趙氏，武生李魁園妻，遼州真陽公楫孫女也。性安嫻，二十二歲適魁園，越二載魁園物故。氏蓬首垢面，哀毀號泣，勺水不入口，親鄰苦勸數日後，復閉口絕食而亡。青年烈風，志之以俟褒揚。

盧胴之母李氏，二十八歲夫故，數月始生胴，氏逐日痛夫之亡，憐子之幼，矢志完貞，勤儉治家。及子成立，娶妻，克諧以孝，氏之苦衷似可少慰。不意中年後偶染癱患，臥病竟至八九載，而子媳皆甘侍奉，不怠朝夕。所謂親慈子孝，婦順無違者，非耶！

楊氏，部二牛之妻。年二十四歲喪夫，有子三歲。親身稼穡，用力不減男子，逐年獲粟頗厚。鄉人有欺凌者，概不與校。行年七十八歲。

藥氏，蔡步垣之妻。年十五適蔡，未四旬夫染瘟而歿。氏悲號悼歎，直欲自盡。及夫三週之期，氏到塋祭畢，釋服而歸，撤其環瑱，絕其飲食。鄰里親戚苦勸，勉進一餐，衆去後仍勺水不入口，不數日竟殞其生。後稟明縣主劉公，賞給"烈著皮金"四字，爰勒貞珉，樹之墓前。

李氏，高邱任國多之妻。生子，夫故時年三十歲。克勤克儉，訓子睦鄰，心似枯井之水。合村敬慕，頌以匾曰："賢孝可嘉"。

藥鞏氏，三奇村生員藥崇德之妻。生子一歲，夫逝，氏年二十六。父母欲令更適，氏誓死不從。迄今子成立，家裕如也。

杜王氏，住北區梁家莊。十四歲適杜，未及一載其夫病故。該氏因姑老無依，矢志不嫁，擇二伯兄次子為嗣。氏撫繼子如己出，至今五十歲。繼子成立已生孫焉。

張宋氏，三奇村張錦文之妻。于歸十八歲，越年二十歲即寡。克勤克儉，撫前子如己出，子亦孝敬不違氏訓。村人咸贊之曰："有是母，有是子"。

北區南李陽村張蘭妻欒氏，年二十五歲孀居，矢志靡他。治家勤儉，孝事翁姑，恩撫子孫，五十七歲病故，苦節三十餘年。鄉里紳耆稟請學憲旌以"閫範堪仰"之匾。

增生張鴻舉之母王氏，夫故氏年二十七，家寒子幼，度日維艱。氏日事拮据，春挑野菜，秋拾遺秉，以餬饔飧。迨子成立，家雖小康，而氏老不倦勤，钁鑠猶昔。學憲旌以匾曰："節孝延年"，享壽七十五歲。

生員馬履謙之次子媳，山東黃縣知縣、邑人李肇敏之孫女也。嫻於閨訓，舉止不凡。于歸馬姓，孝事舅姑，人無間言。二十餘歲夫故，家漸落。氏傭工針黹，孝不衰於孀居，撫姪男以為夫嗣，訓以農務不使遊蕩，苦守數十年故。後人無不惜焉。

流寓

石勒，本羯奴。少遊洛陽，倚上東門長嘯。王衍驚云："此雛有異志。"勒遂遁去。來寓於和之北鄉，以農為業，史稱"勒耕於野，耳中時聞戰鼓聲"，蓋在此中乎！勒與李陽住處隔五里，因漚麻爭池時相格鬪，二人勇力蓋不相下也。及勒據鄴踐趙大天王位，遣使召陽，人咸為陽危。陽至，勒引陽臂云："昔者孤厭卿之老拳，卿亦飽孤毒手"。授陽為將軍，人咸服其量焉。至今以石勒、李陽名其村，勒嘗有言曰："大丈夫當磊磊落落，絕不肖曹孟德、司馬仲達，欺人孤兒寡婦也。"嗚呼！勒亦人傑也哉！

樂毅，靈壽縣人。燕昭王金臺市駿，毅應聘。將兵東伐，下齊七十餘城。後以燕王聽齊人之間，改用騎劫代毅，毅懼禍之將及也，來隱於和之西鄉。其地逶迤幽深，去縣六十里，遂家焉。至今村名樂毅里。舊志云："邑之姓欒者，皆其後云"。

孔傳經、緯，奉祀，聖裔六十八代孫，自六十二代孔真銀移居和順土地坪。附紀於此，亦不沒聖裔所在之義也。

仙釋

麻衣和尚，姓氏不傳，惟以好著麻衣，即以之為名焉。攷寺碑云："此寺為麻衣上人修住之地，貞珉尚存"。且上人昔在華山，相錢若水，人咸奇異之。因有《麻衣相法》流傳於今。然則麻衣為高人，此刹即為勝地也夫！

蓋聞豪傑挺起，生死不必一其地，顯晦不必一其行。故或畎畝而廊廟之，或山林而隱逸之。要其發跡之奇，安貞之吉，有皭乎其不滓者。他若託身方外，寄跡緇流，飄飄然有仙凡之別，亦令人流連低徊云。

重修和順縣志卷之九

風俗

風俗志

《禮》曰：“一道德以同俗”；又曰：“外和而内順，此之謂盛德”。古人之名斯邑者，其有見於此地之人情與。攷之《通志》，云“民儉嗇樸實”，蓋由唐虞都會遺風尚存。且是邑處山谷之中，水不載舟，陸難行車，商賈鮮通，止事耕鑿。又氣候先寒，臨秋而霜，入冬而雪，疲瘠之苦，為三晉最。然漳水環流，太行挺峙，人才為山川之靈鍾者，往往間出。載在往冊，可攷而知也。至若節序以覘，習尚祥異以示警戒，此又觀風問俗者，所宜加之意焉！志風俗。

和順屬晉，古唐堯舊封。其民儉嗇，風猶近古焉。

土人耕讀相半，安分自守，寧拘鮮通，無武斷之習，有古處之風。民人居萬山中，商賈不通，逐末者十之一二，耕鑿者十之八九，糠薤自安，有餘之家亦不離是。間有游手游食者，人咸訾罵焉。《通志》云：“風淳俗厚”，和順之名，良不誣也。

禮儀

冠，嘉禮之重者。《家禮》云：男子十五至二十皆可冠，擇日告祖戒賓，三加彌尊，已冠而字，成人之道也。今廢。

婚禮，有六，曰：納采、問名、卜吉、請期、納幣、親迎。今和邑未能備禮，兩姓結親，止憑媒妁之一揖，間致有彼此構訟公門者。自黄公定庚帖為式，男家用紅柬，女家用綠柬，兩家互送為執，慎重婚姻，構訟免焉。

喪禮，三日小殮，四日成服，附身附棺，隨貧富為豐儉。哭奠無時，葬後安魄地下，迎魂返室虞畢，祀諸寢。

祭禮，用木龕棲主，凡朔望令節及生忌辰，有家廟者祭於廟，無者薦諸寢。清明、七月望日、十月朔日皆掃墓致祭。

節序

正月朔日，雞鳴起，咸盥漱，爆竹，燔火，設香燭，供饌，祭神祀先。家衆跪拜尊長，稱觴上壽。親友彼此往來拜賀。初五日，各家掃塵土，於五更爆竹送門外，俗云“送窮土”。

初七日，名“人七日”，各家上墳拜掃。

初十日，名“實子日”，蒸麵象禾穗以供。

十五日，上元節，里巷立社，蒸層糕，插連蒿穀供神，逐門張燈火三夜，以祈豐年。

十六日，男女結伴遊行，俗名“走百病”。

二十五日，祀倉神，各家蒸穀麵團填倉。

二月一日，以灰周宅圍房。二日，張燈照龍角。三日，各社祀文昌帝君。十九日，祀觀音大士。

三月，清明節，各家上墳封土，掛紙錢，具香楮醴饌祀祖。十五日，祀子孫聖母設供。二十七日，祀顯澤侯。二十八日，祀東嶽天齊大帝。

四月四日，祀合山懿濟聖母。初十日，祀馬王。十八日，祀泰山聖母。二十五日，祀八腊神。

五月五日，裹角黍，插艾葉，繫色線，飲菖蒲酒，佩雄黄蒼朮袋，以避毒螫。十三日，祀關聖大帝設供宰牲。

六月十三日，於雲龍山祀大龍神。十九日，祀觀音大士。

七月二日，祀后土聖母。七夕，處女用瓦器生五穀芽，供牛女乞巧。十五日，農人剪五色紙掛地禳蟲，拜墓祭祖。

八月，白露節，祀火德大帝，設供集會，祈禱神庥。十二日，設供宰牲，祀城隍尊神。十五日，中秋節，備瓜餅酒醪，賞月。

九月九日，重陽節，拜賀登高，是月各社擇吉演戲，報土功。

十月一日，備香楮、具饌拜墓，焚送寒衣。

十一月，冬至節，拜賀新冬。

十二月八日，各家啜防風粥，以禦寒。二十三日晚，備香燈飴糖祀竈，翌日掃舍宇。迎春日，人多結綵，扮演古事，迎芒神土牛於東郊。立春日祀芒神，鞭土牛，以送寒氣春日春風動，春江春水流，春人飲春酒，春官鞭春牛。除日，易桃符，更門神，以助春光。爆竹除舊臘，是日多嫁娶，以為百神無忌。

按，《國風》十五，聖人獨許唐魏為勤儉。迄今讀其詩曰："職思其居，好樂無荒"。又曰："糾糾葛屨，可以履霜"。是質樸儉嗇，其性然也。今地猶是陶唐古地，民猶是陶唐遺民，苟為之上者，時加以節性防淫之政，安見獨異於古所云耶?

祥異

晉太康二年五月庚寅，雨雹傷禾。永寧元年，自夏至秋旱。

宋太平興國七年八月，田禾隔二壟至五壟合穗，十有三本，或二十一莖合為一。

明正統六年，大饑。嘉靖三十一年，產白兔於窑村，溫紀獲之進上，上云："誠敬可嘉，賞銀二十兩。"隆慶三年七月，大雨七晝夜，漂衝禾稼，存無一二。神宗八年四月，雨雹傷稼。十一年，旱甚，人食樹葉，蒙賑濟銀一千五百兩，至秋稍熟。十二年，有年。懷宗六年六月十三日，流寇陷城，傷人百數十，上賑濟銀二千兩。

清順治七年，蝗。順治九年六月，龍見於扒頭村，拔樹數十株。十一年六月，霪雨漂沒民田。康熙五年七月，西門街居民鞏宏泰妻宋氏，一產三男。十三年甲寅，正月至六月四日始雨，無豆麥，秋禾大熟。三十四年，霪雨連月，七月二十三日嚴霜殺稼。三十五年，八月一日嚴霜殺稼，大饑。三十六年，饑。四十二年，蝗。四十四年，龍掛東北。五十八年，大有年。六十年，地震有聲。雍正元年，大有年。三年，有年。七年，石盆岩雨魚，落地即腐。八年，地震。十三年，有年。乾隆九年八月十九日，霜災。十一年，有年。十六年，有年。二十一年七月陰雨。二十八日隕霜殺稼。二十三年七月二十八日，大風三日，百禾偃扑傷穗。二十四年秋，霪雨，蝗蝻。二十五年，大疫大饑，斗米錢五百，東鄉民死亡過千。二十八年五月二日，隕霜傷苗，六月始雨，至秋大熟。三十三年秋八月，桃李華。嘉慶元年夏，雨，大風拔禾，有偃於隴背，秋皆結實，是歲大有年。道光十五年，霪雨傷禾，方秋即凍。是歲大饑，斗米價值一千三百餘，燕麥價至七百餘。道光十七年，有年。咸豐三年，官兵過境七千餘，搶掠貨物牲畜，城鄉男女皆逃匿山中，時魯汀劉公署理縣事，躬親彈壓，有肆虐者即加之以罰，人民由此獲安，官兵畏劉公之剛直，群稱為生鐵子。咸豐七年八月初，飛蝗入境，禱於八腊廟乃止。同治六年正月到五月不雨，六月初三日微雨，農人幸沾薄潤種晚禾，後三日甘霖大沛，苗興勃然，是歲大熟。七年四月十三日，烈風驟起，自乾方來，吹折雲龍山松樹八百餘株，甚至有連根拔者，南城樓屋脊俱傾，居民房屋損壞尤多，東南關更甚。光緒三年，自春至夏不雨，六月微雨，七月初七日復下冰雹，二十三日嚴霜殺稼，八月牛大疫，秋未獲，十一月知縣夏公京珊，奉撫臺曾諭，開倉放賑。四年春，斗米價昂至二千零，雜粟價皆一千餘。流離失散，死亡相籍，倉儲亦空。邑令夏肇庸禀請賑米五百石，署任陳承嬀又請米三百石，在城隍廟督同紳士散賑，秋有獲，民心稍安。五年春，糧價雖稍減，饑民尚苦艱食。署任陳守中復請賑米七百五十石以續賑，請發耕牛四十九頭給無力貧民，以資開墾。六年六月十八九等日，西南北各鄉柳林、團壁等二十七村，先後被雹，計平坡地四萬三千三百九十七畝，禾稼被傷。知縣魯燮光逐畝履勘，據情申請，給發補種籽粒銀兩。蒙本州憲陳轉奉撫憲葆。藩憲松批准撥動前儲州庫穀價銀六百一十五兩零七分四釐七毫七絲五忽，均勻散給被雹農民，造冊詳報在案，秋後晚禾成熟，民皆忘災。光緒十五年四月二十八日大雪殺禾，農人補種黍蕎秋小獲。光緒二十四年九月二十日晡刻，縣城東南天鼓鳴，鳴畢望之有黑氣一道，内帶球一雙，色近藍，頃刻形跡全消。光緒二十八年七月中，白蛾徧野，遺種於草。不數日化為蚜蚄，傷我禾稼。邑人大驚，虔禱於神，次日降霜悉滅。宣統元年二月初二日，地震有聲，房屋不固者間多傾頽。

民國二年七月二十日，松煙鎮雷莊村西崖下有水一潭，是日大雨，雨霽後偶現一物，望之甚異，及近視之有角有鱗，疑若龍，然頃刻溯遊而逝，莫知所終。

昔孔子作《春秋》，紀災不紀祥示戒也。漢董仲舒治《公羊春秋》，始推陰陽為儒者宗。劉向治《穀梁春秋》，數其禍福以《洪範》，歷代諸史因之，作《五行志》，以表災祥之變。誠以天時人事隨世徵應，休咎自見。神則靈妙不測，天則顯道厥彰。均平影響殊致同歸。呂伯恭有言曰："和氣致祥，乖氣致異，二氣之相應，猶桴鼓也。"覽斯篇者，庶幾常申德義，以消災咎焉。則又非一人之幸也！

重修和順縣志卷之十

藝文上

藝文志

昔韓子《答李翊書》論文云："仁義之人，其言藹如。"若左氏邱明所記尚矣。他如呂涇野、喬白巖、王虎谷諸先生，以及邑中文人學士，或景仰先型，多所紀載；或移情山水，形諸詠歌。以之黼黻皇猷、鼓吹休明，亦若景仰卿雲，允堪絢爛於古今霄壤間也！志藝文。

梁餘子養御　左邱明

晉獻公使太子申生伐東山皋落氏。里克諫曰："太子奉冢祀社稷之粢盛，以朝夕視君膳者也，故曰冢子。君行則守，有守則從。從曰撫軍，守曰監國，古之制也。夫帥師專行，謀誓軍旅，君與執政之所圖也，非太子之事也。師在制命而已，禀命則不威，專命則不孝。故君之嗣適，不可以帥師。君失其官，帥師不威，將焉用之？且臣聞皋落氏將戰，君其舍之？"公曰："寡人有子，未知其誰立焉。"不對而退，見太子。太子曰："吾其廢乎？"对曰："告之以臨民，教之以軍旅，不共是懼，何故廢乎？且子懼不孝，無懼弗得立，修己而不責人，則免於難。"

太子帥師，公衣之偏衣，佩之金玦。狐突御戎，先友為右。梁餘子養御罕夷，先丹木為右，羊舌大夫為御。先友曰："衣身之偏，握兵之要，在此行也，子其勉之！偏躬無慝，兵要遠災，又何患焉。"狐突嘆曰："時，事之徵也；衣，身之章也；佩，衷之旗也。故敬其事，則命以始；服其身，則衣之純；用其衷，則佩之度。今命以時卒，閟其事也；衣之庬服，遠其躬也；佩以金玦，棄其衷也。服以遠之，時以閟之尨涼、冬殺、金寒、玦離，胡可恃也？雖欲勉之，狄可盡乎？”梁餘子養曰：“帥師者，受命於廟，受脤於社，有常服矣。不獲而尨，命可知也。死而不孝，不如逃之。”罕夷曰：“尨奇無常，金玦不復，雖復何為？君有心矣！”先丹木曰：“是服也，狂夫阻之，曰盡敵而反，敵可盡乎？雖盡敵，猶有內讒，不如違之。”狐突欲行，羊舌大夫曰：“不可。違命不孝，棄事不忠，雖知其寒，惡不可取，子其死之。”

太子將戰，狐突諫曰：“不可。昔辛伯諗周桓公云：‘內寵並后，外寵二政，嬖子配適，大都耦國，亂之本也’。周公弗從，故及於難。今亂已成矣，立可必乎！孝而安民，子其圖之。與其危身以速罪也。”

馬公德政碑 金 嚴垣 進士

夫為民而置吏者，君也。賴吏而治者，民也。受君之責，導民之善者，吏也。吏得人則法平政成，否則王道弛而敗矣。故《詩》有“伐檀”[1]之刺，《易》興復餗之譏。大抵賢者在位能盡其職，則民賴其利，物荷其恩矣。若使無能而蒞官，非才而守位，與夫不學操刀，弗慣登車，制錦思獲者，又何異焉？《書》云：“無曠庶官天工，人其代之。”此之謂也。故明主不敢以私授，忠臣不敢以虛受。然古者治官之法，以九德[2]察其真偽，三攷定其黜陟。或辟以四科，求之數路，皆冀得其人也。奈何臧否混淆，幽明雜揉，其間得人者寡，失人者多矣。

國朝懸爵待賢，重祿勸士，選用清白，任從政者為親民之吏。親民之吏，莫急於諸縣之寄。諸縣之寄，出宰百里，民之師帥，所使承流而宣化者也。若師帥不賢，則王德不宣，恩澤不流，與姦為市，民受其殃。所以唐馬周曰：“欲令百姓安樂，惟在縣令。”縣令既衆，不能皆賢，須妙選其德而擢升之。然而自古以來，能以治化見稱者，幾人而已。

惟馬公諱克禮，字和甫，中都人也，東漢伏波將軍新息侯文淵之苗裔。大定甲午歲夏五月，恭受宸恩，出臨山邑。公下車之始，振舉乾綱[3]，剔釐弊政。可則因之，否則革之。夙夜惟寅，恒如不逮。惟公生明，以寬繼猛。聽斷以法，無好惡之私；照察情偽，如神明之鑒。使愚氓之夫，安生而得所；權豪之子，遁跡以吞聲。其奉法循理，不矜功，不伐能，撫字有方，勸課有術。不為利回，不為義疚。專以德化為理，不任刑法。下亦無犯園扉茂草，使夫蓬樞甕牖之士，朝行暮徹。家絃戶誦，而人蒙其休，物被其澤。政平訟理，而無嘆息愁苦之聲，則其效豈淺淺而已哉！公之為人，奢儉有度，剛柔適宜，德性溫淳，文章茂美，博古通今，學優則仕。其廉也足以比冰玉，其平也足以擬權衡，其忠也足以事君上，其孝也足以奉祖先。是以三載之間，教化大成。一境之民，視儀取則，去貪遠罪，熙熙然安其田里，皆表倡之所致也。

昨於大定十六年秋七月，民田欲稼，既方既皂，不虞有螟螣蟊賊而害其田。衆皆蹙額相而告曰："家無餘粟，倘值兇荒，奈何奈何？"公乃潔齋致敬，掃地為壇，禱於漳水之濱。少頃雷雨暴作，三蟲皆滅，田不為害。及八月，百穀將成，既堅既好，未刈未獲。俄而大風暴起，拔木飛沙。民曰："昨免蟲害，今又風災，兇年饑歲，不免於死亡，如之何其可也？"公曰："合境民憂，皆我之過。"乃屬文罪己，躬率父老祭之，良久風頓息。民喜曰："田雖微災，比之鄰境十無一二。"舉邑無轉壑之憂，三農有卒歲之望。斯咸公之德，神之靈，民之福也。

自甲午五月公到任，至丁酉五月已逾一攷。惟恐有遷除之報，闔邑居民郭祥等一千餘人，聯名狀告留公久任。公乃謙遜而謝曰："某以上負朝廷之委，下為小民之病。既無異政奇才，又無深恩厚澤，何復區區以狀舉留耶？況汝等既係農民，徒勞拘繫，有妨田事，速令還歸。"其郭祥等，欲赴州告留，公再三勸諭，終不令往，其隱德晦能也如此。美哉公乎！仁愛則杜詩、召信臣，德化則魯恭、張允濟，威信則王渙，嚴明則任峻，功績則衛颯，感應則童恢。此數君子，自漢唐以來，皆能以守令見稱者。以方今之馬公，何優何劣？是以民樂其政，歌其德，沐其恩，服其化。咸曰："公之治迹，無能以名，莫可得而報也，恐後世無傳焉。如能使百代之下，聞其德如見其人，豈不美哉！"命工刻石，以記其事，示民感戴不忘爾。大定己亥九月之令日。

注釋

［1］伐檀：《詩經》之一篇，反映了下層民衆對剝削階級的譴責。后用以對貪官庸吏的諷刺。

［2］九德：即忠、信、敬、剛、柔、和、固、貞、順九種品德。

［3］乾綱：即皇權。

重修和順縣學記　明　薛亨　山西提學

甲申秋仲，余東出平定校士，轉太谷，赴遼、沁，和順與焉。其縣在遼之北，樂平之南。萬山環列，土瘠民貧。士生其間者，類多質樸儉素。前有虎谷王先生，以文章氣節雄晉右。余自束髪[1]時即仰之，知有和順名，意為鉅邑。及抵此攷士，僻在一隅，庠生又僅僅數十人。益信十室之邑，必有忠信。人才不擇地而生，如此且得一虎谷，和順名與鉅邑并著，則人之傑者，誠不囿於地；地之靈者，恒以人而顯也。今虎谷如故，而人才不及昔，豈地力有限與？抑人為不力與？

邑令寧夏李君繼元涖任，謁廟見先師與啓聖殿多頹，兩廡墻壁亦壞，神牌矮小，供桌欠整。且名宦、鄉賢舊無專祠，每遇二祭，止設布帳完事，心甚憫之。因詢其故，諸生謂地疲年荒，宦遊者罕樂久居。追念及此，即欲修理，如庫倉空虛何？李君慨然曰："學校係根本之地，修葺乃有司之責。此地近山，有木可採。此舉近義，雖勞曷怨。"乃捐俸資，陶磚瓦，補厥壞，易厥腐，塈厥飾，宏厥規。又挑浚泮池[2]，添蓋魁星樓一所，儲厥經書。役不踰時，費不及官，殿、廡、祠、齋、堂、器用秩如煥如。猶以一方土宜、風俗、貢賦、文獻，咸資諸志。縣久乏志，將何以攷？復與諸生謀增修理。適余校士至，諸生感其興學育才至意，思勒諸石，以彰厥休。余復嘆曰：“虎谷先生文行素優，縣志未備，非缺典乎！然修學育才者，有司之職。所以重學成才者，顧諸生之自修，如何耳？昔契為司徒，教以人倫曰：‘父子有親，君臣有義，夫婦有別，長幼有序，朋友有信。’子張問政：‘何謂五美？’曰：‘惠而不費，勞而不怨，欲而不貪，泰而不驕，威而不猛。’夫五倫天德也，五美王道也。學者能敦此五倫，以修天德，斯為善學。仕者能尊此五美，以達王道，斯為善治。善學無愧於士，善治無愧於官。斯之謂能修學，斯之謂能事神。不然，雖宮墻整飭，廟貌改觀，不過一時文具已耳。苟得罪名教，將為神羞。況能邀惠神明，裨益文風乎？遊斯學者，尚共念之。”李君與司訓率諸生謝曰：“敢不受教。”更乞一對，懸諸堂額，以資顧諟。余莞然曰：“對在古書甚多。即工於對，詎能如古求其切於學校。關於身心者，莫如謹庠序之教，申孝弟之義。與夫己所不欲亦勿施於人，行有不得皆反求諸己。即此一對，扁之堂前，庶寓目警心之下，五倫可盡，五美可尊，余復何益。”

注釋

［1］束髮：清朝以前男孩成童時（年滿十五歲）束髮為髻。

［2］泮池：學宮前的水池。

上楊太宰書　明　王雲鳳

伏惟晉位太宰，竊為天下慶。而不敢奉問者，非敢效劉元城不通司馬公書之義也。以時事多端，每一把筆，輒長太息而止，又不欲瑣瑣作世俗寒暄語。

是以因循至今，失禮殊甚！負罪殊甚！近於咨文中，始見陞少保，益慶位之愈崇而志之可大行也。

山中屢聞忠讜之言，近者留王昂一疏，尤為人所傳誦。不聞唐介初貶之時，潞公有此也，執事於是乎加人一等矣。然介雖貶，數月之間兩轉，未久而復其殿中侍御史。今王昂既不獲還之青瑣，則推薦超陞在執事筆端焉耳。他日秉史筆者書此一行，豈不足以照耀古今哉！每恨李文達近稱賢相，然惡羅倫淪落以死，擯斥岳正坎坷終身。而極貪之陸布政反不次超擢，今文達之富貴安在哉？

一時快意可畧也，前輩影様之多，後人是非之公可畏也。一人私情可畧也，天下指視之嚴，史氏紀載之實可畏也。一身極榮、極富、極貴可畧也，每日光陰之易去，過者不可復補，百年歲月之無多，來者未必可追可畏也。且用舍之間，士風所係。扶持正人則善類慶而士風以振，獎進邪人則善類沮而士風以頽。惟雲鳳於執事，可以此言進，故不復忌諱。

今辱薦蒿授雲鳳以巡撫重寄，感激之餘，慚懼交至。久病殘喘，豈堪任事？不敢祗受，輒用上陳。迂拙情詞，備見奏疏。伏乞賜覽，便見愚衷。況今兩耳皆聾，調治不瘥。只當耕田納稅，為畎畝之閒民，養親讀書，忘歲月之不我。豈復有夢寐更著冠束帶耶？伏望周旋其間，以必得遁藏為幸！縱猿鹿於林莽之外，投魚蝦於浩淵之中，雲鳳未死之年，皆執事之賜也！倘執事他日解重而南，雲鳳尚當杖竹跨驢，候閣下於待隱之園，或隨杖履登金山之巔，把酒酬江以弔千古之豪，豈不快哉！官之崇卑有無，何足掛之齒頰間也。

近聞群盜盡平，天下蒼生之慶。此固諸君子之力，而執事運謀發縱、知人用賢之功，當受首賞。然釋楚之懼，平吳之憂，古人蓋有深意，而外患既寧，則有識者尤未可高枕而臥也。

又

進本家人回，蒙賜手札。教以吾儒出處之義，所以開悟不肖者至矣，但賤疾委不堪任事。且此身一出，後或更陞他官。若欲行正君救民之志，而盡讜正之言[1]，施澄清之政，則立異好名。議論過當太嚴之謗，必至交口騰沸。撩蛇虺之頭，履虎狼之尾，亡身喪家而無益於國。智不足以保身，死不足以善道，非孔門之訓也。若遜言恭色，取悅於人，塗罅塞漏，小補於世，不幸再洊至崇顯之位，滔滔皆是，謇謇難容。毀方為圓，枉尋直尺，危而不持，顛而不扶，既不可去，又不得死，何以免貪冒苟容之笑於天下後世邪？以數年之寵榮，而喪一身之節；以一家之溫飽，而喪一身之節，孔光、張禹之徒可以鑒矣。

蓋明哲保身之說，可言於卑微疏遠之時，而不可言於樞要華近之後。雲鳳今日出與不出，乃一生死路頭，不可不慎。伏望台慈令雲鳳為未老致仕之錢若水、文天祥，不使雲鳳犯魏桓生行死歸之戒也。雲鳳今年已五十二歲，假有七十之壽，不過十八九年耳。欲於此十八九年之間，汲汲力學，冀有寸進。入山惟恐不深，閉門惟恐不堅，豈暇更問天下事哉？

手札又有來年索我金焦之論。斯言也，有麟鳳不可羈絏之氣象。但執事官居極品，汲黯所謂已在其位者，與雲鳳輩不同。祇當先正其心，先治其身，使在我者無纖毫罅隙之可議。然後直言正論，上說下教，犯顏極諫，直前不回。凡事以身當之，至大利害以死決之。求死不得，乃以罪譴罷免，斯合於能致其身見危受命之意，平日讀書不為空言。杜子美贈一裴道州而曰："早居要路思捐軀"。古人忠於國者，其相勉如此。所以相敬相愛，非所以相病也。雲鳳雖不才，豈肯出杜子美之下哉！故為諛言讒辭，勸執事保富貴身家者，兒童婦女之見，睮睮姁姁之情，失可為之時，喪蚤有之譽，非真愛執事者也。雲鳳欲執事盛德偉業與古大臣等，敬之至也。不欲執事虛居此位，以貽萬世之誚，愛之至也。

每見今之君子，高爵厚祿，罔念國事。所急者修怨報恩，昵邪害正。自以為善處世，而不知陷於胡廣之中庸。自以為善處事，而不知陷於王導之周旋。天下蒼生無可頌之功，賢士大夫無可述之善，卒之身死而名不稱焉，無足效也。然雲鳳此言，惟執事處可以言之，亦未審尊意如何？若以為然，非雲鳳之幸，乃國家之幸，天也。倘以為狂妄詆訕，非雲鳳之不幸，乃國家之不幸，亦天也。天與國家必有意矣。

注釋

［1］讜正之言：指正直的言辭。

送和順縣劉大尹序

事易專、令易行、力易為者，惟治邑則然。而吾邑和順者，其境僻，無監司可否異同之奪；其俗淳，無豪猾爭論詞訟之擾。其地近而事簡，無車馬將迎案牘叢脞之苦。其民貧而用嗇，無衣食靡麗世祿僭擬之患。故往時諸君子，惟以賦貢不時集為念，餘則皆優游宴笑之日也。是不亦事之尤易專，令之尤易行，力之尤易為者乎？

然則，令於斯者宜多繡譽芳聲之士，足以聳世觀聽，而壯人志意者矣。吾閱之志記無聞焉，詢之父老無聞焉。豈其邑之不顯，而賢有司者之不至耶？抑習於暇逸，蓋不知奮，往者無可法，來者無所感而然耳！其亦賢有司者之難逢也？

每思得高才遠識，通曉治體之士，如古之良令者，始於察吏胥之因緣欺弊。而惠小弱，憫煢獨，興孝弟，作禮讓，清徭役之濫，勤士子之課，嚴二氏之禁，與凡申明旌善、養濟醫學陰陽之亭院局者，皆有以覈其實，而不徒具其文。私懷耿耿，積以歲年。

薊州劉君以鄉進士謁詮部，得和順令。嗟夫！天子施德澤、頒政教於九重之上，奉而致之百姓者，州縣之吏耳。古之言良令者，曰卓茂，曰仇覽，爵顯當時，名垂後世。今誦其德，想其人，若邈乎其不可及矣。彝攷其行事之跡則茂，視民如子，舉善而教，其效至教化大行，道不拾遺。覽勸人業農，子弟就學，其效至於期年大行，感逆而為孝。是豈非人之執範哉。然世屢降益下長民者，簿書期會之外，有以撫字教化為事者，人必以為迂而笑之。自持不堅，久而必懈。苟非吾所謂高才遠識，曉達治體之士，惡能自拔於流俗而有為哉？若君者其人乎！程明道為晉城令，條教精密而主之以誠心。漢章帝亦厭俗吏之矯飾外貌，取劉方之安靜不煩。然則虛文無實，多事滋擾者，又為令者之所戒也。

遼州學田記

宋、元，學皆有賜田。其無田者，則守命之賢者必為給之，上無所禁焉。洪武十五年，太祖皇帝以天下學田多寡不一，著令每歲給米。府一千石，州八百，縣六百。田有餘者歸之官，不足則割他田足焉。後去田而惟徵米於有司，以至於今。然是時，諸生府惟四十，州三十，縣二十，蓋凡學於學者無不廩食之人。後又增曰增廣，各如廩膳之數。有曰待缺，無名數之限。故每學之中廩食者，不過三四分之一。其孤貧之士，困於饑寒，迫於婚喪，而無所控訴者多矣。州縣或有閒田，官必令輿隸耕，以自取其入。否則賄賂請託，以與人耕。若告之，曰："以資諸生之養"，則悻然弗聞也。大抵本朝士大夫，不喜稽古禮文教化儒業之事，乃習尚致然，已非一日。

遼州故有隙地二，一在城南西隅，一在蘇亭里，乃前守自耕及與人耕者。今守楊侯取以畀之學，請於巡撫何公，公從焉。其耕獲之役，斂散之法，具有明約。予聞而喜之。予曩守陝州，曾毀泰山廟，以其址與學，監司以為非。及提學陝西，有正學書院。每欲置田數十頃，謀之數年，此可彼否，竟以無成。今楊侯能行人所不能行之事，何公能從人所不能從之請。然則予之喜豈特為諸生溫飽之私哉？有感於是焉耳。侯之好儒而篤於禮教如此，諸生可不知所以副侯之意乎！

今學者雖群，然日誦聖賢之書，而不知以一言用之於身。窺其識見，無以異於鄉里之常人。迨入仕路，則又以智巧求合於時，姦譎求富於利。惟便其身之為，而鮮有君民之念。然則何取於學哉？吾邀諸生，自今反此而求。吾所以為人者，於吾所讀之書。主敬以存其心，窮理以明其智，行道以復其性。窮則以是修於家，達則以是用於世。則侯之意庶乎其不負矣！

侯名惠，字澤民，洛陽人，以宰費治高遷而來。愛養貧弱，招徠流亡。吏泯姦慝，境無盜賊。頒呂氏鄉約，以化民善政，多可書云。

書德華文章正宗辨後

宋西山真氏，集古人詩文，作《文章正宗》。蓋為專攻文詞者設，與昭明《文選》、姚鉉《文粹》用心無異。至其自序乃曰："學者所以窮理而致用也。"文雖學之一事，要亦不外乎此。故今所取，以明義理、切世用為主則。以儒者體用之學濟其說，而未免岐而二之。夫聖賢所以相傳者，道而已。是道也，其功用極於育萬物贊天地，而其實不外乎日用行事之間。故聖人既有是道於身，則自日用行事，以至所以育萬物而贊天地者，固已煥然，其明盛而不可揜矣。若堯、舜、禹、湯、文、武、周公之禮樂制度，威儀言辭，與凡見諸事形諸外者，皆文也。孔子曰："文王既沒，文不在兹乎？"文者道之可見者也，而言辭者尤文人之可見者也。故《六經》、《四書》，儒者謂之文。誦說其文，以求其道。而體之於己，儒者謂之學。學者誠知所以學而得夫道，則所謂文者，將復自我出，豈特言辭而已哉？若以文為學之一事，則是孔門之徒，皆將操筆學為文詞，而不知儒者之學。固未始有外於文，而徒學為文者，固不得竊學之名也。

蓋自三代之教廢，而儒者之學不講。世之人徒見聖賢言辭之無弊，流傳之無窮，心慕而竊效之。然不知深探源本，於是乎秉筆締思，日積月累，久而既多，編之成書。則自視以為天下之文，不吾過矣。轉相授受，倣效成風，千有餘年。使質高明者，不得進為德義之儒，而資質庸下者，不得守為謹愿之士。至於有宋，真儒迭起，講明聖學，一洗其陋。其友輔之，其徒和之。所見雖有淺深，所就雖有高下，要皆能辨於二者之間，而知所取捨矣。

真氏生於諸儒之後，號為大儒，而不能拔於文詞，陷溺之中，反又從而文之。子曰：惡紫之奪朱。似是而非，有誤後學。非若昭明、姚鉉，為淺溥之士。而《文選》、《文粹》出於文家之手，固不足重輕也。其辭命議論敘事，德華辯之悉矣。其詩賦曰三百五篇之詩，正言義理者，無幾云云。蓋詩者，人心之感物而形於言之餘也。人各言其志，故有是非之不同，而無工拙之可言。誦詩者諷詠之間，既有以因其言之是非，而知其心之邪正，以為言之所當取捨，然必窮理慎獨，真有好惡之誠者。精察之久，實能為善去惡，而後性情之正有可言者。故古人必十三誦詩，久而後能有所興起。其次第之不可紊，而功效之難如此。今曰諷詠之間，悠然得其性情之正，即所謂義理為言，亦傷易矣。又曰“後世之作，興寄高遠，讀之使人忘寵辱、去係吝，翛然有自得之趣”。此蓋後世躭吟之流，溺意詩句之間，而不知其他所謂，“但覺高歌有鬼神，焉知餓死填溝壑”者，實非有見於道、安於命，胸中自悠然灑落，而無寵辱係吝之可言也。

至若朱子詩有三變之說，蓋為答鞏仲至之問。雖其論極盡詩之本末取捨其意，則以為使今之作詩者能如此，亦庶乎不失古人遺意矣。豈可謂詩乃朱子之所取，學者必不可不作而為學之一事乎？且朱子嘗欲注莊文矣，使其書成，必能尋究其病根之所起，體貼其旨意之所在，而大有取捨於其間。蓋窮理者必如此，然後是非功罪可得而定也。亦將謂朱子教學者以學莊乎？

況真氏雖自謂以文公之言為準，乃不分三等兼失之矣。或曰：“如子之言，則孔子所謂則以學文，博學於文；周子所謂文辭藝也，道德實也。篤其實而藝者，書之皆非歟？”曰：“孔子所謂文，詩書六藝之文，格物致知之謂也。”若文莫吾猶人，則專以言辭而言，若宰我子貢之言語者耳。真氏言文，乃作文章之文。然作文之文，與周子所言之文雖若不異，而所言之實不同。周子之意，衹謂學者當先篤其實，明其道，而後可以言其言，亦不可不美。而所謂美者，則亦善其説辭云耳。非謂有志於求道者，又不可不學文也。

不觀朱子之言乎？人之才德，偏有長短。其或意中了了，而言不足以發之，則亦不能傳於遠矣。故孔子曰：“辭達而已矣”。程子亦言：“西銘吾得其意，但無子厚筆力不能作。”然言或可少，而德不可無。有德而有言者常多，有德不能言者常少。學者先務，亦勉於德而已矣。此其緩急本末，輕重取捨，學者所當潛心也。

矩庵記

古之學者惴惴焉惟恐違乎道，今之學者貿貿焉不自知其所為。宗之讀孔氏書而有味焉，名其庵曰矩。余於是知宗之非今之學者流矣。宗之早有聲於南畿諸士子間，及舉於鄉為第一，試於禮部於大廷俱高第。文辭泉湧，而雲敷泳游，經史氾濫乎百家之言。夫號稱學者，於今之世，如斯而已。其或知古之學有所謂道者，則往往厭經書之勤，而專求之於其心，卒無據依，以墮佛老之歸，至有實崇。莊列尚空虛，恐吾儒擯而不納，則頗援周程，而未免醜詆晦翁。嗚呼！其厚自誣而無忌憚也，亦甚矣哉！

宗之將進於道，而有味乎矩之一言，是豈今之學者所及知哉！矩，法度之器，在人則自一心以至於一身之所具，日用之所接。凡有是物必有當然之則，而非人力之所及者。是則所謂矩也。庶民去之，君子循之，聖人安焉。士希賢、賢希聖之謂學，學者所以求復是矩也。宗之自是收其放心，刊落浮言，讀書窮理，以攷聖賢已行之成法。慎於閒居之奧，而察於應物之頃，朝夕自省於法度中，如古之惴惴焉者，則道在是矣。身與庵居，心與矩隨，此為已之學，所謂古之學者也。余有感於今，烏呼不記。

平水書室記

樵者趨山，漁者趨水，耕者趨野，貨者趨市。所趨在是，其志在是，而樂亦在是。仕者趨朝，豈有異於樵、漁、耕、貨者乎？世之官師小吏，走塵土以事人，莫不足其志而安其樂，若有軒冕金紫之華者。則雖顛毛雪墮，而猶以休為諱。矧乎壯年高第，立天子之廷，則其志當益遠。若健翮之視長空，駛足之走曠野，豈有不樂於其心，而外其職位，以為樂者哉？

吾友安君行之，居山西之平陽。家食時，嘗一出郭遊，而愛所謂姑射山者。遵山而左，得泉曰平水。始如青蚓素練，縈迴於沙石叢薄間。東流數十步，潺潺有聲，聲漸揚，勢漸大。而隴畝園圃之灌溉，禾稻桑麻之浸潤，草木魚鳥之憑藉。晴煙暝露，秋蛩春鶯，變幻無窮，應接不暇。蓋每愛而不能去，去而不能不重來也。於是擇其尤勝者，買田築室焉。

今君宦於京師十年矣。乃遺繪筆於素楮，廣不盈尺。其境鬱然，不窮其趣，悠然而有餘。時或批閱，則長吟獨笑，起而詠嘆，不啻置身姑射平水之間，而讀於其室。

吾觀今之君子，以宮闕、廊廟、簪紳、冠佩，形諸圖畫，張寵光榮，遭際者往往而是。君以進士為行人，年未及強仕，名久則大，位登則崇，宜其樂之在此，乃記憶乎。服韋布而蹲寂寞者，無聊取適之具，豈君子之志，獨異於人。人而所趣者，非其身之所處也。抑君子之志超乎人之上，與古之君子者為徒，世固莫得而同也。

古之君子修其道於身，而後用於天下。不用則斂而退，以淑人而善俗，是進亦有為，退亦有為。故有常樂，而無暫憂。今之君子反是。進則爵祿之詡耀，退則嗒然無據，咄咄窮廬而已。君好學嗜善，名節自礪，予嘗以為有東漢諸公之風。仕於朝不忘乎山林，不求於進，亦不求於退，惟其時焉。持君子之志，安往而不得其樂哉！乃記之。

山西提學題名記

進賢退不肖於朝廷之上，而致天下治平之盛者，宰相之職也。進賢退不肖於學校之中，而立天下治平之基者，提學之職也。國無賢責之宰相，天下無賢或莫知所責焉。然則提學豈攷課巡閱之間而已哉！示之以聖賢之正，而使之的知所向；開之以良心之好，而使之自不能已。士之賢者，廩之舉之以勸不能者。而不肖之終不可化者，不使亂苗敗群於青衿之列。此真提學之職也。宰相之職失，壞於一時。提學之職失，賢才之根柢拔矣。嘗執事以求之，提學有定命焉。

正德己巳，泰和陳君文鳴，提學山西。使士皆讀朱子之《小學》為立身之本，讀《近思錄》為入道之門。凡曉告學校者，無非正士風、興禮教之事，而以身率之。吾邦之士，翕然服從。皆知正學之可修身，而及於天下。然聞者未察，或以為嚴。嗟夫！寬嚴之說不明於世，久矣。舜之命契，欲其教民以親、義、序、別、信五品之人倫，必游優漸漬，以變其氣質，養其德性，而各有欲去理存、喜悅自得之妙，然後能之。非一朝一夕之可致也。故曰：敬敷五教在寬。

今學校之教，其本固不外此。而舉業淺深高下，固不可以一律齊，然有讀書作文之程，辰入酉出之規。凡所以防其侈放，而約之禮法者，自不可畧。提學所統，少亦不下萬餘人。非有朝訓暮誨，耳提面命之相親也。若非嚴為之令，則條格徒掛墻壁，若罔聞知，挾冊而喜，易衣而遊，甚則凡民之所不為者而為之矣。許魯齊在太學，有大體要嚴密之言，正以此耳。況當此教廢法弛、民散人玩之時，予以為十分嚴方濟一二分事，此救弊之術。而論者往往以因循姑息周旋人事，善惡是非不大別白，為合時宜。是豈有教人濟世之實心也哉。君存主以寬，而作用以嚴，其在湖南亦若是。提學之道在是矣。嗟夫！吾盡吾道，而人之知不知又安足計耶？

君暇時裒正統以來提學者而刻之石，徵予為記。予以世未嘗究提學之職之重也，故為之說如此而記其故。曰：提學始建於正統元年，後罷於景泰庚午，而復建於天順辛巳。自高公志至君十有三人。氏名爵里具石，石在書院之提學分司，虛其下方以俟來者。正德庚午八月望日也。

送李朝振序　名紀　洛安人

自秦而後，郡守莫重於漢。而漢之循吏武相，接名相輝。自唐而下，郡守莫輕於今。則雖有賢者，亦不能以自振矣。漢法簡易，刺吏以六條監郡。而丞相挈其綱，所事者少，所任者專。後世監司繁多，令人人殊將周旋，文法日且不暇，又安能建一事、效一謀，出於吾所事者指揮之外哉？故今之擁皂蓋而分麟符者，簿書治焉，貢賦時焉；訟獄理焉，逸戍逋役之察且舉焉。則已謂之良守，赫然衆之上矣。而吾每持以質於漢循良武相，接名相輝者往往不類。蓋上知所以責乎下，則下不知所以責乎己。上下相安於苟且，仰望待遷而已。然則如吾民何？

吾邦潞人李君朝振以故城尹有聲，進為錦衣經歷。復有聲，今遷臨洮守。故城敝而錦衣劇，君處之未九載，民懷事理，繡譽在人口耳，其吾所謂賢者也。今天下之民病而俗壞已甚矣，而天子憂勞至惓惓也。郡守，吏民之本，故每慎是選，不輕畀人。君自縣而郡，則民隱所在，乃其素諳。顧而取諸囊中，以施之足矣。自內而外，則親見吾君憫民責守之意。凡所以為吾民者，當何如哉？臨洮為郡，處於陝之西偏。地瘠產薄，民多愁苦。羌戎雜居，禮教不行，則又甚於他郡者。

夫志在足民，而卒之郡以殷富，漢之人有行之者，召信臣是也。志在化民，而卒之民尚文雅，漢之人有行之者，文翁是也。吾將進君於二君子之列，則亦在乎君之自振何如耳。今陝之藩臬，多吾鄉磊落才能識達治體之士，必能相勉以有為，不徒以吏治相促迫而已。君之志於是乎可振，而君之賢其儷諸二君子哉！君往矣，群姦視我以起伏，諸吏視我以貪廉，衆職視我以勤惰。明其政，厲其守，先其身，而後云云者，可舉而施焉。若徒度長絜大，於今之守而曰古人非所及，則非吾望於君者也。

都門別意序

營田之制莫善於我朝，亦莫獘於今日。自兵農既判，荷戈而編伍者，不辨阡陌之東西；執耒而趨隴者，不知卒旅之多寡。惟所謂營田者，無事散之耕，有事聚之戰，有寓兵於農之意。然漢惟行之邊塞，唐雖偏行中州，不久而廢。我聖祖監古作法，凡天下兵衛，鄰邇間曠之地，皆分畝為屯。本耕以守令申，一定百世不改，是其制不亦善乎！昇平百餘年，兵耗於逃，貧於役使，而田遂假於豪奪，棄於游惰。田雖歲有登稼，而兵則家無遺秉。予嘗以今日兵、馬、屯田，三者如不調之琴瑟，既朽之屋廬，非解而張之、撤而新之，不可鼓而居也。近世頗有知其然者，乃議分設風憲，以任提督之責，則始可以興滯補罅救十之二三。然非才能足以辨劇，風力足以攝姦，廉介足以服人，亦未易有為於其間也。

遼州孟仲平以大理寺副，膺陝西僉憲之命，總甘肅諸衛營田事。甘肅諸衛者，陝之西垂，控羌戎，扼匈奴。其地要，其兵當愈強，其食當愈急，而其責當愈重者也。或謂如仲平之賢，當留在天子左右，不宜處之外且遠。仲平亦有戀闕、懷君、離群、遠鄉之嘆。予謂不然。官有内外，爵有崇卑，職有要散，君子處之一也。故人不於身家勢利之謀，而惟君國民物之憂。則自廊廟以至荒夷，以卿相而視倉庫，我無加損焉。且力易行而事易為者，莫若風憲之職，璽書之使。仲平往陝，而仲平挾其辨劇攝姦服人之具。則所以興治補罅，有人所不能為、不敢為而為之者矣。其名之大起，位之益崇，可計日以待，又何遠外之計哉。

虎谷王公行實錄　門人高陵呂柟譔 明狀元

嗚呼！虎谷先生。有作人化俗之文，有安邊勘亂之武，有因時明禮之才，有援古修樂之具。其提學關中時，柟為所造士，親見儀范，身奉教約。雖使顏孟設科，無以過之。當其志，固欲使天下人各得其所也。及柟為修撰時，嘗同河内何粹夫謁先生，因講馬陵注不合。何子少先生，而先生後當轉官，首讓何子於朝堂，其志固欲使天下賢者盡其用也。嗚呼先生！古睿聖之徒[1]，乃今已矣。將天不欲斯人之有知乎？嗚呼痛哉！

先生年十九歲，成化癸卯舉於鄉，明年甲辰舉進士。丁未除禮部主客司主事，即清忠效官，獨立不懼。無故足不躡公卿門，不赴無名宴飲。或謗其矯激，久亦自息。時憲宗弗豫，禮部沿舊舉齋醮。先生言於部尚書周公洪謨曰："祈禱固臣子至情，第行於佛老宮非禮。若為壇於南郊隙地，大臣率屬禱於天，三日可"。乃不克用。弘治庚戌，土魯番貢獅子。先生商於司郎中欲卻之，不從。遂袖稿以見於部侍郎周公經、尚書耿公裕，皆然之。司郎中怒，乃又婉轉與語。疏入得允，天下傳為盛事。

辛亥陞祠祭司員外郎，乙卯部尚書倪公岳，因災異倡府部院官疏弊政，用先生四事草。一、懲邪慝，二、禁給度。三、停減齋醮。四、議處宗室。言甚剴切。

丙辰陞郎中。他日倪公默語先生曰：“朝廷必欲度僧奈何？”先生曰：“當力爭之。”曰：“勢已成矣，可奈何。”先生乃疏列千餘言，三上皆不報，僧道通中貴者，謀欲普度，撼以危語，先生不動。久之旨下，度僧不多，而逃軍囚犯不與。時人皆喜其有回天之力。

時太監李廣與壽寧侯表裏通惡，怨徹中外，人莫敢言。先生乃又獨上疏，乞斬廣洩神人憤，以弭災變。廣怒，令道士設醮咒死術以舒恨，亦不驗。乃令校尉數伺先生出入。十二月朔，聖駕郊天看牲回。誣以駕後騎馬，下錦衣衛獄。先生被罪，從容有詩題獄壁。蓋充養有道，見危授命者如此。

戊午三月謫知河南陝州，命下怡然就道[2]。比至，問民疾苦，興利袪害惟恐後。州城高阜，井深二百尺，民難於水。乃勸富僧通唐人長孫操廣濟渠水入城。民皆踴躍。日受百狀，皆與別白。匹夫匹婦，得言其真情。口訊手判，仍應他務，人以為有劉穆之風。沈姓兄弟，因甕爭訟。買甕遺之，兄弟感謝。屬邑靈寶，有誣民殺夫有其妻者。邑吏鍛鍊成獄，先生察得其情，並其妻皆出之。尚書許公進之侄犯法，亦治如律。許公稱為真君子，謝其相信之深。雨雹傷禾，乃單騎徧勘村落，穿林入谷，晚宿民舍，自出米菜食之，里老亦自裹糗糧以從。每催徵嚴令禁派，里老不敢求索。乃有勢豪謀利病窮民者，則痛治之以戒衆而又表賢者。之間講朱程之學，毀僧尼寺，以正風俗。折太山廟，以給學田。於是士民翕然懷服膺，擬諸古循良吏。

己未冬朝覲，南京科道官上疏，言先生及布政周瑍等，經術氣節，撫字鋤強，才行政優不凡，欲照天順四年例，賜衣服楮幣，宴於禮部，不果行。十月李廣因先生勘奏，漸疏於上，懼誅飲毒死。吏部員外郎張綵、及鴻臚寺丞俞林、編修劉瑞、御史張天衢，皆上疏乞窮李廣賣官鬻爵之獄，獎先生之犯顏敢諫，以慰人心。

閱月乃陞陝西按察司僉事。奉勅提督學校。道過陝州，父老擁輿號泣，如別慈母。自卯至巳始獲出郭。至則教人先德行後文藝，鋤刁惡，拔信善，崇正學，毀淫祠。學政肅清，三秦風動。豪傑之士，莫不興起。

辛酉陞副使，奉勅整飭洮河、岷州邊備。州雜夷俗，頗乖禮法。乃申孝弟，革宿弊，所按部贓污官吏，有望風而逋者。軍法嚴明，邊卒悅畏，西烽不警。其條疏八事，並禁約三十餘事，皆可常行。

甲子考績，都御史楊先生用寧及御史季春，交薦其賢，乃復改提學。關中士子相賀曰："王先生復來，後學得依歸矣"。於是士子益自策厲，甚至有駢肩接踵，向往於道，駸駸[3]乎復周漢之舊者矣。是時尚書馬公文昇柄銓衡，因馬儀之事為憾，有磨氣之說。先生聞而作《神劍詩》以曉之。

正德丁卯，陞山東按察使，關防凜然，人不敢犯。雖同僚有事乖理法者，亦必曰："慎勿使先生知。"衆歎服曰："王公非今之按察也。"即縣吏之賢否，博詢諸訟者密記之，以行獎責。一時畏若神明。時劉瑾專横，因前官事，陰使校尉至山東緝訪。一無刺舉，事因以寢。

八月，丁母夫人憂，歸。明年吏部尚書張公綵欲起復，先生乃上書力止之。己巳服闋，陞國子監祭酒。先生始被命欲堅辭。有友遺書言執政者，誦太祖："寰中士夫不為君用者，當殺身滅家"語。於是先生父大司徒公曰："吾老矣，汝置我何處死乎？"不得已收拾平生詩文，付門生周朝著藏之，泣而就道。至無所餽瑾，怒，欲重以禍，竟不能得而罷。時國學教廢，先生朝夕講說，約束太嚴，誹謗四出。值瑾苛，時人皆危之，先生不為動，六館士子卒感服先生。欲更六堂名，曰：至敬、窮理、修身、修道，教諸生讀小學。以上達瑾聞，怒曰："王雲鳳亂成法，欲代邢讓死耶？"先生以道不行，快快求去。會瑾下獄，遂上書乞致仕。時相有忌先生者，乃改南京通政司右通政。先生復上疏陳乞，准回原籍養病。

壬申，御史楊邦禎、通政使丁公鳳、都御史石先生邦秀，交薦其賢，上命巡撫宣府地方。先生上疏以疾辭，不允。乃上楊太宰書，稿傳京師，人爭錄誦。先生再欲辭去，尚書公迫之行，不獲已，奉勑之鎮。豪猾久攬糧草者，聞風遁跡。至以便宜從事，將官犯法，依律重輕，罰米至萬餘石，用足軍食。先生號令嚴明，法度整肅，自參將以下，頤指氣使，莫或敢喘息。練習軍士，率有紀律。日戒諭防衛，如賊在前，敵畏不敢輕入。北門鎖鑰，時論歸之。

兩閱月，丁父尚書公喪，歸。將士遮道感泣，有餽以香帛者，不受。乙亥二月，服闋。八月，除職如故，清理浙江鹽法。先生上疏乞致仕，疏入不允，且促使供職。先生復上疏，推讓賢能，懇乞致仕，上不允，准養病，病痊起用。先生曰："吾志遂矣"。

先生生而神氣清澈，舉止端重異群兒。年十一歲，與鄉人立，適妓女過拜而不答。同舍生或借其扇，潛與妓女。赴人宴，先生知之後，以扇還，擲之地下，至或截其袖。同舍生慚，取他扇償之。少年趨向之正，即異流俗如此。長益刻苦自勵，穎悟出群。六經百家言，一誦輒不忘，文章頃刻立就。二十登進士，相識以花紅迎賀，卻之曰："惡用是炫耀為哉！"衆嘆其不可及。觀戶部山東司政時，廣東陳白沙、陝西薛先生顯，思負重名，及門者尊之若程朱。先生聞其言論評之，人以為允。先生負經濟之學，以堯舜君民為心。天下想見風采，累辭不出，人以道未大行為恨。天資豪邁，狀貌魁異，智識卓越，器度宏遠。博學力行，以聖賢為標的。居無惰容，自少至老如一日。常曰："一息不敬，便與天道不相似。"理明義精，視國家生民利害，痛切於身。遇事敢為，機動矢發無留礙。一有弛張，上下響應，雖權力弗能齟齬。臨死生禍福之際，有定見不苟趨避。守官清介，人不敢干以私。歷仕三十年，治行可採。旌擢之典，獨後於人。時論稱屈恬不動念。拜官力辭，再三乃已。一不得志，即奉身而退，人以進退合義為稱。尤篤孝友，執親喪，勺水三日不入口。臥苫枕塊，哀毀骨立，妻妾不同寢處。有父在，一衣不私製，一錢不私蓄，人以為難。自負奬拔善類，始終不踰。疾惡甚嚴，不少假貸[4]，家居屢空，茹蔬衣敝，恬然自樂。門庭内外，斬斬五尺童子，非稟白招呼不敢入。宜人李氏貞順莊謹，先生相敬如賓。邑宰有貪酷者，不時戒諭。里人困苦，恒注意區處之。或誣罪至死，力為白於官得出。後學執經問難，語之諄諄忘倦。與人接，貌莊氣和，言與心孚，可畏而親。談當世事，至綱紀不振即感慨泣下。及奸臣貪官，怒氣勃然，鬚髮亦奮，有搏擊之狀。憂國之誠，老而彌篤。或杖竹於門，跨犢於野，不改布衣時行。農夫見者歎息曰："此人入朝，天下受福"。然不理於讒佞之口，乃信於愚樸之民。天理在人心，有不可得而泯滅者如此。於書無所不讀，尤邃性理之學，書法真、草、隸、篆，自成一家。端勁如其為人，四方人多求之。文有氣力，不假雕刻摹倣，而出入古格，滔滔不竭。詩賦亦清奇古雅。所著書有《小學章句》、《博趣齋稿》、《讀四書札記》若干卷。先生為學守敬義，事君秉忠誠，功業樹中外，聲名滿朝野。道德、文章、政事，皆可擬之古人云。

先生諱雲鳳，字應韶。世居山西和順之虎谷，因號焉。父諱佐，南京戶部尚書。母馬氏，誥封淑人，感奇夢先生生。生於成化元年乙酉七月二十五日戌時，卒於正德十三年七月二十二日亥時。配李氏，誥封安人。女四：一適同邑監生周孟霄男周守約，一適榆次人寇都御史天敘男寇陽，一適太原人陝西僉事閻鐸男閻徵甫，一尚幼。銘曰："嗚呼虎谷先生！志欲行道於天下，而位未會，當非時邪？然亦有小有試矣。由今言之，又不可謂不遇也。嗚呼虎谷先生！"

注釋

[1] 睿聖之徒：指天資睿智、眼光長遠、人格高深的人。

[2] 怡然就道：愉快地就任官職。

[3] 駸駸：馬匹跑地飛快。

［4］不少假貸：對不良現象和惡人不給一定情面，毫不寬容。

虎谷祠堂記 滇南 孫繼魯

惟公出處大節，高陵呂太史公柟，海鹽徐太守，咸有志銘，名臣錄無容喙。惟張綵事，似微詞，恐滋惑。魯懼其滋惑也，每以綵事，質諸聞人。僉云：公在正德年，丁母馬夫人憂，時綵幸逆瑺瑾，驟吏部尚書。綵關中人，公故提學僉事，洮泯兵備，副使提學，俱關中。風裁表表，豈唯縉紳介胄，雖草澤巖穴亦稔知，獨綵乎？綵以讒慝獵通顯，欲得馨香重望如公與虛齋蔡公清輩，以鎮壓人。固石亨薦吳聘君與弼類也。公誦法孔子同虛齋，督學正德時同虛齋，一時進祭酒同虛齋，何忝聘君。公委質久，似白沙陳公獻章，繫監生籍，與聘君韋布殊。聘君愿觀秘書，不受諭德。白沙繫監生籍，不辭僉討。公自按察使委質受祭酒，易地皆然也。況白沙以母思乞還鄉，公以父迫泣就道。公無忝白沙，白沙無忝聘君章章矣。聘君不浼於亨，公獨浼於綵乎？由今觀之，公堅不磷，白不緇，似薛文清公瑄。公祭酒，至無所餽瑾，怒，欲重以禍，不能得。似文清公在大理卿時，不諂中官王振，文清公自失大理家食，起入內閣。猶公自改通政養病，薦陞巡撫邊方。公後力辭鹺政、副都御史，遂不起。視文清公力辭宰執，高朗令終，不甚懸絕。故海內識不識，今共傳如青天白日云。或者於公之剛介寡與也，厚誣而不韙之，倘亦有私憾之意乎！記虎谷祠堂，以俟後之君子。神宗五年三月望日。

祭王虎谷都憲文 喬宇

嗚呼痛哉！應韶與余石門峽之別，纔四閱星霜矣。君在上黨，我居建業，兩地音問，歲率為常。君方以采山釣水為飲食，以著書立言為耕桑。何此志之屯蹇，遽中道之憫傷。豈人事之錯迕，殆天道之冥茫。訃音一至，我心盡傷。

嗚呼！君有高亢拔俗之操，而不知者或以為矯。君有踔厲驚人之才，而見嫉者謬以為狂。忠摧權奸，弗避雷霆之怒。教敷善類，化均時雨之祥。威振臺栢，愛留郡棠。至於吟體法少陵之詩格，詞宗踵西漢之文章。篆籀擬秦，隸分邁唐。其多才與藝之美，又不足以盡君之所長也。

方君之始謫，跡雖躓而名愈揚。及君之再振，身漸顯而道益昌。乃甘棲遁，乃厭紛麗，義辨王霸，道慕羲皇。辭召命而不赴，歌《考槃》以徜徉。可謂勇貫千鈞之弩，而堅逾百鍊之鋼者矣。然則君之用於國家，用於天下者，雖未獲究竟厥施。其正氣之耿耿可傳者，固不在於爵位之晦與彰也。

余與君誼切兄弟之分，情深桑梓之鄉。仰高標而莫覿，慨麗澤之未忘。緘辭千里，寓哀一觴。是今日之所以哭君者，匪直吾儕悲友道之失輔，蓋為天下悼哲人之云亡也。嗚呼痛哉！

虎谷王公提學陝甘時教士條件

先生教人讀書，自《小學》、《近思錄》始，次及各經史。語學者以聖賢之道。曰：立志以堅趨向之方，主敬以養清明之氣，讀書以究事物之理，慎行以致踐履之實。勿妄意高遠，忽於日用之常；勿過為詭異，出乎人情之外。

故以五要肅士心。曰：敬以收放心，靜以定躁心，誠以息妄心，公以滅私心，正以省動心。

以十容飭士身。曰：頭容直，色容莊，耳容審，目容端，聲容靜，手容恭，足容重，坐容正，立容直，揖容肅，拜容懇。

以十有一行正士教。曰：孝事父母，弟事兄長，恭事師範，睦事宗族，孫事鄉黨，忠於謀事，信處朋友，禮馭行事，義馭接物，廉馭貨物，恥馭過愆。

以九戒敦士禮。曰：冠禮以重成人，戒無序；婚禮以重夫婦，戒論財；喪禮以重哀死，戒浮費；祭禮以厚追遠，戒苟且；射禮以觀志體，戒無德；鄉相見禮以觀和敬、戒侮悍；鄉飲酒禮以尚齒德，戒偏私；慶賀節禮以觀忠愛，戒惰慢；鞭春、日月食禮以觀報本，戒忽略。

又立四科，以待衆士。曰：求道科以待上士，讀書科以待博士，學文科以待俊士，治事科以待材士。

以二十有一過禁士愆。曰逆親及當喪用酒肉，曰期功赴席請客，曰兄弟爭財，曰不睦宗族，曰不和鄉黨朋友，曰姦，曰盜，曰賭博，曰宿娼，曰酗酒撒潑，曰好飲破產，曰妻妾失序，曰侵占田土，曰誆貸債，曰包攬錢糧，曰買賣官物，曰教詞寫狀，曰暴横鄉里，曰出入衙門打攬驛遞，曰把持官府挾制師長，曰事佛飯僧師巫賽會，曰造言生事浮躁驕奢。

立十政以收士。曰：聯齋號以聚士，謹衣冠以肅士，禁入酒肆以貴士，端學官以教士，鼓提調以督士，置三等簿以造士，拔公直生以稽士，選社師以發士，訪賢能以式士，禁諂呼佞跪以振士。

高太守學田記

尚志而為仁義之謂士。修於家以化鄉人，用於世而君正國治天下平者，士之功也。養士宜莫盛於三代，而經傳無聞焉。豈當時田皆井授，士皆有田以自養，而不賴於上之養耶？然一夫授田百畝，野無閒民，士而有田，孰與之耕乎？四民世業，而農常為農，工常為工，商常為商。農以耕自養，工商無田，以藝以貨自養，士而無田孰與之養乎？禮有有田則祭，無田則薦之說。蓋士亦有有田者。而孟子曰："無恆產而有恆心者，惟士為能。"則其無田者，實多有不能不賴於上之養者矣。此彭更所以有士無事而食之譏也。但古者天子治畿内，諸侯各治其國，黨庠遂序之學。以教小子自食於家，不須以養。及其既長，果有卓越之才，可以進於明德新民之道。然後陞之國學，以需其成。其人蓋亦無多，而所以養之必有道，而不可攷矣！

至漢以來，往往憂於用度不足，朋徒怠散。宋乃有贍學田，而有無多寡不一。惟今制學有常廩，士皆復其身及其家。二人勿事著在令甲，有司掌之，蓋前代所未備也。士生斯世何其幸哉！

江陰高君謫守遼州，志在教化，以諸生猶有困於貧窶者，以布給之。既而思可久遠之道，乃取於廢寺之遺田，未籍之閒田八十一畝，出其俸金易民田一百三十畝，歲收其入賙貧士。學舊有田十六畝，於是總記為田二頃九畝。漢、唐、宋之養士，惟宋為盛。然其每學之田，大抵不過五頃，他無所有也。今遼學既有國學之常廩，而又有田幾於宋人學之半，豈徒食焉，而不知其所事乎？

所謂事者，志與仁義是也。今日無講學修身之志，他日必無致君澤民之業。今日無廣居大道之實，他日得志必無與民共由之道。視君國民物若與己不相干，惟以高官厚祿、積帛囊金為事而已。然自國家以經書之文取士，凡吾所謂志與仁義者，少而誦習。夫人知之，反以為常談而莫之省。世儒學士，耳厭目嫌，不舉以出之口，遂致天下學無本源，人材日壞。識治道者憂之，然予舍是，他皆不足言，故以告諸生，庶幾高公之意焉耳。

魯齋仕元說

世多議許子仕元者，昔若孔子嘗之楚。楚夷也，猶夫元也。若昭王卒用孔子，孔子相楚，必有用夏以變夷之道，將不周於東，而周於南矣。許子於元，孔子於楚一也。父子、君臣、夫婦、朋友、兄弟，人之天倫也。父子、夫婦、兄弟、朋友，皆知不可廢，而獨於君臣廢焉，聖賢不為也。

元之不能相許子，斯民之不幸也。若責許子不踰垣閉門以潔其身，則孔子固曰果哉！莫之難矣。孔子之汲汲於世者何居？但許子雖聞道而未大，恐無立斯道立斯行之妙。譬之捕虎焉，卞莊子操戈而往，則人知其必獲虎矣。里之丈夫執梃而往，則人知其必不能獲虎矣。孔子於楚，莊子刺虎也，許子於元，里之丈夫刺虎也，不為虎傷足矣。然則許子隱而不出可也？

補燭記

弘治柔兆執徐八月哉生魄，余直夜祠部。吏人進燭，瞑目而坐。頃之，瀝瀝有聲，乃睇焉。則燭之膚内溶而逆案，有故箋裂而防之，以為奇策，復瞑目坐。鐸巡者報一鼓，開目視，則炙箋離披，汁四潰出，循膚而下，懸者纍纍。如畫猿子母，手接探澗，菓狀墮幾而矗者。若怪石枯松，層樓鋭塔，奇者若嬉而伏犬。最奇者若老翁負子，未角之犢奔而返顧。蟻蜂蛄蚓，攀緣而上。其氾濫如江河，點綴如珠玉者不可勝數，而其勢潸然未已也。余曰："息焰可免乎？"吏請以末鹽補其缺，徐以其餘為之垣，燭燼不復壞也。

嗟呼！燭以堅為體，以明為用，以不壞為材，吾之燭豈固不良於他燭也。内有所熾不能自製，外無勁臣強藩想與周旋保持之。吾且閉目焉。故箋之防，適以為病，吾且以為奇策焉。向非吏之請，其不為棄物也哉！余於是有感焉！

治安之國，光大之朝，或登一匪人，行一戾政，則衆嘵嘵然訴，嘖嘖然議矣。及乎小人之黨既繁，而政之積獘益甚，耳目習慣以為常，非惟不形之言，亦復不介於心。而風俗始變，國家始衰矣。庸劣之君，冥弗之覺，方且以故箋治之者，世豈少哉！漢而唐而宋，千載一轍。吁！其可慨夫！

鹽之價非貴也，吏之言賤也，而可使吾燭為良燭。然則興治之策，拯獘之才，世未嘗乏，顧人不知用之耳。載籍稱："揚側陋詢芻蕘。"又曰："為政在人"。余於是乎重有感。

復古易後序

秦以《易》為卜筮書得不焚，故《易》在六籍號為完書。漢人有以十翼冠一傳字於其首，而統附於上下經二篇之後者，或曰費直為之。今攷其本傳則曰："以彖象繫辭，文言解說，上下經而已。豈費氏始以傳說經。"其徒轉相授受，遂以附其後歟！厥後鄭元始析彖象，附於各卦之末。王弼宗之，復以彖並大象綴於各卦之下，小象綴於各爻之下，而乾則仍其舊。又增文言於乾坤之後，雖曰欲使學者尋省易了，而不知孔子《易》，固未可為文王周公之《易》也。

程子作傳亦用弼本，汲郡呂氏、嵩山晁氏，始欲復古經、傳各為一書。而間有未盡合者。東萊呂氏又更定著，始復孔氏之舊，而朱子因之作《本義》。

嗚呼！《易》之為書也，廣大悉備，是以儒者尚之。然穿鑿於漢人之支離，假竊於異端之邪曲，書雖存而道則晦矣。書不亡猶可以明道，而鄭、王二子乃割裂而淆亂焉。遂使百千年世不復見古聖賢之完書，其亦不幸矣哉！

朱子求復古易，所取甚博，卒從東萊。所以處之者，已審後聖有作，蓋無以易。而董楷天臺、直卿番陽張健安胡炳文雲峰陳普懼齋諸家，相繼攘臂而起，各用己見，更置紛紜。迄我朝儒臣纂輯諸經，於《易》謂程、朱不可偏廢。乃從程氏本，而以《本義》分附之，且有刪改於其間。自是朱呂之易，復為鄭王之易。而讀本易者，往往有不得其說者矣。嘗與莆田鄭孔時談易，孔時屬予繕寫，如朱呂原本。於是更加攷究，以就以編，藏之巾笥，用備私覽，且以就正於同志君子云。

八分存古書序

古書之存於今，惟篆頗具六書法，惟八分頗具篆法。古以竹木書篆，故其畫勾圓勁直。至束毛為筆，則有點畫波法之勢矣。以筆書而篆意多者為八分，言去篆畫二分存八分也。八分又變而篆意泯焉不存，則其字最簡且易矣，今之真書是也。蓋古者列國分治，或紊舊章。天子攷文之典稍廢，則字體之紛，更日趨省捷，勢所必至。子思以書同文為當時之盛，則書文之不同古有之矣。秦并天下，一文字，以字畫之最簡易者施於徒隸簿書，以取捷疾，故謂之隸。以其輔助篆書而行，故又謂之佐。至魏鍾繇始為楷法，一點一畫皆有法式，故謂之楷，又謂之正。其曰真書，則對行草而言也。

大抵鳥跡科斗既莫可攷，則書莫古於篆。而八分去篆不遠，久乃趨於隸。然皆以漸而成，非一人所能為也。或因漢石經八分為蔡邕所書，及以八分為邕作。秦獄吏程邈掌徒隸之事，乃以隸為邈作。蓋邕善八分，邈善隸耳。若邕一人自為八分，而書之石經，人之睹之必茫然莫辨。邈自為隸，而當秦多事之際，遂以用之天下。秦雖強暴，安能使有司奉行者驟識之？皆瞽說也。

酈道元《水經》曰："臨淄有人發古塚，棺前隱起為隸字云'齊太公六代孫胡公之棺'，唯三字是古，餘同今字。此先程邈四百餘年，則隸果非始於邈矣。"然宋初以前八分之為八分，隸之為真未嘗誤。故李昉等作《太平御覽》書部，八分之下繼以隸，隸之下繼以草書而無真書，以隸即真也。至中葉始以八分為隸，婁機遂以漢碑三百九十韻類其字，附以魏碑，名曰《漢隸》。《字源》洪适又作《隸釋》、《隸續》二書，至今傳訛，罔克是正。《唐六典》校書郎正字，所掌字體有五：一古文；二大篆，皆不用；三小篆，印璽、旗幡所用；四曰八分，石經碑碣所用；五曰隸，典籍、表奏、公私文疏所用。今觀漢、魏碑碣，往往皆八分，唐亦有之。則石碑碣所用為八分而非隸明矣。以隸為典籍文疏所用，則隸之為真，而非指八分為隸亦明矣。

且鍾、王、歐、顏皆善真書，而史傳及諸家之論，皆稱其善隸。唐張廷珪、韓擇木所書，正如今所謂隸者，而廷珪傳則曰善八分書。杜甫、李潮歌、于擇木亦以八分稱之。則八分之為八分，隸之為真亦明矣。八分本謂篆畫八分，真畫二分，若淳于長夏承碑懿、其、據、善等字是也。唐以來書者頗施稜角，異於真書，而不能具篆之八分，則失其名義矣。

近世好古之士，往往學篆學八分。然古之宮室、器皿、衣服、飲食之制，皆不宜於今。居今之世而獨用古字，亦有不必然者。但今之真書承二王之後，又俗媚於漢、魏人所書。朱子厭之，乃學曹操表篆也。八分也，亦好古者所不廢。而篆非用力之久不能通。余以為學者頗學八分亦足免俗。提學陝西，遂令諸生集古碑刻，以韻類之。名曰八分存古。其不備者，則附以己意。然必攷之古人之跡，不敢杜譔也。

徹正學祠像設告文

自古事神之道，自天地社稷，以至五祀，莫不以主。佛教入中國，始有像設，非禮矣！今制亦嘗禁施於郡縣之土神，而況加於學聖人之道者哉！往者正學祠成，有司議所以崇奉，諸先生乃問匠氏，遂從俗為之。某始謁祠下，實用惕然。竊意諸先生亦必不安於此。謹擇日徹去，易以木主，敢告。

昭勇將軍指揮僉事邢公行實錄

昭勇將軍指揮僉事邢公，居北邊六十餘年。地里之遠邇險易，虜部之盛衰分合，官僚之勇怯才否，士卒之強弱多寡，戰陣攻守之法，烽候間諜之用，歷歷胸中，開口有據。自大將軍以下，禦敵舉事必與公謀。公預以為然，後無不然者。弘治十三年，虜寇榆林，公子都指揮僉事傑以檄將兵討之。公至榆林訪其子。公身長貌古，名望素著，衣冠甚偉。榆林人喜其來，就問以破虜之策，聽者皆自以為不及公。又言明春虜當侵某處，我當備某處，守臣用其言果獲功。由是公之名益振，秦、晉諸邊皆知邢將軍云。

正德五年五月二十八日，年七十有九卒。北邊人惜之，傑以狀來乞銘。按狀，公諱朗，字以然，山西和順人。祖諱政，始徙戍宣府，以勇力雄其儕。父諱威，家饒而好施，貧士來於者輒有獲，人稱長者。景泰間，祖老父卒，公年方十六，慨然抵掌曰："丈夫當死邊野建功名，安能與鋤粳者伍。"於是往代祖役居軍中。嘗為先鋒，以戰功三遷而至百戶。成化十六年，從征大同威寧、海子，遷副千戶。十七年，從征大同黑石崖，先登獲虜酋，遷正千戶。十八年，從征榆林清水營，直前迎敵，身被數創，遷宣府右衛指揮僉事。弘治八年，以老乞致仕，致仕十六年而卒。配張氏，有家法。子男二，長傑，襲指揮僉事，以戰功累遷都指揮僉事，今以薦奉勑守備蔚州。次倫。女一，適保安衛正千戶陸俊。張先公四十餘年卒，繼王氏、安氏。孫男三，鏜、鉞、錕。女五，二皆適名族，三幼。曾孫女一。公拔身行伍，自致金紫，遇敵必躍馬獨出，以身先人。每行軍戒所部無譁，竟無敢譁者。銘曰：行山之巔，漳水之涯，是惟公之家。投身邊陲，為國爪牙，惟吾馬首所向。虜莫敢遮，克勇克謀，蘊而不誇，既富既貴，質而不華。惟武而賢，惟士之嘉。我銘以告後人，豈直閭里之私而曰耶？

重修關帝廟碑記 明 杜甫才 邑人

夫關聖帝君，即向所祀義勇武安王也。其行誼載在史策，千古無兩，歷代靈應，廟而祀之者寰宇皆然。吾縣南門外偏西，舊設本廟一所，背坎面離，規制頗壯。建於洪武十八年，重修於正德十三年，再修於神宗十年間，歷歷有紀。至四十四年，神佑下土除邪福國，皇帝降勅封為三界伏魔大帝神威遠鎮天尊，夫人為九靈懿德肅皇后。文相陸秀夫為左丞，武將張世傑為右丞。子三：平封竭忠王，興封顯忠王，索封順忠王。周倉封威靈英勇公。因令海內易像崇封，以昭護國元勳。按《祭法》曰："能御大災，能捍大患，則祀之。"其謂是乎！甫才父諱維，與程氏廷標、杜氏歷試糾衆議捐所有，重修廟貌，正殿五楹，中端冕正笏者神像也。傍列護衛，森森嚴整。殿外有拜亭，比舊開廣，前列東西房均有神像，外有樂樓大門，豎以新加聖號。門之内守舍各備，金碧輝煌，燦然奪目，足以祀關聖矣。役始於明神宗四十一年夏四月，告成於今歲之二月。安得無記。余不敏，謹記其巔末，因有僭言於後。夫帝君自昭烈至今，奚啻數百世，神功顯應，胡若是靈異也。蓋其天日人心，光明不昧，精忠大節，終始不移。攷之汗簡，所記昭昭。生為聖哲，沒為神明。有由然哉！有由然哉！余以為廟既興，有履廟廷而供廟祀者，夫誰不欲薦其馨而享其祭也。不思神之忠肝義膽，佑善黜惡，有如邪佞不軌，淫縱破義，外示交情，內懷鱗甲，貌為卑謹，實悖天常。皆關聖帝君所惡也。以此事神神烏享其祭哉！余與衆共新廟，亦愿與衆共自新，或者神其格乎！敢并記之。

贈太僕寺少卿前昌平道藥濟衆傳　王家坊

藥濟衆，號潤蒼，故明太僕寺卿，家居殉難，從祀鄉賢。其先系出樂毅，由燕奔趙，憂讒避禍，別居梁榆，遺令子孫改樂姓藥，遂世為山西遼州和順縣在城里人。祖諱榮，庠生；父諱性，廩生；兄濟世，增生。公生而岐嶷，為諸生時，好施與，重然諾，侃侃不干時譽。登萬曆丁酉科鄉榜。三十六年，任山東濟南府臨縣。極意扶綏，災黎感德。秩滿，遷順天府馬政通判。四十三年，陞鎮江府海防同知。府為南北舟車孔道，素號難治。至則勤同運甓，操比懸魚，不以閒曹自放為也。久之，內調宗人府經歷司。四十八年，遷戶部江西司員外郎，陞江西清吏司郎中。通輕重，酌盈虛，備軍儲，袪國蠹，宵小側目，大吏傾心。天啓二年，授直隸永平府知府。值邊圉多事，憂在門庭。既抵任，弭盜詰戎，日討國人而申儆之，闔郡恃以無恐。四年，陞山東按察司昌平兵備道副使，恩威並用，張弛咸宜，聲績聞於朝上。方響用獨守知足之戒，以老乞休歸。當是時也，紀綱漸壞，泯泯棼棼，大勢已成瓦解。加以饑饉薦臻，拊循失策。崇禎元年，陝西饑民苦加派，流賊四起。三年，流賊犯山西，陷蒲縣，肆佚河曲。四年，賊目羅汝才復犯山西，烽煙之警蔓延陝洛，出入省西沿河諸郡。和邑在晉東南偏鄙，暫可休息，惟幸賊之不至。然公每閱邸報，未嘗不扼腕太息。日夜區畫攻剿方略，計以上謁，顧朝局則門戶糾紛，疆場則將驕卒惰。猶復信用宦官，布列要地，動輒掣肘。公既自知方正之難容也，讒諛之蔽明也，遂不果行。而闕廷亦卒無顧念及之者。乃於后街石樓院別業鑿井一方，顏曰："六合"。暇則徘徊其上，顧影自照曰："吾其娛老於此乎！其以此為吾菟裘乎！"家人莫識其指焉。自是疆事日亟。六年，左良玉破賊於涉縣，曹文詔敗賊於山西。賊犯畿南，又敗之於懷慶。賊乃四竄，由河北順德等處入山谷屯聚，侵晉東邊，直逼和順。公聞警，出巨資，募勇儲糧。賊猝至，躬冒矢石，登陴固守，灑淚誓師，人人用命。賊百計攻撲，百計堵禦，擊斃賊無算，賊筑長圍以困之。相持四十餘日，城陷，公赴六合井死之，子長庚同時殉難，時六月十三日也。事聞，贈太僕寺少卿，諭賜祭葬。蔭孫之璵戶部陝西清吏司主事，後公十七年殉闖賊偽官王兆熊之難。甲申五月，我大清受命，殄滅群寇，四海澄清，凡前朝死事諸臣，皆荷寵褒，當軸上事，奉旨從祀鄉賢。光緒六年，知縣魯夔光輯志乘，採訪軼事，得公守孤城記於其族孫。求六合井遺址，徧詢父老，無知者。繼得之張姓蔬圃中，幾無可辨識。周遭諦視，覺平地有微凹處，試劚之，土鬆而潤。再掘之，深二三寸，井眉見焉。甃石尚存六合形，以問土人，曰："嘻！自我高曾以來，相傳園有井，藥老死難所。吾儕小人不知藥老何官，死難何故。但因其死而以藥稱也，諱之。每歲填以土，填後土即低陷云。"魯君喟然嘆曰："豈非忠魂不泯，鬼神實呵護之耶？"亟令淘，土盡泉噴湧，聲瀌瀌鳴。觀者如堵，有歎息泣下者。乃捐貲立亭於其上，泐石署名而屬予為之傳。

論曰：忠臣殉國，與節婦殉夫同。有激於俠烈者，取必於一時轉念而易為牽引。有安於義理者，雖萬變而不可屈撓。吾觀明季甲申以前，一二重臣宿將，歸命如恐不及。及大事既去，殉國者固多，推戴者亦復不少。殆景運將開，天實使之佐翊興朝以自效歟！若藥公者，綜其生平，行事卓卓，使遷就依回，安知不再以功業顯？然而終不以彼易此者，其素所審決者然也。卒之受卹蔭於前、荷褒榮於後，馨香俎豆，百世不祧。嗚呼！忠義亦何負於人哉！

孫真人廟鼎建序 清 李順昌 邑令

真人，隋唐麟鳳也。秦耀州人，生於隋，終於唐永徽三年二月十五日。諱思邈，生而穎異，日誦萬言。不讀三代以下之書，恥作月露風雲之技，其律躬行己，規諸中正。隋之博士不仕，唐之諫議大夫不仕。攷之《醫鑑》：真人生，活龍子授以異書，蓬萊謝恩之雀，漢川報德之蛇，遙遙並傳。余補傅士，年餘病劇，夢真人調劑，立起即官梁餘，夢與之晉接事，雖幻而可傳。庚子六月初一日，余捐俸創建真人廟於雲龍山陽，龍王堂左，殆於太白山養真、涇陽府授方兩有當乎！粤稽其出處大節，懿行嘉言，非止幽光已也。開皇大業，昏昏虐虐，綱維澌滅，龍不隱麟，鳳不藏羽，網羅高張，去無所之。班固之文為梁冀立燕，然袁宏之文為桓溫撰九錫奏詔，獲於溷廁矣。龔君賓之高蹈尚矣。武德、貞觀炳炳麟麟，若抒小心，餘緒焜耀，凌煙桴鼓耳。既不現宰官身，又不現文士身，或有見於秦尚功利而流矯詐之毒，漢尚節義而致黨人之慘乎！學未成而躁進，羽鵲之躍也；矜一長而自炫，山雞之愛也，尚有進於是焉。崔浩料成敗於千里，而昧國書之裁；京房測吉凶於未來，而昧恭顯之難，知未全也。真人良知朗鑑，有以見唐慙德之微乎！操存如青天白日，襟抱如霽月光風，應酬如行雲流水，節概如泰山喬嶽。深於大《易》，又曉暢《春秋》。昔吳許與靜修有言：“吳許行道也，吳許不出，吾道不大；靜修守道也，靜修不守，吾道不重。”真人其守道君子哉！寓藝於醫，一端博濟耳。是役也，學博白君毓秀、典史彭君雲鵬捐俸督工，彭鳴珂、劉芳躍、僧人性妙同襄，共志之。

重修和順縣學宮碑記 國朝 白如梅 山西督撫

自古經邦致治，建學為先。虞夏以迄商、周，重道崇儒之典，班班載籍中矣。其意本於教人，而因以取士。故古有辟雍、明堂之制，鄉有庠、序學校之設，甚盛典也。觀於子衿作而周祚衰，園蔬鞠而漢鼎革。則學之興廢、治之隆替因之，豈曰具文而已哉！夫先王之立法不厭其詳，而於教人也尤甚於執經辨志之時。以逮九年大成之後，無日不匡正而董率之。講肄必有所，辨說必有數，舞蹈必有節，視聽必有物。以涵濡其心性，陶淑其器識，而後賢俊出其中，德業亦出其中。故雖具良質，未有不資教學而成者也。譬之明珠荆璞，復加以磨瑩之勤，採琢之力，不益焜耀人間乎！余撫晉三載，凡裨益於晉士者，罔不殫力為之。躬承聖治右文之日，尤以訓飭士習為惓惓。董江都曰："養士莫大於學校"，程子曰："善言治者，以成就人才為急務"，余蓋念茲不敢忘也。今於和順而竊有喜焉。和順介萬山之中，其地瘠，其民貧。居遼郡之北，樂邑之南，千峰環列，巖徑益險。士生其間，勤樸儉素，且耕且讀之外，無多事焉。有學而圮，邑侯李順昌憂之。慨然捐資率先為倡，乃諏吉辰，鳩梓匠，尋尺是度，斷斲是虔，甓之、甃之、涂之、沬之，踰月而工始落成。大約更而創者什之八，仍而葺者什之二。如建奎光樓於城東，蓋文昌祠於城北，莫不相其形勢以啓以闢，輪奐咸美，規模聿新。以視前之傾倚湫隘者，不且煥然改觀哉！夫使侯而任其鞠為茂草也，鼓篋之子無自親師，執經之子無由問字，將藏遊息修之無所，而輒棄其業也。其誰詰之，而又誰責之乎？乃今噲噲者堂構新也，湛湛者類璧清也。景至德之莫京，瞻聖教之無外。相與揖讓其間而絃誦其下，文教浸熾，賢才浸興，則是侯之大有造於斯邑也。是役也，邑侯李順昌實主其事，鄉紳胡淑寅，教官白毓秀，典史彭雲鵬，亦與有勞焉。皆得並書。

和順縣修學碑記 國朝刑部尚書 白胤謙

天子命官，其最親民者莫如令。令所統治，八計攸司尤重文教。每縣立學宫，春秋以禮釋奠，擇其民以養之，十年宰輔皆育於斯，是學宫習禮樂而勵風化，誠重典也。太行之側，古梁餘和順，縣學建立在縣之東北隅。創於元，繼修於明萬曆之十有一年，李公繼元董其事，再修於崇禎十有一年，邑人大參藥君濟衆胥捐己資。因前限於地，規模微縮，歷年已久，兵火風雨，傾欹朽敗，基地僅存。李令任事之初，奠於先師。喟然曰："學宮教化攸關，尤虎谷先生鳳輝之地也。"申詳兩台道府，慨出己貲先為之倡，寮屬胥贊，闔邑之紳衿，咸輸榖以助之，邑人司理胡君淑寅尤任其事。拓地數丈，庀材鳩工。創建大成殿，高大堅好。創建啓聖祠，修補兩廡明倫堂。又創立奎光樓於城頭，建大成坊，與樓遙對。置櫺星門，門前立石獅一對。木欄屏翰，周圍宮墻，宏敞靚深，言言翼翼。始於是年之三月，落於是年之七月。邑人士喜學之更新而大，李令之成績，公屬予記。李令學修有本，政治有方，教紡養民，築城衛民，修學作士，其全體良知，見諸大用者乎！天下不可一日廢學，自黨庠術序之法立，而後君臣、父子、夫婦、長幼、朋友之道明。三代之學，皆所以明人倫也。邇來學宮頹圮，絃誦之聲寂然，教之不力，治之不重，人材所以不庶也。李令創修廢墜於數百年之後，使后之學者群師敬一，咸藏修息游自列其中，而日講乎人倫之大節，則一邑之教化興，風俗美，人材出，三鳳未必不全於一邑也。其為國家之助，豈小補哉！特為記。李令，名順昌、新安人。

重修雲龍山碑記 國朝 邱廷溶 邑令

苟能躡謝公之屐，載陶令之輿，選名區，探奥宅，以求夫山之異焉者，吾知其必有合也。然而古人率先我得之，何則？古今來之遊者，不獨一我。山豈必荒涼寂寞，待千百年之我，而乃見其異焉！夫世不能無古今，山亦不能無盛衰興廢。我繼古人之志，不敢沒其異，則雖謂自我得之，古人亦將許我。今之登雲龍山者，皆以為異矣！而玆山之顯其異也，不自今始。先是元人於山之陽，得靈泉而異之，設堂其上崇祀龍王，歲旱有禱必應。其巔則趙王臺，或云襄子避暑地，遺址猶存，世既遠而興廢之年尤不可攷。余嘗登高縱目，但見壞垣頹壁，出沒蕪蓁寒雨中。牛羊上下，牧樵謳吟，蓋山林之面目不知凡幾更矣。辛巳夏，理甚無事，懼茲山之終蕪沒也，思葺而新之。或慮其廢事而勞民者，余曰："不然，昔柳子厚為柳州，日寄情於山水而民食其德，至今尸祝之，遊固不以妨政也。且出雲降雨潤澤郊原者，於是乎在，寺宇不可不肅也。"用咨於衆，悉饜乃心，爰命敝者葺之，隙者蓋之，陰以嘉植，繚以修欄，流丹耀碧，俾壯厥觀。費積五百緡有奇，皆出自樂輸將者。工始辛巳夏四月，迄壬午秋七月而成，邑之人爭往遊焉。余亦時至其地，躡層巒，憩飛閣，周覽幽遐，放情寥廓。舉凡巖谷之隱顯，川原之繚繞，歷歷在堂廡間。信乎其有異也。噫！地猶昔也，而都人士之遊，若始歷其勝焉。昔何以廢，今何以興？昔何以衰，今何以盛？豈茲山之果有遭歟！抑人謀之不可不藏歟？書之以俟後君子。

新修雲龍山亭閣記 國朝 邵樹本 山西學院

江南邱侯來知和順縣事，愛民而勤於政，興利革獘，百廢具舉。循聲籍籍在人口，余久心志之弗忘。乾隆二十六年，復捐俸錢若干緡，有事於邑之雲龍山修神廟也。山之神禱雨輒應，故俗稱神廟為龍王堂。《通志》載"山有雷音臺"，疑即此。於是鳩工庀材，子來恐後。經始於四月十二日，落成於十月望日。工既竣，來請余文，余亦樂書之以勸後之克勤於政者，爰不辭而為之記。按和順治隸遼州，在漢為上黨郡。多山水，林壑之美稍遜他郡。而漳水之源有二，實皆經於和順。明《一統志》云："一自縣西而東，一自縣北而南，至交漳村而二水合流。"夫水之醖釀也厚，則山之吐納也靈。以故雲龍形勢，獨擅斯邑。巖壑窈窕，煙霞澄鮮，橋留玉磵之名，泉湧珠跳之象。而綿延舊德，石井浤然，更復挹之不竭焉！蓋其所由來者遠矣。顧其歷歲久遠，瓦礫榛莿，塞渠交徑，醫者莫之闢，圮者莫之完。縱有名勝，而無高明之地以舒登眺，無閑靜之境以息塵勞，無佳卉雜樹之交蔭以潤色光景。用使碧嶂丹崖，長此寂寂，亦守土者所宜加之意也。今得邱侯之來，新其舊，創所無，耳目為之一曠。詎復患前所云云者哉！特是不有居者，誰其守之？則又建大士閣於山之陰，與龍王堂南北對峙，俾修業者住持其旁，於是精鑑德士長為名岫主人。雖僧寮不過數楹，而有庖、有湢、有垣、有籬，率皆密慮周計，務堅且樸，可以垂諸永久而弗壞。時或憑高俯瞰，遙見漳水東流，如帶如練，河光山色，上下一碧。而山中井之水、泉之水、橋下之水，固知其同出一源也。而侯之澤亦與之俱長矣！余嘗謂《周禮》為治世之書，而山澤川林莫不設之官，而分任以事。誠以至纖至悉，皆王政所不可忽，而興廢舉墜之務，固有存乎錢穀簿書之外者。是役也，詎遂足為侯重而不私其財，事暇民附胥於是覘焉！固不可無記，以為來者勸也。至規制之詳，若者為堂，若者為軒，若者為亭，若者為閣，若者為庵，若者為房、為棚、為欄，欄之外為杏、為柳，因地營構，如州居部次然。此則侯有文，備志之。余固言之從略云。

修建火神廟碑記　國朝　張翼　邑令

天地之生物，陰與陽而已。陰陽之所以生物，中與和而已。故陽盛則亢，陰盛則凝，皆非生生之道。是知陰陽相濟，化道斯成，二氣調燮，太和乃見，古今不易之理也。和邑地逼太行，高而氣寒，候既遲而霜且早。歲值多雨，禾稼之難熟更甚。是以民窮而善逃，率以陰多之故耳。乙亥歲，余於六月十八日至和，而七月三十日忽降繁霜，穀、黍、豆、蕎盡被傷隕。以形報憲，蒙委太原分府戴公諱天佑來勘，因言及陰陽之理，即以建火帝祠為囑。蓋多寒之區援火以灼之，雖曰俗論，實為至理。況遼陽為祝融氏故墟，當日建祠以祭，或未必即資其陽光。然和為遼屬，何可無祀？越明年，因商之紳士而建祠焉。擇其地則北城之樓，炎至上也。臨其下則城門之洞，離中虛也。安其位即北方之坎，既濟之道中和之極也。紳士咸曰："善！"余即捐俸，鳩工而庀之，旬日告成。每月之朔望臨之，每歲之立夏祭之，迄今三載。而歲適熟，或即其陽和之明煦煦萬彙，而陰氣不能為沴歟？非也。邑名和順，當日之命名有義存焉。蓋以人心即天地，人心和即天地之心亦和；人心順，即天地之心亦順。和以招和，順以來順，斯萬物咸若，而歲其稔也。今之建祠以祀者，亦以神道設教之意云爾。且火帝正神非淫祀也，事神以為民非妄舉也。後之人其勿以余惑於陰陽之說，而為是媚神之行斯已矣。本縣南玉里九甲民人溫體泰、溫存祿，施捨無糧平坡地七十二畝，以為此祠香火之資。此地坐落縣東七十里董平溝，每年租穀三石五斗。段懷德佃種，城隍廟僧人正寅收租，以司香火。並志之，以垂永不朽云。

準提庵碑記　周于文　邑令

佛寺始於東京白馬寺，佛之始不知於何時？而演教東土，則自漢永平之八季昉也。儒者闢佛，謂三代以前，中國未嘗有佛，而主聖臣良，民用康義。逮漢唐以還，主庸臣佞，奉佛漸謹，季祚漸促。細儒不察也，同聲吠和剿說，以難夫奉佛者。嗟呼！彼謂是佛來而世衰，不知世衰而后佛來也。三代以上，君相即為帝天。如軒轅氏之鼎成上昇，六相之為蒼龍、祝融等，至今赫赫無論已。夏之興也，融降於崇。商之興也，檮杌次於大邳。周之興也，鸑鷟鳴於岐山。是皆明神之志者也。當此之時，民無夭札，物無疵厲，三時不害，而國以永寧，故慈悲教主可以不來。迨周德衰，春秋化為戰國。小刑刀鋸，大刑甲兵。取天下者以干戈為正，得天下者以不慈取勝。嗟呼！楚漢之際，生民盡矣，不有佛法何以救其後？治國去之，亂國就之，醫門多疾，莊生之言，固釋氏之言也。蓋自有佛以來，雖世道與人心遞降，而弒君亡國之變不至如春秋之甚。且大亂大兵之餘，一躋昇平，即人皆向善，發慈憫心，不以習見慘殺為常事。則慈悲法王之教，有以扶進乎衆心故也。余代皋兹土，亢旱為災。禱於興國寺持佛母準提真言，許降雨即建剎造像，用志不忘。於是乎七日而雨足。有好辨者曰："天之旱也，半三晉，其後雨也，亦且半三晉，豈皆因禱雨佛者？"余竊謂之不知言帝代之水，王時之旱，或且九年，或且七年。及其敷土告成，桑林應禱，人皆德之，歸功於禹湯。如曰："待之九年，遲之七年，是固水將落天降雨之時；非上聖之功也。世且以為知言乎哉！方今聖天子在上，大臣施仁，固甘露應降時也。豈霖雨獨私乎一方？"辨者唯唯爰是。不佞於文，捐俸若干，與縣尉彭雲鵬、貢生李之蔚、生員畢昌齡、杜光蘅、王世隆、周新岐、居民焦克榮、彭鳴珂等，各捐銀錢若干。共募十姓，庀材鳩工，修庵建像而為之偈。偈曰："佛法顯慈悲，嘗以身濟物。霖雨潤蒼生，不啻彈指足。大衆但奉持，如響應聲速。刀兵不能害，水火無礙入。況於祿名壽，所求自無拂。未施先言報，凡以誘庸碌。"

重修城隍廟碑記 國朝 鄧憲璋 邑侯

王者列爵封土，幽明本屬無異。其列乎明者，郡則守焉，州則牧焉，縣則令焉。爵之尊卑不一，其向明以出治則一也。封乎幽者，郡則公焉，州則侯焉，縣則伯焉。爵之尊卑亦不一，其理幽之權無異也。《書》云："作善降之百祥，作不善降之百殃。"《易》曰："積善之家必有餘慶，積不善之家必有餘殃。"故曰："吏以貞，事以經，人神寧是，陰陽相為表裏。而治民事神，固皆有司之責也。"和邑城隍神廟建在縣治之南，相去百數十武。其地居中以制四方也，其位向陽以端揆治也。樂樓立於前以伸侑饗也，寢宮居於後以棲神靈也。他如門有防，廊有廡，齋有堂，牲有所，規模建治，無不備具。惜歷年以來，風雨傾圮，廟廡不治。余於戊申冬下車伊始，齋宿告虔，喟然者久之。

爰矢乃心，力以虔誠，求成厥功。俾神有寧所，民亦賴永綏之主。捐俸首倡，偕闔邑士民次第修葺之。覆正殿以堅瓦，建以高瓴，傍塑六曹，獰猙森列。以及寢宮内廊之增益，具備前人所未備。工始於康熙十年秋月，落成於康熙十一年冬月。雖曰集衆力以襄厥事，而堂宇壯觀，制度肅静，較前丹鉛藻繪，焕然鼎新，足以妥神靈而侑報祈。自兹以往，十日風，五日雨，禱豐稔之屢登；善者福，惡者禍，期報施之不爽。此又盛朝祀神佑民，相為表裏之義。為有司者，宜實力奉行，務令神道不姦，民義不慝已耳。先民有言曰："柔和萬民，億寧百神。"蓋此之謂矣。

建和順縣雲龍書院記　國朝　唐楷　邑侯

蛟龍非池中物，當其蟄伏存身，必涵育於深壑巨川，以蓄其飛騰變化之勢。及一朝嘘氣成雲，遂有以上蟠下際而無難。書院者，邑人士之川壑也。壑不深，川不巨，其蓄不大，其伸不奇。余癸丑秋涖任之初，行釋奠先師禮。集諸生明倫堂，寥寥數人耳。詢諸廣文荊君，曰："此梁餘書院肄業生也。"和邑苦磽瘠，士幸博一衿，輒投筆秉耒謀生産之數。人固有有志者，而寒儒缺薪米供師若弟，咸借棲於兹堂之旁舍。嗟呼！騖虚名而鮮實效，是猶有慮及於涸澤也。奚書院為我皇上乘龍御宇，雲漢作人。自會城訖郡邑，例得立書院，拔學校之尤者，以陶冶而栽成之。和順雖彈丸，太行之麓，漳水之濱。屈首泥沙者，不知凡幾，豈盡常鱗凡甲之品彙匹儔哉！冬春來倣行，宋儒學規課藝，則隨其材質之高下。一經昭示，而從余遊者日益衆。因度縣廨之東，得義學舊址，橫十弓，袤廿八弓，北建正堂五楹，東西各號房五楹，又南三楹為講堂。前門三楹，取西郭山名，顔曰："雲龍書院"，而講堂則額以"立品讀書"。木、石、磚、甓、工匠，不遽擾民。捐置膏火田一百七十六畝有奇，規模粗具，此余力所能為者。至擴充美備，余兹力不能為，則姑緩之耳。工閲月落成，詔諸生曰："書院規條，以宋朱、程兩先生為標的。余則擴以'立品讀書'。夫立品所以端其體，讀書所以儲其用。上之能希賢，次之不失為寡過。廣之能通達治術，近之為應舉之文，亦必能湛深經史，不蹈一切膚庸險怪之習。諸生不見夫雲龍山乎！崖谷崒嵂，源泉流為巨津，每當煙結霧凝，不崇朝而霖雨遍野，意其中有神物焉！曩所以蓄飛騰變化之勢於深壑大川者，其在是歟？乾之九五曰：'雲從龍慶。聖人作而物覩也。'九二曰：'見龍在田，天下文明。'言有君子之德者，宜乘時利見也。余於諸生拭目以俟。"為記。

創建梁餘祠碑記 國朝 余光超 邑侯

《記》曰：天下之禮，致反始也。致反始以厚其本也。君子報情復古，不忘其所由生。故周公封魯而溯其始，則以為少皞之墟；太公封齊而原其先，則以為爽鳩之地，古人舉不忘本衆之服自此，故聽且速也。和順建邑，始於北齊。本晉大夫梁餘子養食邑，故置縣初名梁餘，越今一千二百餘年。而大夫乏祀，此缺典也。昔獻公命共太子伐東山皋落氏，杜注以為赤狄別種，今皋落即樂平邑界。皋落之南，大夫時食采於兹，其部落形勢尤為洞悉，故其言曰："死而不孝，不如逃之"。其料事明決，與狐突等埒，故獻公倚為東北保障。特世代綿遠，又僻處荒區，其開闢事跡不少概見耳。余承乏兹土，凡學校、城池、壇祠悉為補葺，尤有意於報本崇祀，以期厚俗化民。因卜地於書院之陽，命工鳩材，創建祠宇，以補缺典。且捐廉俸若干，交商行息，以備歲祀。且酌其餘息，以為士子公費卷資。蓋欲士民仰沐神惠，而飲水知源。因而孝於親、忠於君、順於長，舉而措之裕如也。或曰：有天地即有此土，梁餘氏以前，其可置而失之遺忘乎！余曰："不然，子獨不聞夫射者乎！貫蝨而車輪，神之所凝也，沒石而飲羽，誠之所結也。吾追吾知之所及，不能追吾知之所不及。孔子論知禘，以為治國如示掌，亦祭其祖之所自出。倘惟玩惟忽，設為子虛烏有之說，不且祭近諂，而祀即於淫哉！”問者唯唯而退。因記其顛末，使後世得有所攷云。

重修雲龍書院捐增膏火暨設立義學碑記 國朝 張兆衡 邑令

書院之制，昉於宋，盛於明。張江陵嘗欲廢之，而卒未能者，誠以敬業樂群，講肄誦習，較學宮為倍親，故其造就為最易也哉！國家治化覃敷，無遠弗屆。雍正年間詔命天下省會，設立書院，費帑金巨萬。其在州縣者，則聽其自舉。而當時明公碩儒，類能宣揚德意，提倡宗風。百餘年來，自通都大邑，以至蕞爾微區，講帷經舍，所在多興。休哉！文教之隆，蓋振古未有也。和邑為古梁餘地，河山毓秀，代不乏人。有明成化間王氏父子，以文章風節顯兩京，當代推為士林冠冕。其他制行卓異者、不可勝紀，繼至今而人文之稱，渺焉寡聞。豈造物生材，果間世而一出歟！抑董率未得其人，而培植之無其資耶？歲癸巳，余出守斯土，下車之日，見署東有書院一區，茂草是鞠，闃無居人，詢之紳士，稱舊制為社學，自淮南唐公始創建書院，今幾經廢興矣！余聞而惜之。明年春，集都人士議所以復興者，衆皆踴躍樂輸，用襄厥舉。旬餘，捐得制錢四千貫有奇，遂鳩工庀材，營建廈宇，越五月而工落成。計所餘資，并前存捐項，共足錢四千貫，發商生息，以為修脯膏火之需。復購存經史若干卷，俾資觀覽，以廣見聞。傳曰：“既得其養，乃施其教。”玆爾多士，庶不至廢卷而嘆歟！在昔文公治蜀，他務未遑，兢兢以敬教勸學為急，當時課績為天下最。余嘗讀史至此，竊嘆巴蜀僻處荒夷，積陋相沿。文景而後，英傑聿興，如王褒、司馬相如之徒，卓然以文學傳。及其季也，而王商、任安、董扶、張裔、尹默、杜微、譙周輩，猶各以經術文章顯揚。當劍閣以南，為兩漢人材之藪。揆厥所由，實文翁有以啓之也。余不敢謂此舉之欲希蹤乎古人，然奉天子命，為此邦吏，宜體聖朝作人之化，為國家育人材，培元氣，亦守土者之責也。又況前人成績未沒，而踵而行之之易為力哉！抑又聞之。學校為風化之本，蒙養裕作聖之基。和邑地瘠民貧，髫齔之子，率多遊閑。豈無美材，或因束脯無力，汩沒於販夫牧子，而卒至一丁不識，為可慨已！余於書院外，復設立義學，延請塾師，專訓童蒙。俾貧寒之家，得以執經從學。他日人文蔚起，以有造而進有德，由小成而躋大成，師師濟濟，相觀而化。是則余之厚望也夫。謹記。

重修麻衣山寺碑記 國朝 張兆衡 邑令

邑城之東北隅有麻衣山，層巒聳翠，蒼松蔚然，俗傳為麻衣道人修練之所，因名其祠焉。宋太祖伐東漢駐蹕於此，聞道人名訪之，故山之巔猶存太祖繪像。事雖無攷，以時代按之，或亦有然也。道光癸巳，余奉天子命出守此邦，明年都人士因屋宇傾圮，重葺治之。既落成請序於余，以志其概。余惟國家祀典之設，原有常制。山川社稷壇壝而外，能御大災則祀之，能捍大患則祀之；凡有功於民者、悉崇明禋隆，報享典禮之垂，燦然明備。吾不知道人之功與德其及於世為何如？而史闕無徵。所傳惟相法書一而已，其仙與不仙固無論也。然余嘗歷觀籍典，參以轍跡所歷，有如關西之祠希夷，江淮之祠子晉，河洛之祠魏元芝，幽薊之祠長春子，尚已。其在晉，則姑射仙洞、汾水神祠、佶北丹府之類，尤彰彰在人耳目間。此外穿鑿附會、矯飾悠謬，詭俶不經者不可勝紀，好事者述其異，而文人學士復從而表揚之。至於援引仙箓，摭拾靈蹟，勒之貞珉，傳為盛事，而亦為王章之所不禁。俗情好尚，無足怪也。於道人乎何異？且余重有疑焉。五代干戈之際，戎馬倥傯、日相尋仇，歷八姓十三君，類皆武夫、豎子，倔僵恣横，前後五十餘年。不聞有畸人、傑士一出其間，拯時救弊，熄殘暴之焰，濟生民於阽危。豈天之受才不生於亂世歟！抑有其人焉，遭逢離亂，自以匿跡韜光，退處深山大澤間，托之黄冠緇衣，終老其身，而不肯卒投禍患，枉所抱負。則如智楫、慧定輩，間亦有足稱者，道人或即其流歟！惜乎！姓氏不傳，蹤跡隱秘，亦僅與葛衣藤杖諸公，同歸湮沒而已。要其所著相書，猶以術數之學，傳示後世，亦一班之可見，而不謂無功於人也。傳曰“既有其人，祀之可也”。遂援筆而為之序。

飭立婚書告示　黃玉衡　邑令

為通飭設立訂婚婚書，以端禮俗，以杜訟源事。照得夫婦人倫之本，二姓合好，婚禮斯成。始之以媒妁通言，繼之以婚書禮聘。既聘之後，海誓山盟，禮所謂一與之齊，終身不改也。和邑土俗，男女婚姻每有不用婚書，但憑媒妁為準者。不知媒果端方正人自無異說。設遇射利奸徒，始焉彼此作合，或值女戶不允，男戶圖娶，遂籍此居奇，唆聳控告，據稱憑媒有約，而媒遂挺身作證，女戶有口難分。更有一等無恥女戶，只圖財禮，一女兩許，兩姓混爭，年月無憑。本縣蒞任以來，控告紛紛，殊堪痛恨。合行出示曉諭。為此示仰合邑軍民人等知悉。嗣後男女婚姻，從本年四月十五日本縣出示為始，如媒妁說合，果兩相情願，即聽男家選擇訂期，用婚書二封上寫男女年庚，男庚居右，男家親寫；女庚居左，女家親寫。後書年月及媒人姓名，兩家各執一封為據，名曰“訂親”，永無反悔。設有不憑婚書，只據媒人一面之辭，顛倒是非，混行控告者，除不準外，定提控告之人并原媒先行重究，決不寬貸。至若本縣未行出示之前，所有兩家已經憑媒許諾者，自應仍從其舊。倘或籍稱本縣新立式樣，遂將從前許過之親，未用庚書，希圖反悔，揑情控告，一經審實。亦定將賴婚之家按律治罪。各宜凛遵，毋違，特示。

邑侯李公德政碑　國朝　曹文炳　邑人

太行一帶多疲邑，獨和順為最，官斯地者，成民致主蓋難兼之。故縣志書載名宦，自金、元至明代屈指纔十人。德政碑惟大定中馬公克禮有之。若此者皆所稱慈牧循良，如望父母者也。何以四五百年不數數見也？惟我皇清定鼎，履畝減税，清問民間，承乏兹土，已六七大尹矣。申除驛苦，則有栢鄉常公；請蠲荒糧，則有登封劉公。此雖善政一端，至今士民思慕不置也。戊戌歲，李公來守和，睹兹百孔千瘡，諸務廢紛，思與維新焉。雖然宰官救時為民起見者何人無之？特患寡於成效耳。己亥七月，大風傷禾，公具牒虔禱於城隍廟，其風立息。今有榜記於廟中，縣之災祲連十餘年矣，自公下車、歲漸登稔，庚子之秋、又臻履豐。語云"和氣致祥"，謂非有以迓之不可。前此甲午霪雨、寶凝門崩，當事者因陋就簡，而公聲色不動，閭左不煩，百雉屹如晏如也。學校傾頹鞠為草茂，自繼元李公後，無有補葺而嗣其美者。公力為創興，科名因之崛起。其詳俱勒孔廟諸碑。且也詐民財者鉤攝也，浚民膏者贖鍰也。公則裁巡路、革紙穀，使四鄉之民胥不譁門，犬不夜吠，繼此將有啼泣而誦者矣。謹思云乎哉！其可幸者，和邑大害在栢井一驛，自常公申除之後，旋為樂平扳告，照常走馬，公灑赤千言，為民請命，協銀不協馬。已奉諭旨，民以蘇生。若夫催科，不忍鞭扑，大著仁慈。勑法先鋤強暴，衆服嚴明。日用惟具蔬粟，實見清操。夫且陳新相易賑乏絕，因以便積儲也。養老尊賢敬有德，因以寓激勸也。皆所謂為民起見，而有其成效者也，今以三年奏最，擢山東濟寧州守，將奪公去，噫！前公而去者，有其人矣。後公而來者，亦有其人矣。大定迄順治上下四五百年，特立此德政兩碑，前此者可思，後此者尤可勸也。勒此公門為峴山片石，不亦宜乎！公諱順昌、字燮五，直隸保定府新安縣人，丙戌科舉人，並記之。

平定吉郡記　楊曉昀

咸豐三年正月，粵西賊匪攻陷武昌，順流破安慶，竄踞金陵。五月十八日，分股來撲豫章、西江郡縣，處處戒嚴，而吉安為尤要。以人物殷富，定必為所垂涎。且長江一線，揚帆可直達也。太守王公琴仙惄焉憂之，與余謀戰守策。先募壯勇千數百人，分隸各署，日勤訓練，以濟兵力之所不足。敝篋舊藏兵書數卷，因詳加檢閱，凡擊刺之具，捍禦之物，苟價廉工省，力所能為者，無不購備以須。而又念城内無百金之家，一闤之市，凡百財物，曩皆取給於外，脫有不虞，涸可立待。乃儲米千二百石，錢萬餘千，油鹽、雜物稱足。嗣省圍日久，食用漸乏，檄令外郡協濟。余曰："是烏可？常籍資於外以守，孰與藉資於外以戰？昔宸濠叛，王文成公聞變，次吉安，率知府伍文定等計平之。此往事可師也。統瑞、袁、臨、吉、南，贛六府，俱居省上游，府各出壯丁千六七百人，計可得萬人。統以員弁，配以輜重，合夫役廝養需船千餘隻，若同時舉義，蔽江而下，小醜不足滅也。"太守壯余言而難於發端。旬餘盧瑞州以信來，所見同。太守忻然許諾，遂致書各府，約會師期，余欲議定後動，太守義不能緩。即於六月十六日建旆先行，至臨江樟鎮以待。各府訖無應者。二十一日，泰和土寇突起，襲據縣城。贛道周觀察率衆往剿，失利而還。太守得信，返旆移師赴泰。韓參府忠勇過人，五月間滅寇於龍邑，實嘉賴之。竟積勞成疾，既下船病不能行，乃以永新林把總、泰和楊把總、吉水黃把總，分將其兵為先鋒。泰和郭大令帥府縣為中軍，候補秦府經秦縣丞帥保衡勇為左右翼，秀州麻巡檢帥四廳勇為後隊，余經歷為參謀，軍於距泰十里之倉背嶺。賊衆乘夜來劫，兵勇潰散，爭舟渡水，溺死者以十數，募友葉梅棠與馬乃退保府城。七月十二日，賊陷萬安，又分擾龍泉，龍泉有備未獲逞志。二十一日清晨，來攻吉安，捕廳章少尹同探差來告曰："賊船數十隻，已下陳岡山，將至矣。"先日，余已將東北二門封閉，急令閉西南三門，並傳知在城文武。余即由南煥文門登城，見天氣清爽，江澄如練，綠陰樹靜，白鷺時飛，絕非荒亂景象。惟遠望船多掛帆移泊東岸，似覺有異。遂緩步而南，將近魁聚門，從人曰："果來矣"。撫雉堞視之，頭裹紅巾，手搖白扇，宛如劇戲。城下未得出門者，積有三四十人，鬨然奔逃。余喝曰："無畏！咸回來"，衆遽止。漸有上城者，來觀者，時守門兵僅七八人在。即命開銃，惶懼火未發，速命開炮，斃一人，又謂之復斃二人。一賊以扇遮面，疾趨作飛狀。入門闔推所置竹烘下之，傷其腰，兩手據地，臂腿蹉跚而去。衆遂莫敢當，橋立後，兵勇漸集，官亦繼至，賊更無能為矣。余乃周巡各門，嚴行戒備，午後見賊已懈，選當戰四百人開門突出，乘其不意，小有斬獲，以挫其鋒。次日，續來益衆，仍攻魁聚及西門，以二百餘人繞路城西攻北門。北門空虛，余聞信，沿途號召兵勇急往防守，磚石交下，賊不得近。有悍賊奮勇向前，銃發應聲而倒，相繼死傷者又數人，賊勢不敵，仍竄南城。其後，或晝，或夜，或明攻，或暗襲，或執竹排來，或荷木梯至，或衣紅作法，或披髪誦咒，出沒隱見，施無一效，具不足言。惟焚搶店鋪，搬運漕米，結歡省賊。其肆行荼毒，將何所底！參將已故，兵權歸岳守備，屢商出隊，堅執不肯。太守憤甚，二十六日，集在事僚屬於煥文門樓，請於岳守備曰："今必出戰，不敢籍重君行，但衝鋒須得銃炮一隊，愿發兵百名，我率壯勇五百往，坐守待困非良策也。"許之，乃遣劉外委帶兵列前，太守命余居守，自與泰和郭令、吉水楊令、謝照磨、章典史，率壯勇繼之。一路搜剿，無與敵者。殺至火府廟，賊目在焉，閉門自固。窮蹙無計，良久逸出。衆遽驚散，祇留太守暨謝照磨與一家丁、一僕，皆遇害。嗚呼！賊已成釜底遊魂，且無論炮轟火燬可聚而殲也。亦無論刀矛，夾門而有出即殺，莫能漏網也。何使敦陣以待，兵不必施銃，勇不必奮擊，屹立不動。吾知賊將逃命之不暇，豈敢與戰？乃以五六百之衆，圍三五十之賊，紅巾一出，紛然奔潰，竟使忠義之氣不得伸，反見害於公麼之寇。一局勝算，掃地以盡。悲夫！余聞信悲憤交集，欲率衆再往，無如新潰之師難遽振，且人心惶懼，綏靖為先，仍命登陴慎守，徹夜巡視撫輯，鎮之以靜。賊見聲息如常，莫測所以，驚疑未動。郡城形勢，東南一帶濱臨大江，無可窺伺。最要惟北門，地既僻遠，其外城祠樓窗，正對城樓，火器可以平施。前因毁之重勞，視賊且非能者，故未撤去。不料其見竟及此，遂狡焉思逞。二十八日，僞攻西南，牽制我師，悉衆徑攻北門，聲言午時破城。各路把守，欲作血洗計，城内洶洶面如土色。余躍馬馳往，仗劍城上，賊蜂屯蟻聚，金鼓亂鳴，銃炮擊處，屋瓦皆震。一壯勇在余身旁中炮立斃，有二兵擲火城下反重傷。衆稍卻。余令曰："有敢退者其試吾劍，自辰及申，抵禦五時，賊忽肩輿群擁而退。乃縋勇下城焚其祠，召守者問之，言賊造飯設飲，更番食息，意在必克。天奪其魄，銃忽炸裂，及城上大炮轟入自傷，並被官兵擊斃者，樓内共五人，皆賊正副頭目。樓下傷斃不知其數，賊衆始懼。敵臺距雷公橋一里餘，炮又傷其僞元帥一名，賊衆益懼。俄見江面數十船來，疑係救兵，倉皇解去，是夜遂竄歸泰和。二十九日戌刻、贛鎮阿總戎統兵自省至，駐扎城内。八月初二日出城安民，且耀軍容，而賊匪無一留者。因勸令進兵，不從。余曰："公之此來為剿賊非助吉安守城也，不速往如燎原。"何以偵探未確辭。初六日賊復麕至，力請出隊，謝曰："吾不肯蹈汝故府之覆轍也，姑少安，毋躁。"次日又言，仍不許。余曰："賊去猶將剿往，今賊來而反避之其何以對士庶？"越日，乃令馬都閫率衆出由古東山街，一行即鳴金退。賊聞而追之。始勒馬回戰，斬殺十餘輩。入自北門，獻捷賞賚有差，賊夜遁。初九日又出隊至高峰坡，未見賊而還。時賊黨蕭殿梆聚衆焚固江巡司署，剽掠澧田劉姓，環圍村疃，無不危懼。黄少司寇奉諱里居，初十日來見鎮台，請以興師，毋令鴟張，且滅此亦以剪泰賊之翼也。鎮台不可，謂此地方官事非所與知。無已，即撤守城兵勇往補焉。可司寇出，恚形於色。余曰："無足慮，楚南江中丞、夏廉訪，遣其援江省之師來援吉安，已過峽江，約計明日可到。若得公言分一隊往，必可擒也。"十一日午後，城上望見旆幟連檣而上，諜報曰："楚湘勇來三隊，隊各四百人，其藍旆乃管領楚勇劉分府之麾也。其紅幟乃管領湘勇羅教諭、李把總之麾也。可往迓之。"余查驗得實，司寇即登舟謁見，許與分隊。羅、劉二君言於鎮台，不獲命。至縣相商，余曰："君等非所節制，亦豈能阻。"十二日余具舟於江，劉君帥楚勇，李君帥湘勇各一隊先鎮台以所部兵六百從。擇吉水楊令幫郭令辦糧臺，由水路赴泰和，羅君帥湘勇一隊副以孟從九為執訊官，由陸路至固江。賊首蕭殿梆已率衆擾安福，乃擒其父與其姪斬之。遂跟蹤往。比至，賊焚官署，絪武弁，經盧安二邑，紳民共伸義憤，於午前馳至縣城剿戮殆盡。蕭賊業已授首，滿城商民驚怖之。餘喜天上下將軍也，簞壺相迎。未食頃，泰賊二千餘，抄山經過永陽，焚搶司衙，逶迤百餘里，徑入安福南門。湘勇躍出，呼聲動天地，鋭氣撼雷霆，刀兵接處，無不以一抵百。夕陽西沉，逐漸潰散，夜又嘯聚而來，及晨光已曦又來，見勢不能支，乃逃奔，復歸泰和。有竄入永新者，北門一戰，遏其兇焰，因竄蓮花廳搶掠而去，入湖南境。劉、李二君至泰和，用雲梯攻城，先登者，刺而顛，其次又顛，其次連受數創，聳身直上奪其大炮擲城下。左右衝突，賊皆辟易。衆勇接踵而登，奪門盡入，圍賊首於澄江書院。院四壁峭立，發火球火箭焚其堂，有二勇破大門衝火入，各斬首二級懸腰間，手握寶銀數枚出壁上，觀者莫不驚絕。遂立營城中，二十日周觀察亦克復萬安以師來會。詰朝，從興國一路索捕餘匪而還。阿總戎留兵二百，亦由水路歸鎮，楚湘勇又分往郎川等洞清其窟穴。二十八日凱旋至郡。余與寅僚以鼓吹、酒果迎勞於碼頭。請留五日，為剿淳化鄉土匪。既允諾矣，夜接江中丞檄，調追省垣竄去賊，早遣使辭，即開船行。余急往江干，同章少君追至白塔灣乃返。掉以李把總一隊往，遣秦縣丞帶勇三十名為嚮導，從孝廉羅文江之請也。先是賊目劉得添，雷公橋炮傷後逃匿該鄉，孝廉糾合團壯勇擒之。並搜獲僞大元帥印，斬於富田司，而廒上殷富匪徒蠭起，劫掠鄉村。恐緩則滋蔓難圖，兩次來請兵，故乘楚勇聲威正壯，一舉平之。九月初四日振旅還，設宴縣堂，以豬、羊、酒、麵犒師白鷺洲。次日為劉君祖道赴省城亦餞，李君往安福與羅君合。永新、蓮花廳本兵勇單弱，被擾後時聞風鶴之驚，屢來告難。因轉致羅君安成，無事可向彼一行。乃整隊而前，各有斬獲。軍威所到民心始定。二十三日，仍由安福回郡，迎勞於魁聚橋之南，凡設宴犒師俱如泰和凱旋儀。又茶陵州林笑如者堪輿家也，與黃少司寇有舊，自言兄弟皆拳勇，鄰村材武多出門下，若募壯勇，咄咤可得數百人。司寇信之，為書囑余，專丁往召來三百名，乃沿途零星雇覓，半是吉屬寧新龍泉人，因勉留之作一隊，彌縫補闕師，亦兵家之所不可少也。時賊匪由蓮花廳竄入湖南者，復自永新回焚上坪司，過天河、白堡入泰和西界。其逼近處為廬陵東西坑，聞山棚亦有匿匪。令范外委帶兵同永陽黃巡檢，即率此隊茶陵勇搜之。並於三縣界扼要防禦，賊再擾泰和，兵勇疲於奔命，遣使復來請師。十月初六日羅君以屢勝之勇一半休息，帥一半前往，尾賊所至沿途追剿，死亡過半。直至興國縣界。興國鄉民復邀而殺之，僅留殘傷一二十人向雩都去，不能成聚矣。十七日還師，聞省圍久解。二十一日，由袁州回楚，茶陵勇分一百守蓮花廳，餘亦散去。惟留練勇，重加淘汰，以整軍實。並嚴行申警，凡諸逆黨令各團悉數擒拴，門關津梁密為稽察，姦宄無從溷入，吉郡悉平。是役也，實吉郡數百年未有之奇變。今承乏此士，疆域之寄，責任在余，敢有不慎。自圍城後，料軍需，嚴守備，晝夜黽皇，衣不解帶者幾二十日。幸得保全無害，此皆仰賴君子同心贊助，真實任事之力，痛定思痛，未之能忘。其時守魁聚門者，經歷余焯按、知事黃曾慰、候補縣丞張成鈞，武營為外委劉坤。守西門者，縣丞呂承恩、候補從九孟奎英、許慶豐、武營為千總謝明亮。守西城中腰者，永新營把總林月光。守北門者候補縣丞秦振元、從九徐椿，歐貫，武營為守備岳殿卿。守東門者吉水知縣楊昇、泰和知縣郭椿齡、永寧典史熊鴻元、候補府經秦夔、從九王秉鈐，武營為外委劉效鵬。守南煥文門者秀洲巡檢麻春潮、衛千總姚文淦、武營為外委范應龍。分府王別駕原守煥文門，府憲歿，印儲縣庫者七日，衆議以缺不可久懸，乃稟請兼護府事。

典史章德懋守魁聚門，兼稽查街道。余統巡全城又兼守北門。至於給發餉糈、預備夫船並戰守需用一切，支應局為最重。余與經糧捕廳為局員，請府友趙雨辰、章行之、縣友王懋齋、朱雪樵專司其事。俱能籌劃精詳，不辭勞瘁，毋濫毋缺，極臻妥善。因備書之，以告來者，其他各縣克復防守，皆有出力人員，余未周知，玆不具錄。

論楚湘勇功 楊曉昀

逆賊鄒蒽隆者，一賣卜流匪也，以左道惑人。泰和不逞之徒，翕然從之，相約倡亂，襲踞縣城。贛南道周觀察，吉安府王太守先後往剿俱失利返。賊勢遂益猖獗，陷萬安，擾龍泉，攻興國境，且來撲吉郡。其黨蕭殿梆亦乘機起事，焚固江巡司署，沿途搶掠，直破安福縣城。幸盧、安二邑紳民同舉義旗，追而殲之。而鄒賊尚不知也。遣二千餘衆繼至，適楚湘義勇來援吉安，乃請羅教諭帥湘勇一隊往，先賊至數刻，御之於南門。自酉及卯三戰皆捷，賊始遁竄。羅君代之修城，代之練勇，月餘而安福定。劉陞府率楚勇，李把總率湘勇各一隊，亦偕贛鎮赴泰和。賊嬰城拒戰，劉君令以雲梯攻。勇不避矢石，冒死競登，奪門而入，遂拔其城。匪黨潰散，搜捕十日，殺戮者以千計。周觀察克復萬安，以師來會。更請楚湘勇往東沔、朗川等洞清其巢穴。由是而泰和亦定。議者曰，楚湘勇之功偉矣。楚湘勇不來，則泰和必不可復。安福雖克，賊繼至亦必復失。是楚湘勇大有造於安、泰二邑也。二邑即家祀而戶祝之，誰曰不宜？嗚呼！是說也，乃止就事言事，尚未綜全局而計之也。夫鄒蒽隆之襲踞泰和，分擾鄰境也，正粵匪攻撲省城之日。方是時省城被圍幾閱兩月矣。賊作木城，穿地道，火攻水戰，業已窮其伎倆，省城之必不可破想已知之稔矣。其所以相持而不肯舍者，猶冀得志於外府也。故乘秋水方盛，搶劫豐城，擾亂瑞州，豈不欲揚帆直上哉！以贛為西江重鎮，吉乃豫章屏翰，必多勁旅。倘進不能遂，恐省兵得以議其後，而有所不敢也。向非湘勇而安福失，匪徒奸黨，不旬日嘯聚益衆，毗連之新寧、蓮廳，捍禦無籍，烏能自保？非楚湘勇而泰和不復，則賊勢日大？民氣日餒，逞其封豖長蛇，龍泉、興國雖振於前，未必能不躓於後。亂氛四起，藪澤皆警。彼贛師之下萬安者，濟與不濟將不可知。吉郡即贛鎮相助可固守，而外縣之東崩西陷，勢皆鞭長莫及，誰與為援？上遊既蠢然騷動，其聲息必與省賊相通。而謂省賊之狡焉思逞，猶不乘釁而動，縱橫恣肆也，必不然矣。江省之禍，殆有不堪思議者。審是則楚湘勇之功，在安泰二邑也。豈僅在安泰二邑哉！實吉郡之幸，亦江省之幸也。觀於吉安平而省圍解，其明徵矣。吾故曰：以泰安二邑，議楚湘勇之功，乃止就事言事，尚未綜全局而計之也。

照廳謝公從祀贊　楊曉昀

嗚乎雨耕！當死死矣，胡為乎使我鬱鬱而不勝情？敬拜几筵，述君忠貞。何物么麼，乃敢弄兵？陷我數縣，攻我郡城。君之憤烈，激不能平。白於上縣，愿請長纓。憲曰壯哉！與子偕行。即日整旅，伐鼓敲鉦。沿途剿戮，街巷尸橫。至火府廟，為賊主營。非虎負隅，衆莫敢攖。驀地突出，一軍皆驚。兵勇潰散，賸止零丁。君有肝膽，義重命輕。長官遇害，我何獨生？仗劍罵賊，死且亦榮。當是時也，天地慘淡，日月失明。人鬼飲泣，風雨凄鳴！而君則血漬泉壤，神遊玉京。方將馭香雲軿，建翠峴旌。螺山鷺水，默相綸氓。今已肅遺像，薦粢盛。固不待光昭史冊，而已垂千古令名。嗚乎雨耕？

徐蕭二公從祀贊　楊曉昀

衆若肯死，爾亦必不至死，爾不肯死，衆豈相強以死？惟衆不肯似爾之死，爾死由衆之不死而死。爾又不肯似衆之不死，衆誰援爾之死於不死。雖然死則死矣，匆匆數年、數十年，必有悔當日之不死而亦死，而羨爾之死而不死。余嘉爾之義，余更不能無遺恨云。

平定吉郡論功說 國朝 張喈鳳

無功者冒功，有功者爭功，有功而不矜已之功，但論人之功，且推極焉以表人之功，而己若無功。此其人必能有衆人所不能有之功，而功固無乎不有。春野楊夫子，以名進士宰廬陵，廬陵當漕事罷攷，時鄉村間蠢蠢然將動而為變，公下車徧諭百姓以大義。不絕一弦折一矢而民定，識者已卜為儒將才。咸豐三年夏五月，粵匪寇豫章、吉郡。商民預謀所以餽賊者，公聞之，厲色宣言於衆曰："有敢餽賊者以從賊論。"謀遂熄。於是運米千餘石，錢萬餘貫，油鹽雜物稱是，軍裝、火藥、器械悉具焉。蓋為粵匪備也。無何，六月二十一日，泰和土匪起，贛道、吉守往剿俱失利。踰月寇郡城，王太守死之，韓參戎以病先亡。當是時一郡事權，操縱惟公，成敗惟公。一郡生靈，安危惟公，生死惟公。夫兵家之最急者餉，城中文武官弁數十人，營兵數百人，楚湘之勇數千人，向所儲之錢、米、油、鹽諸物，蓋三五日用之而已空如也。公請餉藩庫，藩庫不能給，推之贛庫。以為粵東解銀四萬餘，道阻不能通，存贛庫，贛庫則用以給贛兵，而不能給。吉事急矣，可若何？或曰是年也，固師旅饑饉之年也。自夏四月初不雨，至於五月杪始雨，雨則浹，兩晨遍地汪洋，禾稍成實者皆作稻孫，天實為之。謂之何哉！而不知是正天之默以庇我吉郡也。公因雨暘愆期請緩徵。舊所收漕米未輸運船者，以三分之二變價通融焉，以濟軍餉。蓋有不畏上官之參革，而必欲拯民於水火者公也。夫人家一日不食，妻孥有相詬誶者矣。人身一日不食，手足有若痿痺者矣。以三四千之兵勇，日事奪擊衝突，而復嚴以刁斗不絕聲。設餉不繼，或且縋城暗潰，賊將誘以為爪牙，或借以偵虛實，即不然而逃亡回籍，棄戈矛而仍事耰鋤，郡城其何以保？而外縣之既失者又奚從而復？故夫湘勇由吉而固江、而安福、而蓮廳，軍餉於廬署乎資。楚湘勇由吉而泰和、而興國、而東沔、朗川等洞，軍餉於廬署乎資。藉非公滿腹經論，調度多方，俾九旬軍餉源源不絕，而謂楚湘勇能長驅遠搗，義旗所指，無不摧枯拉朽也難矣！雖然廬署之軍餉艱矣哉！公項罄矣傾諸私，私積罄矣復貸諸旁郡所義存之。公至今猶請在上之公償在下之公，而曲為彌縫。公之謀事有始有終也。如是，以是論功，功固當誰屬者？公所撰一記、一論，詳載僚屬幕友功，於楚湘勇之功，則推極言之。然而籌辦軍餉，公之仲郎君郁齋與有功焉。公不自功而烏肯為其子功，余以門下生，館公署中，知其事之詳，故為之說，以俟當道者衡焉。

楊春野夫子合家殉難記　張嗜鳳

記者，紀實也。不知其事之實，則實何以紀？然則必紀其所言，而始可信其所行也。春野夫子宰廬陵，咸豐三年夏七月，鄒葸滏聚匪萬餘人，由泰和攻吉安，王太守本梧遇害。公率僚屬保城池，事定後廬陵士民實賴之。頌以額曰："仁德勇功。"聯曰："父母遺愛，公侯干城"。公顧之無喜色。一日，與鳳語曰："予今年恨不死，恐難再得其死所也。人誰不死？死於疾，以此身歸父母，此居家者也；死於敵愾禦侮，以此身歸君上，此居官者之責也。且予年六十有四矣！何不可死之？有王太守死，而予即當死，但予能守而賊不能攻，攻而破予則死；賊攻而不破，予保全城以安堵，而又何死為？雖然此特小醜耳，設有大賊至，予當與決一死，勝則取其渠魁而殲之；不勝則予雖肝腦塗地，乃真得死所也。"再踰年乙卯，賊陷楚南之茶陵，與蓮廳毗連，公夜半聚家人與語。先呼三子；而謂之，三子鳳所同學友也。曰："賊若至，汝將何如？"對曰："兒知大人之志決矣！父生則子生，父死則子死，若使棄父而逃，偷生以避死，兒不為也。"公笑曰："汝從先生學六年，予以為但知帖括體耳。乃能識大義若是，吾無憾矣！汝二兄學較深，且從予宰東明至此，予不問而知其志也。”旋顧二姬曰：“賊若圍城久乏食，吾將殺汝二人以食軍士，張睢陽之往事可師也。爾愿否？”二姬嘿然。已而又曰：“爾等知此地文信國公乎？人苟且以生於世，生亦死也。若如文信國公之成仁取義，俎豆千秋，死亦生也。予每祭其祠，蓋不勝響慕焉！魏殷州刺史崔楷闔家之官，表乞兵糧不得，葛榮逼城久，或勸減弱小以避之。遣一幼子夜出，既而悔之追還，遂盡死難。然亦矯矣！吾有孫在家可奉先人。後吾父子三人死於此，縱使屍骸暴露，螺山、鷺水皆吾三人棲靈地。不懼也，不憂也。”及賊報漸警，公捐廉練勇五百人，號和順軍，從所產邑名也。十一月二十一日，賊至吉安近十餘萬人，鳳以事歸家，時適束裝往，至中途阻截不能通，乃返。聞公守城時，賊屢掘地洞，以棺載硝轟城。公偵知之，先穴城內地以銷其焰，故四五舉而不能破也。求援於上下游無一救者，城中乏油，官弁兵勇皆暗坐以守。無鹽輒食淡，惟有米、豬、雞、狗，食悉盡，馬有斃者剥其肉賣之，價比時常昂三倍。次年丙辰正月二十三日大雪，翌日雪愈甚，深二尺餘。城中無柴炭，兵勇凍且餒，二十五日寅時，賊從地洞轟城入，而吉安破矣！公之死也，匹馬持大刀從十字街往東門殺賊，遇賊衆而死。二公子繼至，咸遇害。杜姬自焚於署，黎姬投城不死，後歸，卒於和。而公之大節固昭昭日星矣。嗟嗟！平時談忠孝，臨事移操守者，曷可勝道。如公父子真可謂後所行，不負前所言者也。故草此記，以俟修史者採。公諱曉昀，號春野，山西和順人。由乙酉選拔，中辛卯舉人，壬申進士。陞湖北興國州知州，留宰廬陵。長子名翰藻、號西園，夫妻皆先卒廬陵署。次子名文藻，號郁齋，廩貢生娶郭氏，生一子在籍。三子名摛藻，號繽齋，年十七未娶妻。

知府銜湖北興國州留守盧陵縣楊曉昀傳　王家坊

公楊姓，曉昀名，霽卿其字也。世為和順縣儀城里人。曾祖俊，祖國秀，世業農。父旺枝、國學生。公生有至性，慷慨尚氣節。幼讀書，經史帖括外，喜孫、吳韜略。稍長益攻苦力學。道光乙酉，登拔萃科。宗師奇其才，延入幕，每談當世務，論古今成敗得失，能究厥本原。師嘆曰："楊生氣節非常，他日當以忠義顯。"辛卯登賢書，壬辰成進士，謁詮部，以親老乞近地，授直隸東明縣知縣。甫下車問民間疾苦陋俗。有所謂填宅錢車票錢者，為民累，立革除之，闔境歡呼。旋以憂去。服闕授江西永寧縣，治如東明。癸卯得卓異引。

見行之日。父老攀轅，獻衣鏡一、瓶水一曰："明府鐵面冰心，計無可贈者，敢藉此表盛德。"比回任，父老喜相告，迎於境，城為之空。聲聞遐邇，達大府。鄰封有疑難事輒委公，無不迎刃而解。庚戌盧陵因漕激變，已調兵剿辦矣，既慮禍不測，檄公往攝篆。至則留兵駐城外，而親自遍歷鄉村，曉以大義。不旬日安堵如故，民不知兵，遂補盧陵。咸豐二年夏，粵匪撲豫章，分募壯勇，備器械，儲糗糧，以備不虞。嗣省圍日久，檄外郡協濟，吉守王本梧邀公計議，憂形於色。公曰："藉資於外以守，孰若藉資於外以戰？"瑞、袁、臨、吉、南、贛六郡居上遊，郡各出壯丁千六七百名，計可敵萬人。若同時舉義蔽江而下，賊可滅也。郡守壯其言。會盧瑞州函來見略同。太守欣然許諾，致書各郡約師期，并欲先出師為倡。公曰："凡舉大事、須議定而後動，且欲靖外患，必先清內憂。盍俟各郡有成約，再往何如？"弗聽，即於六月十六日率師往臨樟鎮以待，至期訖無應者。而泰和土寇鄒蒽隆突起，郡守聞警，移師赴泰，軍於距泰十里之倉背嶺，失利退保郡城。賊陷萬安、擾龍泉、順流而下，二十一日黎明撲吉安。公大呼登城，開炮連斃三人，一賊以扇遮面作飛狀，推竹烘下之傷其腰，賊卻退。日哺，伺賊稍懈，選敢戰士四百，開門突擊，挫其鋒，翌日賊來益衆，公親自督戰，賊由西北竄南門，晝夜攻襲，賊終不得逞。乃剽劫關外錢米結粵匪歡。韓参將宿將也，五月間，滅龍泉寇，積勞病故，岳守備攝兵權，無擊賊意。守謂之曰，今必出戰，無須借重君行，但得鋶炮手一隊，步兵百名，某率壯勇往，許之。乃委公居守，而整軍以出，搜殺至火府廟，賊目閉門自守，兵勇輕敵，少不為備。俄見紅巾闖然出，衆驚潰，郡守與謝照磨死之。二僕蕭姓、徐姓從焉。衆聞信股慄，公鎮之以靜，賊不敢逼。吉郡形勢，東南濱大江易守，北門地僻遠，而城外有曾公祠樓與城樓對峙，火器可平施，公患之，潛移重兵以守。二十八日賊果偽攻西南，牽掣我師，悉悍賊徑攻北門。金鼓震天，蜂屯蟻聚，一勇侍公旁中炮立斃，二兵受火器傷顛，衆洶懼。公厲聲曰："敢有退者齒吾劍。"人人奮勇抵禦，炮傷其頭目五人，偽元帥一人，矢石擊斃者無算。賊退竄泰和。當是時賊黨蕭殿梆掠固江、澧田等處，鄒蒽隆則分股擾永陽、安福。其他朗川等洞素為賊藪，郡圍雖解，風鶴四起。適贛鎮某總戎統兵來援，公請追剿，總戎安扎城中，與岳守備如駿之靳。賊復纛至，公悉力堵擊，賊聞劉司馬長佑、羅廣文澤南，率楚湘勇赴援，夜遁。公瀝情以告於劉、羅，轉商諸總戎，瞠目直視，噤不能出聲。劉與羅忿然起，自率所步出，某始出兵綴其後。湘軍至固江，蕭賊先期竄安福，擒其父斬之。追及蕭賊梟其首，鄒蒽隆不知也。分賊二千餘，抄出山徑，過永陽、趨安福、助逆入南門。湘勇躍出，呼聲動天，三戰皆捷。賊奔泰和，則劉司馬軍臨城下矣，殲之。鄒嬰城拒守，劉司馬豎雲梯，率勇冒死競登。鄒蒽隆授首，餘黨悉平。秋七月晦日凱旋，奉江中丞檄調，次日即返舟。某總戎亦歸鎮。公餽運芻糧，補輯鎧杖不絕於道，舟車犒勞之費必豐必恪，故得人歡心。以助滅巨憝，由是論戰敘功。僉曰："公第一"。署府事崔君，以花翎同知銜請奏保，允之。公置若罔聞，惟申儆軍實，如臨大敵。或謂之曰："轉危為安、喜可知矣。乃終日戚戚，將毋當喜而憂乎？"公蹙然曰："郡守死節，吾輩生存，何忍言功，且子亦知事勢乎？贛為西江重鎮，吉為豫章屏藩，粵逆一日不滅，吉安一日不得高臥也。”聞者愧服。是年秩滿，陞興國州知州。中丞為固圉計，奏留江省補用。又明年乙卯秋八月，粵逆擾楚南之茶陵州，公謀駐軍蓮花廳，以扼其咽喉。郡守陳，計猶豫。未幾，蓮花廳破，遣白參將往禦之。交綏而退。公又謀以一軍駐馬龍塔防泰和路，一軍駐真君山防袁州路，皆不果用。而賊已乘勢破安福。又遣白參將堵剿，兵潰，賊遂入萍鄉、萬載，連破袁州、臨江。公見謀議不合，兵勇過單，賊勢猖獗，乃捐廉募新勇五百，日夜訓練，號和順軍，從公所產名也。其他積儲蒐輯，一如庚戌守城法。因賊率用地雷轟城，令於西城開濠引水以阻其道，邑巨紳拘青鳥家言持不可，公知其事不可為，猶冀萬一得當，議請戰船邀擊於江中，巨紳欣然代為請。及戰船至，則攜其族竊駛以行，從此戰船不復至。既而賊氛漸逼，公顧謂其子曰：“賊至城必破，我必死，汝意云何？”對曰：“愿生死相從。”公笑曰：“吾謂汝第知帖括耳，亦曉大義如是耶？”冬十一月二十一日，粵賊來攻，衆逾十萬，兵民皆倉皇失措。公曰：“守者長久之計，今寇衆我寡，利速戰。”親率銃卒出戰，大捷。相持旬餘，無隙可乘。賊潛施地雷轟西門，月城墮三板，公指揮兵勇禦以銃炮，立時堵筑。乃於城墻内開溝灌水，以防地雷，賊果掘地洞，實硝褊拊中以轟城，四五舉不能發。十二月十四日復出戰，初接仗，小有斬獲。乘勝直追，遇伏受炮傷，兵勇擁公還。孝廉羅子璘被害。自合圍後，公以蠟丸遣健卒突圍，求救於會垣者數輩，郡守陳詞尤慘烈，至是不聞以鏃矢相遺，勇愈單，糧愈竭。至羅掘鼠雀以充食，最後薪燭盡，夜則暗坐以守。公雖炮傷，猶日登城安衆心，顧士卒疲敝不任戰，然公攘背一呼，莫不發衝眥裂，誓不與賊俱生。賊亦莫測公所為，將圖再舉。明年偽翼王石達開猝至，勢張甚。天大雨雪，兵勇偃臥不能起。石逆別開地道，用𠂢字式安地雷轟西城，城陷。公持大刀馳至十字街巷戰，刃數賊，賊群聚攢刺，力竭死之。二子文藻、摛藻殉焉。妾杜姬自焚死，黎姬投樓下，死復甦，以灰自污其面，輾轉流連，匿鄉僻民舍。同城文武三十餘員，殘卒遺民千餘人，感公忠烈，同死義，鮮有降賊以求生者。時丙辰正月二十五日也。先蒙奏請加知府銜。事聞，奉上諭：照知府例議卹。並準部咨：照都司例，給予卹銀三百五十兩，給雲騎尉世職，襲次完時，世襲恩騎尉罔替。有孫一，延楨，邑增廣生，文藻出，承襲世職。咸豐九年，公季弟曉塘，徒步數千里，往覓屍骸未獲，訪黎姬於民間以歸，旋卒。同治六年斂衣冠葬公於和順縣城東之多祿坡，而以黎姬祔。

贊曰："楊公宰廬陵，以羸卒千餘、禦強寇十萬餘衆。始則力保危城，繼則與城俱亡，其氣節之盛，雖顏常山、張睢陽、何以過焉？夫人自束髮受書，誰不知取義成仁之說。一日臨大難，志餒氣衰，甚有位通顯，而甘心降賊者抑又何也？嗚乎！士窮見節義，非平時氣節挺挺，百折不回，而欲矯厲於崇朝，難矣。"予嘗于役梁榆，習聞公死難事，輒欷歔憑吊不能自已。會魯君瑤仙以志乘屬為勘校。乃訪其家，得宰廬實記並行狀，因序次之。語曰："太上達節、次守節、次不失節。夫達節非聖人不能也。士君子立身行事，欲求無恭於君父，顧不重守節乎哉！"

花翎說　楊曉昀

冠飾有翎，乃我朝之制，即《易》所云"羽用為儀"也。分三眼、雙眼、花、藍凡四等。其為物也最重，必奉恩特賞始得戴之，不在品級采章中。然三眼、雙眼、恒以待王公群臣，自藍而上，花翎則為殊榮矣。要亦得自軍功者為多。或曰："子之花翎，固得自軍功矣。聞諸人而未悉其詳，軍功可得而言乎？"余曰："謂之為功，夫何敢即以為功，抑豈所忍言。縣尹為守土之官，任賊猖獗，城守不失分也。安得謂之功？"至縣為附郭邑府，雖兼轄分任授事，指揮調遣，人必以府為主。若不幸府忽遇害，則人心已渙，膽已怯，而賊之勢亦愈張。斯時城幾幾不可守，縣獨拑而守之，使渙者萃，而怯者壯，張者挫，安其故常，賊不得逞，而卒已竄去。遂以不次之功與縣矣。是縣之功因府遇害始有其功也。嗚乎！父死之謂何？又因以為利，其與此義奚異焉。而謂所能安哉！賊平後，余故不敢邀甄敘逮，署本府崔公仙洲來，謂行一己之志，而沒衆人之勞，烏乎可？且各縣之防守者，咸列名求獎，何以府之被圍，久而獨否乎！非所以示勸也，因隨衆以藍翎請。大憲張中丞小浦、陸方伯虹江、惲廉訪濬生、鄧觀察厚甫覺未足，改擬花翎入告。嗣經酌減，減等核覆，陳中丞竹伯頗多更定。余仍以花翎得諭旨。而或乃躍然起曰："酬庸為國家盛典，子不以功自予，而衆論予之。衆論予之而聖恩即寵錫之，豈過當哉！當泰賊猝起，省城圍尚未解，吉郡之所係為甚大，而其為守也又最難。非子先事綢繆，空城無資，憑何措手？非子臨機警敏，奪門突入，誰及攘臂。況兵敗後，處之以靜鎮，而賊莫敢窺，勤之以巡防，而賊無可伺。以至北門再攻，賊欲滅此朝食，正存亡死生呼吸之秋。子親冒矢石，仗劍衝鋒，自朝至昃，賊始竄退。泰和、安福之復，人不分畛域，協力贊畫，以底於成，皆可紀也。本府若預知之，是以當日決然命子居守，親督出隊而不疑，蓋早以後之者，定付子矣。子之功正成本府之志也。成其志而受其名，夫亦何嫌、何疑，而必以馮異大樹自處也"。然余則有不謂然者。下之於上，艱鉅患難，總期共濟，蠢兹小醜，本不足言與敵。使果一鼓成擒，全師奏凱，將飲至策勛。余亦未便多讓。乃事變不測，竟遭喪敗，僅能彌縫慎固，守城而不失，未得親執鞭弭擐甲冑。衛本府於不死。方遺恨終古，懷慟窮天，又以為功，反之於心，終戚戚然而不能釋也。尚敢以花翎自耀乎哉！尚忍以花翎自耀乎哉！於是乎為之說。

楊春野夫子軍功賞戴花翎記　張喈鳳

粵稽鷩冕隆周室之侯，雞冠壯孔門之士。故儀用其羽，漸逵者鴻，而攻在於心，射墉者準。我朝錫文臣之章采，由鶴及鷴，耀武將之等威，既麟且豹。

而苟以鵷班而振虎旅，則必以駿烈而膺鸞書。蟬亦有緌，垂翼若嫌我薄，豹非無尾，賁頭似厭其蒙。翩翻乎獬冠之中，翱翔乎蟒服之上。此花翎之特賞，乃藻飾之殊榮也。

春野夫子文造鳳樓，名題雁塔，琴偕一鶴，星言赴邑之晨；舄化雙鳧，風播栽花之地。環鷺洲之十邑，並仰神君；趨鶩贄之庶人，咸親父母。訟庭誰穿以雀屋，講席自坐夫鸛堂。賢勞未懷集栩之鵻，卓異已薦依桑之雉。斯則冠彈貢禹，翹慶鶯遷，冕露喬卿，鷹瞻雋戴者矣。咸豐三年夏五月，粵寇鴟張於江省，鄒孽鴞應於吉州，兵不盈千，難整鸛鵝之陣；勇雖累百，誰援鴻鵠之弓。韓參戎疾重積勞，倏驚賈鵩；王太守身捐率戰，頓跨梅鸞、魂飛呼吸之間，勢則鷂也；禍逼須臾之際、音非鵂乎！況九頭鳥曾叫黑風，豈三足烏便睹赤日？巧者將開籠以放鴿，拙者祇借巢而居鳩。為雌伏不為雄飛，誰口瘏且誰手拮。

夫子鵶軍既補，雕射倍嚴。欲聽赤雁之凱歌，順下蒼鷹之威令。敢稍奔竄、吾劍早營，鸝鶬若肯奮揚，爾析長鳴鴡。鷁勿飛而退後，鷙必擊以爭先。歸志休懷夫鷓鴣，謠言莫惑於鸜鵒。勦他為媒之鳩，一鼓成擒；滅彼聚族之梟，全軍皆覆。蒼赤方安，以鴇集黔黎相比；以鶉居回，思授兵登陴之時。犧或憚而斷其尾，迨看飲至策勳之日；鵲乃噪而乾其聲。泄泄閒閒，鵜不味而鶼不翼，啃啃嘖嘖，扈竊藍而扈竊黃。秩縱榮以鸐章，材果勝夫鶡負。否耶？且夫鯤鵬之志，非鶯笑所能知也；鸑鷟之文，非蟲號所敢比也。

夫子力同鸇逐，心共鷗盟。鶻之拳也即雄，鴐之翼兮偏戢；身憑大樹，意自肥乎山鵬。腹礙長鞭，怨莫填於海衛。慨上官之忠魄，血已獨灑夫鵑；恨小醜之妖氛，舌未盡殲夫鴂。捫心輾轉，鶺鴒漸急難之情；搔首踟躕，鵕鸃謝增輝之色。大吏乃奏豐功，而毛舉楓陛，詳陳天子，逐頒異命，而羽馳花封遠届。鷚非聚鄭公子，鷃似表趙武王。禎祥兆鵲，銜梁焜耀。殊雞吐綬，帶鳥仁而冠鳥勇；寬猛並彰，爽鳩秋而祝鳩春。威恩互顯，鳶肩燕頷，直可封以萬里侯，鶚翥鵬騫，行將進為三台輔。鳳籠如鵝寄，攔似鴨依，但接鵂鶹之棲，莫效鷦鴒之智。巧言難偷夫鸚鵡，彩色幸仰夫鵁鶄。桑扈交交，樂君子之受祜；藻鳧泛泛，忭小民以含和。相傳載好之音，情真吉了為擬如來之佛頂，有芻尼而試問將果對禽，固早承三惑四智之弓冶，則還看以花飼雀，不更衍四世三公之簪纓也哉！

禹貢圖鏡序　楊曉昀

余讀《禹貢》於隨山導川，嘗切按而詳究之。自察氏集傳外，凡《水經注》、《地理今釋》、《括地志》及《書纂言》等書，無不悉置案頭，以求其會通。顧疆域既廣，支派實多，紛岐錯出，每若治絲而棼。竊意前達必有舉，傳注所載總繪成圖，以開示後人者，及購得數本，大都撮其大綱，而略其細節，心殊歉焉。既而思：南條之水，江為大。崍山為南江所出，崌山為北江所出。皆合流於泯江，經文溯源且略而不紀。北條之水，河為大，自崑崙至入海，所渠並千七百一川，其見於經僅十數，必博摭他說，詳臚備列，恐累幅亦有所不得而窮。又況形勢有變遷，稱名多互易，碣石北淪於海。而澤水大陸皆難指，實《爾雅》之河。西嶽謂即岍山。《通志》之南山，謂即終南。其他名同而實異，如歧梁沱潛之類，尤不勝枚舉。使強為牽附，安知不近於鑿也。先正有言，從傳注不如從經。為之圖者亦惟依經以順敘，是為得之焉耳。劉君愛蘭，博學能文，出所梓《禹貢》圖鏡，來以示余，余觀其條分縷析，舉九州之界址，土壤、山川、貢道，一入目朗若列眉，而其集釋，則又採擇精當，不繁不略，學者本之圖鏡，以悉其條貫；參之集釋以明其義類、將几席而有宇內之觀矣。非惟足以開拓心目，於禹行所無事之義，亦可以微會焉，而盡識也夫。是為序。

朱子釋宮並圖序 楊曉昀

古者，一名一物各有定制，非詳加攷論，心知其故，開卷即形其扞格。而朝廟宮室為尤要，何者？諸經所載，典禮為多。門庭、堂階、塾序房屋之未悉，將禮器莫識，其何所置？禮儀莫識，其何所行？文義皆荆棘，心思盡牴牾。而諸經不可卒讀，勿論其他也。即四子書，如《鄉黨》言朝聘，《中庸》言祭祀，童而習之，且有終其身而不得其解者矣。學古少淹通，大類如此。雖然，非明乎朝廟宮室之制，固不可以讀諸經。非讀諸經，尤無以明乎朝廟宮室之制也。劉君愛蘭深於經者也。故於朱子釋官攷論而釐定之。而公門朝位附焉。且為之圖以指其向方，其津梁後學，可不謂備至己乎！書成將付諸剞劂，氏因弁數語於簡端云。

蒞永寧縣曉諭

照得守令為親民之官，朝廷以赤子付之，百姓以父母稱之。若痌癢不相關，苦樂不過問，亦何賴乎有此官？本縣恭承簡命，來蒞茲邑，將與民休養安全，共樂恬熙，誓不為貪、為酷，自蹈罪譴。況本縣家本寒素，弱冠後即餬口四方，近復宦游兩省。凡民間疾苦，衙中利弊，頗屬粗知，敢靦然肆於民上，置民瘼於度外，將自先不堪問心，其何以對民？其何以對天？今曉諭爾百姓，尚其敦本懋質，勉為盛世之良民，家庭知以孝弟為本，鄉黨知以仁厚相先。以勤儉為治生之源，以忍讓為保身之哲。毋習強悍而自陷法綱；毋習邪僻而身入匪途。其有孝子、悌弟、義民、節婦，以及睦、婣、任、卹，卓然可為鄉閭矜式者，本縣敬之、愛之，旌獎而表章之。若有窩娼、聚賭，盜賊訟棍，酗酒打降，習教拜會，及一切作奸犯科等弊，本縣執法如山，絕不分毫少貸。非刻也，稂莠不去，嘉禾不殖，光天化日之下，安得容此輩作祟？至於正本清源，公署內外，本縣尤刻刻留意。家丁絕不授以詞色，書役絕不假以事權。蓋在官治事之人，即無非瞞官作獘之人，本縣防閒猶恐其不密，豈肯任其播弄，自同聾瞶。且本縣辦事，自來不惜心力，案件、簿書是非悉屬親決。審訊、批發遲速各有定期。即神姦、巨蠹安能淆有定之權衡。如有謂某事可以鑽營，某事可以打幹，或妄稱請託，妄言賄囑，皆愚弄吾民者也。本縣鐵面冰心，日久共見，慎無為其所惑，此本縣開誠布公之言，百姓其審聽之，特諭。

雲津古渡建修石橋碑記 在江西永寧縣

古城南有雲津古渡，舊通以橋，遺跡尚存，然不識其何時矣。攷之縣志，雍正、乾隆間，邑人士更造渡船以濟行人，又捐田數頃為經久計，越於今不廢。顧當水勢盛漲、舟子停橈，行抵河干者，每至不可喚渡。是一葦之航，竟有時而作望洋之嘆，猶未為盡便也。戊戌，余來蒞兹土，職員袁上榮、生員龍雲會、童生張謌臣，民人趙樹堂、龍迪山，以建修石橋請。余廉得其故，乃曰："此舉誠善，惟所費甚詎，非廣為勸募，恐不足以集事。"勉旃毋自阻，遂捐廉為之倡。衆亦領諾而去，次歲之臈來告曰："橋已竣，請落成之。"余躬詣臨視。見長虹臥波，朱欄互排，石墩聳峙，既完且固，而往來雲集，罔不歡忻鼓舞，歌由庚而愛亨衢，其利濟之功不與斯水俱長哉！詢之首事，計費一千數百金，皆出自仁人君子樂輸，而且踴躍趨赴，不煩敦促。故能相與以有成，蓋從善如流若是乎其盛也！因樂為之記。

藝文下 附舊序跋 詩集

陸機曰："籠天地於形内，錯萬物於毫端。"劉勰曰："百年影徂，千載心在，久大之業，孰過於文哉？"謹按和邑舊志所載，若虎谷之奏疏，上格天心。白巖之文稿，夙徵才藪。以及呂涇野之行實錄，李西夏之敘引，允堪黼黻楓猷，爭光日月。貯列石室金匱，流馨奕禩。惟是綴文之士，家櫝金玉，人握靈珠，操觚染翰，卷盈緗帙，使遺而弗紀，致憾何窮？矧文章者性情之風標，神明之律呂。乃令古人之文章，不傳於後人，並令後人無由識古人之性情神明焉！謂職其咎哉！

重修和順縣志舊序 邑侯 李順昌 新安

粵攷周制，外史掌志邦國，小史掌志四方。漢唐宋以後，十道有志，九域有志，郡邑有志。蓋志所以志美惡而昭鑒戒，令不紀覈實，則勸懲不彰。文以獻傳，獻以文紀，志之所關甚詎也。和順縣舊無志，創修於明神宗之十有一年。和順令西夏李君繼元操觚[1]；其鑒定者守憲寅齊陳公；校訂者汾州守白公夏，學博李公根序；簡弁者太史欒平趙公思誠；和庠王子邦棟書真也。訂卷為二，分類為十有八，迄今七十四年矣。殘缺散佚、魚魯難讀，且七十四年之應載者，更僕難盡，此增續之不容已也。余博採老成，兼咨輿論，集文學士分校訂集。余手創稿，分卷著類俱仍舊志。闕者補之，殘者訂之，據事直書，惟存七十四年之實錄。質浮於文，以備徵攷，尚不辱傷於杞宋乎！夫前事之不忘，後事之師也。後有作者，稽宦蹟而思治，睹鄉評而思賢。覽山川土田而思興廢之故，觀人民戶口而思隆替之由。道德一，風俗同，以踵美先哲而重光古道，或披卷嘖嘖[2]曰：梁餘文獻之邦也。庶幾不朽盛事乎！是役也，修於己亥之菊月，竣於庚子之八月。余首其勞，學博白君毓秀、鄉先生胡君淑寅贊其成，趙子漪、李子開祥、藥子延祚廣羅嚴集。余敘其畧云。

注釋

[1] 操觚：觚是古代作書寫用的木簡。原意為執簡寫字，后指創作文章、編寫書籍。

[2] 嘖嘖：稱讚之意。

和順縣志舊序 邑侯 鄧憲璋

《周禮》以太史掌邦國四方之志。志固史體也。但史舉其要，非關政治之大者，例不得書，以示嚴斷也。若夫沿革建置之名實，山川物產之品類，風俗之正淫，土地之肥瘠，與人文節孝之芳徽，巨細畢備，得以寓經國愛民之意者，惟志為然。蓋志者，所以備史之不逮也。和順為春秋梁餘子食邑，邊晉省東陲，隸遼州北鄙。鄰畿甸，接豫域，四嶺環峙，羣山盤曲，居太行之絕巔。一泓漳水，縈洄郭外，於形勝亦可觀。矧兹山高道險，溪澗奔流，水固不能載舟，陸誠難以驅車。商賈鮮至，貿易不興，民間以耕鑿為業。厥地石確，厥居穴處。且春寒如冬，夏無盛暑，方秋隕霜，將冬霏雪，其天時地利迥異鄰封，寧不衣敝衣而食糠食！為山右偏僻瘠，苦之最久，著於廣輿。攷舊無志也，自故明神宗年間，縣官繼元李君始志之。以年遠事湮，應記載者多放失未悉。迨國朝鼎新以來，順治十七年，縣官李君順昌補輯之。大抵因陋就簡，亦未稱為全書，況倉卒勒成，字復漫漶不可讀。憲璋以戊申冬承乏是邑[1]，目擊諸務廢弛，鞅掌吏治，雖欲纂修之，逡巡謝未遑也。隨為繕城垣、招流離、清逃絕、編保甲、立鹽法、除驛害、理學宮，種種大事次第舉行。仰藉諸憲臺大人，正己率屬，百度維新，以致令行禁止，獘絕風清。上體聖天子加惠元元之意，下裨諸縣令得盡心於牧民之事，正不啻以身牧之，正不必以身牧之。而百爾下吏，靡不凛遵功令。即如憲璋駑鈍無匹，惟有益自砥礪，以副諸憲臺大人之心為心，而牧茲土之民也。於是撫摩不遺餘力，流離集、逃絕除、保甲清、城垣固、興鹽利、革驛弊，學宮亦從茲而更新。俾其農安於畎畝，士業於詩書，衣能蔽體，食可充腹，於國賦亦無逋負矣。以和順至敝至疲之邑，尚有今昔之異。其如諸州縣之民富而且庶，與諸州縣之長才敏而政成者，洵復見唐虞之治歟！然憲璋之不致隕越，獲免罪戾，幸際其時之盛，於所遇之隆也。今上令郡邑各修其志，以備綜覈，蒙憲檄下徵，竊念志者，記也，記一邑之所當記者也。如方域形勝之不可無稽也，則志輿圖建置；深山邃谷之必有所出也，則志山川物產。若夫土地之肥磽，人丁之增減，糧徭從此而生也，田賦戶口則志之；好惡之正淫，祭祀之舉廢，人情由此而見也，風俗祀典則志之。若學校，若職官，若公署，人才之所自興，法度之所自肅也，則皆志之；若寺觀，若古蹟，若名宦，稽古之所必錄，去思之所不忘也，亦皆志之。至於人物之挺生，選舉之接踵，繄靈秀之所鍾而成也。驛害不革，鹽利不興，則官民之病相關切膚也。隘口為封疆之重，祥異為休咎之徵，誠古今所不可忽也。再於為節、為孝、為藝文，啓後人則傚傳誦之最大者，何可不志乎？故並筆之於志矣。憲璋愧無史才，兼之寡識，藉有老成在座，軼事可攷，不自覆其拙而修成之。捐俸首倡，務期接古續今，備存其實，以俟後之君子，使為政有據。是志之有補於治也亦大矣！計今日之共事者，學訓王君協慶、鄉紳胡君淑寅、孝廉曹君文炳、明經趙君漪、杜君啓元、藥君延祚、諸生畢子昌齡、杜子廷機、藥子啓元、張子日騰、李子開祥、王子三錫，相助為理者也。綱舉目張，條分縷析，雖未合乎史體，庶幾不遺志記之意，進之當寧。覽形勝，而知險隘之貴嚴飭也；稽戶口，而知生聚之貴休息也。察土田，而賦稅猶宜調劑；觀風俗，而民情猶加教養。憲璋故不憚拮据勤渠，亦盡吾心之所當為，詎徒素餐貽尸位譏哉！皇朝億萬斯年，久安長治，正宜修廢舉墜，以大一統之志，永傳之千禩也夫！康熙十四年乙卯春日。

注釋

［1］承乏是邑：承乏，暫任某職的謙稱。指到某地做官。

和順縣志舊跋　劉順昌

余晉臯散吏也，謫幕良有年記。戊申夏杪，撫憲阿公命余代庖和邑。仲冬之望，鄧侯蒞任受事，自戊徂乙，約歷八年所矣。今年春，侯以期會如省，暱余曰："和邑志書，奉上檄重修，將付剞劂氏，請君正之。其間建置、沿革，保無有名存而實亡者乎？田賦、官師，保無有掛萬而漏一者乎？災祥、藝文，保無有月異而歲殊者乎？雖云八年之隔，而損益之宜，皆不出於君之見聞，盍弁一言，襄兹盛舉。"余曰："五日京兆，察識幾何？似未可以元晏自許也。"侯曰："君於梁餘八景俱有題詠，攷摭靡遺，迄今膾炙人口，君何謙讓未皇為？"余曰："唯唯。"爰即作志之意而推言之。

粵稽邑之有志，即如國之有史也。古者無史，《尚書》、《春秋》即其史。嗣後腐遷、班、范、以及廬陵、涑水勒成一家言，史學遂大著於天下。故凡典厥邑者，規其義類，倣其事例，竊附於周官外史氏之遺，而亦以志名焉。志不綦重哉！雖然，修志之要，固與修史相表裏矣。然余以為立體必欲其不紊，紀事必欲其不誕，修詞必欲其不褋，而後可補良史之未逮。今觀侯之所述，其義類事例，靡不單心編輯徵信攷實。而一切紊者、誕者、褋者擯而弗錄。美矣！備矣！可以告厥成。非具上千載之識，網羅百代之才，烏能勝任而愉快乎？余又因是深為和邑幸焉。

夫和壤地褊小，僻處晉之東陲，不及大邑之一村一堡，且也廬託陶穴，畊跋山椒，貿遷絕跡，五穀鮮生，其所恃為恆業者，惟藝麻一事是賴。而國之租稅出於斯，家之衣食取於斯。嗟嗟和邑獨為匪民也哉！良由地利之不如。其鄉之苦於鹽課，而私販之徒充斥閭閻；疲於驛郵，而協濟之累劇似追逋。自定鼎以來，官民交困久之。惟侯竭力釐剔，不惜一官，為民請命，變通不倦，化裁宜人，今已卓有成效。至於繕城。修學、除耗、清獘、招逃、勸農，種種善政，此皆侯之緒餘耳。較余代庖之時，誠煥然改觀矣。尤願侯不憚勞怨，善厥終始，務期足國裕民，以成經方致遠之猷。同和志永垂不朽！俾後之官斯土者，有所矜式焉。余也以是為侯勖諸。

和順縣志舊跋　王協慶

皇上御極之十有二年，使天下郡邑咸修，端揆之請也。志胡為乎咸修乎？《易》曰："聖人觀乎人文，以化成天下。"蓋以車書一統之盛，非此無以著同文也。和之前古未有志，有之自西夏李君繼元始。攷其時在神宗中年云。迨至我朝，上谷李公順昌重輯之。讀其文、稽其事，率皆因陋就簡，刳補舊版而增損之，終未語於全書。且也和於三晉僻疲下邑也，遠據岩疆，南箕山而北沾水，西連晉陽、東接邢州，幅幀之廣延袤幾三百里，形勝可謂巨矣。第崗嶺溪流，居十之七焉。城市村疃，居十之一焉。可耕之地約十之二耳。山川險阻、道路隔絕，採風之使，罕至其地，志之缺略，在於此乎！雖然，志者史之餘也，太文則縟而不實，太樸則陋而不雅，摭拾過多則邇於虛，刪削太甚則邇於漏。苟非夙擅通才簡練贍典，未可語勝任而愉快也。

今侯端甫鄧公，以鮮華年少，家世雲仍，出宰和也且六七稔矣。其招逋、均徭、疏鹽、清驛，以至修學、勸農諸務，無不迎刃而解。迨修志之令下，捧讀憲檄曰："唯唯。"於是參攷舊書，盱衡時務，其中條則，一遵河陝次第，示畫一也；凡篇先列舊序，存文獻也；次列已言，表變異也、凡事之有者，必明其所以有之自，事之無者，必辦其所以無之原。以見可信而可傳也。煩者刪之，缺者補之。其事真而實，其文核而典。景物之修明，賢哲之著作，黎然俱備。山川險阻之區，卓然成此全書焉。是不亦補千古之未有也哉！余也上黨迂儒，備員庠署，親炙光輝者，獨厚於他人。因其書成、以序於簡末，附青雲以聲施於後，其有深幸也夫。康熙乙卯仲春之吉。

和順縣志舊序　胡淑寅 邑人

昔夫子思夏殷而望杞宋之徵，蓋以存文獻也。故周制職方氏掌天下之圖，外史掌邦國之志，小史掌四方之志。漢、唐、宋以來，志郡國、志十道、志九域，則修志之典綦重矣。但志之在他邑，有山川之壯觀，物產之靈異，人才之蔚起，土地之膏肥。則凡為方物、為風俗、為政治、為文章，事無巨細，悉本治定功成之烈，以為賡揚太平之具。吾邑處深山窮谷中，石多土少，貨殖不興，人文孤陋。更兼數十年兵燹之餘，城郭傾圮，萑苻未精，百姓苦於流離，學宮荒於茂草，利獘不清，百務叢棘。苟欲以補救之術被之篇章也，亦甚難矣！是以修志之舉，前後僅見於兩李公。茲值聖天子崇文重道，正車書以昭一統之隆，傳諭天下，重修志書，甚盛典也。吾邑侯鄧公，躬逢其盛，於是酌古準今，救偏補闕，訪輯老成，旁搜遺典，事事仍遵舊制。既不使文浮於質，尤不敢以疑傳信。體裁合矩，可謂詳而有要矣。獨是公之治吾邑也，茹蘗飲冰，表見之業，麟麟炳炳，固所謂清而才者。如城垣備，而疆域固矣。保甲嚴，而姦宄遁矣。流遺撫，而哀鴻集矣。學宮修，而文教成矣。鹽法疏、驛苦革，利已興而害已除矣。且其告災籲困之文，起敝扶衰之事，當不啻陳詩貢俗，繪圖獻壯之意焉。公正造福於吾邑者哉！夫前事之不忘，後事之師也。焉得不舉而並志之？倘後之志是志者，不負其撫綏之責，以至久道治成，化行俗美，方可為異日採風之助，匪獨為文獻之徵也。余長安候補歸里，公出其稿而示之，因為之序其大略云。康熙十四年乙卯春日。

和順縣志舊序　曹文炳 邑人

志也者，記一方之事也。志之意始於《春秋》，《春秋》大尊君之義。二百四十年之間，屬時比事，聖人隱寓其心焉。故於魯國之史而備志，列辟之事詳且盡也。於是於建國之大小則書之，生齒之增耗則書之，年歲之豐歉則書之，祥祲之有無、人文之盛衰則書之。非好繁也，不如此則紀事編年，聖人之心幾於晦且疏矣。故朱子之《綱目》，始於威烈，所以繼聖心之窮也。自此而降，則郡載家乘，稗官野史，孰非體此意而為之乎？遡明之興，詔天下郡邑皆有志，而一統志又集其成，亦曰各記其事耳。迨我皇清定鼎，三十一年矣。前此未有修志之舉。其始之也，自癸丑之夏月始。然而志亦不同矣，他郡邑之志，志繁也，志盛也，和邑之志，志簡也，志苦也。何信乎？爾和之置邑也，星分參觜，地接鄴邢，天文地域猶舊也，而其餘有苦疲難堪者矣。兵燹之後，苦以蝻蝝。蝻蝝之後，苦以霪雨。霪雨之後，苦以旱魃。夫且協站苦之，差使苦之。以致阡陌榛莽，苦在荒蕪矣。人丁逃逋，苦在戶口矣。國課負欠，苦在攷成矣。廬舍有傾頹之苦，焉問生聚？衣食有維艱之苦，焉問詩書？此其時幾不成為縣治，雖欲志之，安所存而為志之。戊申歲，邑侯鄧公承令茲土，心傷邑治之將墟也。皇皇焉招徠之，而哀鴻漸集也。皇皇焉課墾之，而蒿萊成熟也。又皇皇焉修葺之，而頹廢者完好也。又皇皇焉訓誨之，而遊惰者絃誦也。去其所甚苦，而予以所甚甘。乃於修志之役，條之列之，增之損之，是能行之於先，而言之於後也。余固不為著作之難，而為起敝扶衰，而兼表明之難也。書既成，援而參閱焉。何其有倫有要，知其為可信而可傳者也。是能傚《春秋》之寓意，而學其明備者也，僭為俚言，授之剞劂，夫亦曰記一方之苦，而有其成效者耳。是耶？非耶？康熙十四年五月吉旦。

和順縣志舊跋　藥延祚

國家建官置吏，與民最親切者莫先於守令。而守令之司，凡簿書期會之文，與夫科律版籍之帙，莫不朝夕披覽之。若夫沿革興廢，名實變更，得以寓其經國憂民之意者，惟志為然。蓋志者所以備史之不及也。和為遼屬，自肇刱以來，名之數易，不知經幾。攷之盲史云：“晉獻公使太子申生伐東山皋落氏，梁餘子養御。”皋落在今樂平縣之東鄉。梁餘即和順，為周子爵之所受封也。其地高，其氣寒，其田石确，其俗儉嗇，深山邃谷之中，多穴居而巢處。鹿鹿于于，衣不識錦，食不識稻，異於太古者幾希矣。雖然瘠苦之民，固異於膏腴之民，而治瘠苦之政，亦將異於治膏腴之政，何也？治膏腴者，利在節宣，治瘠苦者，利在生全也。和之民殘矣，殘則存者安之，流者來之；和之民貧矣，貧則匱者實之，勞者佚之。是豈損上以益下，家至而人見之哉？民不擾而始得安，民不奪而始得實也。為之上者生聚之，又從而教養之。膏腴可志，瘠苦亦可志。膏腴可志，則《擊壤歌》是也；瘠苦亦可志，則《流民圖》是也。

惟我和侯鄧公，宰是邑也，生聚教養者，已逾七載矣。其所以因地設施，隨時利濟，已見於推行矣。今於修志之舉，又從而深切著明焉。故能娓娓而不竭也。今日之修廢舉墜，全書俱備，覽其四至，而山川、風物可知矣。按其經制，而沿革、窮變可知矣。數其戶口，而田疇、子弟可知矣。詳其教令，而文事、武備可知矣。是不亦今日之披圖，前古之未有者耶？舍此勿究，奚以致治乎？審晝一而恪守之，知公之視邑事如家事，而並窺其經國憂民之意，不有裨於後之守土者乎？古人云：文章不關世道，雖工無益。吾豫知斯志之以邑而成，而斯邑之以志而重焉爾。書之簡末，果有當於修志之意否？

為重修和順縣志呈文

山西直隸遼州和順縣知縣黃玉衡，為奉憲纂修邑志，以昭大典事。乾隆三十三年七月二十日，蒙本州衛扎，轉蒙布政司富憲扎，頃奉院憲蘇面諭：以山陰、平魯等縣所呈志書，尚繫明季時校輯。其中記載，語句甚多紕繆，不經不倫，大屬不合等因。查志書一項原所以詳記該郡邑等，城垣、學校、山川、景物、編戶、額徵。以及鄉賢、名宦、忠孝、節義，臚列類載，以備攷採。自應隨時刊釐，不仍不漏，以昭詳慎。何得仍沿前明剿說，並不留心更正。除嚴飭外，誠恐各屬亦有似此者。合亟扎飭。為此，扎仰該州，立即飛飭所屬，查明該州縣等志書，是否尚係前明時攷訂，其志內記載有無不經不倫悖謬語句。速即詳查明確，分別刪改校輯，呈詳察核，毋違。等因。蒙此，卑職隨查卑縣舊志，係康熙十四年鄧令纂修，多因前明舊志，其中雖無甚紕繆，但記載多訛，於體裁殊屬不合。迄今將及百年，其山川、景物、編戶、額徵、為沿為革，以及忠、孝、節、義應宜臚列類載。誠恐日久湮沒，相應設法辦理。隨據闔邑紳士畢景、杜士逾等具呈前來為俯循輿情，重修邑乘，以備國典事。竊惟萬年之法戒昭於汗青，一代之休明始自郡邑。凡屬職方圖籍，總為盛世之山河。誰言蕞爾微邑，無與王朝之文獻。欲嗣往蹟，端望後賢。和邑舊志，梓於康熙十四年，迄今九十餘載。其忠、孝、節、義、風俗、沿革未經修葺，湮沒不少。今恭遇老父臺學繼程、朱，才雄班、馬。玉尺金鑑，是非留三代之公，石室蘭臺，著述富千秋之業。方將紀言動於柱下，何難勤纂集於華封。伏乞訂正舛訛，搜羅遺文。況此舉所費無多，辦理甚易。倘蒙准行，政典增光，輿情允洽。為此，合詞具禀。懇乞俯准施行。等情。據此。卑職復查邑志，以備攷採，懲惡勸善，關係匪輕。既經紳士等，以百餘年殘闕，漫無稽攷，情願纂修。隨親詣明倫堂，會同儒學及諸紳士公議重修。緣卑縣人物稀少，紀載無多，約費不及二百金，閱月即可告成。紳士等已情願量力輸將。倘有不敷，卑職亦量捐薄俸，共成盛舉，並不絲毫累民。當即酌立章程，延請平定州貢生賈訒，協同紳士畢景、杜士逾、趙暐、曹澈、畢臻、劉嗣榮、藥培全、杜延興等，設立志館，詢訪參訂。間有紕繆之處，即行刪改。遺漏之處，即為補添。務期紀實傳信，允洽輿情。前經呈明辦理，今已採輯成帙。為此，恭呈繕本，伏乞憲臺裁度施行。順至申者。時乾隆三十三年九月二十日驗。

和順縣志舊序

邑令官稱親民，撫循一方，則必周知一方之故實。於以生全安養，起衰救敝，方無忝厥職。顧前事之不忘，後事之師。徵文徵獻，實攷鏡得失之林。邑志之修，詎可緩哉！和邑隸晉省東鄙，居太行之巔，羣山環峙，二漳縈繞於郭外，亦一巖疆也。乾隆丙戌夏，余承乏茲土。甫入境，見夫居多穴處，地盡沙石，且氣寒而風勁，種植之利，遠遜鄰封。是固瘠土也，生計良艱矣。又見其民之務本力作，衣不文繡，而食鮮梁肉也。勤儉質樸，唐魏之遺俗猶有存焉。夫民勞則善心生，不競不絿，因其風會而調劑之，良有司之職也。余力駑駘，心殷撫字。竊欲鑒前人成蹟，以明乎利弊興廢之由。適披覽邑乘，則其書簡陋失次且漫漶不可讀。蓋和順之志，自康熙十四年，前令鄧君憲璋一加修輯，迄今又九十餘年矣。其間風物變遷，政事損益，與夫人文崛起，暨里巷士女節烈非常之行，所當採錄者何限？況我國家，久道化成，法制大備。聲教所訖，車書禮樂之盛，遠邁前古。和雖僻壤，使不急為撰次，何以信今而傳後？戊子歲，上官諭各屬重新志乘。迺謀之學博晉陽荊公，開局纂修。延平定州明經賈君摠其役，率邑中縉紳文學諸君子，分任校讐。遠稽近訪，薈萃成書。雖體裁一仍舊貫，而少變其例。首卷列以圖攷，復釐為八卷。先地理，次建置。若田賦，若祠祀，及官師、選舉、風俗、藝文，莫不分門而別類，綱舉而目張。舊志之闕者補之，訛者正之。編既竣，即於簿書之暇，細加繙閱。慨然曰："是志也，前以補九十餘年未備之紀載，後以俾守土之君子，一展卷而一邑之事瞭如指掌。覽其疆域而封守宜固，稽其物產而生殖宜繁。農服田畝何以保聚之？士遊庠序何以教誨之？父母斯民之心，必有油然而動者。上以副聖天子加惠元元，治益求治之意。則邑志之有裨於化理，夫豈淺鮮哉？"爰不揣固陋，書數言弁諸簡首。時乾隆戊子歲冬月，賜進士出身文林郎知和順縣事黃玉衡撰。

重修和順縣志舊跋

國家設官分治，欲養惠元元計，不能無所興釐。然沿革變化具掌故，非邑乘弗稽，志蓋其重也。孔正以菲材，秉鐸斯邑，已歷十四載。課士之暇，嘗攷舊志，闕九十餘年弗紀，則撫卷而嘆。適楚南黄公來涖兹土。不佞數請事，間及邑志，均以缺略為憾。戊子秋，奉憲檄纂輯。爰開館明倫堂修業齋，仰邑中紳士，搜羅往蹟，照義例草成繕稿。删定既竣，復囑不佞綴言於簡末。夫邑乘雖一方，然合邑以徵郡，合郡以徵省，合省以徵天下，而史出焉。志詎易言哉！要以邑所有者欲無遺，所無者欲無濫。鑒往證今，確為實錄，斯堪述耳。和邑當晉東陲，雖彈丸微區，而要害繫之。則區別疆域，以辨星野，非可別立天文為一門也。民居太行之巔，商賈不通，五穀鮮種，僅以藝麻為生活計。覩人民戶口登耗之故，起瘠蘇瘵，為民父母者，宜何如加意焉！邑雖小而鳴琴弦歌之吏代不乏人。循良往績，班班可攷。非後事之師乎？則官師有志。且漳河環帶，氣所磅礴。鍾為人傑，瑰瑋卓犖。若文章紀述，今昔之故，炳然足觀，則人物藝文有志。且志田賦則起運與存留攸分，驛站與鹽引特著。志祀典則祭器與樂章備載，為廟與為壇綦詳。其餘以類見者，亦弗紊遺，是亦可傳也已。嗟乎！為史者採輯易，筆削難。廣蒐軼事，博雅之士類能之。至於定體裁，嚴去取，非其人弗信弗從。黄公負海内碩望，一言輕重，比於衮鉞。其為和邑志也，據事博，立義嚴，徵一時而信百世矣。不佞得以逭采風之愆，且附青雲之會。抑何厚幸歟！今聖天子文教誕敷，海宇同風，凡有兹土者，當以時繕輯，以備攷覈。三晉為西北重鎮，而和邑僻處山隈，稽察匪易，此公志所宜嚴且詳也。不佞曷足以識之？第跋數語於後，綜其概以告成事也云爾。時乾隆三十三年歲次戊子應鐘月吉旦歲，進士，和順縣訓導晉陽荆孔正謹跋。

和順縣志舊序

歲在乾隆柔兆閹茂之春。余設絳梁餘。適使君楚南黃公來蒞茲土。下車始，諄諄以修志為念，諸務繁冗未遑也。越二年戊子秋，政通人和，百事具舉。因於謁見之餘，囑余纂輯其事。余以鄰治父母命，義不獲辭。爰不揣固陋，偕邑中縉紳先生畢君景、趙君暐、曹君澈、畢君臻、杜君士逾、劉君嗣榮、杜君延興、藥君培全等，因舊志而編次焉。昔康對山敘《武功志》七篇，首列地理，終及藝文。其中建置之沿革，祠祀之典要，以及則壤成，賦則有田、有里、有戶差其等。惠我嘉師，則某賢，某廉、某能著其績。而且人才不擇地而生，天道每因時而示變。則慎選舉，攷休徵，網羅古績，廣蒐異聞，亦攷古鑒今之一大節目也。夫和邑舊有志，刱始於萬曆十一年西夏李公繼元。重輯於順治十三年上谷李公順昌。三成於康熙十四年鍾山鄧公憲璋。凡所志地理、建置、祠祀、田賦、官師、選舉、災祥、藝文者，亦綦詳且盡矣。余何人斯，敢贅其殿。亦惟是繙閱前帙，博採輿情，再參以百餘年來軼事，庶集腋以成裘，纂組而摛錦。早作夜思，與諸先生共相參訂。期不負我父母闡揚百餘歲人物、風土、政治盛衰得失之至意云爾。是為序。時乾隆三十三年歲次戊子秋八月，石艾歲貢生賈訒譔。

續修和順縣志舊序

和邑之有志乘由來久矣。其始也，創於明季之李君繼元。其繼也，修於國朝順治十三年李君順昌，三修於康熙中之鄧君，後又修於乾隆年間之黃君。一志也，而前後經四名手之參訂，詳矣！盡矣！其蔑以加於此矣。顧天道每十年而變，人物歷一日即殊。前既有古人，後亦有來者，來者可徵文獻而知已往之陳蹟，古人安可無譔述，以資後來之見聞哉！則邑志之修，固不可以緩也。和邑古梁餘子食邑，居太行之巔，都燕豫之壤，旁列十景、水合二漳，固巖疆亦勝地也。光緒戊寅冬，余來宰斯土。批閱邑志，見其書僅四卷，紀載亦不甚多。蓋自乾隆三十三年，經黄公玉衡纂修以後，迄今百餘年矣。余見其年湮就沒，悵然者久之。因歲值大祲，四野嗷嗷，辦賑辦捐，不遑朝夕。欲即前志而補修之，固有志焉，而未之逮也。己卯夏，奉爵撫憲威毅伯曾札：飭各州縣志書、一律修輯。即照舊志，原分門類，挨次編纂，等因。余捧檄之餘，喜甚。爰謀諸邑中候選教諭之貢生吳君萃、拔貢生杜君蘅，廪生藥君效仙，設局纂修。延蜀北甲子科孝廉馬公如筠總其役。率邑中紳士等，分任校讐，廣採博訪，編輯成書。其卷軸之次第，及各門之前後，一仍其舊。惟是百餘年之風物、災祥，與夫忠孝、節義，仍分門類續刊二卷，附於舊志四卷之後，不必改絃而易轍，自然綱舉而目張。書既成，公餘繙閱一過，不禁喟然曰："是志也，所以緒前人之美善，開後來之見聞，發潛德之幽光，昭忠孝之苦節。俾城鄉士女，聞風而奮然振興。則其有益于風教者，豈淺鮮哉？"故先夫余者纂輯於前，余不敏亦踵事於後，更愿後之視今，猶今之視昔，補偏救弊，振舊從新，不以因陋就簡見責，是則余之所甚幸也夫。時光緒五年屠維單閼嘉平月，署和順縣知縣陳守中撰。

和順縣志舊序

梁餘皆山也，邑設於深巖邃谷之間。俗樸事簡，守之者稱易治。為是地雖僻，而毗連直豫，舊為全晉東藩第一要隘。設文武員弁七，營房九，四嶺抗要處，皆屬邊防。盤詰姦宄，不為不嚴。官於斯者，宜若何慎重周詳，奉職思稱，以期不負所守。而民習狃與便安，少有措置，輒苦煩擾。為之治者，似易而實難。歲庚辰，余由平陆調補斯邑。同官舊好為余不平。以全省十三瘠缺之最，凡無自存理。余曰：否否，缺小則耳目易周，事少則精神易注，地瘠則度支易儉。何地不可盡吾職？何事不可盡吾心者？況太行巖巖[1]，去天而近，登峰溢想，頡頏[2]青雲，搔首問天，一吐胸中奇氣，以自抒囊括天地，睥睨一世之概，亦丈夫得志於時者之所為乎？造物弄人，一官溷我，天之厄吾遇，殆欲老吾才耶？和順自大祲後，人民逃亡。積苦之區，重以凋敝，元氣大虧。余先辦保甲，稽查戶口，額田三十六萬餘畝，新老荒未及查辦者，幾及十萬之多。加以清漳為患，衆流助虐，連年冰雹，歲又歉收。逋負之戶，多於良民。明鄉賢王虎谷中丞贈劉大令序有云："邑以貢賦不時集為憂。"然則賦稅積疲，自昔已然。何況今日催科撫字，在在為難。知其難而不敢諉為難，一年以來日夜淬勵[3]。思所以養而常恐奪其所養，媿無以教而常懼失其所教。凡所興除，揔求切要。事事鉤稽，志乘其一也。舊志乾隆三十三年黃公玉衡修後，迄今百數十年。前任陳公守中，奉憲開局，續修年餘。延邑明經杜蘅數人纂修，未合糾誤補遺之旨，經費支絀。余為節靡費，停局數月，專事採訪，纂修之役，身獨任之。博綜載籍，旁搜故隱，兼採輿論。稽其所未當，章其所未顯，益其所未備，核其所未實。據事立言，揆義定法，變通舊例，參酌新裁。三月成書，共計十卷。噫！信今傳後難矣！不敢自信也。同鄉王大令家坊，具著作手，交卸榆社，便道過舍，互相商榷。商其所為養，商其所為教，且商其所為守。若余紡織教民、書院課士、緝捕移兵諸大端，一一筆之於書。雖然，此特盡吾職盡吾心而已。宰官救時，講求利獘，誰則無之？而公心少雜私心，善政卒流獘政。甚或封阿烹墨，名實混淆。要之盡職者，得安其職，盡心者，共諒其心。卒收實效與否，皆天也，非人也。日者邢台以東則告旱矣，榆太以西亦以告旱矣。北接平定，告旱尤甚。而南距遼州經八九十里，步禱亦無應日。吾和蕞爾一隅，雨暘應時，獨保無恙。謂非天哉！若夫生聚之謀，殆十年計。是所望於後之賢使君也。何事余言。時光緒七年七月下浣，知遼州和順縣事古越魯燮光撰。

注釋

［1］巖巖：山勢高峻的樣子。

［2］頡頏：意為不相上下、比肩。比喻山勢極高。

［3］淬勵：鞭策、自勉之意。

和順縣志舊序

邑志猶國史也。古者列國皆有史官，掌記時事，以備太史輶軒之採。周制有外史、小史，掌邦國四方之志。故孟子舉晉《乘》、楚《檮杌》與《春秋》並論。志與史名異而義一，實相為表裏者也。自秦廢封建，文獻無徵，史亦隨闕。漢唐以下，史氏代興，記載林立，内而郡縣，外及疆域，無不有志。然邑之志未詳也。有明之興，始詔郡縣立志。統志所不能備，分載郡志；郡志所未能盡，詳於縣志。凡夫山川、土田、文物、風俗，有關於生民之利病，而可為教養之資者，咸得備書。志之有係乎史者，實非淺尠。和邑縣志，自國朝以來凡三輯修，迄今又百餘年矣。其間政治之得失，人物之變遷，川原田賦之殊，士習民情之異，風會所趨，得毋有今昔異形者乎？嘉言懿行，忠孝節義之風，此百餘年中，其潛德幽光，得毋有湮沒不彰者乎？邑志缺略則晉乘不全。將何以傳信於將來，垂典型於後世乎？丁丑之歲，三晉薦饑。升任大中丞威毅伯曾公，會各大憲請命於朝。賑恤、招徠、撫摩而噢咻之，億萬生民賴以蘇息。當博濟功成之後，謀轉移澄敘之方。爰有重修晉志之命。當是時陳公守中，實權斯邑。乃網羅舊聞，攷徵軼事，旁搜博採，連綴成篇。草創甫經，旋即卸事。繼之者為魯公燮光。就陳所定，更加刪輯。未幾亦緣事被議，志不可竣。壬午秋，兆熊承乏之土。公餘之暇，急取二公所輯，詳加參閱。魯公之書未免過略，應仍以陳公所輯為準。惟才乏三長，荒鄙寡識，何敢當信今傳後之任？擬即於二公所定而折衷之。顧以甫經蒞任，一切興廢舉墜，庶務殷繁，鞅掌簿書，日不暇給。加以病魔纏擾，動輒經年。欲踵成之，而未遑也。皋川岳君雲卿先生，高才碩學，識兼古今。兆熊數慕鴻名，顧未親炙。今年春禮聘來和，主講雲龍書院。朝夕過從論文外，語無旁及。蓋品學兼優者，晤對甚相投矣。因出舊志並陳魯二人所輯，並以相屬請其重加纂輯，以成盛舉。岳君不獲辭，慨然操筆，分體辨例，獨具心裁。復延攬邑紳文學名流，共勷厥事。如吳君萃，畢君承宗等之採訪攷訂；欒子效仙，王子玉汝等之輯次繕清。校正則有學博宋公、司局則有邑尉王君。皆所為有功於斯志者也。自始事以訖竣事，凡三閱月而書成。因共執卷以示兆熊，且屬以一言為敘。嗟夫！文以載道，道以文傳，言之無文，其行不遠。是志也典麗喬皇，筆書兼有，目張綱舉，條理井然。非岳君筆削之功不及此；非諸君子贊匡之力不為功。兆熊何有也？第念前賢令經始創修之勞，又樂得諸君子相與圖成之速。雖欲弗言，惡得而弗言，謹為詳其巔末，以志梗概。至此志之成，敘論詳於舊志，予奪衷之輿情。提綱挈要，不漏不支。則又秉筆者之精密審詳，足可與史筆相輝映者。兆熊得掛名簡末，亦已幸矣，又何敘之敢云！光緒十一年歲在乙酉冬月吉日，知和順縣事大定左兆熊撰。

和順縣志舊序

自周官有小史、外史之掌，而漢唐因之。以志郡國、志十道。則志與史名目雖分，而要其整飭而修理之者，史必兼具夫三長，志則以三長而折衷於一是。率而操觚，斷不能以酌之古者準之今，即以信之今者傳之後也。和志之增修也，肇端於己卯，其間兩易攝篆，而迄無成功。大抵舊志未臻完璧，陳魯二公之續修，繁簡亦未盡適宜。夢卿左侯自壬午抵任後，公退之暇，即合新舊志而參攷互訂，正其訛、核其實、補其缺、刪其繁，討論修飭之兼資，因革損益之並用。總期斟酌盡善，以備採風問俗之資。而勉副諸憲台黼國黻家之雅。於今三年，書未成而規模悉具矣。乙酉余適承乏於雲龍書院，請謁之次，出邑志以校對囑。夫窮鄉末學，未耄而荒。本非范、沈、姚、魏之徒，安知比事屬時之例。義不獲辭，爰受而讀之。竊幸往哲已示之準繩，時賢早詳其義例。更賴邑中諸名流，彌縫而匡救之。遂使樗櫟庸材，亦得與於斯文。是役也。承謬沿訛之悉屏，獵艷鬬靡之胥捐。以由舊者增新，非敢出而問世也。亦惟信以傳信，無廢乎侯之始基，而竟其緒。侯雖讓美弗居，誰得而掠其美也。獨是世所重於侯者著述其餘焉耳。以真實無妄之資，挾緩急可恃之用。且歷任煩劇，率以振作人材為先。至法良意美，淪浹於萬泉等處之人心更僕，幾難悉數。而其最係人思者，署臨泉則霄雨祈三日之甘，徒步登山，崎嶇經百里。而遠攝翼城、則棚規革百年之陋。籌資抵款，公私合兩美而全。所以口碑載道、輿頌盈途。雖時過境遷，不泯於人心之眷戀。今宰和邑，山僻小縣耳。而生聚教訓，凡有裨於民生者，實政罔弗載，實心以出。玆復鶴俸首捐，纂修邑乘。俾數百載之流風餘韻再傳，彌耀簡編。百餘年之潛德幽光，一旦胥經闡發，他日大展抱負，立朝廟而潤色昇平。不當如是哉！幸蒙不棄，謬與校勘。方藏拙之未遑，乃驥尾之竊附。何幸如之！而何愧如之！把卷流連，惟深喜和人之得慈父母也。於是乎書。時光緒十一年冬月望後三日，勅授承德郎內閣中書、丙子科舉人樂平岳宜興序。

詩集

靈濟宮聯古句贈寅長王君知陝州

中年苦作別，況此平生遊儲瓘。夜來愛明燭，欲去且復留邵寶？清尊信奇物，豁我萬古愁毛紀。俯看春浪生，汎汎一虛舟石珤。道人地自靈，風雨撼龍湫喬宇。方春豈無贈，奈此柳未抽何孟春。冰雪釀餘寒，光生五城樓陳欽。健馬當歷阪，終為伯樂求宗。吳鉤未全試，奮激鬚如虬儲瓘。嵩雲為君開，倏忽當軒流石珤。笑談擬周召，坐鎮東西州邵寶。遺風續甘棠，懷賢勿輕邱石珤。正途在伊洛，弔古且迴輈喬宇？秋哀潼關戍，涷恤閿鄉囚儲瓘。律學漸可讀，兵機慣能籌喬宇。誰言將送煩，竚見疲瘵瘳。石珤 興神動高詠，響振山幽幽邵寶。吾生本戇直，不識絃與鉤儲瓘。望鹿者何人？豈雪此纇羞喬宇。壯哉烈士志，難與俗子謀邵寶。賦非湘水弔，書待周南修儲瓘。放歌不能罷，仰見星河浮陳欽。一笑送君去，天未生清秋毛紀。

奎光樓成集唐句　李順昌　邑侯

樓臺橫紫極楊炯，霽色蕩芳辰駱賓王。彩筆凝空遠神慧，江花入興新李嘉祐。
氣衝星漢表鄭愚，文聚門牛津顏真卿。東閣邀才子劉長卿，青雲滿後塵杜甫。

虎谷　王雲鳳　都御史

深山草木稠，結廬向虛敞。盡日無人至，禽鳥互來往。
讀書心力倦，手曳青藤杖。出門何所之？獨坐磐石上。
山頭白雲生，我心自蕭爽。田夫驅犢來，喜道桑麻長。

題聖澤井　石玠　提學副史

洙泗淵源萬水東，偶忻一脈在斯鍾。井泉百尺常行地，老樹千年欲化龍。

芹藻晝晴香不斷，宮墻春靜潤無窮。余亦濫叨斯文寄，補益全無半勺功。

許狀元　李順昌　再見

大對元朝第一人，存銜存姓何名湮。或嘉書爵同胡筆，還樂藏名抱楚珍。

元禮魏君合秘符，靜修劉子問遙津。清風經久彌芳烈，豈沒荒郊草莽臣？

分賑

明神宗癸未歲，予初任。值本縣旱甚，饑民流棄鄉井。蒙上賑濟，

予分給四鄉，民皆鼓舞，喜而賦此。**李繼元**

山國炎炎久渴泉，偶從分賑過東川。閑花帶笑迎征輅，飛鳥窺人下野田。

童叟歡呼霑化雨，村墟爐竈喜生煙。踟躕思上流民賦，愧我難圖鄭俠箋！

清河泉　喬宇　尚書

萬斛明珠地湧泉，茶經應載品通仙。松蘿上映峰頭月，蘭芷中涵沼內天。

興到臨流嗟逝者，歌成呼酒愛陶然。兹遊記取名鐫處，嘉靖時維亥紀年。

鄒獻卿久勞於事邑宰慰以前韻

看山未已復觀泉，父老爭誇客似仙。簿領適逢多暇日，風光剛及小春天。

早棲鸞枳非徒爾，暫試牛刀信偶然。海内知音能幾遇？訂交吾亦愛忘年。

弔王虎谷　趙思誠　給事中

先生剛介震人寰，未獲摳衣覩鳳顔。學政昭明秦日月，文章吞吐晉河山。
天空咳嗽清狐鼠，嶽立風裁起懦頑。幸有遺容千古在，文光猶射觜參間。

李陽村　蘇宏祖　邑侯

千秋尚有李陽村，落日西風弔古魂。毒手遂成逐鹿事，老拳終怯漚麻盆。
深山何處龍鱗臥？故壘蕭然燕雀存。池上英雄今已去，年年池水為誰喧。

踏荒警寇時禱雨　楊崧　邑侯

梁餘山北草如煙，狡寇何來盡控絃。不意堯封成虎穴，那看飛將奮龍泉。
輪蹄驛路籌無策，雲葉霏微祈有年。憂國披衣中夜起，長廊翹首祝蒼天。

過寒湖嶺有感　王道行　邑侯

征途公役幾番來，石路重重點翠臺。野鳥翺翔依樹轉，山花馥郁向人開。
清溪最好消塵思，佳木豈甘作樗材？因憶十年窗下約，蕭蕭孤劍且深懷。

張大尹正儒名宦

君宰梁餘四十春，梅鳩鶯羽步前塵。臺城半識英雄氣，山署全聞郎宿神。
瘞塵水湖鸞鳳集，埋輪霜嶽虎狼馴。風流郁烈鬚眉在，俎豆蕭光萬古存。

黃榆古戍　周鉞　邑侯

山形秋色勢相宜，自古乾坤險是奇。怪石籠雲蹲虎豹，枯松掛月走蛟螭。
一夫隘口身無敵，匹馬峰頭力欲疲。林藹野煙正愁絕，行人指點不須疑。

前題次韻　劉順昌　邑侯

巖關千仞古今宜，遥望黄榆分外奇。老樹扶疏高燕雀，殘碑磨滅隱龍螭。秋風隕擇來偏早，朝日陞輪度每遲。自此一夫能守險，將軍何必過憂疑？

八賦晚霞　周鉞　邑侯

上黨東來翠嶺賒，梁餘西去碧雲遮。崚嶒石嶝羊腸遠，洶湧波濤鼉鼓撾。行處縱横多鳥跡，望中寂寞少人家。夕陽殘照無今古，孤鶩長空帶晚霞。

前題次韻　劉順昌

八賦横空路甚賒，巑岏千丈半天遮。懸崖鳥雀未由下，峭壁藤蘿何處撾？嶺底羊腸千萬徑，關前蝸室兩三家。衙齋久矣標堂額，何用梁餘餐晚霞？

九京新月　周鉞

吏隱長年泯宦情，西風一笑出郊行。忘機鷗鳥沙邊臥，跨竹兒童馬首迎。路入九京遊衍處，人留千載古今名。一鉤懸掛林梢月，恰到嚴城已報更。

前題次韻　劉順昌

古人原自重交情，文子叔譽從此行。偶爾遊觀樂未艾，同心言笑喜相迎。可憐設辨九京上，徒有知人二字名。新月年年照野壑，如何人物幾遷更。

鳳臺異形　周鉞

疊嶂廻巒漳水湄，崇岡一似鳳來儀。風松乍作簫韶奏，露草還吟萋菶詩。天半朱霞增壯采，雲扶旭日望中移。臨邛舊有求鳳操，西去長天不可思！

前題次韻　劉順昌

高臺漠漠落漳湄，萬丈流霞壯羽儀。六象平鋪堪繪譜，九苞輝映可題詩。

河東應運誰為主？冀北朝陽老不移。丹詔時同紅日近，凌空一望發深思。

漳水環帶　周鉞

百雉孤城間兩洲，南溪北澗總東流。三門作品題清議，二水成人泛白鷗。

向晚雲收涵兔影，入寒潦盡見龍湫。危橋跨處堪圖畫，高詠滄浪興未休。

前題次韻　劉順昌

不信人間有十洲，今逢雙潤水交流。陰山浪卷疑翔鷺，猴嶺濤飛起宿鷗。

前輩文章推虎谷，環城襟帶賴龍湫。臨河欲展濯纓志，極目南池奮翼修。

風撾石鼓　周鉞

幾度曾經此嶺過，一規石鼓委山阿。琢磨或類宣王制，吟詠誰賡韓子歌。

路險力疲頻駐馬，雨多溪漲怯凌波。懸崖隱約風姨手，水底填填夜擊鼉。

前題次韻　劉順昌

石鼓曾經目擊過，如何零落在山阿？規模是否符型範，文字有無足嘯歌。

殊異岐陽太狩碣，豈同雪浪小文波！山中疑有妖蛟舞，代爾如撾l水底鼉。

松子香風　周鉞

萬壑千巖一夜霜，晚看雲樹兩蒼蒼。懸崖老幹虬龍霧，偃蓋新枝鳳鳥翔。

有約不逢黃石履，無緣可到赤松鄉。乘風度嶺蕭蕭起，松子吹來桂子香。

前題次韻　劉順昌

何年藝種飽經霜，老幹虬枝氣色蒼。日為蓋遮常叱馭，鳥因濤拂幾迴翔。
青青陰傲寒冬歲，謖謖風迴醉夢鄉。況有后彫持晚節，應同栢子噴天香。

雨洗麻衣　周鉞

神僧此地事精修，宋祖當年誓遏劉。金甲拋來無臥榻，麻衣著去不頭迴。
北安香火虛千載，南度衣冠閟一邱。雨後登陴頻悵望，極天芳草正悠悠。

前題次韻　劉順昌

廓外招提山徑脩，天台此日又逢劉。人知麻敞衣藏玓，誰信雨過石點頭。
和尚燈傳存古衲，寺門雲鎖即丹邱。曾聞宋祖勤祈祝，赫濯如何久且悠。

俚言贊麻衣道人　趙爾覲

綴補麻衣耐歲寒，千章喬木與禪安。祇因郊國幾斤盡，怪得仙人破塔看。

合山奇泉　王雲鳳 再見

四月清和雨霽時，來攜父老拜神祠四月四日懿濟聖母誕辰故云。簷前燕雀多新壘，橋畔松楸只故枝。環抱東西南壁合，周廻三十六峰奇。靈泉兀突經今古，旋渴旋流誰使為?

前題　蘇宏祖 再見

四月無雪鬱蒼蒼，林水悠然自一方。地老龍蛇纏石筍，月明笙鶴過滄浪。
雲林忽作千家棟，靈澤還滋九畹香。縹緲三山人不見，醉攜騷雅嘯芳房。

西溪靈井　喬宇 再見

千仞靈源鬼鑿開，真從一竅泄胚胎。蛟龍石底能潛見，雲雨寰中任往來。
地界遠分梁子國，山形高枕趙王臺。西溪勝跡堪留詠，徒倚蒼松坐碧苔。

前題次韻　胡淑寅 邑人、推官

一望巉巖萬壑開，西山爽氣抱龍胎。泉飛迭澗松聲合，雲暗荒城雨色來。
六月長天猶縱酒，七年此日復登臺。石龕空寂靈芝冷，獨對殘碑弔綠苔。

前題次韻　趙漪 貢生

步入幽谿巨壑開，寒泉石底瀉靈胎。潭空時見閒雲起，亭敞頻邀爽氣來。
曲磴斜通松下路，輕霞高鎖嶺邊臺。前賢題句藤蘿隱，我為前賢拂碧苔。

前題次韻　趙浚

曲曲幽幽小徑開，龍潛深窟浴靈胎。氣噓霧湧山環黯，珠吐泉飛雨細來。
佳詠常留三絕字，霸功止見九層台。當年墨跡風吹散，澗壑增顏長綠苔。

西山蹐蝗有感次邑侯蘇公韻　趙漪 邑人

山原無復草青芊，極目垂涕總石田。苗湧飛蝗時作隙，空倉懸罄日如年。
秋來不獲瞻雙穗，歲盡誰輸供俸錢？憤籲彼蒼何不弔，嗷嗷鴻雁倩誰憐！

丁亥三月三日遊山寺　黃玉衡 邑侯

其一

復嶺崇崗殿一巒，松風三月倍增寒。峰高似削仙人掌，寺古猶懸道士冠。

望去好山環繡幙，行來佳氣襲芳蘭。山僧不卜晴和雨，惟問香岩濕也幹山頂有三岩將雨則滴水。

其二

清淨桑門望若懸，雲煙縹緲洞中天。千尋砌石窺欞立，幾處喬松抱佛眠。
過眼春秋僧有待，留人風月吏無緣。超然逈出人間世，勝讀南華第四篇。

石鼓

誰來攷擊事山中，一石天然鼓製同。雨過苔生釘隱隱，風鳴谷應響逢逢。
規模不異周宣舊，雕琢猶存魯匠工。故是凡夫撾不得，傳奇罔說蜀魚桐。

過寒湖嶺有感

高低山路踏晴沙，一水盈盈帶徑斜。萬壑煙光秋入畫，滿林霜葉麗於花。羵羊牧慣邨多畜，樵斧聲喧地不譁。我為勤民經遠役，寒湖行處問莊家丁亥歲秋八月廿八日賦。

別邑中士民有序　鄭玉振　邑令

嘉慶元年，余以進士謁選，得晉之梁餘，逾一載。二年冬，奉使於潼關。蒙犯霧露，偶得採薪。三年春，以疾告拙。邑紳耆聞知，環署挽留，情詞切至。因為收回告章，密令馳遞。既得請卸篆，五里士民後至者，復皇然傳告，率千百人赴會垣，請於大憲，乞於在治養痾。比聞憲批，該令求例不合，衆悒悒而歸。余承乏茲邑，為日不多，且無善治，乃臨行父老攀留如此。余自問，不知何由言之，不增余愧乎？然戀戀之情，終不可沒，因作是詩，以志別。

捧檄向梁榆。濫竽歲已期。政暇頻問俗，早知邑僻疲。茲邑太行巔，逕側少通達。黃壤雜沙石，播植多非宜。人煙亦寥落，羅布異星棋。所賴在生全，日惟富教之。而余企此訓，學拙未能施。尚恐負國家，素餐位空尸。注膓緬皇華，於役西秦陲。歸途冒星露，偶傷蒲柳姿。胸懷不自得，治理荒於嬉。及兹歲已晚，遠賦歸來辭。陞沉纔欲發，士庶趨階墀。謂余病勿藥，敢請緩斯須。其令諄且至，盈路動嗟咨。余亦感此意，哽咽涕幾垂。勉爾收去檄，縉史載星馳。上官余我請，許我臨田期。胡為彼耆老，緬念終相追。傳語赴并境，十百紛相隨。重趼三百里，夜光忌晨炊。皇然告大憲，蘄遂挽留私。憲德隆山岳，非不允所為。吁嗟此邦民，念我情何癡。而余問寸心，得失豈不知！郰留一湖水，為汝救年饑。得此牽我位，如彼借新時。行行重余念，回首漳水湄。枯腸攄浮語，留以知我思。

卸篆偶題　有序

予乙丑釋褐，蒞和三載，迂疏寡效。而於役甘蘭襄事棘院，僕僕者迄無寧歲。今秋以憂去，回思往事彌滋慚悚也。妥紀一絕，以誌余過。

三年為政事迂疏，況值奔馳力未舒。今日臯魚徒泣血，憑何報績達宸居！

慰邑侯雷竹卿先生丁外艱即行贈行　清　鞏對揚

行山陟巘望燕山，千里勞人夢早還。易簀未能聞治命，招魂空自想慈顏。
耆英預會思溫洛，作述多才識馬班。借寇無從難挽駕，漳流嗚咽響潺潺。
哀訃驚聞動邇遐，星騎箕尾駐雲車。立三不朽詒謀遠，膺九重封寵賚加。
遂有勳名傳國史，緣多政績翊王家。丁艱奪我賢侯去，霜冷榆城一縣花。

重修雲龍山落成紀事　邑令　陳熙健

躡屐幾回凌絕頂，遠瞻近矚總清虛。雲煙杳靄天無際，城郭參差畫不如。
四面暮山新雨後，一停殘照晚霞初。停琴待看松梢月，月色黃昏透綺疏。

萬樹濃陰望不分，小軒幽敞對斜曛。濤聲散作千峰雨，黛色堆成半嶺雲。

颯颯音隨流水聽，騷騷韻借晚風聞。眠琴更有天然趣，拂地清蒼掃俗氛。

野徑天斜彳亍行，石溪流水小橋横。巖花艷艷迎人笑，澗草萋萋夾岸生。

望去雲山皆秀淨，坐來停閣亦空明。慚予自謫風塵後，隔著蓬萊幾萬程。

案牘勞形百感縈，得閒每作看山行。松花滿地僧房靜，香露迷空佛舍精。

不受塵埃侵半點，自然心跡喜雙清。何時重載淩雲酒？風月無邊更適情。

雲根一脈瀉涓涓，新汲山房手自煎。火爇松花煙篆細，茶烹石乳水珠圓。

香生齒頰清於露，冷沁詩脾妙欲仙。最是酒醒眠熟後，不須七碗已陶然。

訪得石樓院藥太僕殉節井　魯燮光 邑令

大節光泉壤，滄桑事莫論。先生真不死，古井此長存。波咽萇弘血，石銜精衛魂。夕陽蔬圃裏，誰認舊啼痕？井在張姓廢園中幾不可踪跡。

朝坡村訪農家九老內有百歲老翁

都是童顏鶴發翁，朝坡九老話年豐。百齡天假緣非偶，五福壽先典特崇。

自有田家風景樂，不須朝籍姓名通。從今亦被君恩渥，人瑞齊開壽域同。

前後虎峪村登山謁王尚書總憲二公墓　魯燮光

松風謖謖墓門清，前後村傳虎谷名。掉楔褒題賢父子，衣冠僾接古公卿。

事賢轉眼居邦晚，論世彌深尚友情。泉壤有靈應匡我，要爭氣節到先生。

九月重山謝雨人孟鳳樓登雲龍山　魯燮光

預作登高會，同人出郭遊。官閒民事樂，地僻梵天幽。古洞瀉寒淥，雲山入莫秋。題名借謝孟，少憩亦風流捫王雲鳳峭壁題，各擬詩記遊於後。

重九日同趙蔚堂大令登麻衣雲龍諸山小飲　魯燮光

其一

西溪探勝境，東道話前緣。結伴客常到，登高吏亦然。

會逢重九日，小飲洞中天。松翠落尊酒，詩成醉欲眠。

其二

才謁麻衣寺，來尋玉澗橋。塵襟容水浣，逸興比雲超。

夕影澹山色，濤聲詐暮潮。同儕商晚節，珍重歲寒凋。

九月朔有五日偕胡星輔大令登雲龍山　魯燮光

重九登高先四日，叨陪知己作清遊。漫空雲影澹無際，寒動松濤翠半浮。

虎谷流風人地古，龍潭欲雨暮天秋。煮茶掃石閑題品，細認歸途月上鉤。

陪侍魯瑤仙堂臺謝雨人參軍遊雲龍山率和　孟文福

難得群賢集，登高紀勝遊。連山雲氣滃，古洞水聲幽。

葉落秋風老，台荒舊跡留。喜賡流水調，餘響送溪流。

餞楊春野卓薦入都詩　李枝茂 江西永寧人

其一

仙鳧何幸駐山城，小試烹鮮亦播名。果是循良邀帝眷，卻從遺愛著官聲。

懸魚性合羊君潔，宰肉心如漢相平。聖代即今宏攷績，惟公端不愧廉明。

其二 前人

曾自蓬山頂上來，甘棠到處總花開。雉馴已報三年最，驥展原非百里才。

制錦何人量玉尺？彈冠指日上金臺。慚余叨忝諸生列，一曲驪歌酒一杯。

其三

慈君五載飲廉泉，遮莫焚香夜告天。鳴到琴聲清吏實，分將鶴俸惠書田。漫憐遠道三秋別，尚覺虛堂一鏡懸。長短亭邊爭作餞，聽時只道宰官賢。

其四

宦槖無贏莫浪誇，蕭蕭行李上公車。征帆雁影秋風急，驛路蟬聲夕照斜。捧日有心翻戀闕，尋春乘興便還家。預知潘令歸來候，開徧河陽滿縣花。

過寶帶橋入太明有感　楊曉昀

白蘋紅蓼水天秋，萬頃波光一葉舟。心定不知風順逆，盪開蘭槳放中流。

過蘭谿縣城十里泊山崖下有感　前人

斷岸楓林寂，霜花冷釣矼。孤舟明月夜，有客話篷窗。

三月三日偕友登雲龍山　劉洪辟　字舜門、號小觚江西舉人　邑侯

自我宰斯邑，倏驚五月促。報政漸未能，遑敢騁遊目。終日吏舍拘，採筆理案牘。抖擻襟上塵，盈盈將十斛。傍城有名山，龍盤勢高矗。擁翠對衙齋，終日看不足；久欲躡屐登，高繼謝公躅。有約遲復遲，無計假休沐。暮春天氣融，勸耕東郊逐。乘興一登臨，足音跫空谷。佳節值重三，同人約五六。望望停鳴鞭，茶煎酒正熟。玉壺手自攜，春泛杯搖綠。即此快流觴，何必曲江曲。一醉萬象忘，高瞻兼遠矚。古刹倚峰腰，虹橋亙山腹。亭短復亭長，松際露白屋。不見雷音台，恒古情誰屬？俯瞰三里城，隱隱居林麓。澗底鳥時鳴，壁間詩細讀。飲馬繫橋梁，息樹倦童僕。山深天氣寒，尚未成春服。解帶振衣襟，今日覺微燠。源泉清冷冷，我欲效沂浴。一井大如拳。瀾廻潛流伏。潤物普恩賞，請

為斯民祝。調水取薪符，我客真玉局。老松千萬株，之而鱗簇簇。風來起濤聲，恍惚聞絲竹。小憩偏亭台，孤懷增感觸。故山多白雲，清絕堪避俗。安得買山貲，歸去縈松菊。一官欲絆人，五斗慚竊祿。大笑下崗來，催詩忙刻燭。

九月中浣陪賴刺吏華峰重遊雲龍山之作　前人

其一

龍山佳氣鬱葱葱，彌望青蒼透碧空。萬樹種松三面翠，一橋架石兩崖通。

雲行澤徧敷霖雨，酒載人宜醉晚風。感我勞勞亭畔客，嵐光靜挹浣詩筒。

其二

豈是吳山第一峰，居然立馬得從容。岡分左右中通澗，亭列東西半倚松。

俯視城垣臨下界，愛尋靈井證仙蹤。憑陵莫謂高無際，路隔蓬萊尚幾重！

其三　前人

幸陪驄從入山遊，三里城西曲徑幽。拂石留心看舊句，煎茶隨意品清流。

雲開蘚壁塵氛淨，日照松亭晚翠浮。辜負當頭明月夕，合將佳會補中秋。

楊春野先生贊　魏獻書

惟公之生，邁跡循良。惟公之死，擔荷綱常。公嘗有言，死亦何妨？鷺水螺山，棲靈有方。忠肝義膽，日月爭光。斯言既踐，而又何藉乎骸骨存亡！

吟四景詩　楊廷采

春風花草香，遊賞過池塘，踏花歸去馬蹄忙。邀嘉客，醉壺觴，一曲滿庭芳。

首夏正清和，魚戲動新荷，西湖十景好煙波。銀浪裏，織金梭，人唱採蓮歌。

秋景入郊墟，簡編可卷舒，十年讀盡五車書。出白屋，步銀渠，潭潭府中居。

冬嶺秀孤松，六出舞迴風，鳥雀爭棲飛上桐。梅影瘦，月朦朧，人在廣寒宮。

謁王公祠　劉洪闢

扶輿佳氣鬱太行，篤生偉人應瑞昌。氣節直將鑠千古，聲名詎止震八荒。餘韻流風遠彌著，精靈炤耀古祠堂。春秋不斷四時藻，朔望虔薰一瓣香。我來分符守兹土，循例致祭懔趨蹌。俯拜遺像瞻靈爽，仿佛質上臨在傍。祭畢廣文陪座右後裔王汝前，任臨汾襄陵儒學，明德後裔達人望。手持象笏席前獻，拂拭至今騰精光。寶器傳家尊彝鼎，搏殺合度式圭璋。想見立朝垂紳際，君前指畫氣激昂。聞昔魏謨陳祖笏，文貞遺意比甘棠。物因人重古如此，撫摩曷罄心寫藏。攷公通籍當成化，朝陽鳴鳳聲在岡。羈職京卿性耿介，遮莫郎署滯馮唐。權勢要津恥干謁，過門不入笑何妨公為京卿，久不調，所知諷往謁執政，且趣之行，公過門，仍不入。當時奄宦正肆虐，劉瑾好賄勢獗猖。硜硜任饑晉人吝，瑾好賄，公獨無所餽瑾嘗語人曰："世言山西人吝，果然。"矯自持君子強。文清誼不謁王振，如公風節並頡頏。渥承帝眷隆心簡，天曹四署偉烈彰。弓冶箕裘世濟美，三鳳河東令名揚公子雲鳳，官至總憲，為河東三鳳之一。梁灝父子兼科第，廬陵道德能文章有《虎谷集》行世。砥節抗疏昭骨鯁，清簡輝映永流芳。一封朝奏夕下獄，權閹兇焰鄉可當嘗上疏乞斬權臣，李廣為所傾陷下獄。朝臣申救蹶復振，政績彪炳垂旂常。先後官成骸骨乞，歸來槃澗肆徜徉。虎峪距城數十里，道是先生遊釣鄉。幾回式閭深仰止，清風山高水且長。大雅慨今久不作，人物此邦凋謝傷。愿祝公靈默佑啓，豪俊代出護梓桑。居邦事賢恨生晚，余心嚮往何日忘。

庚戌重九偕孫通守緯生暨幕友任君載亭族兄寶琴作登高之遊偶憩於此留題以志　前人

其一

重陽佳節此登台，城北山頭策馬來。勝境麻衣經雨洗，晚香黃菊傲霜開。萸簪異地偕兄弟，石拂殘碑剔蘚苔。遐舉莫忘高處險，倦還一醉潑新醅。

其二 前人

孫登一嘯喜相遇，秋圍家聲相國高孫為前相國，文正公同族。爪印征鴻看歷歷，巢辭歸燕感勞勞兒輩於月前歸里。係匏瓜及期誰代，去志浩然矣送酒人稀興自豪別有口號斷句云："莫怪無人將酒送，麻衣山上白衣稀"心緒亂峰攢簇簇，良辰強屬字題糕。

過八賦嶺 郭海林

捧檄曾從八賦過，征途迂曲傍山阿。懸崖萬丈人蹤少，古樹千叢鳥語多。
寂寞石關凌絕頂，縱橫澗水激清波。著鞭快出崎嶇路，行到榆城奏雅歌。

遊雲龍山吟 前人

步入雲龍望眼開，青山招我幾回來。橋名玉澗橫流水，泉湧珠跳點翠苔。
四面嵐光環古寺，半林霞彩鎖荒台。詩情到此真無限，題壁深慚俚句裁。

遊雲龍山寺題 前人

登山尋寺入雲龍，石磴盤旋歷幾重。遙望巖花含笑意，偶臨佛舍憩遊蹤。
千年碑碣名人記，數座亭臺秀氣鍾。憑眺不知天色晚，一輪明月照青松。

榆城眺望 前人

百雉城頭長莓苔，登臨恰值曙光開。三門峻峭依山廠，兩水瀠洄抱郭來。
采食尚傳梁子界，地基遙接趙王台。當年賢宰知多少？愧我自非治賦才。

風搗石鼓 前人

俗傳石鼓韻逢逢，不事人搗只借風。仿佛周宣奇異制，依稀魯匠琢磨工。鳴來全賴吹嘘力，響處漫施繫拊功。可是山花催早放，餘音繚繞滿林中。

遊雲龍山吟 張夔典

案牘餘閒乘興遊，雲龍山上暫勾留。千層螺黛盤晴嶺，萬壑松聲帶雨秋。無限煙霞舒醉眼，多情花鳥賞吟眸。此間好景堪圖繪，攜到衙齋看不休。

風搗石鼓 前人

一石玲瓏作鼓鳴，每因風至聽分明。依山孰使淵淵奏，應谷還須習習生。文字有無符鳥篆，聲音仿佛擊鼉更。天生神物憑誰賞？歌詠願希韓子賡。

遊麻衣寺題 前人

入山尋寺訪麻衣，修煉名成古亦稀。談道明君無片土，燃燈和尚有餘輝。化身常把招提伴，避俗知留姓氏非。香火年年傳盛祀，每睹殘碑惜斜暉。

遊雲龍山吟 王樹倫

躡屐登山訪古蹤，寺門遼望白雲封。花依巖笑迎遊客，鳥為濤驚噪碧松。僧舍佛龕空寂寂，層巒疊嶂秀重重。興來更欲寒湖去，指顧斜陽掛晚峰。

頌大尹張友龍先生治榆善政題 郭海林

先生政略冠山西，小試榆城喻割雞。閥閱家聲宣化在，循良名譽太行齊。五刑措置文明協，四字褒嘉匾額題。每值公餘談治理，同僚才薄肯提攜。

次郭瀛東先生原韻　王樹倫

新政林立仿泰西，和平不驚犬與雞。汾陽閥閱唐詩頌，晉鄙聲名漢吏齊。

武健除強狂斂跡，文明染翰士爭題。同寅共濟梁餘福，滿縣黎元賴提攜。

康熙圖版

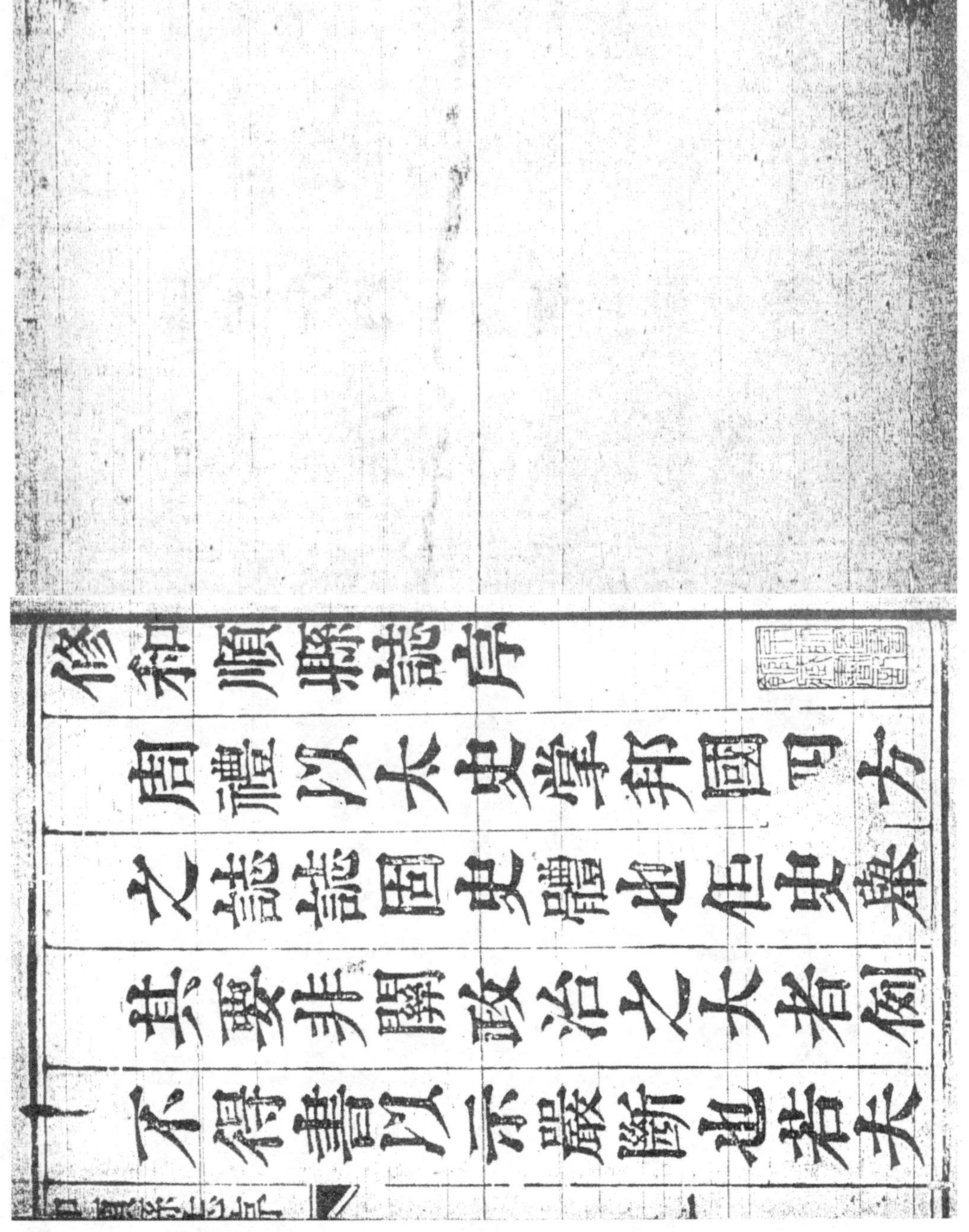

修和順縣誌序

周禮以太史掌邦國四方

之志誌固史體也作史纂

其要非關政治之大者例

不得書以示嚴斷也若夫

沿革建置之名實山川物產之品類風俗之貞淫土地之肥瘠與人文節孝之芳巖巨細畢備得以寓經國愛民之意者惟誌爲然蓋誌者所以備史之不逮也和順爲春秋梁餘子食邑邊晉省東陲隸遼州北鄙鄰畿甸接豫域四嶺環峙羣山

盤曲居太行之絕巔一邑
漳水灤洄郭外於形勝亦
可艱芻茲山高道險溪澗
奔流水固不能載舟尸誠
難以驅車商賈鮮至貿易
不與民間以耕鑿爲業厥
地石确厥居穴處且冬寒
如冬夏無盛暑方秋陰霜
將冬霏雪其天時地利迥
異鄰封寧不衣敝衣而食

糠食爲山右僻瘠苦之最久著於廣輿考舊無誌也自故明萬曆年間縣官繼元李君始誌之以年久事湮應記載者多放失未悉追

國朝開新以來順治十七年縣官李君順昌補輯之大抵因陋就簡亦未稱爲全書況倉卒勒成字復漫漶

不可讀憲璋以戊申冬承

乏是邑目擊諸務廢弛鞅

掌吏治雖欲纂修之逡巡

謝未遑也隨爲繕城垣拍

流離濟逃絕編保甲立鹽

法除驛害理

學宮種種大事次第舉行仰

藉

諸憲臺大人正已率屬百度

維新以致令行禁止弊絕

風清上體

聖天子加惠元元之意下神諸

縣令得盡心於牧民之事

眞不啻以身牧之正乃必

以身牧之而百爾下吏靡

不凜遵

功令卽如 憲章 鴑鈍無乇惟

有益自砥礪以副

諸憲臺大人之心爲心而牧

玆土之民也於是撫摩不

遺餘力流離集逃絕除保
甲清城垣固與鹽剎葦驛
獎
學宮亦從茲而更新俾尹農
安於畎畝士業於詩書衣
能蔽體食可充腹而於
國賦亦無逋負矣以和順至
敝至疲之邑尚有今昔之
異其如諸州縣之民富而
且庶與諸州縣之長才敏

而政成者洵復見唐虞之
治歟然憲章之不致隕越
獲免罪戾幸際其時之盛
於所遇之隆也今
上
令郡邑各修其誌以備綜覽
蒙
憲檄下徵纂念誌者記也記
一邑之所當記者也如方
域形勝之不可無稽也則
誌輿圖建置濬山遂谷之

必有所出也則誌山川物
產若夫地土之肥磽人丁
之增減糧徭從此而生也
田賦戶口則誌之好惡之
貞淫祭祀之舉廢人情繇
此而見也風俗祀典則誌
之若學校若職官若公署
人才之所自興法度之所
自肅也則皆誌之若寺觀
若古蹟若名宦稽古之所

必錄去思之所不忘也亦皆誌之至於人物之挺生遐舉之接踵係靈秀之所鍾而成也驛害不華豈利不興則官民之病相關切膚也隘口爲封疆之重詳異爲休咎之徵誠古今之所不可忽也再於爲節爲孝爲藝文啓後人則儆傳誦之最大者何可不誌乎

故併筆之於誌矣憲尊愧
無史于兼之寡識藉有老
成在歷歟事可考不自覺
其措而修成之捐俸首倡
務期援古續今備存其實
以俟後之君子使為政有
據是誌之有補於治也亦
大矣計今日之共事者學
訓王君協慶鄉紳胡君獻
賓孝廉曹君友炳明經趙

君漪杜君啓元蘖君延祚
諸生畢子昌齡杜子廷機
蘖子啓元張子日騰李子
開祥王子三錫相助爲理
者也綱舉目張條分縷晰
雖未合乎史體庶幾不遺
誌記之意進之
當宁覽形勝而知險隘之貴嚴
飭也稽戶口而知生聚之
貴休息也察土田而賦稅

猶宜調劑觀風俗而民隱
宜加教養憲章故不殫拮
据勤渠亦盡吾心之所當
爲詎徒素餐貽尸位之譏
哉
皇朝億萬斯年久安長治正宜
修廢舉墜以大一統之誌
永傳之千禩也夫
康熙十四年歲在乙卯春日
文林郎知和順縣事鍾山

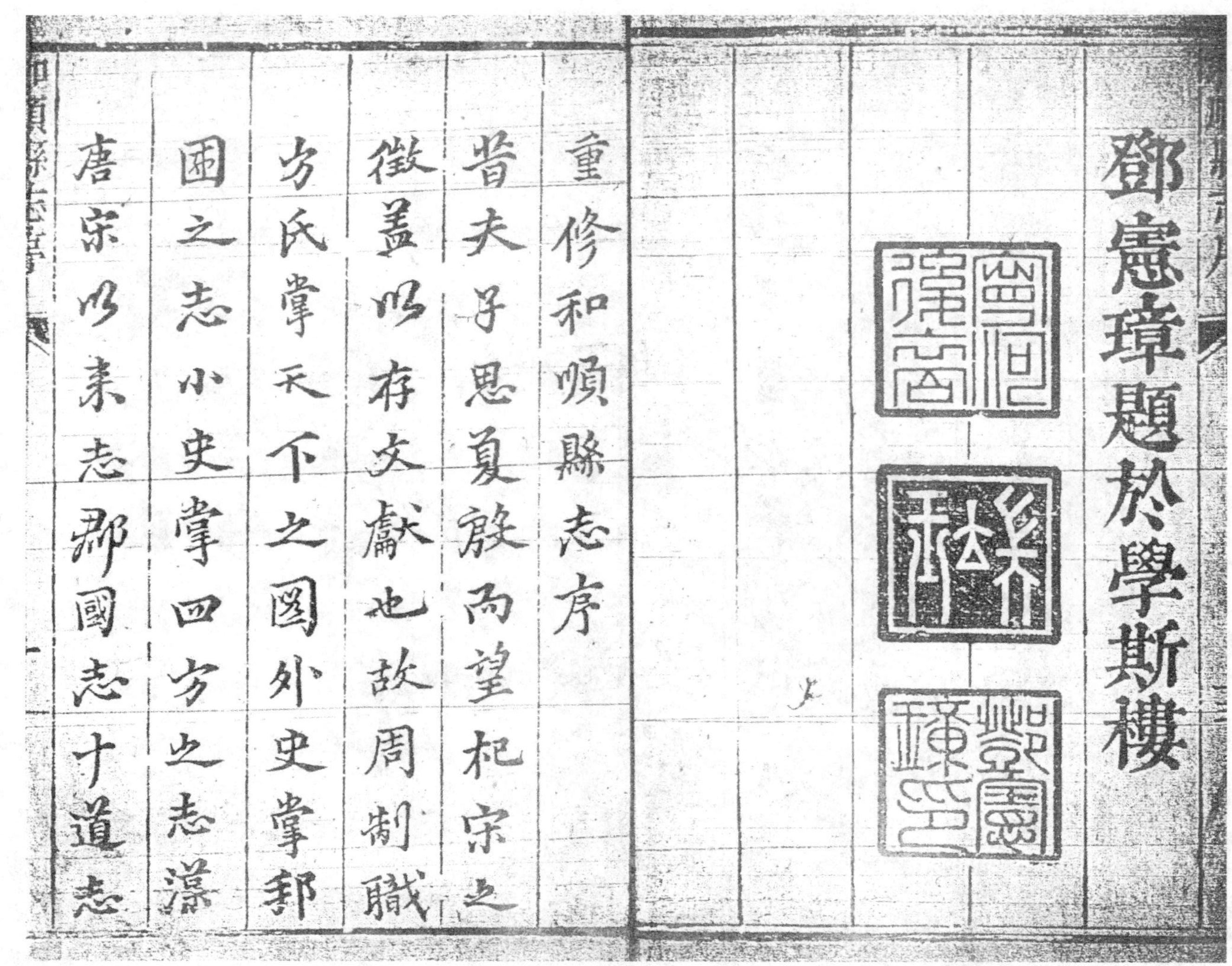

鄧憲璋題於學斯樓

重修和順縣志序

昔夫子思夏殷而望杞宋之徵蓋以存文獻也故周制職方氏掌天下之圖外史掌邦國之志小史掌四方之志漢唐宋以來志郡國志十道志

和順縣志序

九域則修志之典綦重矣但
志之在他邑有山川之壯觀
物產之靈異人才之蔚起土
地之膏肥則凡若人物為風
俗為政治為文章事無巨細
悉本治定功成之烈以為賡
揚太平之具吾邑處深山窮
谷中石多土少貧植不興人
文孤陋更兼數十年兵燹之
餘城郭傾圮萑符未靖百姓
苦於流離學宮荒於茂草剎
弊不清百務叢棘苟欲以補

和順縣志序　二

救之術被之篇章也亦甚難
為是以修志之舉前後僅見
於兩李公益值
聖天子崇文重道正車書以昭一
統之隆傳
諭天下重修志書甚盛典也吾
邑侯鄧公躬逢甚盛於是酌古
準今救偏補闕詮輯克成彥
搜遺典事事仍遵舊制既求
使文浮於質尤不敢以疑傳
信體裁合槩可謂詳而有要
矣獨是公之治吾邑也茹蘗

飲	氷	寮	見	士	葦	辭	病	國		
所	渭	清	為	才	者	如	城	偹	為	
疆	域	固	兵	徠	甲	盧	為	姦	宄	遵
夷	流	澄	撫	為	安	鴻	集	兵	遊	虐
修	內	文	敎	戎	兵	據	鴻	號	歸	者
華	利	已	郡	為	虛	已	除	兵	且	事
吉	笑	領	周	之	文	起	脫	扶	之	
事	為	不	魯	陳	誰	貢	俗	絵	囗	解
秋	之	意	為	已	孟	造	補	于	喜	東
著	哉	夫	為	事	之	不	忘	俊	事	之
師	之	為	謂	不	華	為	靈	老	之	德
儻	之	老	是	老	者	不	爰	其	業	錢

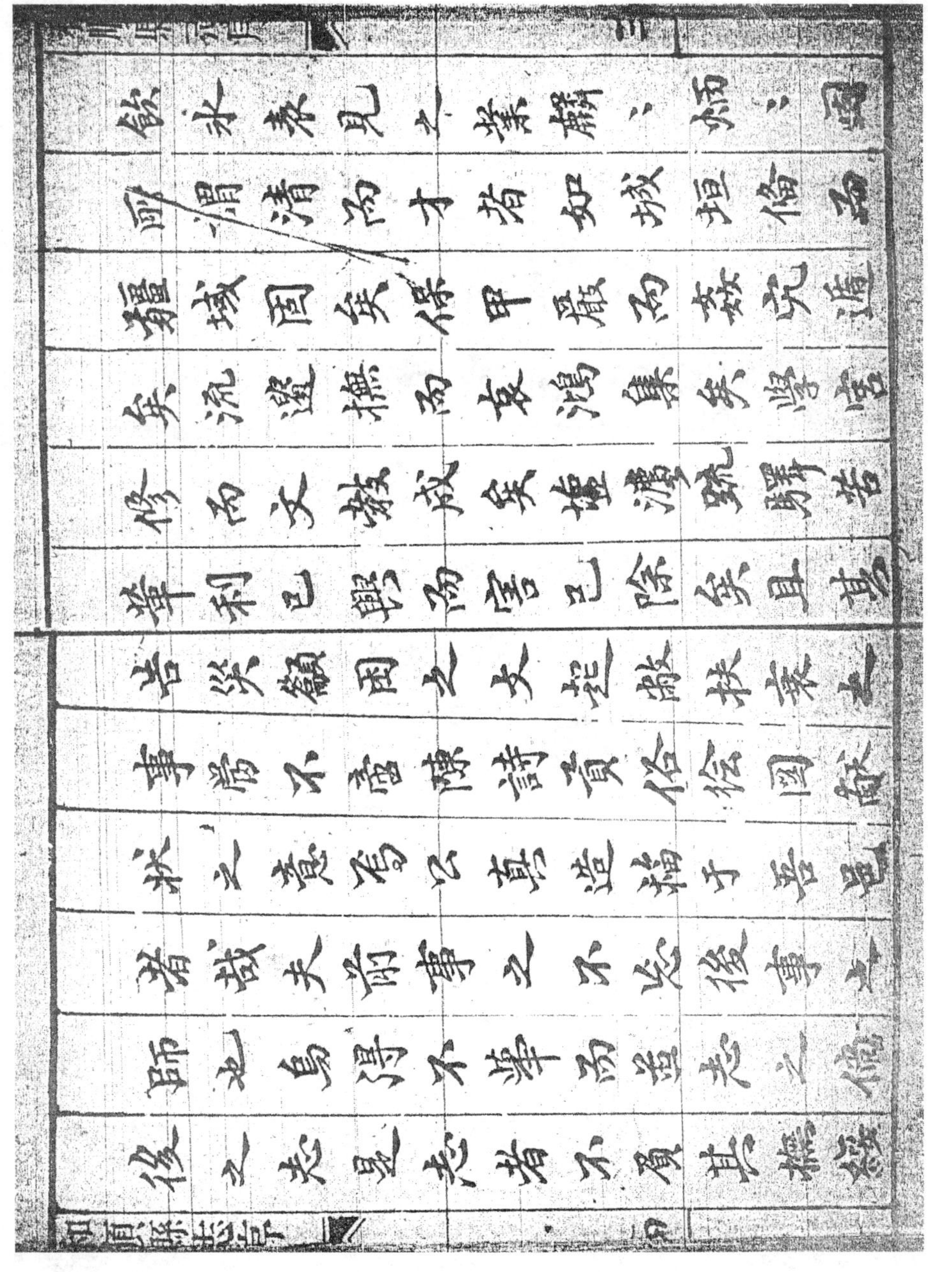

之責以主久道治成化行俗
美方可爲異日採風之匭匯
獨爲文獻之徵也余長安鎮
補歸里公出其稿而示之因
爲之序其大略云
前任江西南康府推官邑
人胡洲寔拜手書于青瓖
塢

和順縣誌序

誌也者記一方之事也誌之意始於春秋春秋大尊君之義二百四十年之間屬時比事聖人隱寓其心焉故於魯國之史而倫誌列辟之事詳且盡也於是於建國之大小

則書之生齒之增耗則書之
年歲之豐歉則書之祥祲之
有無人文之盛衰則書之非
好繁也不如此則紀事編年
聖人之心幾於悔且疎矣故
朱子之綱目始於威烈所以
繼聖心之窮也自此而降則
郡載家乘稗官野史孰非體
此意而為之乎邇明之興召
天下郡邑皆有誌而一統誌
又集其成亦曰各記其事耳
迨我
皇清定鼎三十一年矣前此未有
修誌之舉其始之也自癸丑

之夏月始葢欲裒成一統誌
歟然而誌亦不同矣他郡邑
之誌誌繁也誌盛也和邑之
誌誌簡也誌苦也何言乎爾
和之置邑也星分參觜地稜
鄰邪天文地域猶舊也而薦
餘有苦疫難堪者矣兵燹之
後苦以蚼蝝蝻蝝之後苦以
霪雨霪雨之後苦以旱魃夫
且協站苦之差使苦之以致
阡陌榛莽苦在荒蕪矣人丁
逃逋苦在户口矣
國課負欠苦在考成矣廬舍有
傾頹之苦焉問生聚衣食有

維艱之苦焉問詩書此其府幾不成為縣治雖欲誌之安所從而為誌之戊申歲邑侯鄧公承令茲土心傷邑治之將墟也皇皇焉招揀之而哀鴻漸集也皇皇焉課墾之而蒿萊成熟也又皇皇焉修葺之而頹廢者完好也又皇皇焉訓誨之而游惰者絃誦也去其所甚苦而予以所甚井乃於修誌之役條之列之增之損之是能行之於先而言之於後也余固不為著作之難而為起敝扶衰而兼表

明之難也書既成授而參閱焉何其有倫有脊是知其為可信而可傳者也是能倣春秋之寓意而學其明倫者也檮為俚言授之剞劂夫亦曰記一方之畧而有其成效者耳是耶非耶

旹康熙十三年歲次甲寅蒲月之吉庠子科舉人邑人曹文炳肅臣甫頓首拜撰

和順縣誌凡例

一纂輯體式皆照發來陝西河南條則雖參考各家然務遵體要即有增減不敢違規制焉

一紀事首統以綱後分以目每綱目各冠小序以發誌事未盡之意仍以舊叙先之不忘所自也

一 沿革建置自禹貢周職方并歷代
分合廢置必詳書之存故實也
一 祠祀惟合乎祀典者存之故特書
若祠屬古蹟并前朝賜額者不可
遽廢咸書焉
一 名宦存善以示勸而餘者不錄蓋
君子居是邦不非其大夫亦忠厚
之遺意也
一 人物選舉有一長足錄者則詳註
於本名之下庶不沒其善也
一 孝義貞烈乃人間之正氣有未經
奏聞而為院道有司旌奬者槩錄
以維風教
一 古蹟陵墓不無好異者之附會而

災祥遺事尤多怪誕今皆傳其可信闕其可疑用垂經久云

一藝文除有關於縣事者悉書之其他名人著述雖無益於縣治亦文事之不可泯者故錄之

一全誌條則咸照豫秦格式示同文也中有本縣原無者不敢臆爲增補以信傳信耳即無此事亦必表明所以無此之故紀由來也他如村庄坊表之類爲條則之所未及者臚列而增入焉蓋以事關興廢之大後可攷而知也

鍾山鄧憲璋識

和順縣修誌姓氏

知和順縣事鍾山鄧憲璋端王氏編纂

儒學訓導陵川王協慶于中氏叅訂

典史延慶趙守順氏 司局
巡檢金臺孟養性氏

原任江西南康府推官胡淑寅石林氏

庚子科舉人曹文炳虎臣氏

歲貢生王吉士

趙漪

蘂之璋

杜起元
選拔貢監藥延祚 仝較正
邑庠生馬之鵬
畢昌齡
杜廷機
藥起元
張日騰
李開祥
王三錫 仝采輯

纂輯和順縣志條目

和順縣志

貢賦 里甲附 人丁附 鄉村附 市集附

屯田 無 學田附

水利 無 有叙

鹽法

兵防

馬政 無 驛傳附 郵舖附

帝王 無 有叙

職官 歷官附

名宦

選舉 進士附 舉人附 恩拔歲例監貢附

人物 封廕附

孝義

烈女 無 節婦附

隱逸 無 有叙

流寓

僊釋

風俗 節序附 土產附

古蹟

陵墓 養濟漏澤附

寺觀

和順縣志 條目

藝文

和順縣志 圖

叙曰羌觀河而授圖禹鑄鼎以象物周職方以掌
天下之圖以辨九州圖之所著有自來矣和順踞
太行絕頂四嶺環峙攷之繪圖則幅幀可知至於
星象疆域城署甚異不具述是亦先王觀天文察地
理輯人和之微意歟
鄧鄘韓曰觀吾者不知土地之盛感世家知故國之
隆古人秋風禾黍之作每增慨焉和順之天文疆
域形勝城署悉備之於圖矣但其經營版築之事

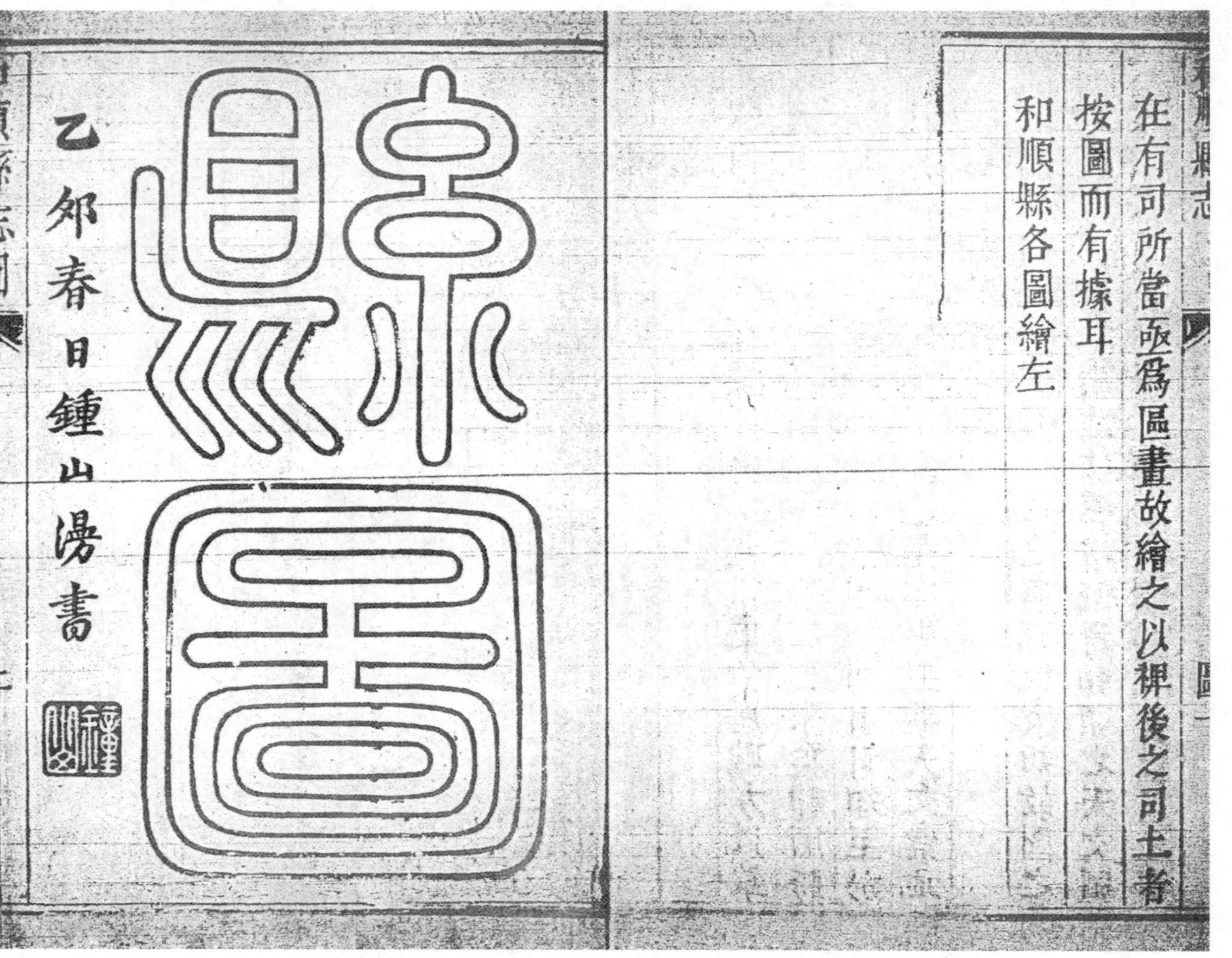

在有司所當亟爲區畫故繪之以裨後之司土者

按圖而有據耳

和順縣各圖繪左

縣圖

乙郊春日鍾山湯書

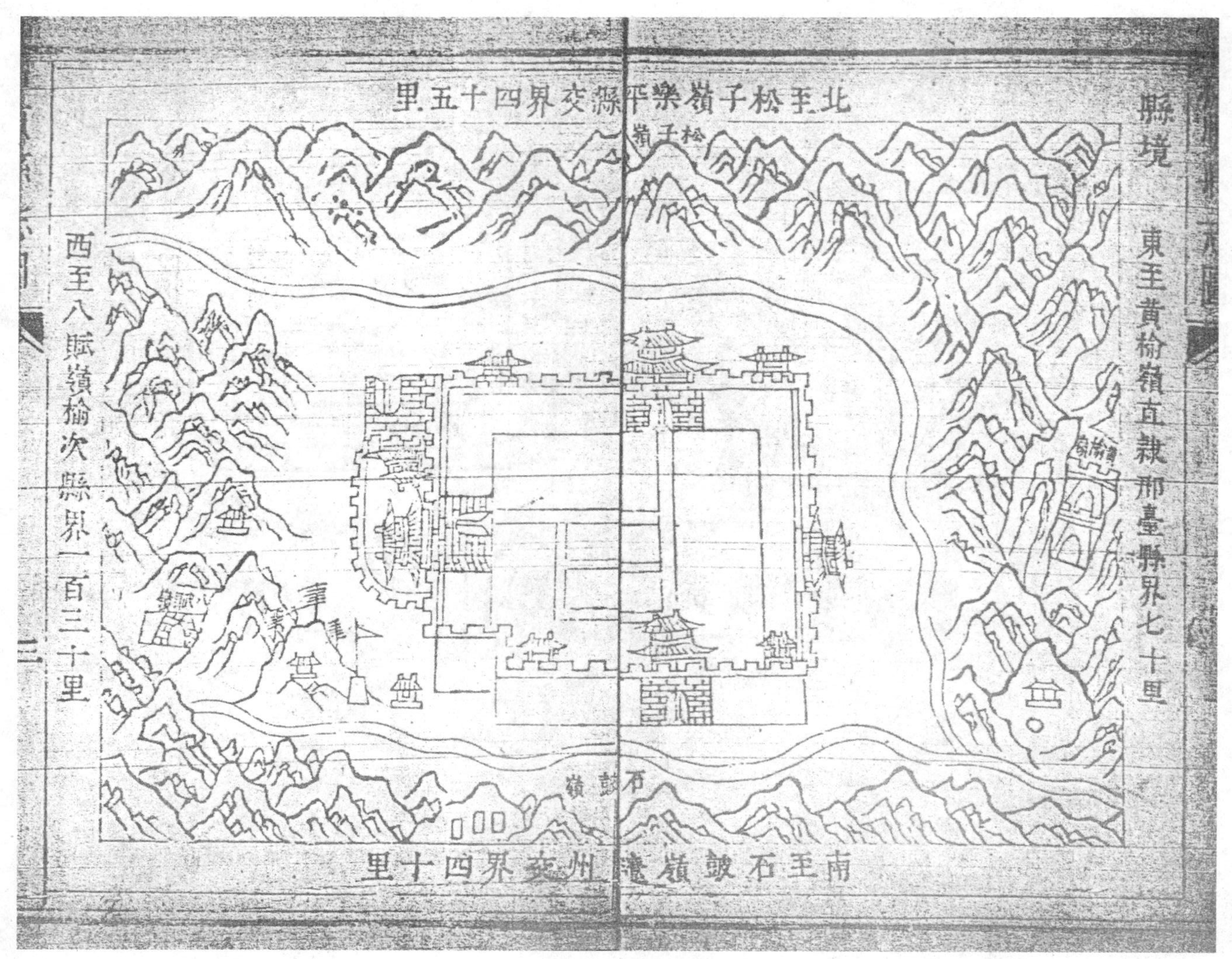
縣境
東至黄榆嶺直隸邢臺縣界七十里
北至松子嶺樂平縣交界四十五里
松子嶺
西至八賦嶺榆次縣界一百三十里
石皷嶺
南至石皷嶺遼州交界四十里

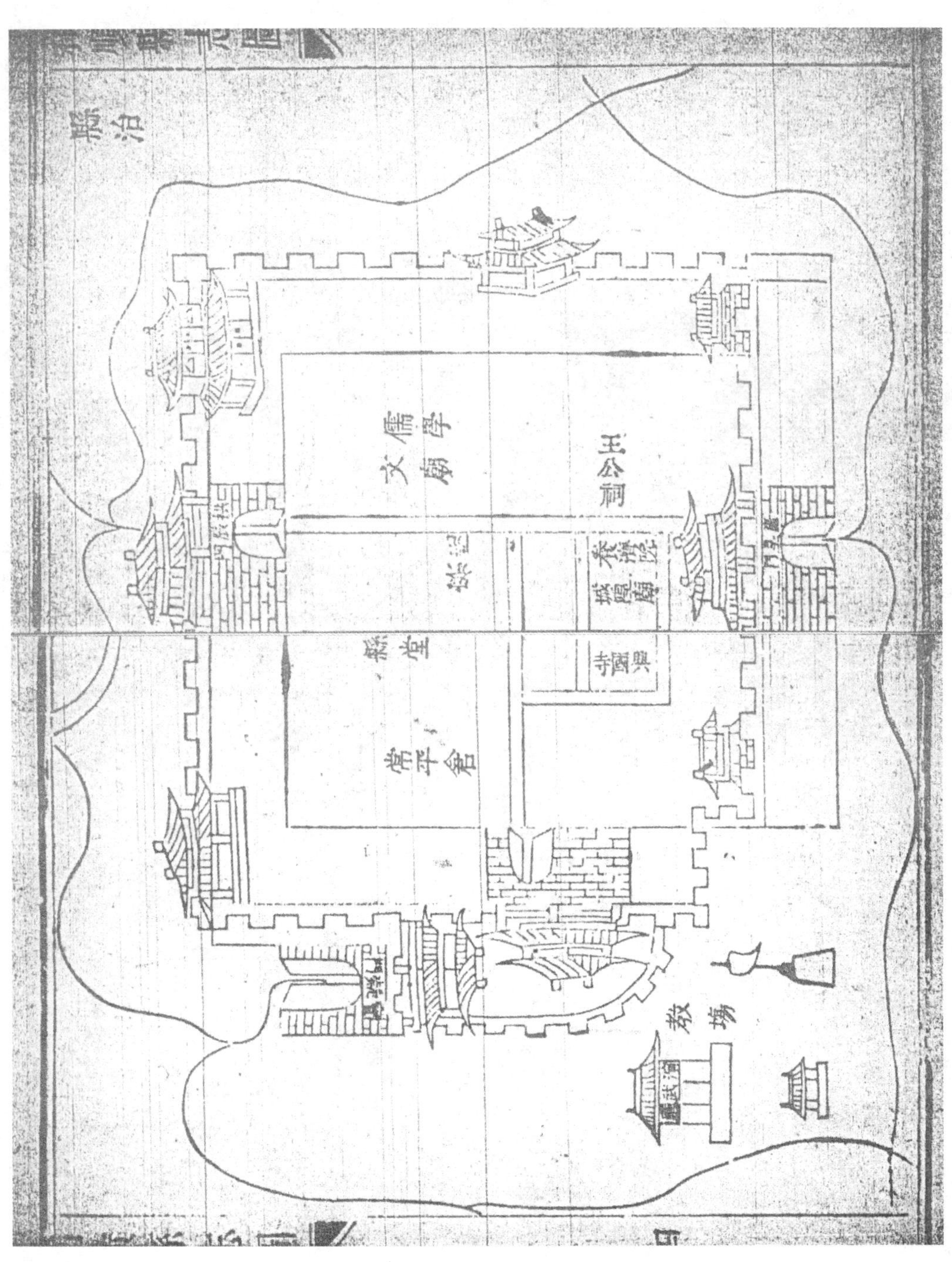
縣治
儒學
文廟
縣堂
常平倉
教場

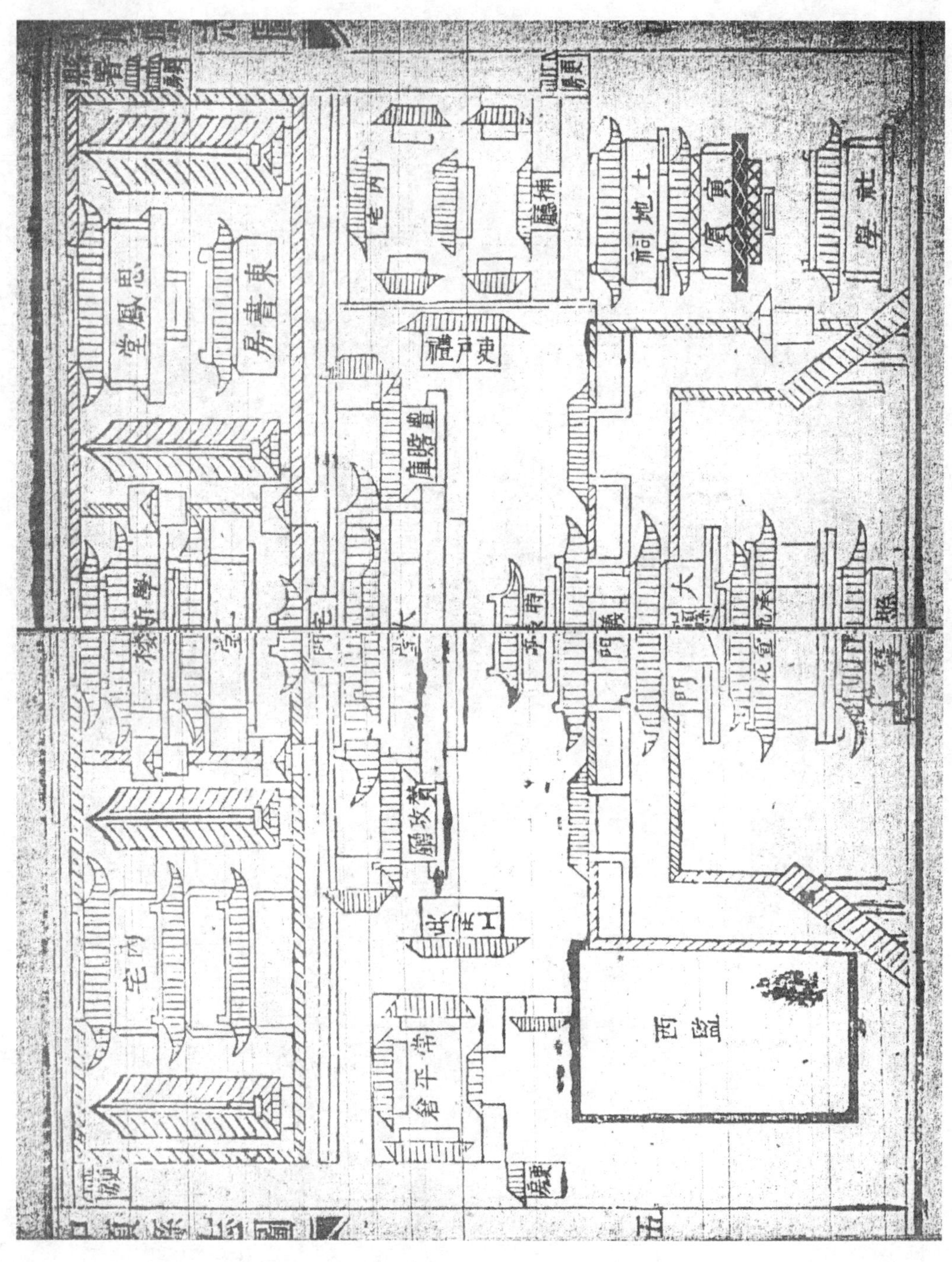

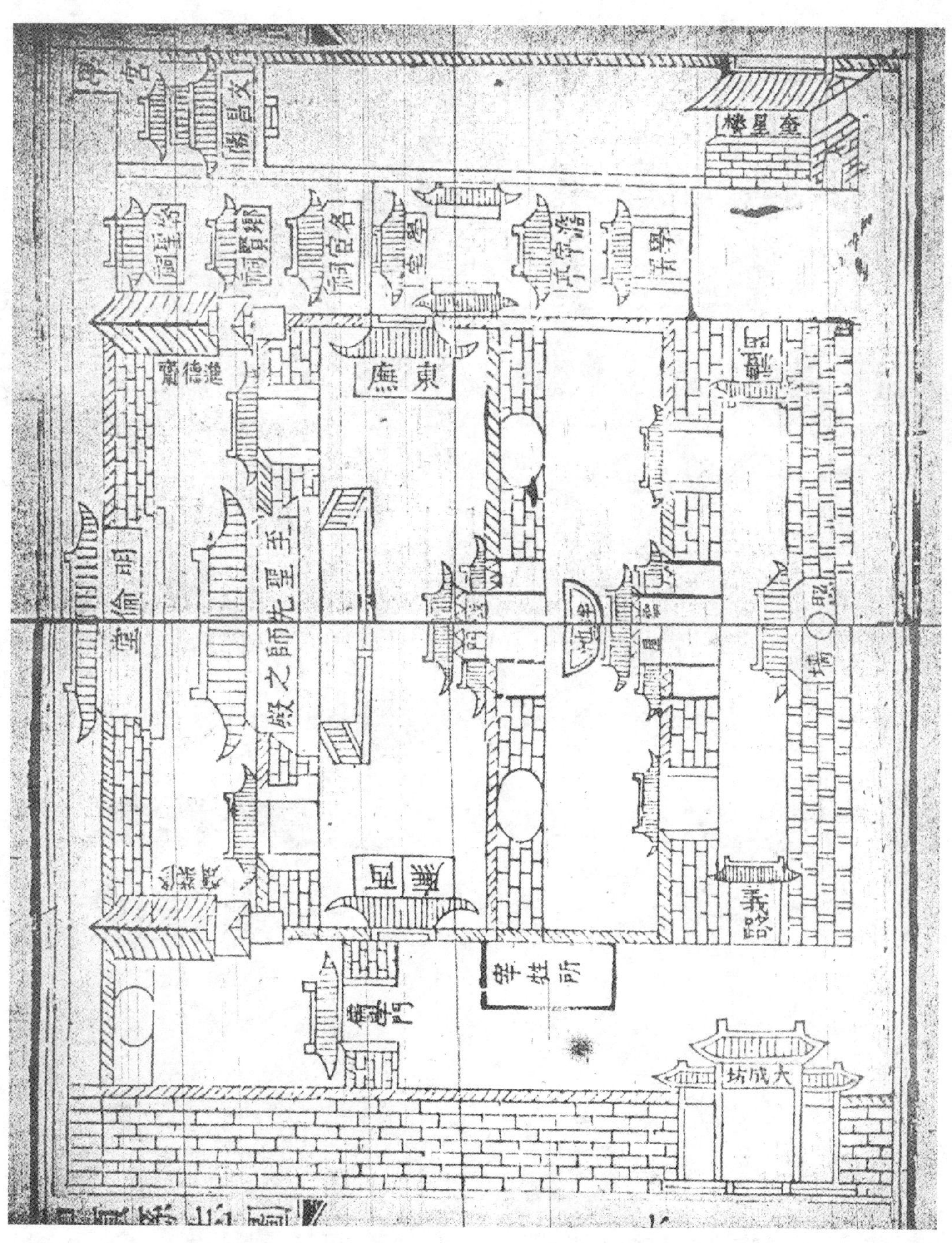
奎星樓
文昌閣
鄉賢祠
名宦祠
東廡
西廡
明倫堂
先師至聖之殿
泮池
義路
宰牲所
大成坊

乾隆圖版

山西直隸遼州和順縣知縣
黄玉衡爲奉

憲纂修邑志以昭大典事乾
隆三十三年七月二十日蒙
本州衛扎開轉蒙
布政司富憲扎頂奉

院憲蘇 面諭以山陰平魯等
縣所呈志書尚係明季時較
輯其中記載語句甚多紕繆
不經不倫大屬不合等因查
志書一項原所以詳記該郡
邑等城垣學校山川景物編

戶額征以及鄉賢名宦忠孝
節義臚列類載以備考採自
應隨時刊釐不仍不漏以昭
詳慎何得仍沿前明勳說並
不留心更正除嚴飭外誠恐
各屬亦有似此者合亟扎飭

爲此扎仰該州立即遵飭所
屬查明該州縣等志書是否
尚係前明時考訂其志內紀
載有無不經不倫悖繆語句
速即詳查明確分別删改較
輯呈請察核仍飭將接到扎

飭查明緣由先行稟奪毋違
特扎。等因蒙此擬合轉扎爲
此扎仰該縣立即查明該縣
志書是否尚係前明時考訂
其志內紀載有無不經不倫
悖繆語句速即詳查明確分

別刪改校輯呈詳察核毋違
等因蒙此卑職隨查卑縣舊
志係康熙十四年鄧令纂修
多仍前明舊志其中雖無甚
紕繆但記載多訛於體裁殊
屬不合迄今將及百年其山

川景物編戸額征爲沿爲革

以及忠孝節義應宜臚列類

載誠恐日久湮沒相應設法

辦理隨據闔邑紳士畢景杜

士適等具呈前來爲脩循輿

情重修邑乘以備國典事竊

惟萬年之法戒昭於汗青一

代之休明始自郡邑凡屬職

方圖籍總爲

盛世之山河誰言蕞爾微邑無

與王朝之文獻欲嗣往蹟端

望後賢和邑舊志梓於康熙

十四年迄今九十餘載其忠
孝節義風俗沿革未經修葺
湮沒不少今恭遇　老父臺
學繼程朱才媲班馬玉尺金
鑑是非留三代之公石室蘭
臺著述富千秋之業方將紀

言動於柱下何難勤纂集於
華封伏乞訂正舛訛搜羅遺
文況此舉所繫緐多辦理甚
易倘蒙准行政典增光輿情
允洽爲此合詞具稟懇乞俯
准施行等情據此卑職復查

邑志以備考採懲惡勸善關係匪輕既經紳士等以百餘年殘闕漫無稽考情願纂修隨親詣明倫堂會同儒學及諸紳士公議重修緣卑縣人物稀少紀載無多約費不及

二百金閱月即可告成紳士等已情願量力輸將倘有不敷卑職亦量捐薄俸共成盛舉並不絲毫累民當即酌立章程延請平定州貢生賈訓協同紳士畢景桂士逾趙暐

曹澂畢臻劉嗣榮藥培全杜
延興等設立志館詢訪叅訂
閒有紕繆之處卽行删改遺
漏之處卽爲補添務期紀寔
傳信允洽輿情前經呈明辦
理今已採輯成帙爲此恭呈

繕本伏乞
憲臺裁度施行須至申者
旹
乾隆三十三年九月二十日驗

修和順縣志序

邑令官稱親民權循一方則必周知一方之域實惟以生全安蒐起衰救敝方無忝厥職

顧前事之不忘後事之師激文徵獻實考鏡得失之林邑志之修詎可緩哉和順隸晉省東鄙居太行之巔犖

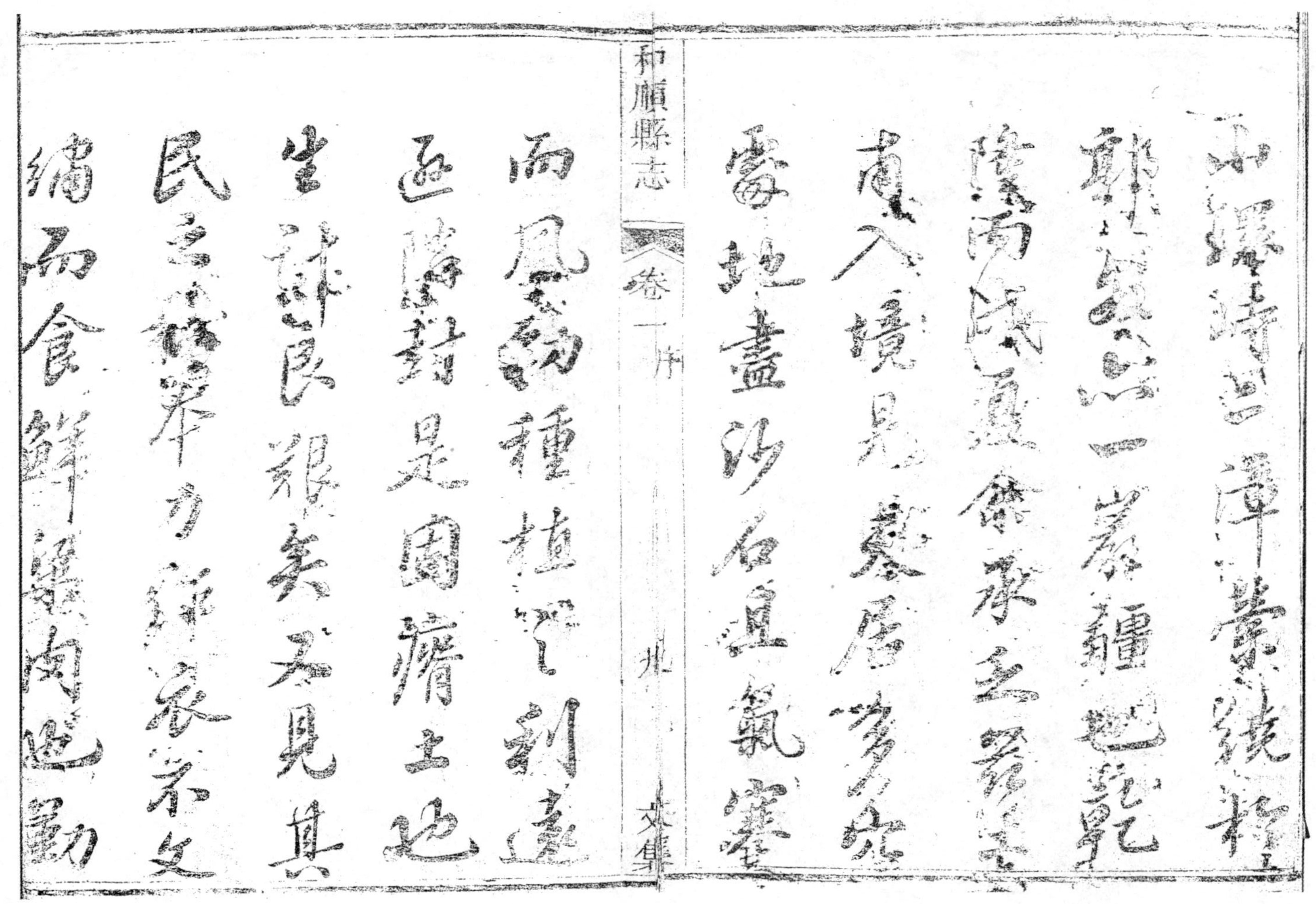
和邑舊時潭葉綫粹
郡錢六一萬種也乾
隆兩氏夏餘承玉竊去
奪入境見蔡居多究
處地盡沙石且氣寒
而風勁種植既到處
亟勝封是園瘠土也
生計艱矣又見其
民之稼穡力作衣不文
繡而食鮮粱肉遍勤

儉質樸唐魏之遺俗猶有存焉夫民勞則善心生不義不絲因其風會而調劑之是有司之職也余乃奉驚駘

心殷撫字竊鑒前人成績以明乎利弊興廢之由遍披覽邑乘則其書簡陋矣次且漫漶不可讀置以

順〻志自康熙十四年
前令鄧君憲璋一加
脩輯迄今又九十餘年
矣其間風物豪遷政
事〻損益与夫人文崛

起暨里巷士女節烈
常〻行所當採錄者
何限況我
國家久道化成法制大備
聲教所訖車書禮樂

之盛遠邁前古和雖
僻壤使不急為撰次
何以信今而傳後哉予
歲
上官諭君屬重新志乘適

謀之學博晉陽馬公開
局纂脩延平定州明
經賈君摠其役於邑中
搢紳文學諸君子分
任校讐遠稽近訪晉

草成書雖辭哉一紹舊
貫而少變其例首卷
列以圖考沿革爲八
卷曰地理次建置若田
賦若祠祀及官師選舉

風俗藝文莫不分門而
別類綱舉而目張舊志
之闕者補之訛者正之
編既竣余於簿書之暇
細加錯閱慨然曰是志

迄前以補九十餘年未
備之紀載後以俾守土
之君子一展卷而一邑
之事瞭如指掌覽其
疆域而封守宜固稽其

物產而生殖宜繁衆脈
田車何以保聚之士游
庠序何以教誨之父母
斯民之心必胥油然而動
者上以副

聖天子加惠元元治益求治之意則邑志之有裨於化理夫豈淺鮮哉爰不揣固陋書此言弁諸簡首

旨

乾隆戊子歲冬月

賜進士出身文林郎知和順縣事黃玉衡撰并書

重脩和順縣志序

歲在乾隆柔兆閹茂之春余設絳幃餘適使君楚南黃公来涖茲土下車始

諄諄以脩志為念諸務繁冗未遑也越二年戊子秋政通人和百事具舉因於謁見之餘囑余纂輯其事

余以鄰治父母命義
不獲辭爰不揣固陋
偕邑中縉紳先生畢
君景逵君惇曾君澈
畢君臻林君玉逾劉

君嗣榮林君延與欒
君培金等因舊志而
編次焉昔康對山敘
武功志七篇首列地
理終及藝文其中建

置之沿革祠祀之典
要以及則壤成賦則
有田有里有戶差其
等惠我嘉師則其賢
其廉其能著其績而

且人材不擇地而生
天道每因時而示變
則慎選舉考休徵綱
羅古蹟廣蒐異聞亦
考古鑒今之一大節

目也夫和邑舊有志剏始於萬曆十一年西夏李公繼元重輯於順治十三年上谷李公順昌三成於康熙十四年鍾山鄧公憲璋凡所志地理建置祠祀田賦官師選舉災祥藝文者亦綦詳且盡矣余何人斯

敢贊其殿亦惟是綜

閱前帙博採輿情再

叅以百餘年來軼事

庶集腋以成裘纂組

而摘錦畢作夜思與

諸先生共相叅訂期

不負我　父母闡揚

百餘歲人物風土政

治盛衰得失之至意

云爾是為序

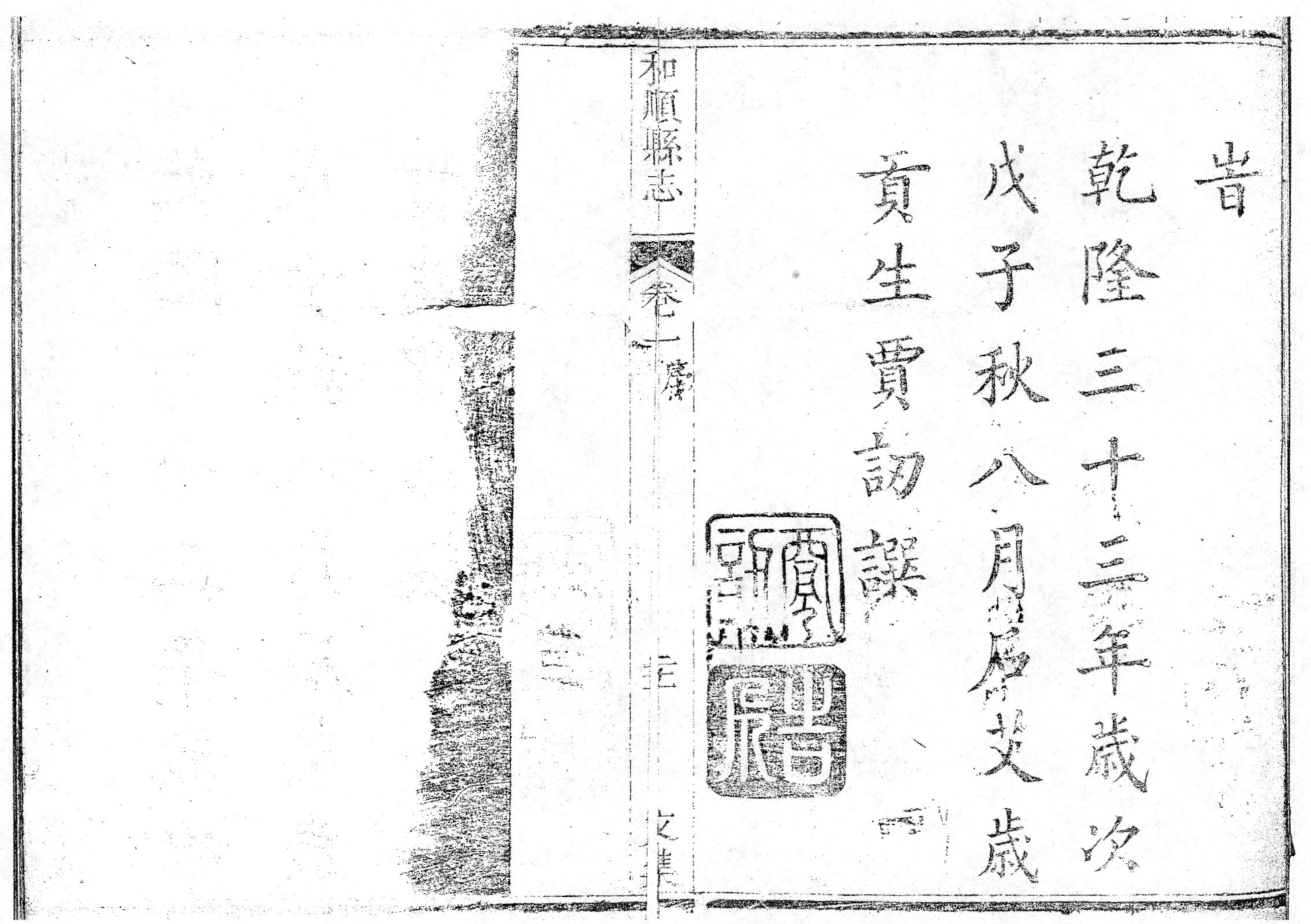

旹

乾隆三十三年歲次

戊子秋八月屆艾歲

貢生賈訒譔

重修和順縣志

凡例

一舊志紀載紛出迭見今遵康對山先生編武功志體彙爲八則曰地理曰建置曰祠祀曰田賦曰官師曰選舉曰風俗曰藝文旁列一則復分別門類節目務期包羅無遺渾括條舉

一他邑志首列天文殊乖體要按天文每一星野分屬數千里即如全晉上應參觜二星之間而豫省亦居參商之次和邑特彈丸微區今照本州志第繪其圖存舊式也

一茲編紀始地理於以區疆域與形勢以及山川古蹟蓋經界既分凡邑中應建設者皆可次第理矣

一建置凡邑中城池學宮官署倉庫驛舍坊表諸務無不備載勿致漏遺

一舊志紀祠祀凡文廟祭器樂章俱不詳載武廟諸祠亦未考典制源流茲並書之復採部頒祭文詩歌有關典要者悉附錄焉

一國有賦稅曰地丁曰耗羨其由州縣而解司庫者曰

徵解其存於州縣以備需用者曰存留以定司道則有鹽課以供皇華則有站銀兹悉遵新制詳列無遺

一村疃他邑有數千家爲一村數百家爲一疃者今和邑畸居山隈以耕作山田爲主或三五家作伍或二三十家比隣不編爲鄉籍是棄民也故悉志之

一舊志官師止表職官兹並附名宦事蹟以著賢勞

一馬公克禮爲金大定時人舊志訛爲元金進士邑人嚴公坦名僅見藝文舊志人物内失紀教諭李公朝綱祀名宦舊志官師内失紀今俱考據改正一以存

實一以示不沒人才至意

一餙邦華而叙人物若明一統志誇多泛濫識者譏之今按邑志所列科第舉貢名實相符並無溢美

一閨幃關乎陰教凡孝婦節婦胥屬

國家褒崇之人舊志所載詳錄無遺但百餘年來孝養雅誼孤苦貞情曷可勝數兹博採輿情俱收入志内務期不濫不遺

一藝文有志班氏放劉歆七畧爲之近日州縣多泛設詩文殊失古體斯編紀述詩文或名家著述或金石

文字凡無關邑中體要者概置弗錄

重修和順縣志

姓氏

總裁

和順縣知縣　黃玉衡號南亭湖南善化人乾隆己未進士

纂修

歲貢生候選儒學訓導賈　訒字吉人平定州人

較正

和順縣儒學訓導　荆孔玉字方山陽曲人歲貢

司局

和順縣八賦嶺巡檢司　楊德興

和順縣典史　劉世琛江西新建人

考訂

歲貢生候選儒學訓導　畢　景字介福

生員　曹　瀲字清軒

歲貢生候選儒學訓導　杜玉逸字軼凡

歲貢生候選儒學訓導　劉嗣榮字向峯

採訪

生員　張世[illegible]

生員 焦天佑

生員 曹 沂

生員 李廣枝

生員 畢 臻字永之

生員 杜延興字翹軒

校梓

監生 趙 暐字綸菴

監生 蘂培仝字奐之

輯次繕寫

生員 曹多壽字又脫

生員 胡天錫字純嘏

生員 畢體乾字健軒

生員 杜士錦字漢章

生員 吳一端字子方

生員 鄭泰華字東瞻

同輯

貢生 宋 志字敏之

貢生 陳崇德

例貢生 樊好忠

監生 杜宏籌

監生 杜宏藻

監生 吳鳳鳴

監生 趙純仁

監生 劉 健

監生 杜士濲

監生 程龍德

監生 程翰章

監生 張淑祖

監生 張世豐

監生 張朝選

監生 郝鳳翥

生員 杜桐林

生員 王成周

生員 杜士選

生員 趙 桓

生員 劉 濂

生員　　王儒彦
生員　　李 峴
生員　　任廷璽
生員　　鄭立德
生員　　宋 塾
生員　　程在蒲
生員　　程愛德
候選衛千總　　杜若梁
原任廵檢　　王 琮

醫生

禮房經承　　杜士价
工房經承　　杜漸逵
協辦
倉房經承　　趙殿元
鹽房典吏　　吳廷獻
刑房典吏　　焦天培
庫房典吏　　楊國秀

重修和順縣志

目錄

圖考

自昔繪圖若吳道子之嘉陵山水宗少文之瀟湘八
景王摩詰之輞川莊圖皆託之丹青以寓其胸次
蕭林今於邑志而以繪事參之者非徒[illegible]
采也亦欲令閱者展卷開圖一[illegible]
城池與夫高深登覽之所已[illegible]中宜

志圖考

考周禮保章氏以實沈主晉國語曰實沈之墟晉人
是居漢志曰畢十二度至東井十五度爲實沈之次
於辰爲申謂之涒灘於律爲中呂於星爲參觜晉天
文志班固取三統歷十二次配十二野自畢十二度
至東井十五度爲實沈魏太史令陳卓與范蠡鬼谷
張良諸葛亮譙周京房張衡幷言州郡所入躔度太
原入東井二十九度上黨入輿鬼二度通志太原遼
沁入觜參幷按天官渾儀之數周天三百六十五度
四分度之一南北極直徑一百二十八度少強半徑

百四十分十二次每次三十度有奇申次實沈星[illegible]

參觜統主全晉遼屬晉和屬遼所占不及半度故參

觜主和仍以全晉經度分野言也

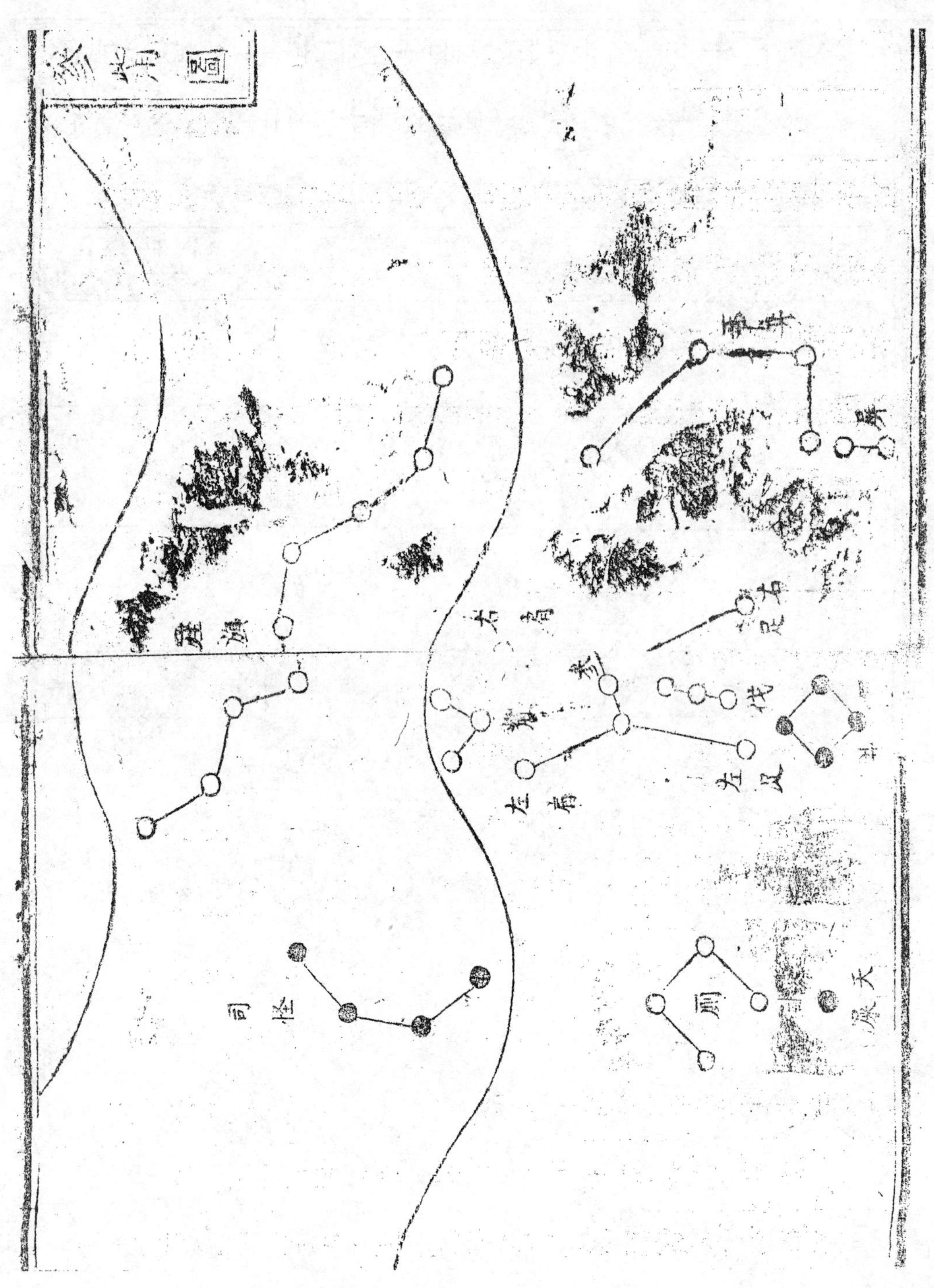

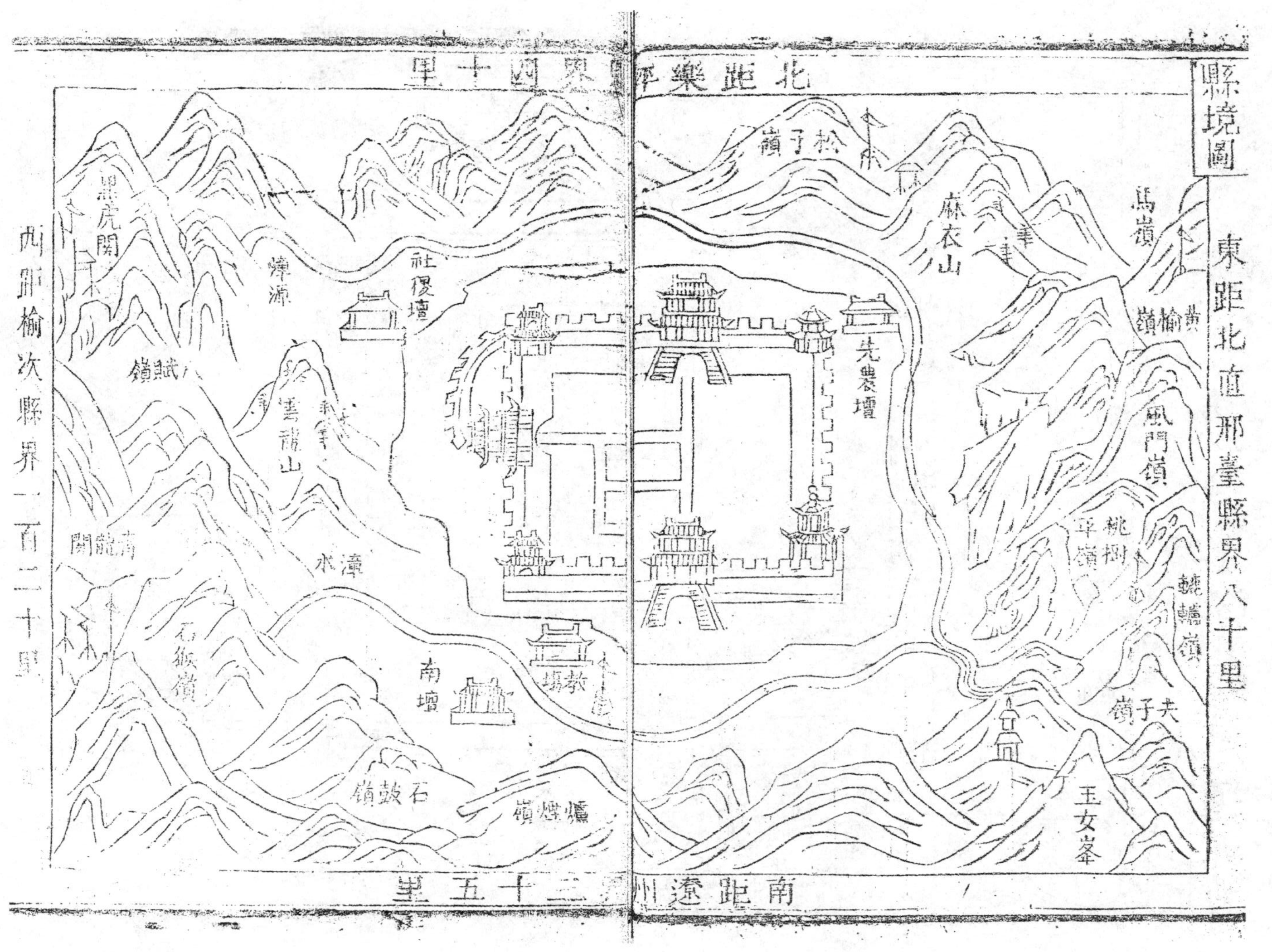
縣境圖
北距樂平界四十里
南距遼州界二十五里
東距北直邢臺縣界八十里
西距榆次縣界一百二十里
松子嶺
麻衣山
馬嶺
黃榆嶺
風門嶺
桃樹坪嶺
夫子嶺
玉女峯
先農壇
社稷壇
漳源
黑虎關
八賦嶺
雲龍山
漳水
南壇
教場
石板嶺
南龍關
石鼓嶺

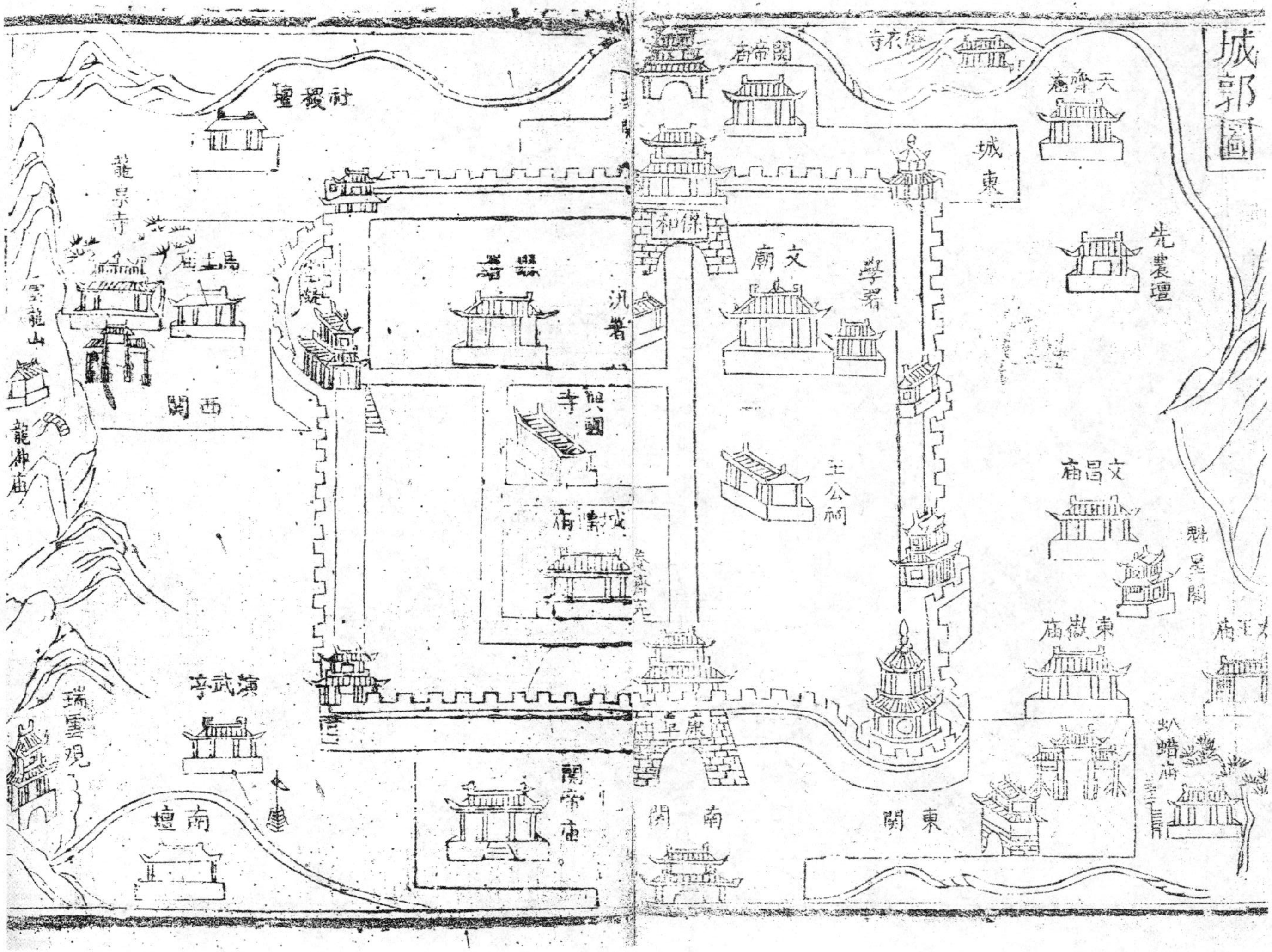
城郭圖
天齊廟
先農壇
文昌廟
魁星閣
東嶽廟
東城
關帝廟
學署
文廟
王公祠
縣署
汛署
城隍廟
養濟院
東關
南關
關帝廟
演武亭
南壇
瑞雲觀
龍神廟
雲龍山
龍泉寺
馬王廟
西關
社稷壇

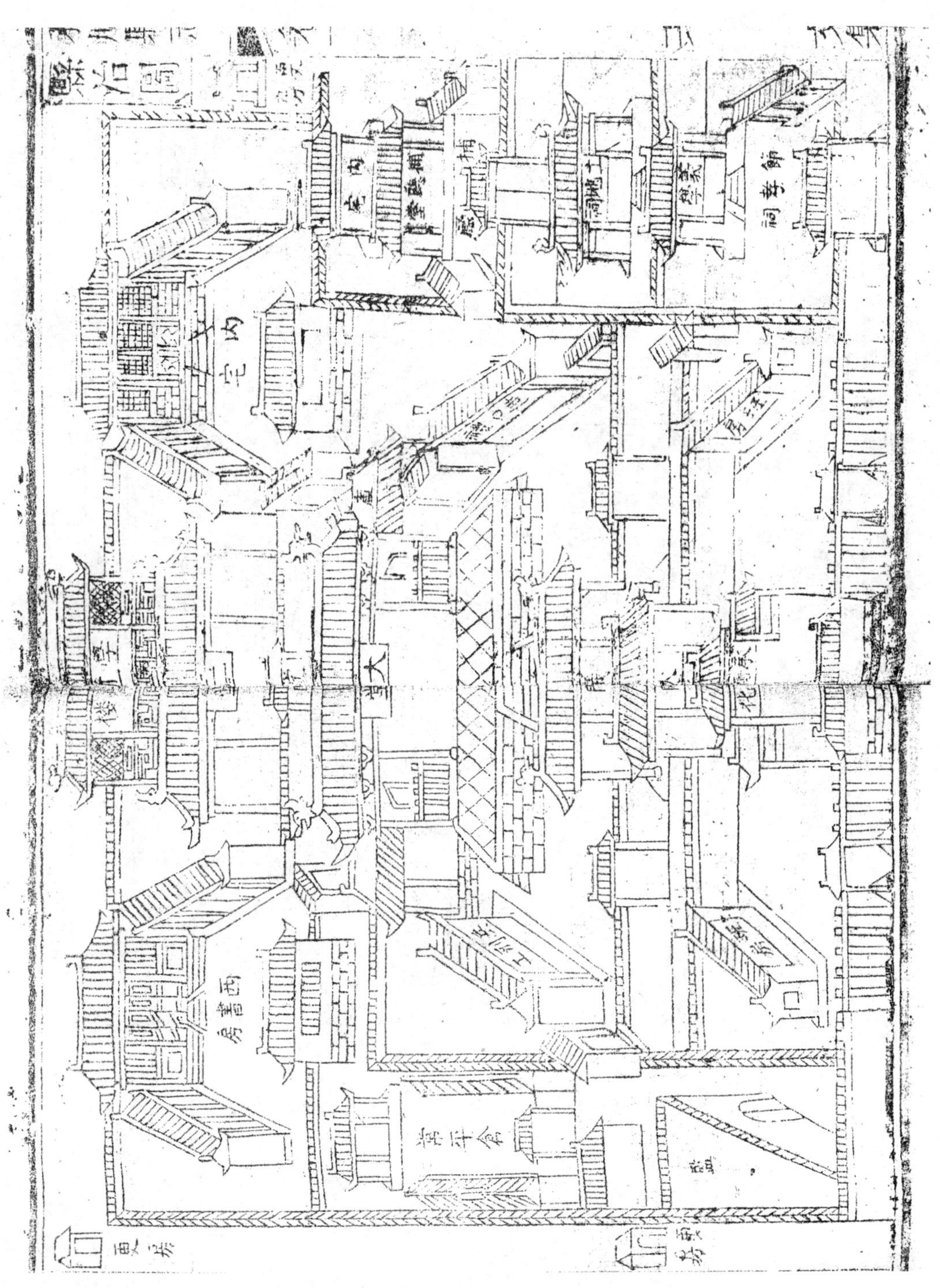
內宅
西書房
大堂

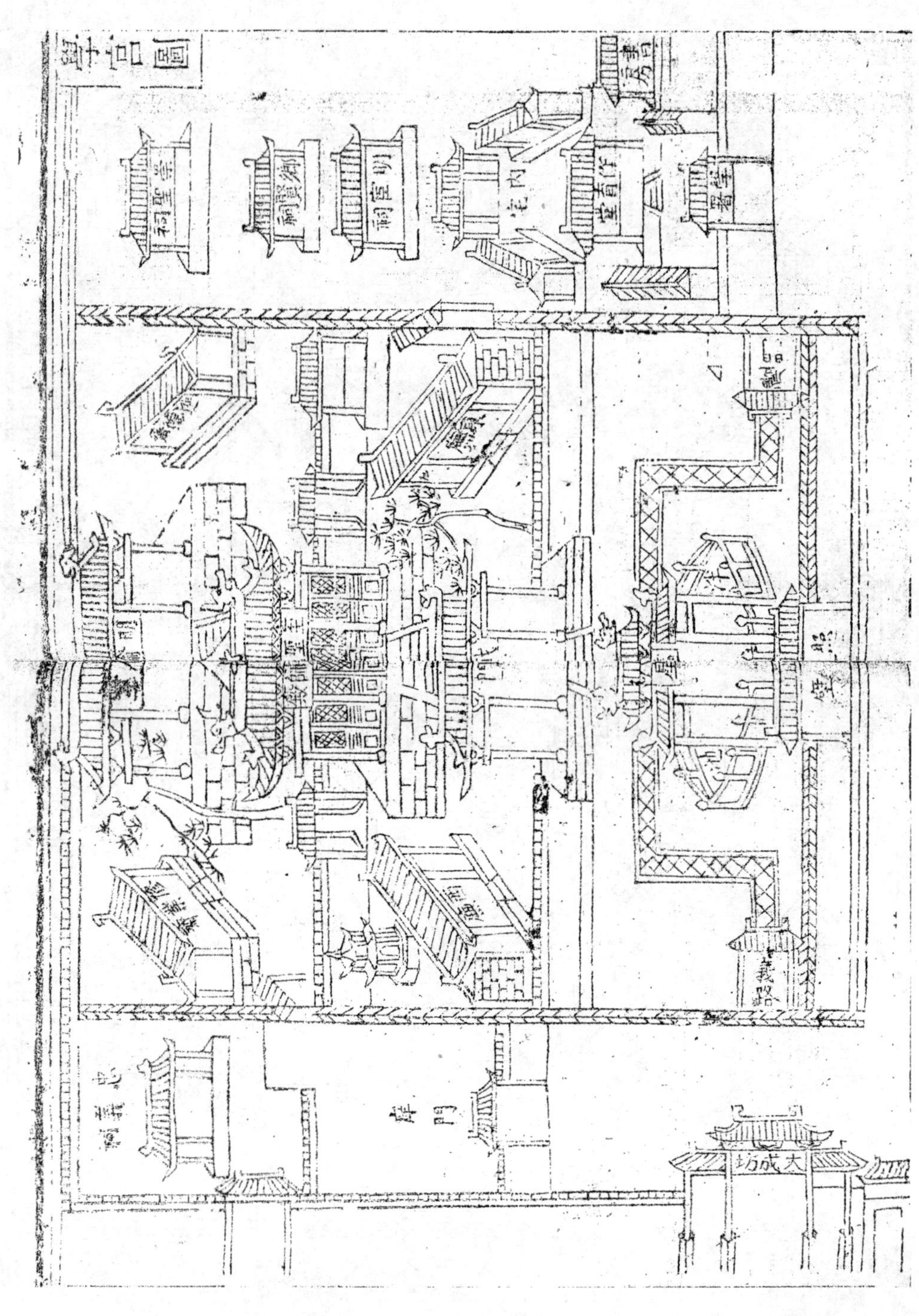

學宮圖
大成坊
戟門

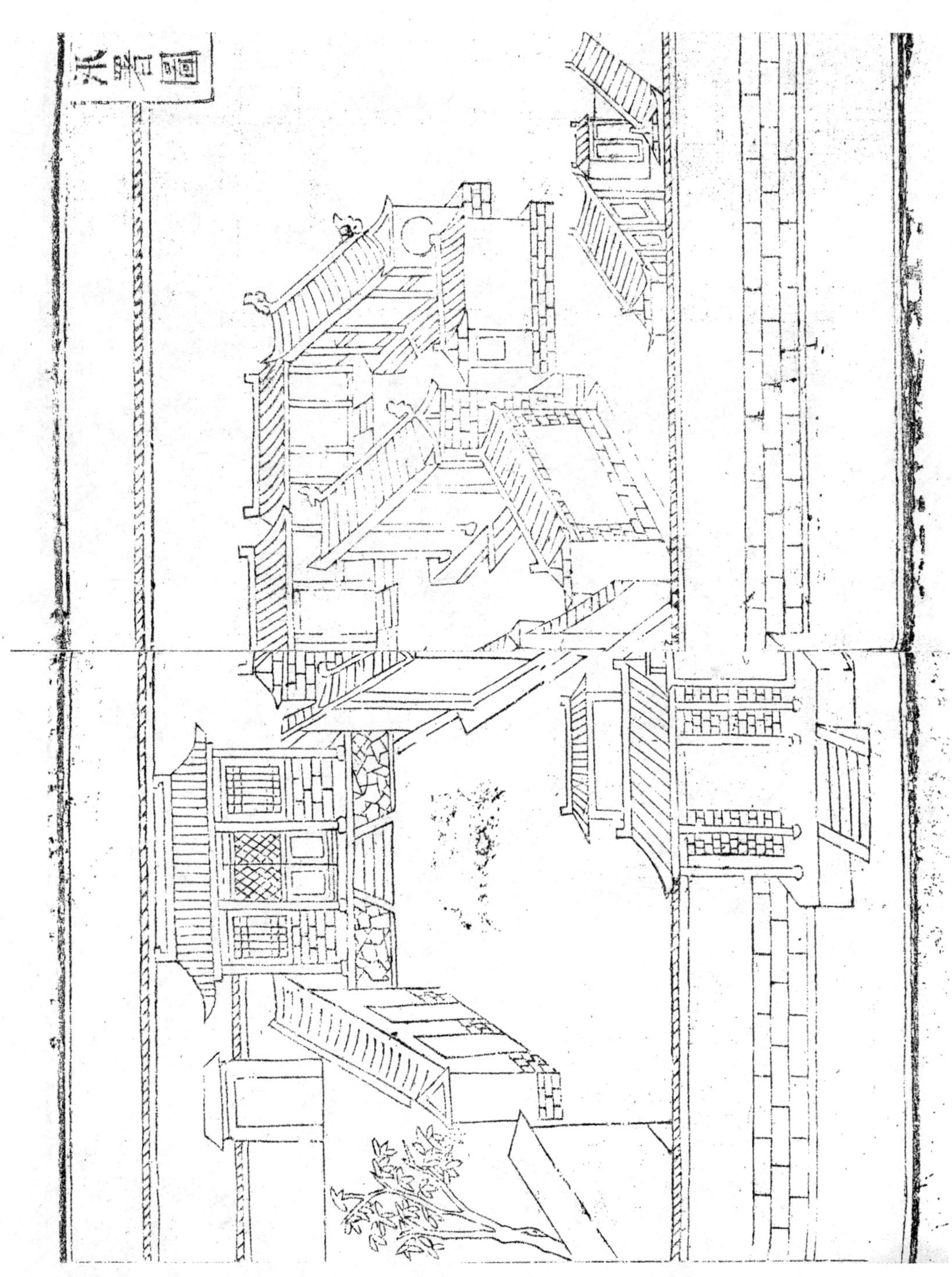

黃榆古戍
石馱坪

松子香風
李陽村

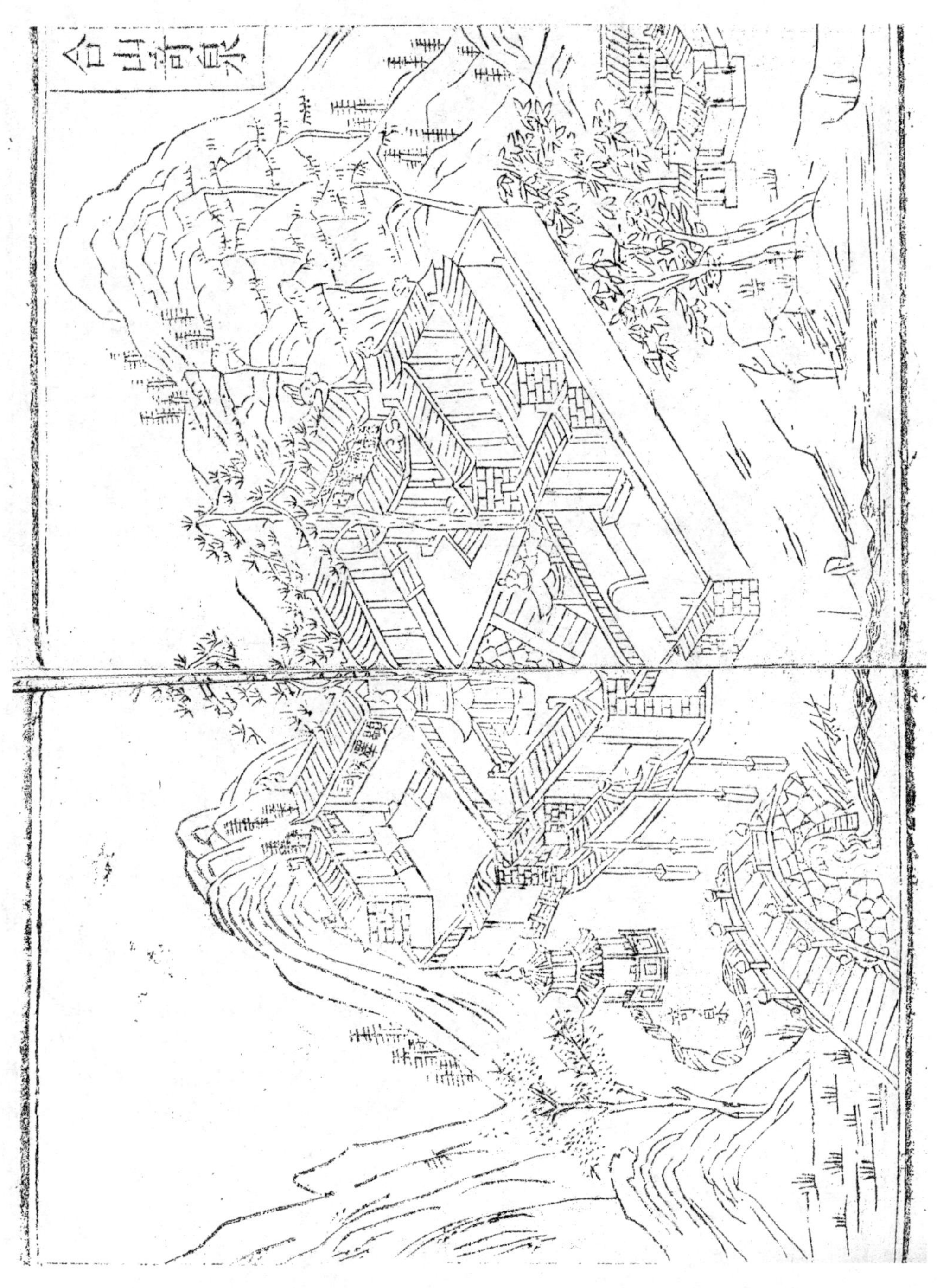

九泉村
趙王墓

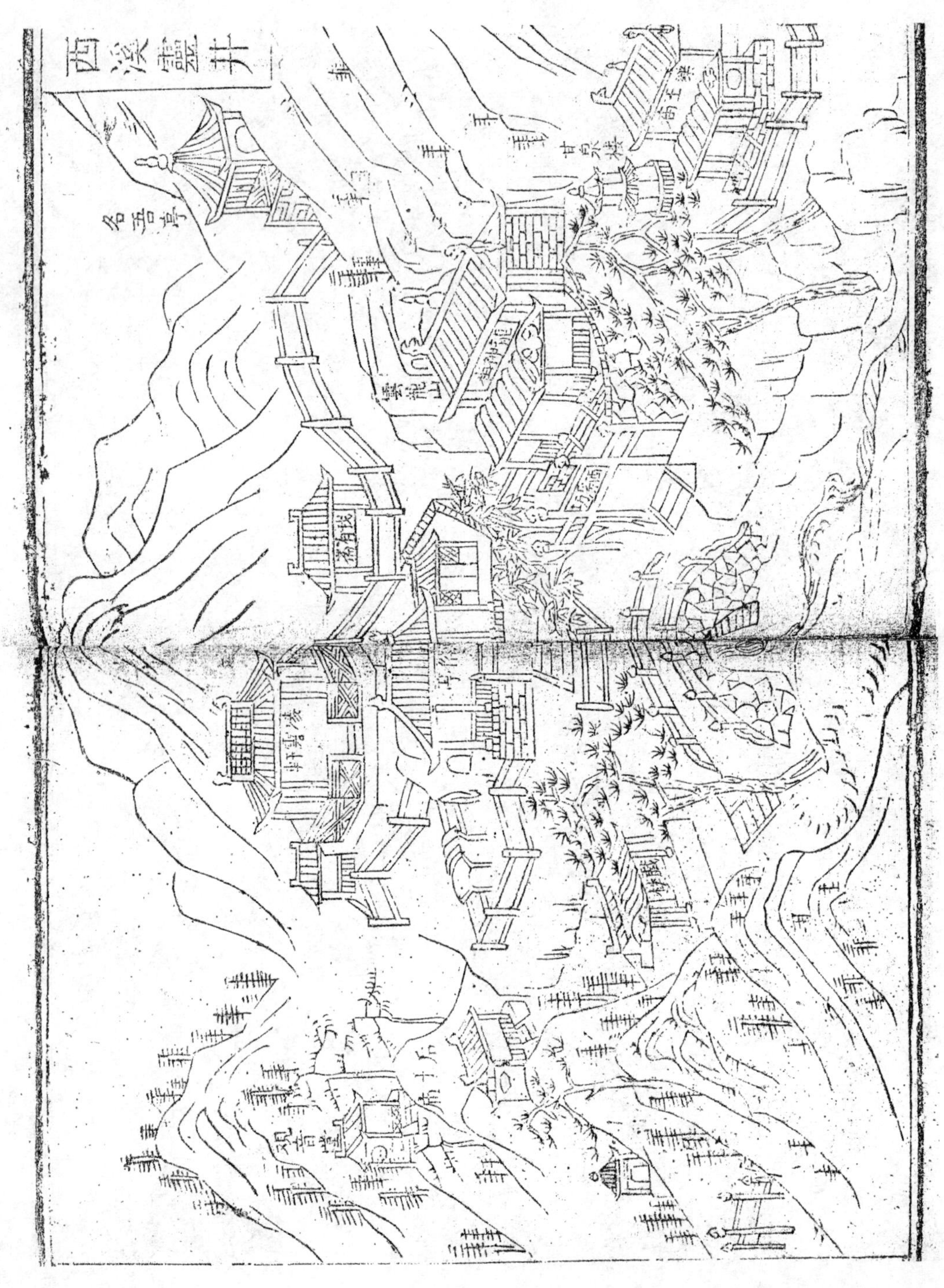
西溪靈井

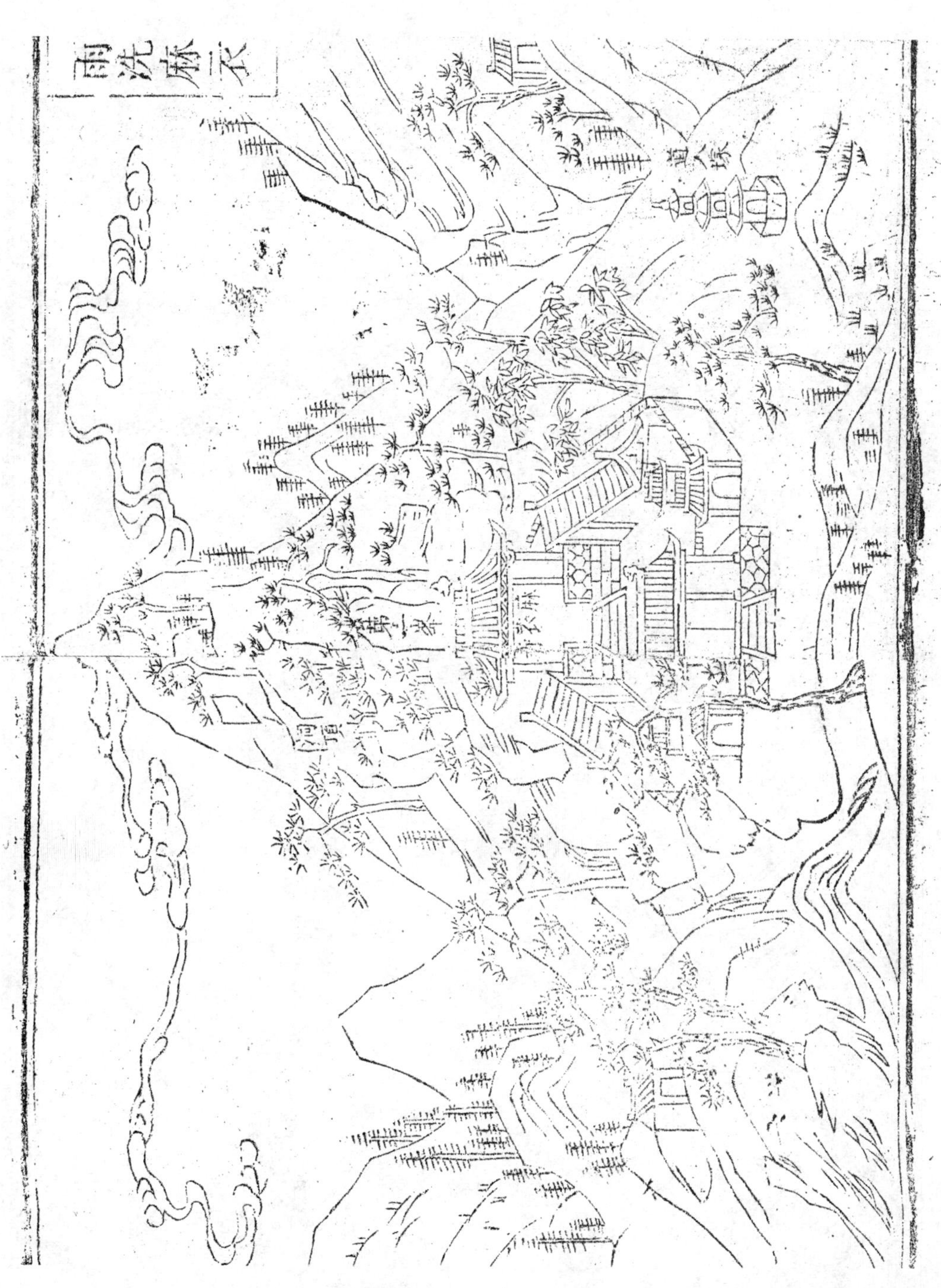

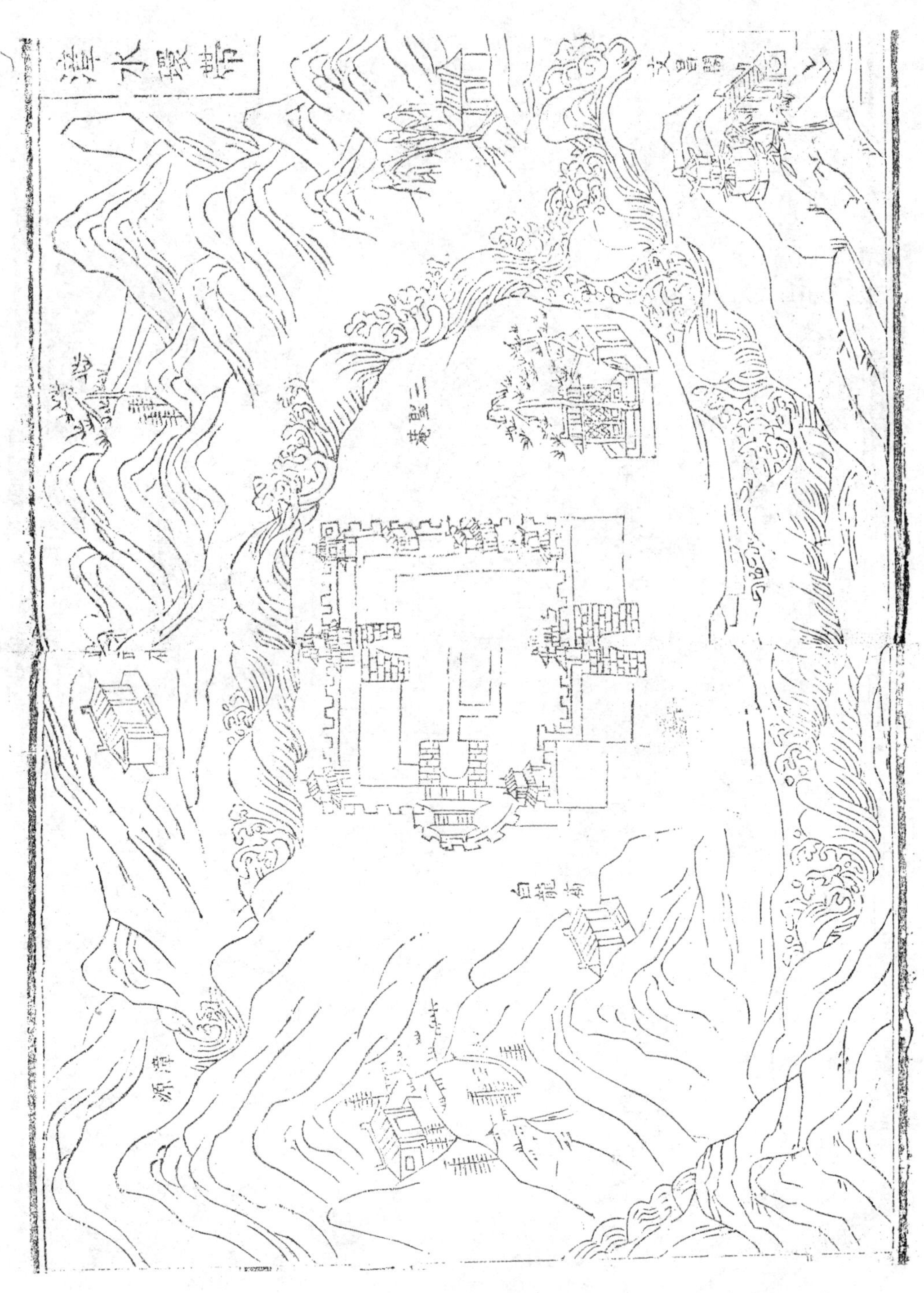
漳水縈帶
文昌閣
白龍廟
漳源

光緒圖版

續修和順縣志序

和邑之有志乘由來舊矣其始也創於明季之李君繼元其繼也修於

國朝順治十三年李君順昌三修於康熙中之鄧君後又修

於乾隆年間之黃君一志也而前後經四名手之參訂詳矣盡矣其蔑以加於此矣顧天道每十年而變人物歷一日即殊前既有古人後亦有來者來者可徵文獻而知已

往之陳蹟古人安可與謨述以資後來之見聞哉則邑志之修固不可以或緩也和邑古梁餘子食邑居太行之巔鄰燕豫之壤旁列十景水合二漳固巖疆亦勝地也光緒

戊寅冬余來宰斯土披閱邑志見其書僅四卷紀載亦不甚多蓋自乾隆三十三年經黃公玉衡纂修以後迄今百餘年矣余見其年湮就沒悵然者久之因歲值大祲四野

嗷嗷辦賑辦捐不遑朝夕欲
即前志而補修之固有志焉
而未之逮也己卯夏奉
爵撫憲威毅伯曾札飭各州縣
志書一律修輯即照舊志原
分門内挨次編纂等因余捧

檄之餘喜甚爰謀諸邑中候
選教諭之貢生吳君萃拔貢
生杜君蘅廩生欒君致仙設
局纂修延蜀北甲子科孝廉
馬公如錡總其役辛巳中紳
士等分任校讐廣採博訪編

輯成書其卷軸之次第及各門之前後一仍其舊惟是百餘年之風物災祥與夫忠孝節義仍分門類續刊二卷附於舊志四卷之後不必改絃而易轍自然綱舉而目張書

既成公餘繙閱一過不禁喟然曰是志也所以續前人之美善開後來之見聞發潛德之幽光昭忠孝之苦節俾城鄉士女聞風而奮然振興則其有益於風教者豈淺鮮哉

故先夫余者纂輯於前余不敏亦踵事於後更願後之視今猶今之視昔補偏救弊振舊從新不以固陋就簡見責是則余之所甚幸也夫

旹

光緒五年屠維單閼嘉平月

署和順縣知縣陳守中撰

重修和順縣志

凡例

一舊志彙爲八門一地理二建置三祠祀四田賦五官師六選舉七風俗八藝文此遵明康對山先生武功志體例條分縷晰節目詳明惟人物附選舉之後而典禮闕如似非完善茲編酌仿前志釐爲十卷其中條目間有增損分併之處總期折衷一是衆善聯遺

一舊志首列天文殊乖體要按天文每一星野分數千餘里即如全晉上應參觜二星而豫省亦居參商之

次和邑彈丸所屬幾何且天象雖昭然可覩自非識微見遠何能執管以窺然舉前人已成之式任意轉删亦恐涉自作聰明之嫌今圖說無所增減庶不使舊迹陳規從茲放失

一祠祀文廟配哲兩廡典至重禮至隆也遵行固貴謹嚴記載尤戒疏略均宜詳其典制源流務期纖微具備庶不蹈因陋就簡之愆茲編一遵同治三年部頒祀位圖式并詳學制員額敬錄

御製牌文匾額書籍祭品悉爲臚列昭慎重也

一迎春勸耕講約賓興鄉飲諸大典皆禮法所在之處概置不錄闕略奚辭蓋一邦典禮細目不必皆同大綱未嘗或異從宜從俗地方官之責也茲編并將慶賀開讀涖任規儀逐加釐定品節務期詳明儀文不留缺陷非瑣也禮者天地不易之常經無小無大莫不由之漫視爲奉行故事之端要當廑率由舊章之志

一國有賦稅曰地丁曰耗羨曰徵觧曰存留定引直則有鹽課供皇華則有站銀自乾隆三十三年以後時

旣迭更法亦屢變一切款目今昔不同茲編逐加更正全載賦役全書以便稽考

一舊志官師失載明制縣丞一員主簿一員今據碑文可考者一一補列又訓導李朝綱誤作教諭一并改正

一和邑踞大行之巔地勢高而氣冷民皆畸居山隈播穫外別無所事物產之遠遜他邑者限於天域於地更局於人並非有可貴可嘉之品似難僭大書特書之例然古聖人教民樹藝必相其土之所宜不能強

不宜者而使之宜也品類雖甚凡庸實關前人之區畫更荷大造之生成棄而不錄缺陷之端也爰即境内生育之類悉著於篇亦惟是重天時察地理並以著其人功用備考風者之一覽云

一他邑乘志人物或多溢美之詞間有過情之譽非例也茲編衆美兼收片長必錄要無非屬辭比事循名核實列其姓氏並詳其行狀總期信以傳信勿濫勿遺近時如楊曉昀闔門殉節尤為一代偉人實屬千秋盛事并將宰廬事蹟纂入以垂不朽云

一節烈慈孝風化所關果操守其彌堅實表章所必及舊志採錄綦詳但百餘年來豈少冰霜勁節金石貞心埋沒於窮簷陋巷間者茲旁搜舊卷博採新聞闡孤苦之幽光表堅貞之絕詣分別已旌未旌不敢遺亦不敢濫或有年例未符另列待旌一條以示善善從長之意

一舊志藝文原倣劉歆七畧之例最合體裁惟苑輯未周唐宋元碑多半遺漏今選派文學搜境内貞珉以及往哲昔賢之著述文人學士之咏歌博採兼收弗

致遺滿非誇多也若獻尤藉乎徵文信今即所以傳
後搜羅不富若鏡何資況文章悉經籍之光暉容亦
性情之用讀其文可想見其爲人尚友之心未必不
油然生也惟寺院碑記無關邑中事故及文不雅馴
者不錄

和順縣志　卷一　凡例　四　智

重修和順縣志

總裁

現任壽陽縣前署和順縣　陳守中　字理臣　江蘇上元人監生

前任和順縣　魯燮光　字瑤仙　浙江山陰人廩貢

和順縣知縣　左兆熊　字夢卿　永平府樂亭人舉人

纂修

雲龍書院主講　岳宜興　字雲卿　平定州樂平人丙子解元

校正

和順縣儒學訓導　宋兆岸　字周甫　汾州府汾陽人舉人

司局

和順縣典史　王金鏡　字洗心　永平府樂亭人監生

和順八賦嶺巡檢　蔡廷奎　字瀛仙　安徽六安人

考訂

恩貢候選儒學教諭　吳萃

恩貢候選儒學教諭　張肇修

歲貢候選儒學教諭　鄭台文

附貢生　郭殿邦

採訪

廩生　藥效仙

歲貢生　劉清淲

武生　焦泰

監生　畢承宗

廩生　蔡蓮峰

貢生　祁鵬雲

貢生　楊培楨

廩生　宋希濂

輯次繕清

廩生　王玉汝

廩生　劉鍾瑞

增生　楊偉

增生　周景巖

同輯

衛千總　杜咸

武生　楊培承

增生　張鴻舉

生員　馬履謙

和順縣志 卷首 六

重修和順縣志卷之首

圖考

昔景纘圖若吳道子之嘉陵山水宗少文之瀟湘八
景王摩詰之輞川[illegible]圖後先輝映之兩[illegible]
藝林今於邑志而以繪事[illegible]
求也亦猶令閱者展卷開[illegible]
城池鄉大[illegible]之所已[illegible]中目

志圖考

考周禮保章氏以實沈主晉國語曰實沈之墟晉人
是居漢志曰畢十二度至東井十五度爲實沈之次
於辰爲申謂之涒灘於律爲中呂於星爲參觜晉天
文志班固取三統歷十二次配十二野自畢十二度
至東井十五度爲實沈魏太史令陳卓與范蠡鬼谷
張良諸葛亮譙周京房張衡并言[illegible]入參度太
原入東井二十九度上黨入輿鬼二度通志太原遼
州入觜參并按天官書推之數周天三百六十五度
四分度之一南北極直徑一百八十度以[illegible]

百四十分十二次每次三十度有奇申次實沈是爲參觜兩宿主全晉遼屬晉和屬遼所占不及半度故參觜兩主和仍以全晉經度分野言也

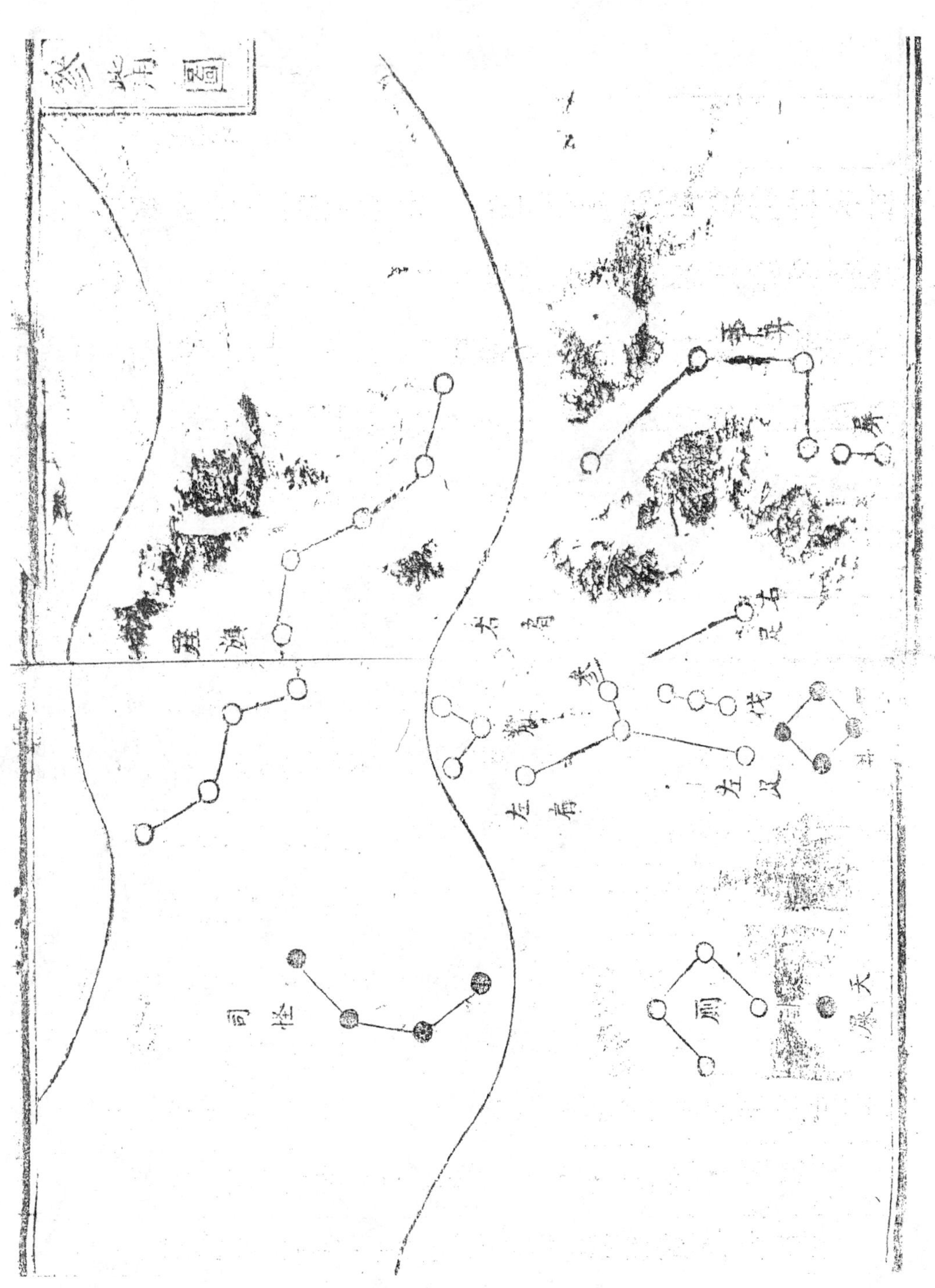

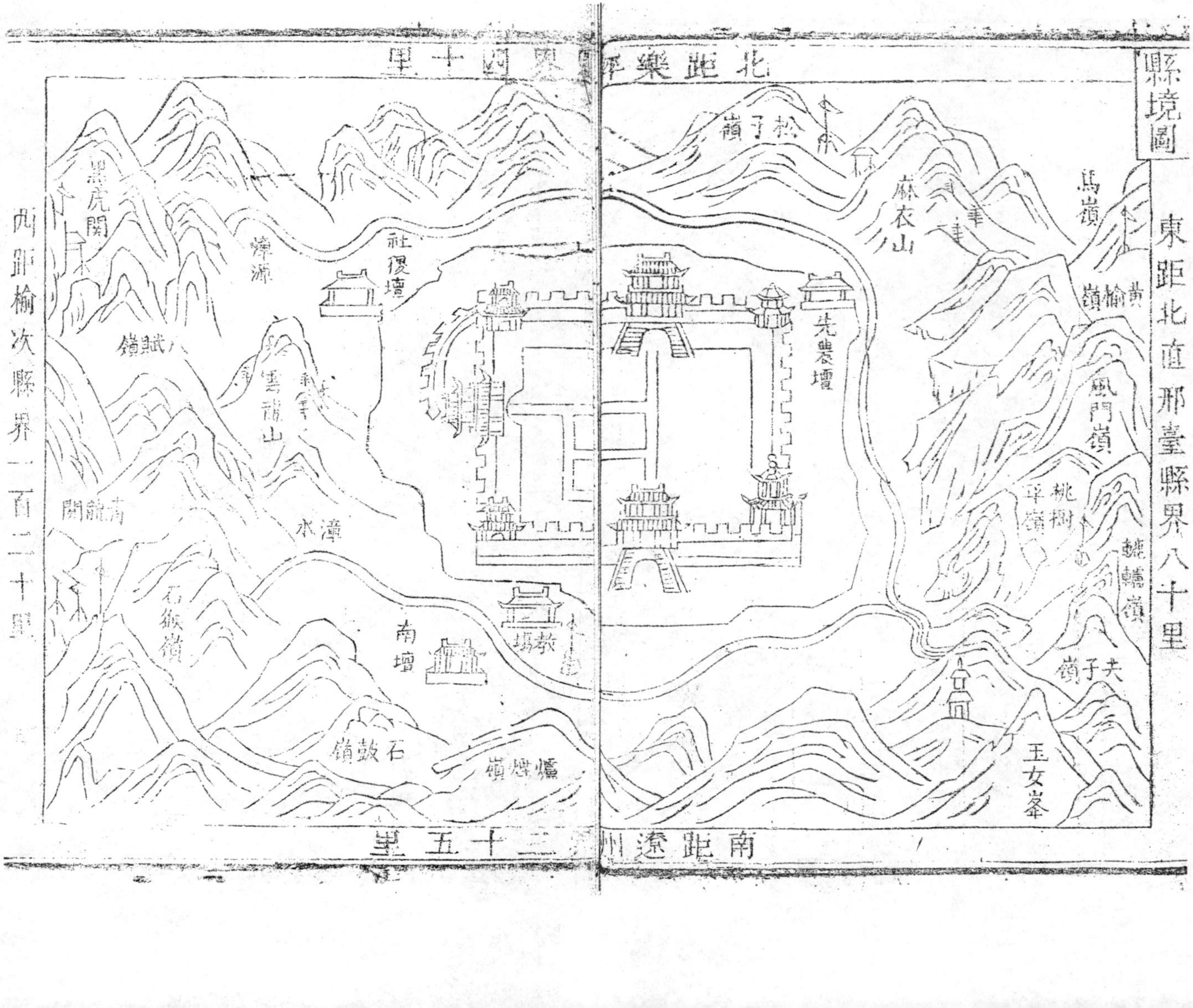
縣境圖
北距樂平縣界四十里
東距北直邢臺縣界八十里
南距遼州界三十五里
西距榆次縣界一百二十里
松子嶺
麻衣山
馬嶺
黃榆嶺
風門嶺
桃樹平嶺
轆轤嶺
夫子嶺
玉女峯
先農壇
社稷壇
教場
南壇
漳源
漳水
雲龍山
八賦嶺
黑虎關
石鼓嶺

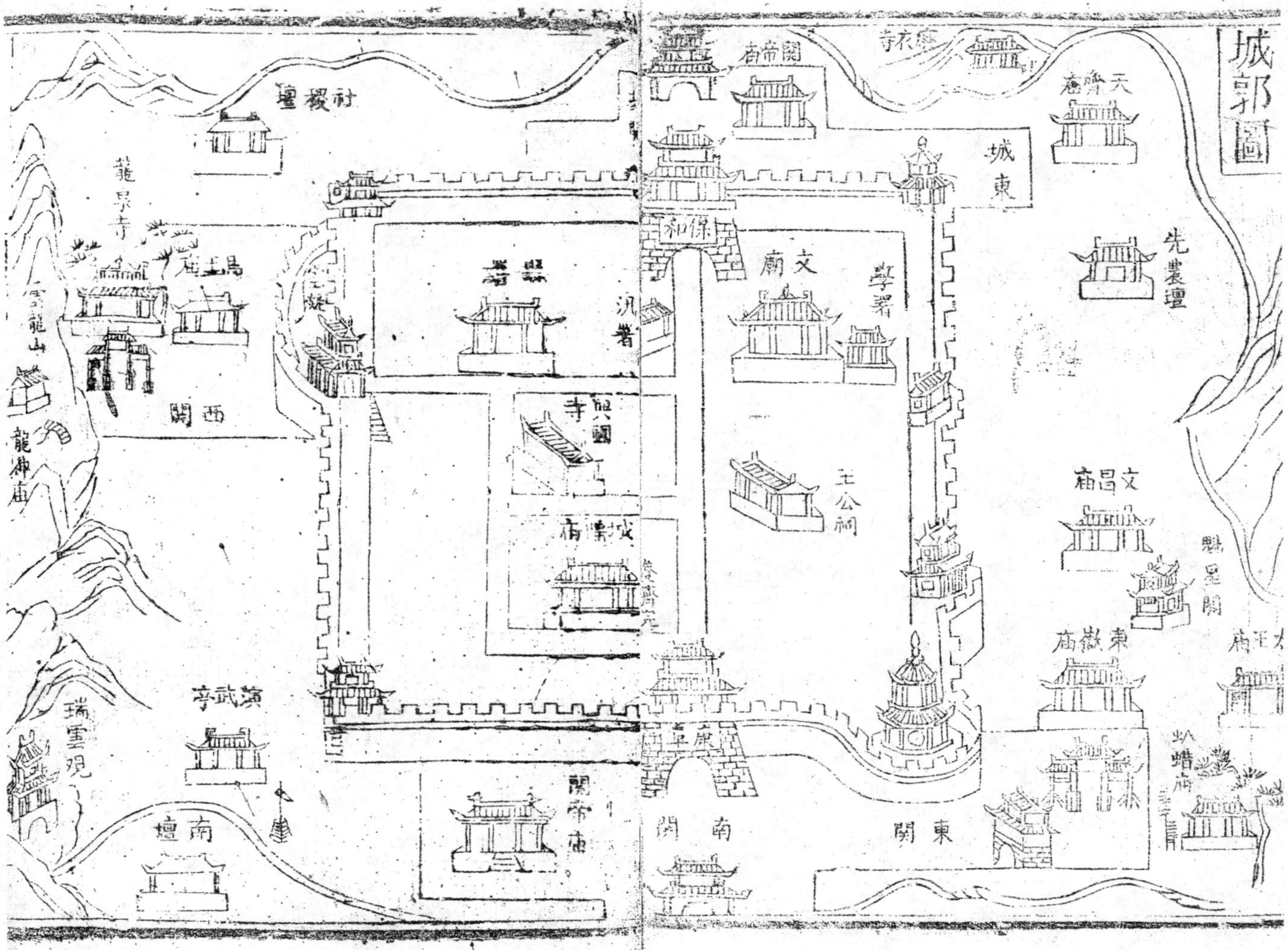
城郭圖
天齊廟
關帝廟
東城
先農壇
文廟
學署
保和
縣署
汛署
王公祠
文昌廟
魁星閣
東嶽廟
城隍廟
阜康
東關
南關
關帝廟
八蜡廟
演武亭
南壇
瑞雲觀
龍神廟
雲龍山
西關
龍泉寺
土地廟
社稷壇

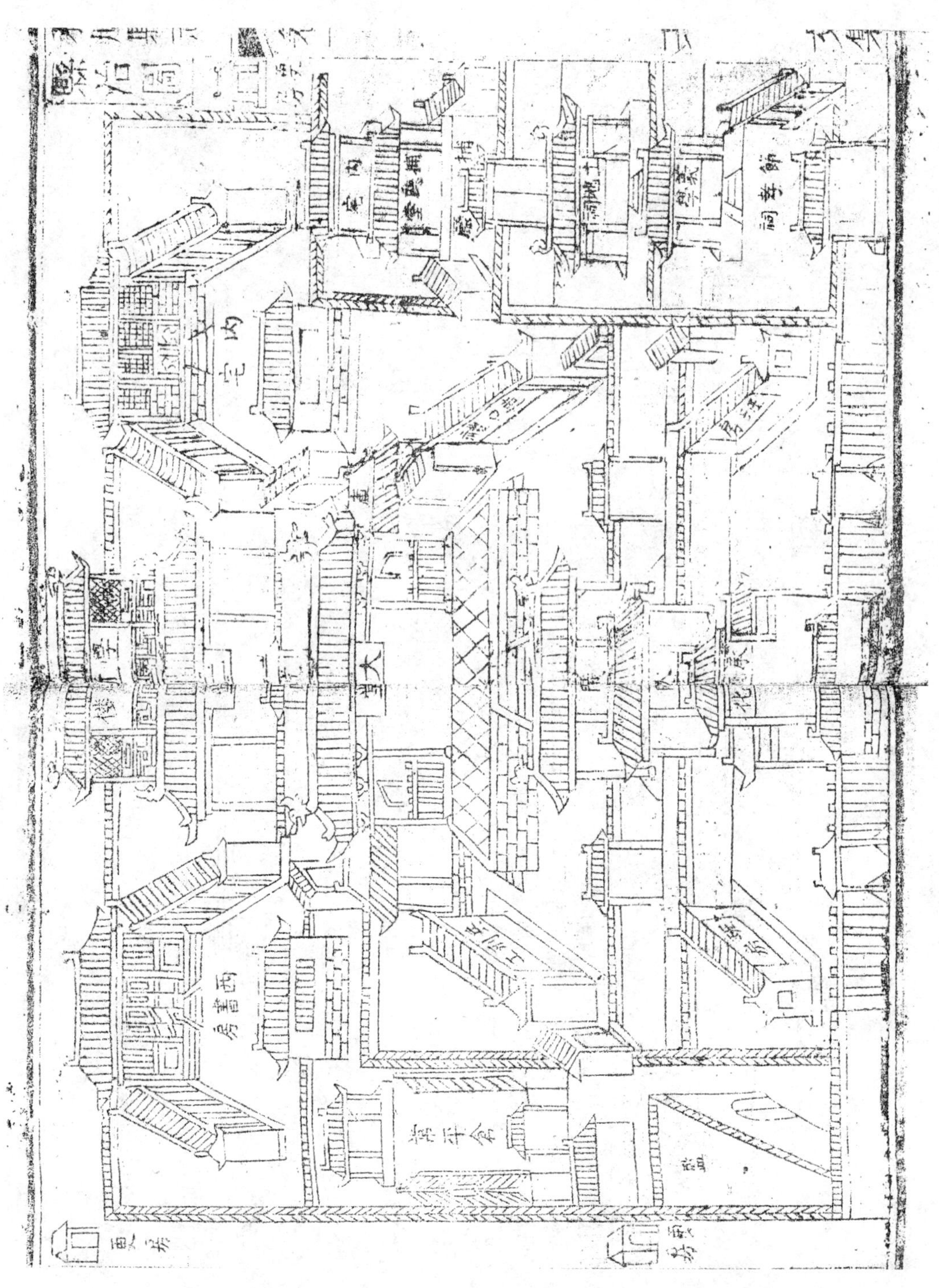
縣治圖
內宅
大堂
西書房
常平倉

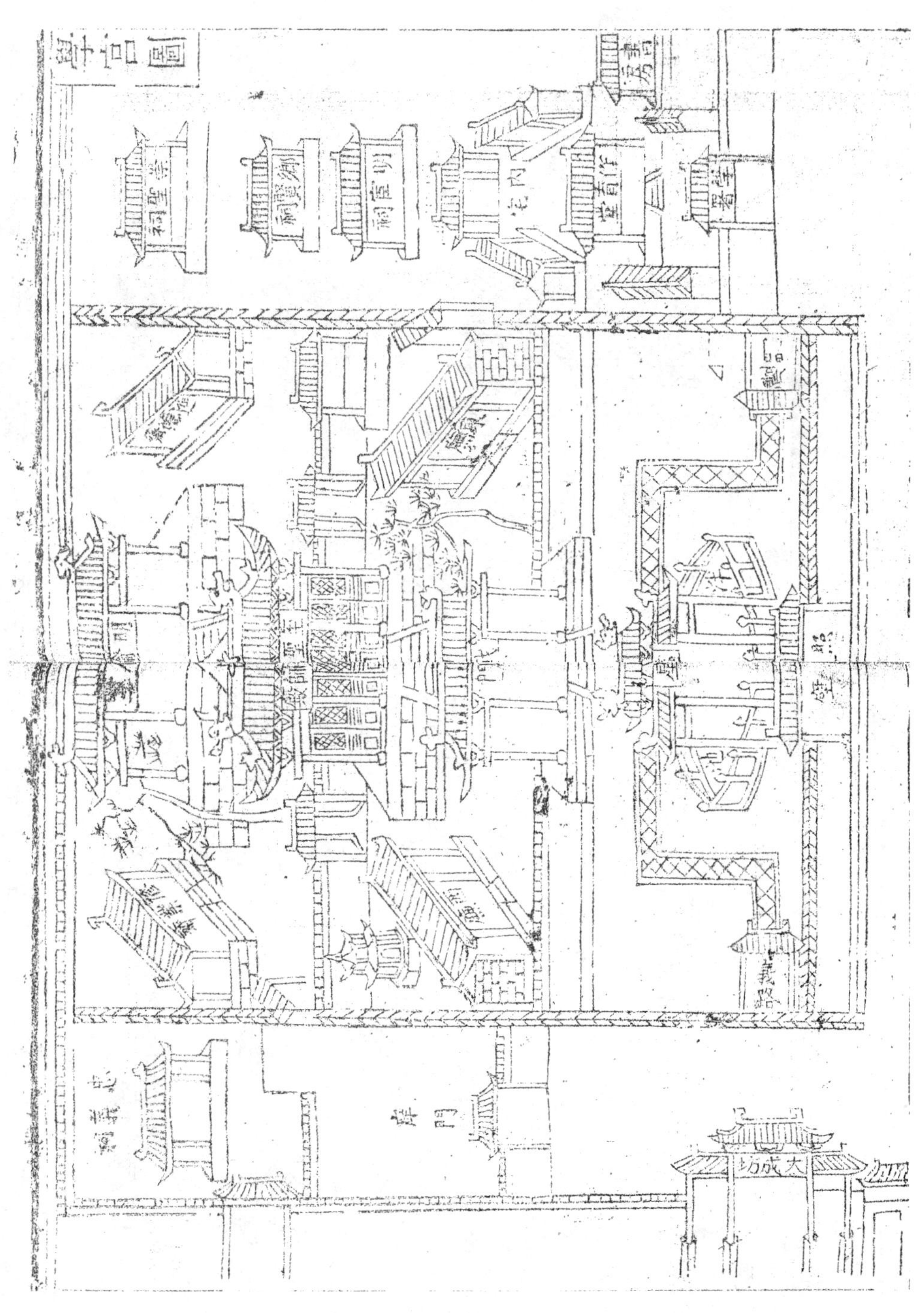
學宮圖
大成坊
禮門
義路

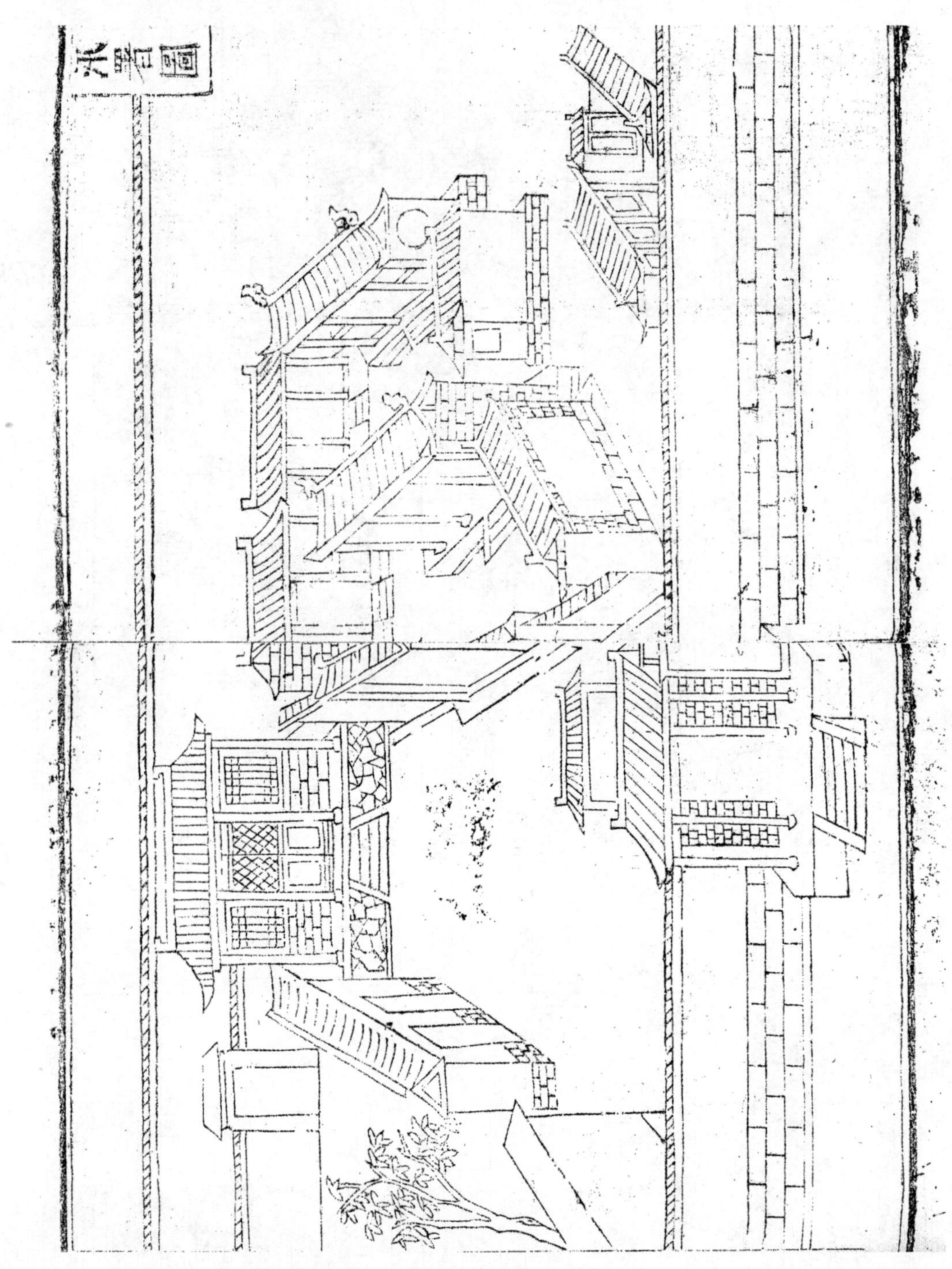

黃榆古戍
石駄坪

八賦嶺雪

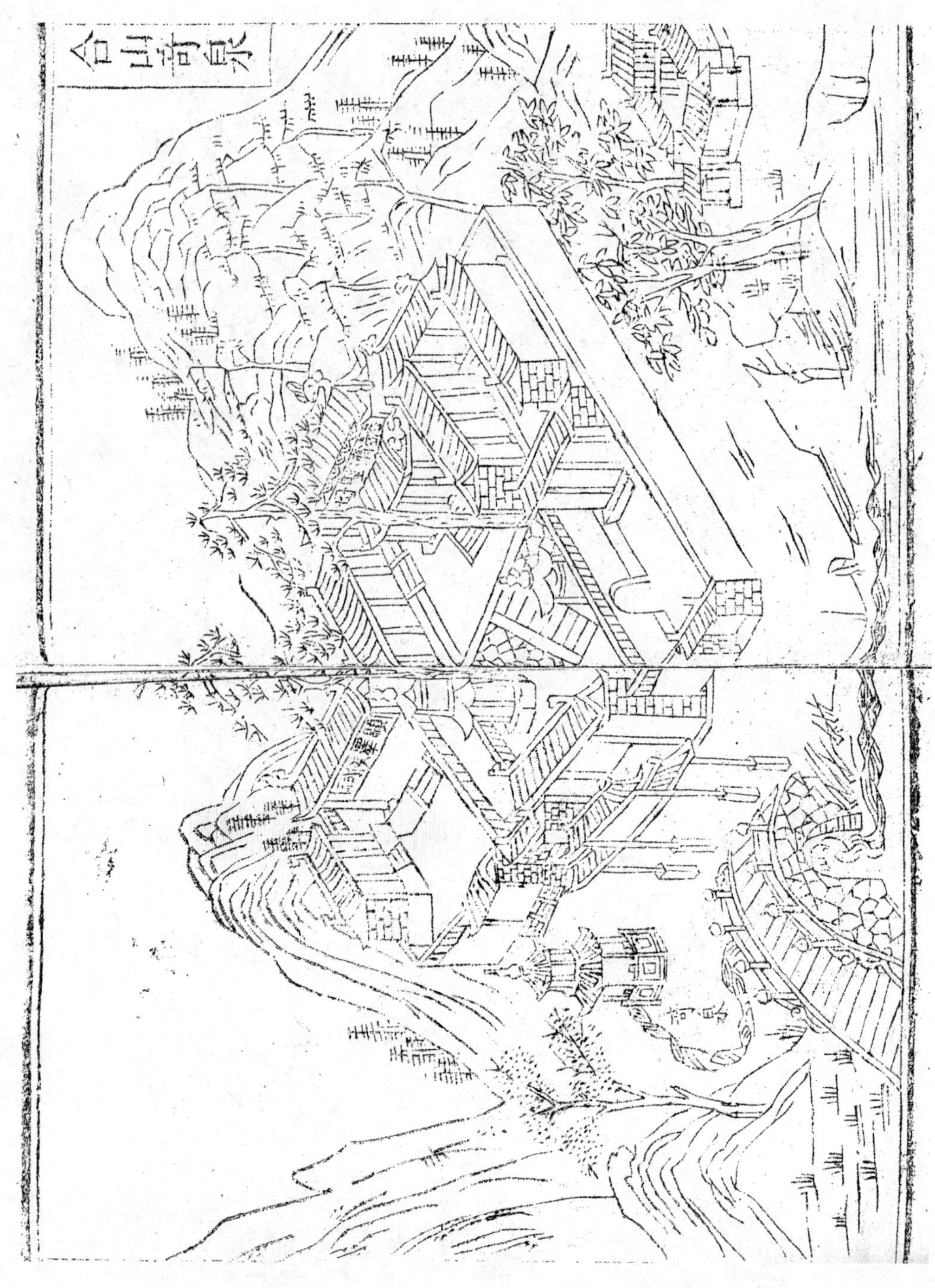
合山奇泉

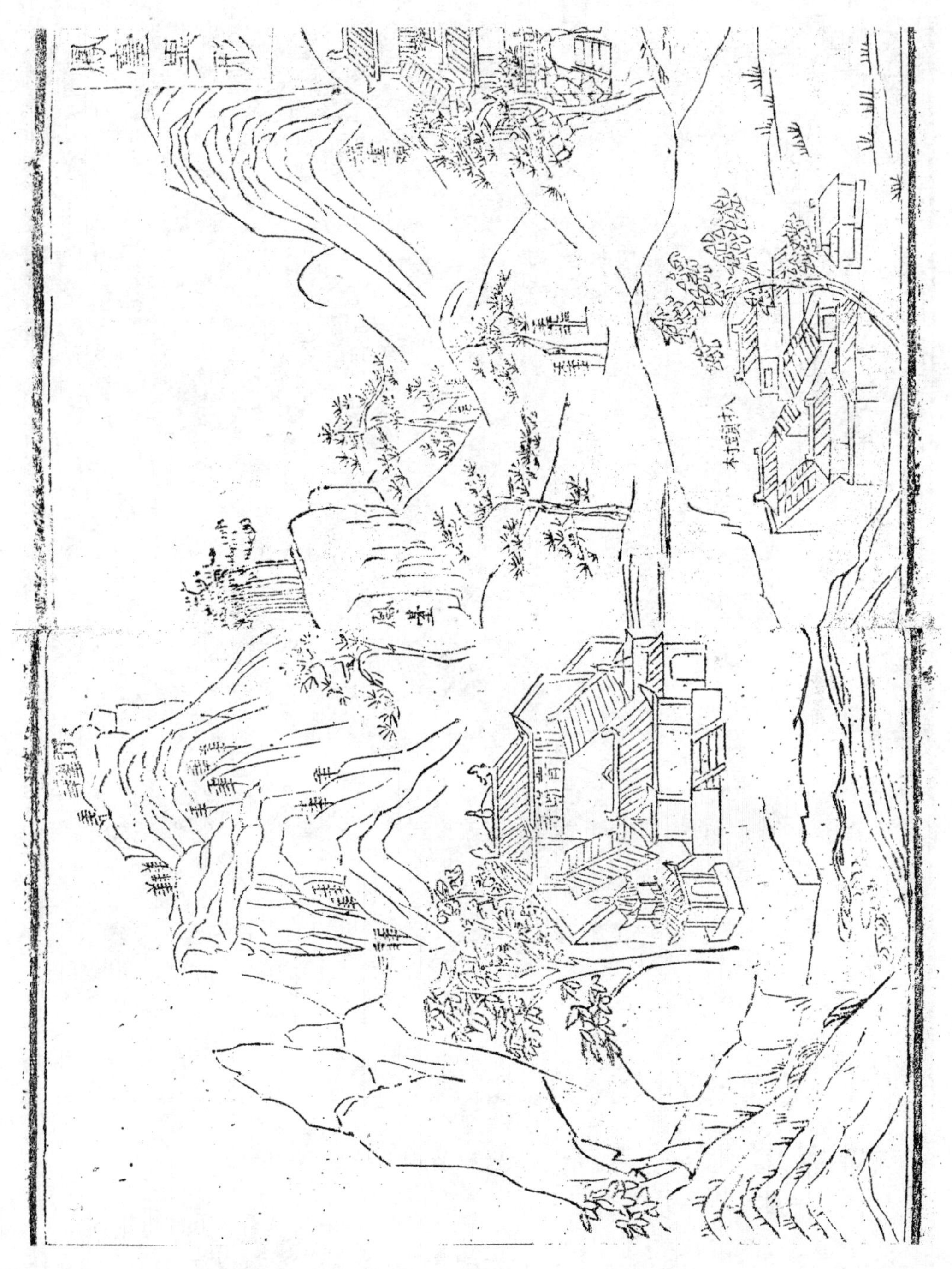

九京新月
九京村
趙王墓

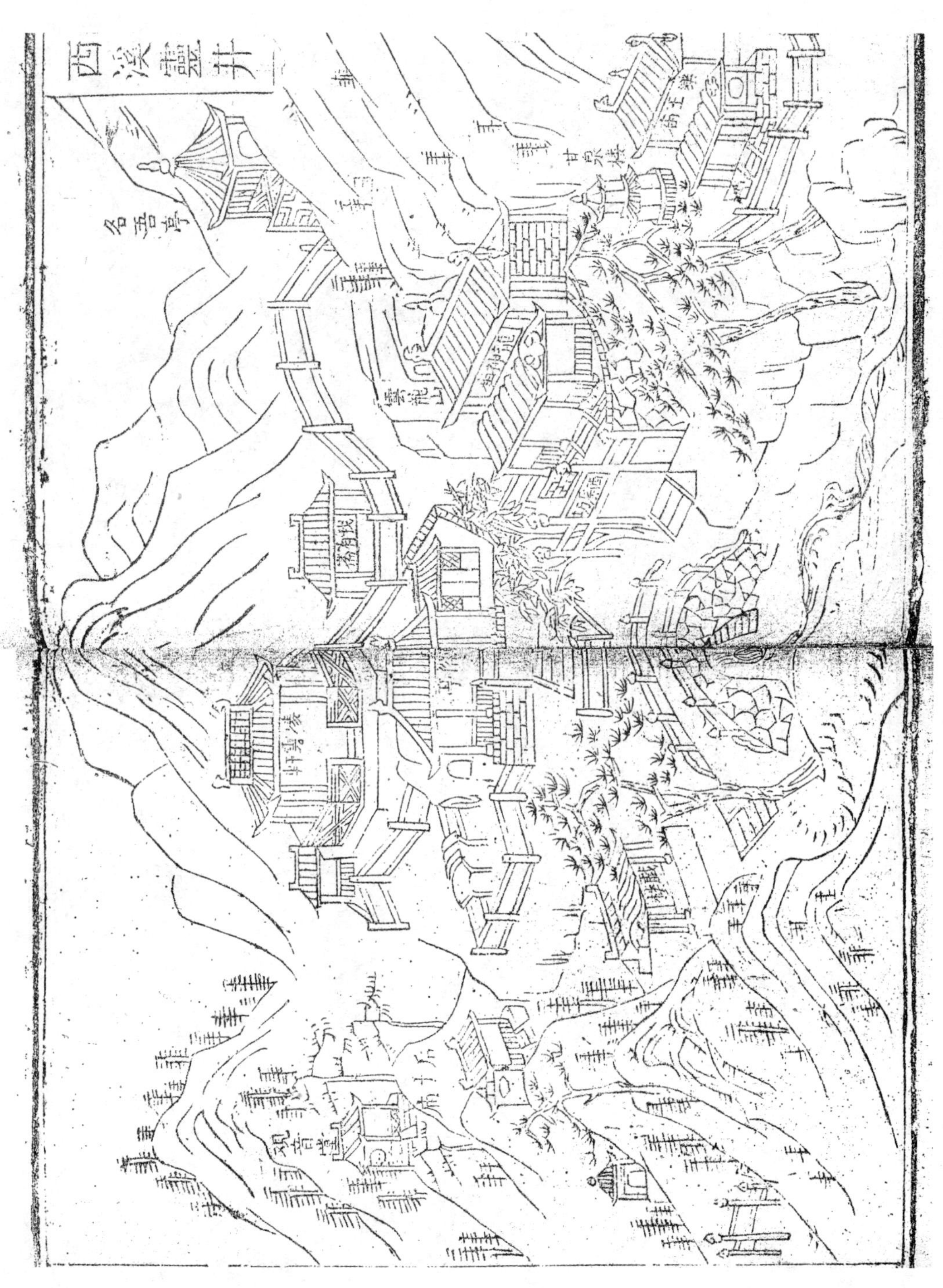
西溪靈井

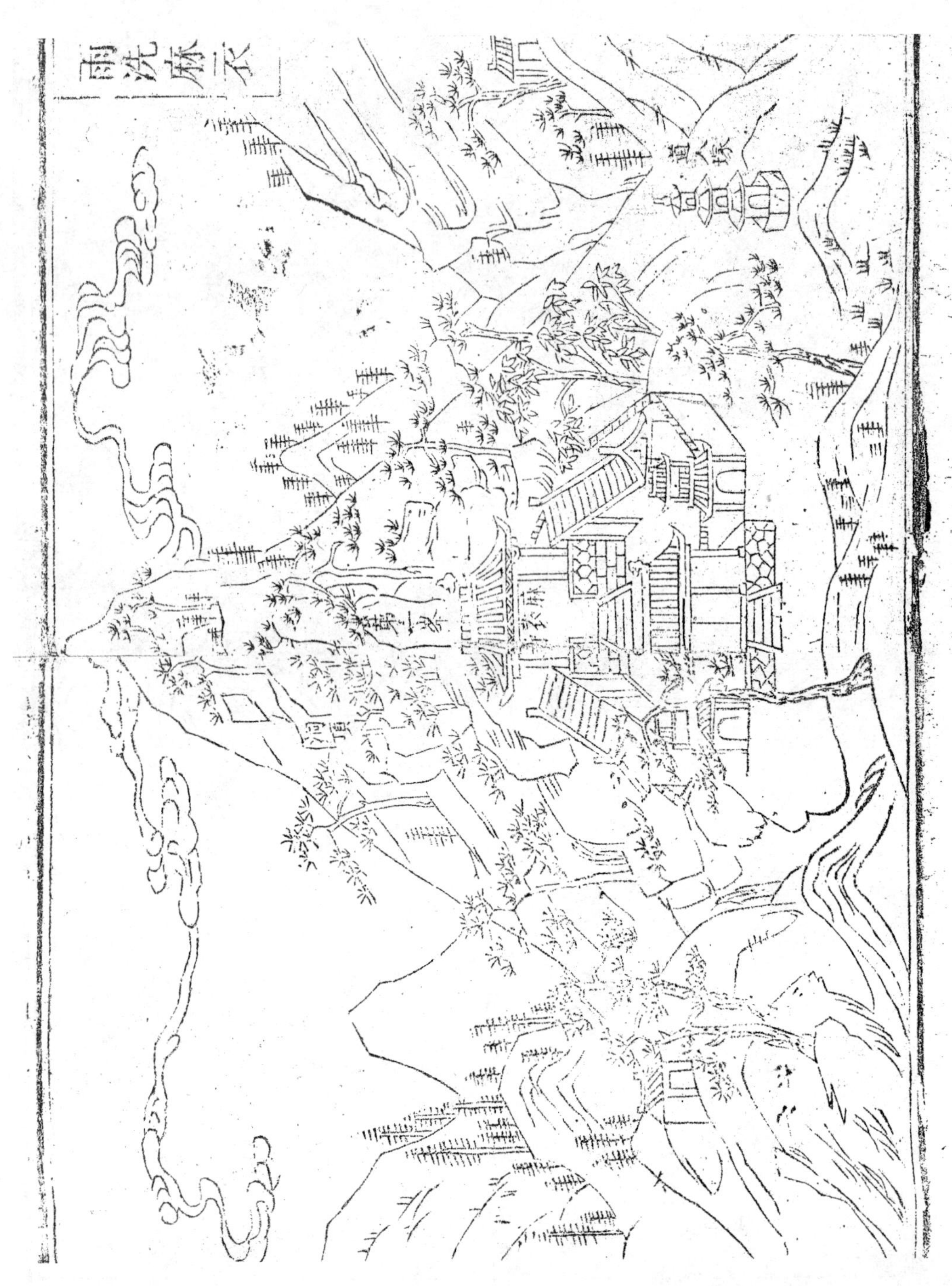
雨洗麻衣
道人塔
洞頂

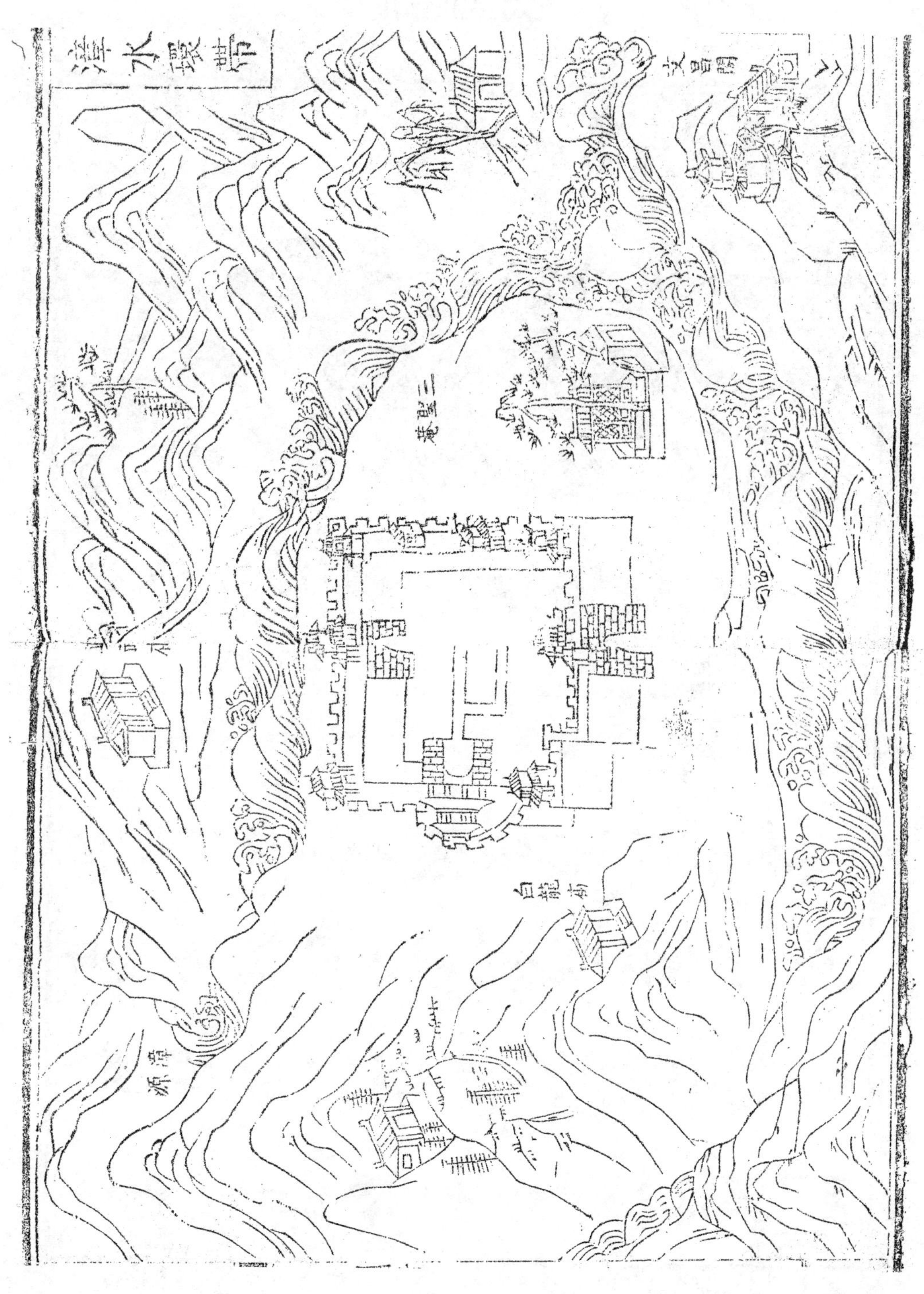

重修和順縣志序

自共和成立而後凡我同胞脫離
專制之威權得享自由之幸福從
此舊弊漸除文明日啓興以莪材
家之縣邑自應經後披閱縣志

見其書類多殘缺板片亦遺失
不全茲難稽考溯自前清光緒
年間纂修後迄今已數十年
矣現在國體更變百度維新
則縣志一書亟宜補修完善未

使湮沒況李

都民政長暨通令飭將縣志一律呈送

以資備攷等因余擇尤之下當

與劉議長祖堯甫咨訪蒐查

另王君玉汝季蓮古稀人品謙

二

正學昭優秀為邑中望聘訂

重加纂輯以成盛舉王君慨

然擔當正其訛而核其實補

其缺而刪其繁討論修飾不

數月而志書告成矣更兼霍

君毓璘葉君賜康斟酌畧善
孜訂校正共勷厥事正所以續
古人之美善且予後人之見
罕也余筆誌
中華民國三年一月十一號

三

丁酉拔貢日本教育選科
畢業學員知和順縣事西
甯張夔典漢序並書

序

清皇遜位袁黎諸公變專制為
共和共和者三權鼎立除恃勢
作威之習開和衷共濟之風也
即如一縣之中議會立法知事
行法審判司法法定事舉同寅

協恭人莫得以私情議謂之變
而不失其常非爭我和自改革
之後新政林立舊弊漸除岳道
雖更而四境宴如於是當路諸
君議及修志一節邀玉任事玉
憶世當改革事事更新縣志殘

缺修所難緩第以才短學浮者
任其事倏奐隕越貽羞乎抑又
思之修志之件繼往開來事耳
事懼遺則羅致者有採訪事恐
忌則登録者有繕清至褒貶之
寓是非之公欲傳信筆於後世

二

則磋商者有霍君卿雲藥君恩
圃玉卿學識遠邁於人似不妨
濫竽其中忝博華國之榮也任
我者其諒之矣

旹

中華民國三年三月梁餘致

仕鄉飲大賓琢如王玉汝譔
並書

三

重修和順縣志

總裁

代理和順縣知事 張燮典 字友龍 前清丁酉拔貢日本教育速成科畢業學員

纂修

致仕鄉飲大賓 王玉汝 字琢如 前清歲貢就職教諭歷任臨汾襄陵等縣功給五品銜

分纂

前巡警教練所教員 霍毓瑞 字卿雲 前清貢生功給五品銜

民團局董事 藥賜康 字思周 前清廪生

校正

前縣議會議長現任省議會議員 劉祖基 字守先 前清丁酉拔貢功給五品銜

高等小學校教員 徐桂林 字丹芳 前清己酉拔貢錢分河南州判

測繪

高等小學校教員 郝占龍 字子雲 遼縣人前清生員師範畢業

清徭局董事 趙文翰 字西園 前清例貢生

司局

前省會司令部文案縣議會文牘科秘書 王樹倫 字奐卿 前清生員法政傳習所畢業

縣議會議員兼庶務科秘書 李友梅 字魁甫 前清太學生

考訂

清徭局董事　郭鶴鳴字芝田 前清貢生

初小學校教員　舉　曜字藻軒 前清恩貢生功給六品銜

清徭局董事　趙文煥字章甫 前清生員功給五品銜

清徭局董事　劉鍾瑞字凝甫 前清貢生

前自治事務所所長　祁汝霖字潤生 前清生員功給五品銜

前清太學生　王來聘字筱尹

採訪

縣議會議員　楊廷采字亮臣 前清生員功給六品銜

高等小學校司事　焦延運字子泰 前清廩生功給五品銜

和順縣志　二

商務會總理　李鈺清字相臣 前清生員功給六品銜

縣議會議員　王文海字星垣 前清貢生

高等小學校校長　杜元善字子仁 前清廩生功給五品銜師範畢業

初等小學校教員　馬　陵字楷甫 前清生員功給六品銜

縣議會議員北區區長　李鳴暘字鳳山 前清廩生功給五品銜

縣議會議員　藥盈科字宗海 前清恩貢生內閣中書銜

繕清

初等小學校教員　丁振般字中興 前清廩生

清徭局董事　李廷榮字俊臣 前清增生

縣議會議員　周家齊　字禮臣　前清州學附生

宣講員　陳憲瑞　字輯五　高小學校畢業

縣議會議員　劉親晏　字友賢　高小學校畢業

縣議會議員　李于源　字子養　前清太學生高等小學校畢業

同輯

縣議會副議長　王世和　字仁山　前清增生功給五品銜

縣議會議員　任佐清　字鑒綱　前清生員

縣議會議員　杜照書　字青藜　前清生員

清徭局董事　楊承緒　字　前清武生

初等小學校教員　鄭彥英　字漢三　前清增生

第一科科長　吳湘　字景山　前清附生師範傳習所畢業

第二科科長　周家修　字子剛　前清州學增生

協辦

前教育科科員　李水茂　字樹森　前清候補典史

第一科科員　張文壇　字登封　前清從九品

第二科科員　李世榮　字宰治　前清從九品

重修和順縣志

凡例

一舊志彙為八門一地理二建置三祠祀四田賦五官師六選舉七風俗八藝文此蓮明康對山先生武功志體例條分縷晰節目詳明惟人物未列一門典禮闕如似非完善茲心靜磋商添列典禮叙祠祀上另紀人物叙選舉下釐為十卷其餘細目間有增損合併之處總期折衷一是衆善靡遺

一舊志首列天文殊乖體要按天文每一星野分數千餘里即如全晉上應參觜二星而遼省亦居參商之次和邑彈丸所

層幾何且天象雖昭然可覩自非識微見遠何能執管以窺第舉前人已成之式任意輕删亦恐涉自作聰明之嫌今於圖說無所增減不敢使舊迹陳規從茲放佚

一祠祀文廟配哲兩廡典至重禮至隆也遵行因貴謹嚴記載尤戒疏略均宜詳其典制源流務期纖微具備庶不蹈固陋就簡之愆爰編一遵同治三年部頒祀位圖式並詳學制員額兼錄歷代牌文匾額書籍祭品悉為臚列昭慎重也

一迎春勸耕賓興鄉飲諸大典胥禮法所在之處概置不錄闕略奚辭蓋一邦典禮細目不必皆同大綱未常或異從宜從

俗祇求事真情洽茲編併將慶賀讀詔蒞任規儀逐加釐定品節務期詳明儀文不留闕䧟非瑣也禮者天地不易之常經無小無大莫不由之勿視為奉行故事之端要當屢率由舊章之志

一國有賦稅曰地丁曰耗羨曰徵解曰存留定引直則有鹽課供皇華則有站銀自前修志後事既迭更法亦屢變一切款目今昔不同茲編逐加更正兼錄賦役全書以便稽考至民國代興賦役益形參差用將自前大略載入以待新政頒發再行確列

一志官師外至之名宦內有之科甲自今及清知毋或遺近今知縣易為知事等名目科舉變為畢業等人才志敘之毋敢疏忽

一和邑踞太行之巔地勢高而氣冷民皆畸居山隈播穫外別無所事物產之遠遜他邑者限於天域於地更局於人並無可貴可嘉之品難躋大書特書之例然聖人教民樹藝必相其土之所宜不能強不宜者而使之宜也品類雖甚凡庸亦荷天造之生成棄而不錄缺陷之端也爰及境內生育之類悉著於編所以明天時察地理並著其人功且備考風者之

一覽云

一邑來志人物擢多溢美之詞過情之譽茲編衆美兼收片長必錄要皆屬詞比事循名核實列其姓氏詳其行狀總其信以傳信勿濫勿遺如清咸豐年楊曉昀闔門殉節尤爲一代偉人實屬千秋盛事並將李廑事蹟纂入以垂不朽

一節烈慈孝風化所關果操守其彌堅即表章所必及舊志採錄綦詳但數十年來豈少冰霜勁節金石居心埋沒於窮簷陋巷閒者茲頻翻舊卷博採新聞闡孤苦之幽光表堅貞之絶指不敢遺亦不敢濫庶不負與人爲善之意也夫

一舊志藝文原做劉歆七畧之例最合體裁惟蒐輯未周古人碑志多半遺漏今選派文學搜境內貞珉以及往哲昔賢之著述文人學士之詠歌博採衷收弗致遺漏非誇多也考獻尤藉乎徵文信今即所以傳後搜羅不富考鏡何資況文章悉經籍之光暗答亦性情之用讀其文可想見其爲人尚友之心未必不油然生也惟碑記無關世界風化及文不雅馴者暫置不錄

重修和順縣志

目錄

重修和順縣誌 卷一

圖考

即景繪圖若吳道子之嘉陵山水宋少文之瀟湘八景王摩詰之輞川居圖米老顛之南宮墨蹟尤膾炙於藝林今於邑志而以繪事先之者非徒揮翰墨騁渲染也亦欲令閱者展卷間而一邑之星纏疆索廨舍城池與夫高深登覽之所已不啻列眉睫指掌中耳誌圖考

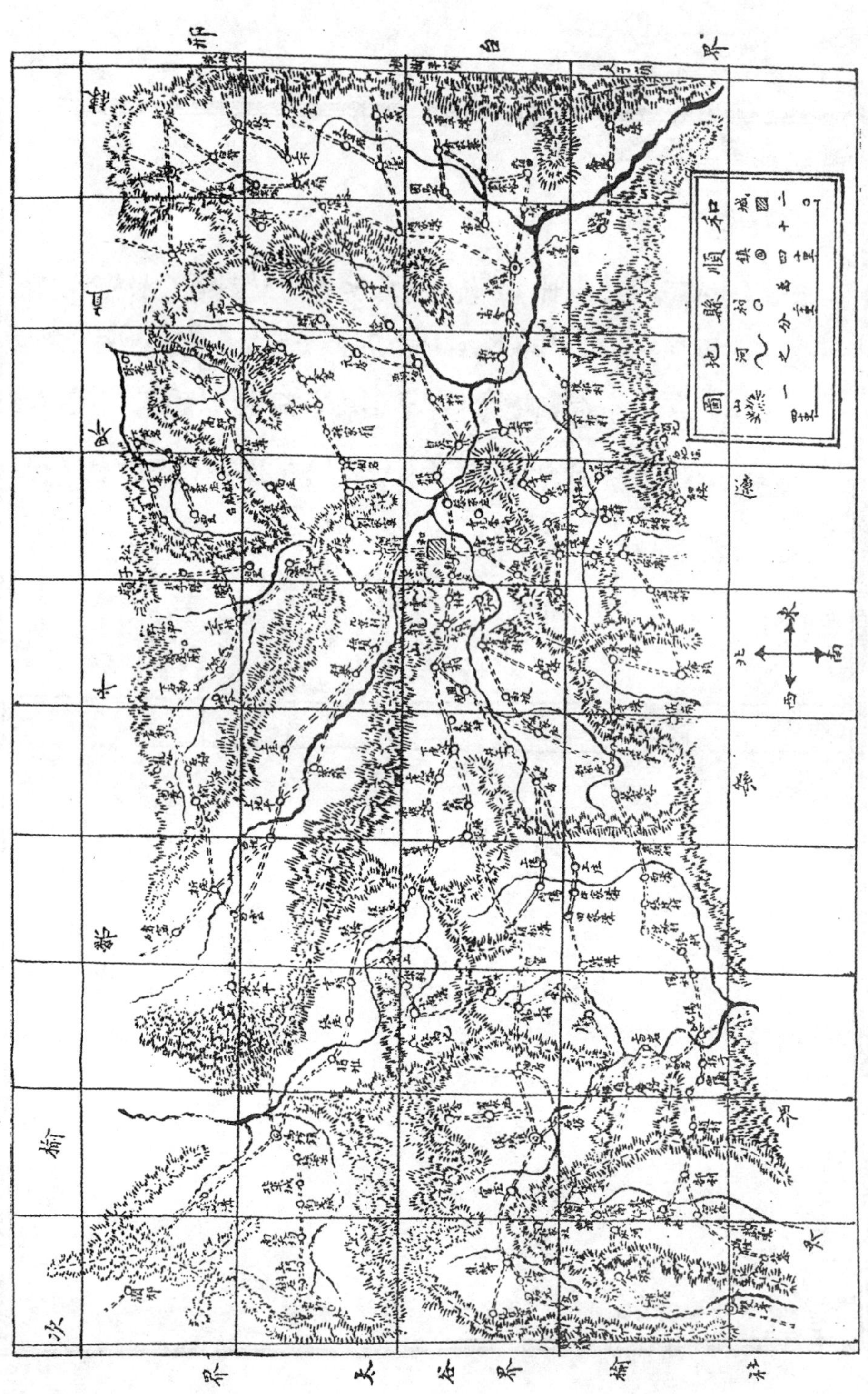
和順縣地圖
城
鎮
村
河
山

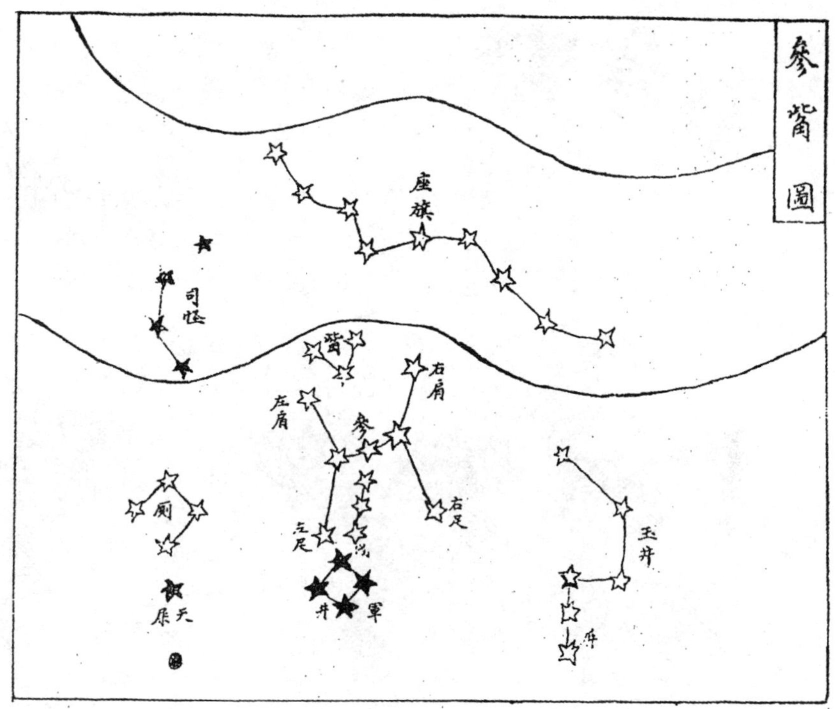
參觜圖
座旗
司怪
觜
右肩
左肩
參
右足
左足
玉井
軍井
屏

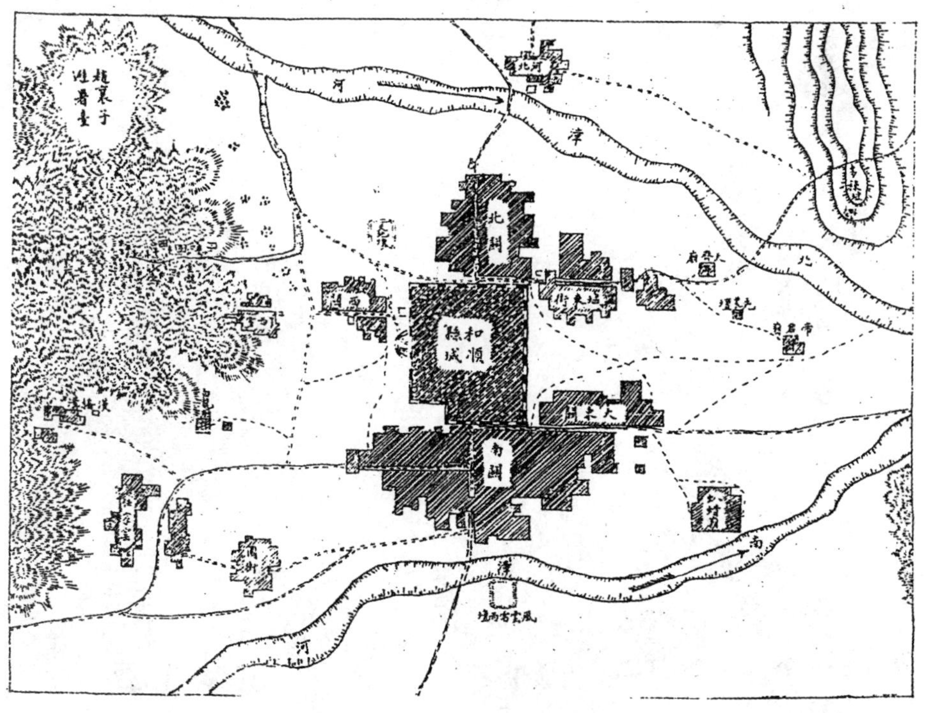
趙襄子避暑臺
河
津
北關
和順縣城
南關
大東關
南

黄榆古戍
石馱坪
風摇石鼓
石鼓

八賦晚霞
松子香風

合山奇泉
鳳台異形

九京新月
九京村
西溪靈井

雨洗麻衣
漳水環帶

後　記

2013年初，根據省、市業務主管部門的安排，展開和順縣古舊地方志資料的挖掘整理，搶救和保存僅有的歷史文化典籍。由於中共和順縣委史志辦公室的力量有限，決定邀請山西大學歷史專家協助完成。隨即專程赴山西大學就和順古方志資料收集、點校整理等進行洽談。山西大學歷史文化學院專家為縣史志辦的負責精神所感動，欣然允諾進行合作，並成立專項課題小組。中共和順縣委、縣政府對此事高度關心和重視，縣委書記孫永勝、縣長馬海軍專門安排部署；分管史志工作的縣委常委、組織部部長張海榮，縣政府副縣長韓亮具體指導；縣委辦主任袁瑞軍、縣政府辦主任馮樂天、縣史志辦主任魏愛軍等組織落實。可以說，各級領導的高度重視和關懷為和順古舊志的點校出版提供了堅實的保障。

和順古舊縣志點校課題專案展開後，我們組織人員、召集會議、訂定規範、分工合作，很快投入到具體的工作當中。和順古縣志現存康熙、乾隆、光緒、民國四種，但山西僅見乾隆、民國兩種。為此，我們在國家圖書館、上海圖書館等多家圖書館展開版本的搜集和比對，終將各版本集齊。在此基礎上進行任務分工，四種方志由郝平、李嘎、周亞、向晉衛、杜匯分別負責點校。一年多來，幾位同志在教學、科研和行政工作之餘，檢閱史籍，精校細勘，付出了不少辛苦。一些研究生也加入到古縣志文字的數位轉化和稿本的校對中。應當說，這部成果凝結了師生的心血，是全體合作攻關的結晶。

在和順古方志點校完成後，商務印書館編輯老師為本書出版付出了辛勤的勞動，在此致謝。

由於點校水準有限，文中缺點和錯誤在所難免，敬請批評指正。

和順縣志編纂委員會

二〇一五年十月